Die Rettungsmaßnahmen zugunsten zahlungsunfähiger EU-Mitgliedstaaten

Schriften zum Staats-, Verwaltungs- und Europarecht

Herausgegeben von Andreas Haratsch

Band 2

PL ACADEMIC RESEARCH

Sebastian Piecha

Die Rettungsmaßnahmen zugunsten zahlungsunfähiger EU-Mitgliedstaaten

Eine unions- und verfassungsrechtliche Analyse

PL ACADEMIC RESEARCH

Bibliografische Information der Deutschen Nationalbibliothek
Die Deutsche Nationalbibliothek verzeichnet diese Publikation in der Deutschen Nationalbibliografie; detaillierte bibliografische Daten sind im Internet über http://dnb.d-nb.de abrufbar.

Zugl.: Hagen, Fernuniv., Diss., 2015

Diese Publikation wurde finanziell unterstützt von der FernUniversität in Hagen.

D 708
ISSN 2193-1143
ISBN 978-3-631-66910-5 (Print)
E-ISBN 978-3-653-06395-0 (E-Book)
DOI 10.3726/978-3-653-06395-0

PL Academic Research ist ein Imprint der Peter Lang GmbH.

Peter Lang – Frankfurt am Main · Bern · Bruxelles · New York · Oxford · Warszawa · Wien

Diese Publikation wurde begutachtet.

www.peterlang.com

Vorwort

Die vorliegende Arbeit wurde im Sommersemester 2015 von der Rechtswissenschaftlichen Fakultät der FernUniversität in Hagen als Dissertation angenommen. Rechtsprechung und Literatur konnten für die Druckfassung bis Oktober 2015 berücksichtigt werden. Die Arbeit ist primär während meiner Zeit als wissenschaftlicher Mitarbeiter am Lehrstuhl für Deutsches und Europäisches Verfassungs- und Verwaltungsrecht sowie Völkerrecht entstanden.

An erster Stelle danke ich meinem Doktorvater Herrn *Professor Dr. Andreas Haratsch*. Er hat die Entstehung dieser Arbeit stets mit größtem Interesse verfolgt und mit einer optimalen Balance zwischen wissenschaftlicher Freiheit und kritischer Fachdiskussion begleitet. Durch die Mitarbeit an seinem Lehrstuhl konnte ich zudem von einer fruchtbaren sowie inspirierenden Arbeitsatmosphäre profitieren. Ihm gebührt auch Dank für die Aufnahme dieser Arbeit in diese Schriftenreihe. Herrn *Professor Dr. Jörg Ennuschat* von der Ruhr-Universität Bochum danke ich für die Übernahme des Zweitgutachtens und die so entstandene Verbindung dieser Arbeit zu der Alma Mater, an der ich studierte.

Ein besonderer Dank ist insbesondere an die FernUniversität in Hagen zu richten, die die Veröffentlichung dieser Arbeit durch ihre großzügige Förderung erst ermöglicht hat.

Auch derzeitige sowie ehemalige Lehrstuhlkollegen haben ihren Teil zum Gelingen dieser Arbeit beigetragen. Die wissenschaftliche Diskussion mit ihnen, insbesondere in der lehrstuhlinternen Doktorandenrunde, sowie der persönliche Kontakt waren für mich stets ein wichtiger Teil des Entstehungsprozesses dieser Arbeit. Hierfür danke ich insbesondere *Anja Böning*, *Stephanie Goebel* und *Christoph Schmälzger*. Für Hilfe bei der Literaturbeschaffung danke ich zudem insbesondere *Pascal Hirschberg*, *Michelle Nagel* und *Corinna Schnorbus*.

Ebenfalls möchte ich mich beim gesamten Referat PE 2 – Grundsatzangelegenheiten der Europäischen Union, Fragen der Wirtschafts- und Währungsunion des Deutschen Bundestages, geleitet von Herrn *Jan Schlichting*, bedanken. Die Gelegenheit zur dortigen Mitarbeit im Rahmen der Verwaltungsstation hat meinen Blick für eine andere Perspektive geschärft und mir für diese Arbeit unbezahlbar wertvolle Eindrücke aus der Praxis gebracht.

Schließlich wäre die Arbeit nicht ohne die stets währende, liebevolle sowie motivierende Unterstützung aus meinem engsten Umfeld, meiner Familie und Freunde, gelungen. Alle hier zu nennen wäre unmöglich, weshalb ich hier nur einige namentlich erwähnen kann. Von Herzen danke ich insbesondere *Kristina Ley*, meinen Eltern *Gabriele* und *Georg Piecha*, meinem Bruder *Christoph Piecha* sowie *Marianne* und *Reinold Ley*.

Sebastian Piecha

Inhaltsübersicht

Inhaltsverzeichnis

Abkürzungsverzeichnis

AcP	Archiv für die civilistische Praxis (Zeitschrift)
AEUV	Vertrag über die Arbeitsweise der Europäischen Union
a.F.	alte Fassung
AG	Die Aktiengesellschaft (Zeitschrift)
AöR	Archiv des öffentlichen Rechts (Zeitschrift)
BayVBl.	Bayerische Verwaltungsblätter (Zeitschrift)
BB	Betriebs-Berater (Zeitschrift)
BBankG	Gesetz über die Deutsche Bundesbank (Bundesbankgesetz)
BeckOK	Beck'scher Online-Kommentar
BKR	Zeitschrift für Bank- und Kapitalmarktrecht
BonnKomm	Bonner Kommentar zum Grundgesetz
BRRD	Richtlinie 2014/59/EU zur Festlegung eines Rahmens für die Sanierung und Abwicklung von Kreditinstituten (Bankensanierungs- und abwicklungsrichtlinie)
BVR	Bundesverfassungsrichter / -in
CMLRev	Common Market Law Review (Zeitschrift)
CRR-VO	Verordnung (EU) Nr. 575/2013 über Aufsichtsanforderungen an Kreditinstitute und Wertpapierfirmen (CRR-Verordnung)
CRD IV-RL	Richtlinie 2013/36/EU über den Zugang zur Tätigkeit von Kreditinstituten und die Beaufsichtigung von Kreditinstituten und Wertpapierfirmen (CRD IV-Richtlinie)
DÖV	Die Öffentliche Verwaltung (Zeitschrift)
DVBl.	Deutsches Verwaltungsblatt (Zeitschrift)
EFSF	Europäische Finanzstabilisierungsfazilität
EFSF-GesV	EFSF-Gesellschaftsvertrag
EFSF-RV	EFSF-Rahmenvertrag
EFSM	Europäischer Finanzstabilisierungsmechanismus
EGV	Vertrag zur Gründung der Europäischen Gemeinschaft
EL	Ergänzungslieferung
E.L.Rev.	European Law Review (Zeitschrift)
EnzEuR	Enzyklopädie Europarecht
ESM	Europäischer Stabilisierungsmechanismus
ESMFinG	Gesetz zur finanziellen Beteiligung am Europäischen Stabilitätsmechanismus (ESM-Finanzierungsgesetz)
ESMG	Gesetz zu dem Vertrag vom 2. Februar 2012 zur Einrichtung des Europäischen Stabilitätsmechanismus (ESM-Zustimmungsgesetz)
ESMV	Vertrag zur Einrichtung des Europäischen Stabilitätsmechanismus (ESM-Vertrag)
EU	Europäische Union
EuConst	European Constitional Law Review (Zeitschrift)

EuGRZ	Europäische Grundrechte-Zeitschrift
EuR	Europarecht (Zeitschrift)
EUV	Vertrag über die Europäische Union
EUZBBG	Gesetz über die Zusammenarbeit von Bundesregierung und Deutschem Bundestag in Angelegenheiten der Europäischen Union
EUZBLG	Gesetz über die Zusammenarbeit von Bund und Länder in Angelegenheiten der Europäischen Union
EWS	Europäisches Wirtschafts- und Steuerrecht – Betriebs-Berater Europa (Zeitschrift)
ESVG	Europäisches System Volkswirtschaftlicher Gesamtrechnungen
ESZB	Europäisches System der Zentralbanken
EZB	Europäische Zentralbank
EZB-Satzung	Protokoll über die Satzung des Europäischen Systems der Zentralbanken und der Europäischen Zentralbank
FAG	Finanzausgleichgesetz
FAZ	Frankfurter Allgemeine Zeitung
FlF	Finanzierung, Leasing, Factoring (Zeitschrift)
FS	Festschrift
HbdStR	Handbuch des deutschen Staatsrechts
HGrG	Gesetz über die Grundsätze des Haushaltsrechts des Bundes und der Länder (Haushaltsgrundsätzegesetz)
HK-EU	Handkommentar zum Vertrag über die Europäische Union
GewArch	Gewerbe-Archiv (Zeitschrift)
GG	Grundgesetz für die Bundesrepublik Deutschland
GS	Gedächtnisschrift
GO	Geschäftsordnung
GrCh	Charta der Grundrechte der Europäischen Union (Grundrechte-Charta)
GYIL	German Yearbook of International Law (Zeitschrift)
IntVG	Gesetz über die Wahrnehmung der Integrationsverantwortung des Bundestages und des Bundesrates in Angelegenheiten der Europäischen Union (Integrationsverantwortungsgesetz)
IWF	Internationaler Währungsfonds
JA	Juristische Ausbildung (Zeitschrift)
jM	juris – Die Monatszeitschrift
JuS	Juristische Schulung (Zeitschrift)
JZ	Juristenzeitung
KfW	Kreditanstalt für Wiederaufbau
KfWG	Gesetz über die Kreditanstalt für Wiederaufbau (KfW-Gesetz)
Kreditwesen	Zeitschrift für das gesamte Kreditwesen
LA	Liber Amoricum
LTO	Legal Tribune Online
KOM	Europäische Kommission
MoU	Memorandum of Understanding

n.F.	neue Fassung
NJ	Neue Justiz (Zeitschrift)
NJW	Neue Juristische Wochenschrift
NVwZ	Neue Zeitschrift für Verwaltungsrecht
OMT	Outright Monetary Transactions
Prot./12	Protokoll Nr. 12 über das Verfahren bei einem übermäßigen Defizit
Prot./14	Protokoll Nr. 14 betreffend die Euro-Gruppe
RIW	Recht der internationalen Wirtschaft (Zeitschrift)
RL	Richtlinie
SMP	Securities Market Programme
SRF	Single Resolution Fund (Einheitlicher Abwicklungsfonds)
SRM	Single Resolution Mechanism (Einheitlicher Abwicklungsmechanismus)
SSM	Single Supervisory Mechanism (Einheitlicher Bankenaufsichtsmechanismus bei der EZB)
StabMechG	Gesetz zur Übernahme von Gewährleistungen im Rahmen eines europäischen Stabilisierungsmechanismus (Stabilisierungsmechanismusgesetz)
StabiRatG	Gesetz zur Errichtung eines Stabilitätsrates und zur Vermeidung von Haushaltsnotlagen (Stabilitätsratsgesetz)
SWP	Stabilitäts- und Wachstumspakt
VO	Verordnung
VSKS	Vertrag über Stabilität, Koordination und Steuerung in der Währungsunion (Fiskalpakt/Fiskalvertrag)
VVDStRL	Veröffentlichungen der Vereinigung der Deutschen Staatsrechtslehrer
WFStG	Gesetz zur Übernahme von Gewährleistungen zum Erhalt der für die Finanzstabilität in der Währungsunion erforderlichen Zahlungsfähigkeit der Hellenischen Republik (Währungsunion-Finanzstabilitätsgesetz)
WM	Wertpapier-Mitteilungen – Zeitschrift für Wirtschafts- und Bankrecht
WVK	Wiener Konvention über das Recht der Verträge
WWU	Europäische Wirtschafts- und Währungsunion
ZaöRV	Zeitschrift für ausländisches öffentliches Recht und Völkerrecht
ZEuS	Zeitschrift für Europarechtliche Studien
ZfRV	Zeitschrift für Rechtsvergleichung, Internationales Privatrecht und Europarecht
ZG	Zeitschrift für Gesetzgebung
ZJS	Zeitschrift für das juristische Studium
ZParl	Zeitschrift für Parlamentsfragen
ZRP	Zeitschrift für Rechtspolitik
ZSE	Zeitschrift für Staats- und Europawissenschaften

„Wer in europäischen Dingen nicht an Wunder glaubt, ist kein Realist!“
(Walter Hallstein)[1]

1. Kapitel – Einführung sowie Grundlagen

A. Einführung in das Thema

Die weltweite Finanz- und Staatsschuldenkrise stellt auch die Europäische Union und ihre Mitgliedstaaten innerhalb der Europäischen Wirtschafts- und Währungsunion vor neue Herausforderungen. Insbesondere bei den Staaten an der Peripherie Europas (den sog. „PIIGS“-Staaten[2]) traten Finanzierungsdefizite sowie die Probleme der dauerhaften und exorbitanten Staatsverschuldung durch die Finanzkrise 2008/09 deutlich zu Tage. Diese Turbulenzen führten schließlich dazu, dass insbesondere die vorgenannten Staaten Probleme bekamen, ihre Aufgaben durch Kapitalaufnahmen am Finanzmarkt zu finanzieren. Eine spezielle Rolle spielen hierbei auch die US-amerikanischen Ratingagenturen, die regelmäßig die Bewertung der Kreditwürdigkeit von Staaten vornehmen. Ein gutes Rating bezüglich der Bonität wurde zunehmend zum Kriterium, Staaten die Kapitalaufnahme durch steigende Zinsen für ihre Staatsanleihen zu erschweren. Dies hat zunehmend auch die Stabilität der Gemeinschaftswährung Euro gefährdet. Das Schicksal der gemeinsamen Währung steht insgesamt auf dem Spiel.[3]

Speziell diejenigen Mitgliedstaaten der EU, die Mitglieder der Eurozone sind, haben ein großes Interesse daran, dass diese gemeinsame Währung stabil ist und bleibt. Gerät ein Mitgliedstaat der Eurozone aufgrund der turbulenten Lage der Finanzmärkte und seiner maroden Staatsfinanzen in Zahlungsschwierigkeiten oder gar in die Zahlungsunfähigkeit, so stellt sich die Frage, welche Reaktion seitens der Europäischen Union, aber auch seitens der anderen Staaten der EU und der Eurozone erfolgen kann. Dabei geht es nicht nur um die Frage, welche Reaktion die richtige ist, sondern vielmehr auch darum, welche überhaupt nach geltendem Recht möglich und rechtmäßig ist sowie welche Rechtsanpassungen erfolgen müssten, um die vorgesehene Reaktion durchführen zu können. Angefangen bei Griechenland betrifft das Problem der Staatsschulden nunmehr eine ganze Reihe von Staaten der

---

1 Rede „Handelt für Europa!“, gehalten am 13. 4. 1964 auf dem 14. Ordentlichen Kongreß der Europa-Union Deutschland in Frankfurt/Main, abgedruckt in *Hallstein*, Europäische Reden, 1979, S. 467 (478).

2 Portugal, Italien, Irland, Griechenland, Spanien; teilweise auch als „GIPSI“ oder „GIIPS“ bezeichnet; zu letzterer Bezeichnung s. *Luksic*, Ist der Euro noch zu retten?, 2011, S. 34 f.; nunmehr ist auch Zypern betroffen, weshalb diese Bezeichnung an sich modifiziert werden müsste, etwa in „PIIGSZ“.

3 *Di Fabio*, FAZ v. 22. 6. 2012, S. 9.

Eurozone und gefährdet sichtlich die wirtschaftliche, politische und gesellschaftliche Stabilität der gemeinschaftlichen Währung. Problematisch ist insbesondere, dass die Staateninsolvenz im Konstrukt der WWU praktisch keine Regelung findet.[4] Durch Finanzhilfen, präventiv-stabilisierende Maßnahmen und ad-hoc-Anleihekäufe wurde durch Akteure auf nationaler, europäischer sowie internationaler Ebene daher versucht, der Lage Herr zu werden. Hierbei waren sämtliche Beteiligte aufgrund der Krisensituationen vor völlig neue Herausforderungen gestellt. Die Wirtschaftspolitik der Union wurde zur Basis umfassender Reformen.[5] Da die EU nicht über hinreichende Eigenmittel verfügt, um notleidenden Staaten Finanzhilfen zukommen zu lassen, mussten die Mitgliedstaaten selbst als Finanziers tätig werden.[6] Die von den Staaten, deren Währung der Euro ist, vereinbarten Maßnahmen bewegten sich fortan teilweise abseits der unionalen Verfassungsgrundordnung.[7] Es wurde eine Art „Sonderverfassungsrecht für die Eurozone"[8] geschaffen, teils unter Rückgriff auf das Privatrecht (EFSF) oder das Völkerrecht als „Ausweichordnung"[9] (ESM, VSKS).[10] Diese Vorgehensweisen haben womöglich dabei an die Grenzen des Rechts geführt.[11] So hat die Krise nunmehr unmissverständlich offenbart, dass das Unionsrecht hierfür unzureichend gewappnet war.[12] Sowohl rechtskonstruktives Neuland als auch rechtsinterpretatorische „Klimmzüge" mussten und müssen hernach bewältigt werden.[13] Das im Unionsrecht angelegte Prinzip der finanziellen

---

4 *Herrmann*, in: v. Lewinski (Hrsg.), Staatsbankrott als Rechtsfrage, 2011, S. 29 (30 f.); *v. Lewinski*, Öffentlichrechtliche Insolvenz und Staatsbankrott, 2011, S. 455.

5 Vgl. *Hufeld*, in: Müller-Graff (Hrsg.), EnzEuR IV, 2014, § 22 Rn. 4; dazu auch *Glöckler*, in: v. d. Groeben/Schwarze/Hatje (Hrsg.), Europäisches Unionsrecht, Bd. 3, 7. Aufl. 2015, Vorb. zu Art. 119 – 144 AEUV, Rn. 50 ff., 61 ff.

6 *Hufeld*, in: Müller-Graff (Hrsg.), EnzEuR IV, 2014, § 22 Rn. 113.

7 *Chiti/Teixeira*, CMLRev. 50 (2013), S. 683 (698); ähnlich *Hakenberg*, Europarecht, 7. Aufl. 2015, Rn. 602; *Rodi*, JZ 2015, S. 737 (737); *Skouris*, in: Becker/Hatje/Potacs/Wunderlich (Hrsg.), FS Schwarze, 2014, S. 751 (754, 757).

8 *Hufeld*, in: Müller-Graff (Hrsg.), EnzEuR IV, 2014, § 22 Rn. 22; ähnlich *Kirchhof*, NJW 2013, S. 1 (2); *Oppermann*, NJW 2013, S. 6 (7).

9 *Uerpmann-Wittzack*, EuR-Beiheft 2/2013, S. 49; ähnlich *Schmahl*, DÖV 2014, S. 501 (507).

10 Teilweise auch „Flucht ins Völkerrecht" genannt: *Häde*, Euro-Rettung zwischen Exekutivprimat und Parlamentsvorbehalt, 2012, S. 15; vgl. auch *Chiti/Teixeira*, CMLRev. 50 (2013), S. 683 (690).

11 *Calliess*, VVDStRL 71 (2012), S. 113 (155).

12 So etwa *Ohler*, GYIL 54 (2011), S. 47 (53); kaum verständlich daher, dass die Ergänzung um Art. 136 Abs. 3 AEUV im Verfahren nach Art. 48 Abs. 6 EUV daher als genial bezeichnet wird, so *Hatje*, in: Kadelbach/Günther (Hrsg.), Europa: Krise, Umbruch und neue Ordnung, 2014, S. 73 (84).

13 Vgl. *Siekmann*, in: Möllers/Zeitler (Hrsg.), Europa als Rechtsgemeinschaft, 2013, S. 101 (131); *Oppermann*, NJW 2013, S. 6 (8); *Müller-Graff*, integration 2011, S. 289 (304) spricht von „Justierung"; *Schmidt*, JZ 2015, S. 317 (317) gar von einer „Krise des Rechts".

Eigenverantwortung wird durch solche Maßnahmen einmal mehr in Frage gestellt.[14] Diese „nebenunionale" Rechtsetzung mit eindeutigem Bezugspunkt zum Unionsrecht kann bisweilen auch als neue Form der Zusammenarbeit von Mitgliedstaaten der Union, deren Währung der Euro ist, betitelt werden.[15] Jedenfalls handelt es sich bei den Maßnahmen der Krisenrettung um Versuche zur Komplettierung der Währungsunion.[16] Fraglich ist indes, ob diese finanziellen Rettungsmaßnahmen einfach Solidarität oder schlichtweg mitgliedstaatlicher Eigennutz zur Erhaltung der Wirtschaftskraft waren.[17]

In unions- sowie verfassungsrechtlicher Hinsicht stellt sich insbesondere die Problematik der Vereinbarkeit von Finanzhilfen, des Fiskalpakts sowie des Ankaufs von Staatsanleihen mit dem jeweils höherrangigen Recht. Zuvörderst muss dabei die Konstruktion dieser nebenunionalen Rechtsakte erläutert werden. Im Besonderen sind zudem die Nichtauslösungsklausel des Art. 125 Abs. 1 AEUV, das Verbot monetärer Staatsfinanzierung aus Art. 123 Abs. 1 AEUV sowie die Einbeziehung von Unionsorganen in ein nebenunionales Rechtsregime zu beleuchten. Die Möglichkeit nebenunionalen Handelns sowie die Einbeziehung von Unionsorganen in solchen Konstruktionen müssen näher beleuchtet werden. Auf verfassungsrechtlicher Ebene muss untersucht werden, ob Finanzhilfen die Budgethoheit des Parlaments konterkarieren, Finanzverfassung und die Grundrechte in unzulässiger Weise verletzen. Als Vorfrage stellt sich hier oft die Anwendbarkeit von Art. 23 GG, der insoweit flexibel ausgelegt werden muss.[18] Diese und die damit zusammenhängenden Fragen soll die vorliegende Arbeit untersuchen.

B. Gang, Eingrenzung und Methode der Untersuchung

Im Rahmen der vorliegenden Arbeit wird wie folgt vorgegangen: Der hieran anschließende Abschnitt (Kapitel 1, C.) zeigt zunächst die grundlegende Konstruktion der Europäischen Währungsunion in Kürze auf. Die Untersuchung bemüht sich verstärkt, hier bereits im Schwerpunkt die Ursachen der Krise im Euroraum auszumachen. Im Folgenden schließt sich eine Passage über den Ablauf der Finanz- und Schuldenkrise an (Kapitel 1, D.), ausgehend vom Platzen der Immobilienblase in den Vereinigten Staaten bis hin zu den letzten Entwicklungen in Bezug auf die sich in der Eurozone befindenden, finanzschwachen Staaten. Hierauf folgt die Untersuchung und Erläuterung der Rechtskonstruktionen der bislang ergriffenen und teilweise diskutierten Maßnahmen (Kapitel 2). Ein klarer Schwerpunkt liegt dabei auf den

---

14 *Potacs*, EuR 2013, S. 133 (141).

15 *Lorz/Sauer*, DÖV 2012, S. 573 (575).

16 *Thym*, JZ 2013, S. 259 (260); Reformansätze ausführlich bei *Pernice/Wendel/Otto/Bettge/Mlynarski/Schwarz*, Die Krise demokatisch überwinden, 2012, S. 26 ff.

17 So *Fisahn*, KritJ 2010, S. 248 (250); ähnlich *Gaitanides*, in: Kadelbach (Hrsg.), Solidarität als Europäisches Rechtsprinzip?, 2014, S. 33 (36).

18 *v. Arnauld*, in: Breuer/Epiney/Haratsch/Schmahl/Weiß (Hrsg.), FS E. Klein, 2013, S. 509 (525 f.) bezeichnet es treffend als „von der Sache her denken".

Finanzhilfen und dem Vertrag über Stabilität, Koordinierung und Steuerung in der Europäischen Währungsunion (Kapitel 2, A.). Daraufhin werden die Finanzhilfen auf ihre Vereinbarkeit mit Unions- und Verfassungsrecht untersucht (Kapitel 3). Dies bildet einen Schwerpunkt der Arbeit. Im sich daran anschließenden Abschnitt wird der VSKS auf seine Vereinbarkeit mit Unions- und deutschem Verfassungsrecht hin untersucht (Kapitel 4), bevor die Anleihekäufe einer ebensolchen Überprüfung unterzogen werden (Kapitel 5). Im vorletzten Kapitel 6 werden sodann Rechtsschutzfragen zu Finanzhilfen, dem Fiskalpakt sowie Anleiheoperationen erörtert. Am Schluss der Arbeit werden dann die grundlegenden Erkenntnisse thesenartig resümiert (Kapitel 7).

Weitgehend unbeantwortet werden wegen der Breite der so ausgestalteten Untersuchung Detailfragen zur Beteiligung des IWF an den Rettungsmaßnahmen bleiben.[19]

Die Untersuchung im Rahmen der vorliegenden Arbeit beschränkt sich im Kern auf die juristischen Probleme, die sich mit den Euro-Rettungsmaßnahmen auf unions- sowie verfassungsrechtlicher Ebene ergeben.[20] Im Rahmen dieser Arbeit wird ein eher breiter und umfassender Untersuchungsansatz gewählt, der sich insbesondere mit unionalen, wirtschafts- und währungsverfassungsrechtlichen sowie nationalen Problemen der Parlamentsbeteiligung und Finanzverfassung befasst. Gleichwohl kommt die vorliegende Arbeit partiell nicht umhin, in Problemfeldern, welche besondere Berührungspunkte zu anderen wissenschaftlichen Disziplinen bieten, „über den Tellerrand“ hinaus zu blicken. So kommen im Rahmen dieser schwerpunktmäßig rechtswissenschaftlichen Analyse zum Teil sowohl ökonomische als auch politische Erwägungen zum Tragen, sofern sie ein besseres Verständnis für die juristischen Problematiken vermitteln oder die Hintergründe der Regelungen besser begreifen lassen. Der Aktualität des vorliegenden Untersuchungsgegenstandes ist es zudem geschuldet, dass es sich nicht vermeiden ließ, in größerem Ausmaß neben der üblichen rechtswissenschaftlichen Literatur auch Internetquellen wie juristische Online-Magazine, juristische Blogs sowie Tages- und Wochenzeitungen als Quellen heranzuziehen.

C. Die Grundkonstruktion der WWU vor der Krise

I. Trennung von Wirtschafts- und Währungspolitik

Die Europäische Währungsunion ist als integraler Bestandteil der Wirtschafts- und Währungsunion Teil der unionalen Grundsatzbestimmungen (Art. 3 Abs. 4 EUV).[21] In der näheren Ausgestaltung ist sie in den Art. 119 ff. AEUV im VIII. Titel des AEUV normativ verankert. Bei der WWU handelt es sich um eines der

19 Dazu näher *Nitze,* Finanzhilfen für Euro-Staaten in der Krise, 2015, S. 213 ff.

20 Ähnlich *Bark,* Das gemeinschaftsrechtliche Defizitverfahren, 2004, S. 25 f.

21 Vgl. auch *Glöckler,* in: v. d. Groeben/Schwarze/Hatje (Hrsg.), Europäisches Unionsrecht, 7. Aufl. 2015, Bd. 3, Vorb. zu Art. 119–144 AEUV, Rn. 18.

„Errichtungsprojekte“[22] der Union, die in Art. 3 EUV als Ziele definiert sind. Dabei ist die Teilnahme an der gemeinsamen Währung als Regelfall konzipiert, während die Nichtteilnahme der Ausnahmefall in der Übergangszeit sein soll (Art. 140 AEUV).[23] Zentrales Anliegen ist die Schaffung einer stabilen Währung bei einer gesunden Finanzlage der Mitgliedstaaten.[24] Obwohl der AEUV ein gemeinsames Kapitel zur Wirtschafts- und Währungspolitik enthält, führt die durch die Kompetenzverteilung zwischen Mitgliedstaaten und Union angelegte Trennung von Wirtschafts- und Währungspolitik insgesamt zu einer asymmetrischen Struktur der WWU.[25] Während in einem Nationalstaat die Währungs- und Wirtschaftspolitik regelmäßig von demselben hoheitlichen Akteur bestimmt wird, so sieht es im Rahmen der Europäischen Wirtschafts- und Währungsunion aufgrund des Prinzips der begrenzten Einzelermächtigung anders aus.[26] Eine gleichzeitige Vergemeinschaftung der Wirtschaftspolitik wurde unmittelbar vor Schaffung der WWU nicht für notwendig erachtet,[27] obwohl verbindliche Regeln für die Budgetpolitik bereits im Delors-Bericht für das Funktionieren einer WWU als erforderlich angesehen wurden.[28] Sie war im Übrigen politisch nicht durchsetzbar, da die Mitgliedstaaten

---

22 *Hufeld,* in: Müller-Graff (Hrsg.), EnzEuR IV, 2014, § 22 Rn. 1; vgl. auch *Müller-Graff,* integration 2011, S. 289.

23 S. etwa *Frenz,* Handbuch Europarecht, Bd. VI, 2011, Rn. 3577 f.; *Herrmann,* EuZW 2012, S. 805 (806).

24 *Pache/Schwarz,* in: dies. (Hrsg.), Grundlagen, aktuelle Entwicklungen und Perspektiven der Europäischen Währungsunion, 2012, S. 13 (14).

25 *Blanke,* in: Scherzberg (Hrsg.), 10 Jahre Staatswissenschaftliche Fakultät, 2012, S. 70 (79 ff.); *Blanke/Pilz,* EuR 2014, S. 541 (550); *Calliess,* NVwZ 2012, S. 1; *Frenz/Ehlenz,* GewArch 2010, S. 329; *Frenz,* Handbuch Europarecht, Bd. VI, 2011, Rn. 3567; *Glöckler,* in: v. d. Groeben/Schwarze/Hatje (Hrsg.), Europäisches Unionsrecht, Bd. 3, 7. Aufl. 2015, Vorb. zu Art. 119 – 144 AEUV, Rn. 10; *Gröpl,* Der Staat 52 (2013), S. 1 (1 f.); *Hatje,* DÖV 2006, S. 597 (598 f.); *Korioth,* in: Pache/Schwarz (Hrsg.), Grundlagen, aktuelle Entwicklungen und Perspektiven der Europäischen Währungsunion, 2012, S. 61 (63); *Pernice,* EuZW 2012, S. 601 (602); *Oppermann/Classen/Nettesheim,* Europarecht, 6. Aufl. 2014, § 19 Rn. 4; *Pernice,* WHI-Paper 04/2013, S. 10; *Rodi,* in: Vedder/Heintschel von Heinegg (Hrsg.), Europäisches Unionsrecht, 2012, Art. 119 AEUV Rn. 4; *Siekmann,* in: Möllers/Zeitler (Hrsg.), Europa als Rechtsgemeinschaft, 2013, S. 101 (125 f.); *Thym,* JZ 2013, S. 259 (260); *Seidel,* in: Müller-Graff/Schmahl/Skouris (Hrsg.), FS Scheuing, 2011, S. 717 (720) spricht gar von einer „hinkenden“ Wirtschaftsunion; *Hufeld,* in: Müller-Graff (Hrsg.), EnzEuR IV, 2014, § 22 Rn. 2 bezeichnet sie als „unecht“; dazu auch *Schorkopf,* FAZ v. 11. 6. 2015, S. 6.

26 *Häde,* in: Giegerich (Hrsg.), Herausforderungen und Perspektiven der EU, 2012, S. 35 (37); *Siekmann,* in: ders. (Hrsg.), EWU-Kommentar, 2013, Art. 119 AEUV Rn. 24.

27 *EG-Kommission,* Bulletin der EG, Beilage 2/91, S. 22; s. auch *Häde,* in: Giegerich (Hrsg.), Herausforderungen und Perspektiven der EU, 2012, S. 35 (37 ff.).

28 Delors-Bericht, Rn. 25, 27, 30.

einen zu großen Souveränitätsverlust befürchteten.[29] So wird die Wirtschaftspolitik von den Mitgliedstaaten „souveränitätsschonend"[30] lediglich koordiniert.[31] Die WWU lässt sich daher in eine intergouvernemental-supranational kombinierte Wirtschaftsunion und eine supranational verfasste Währungsunion aufteilen.[32] Auf damit verbundene Probleme wies das Bundesverfassungsgericht bereits in seinem *Maastricht*-Urteil hin.[33]

II. Koordinierte Wirtschaftspolitik der Mitgliedstaaten

Ein Übergang der Wirtschafts- und Fiskalpolitik auf die Union hat im Gegensatz zur Währungspolitik, für die nach Art. 3 Abs. 1 lit. c) AEUV die Union ausschließlich zuständig ist, bei Einführung des Euro nicht stattgefunden, sondern ist zunächst bei den Mitgliedstaaten verblieben.[34] Sie wird nach Art. 5 Abs. 1, Art. 119 Abs. 1 AEUV von den Mitgliedstaaten auf Unionsbene lediglich koordiniert.[35] Art. 121 AEUV regelt als präventive Komponente die Koordinierung zwischen den Mitgliedstaaten im Rat alsAngelegenheit von gemeinsamem Interesse (Abs. 1), was auch Empfehlungen und Verwarnungen vorsieht.[36] Die Mitgliedstaaten sind daher rechtlich verpflichtet, diese ihnen obliegende Kompetenz entsprechend einer den Unionszielen dienenden Weise auszuüben,[37] um das gemeinsame Ziel der Preisstabilität durch abgestimmtes wirtschaftspolitisches Handeln zu ereichen. Art. 126 AEUV regelt demgegenüber detailliert die zentrale Bedeutung aufweisende Pflicht zur Vermeidung eines übermäßigen Defizits sowie die Sanktionen für den Fall eines Verstoßes als repressive

---

29 *Seidel,* in: Müller-Graff/Schmahl/Skouris (Hrsg.), FS Scheuing, 2011, S. 717 (721); *Siekmann,* in: Möllers/Zeitler (Hrsg.), Europa als Rechtsgemeinschaft, 2013, S. 101 (127); *ders.,* in: ders. (Hrsg.), EWU-Kommentar, 2013, Einführung Rn. 66.

30 *Hufeld,* in: Müller-Graff (Hrsg.), EnzEuR IV, 2014, § 22 Rn. 12; vgl. auch *Oppermann/Classen/Nettesheim,* Europarecht, 6. Aufl. 2014, § 18 Rn. 17.

31 Dazu sogleich unter II.

32 *Müller-Graff,* integration 2011, S. 289 (290).

33 BVerfGE 89, S. 155 (206 f.).

34 *Khan,* in: Geiger/Khan/Kotzur (Hrsg.), EUV/AEUV, 5. Aufl. 2010, Art. 120 AEUV Rn. 1.

35 Im Einzelnen *Frenz,* Handbuch Europarecht, Bd. VI, 2011, Rn. 3587 ff.; *Glöckler,* in: v. d. Groeben/Schwarze/Hatje (Hrsg.), Europäisches Unionsrecht, Bd. 3, 7. Aufl. 2015, Vorb. zu Art. 119 – 144 AEUV, Rn. 35; *Gröpl,* Der Staat 52 (2013), S. 1 (3 ff.); *Hufeld,* in: Müller-Graff (Hrsg.), EnzEuR IV, 2014, § 22 Rn. 26 ff.; *Martenczuk,* EuR 1998, S. 151 (158 ff.).

36 Dazu s.u. Kap. 3, A. II. 1. a).

37 EuGH, Rs. C-9/99, EU:C:2000:532 (Slg. 2000, S. I-8224), Rn. 25 – *Echirolles; Frenz/Ehlenz,* GewArch 2010, S. 329 (331); *Müller-Graff,* integration 2011, S. 289 (290); *Pache/Schwarz,* in: dies. (Hrsg.), Grundlagen, aktuelle Entwicklungen und Perspektiven der Europäischen Währungsunion, 2012, S. 13 (14); *Schulte,* in: v. d. Groeben/Schwarze/Hatje (Hrsg.), Europäisches Unionsrecht, Bd. 3, 7. Aufl. 2015, Art. 121 AEUV, Rn. 7.

Komponente.[38] Diese für sämtliche Mitgliedstaaten geltenden Normen sehen in Art. 136 bis Art. 138 AEUV eine verstärkte und institutionalisierte wirtschaftspolitische Koordinierung für Mitgliedstaaten, deren Währung der Euro ist, vor, um die strukturelle Asymmetrie der WWU wenigstens partiell zu kompensieren.[39]

Diese Regelungen wurden durch die rechtlich unverbindlichen,[40] aber politisch sehr bedeutsamen Entschließungen des Europäischen Rates über den Stabilitäts- und Wachstumspakt[41] zu Rahmenbedingungen für die Mitgliedstaaten sowie Kommission und Rat der Europäischen Union. Hinzu traten die auf Grundlage von Art. 121 Abs. 5 AEUV bzw. Art. 126 Abs. 14 AEUV erlassenen Verordnungen (EG) Nr. 1466/97[42] über den Ausbau der haushaltspolitischen Überwachung und der Überwachung und Koordinierung der Wirtschaftspolitiken sowie die Verordnung (EG) Nr. 1467/97[43] über die Beschleunigung und Klärung des Verfahrens bei einem übermäßigen Defizit.[44] Mit der seit 2011 angestoßenen Reform sowie der Ergänzung durch das Sechser- und Zweierpaket sowie den VSKS wird die hinkende Grundkonstruktion der WWU effektiviert und entpolitisiert.[45]

III. Unionalisierte Währungspolitik

Nach Art. 3 Abs. 1 lit. c) AEUV liegt die ausschließliche Zuständigkeit der Währungspolitik für die Staaten, deren Währung der Euro ist, bei der Union. Dies meint die Geldpolitik, die Überwachung der Stabilitätskriterien und die Ausgabe der Eurowährung.[46] Die nähere Ausgestaltung der unionalen Währungspolitik ist in den

38 *Pache/Schwarz,* in: dies. (Hrsg.), Grundlagen, aktuelle Entwicklungen und Perspektiven der Europäischen Währungsunion, 2012, S. 13 (15); dazu s.u. Kap. 3, A. II. 6. a).

39 *Frenz/Ehlenz,* GewArch 2010, S. 329 (332); *Frenz,* Handbuch Europarecht, Bd. VI, 2011, Rn. 3600 ff.; *Häde,* EuR 2009, S. 200 (204).

40 So bspw. EuGH, Rs. 59/75, EU:C:1976:14 (Slg. 1976, S. 91), Rn. 21 – *Manghera; Frenz,* Handbuch Europarecht, Bd. VI, 2011, Rn. 3567; *Ruffert,* in: Calliess/Ruffert (Hrsg.), EUV/AEUV, 4. Aufl. 2011, Art. 288 AEUV Rn. 104 m.w.N.; *Hufeld,* in: Müller-Graff (Hrsg.), EnzEuR IV, 2014, § 22 Rn. 38 will ihnen jedoch einen „richtlinien-ähnlichen Verbindlichkeits- und Hierarchiestatus" zuschreiben; *Müller-Graff,* integration 2011, S. 289 (304) schlägt eine supranationale Fixierung vor, um diese justiziabel zu machen und Sanktionen durchsetzen zu können.

41 ABl.EG 1997 Nr. C 236 S. 1.

42 ABl.EG 1997 Nr. L 209, S. 1, bis dahin zuletzt geändert durch Art. 1 der ÄnderungsVO (EG) Nr. 1055/2005, ABl.EG 2005 Nr. L 174 S. 1.

43 ABl.EG 1997 Nr. L 209, S. 6, bis dahin geändert durch Art. 1 der ÄnderungsVO (EG) Nr. 1056/2005, ABl.EG 2005 Nr. L 174 S. 5

44 Ausführlich zum Verfahren bis zum Inkrafttreten des Sechserpakets *Frenz,* Handbuch Europarecht, Bd. VI, 2011, Rn. 3611 ff.

45 Dazu *Hufeld,* in: Müller-Graff (Hrsg.), EnzEuR IV, 2014, § 22 Rn. 122 ff.; s auch Kap. 2, C.

46 *Kotzur,* in: Geiger/Khan/Kotzur (Hrsg.), EUV/AEUV, 5. Aufl. 2010, Art. 3 AEUV Rn. 4; *Pache/Schwarz,* in: dies. (Hrsg.), Grundlagen, aktuelle Entwicklungen und Perspektiven der Europäischen Währungsunion, 2012, S. 13 (17).

Art. 127 bis 144 AEUV festgehalten. Die Struktur, das Verfahren und erforderliche Rechtsaktkompetenzen des Europäischen Systems der Zentralbanken (ESZB) sowie der Europäischen Zentralbank (EZB) werden durch die Art. 127 bis Art. 132 AEUV näher ausgestaltet. Nach Art. 127 Abs. 1 AEUV ist das primäre Ziel des ESZB und mithin der EZB die Gewährleistung der Preisstabilität im Euroraum, was insbesondere durch die Bestimmung und Ausführung der Geldpolitik der Union geschehen soll. Hierbei soll die EZB nach Art. 130 AEUV bei der Wahrnehmung ihrer Befugnisse, Aufgaben und Pflichten unabhängig von politischen Entscheidungträgern der Union oder der Mitgliedstaaten sein. Art. 137 AEUV institutionalisiert die Treffen der Minister der Mitgliedstaaten, deren Währung der Euro ist, primärrechtlich.[47]

Diese Normen flankieren mehrere Protokolle, die gemäß Art. 51 EUV einen Bestandteil der Verträge darstellen und somit im selben Rang wie die Verträge stehen.[48] Konkret zählt dazu zunächst das Protokoll über die Satzung des Europäischen Systems der Zentralbanken und der Europäischen Zentralbank[49], welches in Art. 129 Abs. 2 AEUV vorgesehen ist. Dort werden die Ziele, Aufgaben, die Organisation sowie währungspolitische Aufgaben des Europäischen Zentralbankensystems näher ausgestaltet. Das Protokoll über die Konvergenzkriterien[50] definiert diese näher, wohingegen das Protokoll über das Verfahren bei einem übermäßigen Defizit[51] die in Art. 126 Abs. 2 AEUV genannten Referenzwerte näher definiert sowie weitere Begriffsbestimmungen enthält. Darüber hinaus regelt das Protokoll betreffend die Euro-Gruppe[52] speziellere Regelungen betreffend Koordination und Verfahren im Rahmen der Mitgliedstaaten, die den Euro als Währung bereits eingeführt haben.

IV. Das Konzept der Stabilitätsunion

Oberstes Ziel der WWU und Grundlagenziel der EU ist die Gewährleistung der Preisstabilität im Euro-Währungsgebiet.[53] Dies wird durch die Art. 119 Abs. 2

---

47 Dazu s.u. Kap. 3, A. II. 1. d).

48 Vgl. *Schorkopf,* Der Europäische Weg, 2010, S. 118.

49 ABl.EG 1992 Nr. C 191, S. 68, zuletzt geändert durch Art. 1 Abs. 4 lit. b), Abs. 6 lit. a), Abs. 8 lit. b), Abs. 11 Protokoll Nr. 1 zum Vertrag von Lissabon, ABl.EU 2007 Nr. C 306, S. 165.

50 ABl.EG 1992 Nr. C 191, S. 85, zuletzt geändert durch Art. 1 Abs. 5 lit. c, Abs. 6 lit. c, Abs. 15 Protokoll Nr. 1 zum Vertrag von Lissabon vom 13.12.2007, ABl.EU 2007 Nr. C 306, S. 165.

51 ABl.EG 1992 Nr. C 191 S. 84, zuletzt geändert durch Art. 1 Abs. 4 lit. c, Abs. 6 lit. b, Abs. 24 Protokoll Nr. 1 zum Vertrag von Lissabon vom 13.12.2007, ABl.EU 2007 Nr. C 306, S. 165.

52 ABl.EU 2007 Nr. C 306 S. 153.

53 So bereits *EG-Kommission,* Bulletin der EG, Beilage 2/91, S. 23; ebenso *Häde,* in: BonnKomm-GG, 159. EL 2012, Art. 88 Rn. 319; *Herdegen,* Europarecht, 17. Aufl. 2015, § 23 Rn. 23; *Herrmann,* EuZW 2012, S. 805 (807); *Siekmann,* in: ders. (Hrsg.) EWU-Kommentar, 2013, Art. 3 AEUV Rn. 5.

AEUV sowie Art. 127 Abs. 1 Satz 1 AEUV deutlich.[54] Hier wird jedoch übereinstimmend nicht eine Inflation von 0% vorausgesetzt, es handelt sich vielmehr um eine Preisniveaustabilität.[55] Ergänzend sollen als materielle Stabilitätsanker der Wirtschaftsunion auf Unionsebene sowie zum Anreiz für eine eigenverantwortliche und solide Haushaltspolitik der Mitgliedstaaten die Art. 123 AEUV (Verbot monetärer Staatsfinanzierung durch die EZB), Art. 124 AEUV (Verbot des bevorrechtigten Zugangs zu Kreditinstituten) sowie Art. 125 AEUV (Nichtauslösungsklausel) dienen und so die Stabilitätsgemeinschaft verfestigen.[56] Es wird vorausgesetzt, dass die Mitgliedstaaten Einnahmen durch Steuern generieren und sich darüber hinaus nur unter Zuhilfenahme des Kapitalmarktes sollen refinanzieren dürfen.[57] Prinzip ist so die Staatsfinanzierung aus eigener Kraft.[58] Die fehlende Aussicht auf Hilfen im Falle der Missachtung dieser Vorgaben sollte zu einer hinreichenden Disziplinierung durch Wirken der Marktkräfte führen.[59] Dauerhafte Haushaltsdisziplin ist demnach ein weiteres Fundamentalgebot der WWU.[60]

Auch das Bundesverfassungsgericht sieht das Konzept der Stabilitätsgemeinschaft als wesentliche Geschäftsgrundlage der deutschen Beteiligung an der Währungsunion an.[61] Dies wird auch durch die verfassungsrechtliche Verankerung

---

54 *Pache/Schwarz,* in: dies. (Hrsg.), Grundlagen, aktuelle Entwicklungen und Perspektiven der Europäischen Währungsunion, 2012, S. 13 (17).

55 *Gaitanides,* Das Recht der EZB, 2005, S. 20 f.; *Herdegen,* Europarecht, 17. Aufl. 2015, § 23 Rn. 23.

56 Hierzu im Detail Kap. 3, A. II. 2.; i.E. auch *Pache/Schwarz,* in: dies. (Hrsg.), Grundlagen, aktuelle Entwicklungen und Perspektiven der Europäischen Währungsunion, 2012, S. 13 (21) m.w.N.; *Ekardt/Buscher,* NJ 2012, S. 148 (150); *Frenz/Ehlenz,* Gew-Arch 2010, S. 329 (334); *Glöckler,* in: v. d. Groeben/Schwarze/Hatje (Hrsg.), Europäisches Unionsrecht, Bd. 3, 7. Aufl. 2015, Vorb. zu Art. 119 – 144 AEUV, Rn. 16, 36; *Gröpl,* Der Staat 52 (2013), S. 1 (5); *Pernice,* WHI-Paper 04/2013, S. 7; *Schmidt,* JZ 2015, S. 317 (319); *Ohler,* ZG 2010, S. 330 (334); dies war bereits eine elementare Prämisse bei der Erarbeitung des Vertrages von Maastricht, vgl. *EG-Kommission,* Bulletin der EG, Beilage 2/91, S. 25.

57 Vgl. *Hufeld,* in: Müller-Graff (Hrsg.), EnzEuR IV, 2014, § 22 Rn. 112 m.w.N.; s. auch *Frenz,* Handbuch Europarecht, Bd. VI, 2011, Rn. 3624 f.

58 *Hufeld,* in: Müller-Graff (Hrsg.), EnzEuR IV, 2014, § 22 Rn. 150; vgl. *Di Fabio,* Die Zukunft einer stabilen Wirtschafts- und Währungsunion, 2013, S. 11.

59 *Endler,* EZB und Preisstabilität, 1998, S. 341 f.; *Gnan,* in: v. d. Groeben/Schwarze (Hrsg.), EUV/EGV, Bd. 3, 6. Aufl. 2003, Art. 103 EGV Rn. 9 ff.; *Siekmann,* in: Möllers/Zeitler (Hrsg.), Europa als Rechtsgemeinschaft, 2013, S. 101 (127) m.w.N.

60 *Hufeld,* in: Müller-Graff (Hrsg.), EnzEuR IV, 2014, § 22 Rn. 116.

61 BVerfGE 89, S. 155 (204 f.) – *Maastricht*; BVerfGE 129, S. 124 (181) – *Griechenland-Soforthilfe/Euro-Rettungsschirm*; BVerfGE 132, S. 195 (243) – *ESM/Fiskalpakt I*; s. auch *Herrmann,* EuZW 2012, S. 805 (807); *Korioth,* in: Pache/Schwarz (Hrsg.), Grundlagen, aktuelle Entwicklungen und Perspektiven der Europäischen Währungsunion, 2012, S. 61 (62); *Ohler,* in: Schmidt-Bleibtreu/Hofmann/Henneke (Hrsg.), GG, 13. Aufl. 2014,

des Art. 88 Satz 2 GG deutlich,[62] womit die Preisstabilität zum eigenständigen Staatsziel in Fom einer materiellen Verfassungsanordnung erstarkt.[63] Erwähnenswert ist jedoch, dass das verfassungsrechtliche Ziel des gesamtwirtschaftlichen Gleichgewichts (Art. 109 Abs. 2 GG) dadurch ergänzt wird, was zu einem gewissen Spannungsfeld unter gleichrangigen Zielen führt.[64]

D. Ursachen und Ablauf der Krise

Weltfinanz- und Staatsschuldenkrisen hat es in der Geschichte schon mehrfach gegeben.[65] Bevor Rettungsmaßnahmen für finanzschwache EU-Mitgliedstaaten im Rahmen der Bewältigung der Krise untersucht werden können, muss der Ablauf der Krise nebst den ihr zugrundeliegenden Ursachen eingehender betrachtet werden. So kann man für die Turbulenzen auf dem Kapitalmarkt zuvörderst das Staats- und Bankenversagen der Vergangenheit anführen.[66] Zuerst muss der chronologische Verlauf der Finanz- und Staatsschuldenkrise kursorisch nachgezeichnet sowie die Ursachen dieser Krise herausgearbeitet werden.[67] Vorab kann festgestellt werden, dass es sich dem Grunde nach um eine Krise handelt, die ihre Gestalt im Laufe der Zeit mehrfach gewandelt hat.[68]

I. Die Subprime- und Finanzmarktkrise als Auslöser

Als eine der primären Ursachen der Finanzkrise kann das sog. *Platzen der Immobilienblase,* also der Zusammenbruch der Immobilienmärkte in den Vereinigten Staaten im Spätsommer 2007 benannt werden.[69] Angetrieben durch eine Politik der

---

Art. 88 Rn. 28 ff.; *Oppermann/Classen/Nettesheim,* Europarecht, 6. Aufl. 2014, § 19 Rn. 8.

62 BVerfGE 132, S. 195 (243) – *ESM/Fiskalpakt I.*

63 *Pache/Schwarz,* in: dies. (Hrsg.), Grundlagen, aktuelle Entwicklungen und Perspektiven der Europäischen Währungsunion, 2012, S. 13 (18).

64 *Häde,* in: BonnKomm-GG, 159. EL 2012, Art. 88 Rn. 270 m.w.N.; *Pache/Schwarz,* in: dies. (Hrsg.), Grundlagen, aktuelle Entwicklungen und Perspektiven der Europäischen Währungsunion, 2012, S. 13 (18); *Schmidt,* in: Isensee/Kirchhof (Hrsg.), HbdStR V, 3. Aufl. 2007, § 117 Rn. 21.

65 Ausführlich etwa *Plumpe,* Wirtschaftskrisen, 2. Aufl. 2011, S. 7 ff.; s. auch *Di Fabio,* FAZ v. 22. 6. 2012, S. 9.

66 *Luksic,* Ist der Euro noch zu retten?, 2011, S. 18.

67 Zu den Eckdaten s. *Kunstein/Wessels,* integration 2011, S. 308 ff.

68 *Hufeld,* integration 2011, S. 117; *Siekmann,* in: Möllers/Zeitler (Hrsg.), Europa als Rechtsgemeinschaft, 2013, S. 101 (102).

69 *Ismer/Wiesner,* DÖV 2015, S. 81 (82 f.) m.w.N.; *Grundmann/Hofmann/Möslein,* in: dies. (Hrsg.), Finanzkrise und Wirtschaftsordnung, 2009, S. 1 (3); *Heun,* JZ 2010, S. 53 (55); *Möschel,* ZRP 2009, S. 129 (129); *Preuß,* in: Kadelbach/Günther (Hrsg.), Europa: Krise, Umbruch und neue Ordnung, 2014, S. 113 (117); *Schwintowski,* in: Grundmann/Hofmann/Möslein (Hrsg.), Finanzkrise und Wirtschaftsordnung, 2009, S. 41 (41);

US-Notenbank FED sowie eine Gesetzgebung, die einer Vielzahl von US-Bürgern durch Geldüberproduktion sowie Lockerung ihrer Zinspolitik und somit einer größeren Liquidität günstige Kredite ermöglichte, wurde für die Anleger ein Anreiz zu Aktien- und Immobilienkäufen und mithin zur Verschuldung geschaffen.[70] Auch die damalige US-Regierung warb für die Ausweitung der Kreditvergabe an Kreditnehmer im Subprime-Bereich, und verschärfte dieses Problem hierdurch mittelbar.[71] Als Kredite im Subprime-Bereich bezeichnet man vor allem solche, bei denen der Kreditnehmer in der Vergangenheit zahlungsunfähig war, bei ihm eine Zwangsversteigerung dokumentiert wurde oder er mit der Zahlung von Kreditraten in Verzug geraten ist.[72] Die durch das staatliche Geldmonopol mit Transmissionsriemen des Mindestreservesystems über die privaten Geschäftsbanken ermöglichten Spekulationen von Investoren auf Häuserpreise verschärften diesen Effekt noch weiter.[73]

Forciert wurde diese „Häuser-für-jedermann"-Politik in den Vereinigten Staaten noch durch falsches Setzen von Anreizen durch regressfreie Kredite, die dadurch gekennzeichnet sind, dass keine persönliche Durchgriffshaftungauf das restliche Vermögen des Schuldners entweder durch die Inanspruchnahme der gesetzlich normierten *non-recourse mortgages* bzw. durch vertraglich vereinbarte *walk-away*-Klauseln mehrmöglich war.[74] Hinzu kommt, dass sowohl die Eigenkapitalvorschriften für Banken in den USA im Vergleich zur europäischen Regulierung durch die sog. *Basel II*-Richtlinien[75] nicht besonders streng bis überhaupt nicht mehr vorhanden sind und ein solches Verhalten vonseiten der Kreditinstitute noch gefördert wird sowie die Eigenkapitalanteile beim Hauskauf von 20% auf 0% heruntergefahren

---

Siekmann, in: Möllers/Zeitler (Hrsg.), Europa als Rechtsgemeinschaft, 2013, S. 101 (102); *Weber,* Die Finanzkrise und ihre Ursachen, 2009, S. 2.

70 *Grundmann/Hofmann/Möslein,* in: dies. (Hrsg.), Finanzkrise und Wirtschaftsordnung, 2009, S. 1 (3) m.w.N.; *Luksic,* Ist der Euro noch zu retten?, 2011, S. 18; *Schwintowski,* in: Grundmann/Hofmann/Möslein (Hrsg.), Finanzkrise und Wirtschaftsordnung, 2009, S. 41 (42 f.); *Weber,* Die Finanzkrise und ihre Ursachen, 2009, S. 2 f.; ähnlich *Heun,* JZ 2010, S. 53 (54); *Horn,* BKR 2008, S. 452 (456); *Huth,* in: Elschen/Lieven (Hrsg.), Der Werdegang der Krise, 2009, S. 47 (49); *Scharpf,* ZSE 2011, S. 324 (329); *Siekmann,* Die Finanzmarktaufsicht in der Krise, 2010, S. 4; *Plumpe,* Wirtschaftskrisen, 2. Aufl. 2011, S. 110 f.; *Guse,* in: Elschen/Lieven (Hrsg.), Der Werdegang der Krise, 2009, S. 3 (18 ff.); *Wieland,* JZ 2012, S. 213 (214); zur Geldpolitik der FED s. näher dort, S. 11 ff.

71 Hierzu *Huth,* in: Elschen/Lieven (Hrsg.), Der Werdegang der Krise, 2009, S. 47 (59).

72 *Budzinski/Michler,* in: Springer Gabler Verlag (Hrsg.), Gabler Wirtschaftslexikon, Stichwort: Subprime-Krise, abrufbar unter: http://wirtschaftslexikon.gabler.de/Archiv/72525/subprime-krise-v9.html (zuletzt: 3. 12. 2015).

73 *Luksic,* Ist der Euro noch zu retten?, 2011, S. 18.

74 Community Reinvestment Act (CRA), hierzu *Grundmann/Hofmann/Möslein,* in: dies. (Hrsg.), Finanzkrise und Wirtschaftsordnung, 2009, S. 1 (4 ff.); *Heun,* JZ 2010,. S. 53 (55) m.w.N.; *Luksic,* Ist der Euro noch zu retten?, 2011, S. 18; differenzierter hingegen *Siekmann,* Die Finanzmarktaufsicht in der Krise, 2010, S. 4.

75 Richtlinien 48/2006/EG und 49/2006/EG; ABl.EU 2006 Nr. L 177, S. 1 ff., 201 ff.

wurden (sog. *down payment*).[76] Damit wurde ein sog. *moral hazard,* also der Anreiz zu riskantem Verhalten durch faktische staatliche Rettungsgarantien im Falle eines Scheiterns,[77] wesentlich gesetzt. Die rechtlichen Strukturen und Verhältnisse, insbesondere, jedoch nicht ausschließlich in den Vereinigten Staaten, stellen daher den Ausgangspunkt für die Finanzkrise dar.[78]

Jedoch nicht nur durch Anreiz verstärkende Politik, auch die in der Abwicklung solcher Kredite maßgeblich beteiligten Banken haben einen beträchtlichen Anteil an den Ursachen der Finanzmarktkrise. Letztere haben ihre Haftungsbeschränkungen derart ausgeweitet, dass sie am Ende beinahe nicht mehr zur Haftung herangezogen werden konnten und sich so für sie ein Geschäft ohne Risiken darstellte.[79] Diese sog. *Subprime-Darlehen* wurden daraufhin tendenziell die Regel;[80] dies sind hypothekenbesicherte Darlehen, die aufgrund der geringen Bonität des Kunden und des geringen Beleihungswertes der Immobilie mit einem sehr hohen Zinsaufschlag versehen werden.[81] Diese kapitalmarktfinanzierten Darlehen wurden von der kreditgewährenden Bank (dem sog. *Originator*) an eine kleinere Zweckgesellschaft in Nachbarschaft von Briefkastenfirmen an vorwiegend steuerbegünstigten und nur wenig regulierten Bankplätzen (das sog. *Special Purpose Vehicle*[82]) sofort weiterveräußert, wobei letztere mit einer Ausfallgarantie der dahinter agierenden Bank arbeiteten, da sie ansonsten keine Geschäftspartner gefunden hätten.[83] Auf Investorenseite gab es wiederum sog. *Special Investment Vehicles,* die nach einem ähnlichen Prinzip arbeiten.[84] Die Special Purpose Vehicles bündelten und verbrieften diese Kreditforderungen in Treuhandkörben und vertrieben diese international, bevorzugt an institutionelle Anleger; hiervon versprachen sie sich die Minimierung

---

76 *Grundmann/Hofmann/Möslein,* in: dies. (Hrsg.), Finanzkrise und Wirtschaftsordnung, 2009, S. 1 (4 ff.); *Horn,* BKR 2008, S. 452 (456).

77 *Lieven,* in: Elschen/Lieven (Hrsg.), Der Werdegang der Krise, 2009, S. 219 (230).

78 *Heun,* JZ 2010, S. 53 (54); ähnlich *Siekmann,* in: Kadelbach (Hrsg.), Nach der Finanzkrise, 2012, S. 131 (134): Er erachtet insbesondere auch die europäischen und deutschen Vorschriften für mangelhaft und daher revisionsbedürftig.

79 *Luksic,* Ist der Euro noch zu retten?, 2011, S. 21; *Plumpe,* Wirtschaftskrisen, 2. Aufl. 2011, S. 111; aufgrund dieser Kreditverschreibungen wird diese Krise auch als „Subprime-Krise" bezeichnet, so bspw. *Heun,* JZ 2010, S. 53 (55); *Weber,* Die Finanzkrise und ihre Ursachen, 2009, S. 2.

80 *Huth,* in: Elschen/Lieven (Hrsg.), Der Werdegang der Krise, 2009, S. 47 (51).

81 *Horn,* BKR 2008, S. 452 (457); *Jäger/Voigtländer,* iw-Trends 3/2008, S. 1 (6), dort auch näher zum Unterschied von Subprime- zu Prime- und Alt-A-Darlehen; dazu auch *Czaykowski/Wink/Theiselmann/Gehring,* in: Elschen/Lieven (Hrsg.), Der Werdegang der Krise, 2009, S. 29 (39 ff.).

82 S. hierzu bspw. *Schwintowski,* in: Grundmann/Hofmann/Möslein. (Hrsg.), Finanzkrise und Wirtschaftsordnung, 2009, S. 41 (43 f.).

83 *Heun,* JZ 2010, S. 53 (55 f., 57 f.); *Horn,* BKR 2008, S. 452 (457 f.); *Möschel,* ZRP 2009, S. 129 (130); *Weber,* Die Finanzkrise und ihre Ursachen, 2009, S. 3.

84 *Heun,* JZ 2010, S. 53 (55 f.); *Möschel,* ZRP 2009, S. 129 (130).

eines Insolvenzrisikos.[85] Solche Finanzprodukte werden auch als *Asset Back Securities* (kurz ABS; forderungsbesicherte Wertpapiere) bezeichnet.[86] Diese Geschäfte ermöglichten es Kreditinstituten, sich Liquidität zu verschaffen.[87] Die exzessive Benutzung dieser Geschäfte ist ein Hauptauslöser der globalen Finanzkrise.[88] Geht man noch tiefer, so ist ein Grund für die Finanzkrise die Nichtunterlegung von Immobilienkrediten mit Eigenkapital der Schuldner.[89]

Allerdings wandelte sich die *Subprime*-Krise aufgrund der engen Verflechtung miteinander schnell auch zu einer Banken- und Finanzmarktkrise:[90] Die meisten Geldinstitute haben aufgrund der Vergabe dieser Kredite nur noch mit drei bis fünf Prozent ihrer Bilanzsumme gearbeitet, was mit hohen Risiken verbunden war.[91] Diese hohen Risiken wurden allerdings nur eingegangen, da die Verantwortlichen wussten, dass ein Teil der Verluste von Gläubigern oder letztendlich vom Staat getragen würde, da dieser dafür Bürgschaften aufnahm.[92] Jedoch auch durch marktgesteuertes Handeln der Banken, die das Verlangen nach risiko- und ertragsreichen Geschäftsmodellen befriedigen wollten, wurde dieses risikofreudige Verhalten gefördert.[93] Die Bündelung, Strukturierung, Zertifizierung und Weitergabe der Subprime-Darlehen durch die Banken konnte zu einer Verschachtelung solcher Geschäfte führen, bei der am Ende der Erwerber solcher Zertifikate nicht mehr nachzuvollziehen vermochte, welche Risiken und Sicherheiten damit verbunden waren.[94] Die steigenden Immobilienpreise ließen dies wiederum zu einem scheinbar risikofreien Geschäft werden.[95] Es wurde jedoch nicht bedacht, dass diese Preise durch die laxen Kreditbedingungen lediglich künstlich in die Höhe getrieben wurden.[96] Durch die

---

85 *Heun,* JZ 2010, S. 53 (55 f.); *Möschel,* ZRP 2009, S. 129 (130).

86 *Weber,* Die Finanzkrise und ihre Ursachen, 2009, S. 3; zur Funktionsweise näher s. *Heun,* JZ 2010, S. 53 (55 f.).

87 *Weber,* Die Finanzkrise und ihre Ursachen, 2009, S. 3.

88 *Horn,* BKR 2008, S. 452 (456) m.w.N.; vgl. auch *Wieland,* JZ 2012, S. 213 (215).

89 *Schwintowski,* in: Grundmann/Hofmann/Möslein. (Hrsg.), Finanzkrise und Wirtschaftsordnung, 2009, S. 41 (46).

90 Vgl. *Herrmann,* in: Giegerich (Hrsg.), Herausforderungen und Perspektiven der EU, 2012, S. 51 (64); ähnlich *Ismer/Wiesner,* DÖV 2015, S. 81 (83).

91 *Luksic,* Ist der Euro noch zu retten?, 2011, S. 21.

92 *Luksic,* Ist der Euro noch zu retten?, 2011, S. 21; *Plumpe,* Wirtschaftskrisen, 2. Aufl. 2011, S. 111.

93 *Luksic,* Ist der Euro noch zu retten?, 2011, S. 22.

94 *Hartmann-Wendels,* FIF 2008, S. 252 (255); *Heun,* JZ 2010, S. 53 (55); *Plumpe,* Wirtschaftskrisen, 2. Aufl. 2011, S. 111; *Siekmann,* in: Möllers/Zeitler (Hrsg.), Europa als Rechtsgemeinschaft, 2013, S. 101 (104); a.A. *Möschel,* ZRP 2009, S. 129 (130), der dies als Schutzbehauptung bezeichnet, zur genauen Ausgestaltung der Kreditverbriefungsgeschäfte s. auch dort.

95 *Plumpe,* Wirtschaftskrisen, 2. Aufl. 2011, S. 111; dort auch im Folgenden; *Weber,* Die Finanzkrise und ihre Ursachen, 2009, S. 2.

96 *Grundmann/Hofmann/Möslein,* in: dies. (Hrsg.), Finanzkrise und Wirtschaftsordnung, 2009, S. 1 (7).

Einbeziehung solcher Papiere in die Portfolios der Banken wurden diese im Laufe der Zeit neu bewertet, aufgrund dessen die Banken in der Lage waren, wiederum Kredite zu vergeben, die nach und nach die Bilanz- sowie Kreditsummen dieser Kreditinstitute ohne Substanz vergrößerten. Das risikobehaftete Geschäft war jedoch so lukrativ und gewinnversprechend, dass sich dem immer mehr Banken (bspw. auch deutsche Landesbanken) anschlossen, um größere Gewinne zu erwirtschaften.[97] Ein solches Verhalten ist allerdings auf eine entsprechende Nachfrage zurückzuführen, die in den Vereinigten Staaten einen rapiden Anstieg zu verzeichnen hatte, da die Aussicht auf Verwirklichung des Eigenheimbesitzes vielversprechend war.[98] Insoweit wurden solche Spekulationen im Auftrag der Kunden erwirtschaftet, die entsprechende Renditen mit ihrer Geldanlage zu erzielen versuchten. Dabei sind die Banken jedoch auf Aktien oder Staatsanleihen angewiesen, um Gewinne zu erwirtschaften, die dann in Form von Zinsen teilweise an die Kunden weitergegeben werden können.[99] Ferner mussten die Anleger von Staatsanleihen insbesondere darauf achten, dass diese von den emittierenden Staaten auch wieder zurückgezahlt werden konnten und sollten sie im Falle der Gefährdung der Rückzahlung auch abstoßen.

Auch die Ratingagenturen, die beispielsweise Staaten oder Finanzkonzepte auf ihre Bonität hin bewerten, spielen hierbei eine Rolle, denn sie sind wesentlicher Indikator für die Entscheidung der Kapitalmärkte.[100] Es kann durchaus behauptet werden, dass ohne ihr Wirken die Krise nicht hätte entstehen können oder wenigstens erheblich weniger gravierend ausgefallen sein dürfte, da die soeben beschriebenen Finanzprodukte maßgeblich durch das Wirken der Ratingagenturen erst marktgängig und daher verkäuflich wurden.[101]

Diese risikoreichen Geschäfte wiesen jedoch schnell auch negative Folgen auf: Die Entwicklung der Immobilienpreise hatte 2007 ihren Höhepunkt erreicht.[102] Von da an fielen sie, was zu Zahlungsschwierigkeiten von Banken im angloamerikanischen Raum und im Februar 2008 zu ersten Zusammenbrüchen kleinerer US-amerikanischer Banken führte. Das wurde allerdings von den dortigen Regierungs- sowie Zentralbankverantwortlichen in Kauf genommen. Erst der Zusammenbruch der großen Investmentbank *Lehman Brothers* am 15. September 2008 offenbarte schlagartig das Ausmaß der Krise, als binnen kurzer Zeit eine Austrocknung der Finanzmärkte entstand, insbesondere durch drastische Kurseinbrüche und

---

97 *Möschel*, ZRP 2009, S. 129 (130); *Plumpe*, Wirtschaftskrisen, 2. Aufl. 2011, S. 111.

98 Vgl. *Heun*, JZ 2010, S. 53 (56); *Huth*, in: Elschen/Lieven (Hrsg.), Der Werdegang der Krise, 2009, S. 47 (55 f.); s. dort auch zur Praxis der Hypothekenmakler.

99 *Luksic*, Ist der Euro noch zu retten?, 2011, S. 22; dort auch im Folgenden.

100 Dazu im Einzelnen: *Schwintowski*, in: Grundmann/Hofmann/Möslein (Hrsg.), Finanzkrise und Wirtschaftsordnung, 2009, S. 41 (45 f.); *Grundmann/Hofmann/Möslein*, ebd., S. 1 (11 f.); *Vaubel*, ebd., S. 119 (121 f.); *Weber*, Kreditwesen 2010, S. 557 ff.

101 *Siekmann*, in: Möllers/Zeitler (Hrsg.), Europa als Rechtsgemeinschaft, 2013, S. 101 (104 f.).

102 *Plumpe*, Wirtschaftskrisen, 2. Aufl. 2011, S. 112; dort auch im Folgenden.

Verweigerung der Banken, sich weiterhin gegenseitig Liquidität durch Kredite im Interbankenhandel zu verschaffen.[103] Die Insolvenz von *Lehman Brothers* führte zu der soeben erwähnten Vertrauenskrise zwischen Banken; das Geschäft untereinander kam beinahe vollständig zum Erliegen.[104] Als Hauptgründe können ausgemacht werden, dass *Lehman Brothers* ein systemrelevantes Institut von höchster Reputation war, das nach seinem innerhalb von vier Tagen erfolgten Zusammenbruch nicht mit staatlicher Hilfe gerettet wurde.[105] Banken wurden dann als Systemrisiken bezeichnet, wenn sie Einlagenverlust zu verzeichnen hatten, Eigenkapital abschreiben mussten und daraufhin von Insolvenz bedroht waren.[106] Dies galt indes nur für Banken, die eine sog. Systemrelevanz besaßen, d. h. deren Existenz von essenzieller Bedeutung für das Funktionieren des gesamten Kapitalmarktes ist. Jedoch auch der Markt versagte in dieser Krise: Das Risikomanagement wurde in Anlehnung an angelsächsisch geprägte Marktphilosophien nur dem Markt zugetraut.[107] Zum Handelsobjekt wurde zunehmend das Kreditrisiko, woraus stark prosperierende Märkte entstanden.[108] Zusammengefasst kann als Ursache das Markt- sowie Staatsversagen zugleich festgestellt werden.[109] Als Ursache können hingegen nicht die Strukturen der Finanzmärkte als solche herangezogen werden, sondern eher die erheblichen makroökonomischen Ungleichgewichte in den internationalen Handels- und Leistungsbilanzen, auf denen sie gründen.[110]

II. Von der Finanzmarkt- über die Wirtschafts- hin zur Staatsschuldenkrise

Der Zusammenbruch der Investmentbank *Lehman Brothers* im Herbst 2008 traf aufgrund der weltweiten Verbindung der Finanzmärkte auch weite Teile europäischer Banken.[111] Auch deutsche Geschäfts- sowie Landesbanken mussten

---

103 *Hartmann-Wendels*, FlF 2008, S. 252 (255); *Guse*, in: Elschen/Lieven (Hrsg.), Der Werdegang der Krise, 2009, S. 3 (18 f.); *Hader/Bryazgin/Lieven*, in: Elschen/Lieven (Hrsg.), Der Werdegang der Krise, 2009, S. 143 (156 f.); *Plumpe*, Wirtschaftskrisen, 2. Aufl. 2011, S. 112; die Förderbanken *Fannie Mae* und *Freddy Mac* spielten hingegen keine große Rolle, sondern haben erst nach Krisenausbruch den Erwerb von Subprime-Krediten aufgrund politischen Drucks forciert, s. *Möschel*, ZRP 2009, S. 129 (130); zu den Hintergründen der Insolvenz von *Lehman Brothers* eingehend *Lieven*, in: Elschen/Lieven (Hrsg.), Der Werdegang der Krise, 2009, S. 219 (221 ff.).

104 *Hartmann-Wendels*, FlF 2008, S. 252 (255); *Heun*, JZ 2010, S. 53 (53); *Möschel*, ZRP 2009, S. 129 (130).

105 *Möschel*, ZRP 2009, S. 129 (130).

106 *Plumpe*, Wirtschaftskrisen, 2. Aufl. 2011, S. 112.

107 *Horn*, BKR 2008, S. 452 (457).

108 *Horn*, BKR 2008, S. 452 (457).

109 *Heun*, JZ 2010, S. 53 (58); *Horn*, BKR 2008, S. 452 (456).

110 *Heun*, JZ 2010, S. 53 (54); ähnlich *M. Weber*, Kreditwesen 2010, S. 557 (558).

111 Vgl. *Hader/Bryazgin/Lieven*, in: Elschen/Lieven (Hrsg.), Der Werdegang der Krise, 2009, S. 143 (145).

daraufhin Zertifikate abschreiben, die sich vorrangig aus dem Immobiliensektor speisten.[112] So wurde auch dort trotz fehlendem Immobilienboom deutlich, dass sich bspw. deutsche Kreditinstitute an diesen spekulativen Geschäften beteiligt hatten.[113] Einige betroffene Staaten außerhalb des Euroraums wie die Vereinigten Staaten oder das Vereinigte Königreich, aber auch dem Euroraum zugehörige Staaten wie Deutschland, Frankreich, Irland und Österreich haben stellenweise durch (Teil-) Verstaatlichungen systemrelevanter Banken oder direkte Bankenhilfen und Bürgschaften Schutzmaßnahmen ergriffen, die den vollständigen Zusammenbruch des Finanzmarktes abwenden konnten und so die Liquidität im Bankensektor wiederherstellen sollten.[114] Zwar konnten so noch schlimmere Folgen verhindert werden, allerdings waren die Banken gleichwohl gezwungen, aufgrund von erheblichen Wertberichtigungen nachfolgenden Abschreibungen auf ihre Eigenkapitalbasis ihre Kreditvergabepraxis einzuschränken, was wiederum ihre Kreditvergabefähigkeit immens begrenzte (sog. *Deleverage*).[115]

Auch wenn die Finanzwirtschaft in ihrem Bestand weitgehend geschützt wurde, so waren erhebliche Auswirkungen auf die gesamte Realwirtschaft zu verzeichnen.[116] So führten die von der Finanzkrise bedingten Abschreibungsverluste und Wertberichtigungen der Banken zu einer Verschlechterung der Finanzierungsbedingungen (sog. „*Kreditklemme*") für die Realwirtschaft, da die Banken bestehende Darlehen nicht mehr verlängerten und keine neuen Darlehen mehr vergaben.[117] Darüber hinaus trat ein allgemeiner Vermögenspreisverfall, insb. bei Immobilien und Wertpapieren ein, der sich maßgeblich auf das Konsumverhalten auswirkte.[118] Ferner kann als Auswirkung eine fundamentale Unsicherheit ausgemacht werden, da der Glaube an die Stabilität des Finanzsystems enorm erschüttert wurde, wodurch sowohl die Investitionsneigung von Unternehmern sinkt als auch die Investitions- und Konsumneigung privater Haushalte.[119] Absatzmarktschrumpfungen, Export- und Ertragsrückgänge sowie steigende Arbeitslosigkeit waren weltweit

---

112 *Plumpe,* Wirtschaftskrisen, 2. Aufl. 2011, S. 112; näher s. *Hader/Bryazgin/Lieven,* in: Elschen/Lieven (Hrsg.), Der Werdegang der Krise, 2009, S. 143 (148 ff.).

113 *Hader/Bryazgin/Lieven,* in: Elschen/Lieven (Hrsg.), Der Werdegang der Krise, 2009, S. 143 (148 ff.); *Plumpe,* Wirtschaftskrisen, 2. Aufl. 2011, S. 112.

114 *Plumpe,* Wirtschaftskrisen, 2. Aufl. 2011, S. 112 f.; im Einzelnen *Lösel,* in: Elschen/Lieven (Hrsg.), Der Werdegang der Krise, 2009, S. 259 (262 ff.).

115 *Plumpe,* Wirtschaftskrisen, 2. Aufl. 2011, S. 113.

116 Vgl. *Möschel,* ZRP 2009, S. 129 (129); im Einzelnen *Dill/Lieven,* in: Elschen/Lieven (Hrsg.), Der Werdegang der Krise, 2009, S. 197 ff.

117 *Dill/Lieven,* in: Elschen/Lieven (Hrsg.), Der Werdegang der Krise, 2009, S. 197 (200 f.) m.w.N.

118 *Dill/Lieven,* in: Elschen/Lieven (Hrsg.), Der Werdegang der Krise, 2009, S. 197 (202 ff.); zum Zusammenspiel von Konsumverhalten und Hypothekenmarkt s. *Czaykowski/Wink/Theiselmann/Gehring,* in: Elschen/Lieven (Hrsg.), Der Werdegang der Krise, 2009, S. 29 ff.

119 *Dill/Lieven,* in: Elschen/Lieven (Hrsg.), Der Werdegang der Krise, 2009, S. 197 (205).

die Folge.[120] Die vor allem in Europa und den Vereinigten Staaten zur Abfederung der Folgen der Finanzkrise eingerichteten Konjunkturprogramme zur Stimulierung der Absatzmärkte und zur Dämpfung der Arbeitslosigkeit haben allerdings nicht mehr nur das Wachstum dort gefördert, sondern vor allen Dingen einen Anstieg der Schuldenstandsquotein diesen Staaten bewirkt.[121] Dies galt auch immer mehr für wettbewerbsfähige Volkswirtschaften.[122] Jedoch nicht allein die zur Bewältigung der Finanzkrise 2008/2009 eingerichteten Konjunktur- und Beschäftigungsprogramme sind Ursache für die horrende Staatsverschuldung. Als weitere, wenn nicht sogar als Hauptursache kann vorwiegend die über Jahre andauernde, öffentliche Verschuldung von Staaten nebst ihrem überaus hohen Gesamtschuldenstand gesehen werden.[123] Die Finanzmarktkrise und die milliardenschweren Rettungspakete für Banken haben diese jahrelange Misswirtschaft lediglich drastisch verschlimmert und mitverursacht, sind aber nicht deren alleinige Auslöser.[124] Die Dysfunktion der Finanzmärkte ist lediglich ein Auslöser für die schwerwiegenden Gefahren von einzelnen Volkswirtschaften innerhalb des Euro-Währungsgebietes.[125] Es besteht also keine Monokausalität zwischen der Finanzmarkt- und der Staatsschuldenkrise.[126]

III. Die Staatsschuldenkrise als Eurokrise?

Die soeben beschriebene Staatsschuldenkrise kann entgegen der weit verbreiteten, öffentlichen Meinung für den Euro-Raum nicht unreflektiert auch als Eurokrise bezeichnet werden. Die eklatante Verschuldung hat inzwischen zahlreiche Staaten der WWU erfasst.[127] Von daher ist die Eurokrise primär eher als eine

---

120 *Plumpe*, Wirtschaftskrisen, 2. Aufl. 2011, S. 113.

121 *Di Fabio*, Die Zukunft einer stabilen Wirtschafts- und Währungsunion, 2013, S. 15; *Favaro/Li/Pradelli/v. Doorn*, in: Primo Baga/Vincelette (Hrsg.), Sovereign Debt and the Financial Crisis, 2011, S. 221 (227 f.); *Flassbeck/Spiecker*, Wirtschaftsdienst 2010, S. 178 (179); *Herrmann*, in: Kadelbach (Hrsg.), Nach der Finanzkrise, 2012, S. 79 (81 f.); *Luksic*, Ist der Euro noch zu retten?, 2011, S. 23; *Maurer*, Vierteljahreshefte zur Wirtschaftsforschung 4/2010, S. 85 (86); *Potacs*, EuR 2013, S. 133; *Plumpe*, Wirtschaftskrisen, 2. Aufl. 2011, S. 113; *Scharpf*, ZSE 2011, S. 324 (329); vgl. auch *Heun*, JZ 2010, S. 53 (53).

122 *Plumpe*, Wirtschaftskrisen, 2. Aufl. 2011, S. 114.

123 *Seidel*, ZEI Working Paper B01–10, 2010, S. 1; vgl. auch *Haratsch/Koenig/Pechstein*, Europarecht, 10. Aufl. 2016, Rn. 1305; *Manger-Nestler/Böttner*, EuR 2014, S. 621 (632); zur Definition des Begriffs Staatsschuldenkrise *Nitze*, Finanzhilfen für Euro-Staaten in der Krise, 2015, S. 48 f. m.w.N., 56.

124 So bspw. *Haratsch/Koenig/Pechstein*, Europarecht, 10. Aufl. 2016, Rn. 1305.

125 *Ohler*, in: Siekmann (Hrsg.), EWU-Kommentar, 2013, Art. 136 AEUV Rn. 19; *ders.*, GYIL 2011, S. 47 (60 f.).

126 Vgl. *Potacs*, EuR 2013, S. 133; *Rodi*, JZ 2015, S. 737 (741); *Siekmann*, in: Kadelbach (Hrsg.), Nach der Finanzkrise, 2012, S. 131.

127 Ähnlich *Horn*, in: Grunewald (Hrsg.), FS Maier-Reimer, 2010, S. 245 (254); so sind neben Griechenland auch Portugal sowie Irland, Spanien und Zypern hilfebedürftig; bei Italien ist die Lage zeitweise sehr angespannt.

„Staatsschuldenkrise im Euroraum" zu charakterisieren. Die Bezeichnung als Eurokrise impliziert, dass die Gründe hierfür in der Konstruktion der WWU liegen.[128] Dies gilt es hier überhaupt erst zu untersuchen. Geschäftsgrundlage der WWU ist ihre Ausgestaltung als Stabilitätsgemeinschaft.[129] Bei der Errichtung der WWU wurde aufgrund zahlreicher Einwände aus einzelnen Mitgliedstaaten auf eine gemeinsame Wirtschafts- und Haushaltspolitik, mit einzelnen Koordinierungspflichten der Mitgliedstaaten (vgl. insb. Art. 119 Abs. 1, Art. 121 AEUV) bewusst verzichtet.[130] Das Bundesverfassungsgericht warnte davor in seinem *Maastricht*-Urteil und sprach die Verantwortung für eine solche Konzeption daher den politischen Akteuren zu.[131] Die Mitgliedstaaten haben sich allerdings verpflichtet, übermäßige öffentliche Defizite zu vermeiden (Art. 126 Abs. 1 AEUV). Einen Ersatz für die fehlende gemeinsame Wirtschafts- und Haushaltspolitik stellt der Stabilitäts- und Wachstumspakt dar, der bis zum Ausbruch der Krise aus zwei Verordnungen sowie einer Entschließung des Europäischen Rates bestand.[132] Dort sind Stabilitätskriterien normiert, die im Zuge der Staatsschuldenkrise, sowie auch bereits davor, von vielen Euro-Teilnehmerstaaten nicht mehr erfüllt wurden.[133] Ferner beinhaltet der Stabilitäts- und Wachstumspakt Sanktionsmöglichkeiten bei Nichtbeachtung dieser Stabilitätskriterien, die allerdings im Jahr 2005 durch die Verordnungen (EG) Nr. 1055/2005[134] sowie Nr. 1056/2005[135] wesentlich gelockert wurden und seitdem nicht mehr die erforderliche Sanktionierungswirkung für übermäßige Defizite nach Art. 126 Abs. 11 AEUV i.V.m. VO (EG) Nr. 1467/97 aufwiesen.[136] Es lässt sich zunächst feststellen,

128 *Herrmann,*, in: v. Lewinski (Hrsg.), Staatsbankrott als Rechtsfrage, 2011, S. 29 (32); *ders.*, in: Giegerich (Hrsg.), Herausforderungen und Perspektiven der EU, 2012, S. 51 (69) m.w.N; ähnlich *Preuß*, in: Kadelbach/Günther (Hrsg.), Europa: Krise, Umbruch und neue Ordnung, 2014, S. 113 (117 f.); *Rodi*, JZ 2015, S. 737 (737); *Schwarz*, CMLRev 51 (2014), S. 389 (414 f.).

129 BVerfGE 89, S. 155 (205) – *Maastricht*; BVerfGE 97, S. 350 (369) – *Euro-Einführung*; BVerfGE 129, S. 124 (181 f.) – *Griechenland-Soforthilfe/Euro-Rettungsschirm*; BVerfGE 132, S. 195 (243) – *ESM/Fiskalpakt I;* dazu o. D. IV.

130 Vgl. Delors-Bericht, Rn. 30; s. dazu oben D. IV.; zu Rechtsfragen ihrer Umsetzung s. *Degenhart*, in: Möllers/Zeitler (Hrsg.), Europa als Rechtsgemeinschaft, 2013, S. 85 (90 ff.).

131 BVerfGE 89, S. 155 (207).

132 Verordnung (EG) Nr. 1166/97, ABl.EG 1997 Nr. L 209, S. 1; Verordnung (EG) Nr. 1467/97, ABl.EG 1997, Nr. L 209, S. 6; Entschließung des Europäischen Rates über den Stabilitäts- und Wachstumspakt, ABl.EG 1997 Nr. C 236, S. 1; zu den Reformen und Ergänzungen durch das Sechser- und Zweierpaket s.u. Kap. 2, B. II., III.

133 S. hierzu exemplarisch Eurostat, Pressemitteilung Euroindikatoren 55/2010 v. 22. 04. 2010.

134 ABl.EG 2005 Nr. L 174, S. 1.

135 ABl.EG 2005 Nr. L 174, S. 5.

136 Ähnlich *Herrmann*, in: v. Lewinski (Hrsg.), Staatsbankrott als Rechtsfrage, 2011, S. 29 (32 f.); *ders.*, in: Kadelbach (Hrsg.), Nach der Finanzkrise, 2012, S. 79 (98);

dass der Stabilitäts- und Wachstumspakt durch die politischen Entscheidungsträger immer weiter aufgeweicht wurde und sich von rechtlichen Kriterien zu politischer Wunschvorstellung entwickelte.[137] Verbliebene Verpflichtungen wurden missachtet und bildeten ebenfalls ein Fundament dieser Krise.[138]

Die Ursache der Staatsschuldenkrise als Eurokrise liegt gleichwohl noch tiefer: Die Herausforderung in einem Währungsraum mit festgelegten Wechselkursen wie dem Euroraum ist es, durch die Auswirkungen der Finanzmarkt- und Realwirtschaftskrise stark erhöhte Leistungsbilanzdefizite einzelner Staaten wieder aufzubessern.[139] Allerdings wird deutlich, dass einige Euro-Teilnehmerstaaten aufgrund ihrer Wirtschaftsstruktur nur leichte Erhöhungen des Leistungsbilanzdefizites nach Kriseneinbruch zu verzeichnen haben (bspw. Deutschland), während eher strukturschwache Staaten sogar weitaus größere Defizite aufweisen (bspw. Griechenland oder Portugal).[140] Die Staatsschuldenquote ist allerdings nicht der einzig entscheidende Wert, denn mit Eintritt in die Währungsunion stieg in den daran partizipierenden Staaten vor allem auch die Nettoauslandsverschuldungsquote, womit deutlich wird, dass die Währungsunion einen starken Anreiz zur Nettokreditaufnahme im Ausland gesetzt hat.[141] Ferner haben sich aufgrund der großen Streuung der Inflationsraten in den einzelnen Teilnehmerstaaten der WWU die Realzinsen enorm auseinander entwickelt, was insbesondere Anreize zu erhöhten durch Kredite finanzierten Konsum- und Investitionsausgaben hervorrief.[142]

Hier wird also ein weiteres, neben der fehlenden gemeinsamen Wirtschafts- und Haushaltspolitik bestehendes Problem der Konstruktion der WWU evident: Der Euroraum hat starre Wechselkurse, die nicht nach konjunktureller Lage durch den

---

s. auch *Degenhart,* in: Möllers/Zeitler (Hrsg.), Europa als Rechtsgemeinschaft, 2013, S. 85 (94 f.); *Hamer,* in: v. d. Groeben/Schwarze/Hatje (Hrsg.), Europäisches Unionsrecht, Bd. 3, 7. Aufl. 2015, Art. 125 AEUV, Rn. 19 ff.; *Horn,* in: Grunewald (Hrsg.), FS Maier-Reimer, 2010, S. 245 (255); *Wieland,* JZ 2012, S. 213 (214).

137 *Böckenförde,* Wissenschaft – Politik – Verfassungsgericht, 2011, S. 299 (301); *Häde,* in: Giegerich (Hrsg.), Herausforderungen und Perspektiven der EU, 2012, S. 35 (40); *Luksic,* Ist der Euro noch zu retten?, 2011, S. 44 f; *Siekmann,* in: Möllers/Zeitler (Hrsg.), Europa als Rechtsgemeinschaft, 2013, S. 101 (143).

138 *Kirchhof,* NJW 2013, S. 1 (3); ähnlich *Pernice,* WHI-Paper 04/2013, S. 9.

139 *Favaro/Li/Pradelli/v. Doorn,* in: Primo Baga/Vincelette (Hrsg.), Sovereign Debt and the Financial Crisis, 2011, S. 221 (235 f.); vgl. auch *Frenz,* Handbuch Europarecht, Bd. VI, 2011, Rn. 3637 f.; *Häde,* in: Giegerich (Hrsg.), Herausforderungen und Perspektiven der EU, 2012, S. 35 (37 f.); *Herrmann,* in: Kadelbach (Hrsg.), Nach der Finanzkrise, 2012, S. 79 (90); *Issing,* Krise des Euro? Krise Europas?, 2011, S. 8.

140 *Favaro/Li/Pradelli/v. Doorn,* in: Primo Baga/Vincelette (Hrsg.), Sovereign Debt and the Financial Crisis, 2011, S. 221 (222 ff.), vgl. *Calliess,* ZEuS 2011, S. 213 (216).

141 *Di Fabio,* Die Zukunft einer stabilen Wirtschafts- und Währungsunion, 2013, S. 14; *Maurer,* Vierteljahreshefte zur Wirtschaftsforschung, 4/2010, S. 85 (86 ff.) mit weiteren empirischen Nachweisen hierzu.

142 *Maurer,* Vierteljahreshefte zur Wirtschaftsforschung, 4/2010, S. 85 (89).

Markt angepasst werden könnten,[143] allerdings besteht das Euro-Währungsgebiet aus Mitgliedstaaten mit stark divergierender Wirtschaftskraft sowie –struktur.[144] Eine Anpassung der realen Wechselkurse hätte die negativen Auswirkungen der Krise wohl abgemildert und eine unterschiedliche Entwicklung der Wettbewerbsfähigkeit der Euro-Teilnehmerstaaten nicht noch weiter verschärft.[145] Bereits bei der Einführung des Euro stellte der damit entstandene, einheitliche Währungsraum schon keinen sog. *„optimalen Währungsraum"* nach der Theorie *Mundells*[146] dar, in dem einheitliche monetäre Impulse auf vergleichbare volkswirtschaftliche Bedingungen treffen und so ähnliche Konsequenzen bewirken.[147] Eine einheitliche Geldpolitik verstärkt Disparitäten der Wachstums- und Inflationsdynamiken nur und generiert zudem ein noch größeres Ungleichgewicht der Leistungs- und Kapitalbilanzen zwischen den einzelnen am Euro teilnehmenden Mitgliedstaaten.[148] Wesentliche Grundvoraussetzung für ein anhaltendes und spannungsfreies Bestehen einer Währungsunion (auch der WWU) ist auch, dass es (zumindest mittelfristig) zu einer konvergenten Preisentwicklung (also Preisstabilität) der daran teilnehmenden Staaten kommt.[149] Hierin lag allerdings seit ihrer Gründung 1999 das Problem der WWU.[150]

---

143 *Everling*, in: Müller-Graff/Schmahl/Skouris (Hrsg.), FS Scheuing, 2011, S. 526 (539); *Gloede/Menkhoff*, Wirtschaftsdienst 2010, S. 172 (173 f.); *Häde*, EuZW 2009, S. 399 (401); *ders*, in: Giegerich (Hrsg.), Herausforderungen und Perspektiven der EU, 2012, S. 35 (37 f.) m.w.N.; *Krämer*, Wirtschaftsdienst 2010, S. 379 (382); *Maurer*, Vierteljahreshefte zur Wirtschaftsforschung 4/2010, S. 85 (92); *Scharpf*, ZSE 2011, S. 324 (328); *Seidel*, in: Müller-Graff/Schmahl/Skouris (Hrsg.), FS Scheuing, 2011, S. 717 (725); s. dazu schon *Mundell*, American Economic Review 1961, S. 657 ff.; differenzierend *Kronberger*, Österreichs Außenwirtschaft 2010, S. 183 (184 ff.).

144 Dazu etwa *Di Fabio*, FAZ v. 22. 6. 2012, S. 9.

145 *Scharpf*, ZSE 2011, S. 324 (329); ähnlich *Krämer*, Wirtschaftsdienst 2010, S. 379 (382); vgl. auch *Kadelbach*, in: ders./Günther (Hrsg.), Europa: Krise, Umbruch und neue Ordnung, 2014, S. 9 (10).

146 *Mundell*, American Economic Review 1961, S. 657 ff.

147 So bspw. *Maurer*, Vierteljahreshefte zur Wirtschaftsforschung 4/2010, S. 85 (93 f.); *Scharpf*, ZSE 2011, S. 324 (325); *Meyer*, Jahrbuch für Regionalwissenschaft 30 (2010), S. 45 (47 ff.); *Hankel/Hausknecht/Stuart*, The Euro Project at Risk, ZEI Working Paper B04–2010, S. 4; *Oppermann/Classen/Nettesheim*, Europarecht, 6. Aufl. 2014, § 19 Rn. 5 f.; ähnlich auch *Luksic*, Ist der Euro noch zu retten?, 2011, S. 41; zur Theorie der optimalen Währungsräume in Bezug auf den Euroraum s. näher *Neubert*, Die optimale Abgrenzung von „Euro"-Währungsblöcken im Lichte der Theorie optimaler Währungsräume, 2000, S. 8 ff.; zu den öffentlichen Finanzen im Einzelnen *Issing*, Krise des Euro? Krise Europas?, 2011, S. 8 ff.

148 *Scharpf*, ZSE 2011, S. 324 (326); vgl. auch *Di Fabio*, FAZ v. 22. 6. 2012, S. 9.

149 *Krämer*, Wirtschaftsdienst 2010, S. 379 (382).

150 *Di Fabio*, FAZ v. 22. 6. 2012, S. 9; *Flassbeck/Spiecker*, Wirtschaftsdienst 2010, S. 178 (178 ff.); *Preuß*, in: Kadelbach/Günther (Hrsg.), Europa: Krise, Umbruch und neue Ordnung, 2014, S. 113 (118); *Schmahl*, DÖV 2014, S. 501 (506 f.).

Diese Faktoren sind jedoch nicht als Ursache der Krise im Euroraum zu bewerten,[151] sondern verstärken diesen Effekt nur und führen zu einer Verkomplizierung der Strategien, um diese Krise bewältigen zu können. Damit ist festzustellen, dass die Staatsschuldenkrise im Euroraum nicht ausschließlich, aber gleichwohl grundlegend auf die Konstruktion der WWU zurückzuführen ist.[152] Die Bezeichnung als „Eurokrise" ist demnach missverständlich sowie irreführend, denn von einer Währungskrise kann nicht gesprochen werden.[153]

IV. Die Sonderrolle Griechenlands

Es ist darüber hinaus zu untersuchen, ob Griechenland im Rahmen der Staatsschuldenkrise im Euroraum eine Sonderrolle spielt oder wie die anderen hilfebedürftigen Staaten Portugal, Irland, Spanien und Zypern zu behandeln ist. Die verschiedenen Euro-Rettungsmaßnahmen[154] haben schließlich mit dem Hilfeersuchen der griechischen Regierung im April 2010 erst ihren Anfang genommen.[155]

Festgestellt werden kann, dass die Eskalation der griechischen Schuldenkrise keineswegs monokausal auf die Auswirkungen der Finanz- und Wirtschaftskrise zurückzuführen ist, denn Griechenland hat bereits eine lange Verschuldungsgeschichte; tatsächlich ist es Griechenland seit Einführung des Euro noch in keinem Jahr gelungen, sich an die Maastrichter Stabilitätskriterien[156] zu halten.[157] Gleichwohl darf hier nicht unerwähnt bleiben, dass sowohl Belgien als auch Italien die Konvergenzkriterien mit Schuldenständen von über 100% bei Einführung des Euro ebenfalls nicht erfüllten.[158]

Gegen die Hellenische Republik wurde zudem bereits 2005 ein Defizitverfahren nach Art. 104 Abs. 6 ff. EGV (jetzt: Art. 126 Abs. 6 ff. AEUV) i.V.m. VO (EG) 1467/97

---

151 Ähnlich *Nitze,* Finanzhilfen für Euro-Staaten in der Krise, 2015, S. 1; anders *Herrmann,* in: Kadelbach (Hrsg.), Nach der Finanzkrise, 2012, S. 79 (80).

152 Vgl. *Kadelbach,* in: ders./Günther (Hrsg.), Europa: Krise, Umbruch und neue Ordnung, 2014, S. 9 (10); *Preuß,* in: Kadelbach/Günther (Hrsg.), Europa: Krise, Umbruch und neue Ordnung, 2014, S. 113 (120); ähnlich wohl *Häde,* in: Giegerich (Hrsg.), Herausforderungen und Perspektiven der EU, 2012, S. 35 (37 f.); a.A. *Siekmann,* in: ders. (Hrsg.), EWU-Kommentar, 2013, Einführung Rn. 146.

153 Zur Definition *Nitze,* Finanzhilfen für Euro-Staaten in der Krise, 2015, S. 44 ff., der letztlich auch zum selben Ergebnis kommt.

154 Dazu detaillierte Ausführungen in Kap. 2.

155 Vgl. dazu Joint Statement by European Commission, European Central Bank and Presidency of the Eurogroup on Greece vom 23.April 2010, IP/10/446.

156 Nunmehr im Wesentlichen in Art. 140 Abs. 1 AEUV festgeschrieben.

157 Näher *Nitze,* Finanzhilfen für Euro-Staaten in der Krise, 2015, S. 50 ff.; *Schrader/Laaser,* Wirtschaftsdienst 2010, S. 540 (541) m.w.N.

158 *Häde,* in: Giegerich (Hrsg.), Herausforderungen und Perspektiven der EU, 2012, S. 35 (39 f.).

durchgeführt,[159] allerdings wurden die dort vorgesehenen Strafen nie durchgesetzt.[160] Fakt ist, dass Griechenland aufgrund seiner gefälschten Konvergenzkriterien-Daten[161] und seiner langen Verschuldungsgeschichte an sich nie in den Euroraum hätte aufgenommen werden dürfen. Griechenlands Bonitätsproblem gründet sich auf jahrelanger staatlicher Misswirtschaft sowie nicht überwundenen Strukturproblemen, die mit der Finanzkrise 2008/9 evident zu Tage traten.[162] Ohne Hilfen der Eurogruppe und des IWF ist ein Staatsbankrott Griechenlands unabwendbar.[163]

In Griechenland wurde über Jahre hinweg eine falsche Wirtschafts- und Finanzpolitik betrieben, die, u. a. auch bedingt durch die Wechselkursfixierung des Euro, einen künstlich hohen Lebensstandard sowie ein künstlich hohes Konsumniveau geschaffen hat.[164] Die Möglichkeit, Wettbewerbsnachteile durch Abwertung der eigenen Währung zu kompensieren, besteht nicht.[165] Als zentrale Ursache der griechischen Krise ist also die verfehlte Wirtschafts- und Finanzpolitik anzusehen. Dies wird auch in der These gestützt, dass ein wesentlicher Grund für die griechische Krise insbesondere die hohe Auslandsverschuldung ist, denn wäre der Staat Griechenland mit derselben Summe im Inland verschuldet, hätte er weitaus weniger Probleme bei der Beschaffung von Liquidität auf den internationalen Finanzmärkten.[166] Allerdings weist Griechenland weitere strukturelle, zuvörderst aus dem staatlichen Verantwortungsbereich stammende Probleme, wie Schwierigkeiten in der Steuererhebung und Korruption in der Verwaltung, auf.[167] Jedoch sind auch grundlegende ökonomische Defizite an dieser Stelle wie das fundamentale Wachstumsproblem einer wenig dynamischen Wirtschaft, gepaart mit relativ hohen Inflationsraten, zu nennen.

---

159 Empfehlung für eine Entscheidung des Rates Griechenland gemäß Artikel 104 Absatz 9 EG-Vertrag dahingehend in Verzug zu setzen, die für den Defizitabbau als notwendig erachteten Maßnahmen zu ergreifen, um das übermäßige Defizit zurückzuführen, SEK/2005/0194 endg.

160 *Horn,* in: Grunewald (Hrsg.), FS Maier-Reimer, 2010, S. 245 (255).

161 Eurostat-Bericht über die Revision der griechischen Angaben über das öffentliche Defizit und den öffentlichen Schuldenstand v. 22. 11. 2004, S. 3 ff.; dazu *Di Fabio,* Die Zukunft einer stabilen Wirtschafts- und Währungsunion, 2013, S. 15; *Luksic,* Ist der Euro noch zu retten?, 2011, S. 47.

162 *Schrader/Laaser,* Wirtschaftsdienst 2010, S. 540 (545 f.); ähnlich *Gloede/Menkhoff,* Wirtschaftsdienst 2010, S. 172 (174 f.); *Scharpf,* ZSE 2011, S. 324 (329).

163 *Schrader/Laaser,* Wirtschaftsdienst 2010, S. 540 (547).

164 *Issing,* Krise des Euro? Krise Europas?, 2011, S. 7 m.w.N.; *Luksic,* Ist der Euro noch zu retten?, 2011, S. 46 ff., spricht sogar von einem „kostenlosen Konjunkturprogramm" durch die Einführung des Euro.

165 Vgl. *Gloede/Menkhoff,* Wirtschaftsdienst 2010, S. 172 (174).

166 Vgl. *Krämer,* Wirtschaftsdienst 2010, S. 379 (381).

167 *Gloede/Menkhoff,* Wirtschaftsdienst 2010, S. 172 (174 f.); dort auch im Folgenden.

Griechenland ist damit eine Sonderrolle zuzuschreiben:[168] Zum einen dadurch, dass es den größten Bedarf an Finanzierungshilfen aufweist und zum anderen dadurch, dass es ein Teilnehmerstaat des Euroraums ist, der wohl die wesentlichsten Defizite im Bereich der Wirtschafts- und Verwaltungsstruktur aufweist.[169]

V. Das Auslaufen erster Rettungsprogramme

Entgegen aller Negativmeldungen bezüglich der griechischen Haushaltssituation gibt es auch positive Entwicklungen.[170]

Die Republik Irland ist im Dezember 2011 in den Genuss gekommen, Finanzhilfen in Höhe von insgesamt rund 68 Mrd. Euro des EFSM, der EFSF und des IWF zu erhalten.[171] Die daraufhin ergriffenen, makroökonomischen Anpassungsprogramme und Reformen zeigten rasch positive Wirkung. Im Am 8. Dezember 2013 verließ Irland das Rettungsprogramm der EFSF.[172]

Ebenso positiv verlief die Entwicklung in Portugiesische Republik, welches im Jahr 2011 ein Rettungsprogramm in Höhe von 26 Mrd. Euro mit der EFSF[173] vereinbarte.[174] Portugal konnte den Rettungsschirm wie geplant im Mai 2014 verlassen.[175]

Auch das Königreich Spanien, das im Jahr 2012 41 Mrd. Euro aus der EFSF (später überführt in den ESM) an den Spanischen Bankenrettungsfonds (FROB) erhielt,[176] zeigte an, dass es keine weiteren Hilfen benötigt und verließ das Hilfsprogramm, das bis auf 100 Mrd. Euro angelegt war, vorzeitig zum 31. Dezember 2013.[177]

Für die Hellenische Republik ist eine positive Entwicklung wohl noch nicht in Sicht: Zwar platzierte die griechische Regierung am 10. April 2014 nach vierjähriger Abwesenheit vom Kapitalmarkt erstmals zwar erfolgreich eine Staatsanleihe im Wert von rund 10 Milliarden Euro.[178] Gleichwohl besteht nach wie vor großer Bedarf

---

168 So im Ergebnis auch *Schrader/Laaser*, Wirtschaftsdienst 2010, S. 540 (547); *Nitze*, Finanzhilfen für Euro-Staaten in der Krise, 2015, S. 52 zählt auch Portugal zu einer ähnlichen Kategorie wie Griechenland.

169 Vgl. *Hesse*, ZSE 2011, S. 338 (340).

170 Kritisch noch *Oppermann*, NJW 2013, S. 6 (7).

171 http://www.efsf.europa.eu/about/operations/ireland/index.htm (letzter Abruf: 3. 12. 2015); näher *Nitze*, Finanzhilfen für Euro-Staaten in der Krise, 2015, S. 23 f.

172 http://www.efsf.europa.eu/about/operations/portugal/index.htm (letzter Abruf: 3. 12. 2015).

173 http://www.efsf.europa.eu/about/operations/index.htm (letzter Abruf: 3. 12. 2015).

174 Zur Ursache dort *Nitze*, Finanzhilfen für Euro-Staaten in der Krise, 2015, S. 26.

175 S. nur http://www.efsf.europa.eu/about/operations/portugal/index.htm (letzter Abruf: 3. 12. 2015).

176 http://www.esm.europa.eu/assistance/spain/index.htm (letzter Abruf: 3. 12. 2015).

177 http://www.esm.europa.eu/assistance/spain/index.htm (letzter Abruf: 3. 12. 2015).

178 *Braunberger/Piller/Welter*, FAZ v. 10. 4. 2014, S. 15.

an Hilfskrediten, wie sich insbesondere durch die Inanspruchnahme des mittlerweile dritten Hilfspakets für Griechenland, nunmehr mit Mitteln aus dem ESM, zeigt.[179]

Griechenland ausgenommen verdeutlicht dies, dass die kurzfristigen Finanzierungshilfen gepaart mit Reformergeiz und Durchhaltevermögen Staaten des Euro-Währungsgebietes wieder auf den richtigen Weg in die finanzielle Eigenständigkeit bringen können. Allerdings muss einschränkend eingewandt werden, dass es sich bei den auslaufenden Hilfsprogrammen um Staaten handelt, die sich eher in einer kurzfristigen Liquiditäts-, denn einer langfristigen Solvenzkrise befanden.[180] Je mehr die Krisenursachen in einem Staat strukturell sowie langfristig bedingt sind, desto schwieriger sind positive und vor allem kurzfristige Sanierungseffekte zu erzielen.

E. Zwischenergebnis

Die Immobilienkrise hat sich zur Finanzkrise ausgeweitet, die vor allen Dingen eine unzureichende Regulierung der Finanzmärkte aufzeigte. Durch zahlreiche Interdependenzen weitete sich die Finanzmarktkrise rasch auf die Realwirtschaft aus und verursachte einen großen weltweiten Konjunktureinbruch. Die staatlichen Maßnahmen zur Abfederung dieses Konjunktureinbruchs führten, sofern nicht bereits vorhanden, zu großen Finanzierungsproblemen der öffentlichen Haushalte.[181] Im Euro-Währungsgebiet verschärfte die Konstruktion der WWU die Auswirkungen der Krise und erschwerte ihre Bewältigung. Griechenland kann insoweit nur eine Sonderrolle zugesprochen werden, als dass dort das öffentliche Defizit am größten ist und dieser Staat als erster Probleme erhielt, sich auf dem Kapitalmarkt zu refinanzieren.

---

179 Überblick auf http://www.esm.europa.eu/assistance/Greece/index.htm (letzter Abruf: 3. 12. 2015); vgl. dazu BT-Drs. 18/5590; BT-Drs. 18/5780.

180 *Nitze,* Finanzhilfen für Euro-Staaten in der Krise, 2015, S. 50 ff.

181 Vgl. *Schlegel,* in: Hohmann-Dennhardt/Masuch/Villiger (Hrsg.), FS Jaeger, 2011, S. 331 (344).

2. Kapitel – Die Rettungsmaßnahmen und ihre Konstruktion

Der folgende Abschnitt dieser Arbeit stellt die bereits getroffenen und teilweise auch in der politischen sowie rechtswissenschaftlichen Diskussion befindlichen Rettungsmaßnahmen dar. Hierbei wird zwischen Finanzhilfen (A.), Maßnahmen zur Prävention künftiger Schuldenkrisen und zur Reform des Stabilitäts- und Wachstumspaktes (B.) sowie weiteren Reformen (C.) differenziert. Ein klarer Schwerpunkt liegt hier bei Maßnahmen mit Finanzhilfecharakter.

A. Finanzhilfen

Im Bereich der Finanzhilfen können drei Rettungsmaßnahmen von Europäischer Union, ihren Mitgliedstaaten und dem IWF unterschieden werden. Das sind namentlich die Griechenland-Soforthilfe (I.), der Europäische Finanzstabilisierungsmechanismus (EFSM), was die Europäische Finanzstabilisierungsfazilität (EFSF) miteinschließt (II.) sowie den Euro-Stabilisierungsmechanismus (ESM, III.). Auch Anleiheoperationen der EZB gehören im weistesten Sinne hierzu (V.). Als Finanzhilfen können daher jegliche Rettungsmaßnahmen bezeichnet werden, die den Mitgliedstaaten durch Darlehen, Kredite, Bürgschaften oder eine vergleichbare Gewährung von Finanzmitteln zur Liquidität verhelfen, um einem Staatsbankrott entgegenzuwirken.

I. Griechenland-Soforthilfe

Die sog. Griechenland-Soforthilfe wurde nach der Zusicherung der Staats- und Regierungschefs der Euro-Mitgliedstaaten vom 25. März 2010[182], im Falle eines Misserfolges der von der Regierung der Hellenischen Republik angestrengten Sparmaßnahmen Finanzhilfen zu gewähren, am 11. April 2010 vorbesprochen[183] und endgültig durch die Minister der Eurogruppe am 2. Mai 2010[184] im Rat festgelegt. Demnach sollten 110 Mrd. Euro als Finanzhilfen an die griechische Regierung ausgezahlt werden, wovon die Euro-Mitgliedstaaten 80 Mrd. und der IWF 30 Mrd. Euro tragen sollten.

Um materiell-rechtliche Fragen untersuchen zu können, muss zuvor die rechtliche Konstruktion der Griechenland-Soforthilfe einer näheren Betrachtung unterzogen

---

182 Erklärung der Staats- und Regierungschefs der Mitgliedstaaten des Euro-Währungsgebietes v. 25. 3. 2010.

183 Statement on the support to Greece by Euro area Members States v. 11. 4. 2010.

184 Erklärung der Eurogruppe zur Unterstützung für Griechenland v. 2. 5. 2010, 2492/10; s. dort auch im Folgenden.

werden. Klarzustellen ist vorab, dass die Griechenland-Soforthilfe aus einem Konstrukt verschiedener Rechtsgrundlagen und Verträge besteht. Dabei handelt es sich im Einzelnen um Erklärungen der Staats- und Regierungschefs der Eurogruppe, dem Memorandum of Unterstanding zwischen der Europäischen Kommission und Griechenland sowie den Ratsbeschluss Nr. 2010/320/EU vom 10. Mai 2010 gerichtet an Griechenland zwecks Ausweitung und Intensivierung der haushaltspolitischen Überwachung und zur Inverzugsetzung Griechenlands mit der Maßgabe, die zur Beendigung des übermäßigen Defizits als notwendig erachteten Maßnahmen zu treffen[185], den Darlehensfazilitätsvertrag zwischen den Helferstaaten und Griechenland sowie der Gläubigervereinbarung der Helferstaaten.

Für die weitere Untersuchung der Griechenland-Soforthilfe muss zunächst ihre Rechtsnatur im Einzelnen näher beleuchtet werden. Hierzu werden die einzelnen Bausteine der Griechenland-Soforthilfe im Folgenden einer näheren Betrachtung unterzogen.

1. *Erklärungen der Staats- und Regierungschefs der Eurogruppe, der Europäischen Kommission, der Europäischen Zentralbank sowie der Präsidentschaft der Eurogruppe*

Ein Bestandteil der Rechtsgrundlagen der Griechenland-Soforthilfe sind Erklärungen der Staats- und Regierungschefs. Im Vorfeld ihrer Errichtung wurden Erklärungen am 25. März 2010, 11. April 2010, 23. April 2010 sowie 2. Mai 2010 abgegeben. Hier soll zunächst geklärt werden, welche Erklärung oder Erklärungen als Grundlage für die Soforthilfe in Betracht kommen. Im Anschluss daran wird untersucht, ob diese auch als Grundlage herangezogen werden können und welche Rechtsnatur den Erklärungen innewohnt.

a) *Erklärung der Staats- und Regierungschefs der Mitgliedstaaten des Euro-Währungsgebietes vom 25. März 2010*

Die Erklärung der Staats- und Regierungschefs der Mitgliedstaaten des Euro-Währungsgebietes vom 25. März 2010 beinhaltet lediglich eine vorbereitende Absichtserklärung, bei Bedarf entschieden und koordiniert zu handeln, um die Finanzstabilität im Euro-Währungsgebiet, gegebenenfalls durch aufeinander abgestimmte, bilaterale Darlehen in Kooperation mit dem Internationalen Währungsfonds zu gewährleisten und kann somit nicht unmittelbar als Grundlage für die Griechenland-Soforthilfe klassifiziert werden.[186] In der Literatur wird diese Erklärung in Verbindung mit der Erklärung vom 2. Mai 2010 teilweise als Grundlage für die Griechenland-Soforthilfe angesehen.[187] Allerdings wird dabei verkannt, dass

---

185 ABl.EU 2010, Nr. L 145, S. 6.

186 Erklärung der Staats- und Regierungschefs der Mitgliedstaaten des Euro-Währungsgebietes v. 25. 3. 2010, S. 1, Absatz 4 f.

187 *Schachtschneider*, Die Rechtswidrigkeit der Euro-Rettungspolitik, 2011, S. 14.

hier nur die grundsätzliche Bereitschaft zur Hilfe statuiert wird, die nicht näher konkretisiert ist.

b) Statement on the support to Greece by Euro area Members States vom 11. April 2010

Eine nähere Bestimmung der zu treffenden Maßnahmen im Rahmen der Griechenland-Soforthilfe hingegen beinhaltet das „Statement on the support to Greece by Euro area Members States" vom 11. April 2010.[188] Darin wird zwar der Wille zur finanziellen Unterstützung Griechenlands für den Fall der Notwendigkeit mit Bezug auf die vorgenannte Erklärung vom 25. März 2010 erneut bekräftigt.[189] Im Rahmen dieser Erklärung wird jedoch bereits die Ausgestaltung der Sofort-Hilfsmaßnahme genauer benannt: Die Europäische Kommission in Verbindung mit der EZB sollte danach in Kooperation mit dem IWF und den Vertretern Griechenlands ein gemeinsames Programm erarbeiten, das aufbauend auf Empfehlungen des Ministerrates für Wirtschaft und Finanzen (sog. *ECOFIN-Rat*) die Höhe der Finanzhilfen nebst den Bedingungen beinhalten soll.[190] Zudem umfasst diese Erklärung die Aussage, dass die Staaten des Euro-Währungsgebietes auf nationaler Ebene die erforderlichen Schritte einleiten, um Griechenland Soforthilfe leisten zu können. Als eine der unmittelbaren rechtlichen Grundlagen für die Soforthilfe kann diese Erklärung für sich genommen jedoch nicht angesehen werden, da hier lediglich die weitere Vorgehensweise zur Einleitung von Finanzhilfen für Griechenland erklärt wird. Sie kann für sich genommen demnach nur als eine Art informelles Arbeitspapier mit lediglich politischer Bindungswirkung betrachtet werden. Die Erklärung vom 2. Mai 2010 nimmt allerdings unmittelbar Bezug auf die in der Erklärung vom 11. April 2010 dargelegten Modalitäten, weshalb man sie mittelbar als Rechtsgrundlage für die Griechenland-Soforthilfe bezeichnen kann.[191]

c) Gemeinsame Erklärung von Kommission, EZB und der Präsidentschaft der Eurogruppe bezüglich Griechenlands vom 23. April 2010

Die gemeinsame Erklärung der Europäischen Kommission, der EZB und der Präsidentschaft der Eurogruppe bezüglich Griechenlands vom 23. April 2010[192] beinhaltet lediglich die Veröffentlichung der offiziellen Kenntnisnahme von der Anforderung der griechischen Regierung, die Hilfsmechanismen nach Maßgaben der Erklärungen vom 25. März sowie 11. April 2010 zu aktivieren. Gleichzeitig beinhaltet diese

---

188 Statement on the support to Greece by Euro area Members States v. 11. 4. 2010.
189 Statement on the support to Greece by Euro area Members States v. 11. 4. 2010, S. 1, Abs. 1.
190 Statement on the support to Greece by Euro area Members States v. 11. 4. 2010, S. 1, Abs. 3; dort auch im Folgenden.
191 Dazu s.u. innerhalb dieses Abschnittes.
192 Joint Statement by European Commission, European Central Bank and Presidency of the Eurogroup on Greece v. 23. 4. 2010, IP/10/446.

gemeinsame Erklärung auch die Aussage, dass das Hilfsprogramm zu diesem Zeitpunkt noch von Europäischer Kommission, EZB und IWF in Zusammenarbeit mit den griechischen Verantwortlichen ausgearbeitet wird. Eine Rechtsgrundlage für die Soforthilfe ist dies somit ebenfalls nicht.

d) *Erklärung der Staats- und Regierungschefs der Eurogruppe zur Unterstützung für Griechenland vom 2. Mai 2010*

Die Basis für die Griechenland-Soforthilfe kann außerdem die Erklärung der Staats- und Regierungschefs der Eurogruppe zur Unterstützung für Griechenland vom 2. Mai 2010 darstellen.[193] Dort wird zunächst bestätigt, dass die Minister der Eurogruppe mit der Kommission und der EZB übereinstimmen, dass Griechenland über keinen ausreichenden Zugang zum Finanzmarkt verfügt, um seine Ausgaben zu finanzieren und somit die Bereitstellung von Krediten gerechtfertigt ist.[194] Im Anschluss zeigt die Erklärung auf, dass nach Antrag der griechischen Regierung die Minister des Euro-Währungsgebietes einstimmig vereinbart haben, die Stabilitätshilfe für Griechenland im Wege von bilateralen, zentral von der Europäischen Kommission gebündelten Darlehen gemäß den Bedingungen, die in der Erklärung vom 11. April 2010 dargelegt wurden, zu aktivieren. Hier wird deutlich, dass sich die Erklärung vom 2. Mai 2010 nur in Verbindung mit der Erklärung vom 11. April 2010 sinnvoll betrachten lässt. Damit können beide Erklärungen gemeinsam auch als eine der Rechtsgrundlagen für die Griechenland-Soforthilfe betrachtet werden. Ferner beinhaltet die Erklärung vom 2. Mai 2010 die Bekundung, dass das Vertrauen wiederhergestellt und die Finanzmarktstabilität durch die finanzpolitischen Anpassungen sowie die Strukturreformen in Griechenland gewahrt werden kann.[195] Das in der Erklärung vom 11. April 2010 detailliert bezeichnete Programm wird hier abermals in den Summen (insgesamt 110 Mrd. Euro, davon 80 Mrd. Euro aus Mitteln der Staaten des Euro-Währungsgebietes und 30 Mrd. Euro aus Mitteln des IWF) bestätigt.[196] Darüber hinaus wird im Rahmen dieser Erklärung festgelegt, dass die Hilfe nur unter strengen politischen Auflagen (sog. Konditionalität) gewährt wird, die auf Grundlage eines Programms (das in dem Memorandum of Understanding[197] detailliert ausgearbeitet und konkretisiert wurde) das von der Kommission und dem IWF unter Hinzuziehung der EZB (sog. *Troika*) mit der griechischen Regierung

193 Erklärung der Eurogruppe zur Unterstützung für Griechenland v. 2. 5. 2010, 2492/10.

194 Erklärung der Eurogruppe zur Unterstützung für Griechenland v. 2. 5. 2010, 2492/10, Abs. 1; dort auch im Folgenden.

195 Erklärung der Eurogruppe zur Unterstützung für Griechenland v. 2. 5. 2010, 2492/10, Abs. 2.

196 Erklärung der Eurogruppe zur Unterstützung für Griechenland v. 2. 5. 2010, 2492/10, Abs. 3.

197 Dazu s.u. 2.

ausgehandelt wurde.[198] Ebenso wird dort betont, dass die Eurogruppe sowohl die bisherigen Anstrengungen der griechischen Regierung zur Beseitigung der budgetären Ungleichgewichte als auch die am 2. Mai 2010 im Memorandum of Understanding festgeschriebenen Maßnahmen begrüße.[199] Schließlich beinhaltet die Erklärung noch die Aussage, dass die Hauptbestanteile der politischen Auflagen in einem Ratsbeschluss, der auf Grundlage von Art. 126 i.V.m. Art. 136 AEUV ergehen soll,[200] niedergeschrieben werden und in einer Vereinbarung zwischen der Regierung Griechenlands und der Kommission im Namen der Mitgliedstaaten des Euro-Währungsgebietes (das soeben erwähnte Memorandum of Understanding) näher ausgeführt werden sollten.[201]

Die darin enthaltenen Äußerungen können in zwei Teile mit unterschiedlichem Erklärungsgehalt differenziert werden: Zum einen beinhalten sie förmliche Beschlüsse der Minister der Eurogruppe und zum anderen lediglich politische Absichtsbekundungen. Zur ersten Gruppe können diejenigen Äußerungen gezählt werden, die die Ingangsetzung der Finanzhilfen zum Gegenstand haben.[202] Zur zweiten Gruppe lassen sich diejenigen Äußerungen zählen, welche die finanzpolitischen Anpassungen nebst Strukturreformen Griechenlands als geeignet bezeichnen, um die Finanz- und Wirtschaftslage zu stabilisieren sowie diejenigen Äußerungen über die Erfolgsaussichten der bereits getroffenen und noch folgenden Rettungsmaßnahmen.[203]

e) Klärung der Rechtsnatur

Fortan muss untersucht werden, welche Rechtsnatur eine solche Erklärung wie die der Staats- und Regierungschefs des Euro-Währungsgebietes vom 2. Mai 2010 aufweist.

Erklärende sind die zuständigen Minister der Eurogruppe. Obwohl diese Zusammensetzung der Minister ein Teil der Ratsformation Wirtschaft und Finanzen (ECOFIN-Rat) darstellt und diese auch so überschrieben ist, handelt es sich gleichwohl nicht um eine Erklärung des Rates im engeren Sinne. Da die Erklärungen die gemeinsame Währung betreffen und die Währungspolitik nach Art. 3 Abs. 1 lit. c) AEUV für Mitgliedstaaten, deren Währung der Euro ist, in die ausschließliche

---

198 Erklärung der Eurogruppe zur Unterstützung für Griechenland v. 2. 5. 2010, 2492/10, Abs. 4.

199 Erklärung der Eurogruppe zur Unterstützung für Griechenland v. 2. 5. 2010, 2492/10, Abs. 5.

200 Beschluss Nr. 2010/320/EU v. 10. 5. 2010, ABl.EU 2010, Nr. L 145, S. 8, zuletzt geändert durch ABl.EU 2011, Nr. L 209, S. 63; im Einzelnen dazu s. u. 5.

201 Erklärung der Eurogruppe zur Unterstützung für Griechenland v. 2. 5. 2010, 2492/10, Abs. 6.

202 So die Absätze 1, 3, 4 und 6 der Erklärung der Eurogruppe zur Unterstützung für Griechenland v. 2. 5. 2010, 2492/10.

203 So die Absätze 2 und 5der Erklärung der Eurogruppe zur Unterstützung für Griechenland v. 2. 5. 2010, 2492/10.

Zuständigkeit der Europäischen Union übertragen wurde, handelt es sich nicht um schlichte, koordinierte Erklärungen auf nationaler Ebene. Diese Erklärung ist demnach nach Unionsrecht zu beurteilen. Dafür spricht auch, dass in Bereichen der ausschließlichen Zuständigkeit nach Art. 2 Abs. 1 AEUV lediglich die Union gesetzgeberisch tätig werden kann, es sei denn, die Mitgliedstaaten wurden dazu ermächtigt oder führen Unionsrechtsakte durch. Art. 288 AEUV beschreibt die möglichen Rechtsakttypen, die für die Ausübung der Zuständigkeiten der Union notwendig sind, wobei die dort festgeschriebene Aufzählung der Rechtsaktformen allerdings nicht abschließend ist.[204] Berücksichtigt man hier nur die enumerativ festgelegten Rechtsaktformen des Art. 288 AEUV, so ist die Erklärung vom 2. Mai 2010 möglicherweise als Beschluss im Sinne von Art. 288 Abs. 4 AEUV oder als Empfehlung resp. Stellungnahme nach Art. 288 Abs. 5 AEUV einzuordnen. Darüber hinaus ist es allerdings auch möglich, einen Rechtsakt eigener Art darin zu sehen, der nicht explizit in Art. 288 AEUV normiert ist.[205]

Ein unionsrechtlicher Beschluss ist nach Art. 288 Abs. 4 S. 1 AEUV in all seinen Teilen verbindlich. Er stellt somit die verbindliche Rechtsaktform für Einzelfälle im Unionsrecht dar.[206] Ist er an bestimmte Adressaten gerichtet, so entfaltet er nach Art. 288 Abs. 4 S. 2 AEUV rechtsverbindliche Wirkung lediglich für die dort bestimmten Adressaten (sog. adressatengerichteter Beschluss). Die Erklärung vom 2. Mai 2010 stellt somit dem Kern ihrer Aussage nach, nämlich dem Beschluss zur Gewährung bilateraler, von der Kommission koordinierter Hilfskredite für Griechenland, einen rechtsverbindlichen Beschluss des Rates i.S.v. Art. 288 Abs. 4 S. 1 AEUV dar.

Sie beinhaltet allerdings sowohl rechtsverbindliche Äußerungen als auch politische Absichtsbekundungen. Damit ist die soeben erfolgte Klassifizierung nicht aufrechtzuerhalten. Zumindest die politischen Absichtsbekundungen könnten auch als Empfehlung oder Stellungnahme nach Art. 288 Abs. 5 AEUV eingeordnet werden, da sie keinen rechtsverbindlichen Charakter aufweisen. Wenn ein Rechtsakt nicht eindeutig einzuordnen ist, so kann dieser aufgrund der nicht abschließenden Aufzählung in Art. 288 AEUV auch als Rechtsakt eigener Art auf Grundlage von Art. 136 Abs. 1 AEUV bezeichnet werden. Dies ist dann der Fall, wenn Handlungen von Unionsorganen nicht den explizit genannten, in Art. 288 AEUV vertypten

---

204 Allgemeine Meinung, so bspw. *Bast,* in: v. Bogdandy/Bast, EuVerfR, S. 489 (526) m.w.N.; *Geismann,* in: v. d. Groeben/Schwarze/Hatje (Hrsg.), Europäisches Unionsrecht, Bd. 4, 7. Aufl. 2015, Art. 288 AEUV, Rn. 22; *Nettesheim,* in: Grabitz/Hilf/Nettesheim (Hrsg.), Recht der EU, 48. EL 2012, Art. 288 AEUV Rn. 1; *Ruffert,* in: Calliess/Ruffert (Hrsg.), EUV/AEUV, 4. Aufl. 2011, Art. 288 AEUV Rn. 98.

205 Dazu näher *Ruffert,* in: Calliess/Ruffert (Hrsg.), EUV/AEUV, 4. Aufl. 2011, Art. 288 AEUV Rn. 98 ff.; *Bast,* in: v. Bogdandy/Bast (Hrsg.), EuVerfR, S. 489 (526 ff.); *Kotzur,* in: Geiger/Khan/Kotzur (Hrsg.), EUV/AEUV, 5. Aufl. 2010, Art. 288 AEUV Rn. 27 ff.

206 *Ruffert,* in: Calliess/Ruffert (Hrsg.), EUV/AEUV, 4. Aufl. 2011, Art. 288 AEUV Rn. 86 m.w.N.

Rechtsakten zugeordnet werden können.[207] Die Erklärung vom 2. Mai 2010 muss demzufolge als Rechtsakt eigener Art mit teilweiser Rechtsverbindlichkeit eingeordnet werden.[208] Dafür spricht, unabhängig von der Bezeichnung des Rechtsaktes als „Erklärung“ und nicht als „Beschluss“, „Empfehlung“ oder „Stellungnahme“, auch der Rechtsschutzaspekt: Denn die Anfechtbarkeit eines nicht vertypten Rechtsaktes hängt nicht von ihrer Bezeichnung, sondern von ihrem Inhalt ab.[209] Die Auffassung, dass nach dem Vertrag von Lissabon Rechtshandlungen eigener Art nunmehr im Beschluss nach Art. 288 Abs. 4 AEUV umfasst seien,[210] kann hingegen nicht überzeugen. Wenn ein Rechtsakt ersichtlicherweise nicht in all seinen Teilen nach Art. 288 Abs. 4 S. 1 AEUV verbindlich ist, so kann er keinen Beschluss darstellen.[211] Dies ergibt sich bereits aus dem eindeutigen Wortlaut der Norm.

2. Memorandum of Understanding vom 3. Mai 2010

Das Memorandum of Understanding zwischen der Europäischen Kommission, handelnd für die Staaten der Eurogruppe und Griechenland vom 3. Mai 2010 besteht aus drei Teilen: dem „memorandum of economic and financial policies“, dem „memorandum on specific policy conditionality“ sowie dem „technical memorandum of understanding“. Ersteres fixiert konkrete Einsparziele sowie Programme, die die griechische Regierung hierzu durchzuführen hat. Das Zweitere schreibt die politische Konditionalität der Maßnahmen fest, d. h. die Auszahlung vierteljährlicher Finanztranchen wird an die Umsetzung der spezifischen Ziele aus dem ersten Teil des Memorandums gebunden. Dabei untersucht ein Kollegium bestehend aus Vertretern der Europäischen Kommission, der EZB sowie dem Internationalen Währungsfonds (*Troika*) das Fortschreiten der Anpassungsprogramme sowie Reformen und die Einhaltung der Sparziele. Darüber hinaus sind auch detailliert die einzelnen Schritte in Quartalsschritten festgelegt. Das technische Memorandum regelt die Abwicklung der Finanzhilfen im Einzelnen.

Insgesamt lässt sich das MoU für sich genommen als eine schlichte Absichtserklärung der Unterzeichner nach dem allgemeinen Völkerrecht einordnen.[212] Justiziable Passagen enthält es bisweilen nicht. Gleichwohl ist dem MoU eine große politische sowie faktische Bedeutung zuzuschreiben, denn ohne die Umsetzung der darin vorgegebenen Ziele wird aufgrund der Konditionalität (Umsetzung der

---

207 *Ruffert,* in: Calliess/Ruffert (Hrsg.), EUV/AEUV, 4. Aufl.2011, Art. 288 AEUV Rn. 98.

208 Vgl. *Ruffert,* in: Calliess/Ruffert (Hrsg.), EUV/AEUV, 4. Aufl.2011, Art. 288 AEUV Rn. 105.

209 *Cremer,* in: Calliess/Ruffert (Hrsg.), EUV/AEUV, 4. Aufl. 2011, Art. 263 AEUV Rn. 13 m.w.N.

210 *Haratsch/Koenig/Pechstein*, Europarecht, 10. Aufl. 2016, Rn. 374.

211 Zu einem evtl. völkerrechtlichen Charakter *Schröder,* DÖV 2011, S. 61 (64 ff.)

212 Vgl. zum ESM *Ohler,* in: Siekmann (Hrsg.), EWU-Kommentar, 2013, Art. 136 AEUV Rn. 22.

Vorgaben gegen Finanzhilfen) nach Entscheidung der Troika keine weitere Tranche des vorgesehenen Hilfspaketes an die griechische Regierung ausgezahlt.

3. Darlehensfazilitätsvertrag zwischen den Helferstaaten und Griechenland

Bei dem Darlehensfazilitätsvertrag („Loan Facility Agreement"), der am 8. Mai 2010 zwischen den Euro-Teilnehmerstaaten (mit Ausnahme von Griechenland und Deutschland), die die Finanzhilfen gewährleisten, geschlossen wurde, steht auf der einen Seite Griechenland sowie auf der anderen Seite die griechische Nationalbank. Es handelt sich auf den ersten Blick um einzelne, multilaterale Verträge, die nicht auf eine Ermächtigungsgrundlage im Unionsrecht gestützt werden.[213] Die Bundesrepublik Deutschland nimmt hier eine Sonderstellung ein, da sie nicht direkter Vertragspartner ist. Ihr Anteil wird von der KfW als Darlehensgeber ausgereicht, die wiederum den Weisungen der Bundesrepublik Deutschland untersteht und im öffentlichen Interesse der Bundesrepublik Deutschland handelt. Die Rechtsstellung der KfW ähnelt damit eher einem Beleihungsverhältnis auf Grundlage von § 1 Abs. 1 Satz 2 WFStG.[214] Dies schließt jedoch bereits die Einordnung als völkerrechtlichen Vertrag aus. Um einen völkerrechtlichen Vertrag darzustellen, müssten diese Vereinbarungen jeweils aus aufeinander bezogenen, sich deckenden, vom Völkerrecht bestimmten Willenserklärungen zwischen mindestens zwei Völkerrechtssubjekten bestehen, die gerichtet sind auf Begründung, Abänderung oder Aufhebung bestimmter völkerrechtlicher Beziehungen.[215] Der Darlehensfazilitätsvertrag besteht aus sich deckenden Willenserklärungen, die die Begründung einer völkerrechtlichen Beziehung, hier nämlich der Zahlung von Krediten vom Helferstaat an Griechenland, zielen. Bei den an diesem Vertrag beteiligten Staaten des Euroraums handelt es sich um originäre Völkerrechtssubjekte.[216] Nach § 1 Abs. 1 KfWG[217] handelt es sich bei der KfW gleichwohl um eine Anstalt öffentlichen Rechts und eben nicht um einen Staat im völkerrechtlichen Sinne. Einer innerstaatlichen Anstalt öffentlichen Rechts Völkerrechtssubjektivität zuzustehen, wäre indes zu weitgehend. Gesteht man der KfW

---

213 *Rohleder/Zehnpfund/Sinn*, WD 11 – 3000 – 103/10, S. 5.

214 Vgl. *Herrmann*, in: Kadelbach (Hrsg.), Nach der Finanzkrise, 2012, S. 79 (86); unklar *Nitze*, Finanzhilfen für Euro-Staaten in der Krise, 2015, S. 21; s. zum Begriff *Maurer*, Allgemeines Verwaltungsrecht, 18. Aufl. 2011, § 23 Rn. 56 ff.

215 *Graf Vitzthum*, in: ders. (Hrsg.), Völkerrecht, 1. Abschn. Rn. 115; ähnlich *Herdegen*, Völkerrecht, 14. Aufl. 2015, § 15 Rn. 1.

216 Für die Eurostaaten (mit Ausnahme von Frankreich) gilt Art. 6 WVK, der die Völkerrechtssubjektivität von souveränen Staaten explizit anerkennt; siehe zur Völkerrechtsubjektivität auch *Herdegen*, Völkerrecht, 14. Aufl. 2015, § 7 Rn. 3; *Hailbronner/Kau*, in: Graf Vitzthum (Hrsg.), Völkerrecht, 3. Abschn. Rn. 76 ff.; *E. Klein/Schmahl*, in: Graf Vitzthum (Hrsg.), Völkerrecht, 4. Abschn. Rn. 93; *Schmalenbach*, in: Dörr/Schmalenbach (Hrsg.), VCLT, Art. 6 Rn. 9 ff.

217 WiGBl. I 1948, S. 523; zuletzt geändert durch die 9. Zuständigkeitsanpassungsverordnung vom 31.10.2006, BGBl. 2006 I, S. 2427.

als Anstalt öffentlichen Rechts eine partielle, abgeleitete Völkerrechtssubjektivität zu wie bspw. Gliedstaaten eines Bundesstaates (sofern es der Bundesstaat gestattet),[218] so würde dies ebenfalls zu weit gehen. Im Umkehrschluss müsste bei solch einer Sichtweise für jedes nationale, öffentlich-rechtliche Rechtssubjekt eine zumindest partielle Völkerrechtsubjektivität anerkannt werden. Dies würde den Kreis der Völkerrechtssubjekte ins Unermessliche ausweiten und der Verantwortung der Völkerrechtssubjekte mit meist staatsähnlichem oder internationalem Charakter nicht gerecht werden.

Auch ist diese Darlehensfazilitätsvereinbarung weder unions- noch völkerrechtlich determiniert, denn die regelt in der klassischen Manier eines zivilrechtlichen Darlehensvertrages beispielsweise die Vertragspartner (Art. A, B, C der Vereinbarung), die Einrichtung einer Darlehensfazilität (Art. 1), die Rechte und Pflichten der Vertragspartner (Art. 2), Abruf von Tranchen (Art. 3), Zinsmodalitäten (Art. 5), Modalitäten der Rückzahlung sowie die vorzeitige Rückzahlung (Art. 6), Kündigungsmöglichkeiten (Art. 8) usw. Für die Einordnung als zivilrechtlichen Vertrag spricht nicht zuletzt auch, dass Art. 14 Abs. 1 eine Rechtswahlklausel enthält, die englisches Recht für anwendbar erklärt. Ferner erklärt die Vereinbarung den EuGH zum zuständigen Gericht (Art. 14 Abs. 2) nach Art. 273 AEUV. Auch kann ein Staat im Rahmen seines staatlichen Handelns privatrechtliche Verträge abschließen und ist nicht bloß auf öffentlich-rechtliche Verträge oder Hoheitsakte beschränkt, sofern er keine belastenden Verwaltungsakte der Eingriffsverwaltung erlässt.[219] Hier liegt zudem kein Subordinations- sondern ein Gleichordnungsverhältnis zwischen den Vertragspartnern vor, was die soeben aufgeworfene These weiter stützt.[220] Auch eine Bezugnahme auf die Stellungnahmen der Eurogruppe, das MoU sowie die Beteiligung des IWF (Präambel der Vereinbarung) an dem Hilfsprogramm steht einer privatrechtlichen Einordnung dieser Vereinbarung nicht entgegen. Einzelne Bezugnahmen auf das öffentliche Recht können Bestandteil einer privatrechtlichen Vereinbarung sein, ohne dass die Vereinbarung im Gesamten einen ebensolchen Charakter erhält.

Die Darlehensfazilitätsvereinbarung ist mithin ein privatrechtlicher Darlehensvertrag zwischen den Staaten der Eurogruppe mit Ausnahme von Griechenland sowie Deutschland und der KfW einerseits, Griechenland sowie der griechischen Nationalbank andererseits.[221] Er sieht strenge Auflagen zur Haushaltssanierung als Bedingung für die Auszahlung der Kredite vor (vgl. Präambel Nr. 6 i.V.m. MoU und Beschluss Nr. 2010/320/EU).[222]

---

218 *Herdegen,* Völkerrecht, 14. Aufl. 2015, § 7 Rn. 9.

219 So bspw. *Säcker,* in: ders./Rixecker (Hrsg.), Münchener Kommentar zum BGB, Bd. 1, 6. Aufl. 2012, Einleitung Rn. 2.

220 Zu den einzelnen Abgrenzungstheorien s. bspw. *Maurer,* Allgemeines Verwaltungsrecht, 18. Aufl. 2011, § 3 Rn. 10 ff.

221 So auch BVerfGE 129, S. 124 (130 f.) – *Griechenland-Soforthilfe/Euro-Rettungsschirm; Calliess,* ZEuS 2011, S. 213 (218 f.).

222 *Korioth,* in: Pache/Schwarz (Hrsg.), Grundlagen, aktuelle Entwicklungen und Perspektiven der Europäischen Währungsunion, 2012, S. 61 (65).

4. *Gläubigervereinbarung der Helferstaaten*

Die Gläubigervereinbarung („Intercreditor Agreement") vom 8. Mai 2010 ist ein Vertrag zwischen den Helferstaaten, namentlich Belgien, Deutschland, Finnland, Frankreich, Irland, Italien, Luxemburg, Malta, den Niederlanden, Österreich, Portugal, der Slowakei, Slowenien, Spanien und Zypern. Darin werden unter Bezugnahme auf das MoU, die Darlehensfazilitätsvereinbarung sowie den Ratsbeschluss Nr. 2010/320/EU[223] (Präambel der Vereinbarung) Modalitäten näher geregelt, wie bspw. die Kontoeröffnung (Art. 3), das Prozedere bei der Vorbereitung und Genehmigung von Auszahlung (Art. 4), das Verfahren beim Mittelabruf (Art. 5) sowie die Verhältnisse unter den Gläubigern im Übrigen (Art. 8 ff.). Damit wird das interne Verhältnis der Geberländer untereinander im Falle wirtschaftlicher Schwierigkeiten normiert.[224] Auch wird, analog zum Darlehensfazilitätsvertrag, englisches Recht für anwendbar erklärt (Art. 14 Abs. 1) und der EuGH als zuständiges Gericht für Streitigkeiten aus dem Vertrag bestimmt (Art. 14 Abs. 2). Daneben enthält diese Vereinbarung noch Anlagen zu den Kreditzusagen, den Beitragsschlüssel sowie Musterformulare, bspw. für den Mit-telabruf (Art. 16). Erwähnenswert ist hierbei zudem die explizite Vorbehaltsregelung des Art. 2 Abs. 4 der Vereinbarung: Hiernach kann eine Zusage nur nach Einhaltung der vorgeschriebenen Verfahren, also insbesondere der Zustimmung des Parlamentes, erfolgen. Dies schadet jedoch nicht einer Zuordnung der Vereinbarung zum Privatrecht, denn eine wirksame Vertretung einer juristischen Person setzt ebenfalls die Ermächtigung durch einen entsprechenden Beschluss oder eine gesetzliche Vertretungsmacht voraus. Die Gläubigervereinbarung ist aufgrund ihrer Regelungsinhalte wie die Darlehensfazilitätsvereinbarung als privatrechtlicher Vertrag einzuordnen, den die an der Griechenland-Soforthilfe teilnehmenden Staaten auf Grundlage nationalen Rechts geschlossen haben.[225]

5. *Beschluss des Rates Nr. 2010/320/EU*

Der Ratsbeschluss Nr. 2010/320/EU vom 10. Mai 2010, gerichtet an Griechenland zwecks Ausweitung und Intensivierung der haushaltspolitischen Überwachung und zur Inverzugsetzung Griechenlands mit der Maßgabe, die zur Beendigung des übermäßigen Defizits als notwendig erachteten Maßnahmen zu treffen,[226] normiert die im zweiten Teil des Memorandums of Understanding festgelegten Reform- und Einsparungsziele Griechenlands (Art. 1 und Art. 2 des Beschlusses) in Form eines unionsrechtlichen Beschlusses nach Art. 288 Abs. 4 AEUV. Dabei beinhaltet er in

---

223 Hierzu sogleich unter 5.

224 *Calliess*, ZEuS 2011, S. 213 (219); *Herrmann*, in: Kadelbach (Hrsg.), Nach der Finanzkrise, 2012, S. 79 (85); *Korioth*, in: Pache/Schwarz (Hrsg.), Grundlagen, aktuelle Entwicklungen und Perspektiven der Europäischen Währungsunion, 2012, S. 61 (65).

225 In Deutschland wird dies § 1 Abs. 1 Satz 1 WFStG sein, vgl. dazu BT-Drs. 17/1544, S. 4.

226 ABl.EU 2010, Nr. L 145, S. 6; zuletzt geändert durch ABl.EU 2011, Nr. L 209, S. 63.

den Art. 1 und Art. 2 des Beschlusses die groben und wichtigsten Ziele des Memorandums. Er verpflichtet Griechenland als Adressaten (Art. 6 des Beschlusses) zur uneingeschränkten Zusammenarbeit mit der Kommission (Art. 3) sowie zur Vorlegung von vierteljährlichen Berichten, die Darlegungen zur Umsetzung des Beschlusses beinhalten (Art. 4 Abs. 1 des Beschlusses) und ist am 10. Mai 2010 in Kraft getreten (Art. 5 des Beschlusses). Als Ermächtigungsgrundlage für diesen Beschluss wird, wie in der Erklärung vom 2. Mai 2010 auch vorgesehen, explizit Art. 136 i.V.m. Art. 126 Abs. 9 AEUV aufgeführt. Die Anwendung dieser Regelungen wundert nicht, da diese Regelungen ein wirtschaftspolitisches Anpassungsprogramm bzw. Maßnahmen zur Sanierung eines erforderlichen Defizitabbaus ermöglichen. Gleichwohl wird dadurch formal gesehen keine rechtliche Verknüpfung mit dem MoU als völkerrechtlichem Instrument erreicht, denn das Memorandum findet mit keinem Wort Erwähnung in diesem Beschluss. Zwar werden in Erwägungsgrund Nr. 8 die Gefahren für die finanzielle Stabilität des Euroraums durch die außerordentlich gravierende Verschlechterung der Finanzlage der griechischen Regierung und die multilaterale Unterstützung in Verbindung mit dem IWF erwähnt, allerdings wird nicht explizit auf das MoU verwiesen, das bereits eine Woche zuvor unterzeichnet wurde. Somit sind unionsrechtlich verbindlich und justiziabel lediglich die Einsparungsziele aus dem Beschluss Nr. 2010/320/EU.

6. *Zwischenergebnis*

Bei der Griechenland-Soforthilfe handelt es sich um ein hybrides Rechtskonstrukt, das aus verschiedenen Rechtsakten und Vereinbarungen mit unterschiedlicher Rechtsnatur zusammengesetzt ist. So besteht es neben unionsrechtlich vertypten Rechtsakten wie dem Beschluss des Rates Nr. 2010/320/EU, den unverbindlichen, aber zur Grundlage der Hilfen notwendigerweise zu zählenden Statements of the Eurogroup als Rechtsakt sui generis auch aus völkerrechtlichen Absichtsvereinbarungen (MoU) sowie privatrechtlichen Verträgen (Darlehensfazilitätsvereinbarung, Gläubigervereinbarung) nach englischem Recht und völkerrechtlich relevanten Beschlüssen des IWF.

II. Europäischer Finanzstabilisierungsmechanismus (EFSM) und Europäische Finanzstabilisierungsfazilität (EFSF)

Nach der Griechenland-Soforthilfe wurde für künftige Fälle von Finanzierungsschwierigkeiten am Kapitalmarkt für Staaten, deren Währung der Euro ist, ein „vorübergehender Euro-Rettungsschirm“ mit Namen Europäischer Finanzstabilisierungsmechanismus geschaffen, der aus drei wesentlichen Elementen besteht und bis zum 31. Juni 2013 befristet war.

Der vorübergehende Euro-Rettungsschirm namens Europäischer Finanzstabilisierungsmechanismus (EFSM) besteht im Wesentlichen aus drei Teilen: Zum einen wurden über die Verordnung (EU) Nr. 407/2010[227] Hilfen aus Mitteln der Europäischen Union zur Verfügung gestellt (1.), zum anderen wurde eine in Luxemburg ansässige, privatrechtliche Gesellschaft namens Europäische Finanzstabilisierungsfazilität (EFSF) geschaffen, die den Großteil der von den Mitgliedstaaten zur Verfügung gestellten Hilfen beinhaltet und verwaltet (2.). Als dritter und letzter Bestandteil dieses Pakets beteiligt sich der Internationale Währungsfonds (IWF) noch mit eigenen Mitteln an dieser vorübergehenden Rettungsmaßnahme. Letzterer Teil bleibt im Rahmen dieser Darstellung außer Betracht.[228]

1. *Europäischer Finanzstabilisierungsmechanismus: Verordnung (EU) Nr. 407/2010*

Der erste Teil des Europäischen Finanzstabilisierungsmechanismus EFSM wird durch die Verordnung (EU) Nr. 407/2010, in Kraft getreten am 13. Mai 2010,[229] installiert. Diese Verordnung basiert explizit auf Art. 122 Abs. 2 AEUV[230] als primärrechtlicher Ermächtigungsgrundlage, wonach einem Mitgliedstaat, der aufgrund von außergewöhnlichen Ereignissen, die sich seiner Kontrolle entziehen, von Schwierigkeiten betroffen oder von gravierenden Schwierigkeiten ernstlich bedroht ist, finanzielle Hilfe aus Mitteln der Union gewährt werden kann.

Sie ermächtigt die Union nach (Durchführungs-)Beschluss des Rates mit qualifizierter Mehrheit nach Vorschlag der Kommission zur Gewährung von Darlehen oder Kreditlinien an den in Not geratenen Mitgliedstaat (Art. 2 Abs. 1 i.V.m. Art. 3 Abs. 2 VO 407/2010). Ziel dieser Verordnung ist es, die Stabilität, Einheit und Integrität der Europäischen Union im Ganzen zu wahren (Art. 1). Art. 3 VO 407/2010 regelt den Ablauf des Verfahrens bei Abruf von Hilfeleistungen näher und definiert insbesondere die notwendigen Bestandteile des Hilfsbeschlusses bei Darlehen (Abs. 3) und Kreditlinien (Abs. 4).[231] Es wird in der Verordnung ferner festgelegt, dass die Hilfe an wirtschaftspolitische Bedingungen geknüpft ist, die vom Rat festgelegt werden (Art. 3 Abs. 5). Weiterhin werden in der Verordnung Modalitäten wie Auszahlung von Darlehen, die an die Einhaltung von wirtschaftspolitischen Maßnahmen geknüpft ist (Art. 4), die Freigabe von Mitteln (Art. 5), die Kostentragung für Transaktionen (Art. 7) oder die Verwaltung durch die EZB (Art. 8) geregelt. Die Verordnung ist von ihrer Struktur als sog. „back to back-Mechanismus“[232]

---

227 ABl.EU 2010 Nr. L 118, S. 1; berichtigt ABl.EU 2010 Nr. L 188, S. 19.

228 Zur Vereinbarkeit mit dem Mandat des IWF s. *Gaitanides,* NVwZ 2011, S. 848 ff.

229 Art. 10 Verordnung (EU) Nr. 407/2010.

230 Die Rechtsgrundlage wird näher in Kap. 3, A. I. 3. a) untersucht.

231 Zur Funktionsweise des EFSM, auch in ökonomischer Hinsicht s. *Wohlmuther,* Der EURO-Rettungsschirm, 2013, S. 26 ff.; s. auch *Smulders/Keppenne,* in: v. d. Groeben/Schwarze/Hatje (Hrsg.), Europäisches Unionsrecht, Bd. 3, 7. Aufl. 2015, Art. 122 AEUV, Rn. 22.

232 *Smulders/Keppenne,* in: v. d. Groeben/Schwarze/Hatje (Hrsg.), Europäisches Unionsrecht, Bd. 3, 7. Aufl. 2015, Art. 122 AEUV, Rn. 24.

sowie dem Aufbau vergleichbar mit der Verordnung (EG) Nr. 332/2002[233] zur Einführung einer Fazilität des mittelfristigen finanziellen Beistandes zur Stützung der Zahlungsbilanzen aufgrund von Art. 143 f. AEUV für Mitgliedstaaten außerhalb des Euroraums und kann mithin als regelungstechnisches Vorbild für den EFSM gelten.[234] Sie ist im Übrigen nach Art. 1 VO 407/2010 explizit zu berücksichtigen, was dafür spricht, dass sie vor der VO 407/2010 Anwendung zu finden hat, wenn die in der VO 332/2002 normierten Voraussetzungen vorliegen. Die Gewährung von Finanzhilfen an Mitgliedstaaten der Union hat also eine lange Tradition und kann bis zur Europäischen Gemeinschaftsanleihe aus dem Jahr 1974 zurückverfolgt werden, die regelungstechnisch als Vorbild für den EFSM gesehen werden kann.[235]

2. *Europäische Finanzstabilisierungsfazilität*

Als zweiter Teil im Gesamtpaket EFSM wurde die Europäische Finanzstabilisierungsfazilität errichtet.[236] Hierbei wird zunächst ihre Ausgestaltung beleuchtet, bevor eingehend auf die Rechtsnatur dieses Rettungsinstruments eingegangen wird. Aufgrund der in Bezug auf den Adressatenkreis klaren Rechtsgrundlage des Art. 122 Abs. 2 AEUV, die nur Hilfen der Union erlaubt, und aufgrund der geringen Haushaltsrelevanz wurde zu dieser befristeten, privatrechtlichen Lösung gegriffen, um Hilfen der Mitgliedstaaten ausgeben zu können.[237] Diese Rechtsformwahl kann zwar kritisiert werden, ist jedoch der Praktikabilität und dem engen Zeitfenster geschuldet, in dem die Gesellschaft entstehen musste.[238] Die Funktionsweise der EFSF besteht im Wesentlichen aus zwei Vertragsdokumenten, dem Gesellschaftsvertrag sowie dem Rahmenvertrag.[239] Sie ergänzen sich gegenseitig und sind der Struktur der EFSF als Aktiengesellschaft geschuldet.

a) Gesellschaftsvertrag

Am 7. Juni 2010 wurde vor dem Notar Jacques Delvaux in Luxemburg (Stadt) von den Finanzministern der Eurogruppe ein Gesellschaftsvertrag geschlossen, der eine Aktiengesellschaft (societé anonyme) mit Namen „European Financial Stability

---

233 ABl.EG 2002 Nr. L 53, S. 1; zul. geändert durch Verordnung (EG) Nr. 431/2009, ABl. EG 2009 Nr. L 128, S. 1.

234 So auch *Hufeld*, in: Müller-Graff (Hrsg.), EnzEuR IV, 2014, § 22 Rn. 111, 113.

235 *Piecha*, EuZW 2012, S. 532 (535).

236 Zu den ökonomischen Wirkungen s. *Belke/Dreger*, integration 2011, S. 214 (218 ff.).

237 *v. Lewinski*, in: Isensee/Kirchhof (Hrsg.), HbdStR X, 3. Aufl. 2012, § 217 Rn. 72 f.; *Kettgen*, Finanzkrise und EFSF, 2011, S. 28 ff. sieht die EFSF hingegen als „Verwaltungseinrichtung der Union".

238 *Ohler*, GYIL 54 (2011), S. 47 (56).

239 Dazu in Kürze *Philipp*, AG 2010, S. 538 ff.; ausführlich *Wohlmuther*, Der EURO-Rettungsschirm, 2013, S. 32 ff.

Facility“[240] konstituierte,[241] wobei Gesellschafter die Mitgliedstaaten, deren Währung der Euro ist, sind. Die Rechtsformwahl kann aus gesellschaftsrechtlicher Sicht durchaus kritisiert werden, denn es ist bisweilen unüblich, eine Aktiengesellschaft zu gründen, bei der die Aktionäre zugleich potenzielle Darlehensnehmer und Bürgen sind.[242] Daraus folgt jedoch nicht automatisch eine gesellschaftrechtliche Rechtswidrigkeit.

Die „intergouvernementale Flucht in das Privatrecht“, also die Übertragung zwischenstaatlicher öffentlicher Aufgaben auf Privatrechtssubjekte, ist durchaus auch aus anderen Bereichen, wie bspw. der Internetdomainverwaltung, bekannt.[243] Als subsidiär anwendbares Recht wird gemäß Art. 24 des Vertrages das Handelsgesetz Luxemburgs vom 10. August 1915 für anwendbar erklärt. Der Vertrag enthält im Übrigen typische Regelungen eines Gesellschaftsvertrages wie bspw. den Gesellschaftssitz (Art. 2.1), Gesellschaftszweck (Art. 3), Gesellschaftskapital (Art. 5 ff.), Vorschriften zum Verwaltungsrat (Art. 10 ff.), zur Gesellschafterversammlung (Art. 17 ff.) usw. und kann mithin problemlos dem luxemburgischen Zivilrecht zugeordnet werden.[244] Die EFSF als Aktiengesellschaft an sich ist zudem nicht befristet, sondern auf unbestimmte Zeit gegründet worden (Art. 4 Satz 1). Es wurde nach Art. 4 Satz 3 gleichwohl vereinbart, dass nach dem 30. Juni 2013 keine neuen Finanzierungsprogramme und keine neuen Vereinbarungen über eine Darlehensfazilität aufgelegt oder eingegangen werden, wobei dies mit der Einschränkung gilt, dass die Gesellschafterhauptversammlung jederzeit in einer in Einklang mit Art. 17 Abs. 7 letzter Satz getroffenen Entscheidung beschließen kann, diesen Zeitpunkt aufzuschieben. Die EFSF soll erst dann aufgelöst und liquidiert werden, wenn ihr Zweck erfüllt ist, d. h. wenn die den Mitgliedstaaten gewährte Finanzierung in vollständiger Höhe erhalten haben und ihre Verbindlichkeiten aus den ausgegebenen Finanzinstrumenten und geschlossenen Finanzierungsvereinbarungen zurückgezahlt haben (Art. 4 Satz 2).[245]

aa) Organisationsstruktur

Näherer Betrachtung bedürfen indes die organisatorischen Vorschriften der EFSF. Die Geschäfte der EFSF S.A. werden vom Verwaltungsrat („Board of Directors“,

---

240 Handels- und Gesellschaftsregister Luxemburg (Registre de Commerce et des Sociétés, R.C.S.) Nr. B 153.414.

241 Vgl. *Ohler*, GYIL 54 (2011), S. 47 (55); *Oppermann/Classen/Nettesheim*, Europarecht, 6. Aufl. 2014, § 18 Rn. 39.

242 *Philipp*, AG 2010, S. 538 (539).

243 *Uerpmann-Wittzack*, EuR-Beiheft 2/2013, S. 49 (51) m.w.N.

244 So bereits *Busse*, FAZ v. 30. 9. 2011, S. 3; ähnlich auch *Häde*, Euro-Rettung zwischen Exekutivprimat und Parlamentsvorbehalt, 2012, S. 13; *Kube/Reimer*, NJW 2010, S. 1911; *Thym*, EuZW 2011, S. 167 (168).

245 Teilweise wird die EFSF daher als „Sozialamt für Euro-Staaten“ bezeichnet, so *Philipp*, AG 2010, S. 538 (538).

Art. 10 ff. EFSF-GesV), der einen Vorsitzenden wählt, sowie der Hauptversammlung der Gesellschafter („General Meeting of Shareholders", Art. 17 ff. EFSF-GesV) geführt. Möglich ist die Einsetzung eines Geschäftsführers (Art. 13 EFSF-GesV).

(1) Verwaltungsrat

Der in Kapitel IV (Art. 10 bis 16) des EFSF-GesV festgeschriebene Verwaltungsrat besteht aus je einem Verwaltungsratsmitglied („Director") pro Gesellschafter der EFSF S.A. (Art. 10 Abs. 1 EFSF-GesV). Der Verwaltungsrat bestand damit praktisch aus Ministerialbeamten mit Zuständigkeit für Finanzen aus Staaten des Euro-Währungsgebietes,[246] dem Direktorium des ESM vergleichbar,[247] und wird von einem Vorsitzenden geleitet (Art. 11 Abs. 1 f. EFSF-GesV).

Die Beschlüsse des Verwaltungsrates werden nach Art. 11 Abs. 5 EFSF-GesV grundsätzlich mit qualifizierter Mehrheit gefällt. Sie ist in Art. 11 Abs. 5 Nr. 1 Satz 1 EFSF-GesV definiert als zwei Drittel der anwesenden oder vertretenen Verwaltungsratsmitglieder, die mindestens 80% im gewichteten Durchschnitt der hinsichtlich des jeweiligen Beschlusses abgegebenen Stimmen entsprechen müssen. Dabei bleiben Stimmenthaltungen bei der Feststellung dieser Mehrheit unberücksichtigt. Nach Art. 11 Abs. 5 Nr. 1 Satz 2 EFSF-GesV gilt jedes Verwaltungsratsmitglied zur Ermittlung der Stimmen im gewichteten Durchschnitt als mit der Anzahl an Stimmen ausgestattet, die der Anzahl der Aktien der Gesellschaft entspricht, die der als Gesellschafter beteiligte Mitgliedstaat hält, der dieses Verwaltungsratsmitglied zur Nominierung vorgeschlagen hat. Der Verwaltungsrat entscheidet dagegen einstimmig (Art. 11 Abs. 6 EFSF-GesV) unter Nichtberücksichtigung der Enthaltungen insbesondere über die Gewährung einer Darlehensfazilität an einen Mitgliedstaat und die dazugehörige Finanzierungsstrategie (Nr. 1) sowie über die Auszahlung von Darlehen im Rahmen einer bestehenden Darlehensfazilität eines Mitgliedstaats (Nr. 2). Ein Vertreter der Kommission, der EZB oder jede andere durch den Verwaltungsrat bestimmte europäische Einrichtung sind als Beobachter ohne Stimmrecht ebenfalls zu den Sitzungen des Verwaltungsrats zugelassen (Art. 11 Abs. 11 EFSF-GesV).

(2) Gesellschafter-Hauptversammlung

Die Gesellschafter-Hauptversammlung, welche in Kapitel V des EFSF-GesV (Art. 17 bis 20) geregelt ist, verfügt nach Art. 17 Abs. 2 EFSF-GesV über die umfassendsten Befugnisse zur Beauftragung, Ausführung oder Genehmigung von Maßnahmen im Zusammenhang mit den Geschäften der Gesellschaft. Sie steht organisatorisch somit an oberster Stelle und über dem Verwaltungsrat sowie dem Geschäftsführer. Formal ist die Hauptversammlung damit vergleichbar dem Gouverneursrat des

246 http://www.efsf.europa.eu/about/corporate-governance/index.htm; (letzter Aufruf: 19. 1. 2015); teilweise wird dieser analog dem ESM auch als „Direktorium" bezeichnet.

247 Hierzu s.u. III. 1. b) aa).

ESM,[248]wenngleich sie über weniger Befugnisse für die Gewährung von Hilfsleistungen verfügt, da diese vom Verwaltungsrat (Art. 11 Abs. 6 EFSF-GesV) beschlossen wird. In der Praxis handelte es sich hierbei um die für Finanzen zuständigen Minister der Staaten des Euro-Währungsgebietes, [249] was indes zu Interessenkonflikten zwischen gesellschaftsrechtlichen Pflichten und Pflichten aus dem Amt führen kann.[250]

(3) Geschäftsführer

Art. 13 Abs. 2 EFSF-GesV sieht die Möglichkeit der Einsetzung eines Geschäftsführers, Führungskräften oder anderen Beauftragten vor. Die Befugnisse zur Wahrnehmung der täglichen Verwaltung und Geschäftsführung der Gesellschaft und die Vertretung der Gesellschaft für diese tägliche Verwaltung und Geschäftsführung zu den Bedingungen und mit den Vollmachten, die der Verwaltungsrat festsetzt, können hierdurch delegiert werden, um die tägliche Verwaltung zu erleichtern. Dieser Person kann nach Art. 14 Abs. 2 EFSF-GesV auch die Vertretung der Gesellschaft übertragen werden. Diese Funktion wurde *Klaus Regling* übertragen, der als Volkswirt bereits über jahrelange Erfahrung im öffentlichen sowie privaten Sektor verfügt, bspw.im Bundesfinanzministerium und der Europäischen Kommission.[251]

bb) Kapitalvorschriften

Kapitel II des EFSF-GesV (Art. 5 bis 8) regelt das Stammkapital sowie die Ausgabe von Aktien. Gemäß Art. 5 Abs. 1 EFSF-GesV beläuft sich das gezeichnete Kapital auf die Mindestsumme von 31.000 Euro, die EFSF S.A. verfügt indes über ein zusätzliches Grundkapital in Höhe von 30 Millionen Euro (Art. 5 Abs. 2 UAbs. 1 EFSF-GesV), was allerdings nach Art. 5 Abs. 2 UAbs. 2 ff. EFSF-GesV verändert und durch Ausgabe von sukzessiven Aktien erhöht werden kann.[252] Das gezeichnete Kapital kann zudem gemäß Art. 8 EFSF-GesV unbeschadet der Regelung des Art. 5 Abs. 2 EFSF-GesV verändert werden. Weitere Regelungen ergeben sich aus dem EFSF-RV, auf den unten näher eingegangen wird.[253]

cc) Finanzmanagement

Das allein aus Art. 9 bestehende Kapitel III regelt die Möglichkeit der EFSF S.A. zur Ausgabe von Anleihen, Wechseln oder anderen Schuldtiteln (i.V.m. Art. 4 Abs. 1

---

248 Hierzu s.u. III. 1. b) aa).
249 http://www.efsf.europa.eu/about/organisation/index.htm; (letzter Aufruf: 19. 1. 2015).
250 *Philipp,* AG 2010, S. 538 (540).
251 Siehe http://www.esm.europa.eu/about/organisation/klaus-regling.htm (letzter Aufruf: 19. 1. 2015).
252 Dazu kritisch *Philipp,* AG 2010, S. 538 (540).
253 S. u. b).

EFSF-RV). Es ist damit vergleichbar zu Art. 21 ESMV, der diese Möglichkeit für den ESM vorsieht.[254]

b) Rahmenvertrag

Der EFSF-Rahmenvertrag enthält demgegenüber die wesentlichen vertraglichen Regelungen zur Gewährung von Hilfeleistungen des EFSF. Er wurde zwischen den Mitgliedstaaten der Union, deren Währung der Euro ist,[255] als Gesellschafter der EFSF und der EFSF S.A.geschlossen. Auch wenn der EFSF-RV aufgrund seines Aufbaus eher einem Rechtsakt der Union ähnelt, handelt es sich dabei um einen privatrechtlichen Vertrag zwischen den Regierungen der teilnehmenden Staaten und der EFSF S.A., der englischem Recht unterliegt.[256] Finanzhilfen waren nach Art. 2 Abs. 11 EFSF-RV nicht mehr nach dem 30. Juni 2013 möglich. Seit dem 1. Juli 2013 ist nur noch der ESM hierfür zuständig.

aa) Kapital- und Sicherungsvorschriften

Art. 2 Abs. 2 Satz 1 EFSF-RV sieht vor, dass die EFSF in Abstimmung mit der Eurogroup Working Group die Bedingungen verhandeln und ausgestalten kann, nach denen die EFSF zur Finanzierung der Hilfen Finanzierungsinstrumente, Schuldenprogramme oder Darlehen aufnehmen kann.[257]

Die Finanzhilfefazilitäten der EFSF werden durch Bürgschaften der Teilnehmerstaaten gesichert (Art. 2 Abs. 3 EFSF-RV), die in einem in Anlage II des EFSF-RV näher definierten Beitragsschlüssel festgelegt sind. Diese sind notwendig, da die Gesellschaft als solche aufgrund des geringen Stammkapitals nicht kreditwürdig ist und es daher einer Absicherung durch die Bürgschaften bedarf.[258] Vonnöten war die Konstruktion über Bürgschaften der Mitgliedstaaten zudem, da sich die Mitgliedstaaten nach den Implikationen der Finanzkrise nicht in der Lage sahen, Mittel in einer solchen Höhe direkt aus ihren Haushalten aufzubringen.[259] Solche Bürgschaften sind jedoch (neben anderen formalen Voraussetzungen) nur zu übernehmen, wenn die EFSF ein Finanzierungsinstrument einsetzt, um die Hilfen zu

---

254 Vgl. III. 1. b) gg).

255 Mit Ausnahme Lettlands und Litauens, die damals noch nicht dem Euro-Währungsgebiet angehörten.

256 *Calliess*, ZEuS 2011, S. 213 (220); *Häde*, ZG 2011, S. 1 (17); *Müller-Graff*, integration 2011, S. 289 (295); siehe schon i.E. *Busse*, FAZ v. 30. 9. 2011, S. 3; a.A. *Nitze*, Finanzhilfen für Euro-Staaten in der Krise, 2015, S. 89, der ihn als völkerrechtlichen Vertrag einordnet.

257 Zur ökonomischen Funktionsweise *Wohlmuther*, Der EURO-Rettungsschirm, 2013, S. 38 f.

258 *Philipp*, AG 2010, S. 538 (539).

259 *v. Lewinski*, in: Isensee/Kirchhof (Hrsg.), HbdStR X, 3. Aufl. 2012, § 217 Rn. 73; *Siekmann*, in: Möllers/Zeitler (Hrsg.), Europa als Rechtsgemeinschaft, 2013, S. 101 (115).

finanzieren (vgl. Art. 2 Abs. 5 EFSF-RV). Nach Art. 2 Abs. 7 EFSF-RV besteht zudem die Möglichkeit, dass ein in finanziellen Schwierigkeiten befindlicher Mitgliedstaat, der eine Finanzhilfefazilität bei der EFSF beantragt, sich nicht an den Bürgschaften zur Finanzierung der Finanzhilfefazilität beteiligt (Art. 2 Abs. 7 EFSF-RV, „stepping-out guarantor"). Zur Gewährleistung einer möglichst hohen Bonität wurden die am Kapitalmarkt zur Finanzierung der Hilfen aufgenommenen Anleihen zunächst mit 120%, sodann mit 165% übersichert (Art. 2 Abs. 3, Art. 5 Abs. 1 EFSF-RV).[260]

cc) Verfahren zur Gewährung von Finanzhilfen

Das Verfahren zur Gewährung von Finanzhilfen wird in Art. 2 Abs. 1 lit. (a) EFSF-RV normiert. Es lässt sich in drei Verfahrensphasen (Einleitungs-, Beschluss- sowie Überwachungsphase) gliedern und ist insgesamt in sechs Stufen unterteilt.

Die aus einer Stufe bestehende Einleitungsphase eröffnet nach Art. 2 Abs. 1 lit. (a) EFSF-RV das Prozedere durch einen Antrag zur Vereinbarung einer Finanzhilfefazilität des betreffenden Mitgliedstaates des Euro-Währungs-gebietes. Die EFSF hat daher kein Initiativrecht zur Gewährung von Finanzhilfen, dies muss von dem betreffenden Mitgliedstaat ausgehen.[261] Eine Bewertung der Schuldentragfähigkeit und des Finanzbedarfs findet in dieser Phase indes noch nicht statt.

Daran schließt sich die Beschlussphase an, die ihrerseits aus vier Stufen besteht:

Die Europäische Kommission wird zuerst gemäß Art. 2 Abs. 1 lit. (a) Satz 1 EFSF-RV bevollmächtigt, in Abstimmung mit der EZB und dem IWF mit dem betreffenden Mitgliedstaat ein Memorandum of Understanding zu verhandeln (sowie im Namen der Mitgliedstaaten des Euro-Währungsgebietes auch abzuschließen), in dem die mit der Finanzhilfefazilität verbundenen Auflagen im Einzelnen ausgeführt werden. Ist dieser Schritt abgeschlossen, kann die EFSF schon tätig werden und die Finanzhilfen auf dem Kapitalmarkt beschaffen.[262] Dies muss jedoch der Entscheidung des Rates entsprechen, die letzterer möglicherweise auf Vorschlag der Kommission nach Art. 136 Abs. 1 AEUV bereits getroffen hat. Der Abschluss des MoU setzt zudem die Genehmigung durch die Eurogroup Working Group voraus. Für den Fall, dass der begünstigte Mitgliedstaat und die Kommission bereits im Rahmen des EFSM[263] ein MoU abgeschlossen haben, das von allen Mitgliedstaaten des Euro-Währungsgebiets genehmigt worden ist, so gilt dieses und es wird kein weiteres MoU ausgehandelt. Vorausgesetzt wird dann jedoch, dass dieses MoU sowohl die im Rahmen des EFSM gewährte Stabilitätshilfe als auch die über die EFSF gewährte Stabilitätshilfe abdeckt. Hieran schließt sich in einem zweiten Schritt die Erarbeitung eines Vorschlags für eine Vereinbarung über eine Finanzhilfefazilität durch die Kommission

---

260 Näher hierzu und zur sog. Hebelung *Nitze,* Finanzhilfen für Euro-Staaten in der Krise, 2015, S. 22, 24 ff.; s. auch *Müller-Graff,* integration 2011, S. 289 (297).

261 *Wohlmuther,* Der EURO-Rettungsschirm, 2013, S. 36.

262 *Siekmann,* in: Möllers/Zeitler (Hrsg.), Europa als Rechtsgemeinschaft, 2013, S. 101 (115); *Wohlmuther,* Der EURO-Rettungsschirm, 2013, S. 37.

263 Verordnung (EU) Nr. 407/2010; dazu s. o. II. 1.

in Abstimmung mit der EZB an, der unter anderem die wesentlichen Finanzierungsbedingungen sowie die gewählten Instrumente enthalten muss. Dies geschieht auf Grundlage einer Einschätzung der marktüblichen Konditionen sowie unter der Voraussetzung, dass die finanziellen Bedingungen der Finanzhilfevereinbarung mit dem MoU vereinbar sind und dass die Fälligkeitstermine die Tragbarkeit der Schuldenlast auch gewährleisten. In einem nächsten Schritt verhandelt die EFSF die spezifischen, fachlichen Bestimmungen der Vereinbarungen über eine Finanzhilfefazilität, gemäß denen denjeweiligen begünstigten Mitgliedstaaten entsprechend den darin geregelten Bedingungen Darlehen zur Verfügung gestellt werden. Dabei wird zum einen vorausgesetzt, dass diese Vereinbarungen über eine Finanzhilfefazilität im Wesentlichen in der Form einer Mustervereinbarung über eine Finanzhilfefazilität gestaltet werden, die von den Mitgliedstaaten des Euro-Währungsgebiets für die Zwecke der vorliegenden Vereinbarung genehmigt wird. Zum anderen müssen die finanziellen Parameter der besagten Vereinbarungen über eine Finanzhilfefazilität auf den von der Kommission in Abstimmung mit der EZB vorgeschlagenen und von der Eurogroup Working Group genehmigten Finanzkonditionen beruhen.

Im Anschluss hieran folgt die einstufige Überwachungsphase. Nach Art. 3 Abs. 1 Satz 4 EFSF-RV ist diese jedoch nicht einheitlich normiert, sondern wird nach vom Verwaltungsrat einstimmig zu beschließenden Leitlinien i.S.d. Art. 2 Abs. 1 lit. (b) und lit. (c) EFSF-RV durchgeführt, wobei die Bedingungen für die Auszahlung und die Überwachung der Einhaltung der Konditionalität näher ausgestaltet werden.

Bei der EFSF wird die enge Verzahnung mit dem institutionellen Rahmen der Union durch den EFSM deutlich sichtbar. So spielen hier Beschlüsse des ECOFIN-Rates sowie Genehmigungen der Eurogroup Working Group als Arbeitseinheit der Eurogruppe eine wichtige Rolle bei der Verhandlung eines MoU und der Entscheidung über die Gewährung von Finanzhilfen.

dd) Finanzhilfemöglichkeiten

In Art. 2 Abs. 1 EFSF-RV sind die grundlegenden Vorschriften zu den vorgesehen Hilfsinstrumenten zu finden. Hierunter finden sich auch die verschiedenen Arten der Finanzhilfe.

Bei den Finanzhilfefazilitäten als Haupt- und Grundform des Beistandes handelt es sich um klassische Darlehen, vgl. Art. 2 Abs. 1 lit. (a) EFSF-RV.[264] Da diese jedoch meist nicht ausreichen, insbesondere wenn es zu kurzfristigen oder branchenbedingten Finanzierungsschwierigkeiten kommt, wurden auch weitere Maßnahmen ermöglicht.[265]

Zur Vermeidung von Ansteckungsgefahren kann Finanzhilfe der EFSF nach Art. 2 Abs. 1 lit. (b) Satz 1 EFSF-RV auch aus Fazilitäten für den Anleihekauf am Primär- oder Sekundärmarkt bestehen.[266] Voraussetzung ist hierfür eine Analyse

---

264 Vgl. auch *Bark/Gilles*,EuZW 2013, S. 367 (369) zum ESM mit Rekurs auf die EFSF.
265 Vgl. *Wohlmuther*, Der EURO-Rettungsschirm, 2013, S. 49.
266 Zu den Voraussetzungen im ESM s. u. III. 1. b) ee).

der EZB, die das Vorliegen außergewöhnlicher Umstände auf dem Finanzmarkt sowie Gefahren für die Finanzstabilität feststellt. Ziele solcher Sekundärmarkt-Maßnahmen sind die Aufrechterhaltung der Marktgängigkeit von Staatsschuldtiteln der Mitgliedstaaten sowie die Ermöglichung der Beteiligung privater Investoren an der Refinanzierung von Staaten.[267] Die Primärmarkt-Maßnahmen sollen dazu dienen, dass an dessen Ende der Mitgliedstaat wieder zu einem selbstständigen, freien Kapitalmarktzugang findet.

Zudem können zur Vermeidung von Ansteckungsgefahren sowie zur Verbesserung der Wirksamkeitauch sog. vorsorgliche Finanzhilfen der EFSF nach Art. 2 Abs. 1 lit. (c) Satz 1 Alt. 1 EFSF-RV gewährt werden. Diese vorbeugenden Programme („precautionary programmes") sollen den Zugang zu den Kapitalmärkten stärken, bevor es dort für den Mitgliedstaat zu Finanzierungsschwierigkeiten kommt.[268]

Letztlich sieht Art. 2 Abs. 1 lit. (c) Satz 1 Alt. 2 EFSF-RV vor, dass Finanzhilfefazilitäten zur Rekapitalisierung von Finanzinstituten möglich sind, um die Wirksamkeit der EFSF zu verbessern und Ansteckungsgefahren zu vermeiden. Diese werden durch direkte Darlehen an die Regierungen des betreffenden Mitgliedstaates realisiert, wobei dies auch für Nicht-Programmländer, d.h. ohne makroökonomisches Anpassungsprogramm, möglich ist. Auch hier gilt, dass eine so vereinbarte Finanzhilfefazilität den vom Verwaltungsrat der EFSF zu bestimmenden Leitlinien auch in Bezug auf Zinsfestsetzung, Auszahlung, Inanspruchnahme, Verwaltung sowie Überwachung der politischen Konditionalität entsprechen muss (Art. 2 Abs. 1 lit. (c) Satz 2 EFSF-RV).

ee) Allgemeines und Schlussbestimmungen

Gemäß Art. 1 Abs. 2 Satz 1 EFSF-RV sind die Mitgliedstaaten des Euro-Währungsgebiets erst verpflichtet, Bürgschaften zu übernehmen, wenn bei der EFSF verbindliche Zusagen von Mitgliedstaaten des Euro-Währungsgebiets eingegangen sind, deren Sicherungszusagen in der Summe 90% oder mehr der insgesamt gemachten Sicherungszusagen darstellen.

Art. 10 Abs. 10 EFSF-RV regelt die Übertragung der Rechte, Pflichten und Verbindlichkeiten (inklusive Finanzierungsinstrumenten oder Vereinbarungen über Finanzhilfefazilitäten) auf den ESM, welcher nach einstimmiger Entscheidung der Mitgliedstaaten des Euro-Währungsgebietes und nach erforderlicher Zustimmung seitens der Anleger der Finanzierungsinstrumente entscheidet. Eine entsprechende Regelung für den ESM findet sich in Art. 40 ESMV. Damit wurde die Kontinuität sowie ein fließender Übergang der Finanzhilfefazilitäten bei Aufrechterhaltung der Hilfsmöglichkeiten ermöglicht und sichergestellt.

Als geltendes anwendbares Recht wurde für den EFSF-RV nach dessen Art. 16 Abs. 1 englisches Recht vereinbart, wie bereits in der Darlehensfazilitätsvereinbarung im Rahmen der Griechenland-Soforthilfe. Zudem enthält Art. 16 Abs. 2 EFSF-RV

---

267 *Wohlmuther,* Der EURO-Rettungsschirm, 2013, S. 49; s. dort auch im Folgenden.
268 *Wohlmuther,* Der EURO-Rettungsschirm, 2013, S. 41 f.

eine differenzierte Gerichtsstandvereinbarung.[269] Sie bestimmt nach Satz 2 den EuGH als ausschließlich zuständiges Gericht für Streitigkeiten zwischen Mitgliedstaaten des Euro-Währungsgebietes[270] und nach Satz 3 die Gerichte des Großherzogtums Luxemburg als ausschließliche Gerichtsbarkeit, falls es zu Streitigkeiten zwischen einem oder mehreren der Mitgliedstaaten des Euro-Währungsgebiets und der EFSF S.A. kommt.

c) *Zwischenergebnis*

Die EFSF weist als Gesamtkonstrukt somit einen ebenfalls hybriden (oder „gemischt öffentlich-rechtlich-zivilrechtlichen") Rechtscharakter auf, da er zum einen aus privatrechtlichen Übereinkünften nach luxemburgischem Privatrecht und zum anderen aus unionsrechtlich verankerten Konditionalitätsklauseln sowie einer zwischenstaatlichen Vereinbarung besteht.[271] Bei der EFSF handelt es sich entgegen vereinzelter Meinung[272] nicht um ein Kreditinstitut, sondern um eine befristete Noteinrichtung zur Sicherung der Währungsstabilität im Euroraum und zur Sicherung der Liquidität von notleidenden Mitgliedstaaten, deren Währung der Euro ist. Die Einordnung als Kreditinstitut würde den besonderen Verflechtungen, die die EFSF S.A. zur Politik hat, widersprechen und machte sie quasi zu einem unechten privatrechtlichen Unionsorgan.[273]

III. Europäischer Stabilitätsmechanismus (ESM)

Die EFSF abgelöst hat der am 8. Oktober 2012 konstituierte Europäische Stabilitätsmechanismus (ESM), dem das Inkrafttreten des ESMV am 27. September 2012 vorangegangen ist.[274] Er ist im Gegensatz zum zeitlich bis zum 30. Juni 2013 befristeten EFSF als permanentes Euro-Rettungsinstrument angelegt und schließt eine Lücke im Recht der WWU.[275]

1. *ESM-Vertrag: Rechtsnatur und Inhalt*

a) *Rechtsnatur*

Bei dem „Vertrag zur Einrichtung des Europäischen Stabilitätsmechanismus zwischen dem Königreich Belgien, der Bundesrepublik Deutschland, der Republik

---

269 *Müller-Graff*, integration 2011, S. 289 (295) spricht von „gespalten".
270 Zur Problematik der Gerichtsstandvereinbarung und Art. 273 AEUV siehe Kap. 6, A. I. 1. e).
271 *Müller-Graff*, integration 2011, S. 289 (293); *Piecha*, EuZW 2012, S. 532 (534).
272 So *Philipp*, AG 2010, S. 538 (539).
273 Ähnlich aber *Kettgen*, Finanzkrise und EFSF, 2011, S. 39 ff.
274 Bekanntmachung über das Inkrafttreten des Vertrags zur Einrichtung des Europäischen Stabilitätsmechanismus (ESM) v. 1. 10. 2012, BGBl. 2012 II, S. 1086.
275 Vgl. *Hufeld*, in: Müller-Graff (Hrsg.), EnzEuR IV, 2014, § 22 Rn. 150.

Estland, Irland, der Hellenischen Republik, dem Königreich Spanien, der Französischen Republik, der Italienischen Republik, der Republik Zypern, dem Großherzogtum Luxemburg, Malta, dem Königreich der Niederlande, der Republik Österreich, der Portugiesischen Republik, der Republik Slowenien, der Slowakischen Republik und der Republik Finnland" (ESM-Vertrag) handelt es sich um einen völkerrechtlichen Vertrag zwischen den Mitgliedstaaten der Union, deren Währung der Euro ist.[276] Er ist nunmehr für sämtliche Vertragsparteien in Kraft getreten.[277] Die völkerrechtliche Handlungsweise erklärt sich unter anderem auch daraus, dass eine primärrechtliche Ermächtigungsgrundlage hierfür nicht ersichtlich war.[278] An der Einordnung als völkerrechtlicher Vertrag ändert auch das nicht zu verleugnende Näheverhältnis zum Recht der Europäischen Union und die mögliche Anwendbarkeit von Art. 23 GG nichts.[279] Durch den ESMV wird der ESM als internationale Organisation mit Sitz in Luxemburg errichtet (vgl. Art. 1 Abs. 1 ESMV).[280] Vorbild war hierbei der IWF.[281] Der ESM hat eine eigene Rechtspersönlichkeit und steht rein formell neben der EU („extra-unional"[282]).[283] Gleichwohl kann der ESMV als „Ersatzunionsrecht"[284], „Satellitenvertrag"[285], „dem Primärrecht angenähertes Recht"[286] oder auch „Nebenunionsrecht"[287] bezeichnet werden, da es sich hierbei um einen völkerrechtlichen Vertrag einiger Mitgliedstaaten handelt, welcher als Ergänzung der europäischen Integration neben dem unionsrechtlichen Rahmen, der in einem gewissen Näheverhältnis zum Unionsrecht steht, einzuordnen ist.[288] Möglich wäre, in Anlehnung an die EFSF S.A., zwar auch eine Ausgestaltung im

276 So auch *Lorz/Sauer*, DÖV 2012, S. 573 (574).

277 Bekanntmachung über das Inkrafttreten des Vertrags zur Einrichtung des Europäischen Stabilitätsmechanismus (ESM) v. 1. 10. 2012, BGBl. 2012 II, S. 1086 f.; Bekanntmachung über den Geltungsbereich des Vertrags zur Einrichtung des Europäischen Stabilitätsmechanismus (ESM) v. 16. 10. 2012, BGBl. 2012 II, S. 1336.

278 *Häde*, in: Hatje/Müller-Graff (Hrsg.), EnzEuR I, 2014, § 17 Rn. 2.

279 Zur Einordnung und Bewertung nach Art. 23 GG siehe Kap. 3, B. I. 1.; zum Näheverhältnis s. BVerfGE 131, S. 152 (199 ff.) – *ESM/Euro-Plus-Pakt.*

280 *Bark/Gilles*, EuZW 2013, S. 367 (368); *Uerpmann-Wittzack*, EuR-Beiheft 2/2013, S. 49 (51).

281 *Manger-Nestler/Böttner*, EuR 2014, S. 621 (632).

282 *Herrmann*, in: Giegerich (Hrsg.), Herausforderungen und Perspektiven der EU, 2012, S. 51 (63); *ders.*, in: Kadelbach (Hrsg.), Nach der Finanzkrise, 2012, S. 79 (95).

283 *Häde*, in: Hatje/Müller-Graff (Hrsg.), EnzEuR I, 2014, § 17 Rn. 7; *Müller-Graff*, integration 2011, S. 289 (299).

284 *Lorz/Sauer*, DÖV 2012, S. 573 (575).

285 *Thym*, EuR-Beiheft 2/2013, S. 23 (31); *ders.*, in: Hatje/Müller-Graff (Hrsg.), EnzEuR I, 2014, § 5 Rn. 82.

286 *Hakenberg*, Europarecht, 7. Aufl. 2015, Rn. 213.

287 So *Fischer-Lescano/Oberndorfer*, NJW 2013, S. 9 (9) im Hinblick auf den VSKS.

288 Vgl. auch BVerfGE 131, S. 152 (199 f.) – *ESM/Euro-Plus-Pakt*; *Gröpl*, Der Staat 52 (2013), S. 1 (7) spricht von einem „paraunionalem" Charakter; *Schroeder*, Grundkurs Europarecht, 4. Aufl. 2015, § 6 Rn. 20 spricht von „begleitenden Verträgen".

privatrechtlichen Rahmen gewesen, jedoch hat der Europäische Rat sich explizit für diese völkerrechtliche Ausgestaltung ausgesprochen.[289] Damit werden dem ESM rechtliche Privilegien ermöglicht, die bei einer privatrechtlichen Organisationsform nicht möglich gewesen wären wie bspw. die völkerrechtliche Handlungsfähigkeit, hoheitlicher Charakter von Handlungen oder die Immunität von der staatlichen Gerichtsbarkeit.[290] Es kann schließlich festgestellt werden, dass der ESM, anders als die ad-hoc- bzw. Übergangsrettungsmaßnahmen (Griechenland-Soforthilfe und EFSF/EFSM) keinen hybriden Rechtscharakter aus privatrechtlichen und unionsrechtlichen Elementen aufweisen. Die stabile völkerrechtliche Basis ist wohl der intendierten Dauerhaftigkeit dieses Rettungsinstrumentes geschuldet. Letztlich soll durch diese Ausgestaltung die Europäische Integration dauerhaft gestärkt werden.[291]

b) Vertragsinhalt

Mit dem ESM wird ein auf Krisenfälle beschränkter Finanzhilfemechanismus im Euro-Währungsgebiet errichtet.[292] Der ESMV besteht neben 17 einleitenden Erwägungsgründen aus acht Kapiteln (Mitgliedschaft und Zweck, Geschäftsführung, Kapital, Tätigkeit, Finanzmanagement, Allgemeine Bestimmungen, Übergangsregelungen, Schlussbestimmungen) sowie einer Schlussformel und zwei Anhängen (Beitragsschlüssel sowie Zeichnungen des genehmigten Stammkapitals) zum Vertrag. Nach Art. 3 Satz 1 ESMV ist es Zweck des ESM, Finanzmittel zu mobilisieren und für ESM-Mitglieder, die schwerwiegende Finanzierungsprobleme haben oder denen solche drohen, unter Auflagen Stabilitätshilfen zu leisten, sofern es zur Wahrung der Finanzstabilität des Euro-Währungsgebietes als Ganzes und seiner Mitgliedstaaten unabdingbar ist.[293] Art. 3 ESMV ist demnach eine Mittel-Ziel-Norm, die doppelte Konditionalität festschreibt.[294]

aa) Organisationsstruktur

Im Unterschied zu dem privatrechtlich organisierten EFSF sind die organisatorischen Vorschriften, die den ESM und die einzelnen Finanzhilfeinstrumente sowie –modalitäten betreffen, nicht in getrennten Verträgen, sondern allesamt im ESMV konzentriert. Sie ähneln sich in ihrer Struktur jedoch, auch wenn die privatrechtliche Prägung in ihrer Ausgestaltung als Aktiengesellschaft bei der EFSF sowie die Ausgestaltung als nach Völkerrecht gegründeter internationaler Organisation

---

289 Schlussfolgerungen des Europäischen Rates v. 24./25. 3. 2011, Anlage II.
290 *Ohler,* in: Siekmann (Hrsg.), EWU-Kommentar, 2013, Art. 136 AEUV Rn. 16.
291 *Thym,* in: Hatje/Müller-Graff (Hrsg.), EnzEuR I, 2014, § 5 Rn. 86.
292 Vgl. *Giegerich,* in: ders. (Hrsg.), Herausforderungen und Perspektiven der EU, 2012, S. 7 (15).
293 Zur Ausgestaltung des ESM s. auch *Bark/Gilles,* EuZW 2013, S. 367 ff.; *Degenhart,* BayVBl. 2012, S. 517 (518 f.); *Kube,* WM 2012, S. 245 (245 f.); *Uerpmann-Wittzack,* EuR-Beiheft 2/2013, S. 49 (51 f.).
294 *Hufeld,* in: Müller-Graff (Hrsg.), EnzEuR IV, 2014, § 22 Rn. 161.

beim ESM deutlich erkennbar ist. Mitglieder des ESM sind die Vertragsparteien (Art. 1 Abs. 2 ESMV). Jedoch ist die Mitgliedschaft offen für Mitgliedstaaten, deren Ausnahmeregelung nach Art. 140 Abs. 2 AEUV aufgehoben wird und die damit dem Euroraum beitreten (Art. 2 Abs. 1 i.V.m. Art. 44 ESMV). Erster Anwendungsfall eines solchen Beitritts ist der Lettlands zum 13. März 2014, nachdem der Euro dort zum 1. Januar 2014[295] eingeführt wurde und der ESMV vom lettischen Parlament am 30. Januar 2014 ratifiziert wurde.[296] Mit dem Beitritt Litauens zum Euroraum am 1. Januar 2015[297] und der bereits am 18. Dezember 2014 erfolgten Ratifzierung des ESMV durch das litauische Parlament[298] wurde es zum 3. Februar 2015 auch Mitglied des ESM.[299]

bb) Geschäftsführung: Gouverneursrat, Direktorium und Direktor

Der ESM stellt strukturell gesehen ein Abbild des IWF dar.[300] Die Geschäfte des ESM werden von einem Gouverneursrat, einem Direktorium sowie einem geschäftsführenden Direktor geführt, die von Bediensteten unterstützt werden (Art. 4 Abs. 1 ESMV). Alle Entscheidungen von großer Bedeutung werden vom Gouverneursrat einstimmig gefällt (Art. 4 Abs. 2, 3, Art. 5 Abs. 6 ESMV), diejenigen von untergeordneter Bedeutung finden als Mehrheitsentscheidung statt (Art. 5 Abs. 6 ESMV), wobei dort eine qualifizierte Mehrheit von 80% der abgegebenen Stimmen gilt, die sich nach dem Anteil am Stammkapital richtet, womit Deutschland mit 26,9616%[301] eine Sperrminorität besitzt.[302] Damit besteht ein Unterschied zur Ausgestaltung

295 Beschluss 2013/387/EU des Rates v. 9. 7. 2013, ABl.EU 2013 Nr. L 195, S. 24.

296 Pressemitteilung des Lettischen Saiema v. 30. 1. 2014, abrufbar unter: http://www.saeima.lv/lv/aktualitates/saeimas-zinas/21798-latvija-ratifice-ligumu-par-eiropas-stabilitates-mehanismu (zuletzt: 3. 12. 2015). Damit musste der ESMV, insbesondere der Beitragsschlüssel (Anlage I) sowie das gezeichnete Stammkapital (Anlage II), angepasst werden. Dies ist entsprechend der Resolution des Gouverneursrates vom 23. 10. 2013, SG/BoG/2013/05/03, auch geschehen; vgl. hierzu http://www.esm.europa.eu/pdf/20140303Letteraccession%20Latvia.pdf (letzter Abruf: 3. 12. 2015); Änderungsbekanntmachung in BGBl. 2014 II, S. 296.

297 Beschluss 2014/509/EU des Rates v. 23. 7. 2014, ABl.EU 2014 Nr. L 228, S. 29.

298 Pressemitteilung des Litauischen Seimas v. 18. 12. 2014, abrufbar unter: http://www3.lrs.lt/pls/inter/w5_show?p_r=4445&p_k=1&p_d=153758 (zuletzt: 3. 12. 2015).

299 Änderungsbekanntmachung: BGBl. 2015 II, S. 327.

300 *Gaitanides*, in: Kadelbach (Hrsg.), Solidarität als Europäisches Rechtsprinzip?, 2014, S. 33 (40).

301 Bis zum Beitritt Litauens waren es noch 27,0716%, bis zu dem Lettlands noch 27,1464%.

302 *Bark/Gilles*, EuZW 2013, S. 367 (368); vgl. *Ohler*, GYIL 54 (2011), S. 47 (72); dies ist auch nach BVerfGE 135, S. 317 (412 f.), – *ESM/Fiskalpakt II* verfassungsrechtlich erforderlich, um der haushaltspolitischen Gesamtverantwortung des Bundestages zu genügen, s. dazu näher Kap. 3, B. I. 7., II. 2. b).

der Stimmrechte im EZB-Rat, bei dem jedes Mitglied nur eine Stimme hat.[303] Gleichwohl werden Stimmrechte eines Vertragsstaates nach Art. 4 Abs. 8 ESMV ausgesetzt, wenn fällige Zahlungen nicht geleistet werden. Damit soll ein Anreiz geschaffen werden, seine Anteile zügig einzuzahlen und späteren Kapitalabrufen zügig nachzukommen.[304] Die Aussetzung des deutschen Stimmrechts ist zwar praktisch unwahrscheinlich, gleichwohl hat das BVerfG dies in seinen *ESM/Fiskalpakt*-Entscheidungen[305] thematisiert.

(1) Gouverneursrat

Der Gouverneursrat besteht aus von den ESM-Mitgliedern benannten Gouverneuren, die ein Regierungsmitglied mit Zuständigkeit für die Finanzen sein müssen (Art. 5 Abs. 1 Satz 1, 3 ESMV). Der ECOFIN-Rat in der Zusammensetzung der Eurogruppe ist in seiner Konstellation als Gouverneursrat im ESM damit praktisch personenidentisch. Daneben ernennt jedes Mitglied einen stellvertretenden Gouverneur, der das originäre Gouverneursratsmitglied bei seiner Abwesenheit vollumfänglich vertritt (Art. 5 Abs. 1 Satz 4 ESMV). Der Gouverneursrat kann entweder den Präsidenten der Euro-Gruppe zu seinem Präsidenten ernennen oder aus dem Kreis seiner Mitglieder einen Vorsitzenden sowie stellvertretenden Vorsitzenden für zwei Jahre wählen, wobei eine Wiederwahl zulässig ist (Art. 5 Abs. 2 ESMV). Derzeit ist dies der Präsident der Euro-Gruppe, der niederländische Finanzminister *Jeroen Dijsselbloem*.[306] Ohne Stimmrecht können als Beobachter an den Sitzungen teilnehmen: Die für Wirtschaft und Währung zuständigen Kommissionsmitglieder, der Präsident der EZB, der Präsident der Euro-Gruppe, sofern er nicht Vorsitzender oder Mitglied des Gouverneursrates ist (Art. 5 Abs. 3 ESMV), Vertreter von Mitgliedstaaten, die dem Euro-Währungsgebiet nicht angehören und sich ebenfalls an einer Stabilitätshilfe beteiligen (Art. 5 Abs. 4 ESMV) sowie im Einzelfall andere Personen wie bspw. Vertreter von Institutionen oder Organisationen wie dem IWF (Art. 5 Abs. 5 ESMV). Diese Ausgestaltung ist ähnlich der des EZB-Rates.[307] Der Gouverneursrat hat die Beschlusskompetenz für die elementaren Entscheidungen des ESM wie beispielsweise die Gewährung von Finanzhilfen (Art. 5 Abs. 6 i.V.m. Art. 13 Abs. 2, Art. 13 Abs. 3 Satz 3 ESMV) oder Veränderungen des genehmigten Stammkapitals (Art. 10 Abs. 1 ESMV) und ist somit sein oberstes Entscheidungsgremium.[308] Er ist daher mit

---

303 *Häde*, in: Hatje/Müller-Graff (Hrsg.), EnzEuR I, 2014, § 17 Rn. 17.

304 *Häde*, in: Hatje/Müller-Graff (Hrsg.), EnzEuR I, 2014, § 17 Rn. 18; s. dort auch im Folgenden.

305 BVerfGE 132, S. 195 (251 ff.); BVerfGE 135, S. 317 (413 ff.); s. dazu unten Kap. 3, B. II. 2. c) cc).

306 *ESM*, Annual Report 2013, 2014, S. 50 f.

307 *Häde*, in: Hatje/Müller-Graff (Hrsg.), EnzEuR I, 2014, § 17 Rn. 10.

308 *Bark/Gilles*, EuZW 2013, S. 367 (368); *Häde*, in: Hatje/Müller-Graff (Hrsg.), EnzEuR I, 2014, § 17 Rn. 9.

ähnlichen Kompetenzen ausgestattet wie der Verwaltungsrat der EFSF[309] und stellt so praktisch einen Gesellschafterausschuss dar.[310] Die politische Verantwortung an den Entscheidungen innerhalb des ESM tragen hiernach die Finanzminister der Eurostaaten.[311]

(2) Direktorium

Hauptaufgabe des Direktoriums ist die Führung des ESM gemäß des ESMV und der vom Gouverneursrat beschlossenen Satzung (Art. 6 Abs. 6 Satz 1 ESMV). Es besteht aus Mitgliedern sowie Stellvertretern mit großem wirtschaftlichen und finanziellen Sachverstand, die von jedem Gouverneursratsmitglied ernannt werden, aber jederzeit wieder abberufen werden können (Art. 6 Abs. 1 ESMV). Der genaue Personenkreis ist daher nicht näher bestimmt, wobei naheliegenderweise derzeit ausschließlich Staatssekretäre in den Finanzministerien oder vergleichbar ranghohe Beamte Mitglieder im Direktorium sind.[312] Ähnlich wie im Gouverneursrat können die zuständigen Kommissare sowie der EZB-Präsident jeweils einen Beobachter für das Direktorium ernennen (Art. 6 Abs. 2 ESMV). Dasselbe gilt für Staaten außerhalb des Euro-Währungsgebietes, die sich an Finanzhilfen beteiligen (Art. 6 Abs. 3 ESMV) sowie für andere Personen, bspw. Vertreter von Organisationen und Institutionen (Art. 6 Abs. 4 ESMV). Grundsätzlich beschließt das Direktorium mit qualifizierter Mehrheit (Art. 6 Abs. 5 Satz 1 ESMV), es sei denn, im ESMV ist etwas anderes bestimmt oder die Beschlüsse fallen aufgrund von Befugnissen, die vom Gouverneursrat auf das Direktorium übertragen wurden (Art. 6 Abs. 5 Satz 2 ESMV). In letzterem Falle finden die Abstimmungsmodi des Gouverneursrates aus Art. 5 Abs. 6 f. ESMV Anwendung (Art. 6 Abs. 5 Satz 3 ESMV). Zu den vom Gouverneursrat übertragenen Aufgaben zählt insbesondere der Erlass von Ausführungsbestimmungen (guidelines) zu einzelnen Hilfsinstrumenten.[313]

(3) Geschäftsführender Direktor

Der Geschäftsführende Direktor wird vom Gouverneursrat aus einem Kreis von Kandidaten ernannt, die die Staatsangehörigkeit eines ESM-Mitglieds sowie einschlägige internationale Erfahrung und großen Sachverstand im Bereich von Wirtschaft und Finanzen aufweisen (Art. 7 Abs. 1 Satz 1 ESMV). Er darf während seiner Amtszeit weder Mitglied noch stellvertretendes Mitglied des Gouverneursrates oder des Direktoriums sein (Art. 7 Abs. 1 Satz 2 ESMV); seine Amtszeit beträgt fünf Jahre (Art. 7 Abs. 2 Satz 1 ESMV), wobei einmalige Wiederernennung zulässig ist

---

309 Dazu s. o. II. 2. a) aa).

310 *Brück*, FAZ v. 16. 5. 2012, S. 8.

311 *Hufeld*, in: Müller-Graff (Hrsg.), EnzEuR IV, 2014, § 22 Rn. 165.

312 *Häde*, in: Hatje/Müller-Graff (Hrsg.), EnzEuR I, 2014, § 17 Rn. 9; die Liste der Direktiomsmitglieder kann unter http://www.esm.europa.eu/about/governance/board-of-directors/index.htm eingesehen werden (letzter Abruf: 3. 12. 2015).

313 *Häde*, in: Hatje/Müller-Graff (Hrsg.), EnzEuR I, 2014, § 17 Rn. 14.

(Art. 7 Abs. 2 Satz 2 ESMV). Dies soll die Unabhängigkeit seiner Entscheidungen sicherstellen. Eine vorzeitige Beendigung seiner Amtszeit ist durch Beschluss des Gouverneursrates hingegen möglich (Art. 7 Abs. 2 Satz 3 ESMV). Der Geschäftsführende Direktor ist zwar kein Direktoriumsmitglied, führt jedoch seine Sitzungen als Vorsitzender und partizipiert an den Sitzungen des Gouverneursrates (Art. 7 Abs. 3 ESMV). Er ist Verwaltungsleiter des ESM, führt daher die administrativen Geschäfte des ESM nach den Weisungen des Direktoriums und fungiert als gesetzlicher Vertreter des ESM (Art. 7 Abs. 5 ESMV).[314]

(4) Zwischenergebnis

Der ESM ist somit vergleichbar der EFSF aufgebaut. Personelle Überschneidungen waren nicht ausgeschlossen und sogar ausdrücklich erwünscht, um die gewonnene Expertise der qualifizierten Angestellten des EFSF im ESM, der eine vergleichbare Aufgabe zu erfüllen hatte, effektiv zu nutzen. Dies zeigt sich allein schon darin, dass *Klaus Regling* als Geschäftsführender Direktor des EFSF auch zum Geschäftsführenden Direktor des ESM ernannt wurde.[315]

cc) Das Stammkapital des ESM

Art. 8 Abs. 1 Satz 1 ESMV beziffert das genehmigte Stammkapital auf 700 Milliarden Euro und wird nach Art. 8 Abs. 2 Satz 1 ESMV in eingezahlte sowie abrufbare Anteile untergliedert.[316] Art. 8 Abs. 5 Satz 1 ESMV begrenzt die Haftung der Mitglieder unmissverständlich auf den eigenen Anteil des Stammkapitals.[317] Art. 8 Abs. 5 Satz 2 ESMV schließt ferner eine Haftung der Mitglieder für Verpflichtungen des ESM aus. Schließlich stellt Art. 8 Abs. 5 Satz 3 ESMV klar, dass ESM-Mitglieder, die Finanzhilfe erhalten, nicht von der Leistung ihrer Kapitalbeiträge befreit sind. Um den Anforderungen der einstweiligen Anordnung des BVerfG vom 12. September 2012[318] zu genügen, wurde von der Bundesregierung sowie den anderen Vertragsparteien bei Ratifizierung des ESMV am 27. September 2012 mittels einer völkerrechtlichen Auslegungserklärung[319] zu Art. 8 Abs. 5 nochmals verdeutlicht, dass die Zahlungsverpflichtungen des ESM dahingehend begrenzt werden, dass keine Vorschrift des ESMV dergestalt auszulegen ist, dass sie ohne vorherige Zustimmung

---

314 *Bark/Gilles,* EuZW 2013, S. 367 (368); *Häde,* in: Hatje/Müller-Graff (Hrsg.), EnzEuR I, 2014, § 17 Rn. 15 f.; *Ohler,* GYIL 54 (2011), S. 47 (72).

315 http://www.esm.europa.eu/about/organisation/klaus-regling.htm (letzter Aufruf: 19. 1. 2015).

316 Dazu *Ohler,* GYIL 54 (2011), S. 47 (71); kritisch zur Terminologie *Philipp,* AG 2012, S. 587.

317 Vgl. *Häde,* in: Hatje/Müller-Graff (Hrsg.), EnzEuR I, 2014, § 17 Rn. 26; *Kampeter,* FAZ v. 3. 8. 2012, S. 11.

318 BVerfGE 132, S. 195 ff. – *ESM/Fiskalpakt I.*

319 S. die Bekanntmachung über das Inkrafttreten des Vertrags zur Einrichtung des Europäischen Stabilitätsmechanismus (ESM) v. 1. 10. 2012, BGBl. 2012 II, S. 1086.

des Vertreters des Mitglieds unter Berücksichtigung der nationalen Verfahren der Parlamentsbeteiligung zu einer Zahlungsverpflichtung führt, die den Anteil am genehmigten Stammkapital des jeweiligen ESM-Mitgliedes übersteigt.

Nach Art. 10 Abs. 1 Satz 2 ESMV wird dem Gouverneursrat ermöglicht, das Stammkapital durch Beschluss zu verändern.[320] Weiterhin ermöglicht Art. 10 Abs. 3 ESMV die automatische Erhöhung des Stammkapitals bei Beitritt eines EU-Mitgliedstaates zum ESMV, wobei der Beitrag entsprechend des Beitragsschlüssels ermittelt wird. Zur Berechnung des Beitragsschlüssels wird nach Art. 11 Abs. 1 ESMV im Allgemeinen auf den Schlüssel für die Zeichnung des EZB-Kapitals durch die nationalen Zentralbanken der ESM-Mitglieder gemäß Art. 29 AEUV und der ESZB-Satzung (Prot. Nr. 4) verwiesen. Art. 11 Abs. 3 ESMV zählt die Möglichkeit der Anpassung des Beitragsschlüssels abschließend auf (Aufnahme eines Mitgliedes mit automatischer Erhöhung, lit. a) bzw. zeitweilige Korrektur nach Art. 42 ESMV, lit. b). Für den Fall einer Anpassung nach Art. 11 Abs. 5 ESMV übertragen die ESM-Mitglieder einander genehmigtes Stammkapital, um der Verteilung nach dem angepassten Schlüssel zu entsprechen.

dd) Grundsatz und Verfahren der Finanzhilfe (Art. 12, Art. 13 ESMV)

Nach Art. 39 Satz 1 ESMV i.V.m. Präambel Nr. 6 des ESMV und eines Beschlusses des Gouverneursrates können insgesamt lediglich 500 Mrd. Euro als Darlehensvolumen des ESM ausgereicht werden.[321] Im Folgenden werden die Voraussetzungen für die Gewährung von Finanzhilfen (1) sowie das Verfahren hierzu (2) erörtert.

(1) Voraussetzungen für die Gewährung von Finanzhilfen (Art. 12 ESMV)

Die Grundsatznorm des Art. 12 ESMV regelt in ihrem Abs. 1 Satz 1 die grundlegenden Voraussetzungen für die Gewährung von Stabilitätshilfen durch den ESM. Sie setzt die Unabdingbarkeit zur Wahrung der Finanzstabilität des Euro-Währungsgebietes insgesamt und seiner Mitgliedstaaten unter strengen Auflagen voraus und orientiert sich so eng am Wortlaut des Art. 136 Abs. 3 AEUV n.F.[322] Art. 12 Abs. 1 Satz 2 ESMV definiert den Kreis der Auflagen und sieht makroökonomische Anpassungsprogramme bis hin zur kontinuierlichen Erfüllung zuvor festgelegter Anspruchsvoraussetzungen vor. Es besteht dabei also ein gewisser Ermessensspielraum der politischen Entscheidungsträger, der lediglich einer Evidenzkontrolle

---

320 In Deutschland gilt § 4 Abs. 1 S. 2 Nr. 3 i.V.m. Abs. 2 ESMFinG; hierzu s. u. IV.

321 Vgl. *Bark/Gilles*, EuZW 2013, S. 367 (367 f.); *Häde*, in: Hatje/Müller-Graff (Hrsg.), EnzEuR I, 2014, § 17 Rn. 31; s. dazu den Beschluss der Beschluss der Eurogruppe v. 30. 3. 2012, abrufbar unter http://www.consilium.europa.eu/uedocs/cms_data/docs/pressdata/en/ecofin/129381.pdf (letzter Abruf: 3. 12. 2015).

322 Die Normen sind jedoch nicht deckungsgleich, so auch *Smulders/Keppene*, in: v. d. Groeben/Schwarze/Hatje (Hrsg.), Europäisches Unionsrecht, Bd. 3, 7. Aufl. 2015, Art. 136 AEUV, Rn. 16: dazu s.u. 2.

unterliegt.[323] Mit dem Paradigma „Finanzhilfen nur gegen Auflagen" soll ein Ausgleich zu den erst in der Krise nachgeholten Versäumnissen bei der Verrechtlichung der Hilfen erfolgen.[324] Auf die Voraussetzungen des Art. 12 Abs. 1 ESMV wird von allen im ESMV vorgesehenen Finanzhilfeinstrumenten, mit Ausnahme von Art. 15 ESMV (Finanzhilfen zur Bankenrekapitalisierung), Bezug genommen. Art. 12 Abs. 2 ESMV stellt klar, dass ungeachtet des Art. 19 ESMV die Stabilitätshilfen mittels der in den Art. 14 bis Art. 18 ESMV vorgesehenen Instrumente gewährt werden. Art. 12 Abs. 3 ESMV enthält darüber hinaus die Umschuldung als weitere, im Laufe der Krise zusätzlich in Betracht gezogene Möglichkeit der Krisenbewältigung. Dieser Absatz sieht für Staatsschuldtitel (Staatsanleihen) des Euro-Währungsgebietes ab 1. Januar 2013 Umschuldungsklauseln (sog. „Collective Action Clauses") vor, die in allen Rechtsordnungen des Euro-Währungsgebietes die gleiche rechtliche Wirkung entfalten.[325] So wird zwar die Möglichkeit des Abbaus der Schuldenlast von betroffenen Staaten eröffnet.[326] Eine nähere Ausgestaltung des Umschuldungsprozesses bleibt den Beteiligten überlassen, da diese Norm weder prozessuale noch inhaltliche Anforderungen an eine Privatsektorbeteiligung enthält.[327]

(2) Verfahren zur Gewährung von Finanzhilfen (Art. 13 ESMV)

Das Verfahren zur Gewährung von Finanzhilfen wird in Art. 13 ESMV normiert.[328] Es ist in acht Stufen unterteilt und lässt sich in drei Verfahrensstadien gliedern: Einleitungs-, Beschluss- sowie Überwachungsphase. In der EFSF wurde bereits ein ähnliches Verfahren zur Gewährung von Finanzhilfen angewandt.[329]

Die zweistufige Einleitungsphase wird nach Art. 13 Abs. 1 Satz 1 ESMV vom ESM-Mitglied initiiert, das sein Stabilitätshilfeersuchen an den Vorsitzenden des Gouverneursrats richtet. In diesem Ersuchen wird das oder werden die Finanzhilfeinstrumente, die zu erwägen sind, angegeben (Art. 13 Abs. 1 Satz 2 ESMV). Der zweite Schritt sieht sodann vor, dass nach Erhalt eines solchen Ersuchens der Vorsitzende des Gouverneursrats der Europäischen Kommission, im Benehmen mit der EZB, die Bewertungsaufgaben überträgt (Art. 13 Abs. 1 Satz 3 ESMV). Damit sollen

---

323 *Hufeld,* in: Müller-Graff (Hrsg.), EnzEuR IV, 2014, § 22 Rn. 163; *Ohler,* GYIL 54 (2011), S. 47 (63).

324 *Hufeld,* in: Müller-Graff (Hrsg.), EnzEuR IV, 2014, § 22 Rn. 23; dabei ist die Konditionalitätspraxis des IWF Vorbild, s. *Häde,* in: Hatje/Müller-Graff (Hrsg.), EnzEuR I, 2014, § 17 Rn. 33; *Ohler,* in: Möllers/Zeitler (Hrsg.), Europa als Rechtsgemeinschaft, 2013, S. 277 (289); vlg. auch *Blanke/Pilz,* EuR 2014, S. 541 (556).

325 Ähnlich *Hofmann/Konow,* ZG 2012, S. 138 (154); in Deutschland ist dies durch die Änderung des Bundesschuldenwesengesetzes v. 13. 9. 2012, BGBl. 2012 I, S. 1914, mit § 4a Bundesschuldenwesengesetz nunmehr möglich; kritisch *Pilz/Dittmann,* DÖV 2011, S. 438 (446).

326 *Häde,* in: Hatje/Müller-Graff (Hrsg.), EnzEuR I, 2014, § 17 Rn. 38.

327 *Ohler,* in: Siekmann (Hrsg.), EWU-Kommentar, 2013, Art. 136 AEUV Rn. 23.

328 S. auch *Bark/Gilles,* EuZW 2013, S. 367 (370); *Ohler,* GYIL 54 (2011), S. 47 (63 ff.).

329 S. o. II. 2. b) cc).

Neutralität und Fachkompetenz gewährleistet werden.[330] EZB und Kommission werden dazu im Wege der Organleihe tätig.[331] Hier muss bewertet werden, ob eine Gefahr für die Finanzstabilität des Euro-Währungsgebiets insgesamt oder seiner Mitgliedstaaten, es sei denn, die EZB hat bereits eine Analyse nach Art. 18 Abs. 2 ESMV vorgelegt, besteht (lit. a), die Staatsverschuldung tragbar ist (lit. b) sowie inwieweit der tatsächliche oder potenzielle Finanzierungsbedarf des betreffenden ESM-Mitgliedes besteht (lit. c). Bei der Tragfähigkeitsbewertung der Staatsverschuldung wird zudem erwartet, dass diese nach Möglichkeit und Angemessenheit mit dem IWF gemeinsam durchgeführt wird.

Nach Durchlaufen dieser Einleitungsphase schließt sich die Beschlussphase an, die ihrerseits aus vier Schritten besteht:

Zuerst beschließt nach Art. 13 Abs. 2 ESMV auf der Grundlage des Ersuchens des ESM-Mitglieds und der in Art. 13 Abs. 1 ESMV genannten Bewertung der Gouverneursrat über die Gewährung der grundsätzlichen Stabilitätshilfe in Form einer Finanzhilfefazilität. Nach Annahme eines solchen Beschlusses überträgt der Gouverneursrat gemäß Art. 13 Abs. 3 UAbs. 1 Satz 1 ESMV der Europäischen Kommission die Aufgabe, im Benehmen mit der EZB und nach Möglichkeit zusammen mit dem IWF, mit dem betreffenden ESM-Mitglied ein Memorandum of Understanding auszuhandeln, in dem die mit der Finanzhilfefazilität verbundenen Auflagen im Einzelnen ausgeführt werden. Spannungen aufgrund unterschiedlicher politischer Einschätzungen können hierbei aufgelöst werden.[332] Der Inhalt des MoU muss dabei den Schweregrad der zu behebenden Schwachpunkte und das gewählte Finanzhilfeinstrument widerspiegeln (Art. 13 Abs. 3 UAbs. 1 Satz 2 ESMV). Es ist daher abhängig von der Art der Finanzierungskrise des Staates.[333] Mit dem MoU soll aus Empfängerperspektive eine „Freiwilligkeit" der Sanierung sichergestellt werden und aus Geberperspektive eine zielgerichtete Hilfe mit Aussicht auf Verbesserung der ökonomischen Verhältnisse.[334] Ein solches MoU ist rechtlich zwar per se unverbindlich,[335] gleichwohl gehen politische Zwangswirkungen und latenter Vollstreckungsdruck von ihm aus, besteht doch die Möglichkeit der Einstellung von Hilfszahlungen bei Zuwiderhandlung gegen die dort gemachten Vorgaben.[336]

---

330 Vgl. *Pilz/Dittmann,* DÖV 2011, S. 438 (441).

331 BVerfGE 131, S. 152 (217 f.) – *ESM/Euro-Plus-Pakt*; *Uerpmann-Wittzack,* EuR-Beiheft 2/2013, S. 49 (51); dazu *Thym,* Ungleichzeitigkeit und europäisches Verfassungsrecht, 2004, S. 315 ff.; zur Zulässigkeit der Organleihe nach Unionsrecht s. u. Kap. 3, A. II. 4.

332 *Ohler,* GYIL 54 (2011), S. 47 (68).

333 *Pilz/Dittmann,* DÖV 2011, S. 438 (444).

334 *Ohler,* in: Möllers/Zeitler (Hrsg.), Europa als Rechtsgemeinschaft, 2013, S. 277 (289).

335 *Ohler,* GYIL 54 (2011), S. 47 (63).

336 *Ohler,* GYIL 54 (2011), S. 47 (67); *ders.,* in: Siekmann (Hrsg.), EWU-Kommentar, 2013, Art. 136 AEUV Rn. 22; kritisch hingegen *Hufeld,* in: Meyer (Hrsg.), Die Zukunft der Währungsunion, 2013, S. 135 (141); *Pilz/Dittmann,* DÖV 2011, S. 438 (446); vgl. auch *Hufeld,* in: Müller-Graff (Hrsg.), EnzEuR IV, 2014, § 22 Rn. 21;

Hierbei besteht aufgrund des eher unbestimmten Wortlautes ein großer Interpretationsspielraum für die Entscheidungsträger.[337] Ferner arbeitet der Geschäftsführende Direktor des ESM nach Art. 13 Abs. 3 UAbs. 1 Satz 3 ESMV gleichzeitig einen Vorschlag für eine Vereinbarung über eine Finanzhilfefazilität aus, der unter anderem die Finanzierungsbedingungen sowie die gewählten Instrumente enthält und vom Gouverneursrat angenommen werden muss. Klarstellend postuliert Art. 13 Abs. 1 UAbs. 2, dass das MoU in voller Übereinstimmung mit den im AEUV[338] vorgesehenen Maßnahmen der wirtschaftspolitischen Koordinierung, insbesondere etwaiger Rechtsakte der Europäischen Union, einschließlich etwaiger an das betreffende ESM-Mitglied gerichteter Stellungnahmen, Verwarnungen, Empfehlungen oder Beschlüsse steht. Damit wird ein Verbot der Unterschreitung der unionsrechtlichen Vorgaben (Art. 121, 126 AEUV), indes kein Verbot von Sanktionsschärfungen normiert.[339] Im Anschluss an die Ausarbeitung des MoU und der Finanzhilfevereinbarung sieht Art. 13 Abs. 4 ESMV als dritten Schritt die Unterzeichnung des MoU durch die Kommission im Namen des ESM, vorbehaltlich der vorherigen Erfüllung der in Art. 13 Abs. 3 ESMV ausgeführten Bedingungen und der Zustimmung des Gouverneursrats vor. Hier wird also an zwei Stellen ein direkter Bezug zum primären Unionsrecht hergestellt.[340] Als letzten Schritt der Beschlussphase sieht Art. 13 Abs. 5 ESMV vor, dass das Direktorium die Vereinbarung über eine Finanzhilfefazilität billigt, die die finanziellen Aspekte der zu gewährenden Stabilitätshilfe im Einzelnen regelt und ggf. die Auszahlung der ersten Tranche der Hilfe.

Hiernach beginnt die aus zwei Teilen bestehende Überwachungsphase des Finanzhilfeersuchens. Nach Art. 13 Abs. 6 ESMV hat der ESM einen angemessenen, internen Warnmechanismus (sog. Early Warning System) eingerichtet, um sicherzustellen, dass er jedwede im Rahmen der Stabilitätshilfe fällige Rückzahlungen des ESM-Mitglieds fristgerecht erhält. Zuletzt wird gemäß Art. 13 Abs. 7 ESMV die Europäische Kommission, im Benehmen mit der EZB und nach Möglichkeit zusammen mit dem IWF (sog. Troika), damit betraut, die Einhaltung der mit der Finanzhilfefazilität verbundenen wirtschaftspolitischen Auflagen zu überwachen. Hier besteht ein großer ökonomischer Einschätzungsspielraum der Entscheidungsträger.[341] Ein solches Vorgehen ist nichts Neues, war es schon bei der EFSF in ähnlicher Form vorgesehen und wurde in der EU entsprechend mit den Hilfsfazilitäten nach

---

teilweise „conditio sine qua non", so *Oppermann/Classen/Nettesheim*, Europarecht, 6. Aufl. 2014, § 18 Rn. 24; *Herrmann*, in: v. Lewinski (Hrsg.), Staatsbankrott als Rechtsfrage, 2011, S. 29 (37) und *ders.*, in: Kadelbach (Hrsg.), Nach der Finanzkrise, 2012, S. 79 (103) sieht sie gar als Entlastung und Verkürzung nationalen Politikdiskurses.

337 *Degenhart*, BayVBl. 2012, S. 517 (519).

338 Insbesondere Art. 121, Art. 126, Art. 136 AEUV.

339 *Hufeld*, in: Müller-Graff (Hrsg.), EnzEuR IV, 2014, § 22 Rn. 163.

340 Zur Zulässigkeit der Organleihe s. Kap. 3, A. II. 4.

341 *Ohler*, GYIL 54 (2011), S. 47 (66).

Art. 143 AEUV bzw. den Vorgängernormen i.V.m. Verordnung (EG) Nr. 332/2002[342] etabliert.[343]

Im Gegensatz zum Verfahren zur Gewährung von Finanzhilfen aus Mitteln der EFSF ist das Verfahren umfassend und abschließend in Art. 13 ESMV geregelt. Unionsorgane spielen bei der Gewährung keine direkte und entscheidende Rolle mehr. Wie bereits oben erwähnt ist der ECOFIN-Rat in der Zusammensetzung der Eurogruppe allerdings in seiner Konstellation als Gouverneursrat im ESM praktisch personenidentisch. In der Praxis finden diese Treffen meist in unmittelbarem zeitlichem Zusammenhang miteinander statt, es ändert sich dann lediglich ihre Bezeichnung.[344]

ee) Vorgesehene Hilfsinstrumente

Die Finanzhilfeinstrumente in der EFSF wurden im ESM verstetigt.

Der Regelfall der Finanzhilfe soll das Darlehen sein (Art. 16 ESMV), was die Aushandlung eines makroökonomischen Anpassungsprogrammes erfordert, das die von dem betreffenden Mitgliedstaat umzusetzenden Auflagen und Bedingungen näher spezifiziert, vgl. Art. 2 Abs. 3 lit. a) der Guidelines on Loans.[345]

Die vorsorgliche Finanzhilfe (Art. 14 ESMV) dient der Abfederung kurzfristiger Finanzierungsschwierigkeiten.[346] Dabei werden dem betroffenen Staat vorsorgliche Kreditlinien (vergleichbar denen des IWF) gewährt, die im Bedarfsfall abgerufen werden können. Der Gouverneursrat hat dazu konkrete Leitlinien (Guidelines on Precautionary Financial Assistance) verabschiedet.[347]

Zum Zweck der Rekapitalisierung von Finanzinstituten eines ESM-Mitglieds (Art. 15 ESMV) besteht zudem die Möglichkeit zur Gewährung von Finanzhilfen mittels Darlehen, sofern die finanziellen Schwierigkeiten maßgebend im Bankensektor liegen. Hierzu muss der Mitgliedstaat nach Art. 3 Abs. 1, 3 der Guidelines on Financial Assistance for the Recapitalisation of Financial Institutions nachweisen, dass Privatsektorlösungen sowie eine Rekapitalisierung durch eigene Mittel unmöglich sind. Der Staat kann sich demnach nicht seiner Verantwortung komplett entziehen.[348] Eine direkte Bankenrekapitalisierung soll zudem davon abhängig sein, dass der Einheitliche Aufsichtsmechanismus für Banken bei der EZB errichtet wird.[349]

---

342 ABl.EG 2002 Nr. L 53, S. 1; zul. geändert durch Verordnung (EG) Nr. 431/2009, ABl. EG 2009 Nr. L 128, S. 1; s. dazu auch *Piecha,* EuZW 2012, S. 532 ff.

343 *Hufeld,* in: Müller-Graff (Hrsg.), EnzEuR IV, 2014, § 22 Rn. 109 ff.

344 Vgl. *Hufeld,* in: Müller-Graff (Hrsg.), EnzEuR IV, 2014, § 22 Rn. 158.

345 *Bark/Gilles,* EuZW 2013, S. 367 (369); s. dort auch im Folgenden.

346 *Bark/Gilles,* EuZW 2013, S. 367 (369); s. dort auch im Folgenden.

347 http://www.esm.europa.eu/pdf/ESM%20Guideline%20on%20precautionary%20financial%20assistance.pdf (letzter Aufruf: 19. 1. 2015).

348 Vgl. dazu *Hufeld,* in: Müller-Graff (Hrsg.), EnzEuR IV, 2014, § 22 Rn. 188.

349 Dazu s. u. C. I. 2.

Der ESM hat ferner die Möglichkeit, mittels einer Primärmarkt-Unterstützungsfazilität (Art. 17 ESMV) durch Erwerb von Anleihen am Primärmarkt Zinsdifferenzen zu senken und so die Refinanzierungsmöglichkeiten des Mitgliedstaates zu verbessern. Damit steht dies in Gegensatz zu Art. 123 Abs. 1 AEUV, welcher dies verbietet.[350] Allerdings kann dieses Instrument nur als Ergänzung zu einer regulären Darlehensvergabe des ESM erfolgen, womit sich die Konditionalität nach den dafür ausgehandelten, makroökonomischen Anpassungsprogrammen richtet.[351]

Auch ist es dem ESM möglich, durch Sekundärmarkt-Unterstützungsfazilitäten (Art. 18 ESMV) durch den Erwerb bereits im Umlauf befindlicher Staatsanleihen ausreichend Liquidität an den Anleihemärkten zu generieren und deren Funktionsfähigkeit zu stärken. Hierfür müssen jedoch außergewöhnliche Umstände auf dem Finanzmarkt und Gefahren für die Finanzstabilität vorliegen (Art. 18 Abs. 2 ESMV), womit ein strengerer Maßstab als die allgemeine Voraussetzung des Art. 12 Abs. 1 ESMV angelegt werden muss.[352] Diese Unterstützungsfazilitäten können gleichsam wie die am Primärmarkt ausschließlich im Rahmen eines bestehenden Darlehens nach Art. 16 ESMV i.V.m. einem makroökonomischen Anpassungsprogramm erfolgen.[353] Dieses Instrument erlaubt also den nach Art. 123 Abs. 1 AEUV zwar nicht direkt verbotenen, aber zur Umgehung bereits durch die EZB stattgefundenen Anleihenerwerb.[354] Hier wird die Einleitung von Sekundärmarktoperationen gemäß Art. 18 Abs. 6 ESMV in gegenseitigem Einvernehmen auf Vorschlag des Geschäftsführenden Direktors, jedoch ohne Erhalt eines Berichts der Europäischen Kommission nach Art. 13 Abs. 7 ESMV eingeleitet, was im Sinne einer zügigen Marktoperation auch geboten ist.

ff) Überprüfung und Änderung von Instrumenten (Art. 19 ESMV)

Nach Art. 19 ESMV besitzt der Gouverneursrat die Kompetenz, die in den Art. 14 bis 18 vorgesehenen Finanzhilfeinstrumente zu überprüfen und sie durch Beschluss zu ändern. Dadurch wird dem Gouverneursrat somit die Möglichkeit gegeben, flexibel auf Entwicklungen, beispielsweise auf dem Kapitalmarkt, einzugehen oder nicht bewährte Instrumente zu verbessern, sie ggf. durch andere zu ersetzen oder dem bestehenden Kanon von Instrumenten neue hinzuzufügen. Der ESMV ist insofern dynamisch angelegt.[355]

Erster Anwendungsfall ist die Ermöglichung der direkten Rekapitalisierung von Finanzinstituten durch den ESM, sobald ein einheitlicher Aufsichtsmechanismus errichtet worden ist. Nach Arbeitsaufnahme der Bankenaufsicht am

---

350 Zu dieser Problematik s. Kap. 3, A. II. 3.

351 *Bark/Gilles,* EuZW 2013, S. 367 (369); s. dort auch im Folgenden; s. auch *Ohler,* GYIL 54 (2011), S. 47 (65).

352 Vgl. BVerfGE 134, S. 366 (408 f.) – *OMT-Vorlagebeschluss.*

353 Details hierzu bei *Bark/Gilles,* EuZW 2013, S. 367 (370).

354 Dazu s. u. V.

355 Vgl. *Hufeld,* in: Müller-Graff (Hrsg.), EnzEuR IV, 2014, § 22 Rn. 175.

4. November 2014[356] wurde dies durch einen entsprechenden Beschluss des ESM-Gouverneursrates nach Art. 19 ESMV am 8. Dezember 2014 ermöglicht.[357] Dabei sind nach dem Beschluss die Maßgaben der Art. 12, 13 ESMV einzuhalten (Nr. 1, 2) und das Dringlichkeitsbeschlussverfahren nach Art. 4 Abs. 4 ESMV soll nur Anwendung finden, wenn darüber Einvernehmen erzielt wurde (Nr. 3). Zudem wurde das Direktorium ermächtigt, eine Leitlinie zur genauen Ausgestaltung des Verfahrens zu beschließen (Nr. 5) sowie die auf die erste Tranche folgenden auszuzahlen (Nr. 6). Schließlich wird beim ESM noch eine nachgeordnete Organisationseinheit gebildet, die ihn bei der Durchführung der Direktrekapitalisierung unterstützten soll. Die mögliche Bankenrekapitalisierung ist durch den Gouverneursratsbeschluss auf 60 Mrd. Euro begrenzt.[358] Hierzu hat der Gouverneursrat am selben Tag Leitlinien verabschiedet, die das genaue Verfahren näher ausgestalten.[359]

gg) Kapitalmarktfragen und Finanzmanagement (Art. 21 ff. ESMV)

Der ESM ist befugt, zur Erfüllung seiner Aufgaben an den Kapitalmärkten bei Banken, Finanzinstituten oder sonstigen Personen und Institutionen Kapital aufzunehmen (Art. 21 Abs. 1 ESMV),[360] was durch ESM Borrowing Guidelines nach Art. 21 Abs. 2 ESMV spezifiziert wird.[361] Dadurch soll der ESM auf unerwartete Marktentwicklungen reagieren können sowie Zugriff auf schnelle und effiziente Refinanzierungsmöglichkeiten nebst Liquiditätspuffer haben.[362] Aufgrund seiner bislang guten Bonität kann der ESM daher zu günstigen Konditionen Kredite aufnehmen, um sie für seine Tätigkeit zu nutzen.[363] Ferner statuiert Art. 21 Abs. 3 ESMV, dass der ESM geeignete Mittel für das Risikomanagement einsetzt, die regelmäßig vom Direktorium überprüft werden.

---

356 Dazu s.u. C. I. 2.

357 SG/BoG/2014/05/04; vgl. den Beschlussentwurf in BT-Drs. 18/2580, S. 10 f.; Pressemitteilung des ESM v. 8. 12. 2014, abrufbar unter: http://www.esm.europa.eu/press/releases/esm-direct-bank-recapitalisation-instrument-adopted.htm (zuletzt: 3. 12. 2015); s. auch BGBl. 2014 II, S. 1356.

358 BT-Drs. 18/2580, S. 3.

359 Guideline on Financial Assistance for the Direct Recapitalisation of Institutions, http://www.esm.europa.eu/pdf/20141208%20Guideline%20on%20Financial%20Assistance%20for%20the%20Direct%20Recapitalisation%20of%20Institutions.pdf (letzter Aufruf: 19. 1. 2015); der Bundestag hat den deutschen Vertreter im Gouverneursrat zur Zustimmung ermächtigt, siehe BT-Drs. 18/2669, BT-Plenarprotokoll 18/69 vom 6. 11. 2014, S. 5831D.

360 Vgl. *Ohler,* GYIL 54 (2011), S. 47 (62); zum Vorbild „Europäische Gemeinschaftsanleihe" s. *Piecha,* EuZW 2012, S. 532 ff.; ähnlich Art. 9 EFSF-GesV.

361 Vgl. ESM Factsheet 7–2014 (http://www.esm.europa.eu/pdf/2014-07-15%20ESM%20Factsheet.pdf, letzter Aufruf: 19. 1. 2015), S. 2.

362 *Bark/Gilles,* EuZW 2013, S. 367 (370 f.).

363 *Häde,* in: Hatje/Müller-Graff (Hrsg.), EnzEuR I, 2014, § 17 Rn. 36; s. dort auch zu einer möglichen „Banklizenz" des ESM.

Das in Kapitel 5 des ESMV in den Art. 22 bis 30 festgelegte Finanzmanagement des ESM enthält technische Regelungen, etwa zur Anlagen- und Dividendenpolitik (Art. 22 f. ESMV), zum Jahresabschluss (Art. 27 ESMV) oder zur internen Revision und externen Prüfung (Art. 28 f. ESMV). Diese müssen hier jedoch nicht näher dargestellt werden.[364]

hh) Allgemeines, Übergangs- und Schlussbestimmungen

Neben den für völkerrechtliche Verträge zur Errichtung internationaler Institutionen üblichen Bestimmungen wie Sitz (Art. 31 ESMV), Rechtsstatus (Art. 32 ESMV) und dergleichen enthält der ESMV mit Art. 34 auch Be-stimmungen zur beruflichen Schweigepflicht, mit Art. 32 Abs. 5 ESMV Bestimmungen zur Unverletzlichkeit von Dokumenten sowie mit Art. 37 zur Auslegung und Streitbeilegung.[365] Letztere werden aufgrund der Relevanz für die fortgehende Untersuchung Gegenstand einer näheren Darstellung.

Art. 34 ESMV statuiert eine Schweigepflicht für Mitglieder und ehemalige Mitglieder von Gouverneursrat und Direktorium sowie sämtliche anderen Personen, die für den ESM tätig sind oder waren. Dies gilt nach Art. 34 Satz 2 ESMV auch nach Beendigung dieser Tätigkeit. Art. 32 Abs. 5 ESMV enthält eine Unverletzlichkeitserklärung über Archive des ESM sowie sämtliche Unterlagen, welche sich im Besitz oder Eigentum des ESM befinden. Dies führt zu einem gewissen Spannungsverhältnis zu parlamentarischen Informationsrechten sowie der parlamentarischen Budgethoheit. Den Anforderungen der einstweiligen Anordnung des BVerfG vom 12. September 2012[366] folgend wurde von der Bundesregierung sowie den anderen Vertragsparteien bei Ratifizierung des ESMV am 27. September 2012 eine völkerrechtliche Auslegungserklärung[367] zu Art. 32 Abs. 5, Art. 34 sowie Art. 35 ESMV dahingehend abgegeben, dass diese Vertragsbestimmungen einer umfassenden Unterrichtung der nationalen Parlamente gemäß den nationalen Vorschriften nicht entgegenstehen. Die Rechtsstellung des ESM wird damit zwar von weitreichenden Privilegien bestimmt, die sich einer Kontrolle durch nationale Parlamente grundsätzlich entziehen.[368] Allerdings stehen dem verfassungsgerichtliche Grenzen entgegen, die durch die Interpretation des Vertrages weitgehend entschärft werden können.

Art. 37 Abs. 1 ESMV normiert, dass zwischen ESM-Mitgliedern oder zwischen einem ESM-Mitglied und dem ESM auftretende Fragen von Auslegung und Anwendung des ESMV sowie der Satzung dem Direktorium zur Entscheidung vorgelegt

364 Dazu näher *Bark/Gilles*, EuZW 2013, S. 367 (371).
365 S. auch *Ohler*, GYIL 54 (2011), S. 47 (62).
366 BVerfGE 132, S. 195 ff. – *ESM/Fiskalpakt I*; BVerfGE 135, S. 317 (408 f.) – *ESM/Fiskalpakt II*.
367 S. die Bekanntmachung über das Inkrafttreten des Vertrags zur Einrichtung des Europäischen Stabilitätsmechanismus (ESM) v. 1. 10. 2012, BGBl. 2012 II S. 1086.
368 *Degenhart*, BayVBl. 2012, S. 517 (518).

werden. Art. 37 Abs. 2 ESMV statuiert demgegenüber die Entscheidungsgewalt beim Gouverneursrat im Falle von Streitigkeiten über die Auslegung und Anwendung des ESMV sowie der Satzung, speziell auch in Bezug auf die Vereinbarkeit von Beschlüssen des ESM mit dem ESMV. Dabei handelt es sich somit um interne Auslegungs- (Abs. 1) bzw. Streitbeilegungsverfahren (Abs. 2). In jedem Fall enthält Art. 37 Abs. 3 Satz 1 ESMV eine Rechtswegzuweisung zum EuGH,[369] falls eine Entscheidung nach Art. 37 Abs. 2 ESMV angefochten wird. Art. 37 Abs. 3 Satz 2 ESMV statuiert die Rechtsverbindlichkeit einer Entscheidung des EuGH für die ESM-Mitglieder. Damit wird auch an dieser Stelle das Unionsorgan EuGH im Wege der Organleihe für den ESM tätig.[370]

Die weiteren, in Kapitel 7 des ESMV festgeschriebenen Übergangsregelungen beschäftigen sich mit dem Verhältnis zur Darlehensvergabe des EFSF (Art. 39 ESMV), der Möglichkeit zur Übertragung der EFSF-Hilfen auf den ESM (Art. 40 ESMV),[371] Zahlungsmodalitäten zur Einzahlung des vereinbarten Stammkapitals (Art. 41 ESMV) sowie zur Korrektur des Beitragsschlüssels für ESM-Mitglieder, die nicht den Euro als Währung eingeführt haben (Art. 42 ESMV) und die Obliegenheit zur Ersternennung der Gouverneursratsmitglieder, Direktoriumsmitgliederund deren Stellvertreter (Art. 43 ESMV) innerhalb einer Zweiwochen- bzw. Zweimonatsfrist.

Die in Kapital 8 normierten Schlussbestimmungen enthalten Vereinbarungen zum Beitritt des ESM (Art. 44 ESMV), zur Inkorporierung der Anhänge (Beitragsschlüssel und Zeichnung des Stammkapitals) als Vertragsbestandteile (Art. 45 ESMV) sowie zur Hinterlegung (Art. 46 ESMV), Ratifikation (Art. 47 ESMV) und zum Inkrafttreten des Vertrages (Art. 48 ESMV).

2. Vertragsergänzung: Art. 136 Abs. 3 AEUV n.F.

Zur Absicherung des völkervertraglichen Vorgehens bei der Errichtung des ESM wurde gemäß Art. 1 des Beschlusses 2011/99/EU[372] des Europäischen Rates vom 25. März 2011 nach Ratifikation durch sämtliche Mitgliedstaaten mit Wirkung zum 1. Mai 2013[373] (Art. 2 des Beschlusses 2011/99/EU) Art. 136 AEUV im Wege des vereinfachten Vertragsänderungsverfahrens nach Art. 48 Abs. 6 EUV[374] um einen

369 Zur Zulässigkeit einer solchen Rechtswegzuweisung s. Kap. 6, A. I. 1. d) cc).

370 *Uerpmann-Wittzack*, EuR-Beiheft 2/2013, S. 49 (51); zur Zulässigkeit der Organleihe s.u. Kap. 3, A. II. 10.

371 Vgl. Art. 13 Abs. 10 EFSF-RV.

372 ABl.EU 2011 Nr. L 91, S. 1 f.

373 Mit Ratifizierung durch die Tschechische Republik konnte die Vertragsänderung in Krafttreten,http://www.wienerzeitung.at/nachrichten/europa/europaeische_union/536509_Prag-hisste-zu-Barroso-Besuch-EU-Flagge.html (letzter Aufruf: 19. 1. 2015).

374 Zum Verfahren siehe Kap. 3, A. I. 4 b).

dritten Absatz ergänzt.[375] Damit sekundiert der völkerrechtlichen Errichtung des ESM nunmehr ein unionsrechtliches Fundament.[376]

Nach Art. 136 Abs. 3 Satz 1 AEUV n.F. können die Mitgliedstaaten, deren Währung der Euro ist, einen Stabilitätsmechanismus einrichten, der aktiviert wird, wenn dies unabdingbar ist, um die Stabilität des Euro-Währungsgebiets insgesamt zu wahren.[377] Eine solche Vertragsergänzung wurde bereits früh in der Literatur vorgeschlagen.[378] Art. 136 Abs. 3 Satz 1 AEUV n.F. setzt als materielles Kriterium für die Einrichtung eines Stabilitätsmechanismus die Unabdingbarkeit zur Wahrung der Stabilität im Euro-Währungsgebiet voraus. Satz 2 bestimmt ferner, dass die Gewährung aller erforderlichen Finanzhilfen im Rahmen des Mechanismus strengen Auflagen unterliegen wird. Damit wird die Beachtung von Auflagen zur unerlässlichen, unionsrechtlich festgelegten Bedingung für die Gewährung von Finanzhilfen nach Art. 13 ff. ESMV.[379] Ein Verstoß gegen die Pflicht zu Auferlegung von Auflagen stellt daher zugleich einen Verstoß gegen Art. 136 Abs. 3 AEUV n.F. sowie einen Verstoß gegen die §§ 4 bis 6 ESMFinG dar.

a) Unabdingbarkeit für die Stabilität im Euro-Währungssystem

Voraussetzung für die Aktivierung eines solchen Stabilitätsmechanismus ist nach Art. 136 Abs. 3 AEUV die Wahrung der Stabilität im Euro-Währungsgebiet. Art. 12 Abs. 1 ESMV rekurriert jedoch auf die „Finanzstabilität" des Euro-Währungsgebietes, wobei dieser Terminus grundsätzlich als passender zu bewerten ist, da die zu lösenden Probleme keine der Währung im Verhältnis zu anderen Währungen sind, sondern solche des Funktionierens der Finanzmärkte, die Auswirkungen auf die Volkswirtschaften im Euro-Währungsgebiet haben.[380] Angeknüpft wird jedoch an die Finanzsituation eines Staates, die Auswirkungen auf den gesamten Euroraum

---

375 Vgl. *Häde*, in: Hatje/Müller-Graff (Hrsg.), EnzEuR I, 2014, § 17 Rn. 3.

376 Ähnlich *Gröpl*, Der Staat 52 (2013), S. 1 (8); *Ohler*, GYIL 54 (2011), S. 47 (58). Eine Ausweitung auf andere Rettungsinstrumente ist jedoch abwegig, denn die Vertragsänderung zielt ausschließlich auf die unionsrechtliche Sicherstellung des ESM. Abwegigerweise wird teilweise auch die EFSF hierunter subsumiert, vgl. *Nitze*, Finanzhilfen für Euro-Staaten in der Krise, 2015, S. 132 f.; teilweise wird über Art. 136 Abs. 3 AEUV auch eine neben dem Unionsrecht stehende supranationale Handlungsform für möglich gehalten, so *Müller-Graff*, integration 2011, S. 289 (298);

377 Ob Art. 136 Abs. 3 AEUV n.F. klarstellend oder konstitutiv für die Errichtung des ESM ist, wird in Kap. 3, A. I. 4. b) ee) erörtert; zum Verhältnis zu Art. 125 Abs. 1 AEUV s. Kap. 3, A. II. 2. c) bb).

378 *Brück/Schalast/Schanz*, BB 2010, S. 2522 (2526).

379 Ebenfalls *Hufeld*, integration 2011, S. 117 (124); *ders.*, in: Müller-Graff (Hrsg.), EnzEuR IV, 2014, § 22 Rn. 108.

380 *Ohler*, in: Siekmann (Hrsg.), EWU-Kommentar, 2013, Art. 136 AEUV Rn. 19; zur volkswirtschaftlichen Dimension s. *Meyer*, Wirtschaftsdienst 2011, S. 391 ff.

hat.[381] Eine Gefährdung eines einzelnen Mitgliedstaates reicht somit nicht aus, denn diese muss auch das gesamte Währungsgebiet erfassen.[382] Damit ist auch eine hochwahrscheinliche Ansteckungsgefahr Voraussetzung für die Gefährdung der Stabilität im Euro-Währungsgebiet. Grundproblem ist dabei der durch die Finazmarktakteure verwehrte Zugang von Mitgliedstaaten bzw. einzelnen Finanzinstituten von schwerwiegender Bedeutung (also mit Systemrelevanz) zu privaten Refinanzierungsquellen und die daraus resultierende „Ansteckungsgefahr", die sich bis hin zu einer europa- und weltweiten System- und Finanzkrise entwickeln kann.[383] Aus juristischer Sicht ist aufgrund der Komplexität der Materie und den immer wechselnden Ursachen solcher Krisen ein allgemeingültiger Begriff der Gefährdung der Finanzstabilität schwer zu bestimmen, zumal die Wirkungen immer in Abhängigkeit von Marktreaktionen stehen, weshalb hier ein weiter wirtschaftlicher Beurteilungsspielraum zugrunde zu legen ist.[384] Dieser endet nur, wenn keine schlüssigen Anhaltspunkte für eine Stabilitätsgefährdung vorliegen.[385]

Die Gewährung von Finanzhilfen muss zudem unabdingbar für die Wahrung der Finanzstabilität sein. Der Terminus der Unabdingbarkeit ist erstmalig im Unionsrecht verwendet worden, jedoch synonym mit Erforderlichkeit oder Notwendigkeit zu setzen.[386] Die Verwendung dieses Begriffs ist primär rhetorischer Natur und zielt vor allem auf eine höchst restriktive Aktivierung des nach Art. 136 Abs. 3 AEUV geschaffenen ESM als ultima ratio, was auch durch die synonyme Verwendung mit dem Begriff der „unbedingten Notwendigkeit" in Erwägungsgrund Nr. 3 des Beschlusses 2011/199/EU zur Einfügung des Art. 136 Abs. 3 AEUV deutlich wird.[387] Unabdingbar ist die Gewährung von Finanzhilfen, wenn ohne die Gewährung von Stabilitätshilfen durch den ESM die Entstehung oder Verstärkung einer Finanzkrise droht, die den gesamten Euroraum erfassen kann.[388] Dabei muss eine so schwere Krise drohen, dass entweder die Realwirtschaft schwerwiegend und anhaltend in Mitleidenschaft gezogen wird oder im Falle von Krisen, die durch drohende Insolvenzen von Finanzinstituten bedingt sind, Systemrelevanz vorliegt. Dabei sind die Organe der Union nicht entscheidungsbefugt, sondern die Mitgliedstaaten im

---

381 *Nitze,* Finanzhilfen für Euro-Staaten in der Krise, 2015, S. 134.

382 Ebenso *Ohler,* GYIL 54 (2011), S. 47 (60); *Nitze,* Finanzhilfen für Euro-Staaten in der Krise, 2015, S. 133.

383 *Ohler,* GYIL 54 (2011), S. 47 (61); *ders.,* in: Siekmann (Hrsg.), EWU-Kommentar, 2013, Art. 136 AEUV Rn. 19; kritisch in Bezug auf Zypern *Di Fabio,* Die Zukunft einer stabilen Wirtschafts- und Währungsunion, 2013, S. 31.

384 *Nitze,* Finanzhilfen für Euro-Staaten in der Krise, 2015, S. 135; *Ohler,* in: Siekmann (Hrsg.), EWU-Kommentar, 2013, Art. 136 AEUV Rn. 19.

385 *Nitze,* Finanzhilfen für Euro-Staaten in der Krise, 2015, S. 135.

386 *Nitze,* Finanzhilfen für Euro-Staaten in der Krise, 2015, S. 135 f.

387 *Ohler,* GYIL 54 (2011), S. 47 (60, 62); *Nitze,* Finanzhilfen für Euro-Staaten in der Krise, 2015, S. 136.

388 *Ohler,* in: Siekmann (Hrsg.), EWU-Kommentar, 2013, Art. 136 AEUV Rn. 20; s. dort auch im Folgenden.

Euro-Währungsraum entscheiden als ESM-Mitglieder einvernehmlich.[389] Allerdings muss den Mitgliedstaaten aufgrund der makroökonomischen Komplexität der Entscheidung ein weiter Beurteilungsspielraum zugestanden werden, wobei unter Bezugnahme auf Wortlaut und Zielsetzung der Norm sowohl präventive als auch kurative Stabilitätshilfen zulässig sind.[390]

b) Strenge Auflagen

Letztlich kann die Gewährung von Finanzhilfen lediglich unter strengen Auflagen erfolgen. So findet eine Koppelung von Notstandsverantwortung der Geberstaaten mit Austeritätsverantwortung der Nehmerstaaten statt.[391] Dabei handelt es sich um kurz- oder langfristige Maßnahmen, von denen erwartet wird, dass sie zur wirtschaftlichen Gesundung und Stabilisierung der öffentlichen Finanzen des Programmstaates beitragen.[392] Dabei kann es sich, entsprechend der jeweiligen Krisenursache, um Auflagen handeln, die auf Haushaltssanierung abzielen, oder im Falle der Rekapitalisierung von Finanzinstituten um Auflagen aufsichtsrechtlicher Natur handeln. Ob die Auflagen streng sind, ist einzig im Wege einer Einzelfallbetrachtung zu beurteilen.[393] Die in den Auflagen vorgegebenen Maßnahmen dürfen indes nicht völlig ungeeignet sein, um die Finanzstabilität in dem Krisenstaat langfristig wiederherzustellen. Die Einhaltung der Auflagen und ihre Auswirkungen muss jedenfalls durch Überwachungsmaßnahmen fortwährend überprüft werden.[394] Auch wenn diese Auflagen grundsätzlich rechtlich unverbindlich sind, so wird hierdurch ein gewisser politischer Druck und faktisch ein do ut des-Verhältnis zwischen Finanzhilfen einerseits und Austeritätspolitik andererseits aufgebaut.[395]

c) Zwischenergebnis

Durch Art. 136 Abs. 3 AEUV wird eine primärrechtliche Grundlage („Öffnungsklausel“[396]) für die Euro-Stabilisierung mittels des ESM erst geschaffen und der

---

389 Schlussfolgerungen des Europäischen Rates v. 25. 3. 2011, Anlage II, S. 21.

390 *Everling,* in: Müller-Graff/Schmahl/Skouris (Hrsg.), FS Scheuing, 2011, S. 526 (543); *Ohler,* in: Siekmann (Hrsg.), EWU-Kommentar, 2013, Art. 136 AEUV Rn. 20.

391 *Hufeld,* in: Müller-Graff (Hrsg.), EnzEuR IV, 2014, § 22 Rn. 108.

392 *Ohler,* in: Siekmann (Hrsg.), EWU-Kommentar, 2013, Art. 136 AEUV Rn. 21; s. dort auch im Folgenden.

393 *Nitze,* Finanzhilfen für Euro-Staaten in der Krise, 2015, S. 139; zum Maßstab *Smulders/Keppenne,* in: v. d. Groeben/Schwarze/Hatje (Hrsg.), Europäisches Unionsrecht, Bd. 3, 7. Aufl. 2015, Art. 136 AEUV, Rn. 16.

394 *Nitze,* Finanzhilfen für Euro-Staaten in der Krise, 2015, S. 140.

395 *Hufeld,* in: Müller-Graff (Hrsg.), EnzEuR IV, 2014, § 22 Rn. 21, 109; *Ohler,* in: Siekmann (Hrsg.), EWU-Kommentar, 2013, Art. 136 AEUV Rn. 22.

396 BVerfGE 132, S. 195 (248 f.) – *ESM/Fiskalpakt I;* ebenso *Gaitanides,* in: Kadelbach (Hrsg.), Solidarität als Europäisches Rechtsprinzip?, 2014, S. 33 (34).

unionsverfassungsrechtliche Ausnahmezustand verlassen.[397] Damit können Finanzhilfen auf völkerrechtlicher Ebene auf Grundlage von Absprachen der Mitgliedstaaten geleistet werden, ohne dass das Unionsrecht dem entgegensteht.[398] Die Grundkonzeption des ESM ist so kohärent zur präventiven Ausgestaltung der Nichtauslösungsklausel des Art. 125 Abs. 1 AEUV.[399] Die Ermöglichung zwischenstaatlicher Verträge zur Förderung von Unionsinteressen ist eine Regelungstechnik, die bis zur Streichung des Art. 293 EGV durch den Vertrag von Lissabon zur Förderung des Binnenmarktes explizit erlaubt war.[400] Heute ist aufgrund von Art. 216 AEUV lediglich ein Abschluss völkerrechtlicher Verträge mit Drittstaaten oder internationalen Organisationen durch die Union mit Bindungswirkung für die Union und die Mitgliedstaaten oder der Abschluss von sogenannten gemischten Übereinkommen möglich.[401] Die Vertragsabschlusskompetenz für Bereiche, in denen die Union die ausschließliche Zuständigkeit aufweist, ist den Mitgliedstaaten hernach entzogen.[402]

IV. Die deutschen Beteiligungsgesetze: WFStG, StabMechG, ESMFinG

WFStG[403], StabMechG[404] und ESMFinG[405] sollen die verfassungsrechtlich gebotenen Beteiligungsrechte der gesetzgebenden Körperschaften im nationalen Recht abbilden sowie konkretisieren.[406] Dies ist auch notwendig, um eine hinreichend demokratische Rückbindung durch die demokratisch verantwortlichen Staatsorgane zu gewährleisten.[407] Weder Griechenland-Soforthilfe noch EFSF oder ESM sehen eine genuine Parlamentsbeteiligung auf Unions- oder nationalstaatlicher Ebene vor.[408] Der Bundestag wird durch die so erfolgte Europäisierung des Budgetrechts faktisch ersatzweise zu einer Art Unionsorgan.[409]

---

397 *Rathke*, DÖV 2011, S. 753 (755).

398 *Korioth*, in: Pache/Schwarz (Hrsg.), Grundlagen, aktuelle Entwicklungen und Perspektiven der Europäischen Währungsunion, 2012, S. 61 (93).

399 Vgl. *Hufeld*, in: Müller-Graff (Hrsg.), EnzEuR IV, 2014, § 22 Rn. 163.

400 *Graf v. Kielmansegg*, EuR 2012, S. 654 (660).

401 Dazu s. *Kumin/Bittner*, EuR-Beiheft 2/2012, S. 75 ff.

402 Vgl. *Haratsch/Koenig/Pechstein*, Europarecht, 10. Aufl. 2016, Rn. 447.

403 BGBl. 2010 I, S. 537.

404 BGBl. 2010 I, S. 627; zul. geändert durch Art. 1 2. ÄnderungsG BGBl. 2012 I, S. 1166.

405 BGBl. 2012 I, S. 1918, zul. geändert durch Art. 1 ÄnderungsG BGBl. 2014 I, S. 1821.

406 BVerfGE 123, S. 267 (433) – *Lissabon;* BVerfGE 135, S. 317 (424 ff.) – *ESM/Fiskalpakt II.*

407 *Nettesheim*, NJW 2010, S. 177 (178); insgesamt kritisch *Schmahl*, DÖV 2014, S. 501 (505 ff.).

408 *Ohler*, in: Siekmann (Hrsg.), EWU-Kommentar, 2013, Art. 136 AEUV Rn. 18; vgl. auch *Giegerich*, in: ders. (Hrsg.), Herausforderungen und Perspektiven der EU, 2012, S. 7 (21); *Häde*, in: Hatje/Müller-Graff (Hrsg.), EnzEuR I, 2014, § 17 Rn. 39; *Hölscheidt*, EuR-Beiheft 2/2013, S. 61 (70); kritisch u. a. *Brück*, FAZ v. 16. 5. 2012, S. 8.

409 *Hölscheidt*, EuR-Beiheft 2/2013, S. 61 (70); *Hufeld*, in: Isensee/Kirchhof (Hrsg.), HdbdStR X, 3. Aufl. 2012, § 215 Rn. 76.

Mit Ausnahme des WFStG, welches nur die Gewährleistungsermächtigung und einmalige Bundestagsbeteiligung in zwei Normen festschreibt, sind die Beteiligungsgesetze des StabMechG und ESMFinG sowohl ähnlich aufgebaut als auch inhaltlich korrespondierend. Grundsätzlichen Normen der Gewährleistungsermächtigung und Haushaltsverantwortungsgrundsätze folgen Normen zur Parlamentsbeteiligung und Unterrichtungspflicht der Bundesregierung. Bemerkenswert ist der Einfluss der bundesverfassungsgerichtlichen Rechtsprechung in Bezug auf die Haushaltsverantwortung, Beteiligungsrechte und Unterrichtungspflichten: Beide Revisionen des StabMechG[410] folgten jeweils Urteilen des Bundesverfassungsgerichts[411], womit das Gericht diese Materien dadurch als „vorgreifender Ersatzgesetzgeber" entscheidend mitbestimmt hat. Der Gesetzgeber hat die Vorgaben jeweils umgesetzt.[412] Nicht verwunderlich sondern nur konsequent ist indes, dass die Gesetze den Besonderheiten der Ausgestaltung der Rettungsinstrumente auf internationaler Ebene folgen. Auch das ESMFinG (§§ 2 Satz 3, 4 Abs. 1 Satz 2, 5 Abs. 2 Satz 1 Nr. 3) wurde zur Ermöglichung einer direkten Rekapitalisierung von Finanzinstituten bereits einmal modifiziert und ergänzt.[413]

1. Grundlagen der Gewährleistungsermächtigung und Haushaltsverantwortung

a) Gewährleistungsermächtigung

Allen Gesetzen gemein ist die grundsätzliche Gewährleistungsermächtigung in der ersten Norm mit Nennung eines expliziten Haftungshöchstbetrages (§ 1 Abs. 1 Satz 1 WFStG, § 1 Abs. 1 StabMechG, § 1 Abs. 1 ESMFinG), wobei durch die ersteren beiden Gesetze das Bundesministerium der Finanzen und bei dem ESMFinG die Bundesrepublik Deutschland verpflichtet wird. Dies ist jedoch dem Charakter eines völkerrechtlichen Vertrages geschuldet, während die andern beiden Gewährleistungsübernahmen eine privatrechtliche Ausgestaltung aufweisen (KfW-Kredit bzw. Stammkapital der EFSF). Die Hilfen werden auch nicht ohne die Bedingung von makroökonomischen Anpassungsprogrammen gewährt (§ 1 Abs. 1 Satz 2 WFStG, § 2 StabMechG, § 2 ESMFinG) und festigen so einfachgesetzlich die Konditionalität der Maßnahmen. Damit soll dem Bestimmtheitsgrundsatz Folge geleistet werden.

---

410 1. ÄnderungsG v. 9. 10. 2011, BGBl. 2010 I, S. 1992; 2. ÄnderungsG v. 23. 5. 2012, BGBl. I 2012, S. 1166; zur Rolle der Ausschüsse dabei ausführlich *Wimmel,* ZParl 2015, S. 349 (353 ff.).

411 BVerfGE 129, S. 124 – *Griechenland-Soforthilfe/Euro-Rettungsschirm*; 130, S. 318 – *Sondergremium*; teils auch vorauseilend zu BVerfGE 131, S. 152 – *ESM/Euro-Plus-Pakt.*

412 Vgl. *Ruffert,* EuR 2011, S. 842 (851).

413 Gesetz zur Änderung des ESM-Finanzierungsgesetzes v. 29. 11. 2014, BGBl. 2014 I, S. 1821.

b) Haushaltsverantwortung

§ 2 StabMechG sowie § 3 ESMFinG stellen deklaratorisch klar, dass der Bundestag seine Haushaltsverantwortung sowie seine Verantwortung für die Fortentwicklung der Stabilität der Währungsunion nach Maßgabe der folgenden Vorschriften wahrnimmt und übernehmen damit den Terminus aus der verfassungsgerichtlichen Einordnung.[414] Dem Bundestag wird somit in der Erwartung einer Teilhabe an ihren Entscheidungsprozessen eine Rolle im institutionellen Gefüge der EU zugewiesen.[415] Mit der Änderung des ESMFinG[416] wurde ferner klargestellt (§ 4 Abs. 1 Satz 2 Nr. 2, 4 ESMFinG), dass durch die neu geschaffene Möglichkeit der direkten Bankenrekapitalisierung die haushaltspolitische Gesamtverantwortung des Bundestages berührt wird.

2. Das differenzierte Modell der Beteiligungsrechte des Bundestages

a) Plenum

Grundsatz der Beteiligung ist die Beschlussfassung im Plenum des Bundestages, da dadurch das Budgetrecht und die haushaltspolitische Gesamtverantwortung ausgeübt werden.[417] Damit wird ein Parlamentsvorbehalt konstituiert. Die haushaltspolitische Gesamtverantwortung wird ausgeübt, wenn Einnahmen oder Ausgaben des Bundesgesetzgebers betroffen werden, die die Gestaltungsfähigkeit des Gesetzgebers gefährden könnten und so die politischen Freiräume des Bundestages einschränken könnten.[418] Dabei handelt es sich um grundlegende Maßnahmen wie die Genehmigung von Finanzhilfen oder Änderung von Stammkapital der Rettungsinstitutionen. In § 3 Abs. 1 Satz 1 StabMechG, § 4 Abs. 1 Satz 1 ESMFinG wird deshalb ein zustimmender Beschluss des Bundestages vor Zustimmung des deutschen Vertreters zu Finanzhilfen vorausgesetzt, um diesem Beschluss auch Wirksamkeit zu verleihen. Der zuständige Bundesfinanzminister wird in seiner Funktion als Gouverneur somit zum Mandatar des Bundestages.[419] Beispielhaft regeln § 3 Abs. 2 StabMechG und § 4 Abs. 1 Satz 2 ESMFinG Fälle, in denen die haushaltspolitische Gesamtverantwortung berührt wird.

b) Haushaltsausschuss

Ist nicht die haushaltspolitische Gesamtverantwortung, sondern nur die Haushaltsverantwortung berührt, wird subsidiär der Haushaltsausschuss des Bundestages hieran beteiligt (§ 4 Abs. 1 StabMechG, § 5 Abs. 1 ESMFinG), wobei diese Normen

---

414 BVerfGE 129, S. 124 – *Griechenland-Soforthilfe/Euro-Rettungsschirm.*

415 BVerfGE 131, S. 152 (198 ff.) – *ESM/Euro-Plus-Pakt.*

416 BGBl. 2014 I, S. 1821; in Kraft seit 8. 12. 2014, s. BGBl. 2014 I, S. 2193.

417 BVerfGE 70, S. 324 (356); BVerfGE 129, S. 124 (178 f.) – *Griechenland-Soforthilfe/Euro-Rettungsschirm*; BVerfGE 130, S. 318 (347) – *Sondergremium.*

418 Vgl. BVerfGE 123, S. 267 (361 f.) – *Lissabon.*

419 *Hufeld*, in: Müller-Graff (Hrsg.), EnzEuR IV, 2014, § 22 Rn. 168.

auch bestimmen, wann diese Fälle gegeben sind. Die Haushaltsverantwortung wird berührt, wenn zwar ausgabenwirksame Handlungen auf andere Akteure übertragen werden, diese jedoch keine gravierenden Auswirkungen aufweisen. Es handelt sich somit um Entscheidungen von einiger Tragweite, die jedoch nicht den Rang haben, der eine Plenumsentscheidung erfordert. Dazu zählen etwa Änderungen von Bedingungen und Leitlinien für einzelne Hilfsinstrumente oder die Ausgestaltung von neuen Rettungsinstrumenten im Fall des ESM (Art. 19 ESMV). Mit der Änderung des ESMFinG[420] (§ 5 Abs. 2 Satz 1 Nr. 3 n.F.) wurde explizit klargestellt, dass die Beteiligung des Haushaltsausschusses auch bei Änderung von Leitlinien in Bezug auf die direkte Bankenrekapitalisierung vorgesehen ist, während die Entscheidung über die Gewährung von Finanzhilfen zur Rekapitalisierung von Finanzinstituten grundsätzlich dem Plenum obliegt (§ 4 Abs. 1 Satz 2 Nr. 2 ESMFinG).

Die Beteiligung des Bundestages wurde in § 1 Abs. 3 Satz 1 WFStG noch derart ausgestaltet, dass lediglich eine Unterrichtung des Haushaltsausschusses des Bundestages vor Übernahme von Gewährleistungen erfolgen soll, sofern nicht aus zwingenden Gründen etwas anderes geboten ist.[421]

Das Plenum des Deutschen Bundestages hat gleichwohl nach § 4 Abs. 4 StabMechG, § 5 Abs. 5 ESMFinG jederzeit die Möglichkeit, die Befugnisse des Haushaltsausschusses durch einen einfachen Mehrheitsbeschluss an sich zu ziehen und durch einfachen Beschluss auch auszuüben, womit die notwendige Flexibilität der Beteiligung in politisch kontroversen Streitfragen gewährleistet wird und verfassungrechtlichen Problemen entgegengewirkt wird.[422]

c) *Sondergremium*

§ 3 Abs. 3 StabMechG, § 6 ESMFinG regeln zudem die Möglichkeit der Delegierung dieses Rechts für den Aufkauf von Staatsanleihen auf dem Sekundärmarkt, wenn die Bundesregierung besondere Vertraulichkeit geltend macht. Im Gegensatz zu § 3 Abs. 3 StabMechG enthält § 6 Abs. 1 Satz 2 ESMFinG eine Legaldefinition der besonderen Vertraulichkeit. Sie liegt demnach vor, sofern bereits die Tatsache der Beratung oder Beschlussfassung geheim gehalten werden muss, um den Erfolg der Maßnahme nicht zu vereiteln. In Anbetracht der Sensibilität der Märkte für politische Entscheidungen ist dies geboten.

Dabei wird ein sogenanntes Sondergremium eingesetzt. § 3 Abs. 3 StabMechG und § 6 Abs. 2 ESMFinG regeln die Modalitäten des Sondergremiums. Dieses setzt sich nach § 3 Abs. 3 Satz 3 StabMechG bzw. § 6 Abs. 2 Satz 2 ESMFinG zusammen aus der kleinstmöglichen Anzahl von Mitgliedern, bei der jede Fraktion mindestens ein Mitglied benennen kann, sofern die Mehrheitsverhältnisse gewahrt werden und die Zusammensetzung des Parlamentes widergespielt wird. Damit findet der

420 BGBl. 2014 I, S. 1821.

421 Zur Beteiligung des Bundestages s. Kap. 3, B. I. 1., 2.; zu den Statusrechten der Abgeordneten s. Kap. 3, B. I. 3.

422 S.u. Kap. 3. B. I. 2.

vom Bundesverfassungsgerichtgeforderte Grundsatz der Spiegelbildlichkeit des Parlaments[423] für Entscheidungen von untergeordneten Parlamentsgremien seine Umsetzung. Aufgrund seiner Zusammensetzung zum Zeitpunkt der Konstituierung dieses Gremiums wurde es teilweise auch als „Neunergremium“ bezeichnet. Derzeit besteht es jedoch aufgrund der vorgenannten gesetzlichen Vorgaben aus lediglich sieben Mitgliedern.[424]

3. *Unterrichtungspflichten*

Der Gesetzgeber hat mit § 5 StabMechG und § 7 ESMFinG umfassende Unterrichtungspflichten der Bundesrgierung gegenüber dem Bundestag geschaffen, die den bestehenden Beteiligungsgesetzen EUZBBG, EUZBLG und IntVG nachempfunden sind.[425] Entsprechend den Grundsätzen der Rechtsprechung des Bundesverfassungsgerichts[426] sind umfassende, frühzeitige schriftliche Unterrichtungspflichten konstituiert worden, die die weitreichenden Rechte des Bundestages (Art. 23 Abs. 2 GG) schützen.[427] Weitere Einzelheiten bleiben nach § 5 Abs. 1 Satz 3 StabMechG einer Vereinbarung zwischen Bund und Ländern vorbehalten. Sie sind mittlerweile in der „Vereinbarung zwischen Bund und Ländern über die Unterrichtung des Bundesrates durch die Bundesregierung gemäß § 5 Abs. 1 Satz 3 des Gesetzes zur Übernahme von Gewährleistungen im Rahmen eines europäischen Stabilisierungsmechanismus (StabMechG)“[428] festgelegt.

Die Bundesregierung ist auch verpflichtet, dem Deutschen Bundestag alle ihr zur Verfügung stehenden Dokumente zu übermitteln, die zur Ausübung der Mitwirkung des Bundestages bei Finanzhilfen dienlich sind (§ 5 Abs. 2 StabMechG, § 7 Abs. 2 ESMFinG). Jedoch muss auch der Bundestag diese Dokumente aufgrund des besonderen Schutzbedürfnisses laufender vertraulicher Verhandlungen vertraulich behandeln (§ 5 Abs. 3 StabMechG, § 7 Abs. 3 ESMFinG). Eine geplante Beschränkung der Informationsrechte des Bundestages auf die Mitglieder des Sondergremiums nach § 6 ESMFinG[429] im Falle von direkten Bankenrekapitalisierungsplänen wurde im Laufe des Gesetzgebungsverfahrens aufgegeben.[430] Dies ist zum einen

423 BVerfGE 112, S. 118 (133), 130, S. 318 (353 f.) – *Sondergremium.*
424 Plenarprotokoll 18/11 der Sitzung des Deutschen Bundestages v. 30. 1. 2014, S. 723; BT-Drs. 18/373.
425 *Hufeld,* in: Meyer (Hrsg.), Die Zukunft der Währungsunion, 2013, S. 135 (145); sie sind leges speciales und gehen dem EUZBBG daher vor, (§ 5 Abs. 3 Nr. 1, 2 EUZBBG), *Schmahl,* in: Sodan (Hrsg.), GG, 3. Aufl. 2015, Art. 23 Rn. 27a.
426 Grundlegend BVerfGE 131, S. 152 (206 ff.) – *ESM/Euro-Plus-Pakt.*
427 *Hufeld,* in: Müller-Graff (Hrsg.), EnzEuR IV, 2014, § 22 Rn. 180.
428 Abrufbar unter: http://www.vermittlungsausschuss.de/DE/aufgaben/recht/bund-laender-stabmechg/bund-laender-stabmechg-node.html (zuletzt: 3. 12. 2015).
429 Art. 1 Nr. 4 ESMFinG-ÄnderungsG-Entwurf, BT-Drs. 18/2577, S. 7.
430 BT-Drs. 18/3082, S. 5.

aus politischen Gründen sinnvoll.[431] Jedoch auch aus rechtlichen Gründen müsste aufgrund der Vorgaben des BVerfG eine solche Information gleichwohl geboten sein, da die eng begrenzten Ausnahmen hier nicht greifen dürften.[432]

§ 5 Abs. 4 ff. StabMechG, § 7 Abs. 4 ff. ESMFinG regeln die weiteren Modalitäten der Unterrichtung durch die Bundesregierung wie Fristen, periodische Informationspflichten oder die Beschränkung der Unterrichtung auf das Sondergremium im Falle besonderer Vertraulichkeit. Auch ergänzt § 7 Abs. 9 ESMFinG verschärfend und in der Rechtsprechungslinie des Bundesverfassungsgerichts, dass der deutsche Vertreter sich gegenüber dem Bundestag nicht auf Vertraulichkeit i.S.v. Art. 34 ESMV berufen kann.[433]

4. Besonderheiten durch das ESM-Zustimmungsgesetz

Das „Gesetz zu dem Vertrag vom 2. Februar 2012 zur Errichtung des Europäischen Stabilitätsmechanismus“[434] regelt die Zustimmung der Bundesrepublik Deutschland zum ESM-Vertrag. Das Zustimmungsgesetz enthält neben der Zustimmung zum ESMV in Art. 1 Satz 1 noch weitere Regelungen: So bestimmt Art. 2 Abs. 1, dass Erhöhungen des Stammkapitals nach Art. 10 Abs. 1 ESMV einer bundesgesetzlichen Ermächtigung bedürfen.

Art. 2 Abs. 2 enthält zudem eine Verhaltens- sowie Verfahrensregelung: Er stellt klar, dass der deutsche Gouverneur im Gouverneursrat des ESM, genauso wie im Falle einer Delegation der Entscheidung nach Art. 5 Abs. 6 lit. m) ESMV der deutsche Direktor im Direktorium des ESM einem Beschlussvorschlag zur Änderung der im ESM möglichen Finanzhilfeinstrumente nach Art. 19 ESMV nur zustimmen oder sich der Stimme enthalten darf, wenn er hierzu zuvor durch Bundesgesetz ermächtigt wurde.

Art. 2 Abs. 3 des ESM-Zustimmungsgesetzes statuiert letztlich gewisse Publizitätspflichten: Änderungen des Stammkapitals nach Art. 10 Abs. 3 ESMV und Änderungen des Beitragsschlüssels nach Art. 11 Abs. 3, 4 i.V.m. Art. 11 Abs. 6 und Anhang I des ESMV müssen im Bundesgesetzblatt veröffentlicht werden. Art. 3 Abs. 1 regelt zuletzt das Inkrafttreten, das an das Datum des Inkrafttretens des ESMFinG gekoppelt wurde.

---

431 *Wieland*, LTO v. 14. 11. 2014.

432 BVerfGE 131, S. 152 (213 ff.) – *ESM/Euro-Plus-Pakt;* a.A. unter Rekurs auf den weiten Gestaltungsspielraum *Wieland*, LTO v. 14. 11; kritisch auch *Calliess*, Schriftliche Stellungnahme zur öffentlichen Anhörung des Haushaltsausschusses des Deutschesn Bundestagses am 6. 10. 2014, S. 9 f.; zu den Mitwirkungsrechten des Bundestages s.u. Kap. 3, B. I. 2.

433 BVerfGE 132, S. 195 (260) – *ESM/Fiskalpakt I*; *Hufeld*, in: Meyer (Hrsg.), Die Zukunft der Währungsunion, 2013, S. 135 (145).

434 BGBl. 2012 II, S. 981.

V. Anleiheoperationen durch die EZB

Zu den Rettungsinstrumenten mit Finanzhilfecharakter lassen sich schließlich auch die Anleiheoperationen der Europäischen Zentralbank fassen.[435] Am 14. Mai 2010 hat der EZB-Rat beschlossen, ein Programm für die Wertpapiermärkte aufzulegen (Securities Market Programme, SMP).[436] Dadurch wurde die EZB ermächtigt, am Sekundärmarkt Staatsanleihen von notleidenden Mitgliedstaaten, deren Währung der Euro ist, aufzukaufen (Art. 1 Beschluss EZB/2010/5). Sinn und Zweck solcher Anleiheoperationen ist es, dem in Not geratenen Staat mit Anleihekäufen Liquidität zu verschaffen und die Herstellung der haushaltspolitischen Ziele im Einklang mit dem Defizitverfahren zu erleichtern.[437] Staaten mit Finanzierungsbedarf erhalten so schneller Mittel, um die laufenden Staatsausgaben bedienen zu können und einem Kollaps entgegenzuwirken.[438] Die EZB erwirbt Staatsanleihen in der Regel dann nicht zu marktüblichen Konditionen oder kauft sie trotz geringerem Wert zu den ursprünglichen Konditionen vor Kriseneintritt.[439] Denn müssten diese Staaten sich auf die üblichen Marktbedingungen verlassen, würde ihre Finanzierung mittels Anleihen nicht mehr sichergestellt. Die EZB bzw. die nationalen Zentralbanken als Teil des ESZB haben insbesondere Anleihen von Griechenland, Italien, Irland, Portugal, Spanien und Zypern in ihrem Bestand,[440] mithin nicht nur von Staaten, die aus den Europäischen Rettungsinstrumenten durch Darlehen mit Geld versorgt werden. Als Rechtsgrundlage wird von der EZB hierzu Art. 18 Abs. 1 der EZB-Satzung angeführt,[441] wonach die EZB zur Erfüllung ihrer Aufgaben und zur Erreichung der Ziele des ESZB auf den Finanzmärkten tätig werden kann, indem sie auf Euro lautende Forderungen und börsengängige Wertpapiere kauft.[442]

Die EZB hat ferner am 6. September 2012 bekanntgegeben, durch sog. Outright Monetary Transactions (OMT), also „definitive Käufe und Verkäufe“, Staatsanleihen

---

435 Zur zuvor ins Werk gesetzten Aussetzung der Bonitätsschwellenwerte in Bezug auf Staatsanleihen s. *Nitze,* Finanzhilfen für Euro-Staaten in der Krise, 2015, S. 30 f.; zu den langfristien Refinanzierungsgeschäften für Privatbanken *ders.,* Finanzhilfen für Euro-Staaten in der Krise, 2015, S. 32 f., 180 ff. und *Thiele,* Das Mandat der EZB und die Krise des Euro, 2013, S. 84 ff.; zu anderen geldpolitischen Maßnahmen *Lammers,* EuZW 2015, S. 212 ff.

436 Beschluss v. 14. 5. 2010, EZB/2010/5, ABl.EU 2010 Nr. L 124, S. 8 f.

437 Erwägungsgrund Nr. 4 des Beschlusses EZB/2010/5.

438 Dazu *Sester,* RIW 2013, S. 451 (453 ff.).

439 *Siekmann,* in: Möllers/Zeitler (Hrsg.), Europa als Rechtsgemeinschaft, 2013, S. 101 (122).

440 Vgl. dazu *Siekmann,* in: Möllers/Zeitler (Hrsg.), Europa als Rechtsgemeinschaft, 2013, S. 101 (122).

441 Erwägungsgrund Nr. 1 des Beschlusses v. 14. 5. 2010, EZB/2010/5, ABl.EU 2010 Nr. L 124, S. 8 f.

442 Zur Vereinbarkeit mit Art. 123 AEUV s.u. Kap. 5, B.; s. dazu auch *Häde,* ZG 2011, S. 1 (20 f.).

von Staaten, deren Währung der Euro ist, in unbegrenzter Höhe zu kaufen.[443] Voraussetzung ist, dass mit dem betroffenen Staat ein makroökonomisches Anpassungsprogramm nach den Maßgaben des EFSF bzw. ESM vereinbart wurde oder zumindest ein vorsorgliches Programm (sog. Enhanced Conditions Credit Line) vorliegt, dass die Möglichkeit von Primärmarktkäufen des EFSF oder ESM beinhaltet. So wird das supranational determinierte Handeln der EZB als Unionsorgan an privatrechtliche sowie völkerrechtliche Vorgaben geknüpft.[444] Bislang blieb es bei der Ankündigung eines solchen Vorgehens, die für sich genommen bereits positive Markteffekte erzielte.[445]

B. Prävention künftiger Schuldenkrisen und Reform des Stabilitäts- und Wachstumspaktes

I. Vertrag über Stabilität, Koordinierung und Steuerung in der Wirtschafts- und Währungsunion (Fiskalpakt)

1. Grundlagen und Rechtsnatur

Zur Effektivierung des Stabilitäts- und Wachstumspaktes wurde am 2. März 2012 durch die Staats- und Regierungschefs der Mitgliedstaaten (mit Ausnahme des Vereinigten Königreichs und Tschechiens)[446] eine weitere Maßnahme mit primär präventivem Charakter, die der Vermeidung künftiger Staatsschuldenkrisen und nicht der Rettung der bereits in Not geratenen EU-Mitgliedstaaten dient, beschlossen.[447] Es handelt sich dabei um den völkerrechtlichen „Vertrag über Stabilität, Koordinierung und Steuerung in der Wirtschafts- und Währungsunion zwischen dem Königreich Belgien, der Republik Bulgarien, dem Königreich Dänemark, der Bundesrepublik Deutschland, der Republik Estland, Irland, der Hellenischen Republik, dem Königreich Spanien, der Französischen Republik, der Italienischen Republik,

---

443 Pressemitteilung der EZB v. 6. 9. 2012; abrufbar unter: http://www.ecb.eu/press/pr/date/2012/html/pr120906_1.en.html; (zuletzt: 3. 12. 2015), s. dort auch im Folgenden.

444 *Uerpmann-Wittzack*, EuR-Beiheft 2/2013, S. 49 (52); zu den Anleiheoperationen näher s. u. Kap. 5.

445 *Ismer/Wiesner*, DÖV 2015, S. 81 (85); *Westermann*, FAZ v. 26. 8. 2013, S. 18; *Thiele*, EuZW 2014, S. 694 (697) m.w.N.; *Zivier*, Recht und Politik 2014, S. 85 (86); vgl. auch *Classen*, jM 2014, S. 345 (347); kritisch *Belke*, Credit and Capital Markets – Kredit und Kapital 47 (2014), S. 1 ff.; *Simon*, EuR 2015, S. 107 (130) sieht dies als geniale geld- und wirtschaftspolitische Konstruktion einer selbsterfüllenden Prophezeiung; positive Markteffekte sagen indes nichts über die Berechtigung zu diesen Handlungen aus, so zutreffend *Schmidt*, JZ 2015, S. 317 (325).

446 Dazu sogleich.

447 Näher noch *Hufeld*, in: Müller-Graff (Hrsg.), EnzEuR IV, 2014, § 22 Rn. 115 ff.; vgl. auch *Pernice*, EuZW 2012, S. 601 (602); zur Wirksamkeit s. *Heinemann/Moessinger/Osterloh*, integration 2012, S. 167 ff.

der Republik Zypern, der Republik Lettland, der Republik Litauen, dem Großherzogtum Luxemburg, Ungarn, Malta, dem Königreich der Niederlande, der Republik Österreich, der Republik Polen, der Portugiesischen Republik, Rumänien, der Republik Slowenien, der Slowakischen Republik, der Republik Finnland und dem Königreich Schweden" nebst Protokoll über die Unterzeichnung dieses Vertrags, der eine Regelung bezüglich Art. 8 VSKS[448] beinhaltet.[449] Die Eigenschaft des VSKS als völkerrechtlicher Vertrag wird auch durch die Nähe zur Wirtschafts- und Währungsunion grundsätzlich nicht verändert.[450] Der Fiskalvertrag soll den Kreditbedarf auf der einen Seite schon strukturell begrenzen, während der ESM das Geld auf der anderen Seite in Notsituationen strukturiert austeilen kann.[451] Zwischen diesen beiden Verträgen ist daher ein gewisses „symbiotisches Ergänzungsverhältnis" zu erkennen.[452]

Aufgrund des politischen Widerstandes von Seiten des Vereinigten Königreichs sowie der Tschechischen Republik[453] konnte der VSKS nicht im Wege eines ordentlichen Vertragsänderungsverfahrens nach Art. 48 Abs. 2 bis Abs. 5 EUV oder vereinfachten Vertragsänderungsverfahrens nach Art. 48 Abs. 6 f. EUV in das Gefüge des primären Unionsrechts implementiert werden, da dies jeweils die Ratifikation durch alle Mitgliedstaaten voraussetzt.[454] Stattdessen wurde das Instrument des zwischenstaatlichen Vertrags gewählt, dem noch ein Unterzeichnungsprotokoll in selber Form hinzugefügt wurde, das Ausführungsregelungen zu Art. 8 VSKS enthält. Der Fiskalvertrag kann, vergleichbar dem ESMV, auch als „völkerrechtliche Nebenverfassung der EU"[455], „Ersatzunionsrecht"[456] oder als „Satellitenvertrag"[457] bezeichnet werden,

---

448 S. dazu unten Kap. 6, B. I. 2. c) bb).

449 Zum Vertragsinhalt s. auch *Antpöhler*, ZaöRV 2012, S. 353 (382 ff.).

450 *Lorz/Sauer*, DÖV 2012, S. 573 (574).

451 *Schorkopf*, in: Heintzen (Hrsg.), Auf dem Weg zu nachhaltig ausgeglichenen Haushalten, 2013, S. 119 (127).

452 Ähnlich *Hofmann/Konow*, ZG 2012, S. 138 (156); *Blanke/Pilz*, EuR 2014, S. 541 (552 f.).

453 *Busse/Mussler*, FAZ v. 3. 3. 2012, S. 1; *Chiti/Teixeira*, CMLRev. 2013, S. 683 (692); *Craig*, E.L.Rev. 37 (2012), S. 231 (232 f.); *Hofmann/Konow*, ZG 2012, S. 138 (150); *Fischer-Lescano/Oberndorfer*, NJW 2013, S. 9 (9); *v. Lewinski*, in: Isensee/Kirchhof (Hrsg.), HbdStR X, 3. Aufl. 2012, § 217 Rn. 32; *Kube*, WM 2012, S. 245 (249); *Pechstein*, EuR-Beiheft 2/2013, S. 71 (78); *Schorkopf*, ZSE 2012, S. 1 (17); BT-Drs. 17/9046, S. 1.

454 Vgl. *Giegerich*, in: ders. (Hrsg.), Herausforderungen und Perspektiven der EU, 2012, S. 7 (17); teilweise auch als „Notlösung" bezeichnet, s. *Calliess/Schoenfleisch*, JZ 2012, S. 477 (481); *Gröpl*, Der Staat 52 (2013), S. 1 (20); *Pilz*, DÖV 2012, S. 909 (911) spricht von „second best-Lösung", ähnlich *Hölscheidt*, EuR-Beiheft 2/2013, S. 61 (69); *Herzmann*, ZJS 2012, S. 168 ff. spricht von „über Bande gespielt" und *Herdegen*, FAZ v. 5. 4. 2012, S. 7 von „Sonder-Unionsrecht".

455 *Giegerich*, in: ders. (Hrsg.), Herausforderungen und Perspektiven der EU, 2012, S. 7 (17) m.w.N.

456 *Lorz/Sauer*, DÖV 2012, S. 573 (575).

457 *Thym*, EuR-Beiheft 2/2013, S. 23 (31).

da er das europäische Integrationsprogramm abseits des unionsrechtlichen Rahmens ergänzt und in einem entsprechenden Nähe- oder „Komplementaritätsverhältnis"[458] dazu steht.[459] Er ist eng an die Regelungen und Institutionen der Europäischen Union angelehnt.[460] Infrage gestellt wird teilweise, ob ein Vertrag, der außerhalb des Unionsrechts eine Materie des Unionsrechts regelt, die bislang mit ihren Mitteln selbst nicht hinreichend funktionierte, praktisch wirksam wird.[461]

2. *Vertragszweck und Anwendbarkeit (Art. 1, Art. 14 VSKS)*

Art. 1 VSKS definiert zum einen in seinem Abs. 1 den Zweck des Vertrages, welcher zur Stärkung der wirtschaftlichen Säule der Wirtschafts- und Währungsunion beitragen soll, indem die Haushaltsdisziplin gefördert und die Koordinierung der Wirtschaftspolitiken der Vertragsstaaten verbessert werden soll.[462] Der Vertrag verfolgt daher ähnliche Ziele wie die Art. 119, Art. 121, Art. 126 AEUV.[463] Art. 1 Abs. 2 VSKS bestimmt zum anderen die Anwendbarkeit der Vertragsvorschriften. Während der Vertrag in seinem vollen Umfang ausschließlich auf Parteien, deren Währung der Euro ist, Anwendung findet (Art. 1 Abs. 1 Satz 1 VSKS), sind die übrigen Vertragsparteien nur in dem in Art. 14 VSKS bezeichneten Umfang und den dort genannten Voraussetzungen anwendbar. Das bedeutet nach Art. 14 Abs. 5 VSKS, dass für Staaten, deren Währung (noch) nicht der Euro ist, die Titel III und IV des Vertrages erst in Kraft treten, sobald für diese Staaten der Euro als Währung fungiert, es sei denn, diese Vertragspartei erklärt, dass die soeben genannten Regelungen des III. und IV. Titels vorher Anwendung finden sollen. Der VSKS statuiert demnach ein differenziertes Anwendbarkeitsmodell, wie es bereits vergleichbar in den Unionsverträgen, insbesondere in Art. 120 ff. AEUV, niedergelegt ist. Es ist daher nur konsequent, auch im VSKS zwischen Euro- und Nicht-Eurostaaten zu unterscheiden.

3. *Kohärenz mit und Verhältnis zum Unionsrecht (Art. 2 VSKS)*

Art. 2 Abs. 1 VSKS regelt, dass die Auslegung und Anwendung des VSKS in Übereinstimmung mit dem gesamten Unionsrecht erfolgt. Hierbei wird speziell auf die

---

458 *Fischer-Lescano/Oberndorfer,* NJW 2013, S. 9 (9); ähnlich *Oppermann/Classen/Nettesheim,* Europarecht, 6. Aufl. 2014, § 18 Rn. 29.

459 BVerfGE 131, S. 152 (199 ff.) – *ESM/Euro-Plus-Pakt;* ähnlich *v. Lewinski,* in: Isensee/Kirchhof (Hrsg.), HbdStR X, 3. Aufl. 2012, § 217 Rn. 34; *Hölscheidt/Rohleder,* DVBl. 2012, S. 806; *Schroeder,* Grundkurs Europarecht, 4. Aufl. 2015, § 6 Rn. 20 spricht von „begleitenden Verträgen".

460 *v. Lewinski,* in: Isensee/Kirchhof (Hrsg.), HbdStR X, 3. Aufl. 2012, § 217 Rn. 34.

461 So *Streinz,* EWS 2012, S. 1.

462 Ähnlich *Siekmann,* in: Möllers/Zeitler (Hrsg.), Europa als Rechtsgemeinschaft, 2013, S. 101 (120); *Weber,* EuR 2013, S. 375 (383).

463 *Siekmann,* in: Möllers/Zeitler (Hrsg.), Europa als Rechtsgemeinschaft, 2013, S. 101 (142).

Beachtung des Grundsatzes der loyalen Zusammenarbeit aus Art. 4 Abs. 3 EUV hingewiesen. Damit wird eine unionsrechtskonforme Auslegung dieses Vertrags durch selbigen festgelegt. Ferner regelt Art. 2 Abs. 2 Satz 1 VSKS, dass der VSKS nur soweit gilt, als dass er mit dem Unionsrecht vereinbar ist und legt somit eine Art „salvatorische Klausel“[464] fest. Zur Klarstellung wird in Satz 2 zudem darauf hingewiesen, dass der VSKS die Handlungsbefugnisse der Union auf dem Gebiet der Wirtschaftsunion unberührt lässt. Art. 2 Abs. 2 VSKS statuiert insoweit ein Rangverhältnis zwischen VSKS und Unionsrecht dahingehend, dass das Unionsrecht Vorrang behält.[465] So wird der Konflikt mit dem Unionsrecht entschärft.[466] Die klarifizierende Aussage des Abs. 2 Satz 2 intendiert wohl die Beseitigung politischer Bedenken, auch wenn sie bereits in bisherigen Verträgen mit einem Näheverhältnis zum Unionsrecht nicht unüblich schien.[467] Diese Norm stellt indes nur den Willen der Mitgliedstaaten dar, innerhalb ihrer unionsrechtlichen Verpflichtungen zu handeln.[468] Art. 2 VSKS hat letztlich auch historische Vorbilder. Bereits Art. 134 des zweiten Schengen-Übereinkommens[469] enthielt eine ähnliche Klausel, welche feststellte, dass das Übereinkommen nur anwendbar ist, soweit es mit dem damaligen Gemeinschaftsrecht vereinbar ist.

4. Fiskalpolitischer Pakt (Art. 3 bis Art. 8 VSKS sowie Unterzeichnungsprotokoll)

Kernelement oder auch „materielles Herzstück“[470] des VSKS ist der in Titel III enthaltene fiskalpolitische Pakt,[471] der im Folgenden Abschnitt Gegenstand einer detaillierten Untersuchung ist.

---

464 *Kube,* WM 2012, S. 245 (251).

465 *Calliess/Schoenfleisch,* JZ 2012, S. 477 (481); ähnlich *Thym,* Ungleichzeitigkeit und europäisches Verfassungsrecht, 2004, S. 313.

466 *v. Lewinski,* in: Isensee/Kirchhof (Hrsg.), HbdStR X, 3. Aufl. 2012, § 217 Rn. 34.

467 *Thym,* Ungleichzeitigkeit und europäisches Verfassungsrecht, 2004, S. 313; vgl. auch *Pernice,* Legal Opinion, S. 19.

468 *Pernice,* Legal Opinion, S. 20.

469 BGBl. 1993 II, S. 1010.

470 *Möllers/Reinhardt,* JZ 2012, S. 693; vgl.*Craig,* E.L.Rev. 37 (2012), S. 231 (233, 235); s. auch *v. Lewinski,* in: Isensee/Kirchhof (Hrsg.), HbdStR X, 3. Aufl. 2012, § 217 Rn. 33; ähnlich *Schorkopf,* in: Heintzen (Hrsg.), Auf dem Weg zu ausgeglichenen Haushalten, 2013, S. 119 (127), der diese Norm als „Herz des Fiskalvertrages“ bezeichnet.

471 Aufgrund der bedeutenden Relevanz dieses Titels wird der Vertrag insgesamt gemeinhin als „Fiskalpakt“ oder „Fiskalvertrag“ bezeichnet; ähnlich auch *Giegerich,* in: ders. (Hrsg.), Herausforderungen und Perspektiven der EU, 2012, S. 7 (15).

a) Verpflichtung zur Einführung von Schuldenbremsen (Art. 3 VSKS)

Innerhalb des fiskalpolitischen Paktes nimmt die Verpflichtung zur Einführung von Schuldenbremsen in Art. 3 VSKS eine zentrale Rolle ein. Rechtsdogmatisch handelt es sich dabei um eine Variante der autonomen Selbstbeschränkung bei der Staatsverschuldung.[472]

aa) Einführung von Schuldenbremsen (Art. 3 Abs. 1 VSKS)

Dazu enthält Art. 3 Abs. 1 VSKS umfangreiche Regelungen, um Haushaltsnotlagen der Vertragsparteien in Zukunft zu verhindern. Diese ergänzen jedoch die unionsrechtlichen Verpflichtungen und verdrängen diese nicht. Angesichts normenhierarchischer Überlegungen kann dies auch nur der Fall sein, weshalb diese Feststellung für das deutsche Recht lediglich deklaratorischer Natur sein kann. Damit wird die aufgrund von Art. 126 AEUV normierte und nur wenig wirksame Verpflichtung zur Vermeidung übermäßiger Defizite effektiviert und ergänzt.[473] Die Norm stellt „materielles Staatsschuldenrecht"[474] dar.

Art. 3 Abs. 1 VSKS enthält fünf Zusatzverpflichtungen (oder „Selbstverrechtlichungszusagen"[475]), die, vergleichbar einer Unionsrichtlinie (jedoch ohne die Vorrangstellung des Unionsrechts), in nationales Recht umzusetzen sind.[476] Dabei steht an erster Stelle die Verpflichtung zur Ausgeglichenheit oder zum Überschuss des gesamtstaatlichen Haushalts (lit. a). Art. 3 Abs. 1 lit. b) VSKS enthält die Fiktion, dass die Regel aus lit. a) als eingehalten gilt, wenn der jährliche strukturelle Saldo des Gesamtstaats dem länderspezifischen mittelfristigen Ziel im Sinne des geänderten Stabilitäts- und Wachstumspakts, mit einer Untergrenze von einem strukturellen Defizit von 0,5 % des Bruttoinlandsprodukts zu Marktpreisen, entspricht. Damit wurden im Vergleich zum ursprünglichen Stabilitäts- und Wachstumspakt (VO (EG) Nr. 1466/97) die fiskalpolitischen Anforderungen an die Mitgliedstaaten sogar verdoppelt,[477] wenngleich sie so mit der durch die VO 1175/2011 angepasste Fassung synchronisiert wurden.[478] Zudem enthält Art. 3 Abs. 1 lit. b) VSKS Regelungen zu verfahrenstechnischen Abläufen zur Bestimmung des zeitlichen Rahmens der Annährung an diese Regel und zur Rolle der Kommission. Ähnlich und in Anlehnung an die Regel in Art. 109 Abs. 3 Satz 2 GG, Art. 115 Abs. 2 Satz 6 GG,[479] sieht

---

472 *v. Lewinski*, in: Isensee/Kirchhof (Hrsg.), HbdStR X, 3. Aufl. 2012, § 217 Rn. 30.
473 *Pernice*, Legal Opinion, S. 4; *Hufeld*, in: Müller-Graff (Hrsg.), EnzEuR IV, 2014, § 22 Rn. 140.
474 *Hufeld*, in: Müller-Graff (Hrsg.), EnzEuR IV, 2014, § 22 Rn. 138.
475 *Hufeld*, in: Müller-Graff (Hrsg.), EnzEuR IV, 2014, § 22 Rn. 70.
476 *Hufeld*, in: Müller-Graff (Hrsg.), EnzEuR IV, 2014, § 22 Rn. 137; *Schorkopf*, ZSE 2012, S. 1 (13).
477 So schon *Schorkopf*, in: Heintzen (Hrsg.), Auf dem Weg zu nachhaltig ausgeglichenen Haushalten, 2013, S. 119 (129).
478 *Calliess/Schoenfleisch*, JZ 2012, S. 477 (481); zur VO 1175/2011 s.u. II.
479 *Weber*, EuR 2013, S. 375 (384).

die Verpflichtung aus der „völkerrechtlichen Schuldenbremse" auch Ausnahmen vor (Art. 3 Abs. 1 lit. c) VSKS), die zulassen, dass im Falle von außergewöhnlichen Umständen von dem mittelfristige Ziel abgewichen wird.[480] Eine weitere Ausnahme von der 0,5%-Regel des Art. 3 Abs. 1 lit. a) VSKS sieht Art. 3 Abs. 1 lit. d) VSKS vor. Danach kann das strukturelle Defizit auch maximal 1,0 % des Bruttoinlandsprodukts zu Marktpreisen erreichen, sofern das Verhältnis zwischen öffentlichem Schuldenstand und Bruttoinlandsprodukt zu Marktpreisen erheblich unter 60 % liegt und die Risiken für die langfristige Tragfähigkeit der öffentlichen Finanzen als gering zu bewerten sind. Damit soll gewährleistet werden, dass sich die öffentliche Verschuldung im Verhältnis zum Bruttoinlandsprodukt langfristig reduziert, wenn man der Annahme folgt, dass das Bruttoinlandsprodukt regelmäßig stärker wächst als die Neuverschuldung.[481] Letztlich sieht Art. 3 Abs. 1 lit. e) VSKS vor, dass erhebliche Abweichungen von dem mittelfristigen Ziel oder dem dorthin führenden Anpassungspfad automatisch einen Korrekturmechanismus auslösen, welcher die Verpflichtung miteinschließt, dass der betreffende Vertragsstaat Maßnahmen zur Korrektur der Abweichungen innerhalb eines festgelegten Zeitraums zu treffen hat. Dieser ähnelt bereits dem Verfahren in Art. 5 Abs. 1 der Verordnung (EG) Nr. 1466/1997 in der reformierten Version des Sechserpaketes.[482]

bb) Einzelstaatliche Umsetzung und Korrekturmechanismus (Art. 3 Abs. 2 VSKS)

Art. 3 Abs. 2 S. 1 VSKS statuiert konsequenterweise die Pflicht, die Verpflichtungen aus Art. 3 Abs. 1 VSKS in innerstaatliches Recht zu überführen.[483] Dabei muss es sich um Bestimmungen handeln, die verbindlicher und dauerhafter Art sind. Sie sollen vorzugsweise Verfassungsrang aufweisen oder zumindest deren vollständige Einhaltung und Befolgung im gesamten nationalen Haushaltsverfahren garantieren und spätestens ein Jahr nach Inkrafttreten des VSKS wirksam werden. Zu Beginn des politischen Entscheidungsprozesses in Bezug auf den VSKS wurde noch von Bestimmungen mit Verfassungsrang, vergleichbar der deutschen Regelung in Art. 109 Abs. 3, Art. 115 Abs. 2 GG gesprochen,[484] was jedoch aufgrund von politischem Widerstand einiger Vertragsparteien nicht in die nun endgültige Vertragsfassung mündete.[485] Art. 3 Abs. 2 Satz 2 VSKS enthält zudem die Pflicht, auf nationaler Ebene

480 Statt vieler vgl. *Giegerich,* in: ders. (Hrsg.), Herausforderungen und Perspektiven der EU, 2012, S. 7 (15 f.); zur Begriffsdefinition in Art. 3 Abs. 3 VSKS s.u. cc).

481 *Schlief/Schulte,* ZG 2012, S. 121 (124); ähnlich *Pilz/Dittmann,* ZfRV 2012, S. 102 (112).

482 So bereits *Pernice,* Legal Opinion, S. 7.

483 *Hufeld,* in: Müller-Graff (Hrsg.), EnzEuR IV, 2014, § 22 Rn. 139; zur Umsetzung in Deutschland *Henneke,* Der europäische Fiskalpakt und seine Umsetzung in Deutschland, 2013, S. 111 ff.

484 *Lorz,* LTO v. 6. 2. 2012.

485 Detaillierter zu den einzelnen Fassungen *Craig,* E.L.Rev. 37 (2012), S. 231 (236).

den in Abs. 1 lit. e) genannten Korrekturmechanismus einzurichten. Dieser wird ausgelöst, sofern Abweichungen von den Verpflichtungen aus Art. 3 Abs. 1 VSKS vorliegen. Hier gilt es jedoch, die von der Kommission hierzu vorgeschlagenen Grundsätze[486] zu beachten, welche allerdings aufgrund der Möglichkeit, die Auslösemomente auf länderspezifische Kriterien zu stützen,[487] eine Entpolitisierung des Verfahrens und damit Einschätzungsspielräume nicht gänzlich ausschließen.[488] Dabei kann eine gewisse Orientierung an dem bereits durch die Föderalismusreform II[489] in Deutschland eingerichteten Stabilitätsrat[490] gesehen werden.[491] Art. 3 Abs. 2 Satz 2 VSKS stellt klar, dass der Korrekturmechanismus uneingeschränkt die Vorrechte der nationalen Parlamente wahrt. Dies ist angesichts des Stellenwertes der dort fußenden Budgethoheit mehr als geboten.

cc) Begriffsbestimmungen (Art. 3 Abs. 3 VSKS)

Art. 3 Abs. 3 UAbs. 1 VSKS verweist bezüglich der Begriffsbestimmungen auf Art. 2 des unionsvertraglichen Protokolls über das Verfahren bei einem übermäßigen Defizit und enthält darüber hinaus in UAbs. 2 weitere Definitionen für die Begriffe „jährlicher struktureller Saldo des Gesamtstaats“ sowie „außergewöhnliche Umstände“. Die nicht unerhebliche Begriffsbestimmung der „außergewöhnlichen Umstände“ ist dabei an die Definition des Begriffs innerhalb der Beistandsklausel des Art. 122 Abs. 2 AEUV angelehnt.[492]

b) Defizitregeln, -verfahren sowie Folgen bei Verstoß (Art. 4, Art. 5, Art. 7 VSKS)

Art. 4 Satz 1 VSKS enthält eine Regelung für die Verringerung eines übermäßigen Defizits über 60% des Referenzwertes. Mit Verweis auf Art. 1 Prot./12 soll eine Vertragspartei, die diesen Referenzwert überschritten hat, gemäß Art. 2 VO (EG) Nr. 1467/97 (i.d.F. der VO 1177/2011) ihr Defizit um den Richtwert von durchschnittlich ein Zwanzigstel jährlich reduzieren. Zuvor muss aber nach Art. 4 Satz 2 VSKS das Bestehen eines übermäßigen Defizits durch die Verletzung des Schuldenkriteriums vom Rat nach dem in Art. 126 AEUV festgelegten Verfahren aber festgestellt werden.

Art. 5 VSKS nimmt ferner expliziten Bezug auf den unionsrechtlichen Rahmen für das Defizitverfahren. So muss nach Art. 5 Abs. 1 Satz 1 VSKS eine Vertragspartei,

---

486 KOM 2012 (342) endg., S. 7.
487 Grundsatz Nr. 3, KOM (2012) 342 endg., S. 7.
488 A.A. *Hufeld,* in: Müller-Graff (Hrsg.), EnzEuR IV, 2014, § 22 Rn. 140.
489 BGBl. 2009 I, S. 2248.
490 Geregelt im Wesentlichen durch das StabiRatG, BGBl. I 2009, S. 2702, zul. geändert durch Fiskalpakt-UmsetzungsG, BGBl. 2013 I, S. 2398.
491 *Calliess/Schoenfleisch,* JZ 2012, S. 477 (482).
492 *Schorkopf,* in: Heintzen (Hrsg.), Auf dem Weg zu nachhaltig ausgeglichenen Haushalten, 2013, S. 119 (128).

die nach Maßgabe der Unionsverträge von einem Defizitverfahrens betroffen ist, ein Haushalts- und Wirtschaftspartnerschaftsprogramm Auflegen, welche eine detaillierte Beschreibung der Strukturreformen enthalten muss, die zur Gewährleistung einer wirksamen und dauerhaften Korrektur ihres übermäßigen Defizits zu beschließen und umzusetzen sind. Inhalt und Form dieser Programme werden nach Art. 5 Abs. 1 Satz 2 VSKS durch das Unionsrecht festgelegt. Zudem nimmt Art. 5 Abs. 1 Satz 3 VSKS noch Bezug auf das unionsrechtliche Überwachungsverfahren des SWP und statuiert, dass diese Programme dem Rat sowie der Europäischen Kommission zur Genehmigung vorgelegt werden müssen und auch innerhalb dieses Rahmens überwacht werden. Auch dieUmsetzung dieses Haushalts- und Wirtschaftspartnerschaftsprogramms und die mit diesem Programm in Einklang stehenden jährlichen Haushaltspläne werden vom Rat der Europäischen Union und der Europäischen Kommission überwacht (Art. 5 Abs. 2 VSKS).

Schließlich regelt Art. 7 VSKS die Folgen bei Verstoß gegen die Defizitregeln. Die Vertragsparteien müssen demnach (Satz 1) unter uneingeschränkter Einhaltung der Verfahrensvorschriften der Unionsverträge die Vorschläge oder Empfehlungen der Europäischen Kommission, in denen diese die Auffassung vertritt, dass ein Mitgliedstaat der Europäischen Union, dessen Währung der Euro ist, im Rahmen eines Verfahrens bei einem übermäßigen Defizit gegen das Defizitkriterium verstößt, befolgen. Allerdings gilt dies nach Satz 2 nicht, wenn zwischen den Vertragsparteien, deren Währung der Euro ist, feststeht, dass eine analog zu den einschlägigen Bestimmungen der Unionsverträge, unter Auslassung des Standpunkts der betroffenen Vertragspartei ermittelte qualifizierte Mehrheit von ihnen gegen den vorgeschlagenen oder empfohlenen Beschluss ist. Hiermit wird das bereits in den Verträgen angelegte Defizitregime gefestigt und klargestellt, dass die Mitgliedstaaten sich daran zu halten haben. Diese Bestimmung ist bewusst an die durch das Sechserpaket[493] erfolgten Änderungen im Stabilitätsregime der Wirtschafts- und Währungsunion („umgekehrte Mehrheit") angelehnt und stellt daher eine Kongruenz sowie einen Schritt zur „Depolitisierung" bzw. Verrechtlichung dieses Verfahrens dar.[494] Obgleich dies grundsätzlich eine Selbstverständlichkeit darstellen müsste, ist es angesichts der Erfahrungen der Vergangenheit durchaus sinnvoll, es nochmal explizit festzuschreiben. Dies könnte ein weiterer Schritt zur „Rückkehr zum Recht"[495] sein und die unionalen Regeln effektuieren.[496] Gleichzeitig ist dies ein durchaus innovatives

---

493 Dazu s.u. C. II.

494 *Herzmann*, ZJS 2012, S. 168 (171); *Lorz/Sauer*, DÖV 2012, S. 573 (574); auch *Schorkopf*, FAZ v. 11. 6. 2015, S. 6 sieht dies als Voraussetzung für ein Reüssieren der WWU; kritisch *Hamer*, in: v. d. Groeben/Schwarze/Hatje (Hrsg.), Europäisches Unionsrecht, Bd. 3, 7. Aufl. 2015, Art. 126 AEUV, Rn. 42.

495 *Kirchhof*, in: Isensee/Kirchhof (Hrsg.), HbdStR X, 3. Aufl. 2012, § 214 Rn. 85 ff.

496 *Giegerich*, in: ders. (Hrsg.), Herausforderungen und Perspektiven der EU, 2012, S. 7 (16).

Konstrukt, Mitgliedstaaten völkerrechtlich dazu zu verpflichten, eine eigentlich bestehende, unionsrechtliche Befugnis nicht politisch zu missbrauchen.[497]

c) Berichterstattung für Staatsschuldtitel (Art. 6 VSKS)

Art. 6 VSKS soll eine verbesserte Koordinierung der Planung für die Begebung von Staatsschuldtiteln erreichen. Die Vertragsparteien verpflichten sich dadurch, dem Rat der Europäischen Union und der Europäischen Kommission im Voraus über ihre Planungen bezüglich der Begebung von Staatsschuldtiteln Bericht zu erstatten. Da Staatsschuldtitel eine nicht unerhebliche Rolle bei der Staatsfinanzierung spielen und diese starke Abhängigkeit von Staatsschuldtiteln im Zuge der Krise oftmals kritisiert wurden, ist diese Koordinationsverpflichtung als eine sinnvolle Ergänzung zu bewerten.

d) Rechtsschutz (Art. 8 VSKS)

Art. 8 VSKS weist die Rechtsschutzmöglichkeiten bei Verletzung der Pflicht aus Art. 3 Abs. 2 VSKS durch eine Vertragspartei aus.[498] Sie dienen als Ersatz für den fehlenden Anwendungsvorrang sowie die fehlende unmittelbare Anwendbarkeit des VSKS als völkerrechtlichem Vertrag und enthalten daher einen klagbaren Rezeptionsbefehl.[499] Hierzu ist bei der Unterzeichnung des Vertrages noch ein Unterzeichnungsprotokoll mit einem Anhang, der Regelungen in Bezug auf die Ausübung der Rechte aus Art. 8 VSKS enthält, hinzugefügt worden.

5. Wirtschaftspolitische Steuerung (Art. 9 bis Art. 11 VSKS)

Die Art. 9 ff. VSKS intendieren eine stärkere wirtschaftliche Konvergenz der Vertragsstaaten.[500] Art. 9 Satz 1 VSKS stellt dabei klar, dass die Vertragsparteien gestützt auf die wirtschaftspolitische Koordinierung im Sinne des AEUV sich dazu verpflichten, gemeinsam auf eine Wirtschaftspolitik hinzuarbeiten, welche durch erhöhte Konvergenz und Wettbewerbsfähigkeit das reibungslose Funktionieren der Wirtschafts- und Währungsunion sowie das Wirtschaftswachstum fördert. Insbesondere sollen die Vertragsparteien dazu in wesentlichen Bereichen, die für das reibungslose Funktionieren des Euro-Währungsgebiets maßgeblich sind, durch Einleitung notwendiger Schritte und Maßnahmen das Ziel der Wettbewerbsfähigkeits- und Beschäftigungsförderung verfolgen, zur Stärkung der langfristigen Tragfähigkeit der öffentlichen Finanzen beitragen und die Finanzstabilität stärken (Art. 9 Satz 2 VSKS). Der VSKS verweist einmal mehr auf den unionalen Rechtsrahmen und bedient sich dieser Instrumente, um das reibungslose Funktionieren der Währungsunion zu stärken. Bei den Begrifflichkeiten ist ebenfalls eine Anlehnung an

---

497 *Lorz,* LTO v. 6. 2. 2012.
498 Dazu s.u. Kap. 6, B. I. 2.
499 *Hufeld,* in: Müller-Graff (Hrsg.), EnzEuR IV, 2014, § 22 Rn. 137.
500 *Kube,* WM 2012, S. 245 (250).

die wirtschaftspolitische Koordinierung der Verträge zu erkennen, obwohl im politischen Verhandlungsprozess durchaus auch andere Begrifflichkeiten diskutiert wurden („gemeinsame“ statt „eine“ Wirtschaftspolitik, „gleichmäßig“ statt „reibungslos“ etc.).[501] Allerdings ist die Erwähnung dieser Ziele ebenfalls als deklaratorische und weitgehend politische Erklärung anzusehen, da durch die Unionsverträge bereits eine ähnliche Verpflichtung besteht (Art. 119 ff. AEUV), wenngleich die Formulierung in Art. 9 VSKS weicher ist als im Primärrecht (statt einer gemeinsamer Wirtschaftspolitik ist im VSKS von gemeinsamem Hinarbeiten auf eine Wirtschaftspolitik die Rede).[502]

Wann immer dies angemessen und notwendig ist soll nach Art. 10 VSKS, den Unionsverträgen entsprechend, in Angelegenheiten, die für das reibungslose Funktionieren des Euro-Währungsgebiets wesentlich sind, von den in Art. 136 AEUV vorgesehenen Maßnahmen Gebrauch gemacht werden.[503] Zudem soll ohne Beeinträchtigung des Binnenmarktes die Möglichkeit der Verstärkten Zusammenarbeit (Art. 20 EUV, Art. 326 ff. AEUV) aktiv genutzt werden. Die Verpflichtung zur Inanspruchnahme bestehender Unionsrechtsnormen ist indes unproblematisch, da es den Vertragsstaaten insoweit offen steht, sich hierzu zu verpflichten.[504]

Schließlich soll, unter Einbeziehung der Unionsorgane nach dem geltenden Primärrecht, eine verstärkte Vorabkoordinierung sowie -erörterung von wirtschaftspolitischen Reformen erfolgen, um auf eine enger koordinierte Wirtschaftspolitik hinzuwirken (Art. 11 VSKS).

6. *Steuerung des Euro-Währungsgebietes (Art. 12 f. VSKS)*

a) *Modalitäten des Euro-Gipfels (Art. 12 VSKS)*

Art. 12 VSKS institutionalisiert die Treffen des Euro-Gipfels. Nach Art. 12 Abs. 1 UAbs. 1 Satz 1 VSKS sollen informelle Treffen der Staats- und Regierungschefs der Vertragsparteien, deren Währung der Euro ist, stattfinden, wobei der Präsident der Kommission ebenfalls teilnimmt und der EZB-Präsident dazu eingeladen wird (Satz 2). Zudem wird ein Präsident des Euro-Gipfels von den teilnehmenden Staats- und Regierungschefs mit einfacher Mehrheit zu dem gleichen Zeitpunkt ernannt zu dem der Europäische Rat seinen Präsidenten wählt (Art. 12 Abs. 1 UAbs. 2 VSKS). Seine Amtszeit entspricht der des Präsidenten des Europäischen Rates. Aufgrund der Aufgaben und des institutionellen Primats des Euro-Gipfels kann er gar als ein „Europäischer Rat für Kerneuropa“ klassifiziert werden.[505] In Deutschland hat

---

501 *Schorkopf,* in. Heintzen (Hrsg.), Auf dem Weg zu nachhaltig ausgeglichenen Haushalten, 2013, S. 119 (130); *Seidel,* in: Müller-Graff/Schmahl/Skouris (Hrsg.), FS Scheuing, 2011, S. 717 ff.

502 Vgl. *Hufeld,* in: Müller-Graff (Hrsg.), EnzEuR IV, 2014, § 22 Rn. 69.

503 Zweifelnd *Pernice/Wendel/Otto/Bettge/Mlynarski/Schwarz,* Die Krise demokatisch überwinden, 2012, S. 58.

504 *Craig,* E.L.Rev. 37 (2012), S. 231 (243).

505 *Hufeld,* in: Müller-Graff (Hrsg.), EnzEuR IV, 2014, § 22 Rn. 74.

er den Status eines „Quasi-Unionorgans", da hieran nach § 3 Abs. 3 EUZBBG n. F. umfassende Unterrichtungspflichten der Bundesregierung nach Art. 23 Abs. 2 Satz 2 GG verbunden sind.[506]

Gemäß Art. 12 Abs. 2 VSKS sollen die Euro-Gipfel nach Bedarf, mindestens jedoch zweimal jährlich, einberufen werden.[507] Zweck ist nach dem Vertragswortlaut die Erörterung von Fragen im Zusammenhang mit der spezifischen gemeinsamen Verantwortung für die einheitliche Währung, Fragen zur Steuerung des Euro-Währungsgebiets und die dafür geltenden Vorschriften sowie die Erörterung von strategischen Orientierungen für die Steuerung der Wirtschaftspolitik und größere Konvergenz im Euro-Währungsgebiet. Damit tritt ein weiteres, den Tagungen der Finanzminister der Euro-Gruppe nach Art. 137 AEUV i.V.m. Prot./14 ähnelndes und sie ergänzendes Gremium auf den Plan, welches aufgrund seines Aufgabenzuschnittes bereits den Charakter einer Wirtschaftsregierung aufweist.[508] Probleme könnten dabei hinsichtlich der Abgrenzung von Kompetenzen und Entscheidungsfeldern auftreten. Eine dem Verhältnis von Rat zu Europäischem Rat ähnelnde Aufteilung in weitergehende, strategische Fragen als Kompetenz des Euro-Gipfels und detaillierte, ausführende Fragen als Kompetenz der Euro-Gruppe würde sich gleichwohl anbieten. Dieses Gremium verfügt daher eher über politische denn rechtliche Entscheidungsbefugnisse.[509] Es ist daher für strategische und grundlegende Fragen auf völkerrechtlicher Ebene zuständig, während die Euro-Gruppe auf Unionsebene eher technische und ausführende Fragen berät.[510] Gleichzeitig werden die Staats- und Regierungschefs der Vertragsparteien, deren Währung nicht der Euro ist und die VSKS ratifiziert haben, nicht vom Euro-Gipfel ausgeschlossen. Nach Art. 12 Abs. 3 VSKS nehmen sie ebenfalls an den Beratungen der Tagungen der Euro-Gipfel teil, sofern grundlegende Themen besprochen werden, die alle Vertragsparteien betreffen (Wettbewerbsfähigkeit, die Änderung der allgemeinen Architektur des Euroraums und der grundlegenden Regelungen, die für diesen in Zukunft gelten werden). Zudem können sie danach bei „sachgerechten" Beratungen mindestens einmal jährlich teilnehmen. Dazu zählenbestimmte Fragen der Durchführung des VSKS. Diese Bestimmung wurde auf politischen Druck Polens aufgenommen.[511] Im Übrigen unterrichtet der Präsident des Euro-Gipfels die Vertragsparteien, deren Währung nicht der Euro ist, sowie die anderen Mitgliedstaaten der Europäischen

---

506 *Hufeld*, in: Müller-Graff (Hrsg.), EnzEuR IV, 2014, § 22 Rn. 76.

507 S. dazu *Haratsch/Koenig/Pechstein*, Europarecht, 10. Aufl. 2016, Rn. 1313; die „Regeln der Organisation der Arbeiten des Euro-Gipfels" sind hier abrufbar: http://www.consilium.europa.eu/de/documents-publications/publications/2013/pdf/QC3013400DEC_web_pdf/ (zuletzt: 3. 12. 2015).

508 *Hufeld*, in: Müller-Graff (Hrsg.), EnzEuR IV, 2014, § 22 Rn. 74.

509 *Herrmann*, in: Giegerich (Hrsg.), Herausforderungen und Perspektiven der EU, 2012, S. 51 (73); *Rodi*, JZ 2015, S. 737 (738) sieht darin eine enorme Stärkung des Europäischen Rates.

510 *Antpöhler*, ZaöRV 2012, S. 353 (378).

511 *Busse/Mussler*, FAZ v. 30. 1. 2012, S. 1 f.

Union laufend und eingehend über die Vorbereitungen und die Ergebnisse der Tagungen des Euro-Gipfels (Art. 12 Abs. 6 VSKS), so dass der Informationsfluss von Teilnehmern mit Euro als Währung und den anderen Vertragsparteien sowie Unionsmitgliedstaaten gewährleistet wird.

Die Einbeziehung der Vertragsparteien, deren Währung der Euro nicht ist, ist mehr als sinnvoll. Zum einen sind sie Vertragspartner und zum anderen sollten elementare Themen (wie sie in Art. 12 Abs. 3 VSKS genannt sind) von sämtlichen Vertragsparteien besprochen werden können, da durch die in den Unionsverträgen grundsätzlich angelegte Architektur der Währungsunion früher oder später wohl alle Vertragsparteien daran teilnehmen werden.

Die Kohärenz mit Entscheidungen auf originärer Unionsebene wird durch Art. 12 Abs. 4 VSKS hergestellt. Nach Satz 1 soll der Präsident des Euro-Gipfels in enger Zusammenarbeit mit dem Kommissionspräsidenten die Vorbereitung und Kontinuität der Tagungen des Euro-Gipfels sicherstellen. Nach Satz 2 wird die Euro-Gruppe mit der Vorbereitung und Nachbereitung der Tagungen des Euro-Gipfels betraut. Zu diesem Zweck kann deren Präsident zur Teilnahme an den Euro-Gipfeln eingeladen werden. Diese Norm festigt auch die Hypothese des soeben festgestellten Verhältnisses zwischen Euro-Gipfel und Euro-Gruppe. Es ähnelt insofern dem Verhältnis von Europäischem Rat und Rat (Art. 15, Art. 16 EUV).[512] Ferner kann auch das Europäische Parlament in den Euro-Gipfel einbezogen werden. Nach Art. 12 Abs. 5 Satz 1 VSKS kann der Präsident des Europäischen Parlaments zum Zwecke seiner Anhörung eingeladen. Darüber hinaus legt der Präsident des Euro-Gipfels dem Europäischen Parlament nach jeder Tagung des Euro-Gipfels einen Bericht vor (Art. 12 Abs. 5 Satz 2 VSKS). Gleichwohl hat der Präsident des Europäischen Parlaments damit weniger Rechte als der Präsident der EZB, der grundsätzlich an den Treffen des Euro-Gipfels teilnimmt, womit die demokratische Legitimation des Euro-Gipfels als schwach einzuordnen ist.[513]

Die Normierung des bislang lediglich informell zusammengetretenen Euro-Gipfels wurde durch Art. 12 VSKS in eine völkerrechtliche Form gegossen und institutionalisiert diesen umso mehr, auch wenn er nach Art. 12 Abs. 1 Satz 1 VSKS ein informelles Gremium bleiben soll.[514]

b) Koordinierung der Haushaltspolitik auf Parlamentsebene (Art. 13 VSKS)

Art. 13 VSKS enthält einmal mehr einen direkten Verweis auf das Unionsrecht. Er verweist auf Titel II des Protokolls Nr. 1 zum EUV über die Rolle der nationalen Parlamente in der Europäischen Union. Das Europäische Parlament und die nationalen Parlamente der Vertragsparteien sollen danach gemeinsam über die Organisation und Förderung einer Konferenz von Vertretern der zuständigen Ausschüsse

---

512 *Antpöhler,* ZaöRV 2012, S. 353 (388); *Haratsch/Koenig/Pechstein,* Europarecht, 10. Aufl. 2016, Rn. 1313.

513 Vgl. *Antpöhler,* ZaöRV 2012, S. 353 (388).

514 *Calliess/Schoenfleisch,* JZ 2012, S. 477 (483).

des Europäischen Parlaments und von Vertretern der zuständigen Ausschüsse der nationalen Parlamente bestimmen, um die Haushaltspolitik und andere vom VSKS erfasste Angelegenheiten zu diskutieren (sog. „Art.-13-Konferenz"). Damit wird eine interparlamentarische Koordinationsbasis geschaffen, um frühzeitig Kohärenz in die Haushaltsberatungen der nationalen Parlamente zu bringen. Die Tendenz hin zur diskursiven Form von Politikgestaltung wird so fortgeführt.[515] Diese Konferenz stellt jedoch lediglich ein vorbereitendes Forum der Verständigung und des Gedankenaustauschs statt, eine echte Mitentscheidung durch bindende Beschlüsse bleibt ihr hingegen verwehrt.[516] Es wird durch die Einbeziehung nationaler Parlamente schließlich verdeutlicht, dass der Euro-Gipfel auf parlamentarische Mehrheiten angewiesen ist.[517]

7. Allgemeine und Schlussbestimmungen (Art. 14 bis Art. 16 VSKS)

Art. 14 VSKS regelt das Inkrafttreten des Vertrages und statuiert eine differenzierte Anwendbarkeit der Regeln für Staaten im Euro-Währungsgebiet sowie außerhalb des Euro-Währungsgebietes; für letztere gelten nur die Vorschriften des Titels IV. Kein Novum ist die Möglichkeit des Inkrafttretens bei einer Ratifikation von 12 der 17 teilnehmenden Staaten.[518] Dies war bereits bei Übereinkommen innerhalb der Polizeilichen und Justiziellen Zusammenarbeit möglich (Art. 34 Abs. 2 Satz 3 EUV/Nizza).

Art. 15 VSKS ermöglicht den Beitritt der anderen Mitgliedstaaten der EU. Damit erhalten das Vereinigte Königreich, die Tschechische Republik und Kroatien ebenfalls die Möglichkeit zum Beitritt. Der VSKS ist trotz des politischen Widerstands Großbritanniens und Tschechiens, der zu dessen völkerrechtlicher Ausgestaltung geführt hat, somit offen für deren Eintritt in die Vertragsgemeinschaft.

Damit einher geht auch die in Art. 16 VSKS avisierte Überführung der Vertragsinhalte in den Rechtsrahmen der Union (sog. „Rückführungsklausel"[519]), die freilich nichts anderes darstellt als eine nicht justiziable, politische Absichtserklärung.[520] Auffällig ist das Fehlen einer expliziten Kündigungsklausel. Gleichwohl wird durch den Vertrag keine irreversible Bindung durch die Vertragsparteien eingegangen,

---

515 *Pernice/Wendel/Otto/Bettge/Mlynarski/Schwarz*, Die Krise demokatisch überwinden, 2012, S. 28.

516 *Hufeld*, in: Müller-Graff (Hrsg.), EnzEuR IV, 2014, § 22 Rn. 75; kritisch ebenfalls *Pernice/Wendel/Otto/Bettge/Mlynarski/Schwarz*, Die Krise demokatisch überwinden, 2012, S. 46.

517 *Hufeld*, in: Müller-Graff (Hrsg.), EnzEuR IV, 2014, § 22 Rn. 75.

518 A.A. *Hofmann/Konow*, ZG 2012, S. 138 (146).

519 *Herzmann*, ZJS 2012, S. 168 (174).

520 *Hölscheidt/Rohleder*, DVBl. 2012, S. 806 (808 f.); *Hölscheidt*, EuR-Beiheft 2/2013, S. 61 (69).

da insofern die allgemeine völkerrechtliche Kündigungsklausel des Art. 62 WVK Anwendung findet.[521]

8. Innerstaatliche Anpassungen an den VSKS

Das Grundgesetz bedurfte durch die Ratifizierung des VSKS keiner Änderungen, da er sich weitgehend mit den dortigen Vorgaben (Art. 109, Art. 109a, Art. 115, Art. 143d GG) deckt.[522] Durch das „Gesetz zur innerstaatlichen Umsetzung des Fiskalvertrages" vom 15. Juli 2013[523] wurden indes einige nationale Gesetze an die Anforderungen des VSKS angepasst. So wurden hierdurch § 51 des Haushaltsgrundsätzegesetzes (Art. 1), die §§ 1, 2 und 4 des Sanktionszahlungs-Aufteilungsgesetzes (Art. 3) und § 9 des Art.-115-Gesetzes (Art. 4) geändert sowie § 12a in das FAG (Art. 5) eingefügt.[524]

Die bedeutsamsten und umfangreichsten Änderungen wurden am Stabilitätsratgesetz[525] durch Art. 3 des o.g. Umsetzungsgesetzes vorgenommen.

Es wurde ein § 2 Satz 2 StabiRatG hinzugefügt, der besagt, dass der Stabilitätsrat die Einhaltung der Obergrenze des strukturellen gesamtstaatlichen Finanzierungsdefizits nach § 51 Abs. 2 des Haushaltsgrundsätzegesetzes überwacht. Ferner wurden die §§ 6 und 7 StabiRatG hinzugefügt. § 6 StabiRatG n.F. sieht in Anlehnung an § 2 Satz 2 StabiRatG n.F. vor, dass der Stabilitätsrat beispielsweise Maßnahmen empfehlen kann, die geeignet sind um das überhöhte Finanzierungsdefizit nach den unionalen Vorgaben zu beseitigen (§ 6 Abs. 2 StabiRatG) und diese den zuständigen Bundes- und Landesregierungen zur Weiterleitung an die Parlamente übergibt (§ 6 Abs. 3 StabiRatG). Der aufgrund des hinzugefügten § 7 StabiRatG eingerichtete unabhängige Beirat des Stabilitätsrates soll diesen unterstützen. Er besteht nach § 7 Abs. 2 StabiRatG aus einem Vertreter der Deutschen Bundesbank und des Sachverständigenrates zur Begutachtung der gesamtwirtschaftlichen Entwicklung, einem Vertreter der an der Gemeinschaftsdiagnose beteiligten Forschungsinstitute, je zwei für die Dauer von fünf Jahren von Bund und Ländern durch deren Vertreter im Stabilitätsrat benannten Sachverständigen und je einem für die Dauer von fünf

---

521 BVerfGE 132, S. 195 (286 f.) – *ESM/Fiskalpakt I*; BVerfGE 135, S. 317 (433) – *ESM/Fiskalpakt II*; *Pilz*, DÖV 2012, S. 909 (911); a.A. *Bovenschulte/Fisahn*, Diskussionspapier zu den verfassungsrechtlichen Problemen des Fiskalpakts, 2012, S. 2; http://www.jura.uni-bielefeld.de/lehrstuehle/fisahn/BovenschulteFisahn-FiskalpaktentmachtetBundestag1.pdf (letzter Abruf: 3. 12. 2015).

522 Siehe BVerfGE 132, S. 195 (279) – *ESM/Fiskalpakt I;* BVerfGE 135, S. 317 (432) – *ESM/Fiskalpakt II; Henneke*, in: Schmidt-Bleibtreu/Hofmann/Henneke (Hrsg.), GG, 13. Aufl. 2014, Art. 109 Rn. 75 ff.; dazu und zu den Umsetzungen in anderen Vertragsstaaten s. *Hufeld*, in: Müller-Graff (Hrsg.), EnzEuR IV, 2014, § 22 Rn. 143 ff.

523 BGBl. 2013 I, S. 2398.

524 Im Einzelnen *Henneke*, Die Umsetzung des Fiskalpaktes in Deutschland, 2013, S. 111 ff.

525 BGBl. 2009 I, S. 2709.

Jahren von den kommunalen Spitzenverbänden und den Spitzenorganisationen der Sozialversicherung benannten Sachverständigen. Er gibt eine Stellungnahme zur Einhaltung der Obergrenze des strukturellen gesamtstaatlichen Finanzierungsdefizits nach § 51 Abs. 2 des HGrG ab (§ 7 Abs. 3 StabiRatG), die auch veröffentlicht wird (§ 7 Abs. 4 StabiRatG). Dieser Beirat ist somit als Teil des Kontrollmechanismus nach Art. 3 Abs. 2 Satz 2 VSKS anzusehen.[526]

II. Sechserpaket

Durch das Sechserpaket (auch „six pack“) wurden die unionalen Regeln des Stabilitäts- und Wachstumspaketes sowie der ergänzenden Verordnungen und das gesamtwirtschaftliche Verfahren bei Ungleichgewicht reformiert und ergänzt.[527] Es stellt ein Paket aus insgesamt fünf Verordnung und einer Richtlinie dar, die am 16. November 2011 zusammen verabschiedet wurden und am 13. Dezember 2011 in Kraft getreten sind.[528] Dadurch sollen sowohl präventive als auch repressive Komponenten des SWP adjustiert sowie vorhandene rechtliche Spielräume begrenzt werden.[529]

Durch die Verordnung (EU) Nr. 1175/2011[530] wird die Verordnung (EG) Nr. 1466/97[531] über den Ausbau der haushaltspolitischen Überwachung und der Überwachung und Koordinierung der Wirtschaftspolitiken reformiert. Kernstück der Modifikation ist die Einführung des Europäischen Semesters (Art. 2-a ff.), welches durch frühzeitige Koordinierung und Überwachung der Wirtschaftspolitiken die Einhaltung der Stabilitätsziele, also die präventive Komponente des Stabilitäts- und Wachstumspaktes sicherstellen soll.[532]

---

526 Vgl. *Henneke,* in: Schmidt-Bleibtreu/Hofmann/Henneke, GG, 13. Aufl. 2014, Art. 109a Rn. 42 f.; dazu s.u. Kap. 4, B. IV.

527 Dazu im Einzelnen *Antpöhler,* ZaöRV 2012, S. 353 (362 ff.); *Hamer,* in: v. d. Groeben/Schwarze/Hatje (Hrsg.), Europäisches Unionsrecht, Bd. 3, 7. Aufl. 2015, Art. 126 AEUV, Rn. 25; *Hofmann/Konow,* ZG 2012, S. 138 (143 f.); *Pilz/Dittmann,* ZEuS 2012, S. 53 (60 ff.); *Weber,* EuZW 2011, S. 935 ff.; *ders.,* DVBl. 2012, S. 801 ff.

528 Hierzu im Überblick bereits *Calliess/Schoenfleisch,* JZ 2012, S. 477 (478 ff.); *Haratsch/*Koenig/*Pechstein,* Europarecht, 10. Aufl. 2016, Rn. 1307 f.; *Hofmann/Konow,* ZG 2012, S. 138 (143 f.); *Pilz/Dittmann,* ZfRV 2011, S. 149 (155 ff.).

529 S. dazu im Einzelnen *Hatje,* in: Becker/Hatje/Potacs/Wunderlich (Hrsg.), FS Schwarze, 2014, S. 594 ff.; *ders.,* in: Kadelbach/Günther (Hrsg.), Europa: Krise, Umbruch und neue Ordnung, 2014, S. 73 (93); *Hufeld,* in: Müller-Graff (Hrsg.), EnzEuR IV, 2014, § 22 Rn. 115 ff.

530 ABl.EU 2011 Nr. L 306, S. 12.

531 ABl.EG 1997 Nr. L 209, S. 1.

532 *Calliess/Schoenfleisch,* JZ 2012, S. 477 (479); dazu *Hamer,* in: v. d. Groeben/Schwarze/Hatje (Hrsg.), Europäisches Unionsrecht, Bd. 3, 7. Aufl. 2015, Art. 125 AEUV, Rn. 51 ff.; *Oppermann/Classen/Nettesheim,* Europarecht, 6. Aufl. 2014, § 18 Rn. 25.

Die Verordnung (EU) Nr. 1177/2011[533] ändert die Verordnung (EG) Nr. 1467/97[534] über die Beschleunigung und Klärung des Verfahrens bei einem übermäßigen Defizit. Durch die Reform der Verordnung wird das Verfahren bei einem übermäßigen Defizit gestrafft, die Verhängung von Sanktionen optimiert und so die repressive Komponente des Stabilitäts- und Wachstumspaktes gestärkt.[535]

Neu hinzugekommen ist die Richtlinie 2011/85/EU[536] über die Anforderungen an die haushaltspolitischen Rahmen der Mitgliedstaaten. Darin sind u. a. Vorgaben für die Datenerhebung und –veröffentlichung, für Haushaltsprognosen sowie mittelfristige Haushaltsrahmen enthalten. Hierdurch soll die Transparenz nationaler Haushaltspläne erhöht werden und eine längerfristige Haushaltsplanung erreicht werden.[537] Zudem sollen numerische Haushaltsregeln in das nationale Recht umgesetzt werden, die der Einhaltung der im AEUV vorgesehenen Verpflichtungen dienen (Art. 5).

Das Stabilitätsregime wird ebenfalls ergänzt durch die Verordnung (EU) Nr. 1173/2011[538] über die wirksame Durchsetzung der haushaltspolitischen Überwachung im Euro-Währungsgebiet. Insbesondere werden hierdurch sog. „halbautomatische" Sanktionen bei Verletzung der VO 1496/97 und VO 1497/97 in ihrer durch das Sechserpaket reformierten Fassung ermöglicht, was bedeutet, dass eine Sanktion automatisch greift, sofern nicht eine Mehrheit im Rat diese ablehnt (Art. 4 Abs. 2, Art. 5 Abs. 2 VO 1173/2011).[539]

Auch die Verordnung (EU) Nr. 1174/2011[540] über Durchsetzungsmaßnahmen zur Korrektur übermäßiger makroökonomischer Ungleichgewichte im Euro-Währungsgebiet wurde im Zuge des Sechserpakets eingeführt. Dadurch werden überdies Geldbußen realisiert, wenn Empfehlungen oder Beschlüsse des Rates missachtet werden und der Korrekturplan des Mitgliedstaates nach Auffassung des Rates unzureichend ist (Art. 3 VO 1174/2011). Dabei gilt wieder das halbautomatische Verfahren, d. h. sofern nicht eine qualifizierte Ratsmehrheit die Sanktionen ablehnt, gelten sie als beschlossen (Art. 3 Abs. 3 VO 1174/2011).[541]

---

533 ABl.EU 2011 Nr. L 306, S. 33.

534 ABl.EG 1997 Nr. L 209, S. 6.

535 *Calliess/Schoenfleisch*, JZ 2012, S. 477 (479).

536 ABl.EU 2011 Nr. L 306, S. 41.

537 Vgl. *Oppermann/Classen/Nettesheim*, Europarecht, 6. Aufl. 2014, § 18 Rn. 28.

538 ABl.EU 2011 Nr. L 306, S. 72.

539 Dies steht jedoch in einem Spannungsverhältnis zum durch Art. 126 AEUV vorgeschriebenen Ermessen im Rat, s. *Calliess/Schoenfleisch*, JZ 2012, S. 477 (479 f.); *Ohler*, ZG 2010, S. 330 (342); hierzu auch *Oppermann/Classen/Nettesheim*, Europarecht, 6. Aufl. 2014, § 18 Rn. 27.

540 ABl.EU 2011 Nr. L 306, S. 8.

541 In diesem Sinne *Issing*, in: Pache/Schwarz (Hrsg.), Grundlagen, aktuelle Entwicklungen und Perspektiven der Europäischen Währungsunion, 2012, S. 50 (59 f.), dazu auch *Di Fabio*, Die Zukunft einer stabilen Wirtschafts- und Währungsunion, 2013, S. 35 ff.; dazu *Rathke*, DÖV 2012, S. 751 (754 f.).

Das Sechserpaket wird zuletzt vervollständigt durch die Verordnung (EU) Nr. 1176/2011[542] über die Vermeidung und Korrektur makroökonomischer Ungleichgewichte. Sie enthält Normen zur frühzeitigen Erkennung von Ungleichgewichten durch die Errichtung eines Warnmechanismus (Art. 3), das auf Daten eines Scoreboards (Art. 4) zurückgreift, welches durch die Überprüfung makroökonomischer und makrofinanzieller Indikatoren die Erkennung von Ungleichgewichten signifikant erleichtert und die Unterrichtung des Rates, des Europäischen Parlaments sowie der Eurogruppe und von bestimmten Aufsichtsbehörden ermöglicht (Art. 5).[543]

Insgesamt lässt sich feststellen, dass das Sechserpaket ein wichtiger Schritt zur Depolitisierung der Verfahren darstellt und zu einer stärkeren Verbindlichkeit der Regeln darstellt.[544] Damit wird ein richtiger Schritt zur Vermeidung künftiger Staatsschuldenkrisen geleistet. Gleichwohl muss konstatiert werden, dass diese Rechtsakte wohl an der Grenze des noch ohne Vertragsänderung nach Art. 121, Art. 126, Art. 136 AEUV Zulässigen stehen.[545]

III. Zweierpaket

Das Sechserpaket wird durch das Zweierpaket (auch „two pack") zur Stärkung der wirtschaftlichen Steuerung („Economic Governance") vervollkommnet.[546] Auf der Ermächtigungsgrundlage des Art. 136 AEUV i.V.m. Art. 121 Abs. 6 AEUV wurde am 21. Mai 2013 vom Rat und Europäischen Parlament die Verordnung (EU) Nr. 472/2013[547] über den Ausbau der wirtschafts- und haushaltspolitischen Überwachung von Mitgliedstaaten im Euro-Währungsgebiet, die von gravierenden Schwierigkeiten in Bezug auf ihre finanzielle Stabilität betroffen oder bedroht sind und die Verordnung (EU) Nr. 473/2013[548] über gemeinsame Bestimmungen für die Überwachung und Bewertung der Übersichten über die Haushaltsplanung und für die Gewährleistung der Korrektur übermäßiger Defizite der Mitgliedstaaten im Euro-Währungsgebiet erlassen. Sie gelten nur für diejenigen Mitgliedstaaten, deren

---

542 ABl.EU 2011 Nr. L 306, S. 25; kritisch u. a. *Ohler,* in: Schmidt-Bleibtreu/Hofmann/Henneke (Hrsg.), GG, 13. Aufl. 2014, Art. 88 Rn. 29.

543 Dazu auch *Oppermann/Classen/Nettesheim,* Europarecht, 6. Aufl. 2014, § 18 Rn. 26.

544 *Pilz/Dittmann,* ZEuS 2012, S. 53 (69); kritisch eher *Gröpl,* Der Staat 52 (2013), S. 1 (17).

545 Vgl. *Häde,* JZ 2011, S. 333 (334 ff.); ausführlich etwa *Antpöhler,* ZaöRV 2012, S. 353 (362 ff.); *Pilz/Dittmann,* ZEuS 2012, S. 53 (69); *Rathke,* DÖV 2012, S. 751 (756) sieht einen klaren Verstoß; a.A. *Herrmann,* in: Kadelbach (Hrsg.), Nach der Finanzkrise, 2012, S. 79 (101 f.);

546 Im Einzelnen *Pernice/Wendel/Otto/Bettge/Mlynarski/Schwarz,* Die Krise demokatisch überwinden, 2012, S. 43 f.; näher auch *Hamer,* in: v. d. Groeben/Schwarze/Hatje (Hrsg.), Europäisches Unionsrecht, Bd. 3, 7. Aufl. 2015, Art. 126 AEUV, Rn. 44 ff.

547 ABl.EU 2013 Nr. L 140, S. 1.

548 ABl.EU 2013 Nr. L 140, S. 11.

Währung der Euro ist (Art. 1 Abs. 3 VO 472/2013 und Art. 1 Abs. 3 VO 473/2013), und sind seit dem 30. Mai 2013 in Kraft.[549]

Die Verordnung (EU) Nr. 472/2013 sieht daher verstärkte Überwachungsmaßnahmen für Staaten vor, deren Haushaltslage von gravierenden Schwierigkeiten in Bezug auf ihre finanzielle Stabilität oder die Tragfähigkeit ihrer öffentlichen Finanzen betroffen oder bedroht sind und die zu möglichen nachteiligen Ansteckungseffekten auf andere Mitgliedstaaten im Euro-Währungsgebiet führen können, oder für Staaten, die Hilfen aus dem EFSM oder ESM erhalten (Art. 1 Abs. 1 VO 472/2013). Durch diese Verordnung werden unionsrechtliche Vorgaben mit den ESM-Regeln verknüpft.[550]

Die Verordnung (EU) Nr. 473/2013 sieht Maßnahmen zur Verbesserung der haushaltspolitischen Koordinierung und Überwachung im Euro-Raum vor, durch die in den nationalen Haushaltsplänen sichergestellt werden soll, dass die Vorgaben des SWP und des Europäischen Semesters eingehalten werden (Art. 1 Abs 1 VO 473/2013).

Das Zweierpaket stellt, ähnlich wie das Sechserpaket, einen wichtigen Schritt zur Prävention künftiger Krisen dar, wenngleich weitergehende Regelungen wohl nicht mehr nach den geltenden Verträgen erlassen werden dürften.[551]

IV. Euro-Plus-Pakt

1. Kerninhalte

Der durch den Europäischen Rat auf seiner Sitzung am 24./25. März 2011 beschlossene[552] „Euro-Plus-Pakt – Stärkere Koordinierung der Wirtschaftspolitik im Hinblick auf Wettbewerbsfähigkeit und Konvergenz" enthält Vereinbarungen der Staats- und Regierungschefs der Mitgliedstaaten des Euro-Währungsgebietes sowie Bulgariens, Dänemarks, Lettlands,[553] Litauens, Polens und Rumäniens. Der Pakt lässt sich grob in zwei Teile untergliedern: er enthält zum einen vier Leitvorgaben und zum einen vier Ziele.

Zu den Leitvorgaben zählt, dass die zu treffenden Anstrengungen im Einklang mit der bestehenden wirtschaftspolitischen Steuerung in der EU stehen und diese stärken sollen sowie gleichzeitig einen zusätzlichen Nutzen schaffen sollen (Leitvorgabe a.). Der Euro-Plus-Pakt soll also auf den bereits existierenden Instrumenten (Strategie Europa 2020, dem Europäischen Semester, den Integrierten Leitlinien, dem

---

549 S. dazu im Einzelnen etwa *Hufeld,* in: Müller-Graff (Hrsg.), EnzEuR IV, 2014, § 22 Rn. 40 ff.

550 *Hufeld,* in: Müller-Graff (Hrsg.), EnzEuR IV, 2014, § 22 Rn. 164.

551 Ausführlich hierzu *Ioannidis,* ZaöRV 2014, S. 61 (76 ff.).

552 Anhang 1 der revidierten Fassung der Schlussfolgerungen der Tagung des Europäischen Rates vom 24./25. 3. 2011, EUCO 10/1/11.

553 Lettland ist zum 1. 1. 2014 ebenfalls der Eurozone beitreten, Beschluss Nr. 2013/387 des Rates v. 9. 7. 2013, ABl.EU 2013 Nr. L 195, S. 24.

Stabilitäts- und Wachstumspakt) sowie dem neuen Rahmen für die Überwachung der Wirtschaftspolitik („Sechserpaket") aufbauen und mit ihnen vereinbar sein. Maßnahmen, die in die Zuständigkeit der Mitgliedstaaten fallen, sollen das Zentrum bilden, wobei allerdings in den dazu ausgewählten Politikbereichen auf Ebene der Staats- und Regierungschefs gemeinsame Ziele vereinbart werden (b.). Jährlich sollen konkrete nationale Verpflichtungen eingegangen werden, dessen Erfüllung und Fortschritte bei der Verwirklichung der gemeinsamen politischen Ziele von den Staats- und Regierungschefs der teilnehmenden Länder jährlich auf politischer Ebene überwacht werden (c.). Vor der Durchführung wichtiger Wirtschaftsreformen, die einen potenziellen Übertragungseffekt haben könnten, sollen die Partner konsultiert werden. Die letzte Leitvorgabe (d.) stellt fest, dass die teilnehmenden Mitgliedstaaten uneingeschränkt der Vollendung des Binnenmarkts verpflichtet sind, die von entscheidender Bedeutung für die Steigerung der Wettbewerbsfähigkeit in der EU und im Euro-Währungsgebiet ist.

Zudem enthält der Euro-Plus-Pakt vier zu erreichende Ziele: Förderung der Wettbewerbsfähigkeit, Förderung der Beschäftigung, weiterer Beitrag zur langfristigen Tragfähigkeit der öffentlichen Finanzen sowie die Stärkung der Finanzstabilität. Hierzu sollen von allen teilnehmenden Mitgliedstaaten konkrete Maßnahmen präsentiert werden, die zur Erreichung dieser Ziele getroffen werden sollen. Allerdings kann ein Mitgliedstaat auch Maßnahmen in bestimmten Bereichen unterlassen, sofern er nachweist, dass in dem Bereich keine Maßnahmen erforderlich sind. Ferner wird die nationale Verantwortung für die Erreichung der gemeinsamen Ziele nochmals hervorgehoben, obwohl die Fortschritte bei der Verwirklichung der gemeinsamen Ziele von den Staats- und Regierungschefs auf der Grundlage einer Reihe von Indikatoren auf politischer Ebene beobachtet werden sollen (hierzu zählen die Wettbewerbsfähigkeit, die Beschäftigung, die langfristige Tragfähigkeit der öffentlichen Finanzen und die Finanzstabilität).

2. *Kurzbewertung*

Bei dem Euro-Plus-Pakt handelt es sich um eine Maßnahme zur Verstärkung der wirtschaftspolitischen Koordinierung zwischen den daran teilnehmenden Mitgliedstaaten. Sie orientiert sich stark an den bereits in den bestehenden primärrechtlichen Grundlagen existierenden Möglichkeiten zur wirtschaftspolitischen Koordinierung von Politikfeldern die teilweise oder gar nicht durch Unionsrecht harmonisiert sind (Art. 120, Art. 121, Art. 136 AEUV). Zur Prävention weiterer Krisen und Verbesserung der wirtschaftspolitischen Koordinierung innerhalb der daran teilnehmenden Mitgliedstaaten ist der Euro-Plus-Pakt mit Sicherheit auch als sinnvolles und notwendiges Instrument zu bewerten. Fraglich ist indes, inwieweit sich solch lose, faktisch nicht sanktionierbaren politischen Selbstverpflichtungen[554] der Staats- und

554 *Chiti/Teixeira*, CMLRev. 50 (2013), S. 683 (691); *Gröpl*, Der Staat 52 (2013), S. 1 (19); *Hamer*, in: v. d. Groeben/Schwarze/Hatje (Hrsg.), Europäisches Unionsrecht, Bd. 3,

Regierungschefs bei Nichtumsetzung durchsetzen lassen, ohne weitere Befugnisse als die bereits in Art. 121 Abs. 4 AEUV normierte Verwarnung durch die Kommission. Der Euro-Plus-Pakt enthält letztlich vielerlei vage Leitvorgaben, die teilweise Selbstverständlichkeiten der Verträge wiederholen, wie bspw. die Vollendung des Binnenmarktes.[555] Er kann als Vorläufer des VSKS bezeichnet werden.[556]

C. Überblick über weitere Reformen

Der folgende Abschnitt zeigt der Vollständigkeit halber noch weitere, in der Diskussion und teilweise schon in der Umsetzung befindliche Reformen oder Maßnahmen auf und bewertet diese in der gebotenen Kürze. Namentlich werden die Errichtung einer Bankenunion (I.), die Einführung gemeinsamer Europäischer Staatsanleihen (II.), die Einführung eines Schuldentilgungsfonds (III.) sowie Änderungen am Bestand der Währungsunion (IV.) erläutert.

I. Bankenunion

Zur Vermeidung künftiger Banken- und Finanzmarktkrisen sowie zur frühzeitigen Intervention im Krisenfalle und zur Abwicklung von gescheiterten Banken wurde die sog. Bankenunion errichtet.[557] Durch diese sollen auch Interdependenzen zwischen Staatsfinanzen und Banken durchbrochen werden.[558] Sie besteht im Wesentlichen aus drei Säulen: einem Einheitlichen Regelwerk (1.), einem Einheitlichen Aufsichtsmechanismus bei der EZB (2.) sowie einem Einheitlichen Abwicklungsmechanismus für Banken (3.).

---

7. Aufl. 2015, Art. 126 AEUV, Rn. 58; *Herrmann,* in: v. Lewinski (Hrsg.), Staatsbankrott als Rechtsfrage, 2011, S. 29 (40); *ders.,* in: Kadelbach (Hrsg.), Nach der Finanzkrise, 2012, S. 79 (100); *Hofmann/Konow,* ZG 2012, S. 138 (156); *Hufeld,* in: Müller-Graff (Hrsg.), EnzEuR IV, 2014, § 22 Rn. 136; *Kempen,* in: Streinz (Hrsg.), EUV/AEUV, 2. Aufl. 2012, Art. 121 AEUV Rn. 26; *Weber,* EuR 2013, S. 375 (380 f.); ähnlich *Oppermann/Classen/Nettesheim,* Europarecht, 6. Aufl. 2014, § 18 Rn. 30; vgl. auch BVerfGE 131, S. 152 (225) – *ESM/Euro-Plus-Pakt.*

555 Kritisch zur Wirksamkeit *Gros/Alcidi,* integration 2011, S. 164 ff.

556 *Gröpl,* Der Staat 52 (2013), S. 1 (19); *Hufeld,* in: Müller-Graff (Hrsg.), EnzEuR IV, 2014, § 22 Rn. 135.

557 S. hierzu im Überblick etwa die Pressemitteilung der Europäischen Kommission zur Bankenunion v. 15. 4. 2014, MEMO/14/294, abrufbar unter: http://europa.eu/rapid/press-release_MEMO-14–294_de.pdf (zuletzt: 3. 12. 2015); kritisch dazu *Peters,* WM 2014, S. 396 ff.; zur Bankenunion im Überblick *Haratsch/Koenig/Pechstein,* Europarecht, 10. Aufl. 2016, Rn. 1325 ff.

558 *Wojcik/Ceyssens,* EuZW 2014, S. 893 (894).

1. Einheitliches Regelwerk

Als materiell-rechtliche Komponente der Bankenunion wird das Einheitliche Regelwerk („Single Rulebook") für die Banken aller 28 Mitgliedstaaten bezeichnet. Hierdurch soll künftigen Bankenkrisen bereits präventiv, insbesondere durch einheitliche sowie erhöhte Mindeststandards für das Eigenkapital, entgegengewirkt werden. Hauptbestandteil dieses Regelwerkes sind die Richtlinie 2013/36/EU über den Zugang zur Tätigkeit von Kreditinstituten und die Beaufsichtigung von Kreditinstituten und Wertpapierfirmen (CRD IV-Richtlinie)[559] sowie die Verordnung (EU) Nr. 575/2013 über Aufsichtsanforderungen an Kreditinstitute und Wertpapierfirmen (CRR-Verordnung)[560] nebst delegierten Rechtsakten[561], Durchführungsrechtsakten[562] sowie dazugehörigen technischen Regulierungs-[563] und Durchführungsstandards[564]. Letztlich sind auch die Bankensanierungs- und abwicklungsrichtlinie (BRRD)[565] sowie die hierzu geplante delegierte Verordnung der Kommission[566] als Teil des Einheitlichen Regelwerks zu betrachten.[567]

2. Einheitlicher Aufsichtsmechanismus bei der EZB

Ein weiterer Baustein der Bankenunion ist die europäische Bankenaufsicht. Durch Verordnung (EU) Nr. 1024/2013[568] wurde ein Einheitlicher Aufsichtsmechanismus bei der EZB (Single Supervisory Mechanism) errichtet, der die Aufsicht über sog.

---

559 ABl.EU 2013 Nr. L 176, S. 338 ff.

560 ABl.EU 2013 Nr. L 176, S. 1 ff.

561 Delegierte Verordnung (EU) Nr. 2015/61 der Kommission vom 10. Oktober 2014 zur Ergänzung der Verordnung (EU) Nr. 575/2013 in Bezug auf die Liquiditätsdeckungsanforderung an Kreditinstitute, ABl.EU 2015 Nr. L 11, S. 1; delegierte Verordnung (EU) 2015/62 der Kommission vom 10. Oktober 2014 zur Änderung der Verordnung (EU) Nr. 575/2013 des Europäischen Parlaments und des Rates im Hinblick auf die Verschuldungsquote, ABl.EU 2015 Nr. L 11, S. 37.

562 Durchführungsverordnung (EU) Nr. 591/2014 der Kommission vom 3. Juni 2014 zur Verlängerung der in der Verordnung (EU) Nr. 575/2013 und der Verordnung (EU) Nr. 648/2012 des Europäischen Parlaments und des Rates vorgesehenen Übergangszeiträume in Bezug auf die Eigenmittelanforderungen für Risikopositionen gegenüber zentralen Gegenparteien, ABl.EU 2014 Nr. L 165, S. 31 f.

563 Übersicht unter: http://ec.europa.eu/finance/bank/regcapital/acts/rts/index_de.htm (letzter Abruf: 3. 12. 2015).

564 Übersicht unter: http://ec.europa.eu/finance/bank/regcapital/acts/its/index_de.htm (letzter Abruf: 3. 12. 2015).

565 Richtlinie 2014/59/EU, ABl.EU 2014, Nr. L 173, S. 190 ff.

566 Delegierte Verordnung (EU) Nr. 2015/63 der Kommission vom 21. Oktober 2014 zur Ergänzung der Richtlinie 2014/59/EU des Europäischen Parlaments und des Ratesvom 15. Mai 2014 im Hinblick auf im Voraus erhobene Beiträge zu Abwicklungsfinanzierungsmechanismen, ABl.EU 2015 Nr. L 11, S. 44.

567 Dazu aber s.u. 3.

568 Endgültige Fassung: ABl.EU 2013 Nr. L 287, S. 63 ff.

systemrelevante Banken ausübt (Art. 6 Abs. 4 i.V.m. Art. 4 SSM-VO).[569] Subsidiär bleiben die nationalen Aufsichtsbehörden zuständig (Art. 1 UAbs. 5 SSM-VO). Hierzu wurde ein Aufsichtsgremium innerhalb der EZB geschaffen (Art. 26 SSM-VO), um diese Tätigkeit getrennt vom geldpolitischen Mandat der EZB auszuführen und Interessen- sowie Zielkonflikte zu vermeiden (Art. 25 SSM-VO). Es besteht aus unabhängigen Experten aus dem Banken- und Finanzsektor, Mitgliedern des EZB-Rates sowie des Direktoriums und Vertretern der nationalen Aufsichtsbehörden (Art. 26 SSM-VO).[570] Da der EZB-Rat die Beschlüsse des Aufsichtsgremiums bestätigen muss, wurde zur Vermeidung von Konflikten eine Schlichtungsstelle, die mit Vertretern aus beiden Funktionen besetzt ist, eingesetzt, die Letztentscheidungskompetenz aufweist (Art. 25 Abs. 5 SSM-VO).[571] Der SSM ist zudem Voraussetzung für die direkte Rekapitalisierung von Banken durch den ESM.[572]

3. Einheitlicher Abwicklungsmechanismus

Schlagen diese Mechanismen fehl, so wurde als dritte und letzte Säule der Bankenunion ein Einheitlicher Abwicklungsmechanismus (Single Resolution Mechanism) für die von der EZB beaufsichtigten Kreditinstitute eingerichtet.[573] Im Übrigen bleiben die nationalen Abwicklungsbehörden weitgehend zuständig. Der SRM basiert auf einem Einheitlichen Abwicklungsfonds (Single Resolution Fund), der eine Abwicklung nach den Vorgaben des Einheitlichen Abwicklungsmechanismus nach einer Entscheidung des hierfür in Form einer Unionsagentur geschaffenen Abwicklungsausschusses (Single Resolution Board) vorsieht. Rechtlich fußt diese Konstruktion auf einer Vielzahl von Rechtsakten. Durch die Richtlinie 2014/59/EU soll seit 1. Januar 2015 über die Sanierung und Abwicklung von Banken (BRRD)[574] sowie die hierzu geplante delegierte Verordnung der Kommission[575] ein einheitliches Vorgehen im Falle einer notwendigen Liquidierung von Kreditinstituten gewährleistet werden. Dadurch werden die Bankenabwicklungsinstrumente auf nationaler Ebene harmonisiert. Überdies leisten Kreditinstitute Beiträge in nationale Abwicklungsfonds.

---

569 Der SSM nahm zum 4. 11. 2014 seine Arbeit auf: EZB-Pressemitteilung vom 4. 11. 2014, abrufbar unter: https://www.bankingsupervision.europa.eu/press/pr/date/2014/html/sr141104.de.html (zuletzt: 3. 12. 2015).

570 Dazu *Manger-Nestler/Böttner*, EuR 2014, S. 621 (627); die aktuelle Zusammensetzung des Aufsichtsgremiums kann unter https://www.bankingsupervision.europa.eu/organisation/governance/html/index.de.html abgerufen werden (zuletzt: 3. 12. 2015).

571 Hierzu erlässt gemäß Art. 25 Abs. 5 Satz 4 VO 1024/2013 die EZB eine Verordnung.

572 Erwägungsgrund Nr. 12 der VO 1024/2013; Schlussfolgerungen des Europäischen Rates v. 13./14. 12. 2012, EUCO 215/12, S. 4.

573 S. dazu näher *Wojcik/Ceyssens*, EuZW 2014, S. 893 ff.

574 ABl.EU 2014 v. 12. 6. 2014, L 173, S. 190 ff.

575 Delegierte Verordnung (EU) Nr. 2015/63 der Kommission vom 21. Oktober 2014 zur Ergänzung der Richtlinie 2014/59/EU des Europäischen Parlaments und des Rates vom 15. Mai 2014 im Hinblick auf im Voraus erhobene Beiträge zu Abwicklungsfinanzierungsmechanismen, ABl.EU 2015 Nr. L 11, S. 44.

Das auf völkerrechtlicher Ebene geschlossene Übereinkommen über die Übertragung von Beiträgen auf den einheitlichen Abwicklungsfonds und über die gemeinsame Nutzung dieser Beiträge[576] normiert seinem Namen entsprechend die Übertragung der nationalen Beiträge auf den Einheitlichen Abwicklungsfonds, der ab 1. Januar 2016 seine Arbeit aufnehmen und die nationalen Fonds ersetzen soll. Er wurde durch die Verordnung (EU) Nr. 806/2014[577] (SRM-VO) errichtet und sieht darüber hinaus ein einheitliches Abwicklungsverfahren für Kreditinstitute vor. Zudem sind bereits einige Durchführungs- und delegierte Rechtsakte erlassen worden, die weitere Details und Verfahrensweisen normieren.[578]

Das Abwicklungsverfahren ist als gestuftes Vorgehen konzipiert. Danach haften zuerst die Anteilseigner und Gläubiger der Banken für Verluste („bail in"), sodann der Abwicklungsfonds (sog. Haftungskaskade).[579] Durch die Richtlinie 2014/49/EU über Einlagensicherungssysteme[580] werden jedoch Einlagen von Sparern bei einer Abwicklung eines Kreditinstitutes bis zu einer Höhe von 100.000 € pro Einleger und Bank geschützt. Der Staat sowie nicht betroffene Steuerzahler sind von einer Haftung damit ausgeschlossen.

4. *Kurzbewertung*

Die Bankenunion stellt einen wichtigen Schritt hin zu einer umfassenden und einheitlichen Sicherung des Bankensystems innerhalb des gemeinsamen Euro-Währungsgebietes unter weitgehendem Ausschluss einer Beteiligung von Staaten dar.[581] Die genaue Bewertung all dieser Maßnahmen kann Gegenstand weiterer Untersuchungen sein.[582] Hier werden deshalb nur einige wenige Aspekte kurz umrissen.

---

576 Englisch „International Agreement on the transfer and mutualisation of contributions to a single resolution fund", Ratsdok. 8457/14 LIMITE; Mitglieder sind sämtliche EU-Mitgliedstaaten mit Ausnahme des Vereinigten Königreichs und Schwedens; BGBl. 2014 II, S. 1299.

577 ABl.EU 2014 Nr. L 225, S. 1 ff.

578 Durchführungsverordnung des Rates zur Festlegung einheitlicher Modalitäten für die Anwendung der Verordnung (EU) Nr. 806/2014 des Europäischen Parlaments und des Rates im Hinblick auf im Voraus erhobene Beiträge zum einheitlichen Abwicklungsfonds, Ratsdok. 14593/14, vom Rat am 8. 12. 2014 beschlossen, s. Pressemitteilung 634 ST 16645/14 v. 9. 12. 2014; im schriftlichen Verfahren wurde um Rückmeldung bis 19. 12. 2014 gebeten, noch nicht im ABl.EU veröffentlicht; delegierte Verordnung (EU) Nr. 1310/2014 der Kommission vom 8. 10. 2014 über das vorläufige System der Beitragsvorauszahlungen zur Deckung der Verwaltungsausgaben des Ausschusses für die einheitliche Abwicklung während der Übergangsfrist, ABl.EU 2014 Nr. L 354, S. 1.

579 Dazu *Wojcik/Ceyssens,* EuZW 2014, S. 893 (894).

580 ABl.EU 2014 Nr. L 173, S. 149 ff.

581 Kritisch *Peters,* WM 2014, S. 396 ff.

582 Zum SRM etwa *Herrmann/Rosenfeldt,* SRM-Gutachten, 2014; *Repasi,* SRM-Gutachten, 2013.

Das als Einheitliches Regelwerk bezeichnete Sekundärrecht weist als Hamonisierungs- und Koordinierungsrecht zur Verbesserung des Funktionieren des Binnenmarktes in Bezug auf die Bankenwirtschaft mit Art. 53 Abs. 1 AEUV sowie Art. 114 AEUV eine hinreichende primärrechtliche Ermächtigungsgrundlage auf.[583]

Dem auch unter Subsidiariätsgeschichtspunkten durchaus sinnvollen[584]SSM begegnen indes unionsrechtliche Bedenken. Die der Verordnung zugrunde gelegte Befugnisübertragungsklausel des Art. 127 Abs. 6 AEUV ist nicht hinreichend, da sie lediglich erlaubt, besondere Aufgaben der Aufsicht zu übertragen und keine umfassende Übertragung von Aufsichtsaufgaben vorsieht.[585] Die Begrenzung der Aufsichtszuständigkeit auf systemrelevante Kreditunternehmen reicht zur Einhaltung der Verordnungsermächtigung in Art. 127 Abs. 6 AEUV nicht aus, da damit nur die Quantität und nicht die Qualität der Aufsicht berührt wird.[586] Auch das Konkurrenzverhältnis zwischen der Preisstabilität als Ziel der Geldpolitik und der Finanzsystemstabilität als Ziel der Bankenaufsicht birgt Probleme, insbesondere im EZB-Rat als letzentscheidungsbefugtem Gremium für beide Bereiche.[587] Damit erfordert die derzeitige Ausgestaltung der Bankenaufsicht eine Vertragsänderung nach Art. 48 EUV.[588] Aber auch auf verfassungsrechtlicher Ebene kann die in Art. 88 Satz 2 GG festgeschriebene Unabhängigkeit der EZB durch die Übertragung von Aufsichtsaufgaben ein Problem darstellen, da die EZB in Äquivalenz zu Art. 127 Abs. 1 AEUV danach vorrangig das Ziel der Preisstabilität verfolgen soll

---

583 A.A. wohl *Peters,* WM 2014, S. 396 (402).

584 So etwa *Thiele,* GewArch 2015, S. 111 (114 f.).

585 *Brandi,* FAZ v. 26. 9. 2012, S. 19; *Di Fabio,* Die Zukunft einer stabilen Wirtschafts- und Währungsunion, 2013, S. 58; *Geerlings,* DÖV 2003, S. 322 (328); *Gerhard,* FAZ v. 31. 10. 2012, S. 19; *Glatzl,* Geldpolitik und Bankenaufsicht im Konflikt, 2008, S. 257; *Frenz,* Handbuch Europarecht, Bd. VI, 2011, Rn. 3714; *Häde,* in: Kluth (Hrsg.), FS Stober, 2008, S. 467 (471), *ders.,* in: Calliess/Ruffert (Hrsg.), EUV/AEUV, 4. Aufl. 2011, Art. 127 AEUV Rn. 56; *Manger-Nestler/Böttner,* EuR 2014, S. 621 (624); *Kempen,* in: Streinz (Hrsg.), EUV/AEUV, 2. Aufl. 2012, Art. 127 AEUV Rn. 25; *Siekmann,* in: Möllers/Zeitler (Hrsg.), Europa als Rechtsgemeinschaft, 2013, S. 101 (145); *Smits,* The European Central Bank, 1997, S. 358; *Wolfers/Voland,* BKR 2014, S. 177 (179).

586 A.A. bspw. *Ohler,* in: Schmidt-Bleibtreu/Hofmann/Henneke (Hrsg.), GG, 13. Aufl. 2014, Art. 88 Rn. 19. Ein Rückgriff auf die Rechtsangleichungsklausel des Art. 114 oder die Kompetenzergänzungsklausel des Art. 352 AEUV scheidet aus, da sie als subsidiäre Kompetenzgrundlagen sind und so das Prinzip der begrenzten Einzelermächtigung aus Art. 5 Abs. 1 EUV unterlaufen würde; vgl. auch *Thiele,* GewArch 2015, S. 111 (115 f.); ähnlich *Selmayr,* in: v. d. Groeben/Schwarze/Hatje (Hrsg.), Europäisches Unionsrecht, Bd. 3, 7. Aufl. 2015, Art. 127 AEUV, Rn. 55 ff..

587 Dazu ausführlich *Manger-Nestler/Böttner,* EuR 2014, S. 621 (630 f.).

588 Ähnlich bereits *Häde,* in: Kluth (Hrsg.), FS Stober, 2008, S. 467 (471); *Peters,* WM 2014, S. 396 (399); *Smits,* The European Central Bank, 1997, S. 358; *Thiele,* GewArch 2015, S. 157 (157 f.); a.A. *Richter,* Eine zentrale europäische Bankenaufsichtsbehörde?, 2006, S. 105.

und keine Aufsichtsaufgaben auf sie zu übertragen sind. Die wegen der impliziten Verfassungsänderung erforderliche Zustimmung des Bundestages nach Art. 23 Abs. 1 GG liegt mit Gesetz vom 25. Juli 2013[589] vor.[590] Damit wird der Verordnung Rechtswirkung in Deutschland verschafft.

Ein Teil des Regelungskomplexes des Abwicklungsfonds wird, beinahe schon selbstverständlich, auf die völkerrechtliche Ebene verlagert. Da Abwicklung von Banken insbesondere nicht einer ausschließlichen Unionskompetenz (Wirtschaftspolitik) zuzuordnen ist, dürfte ein solches Vorgehen insofern mit dem Unionsrecht vereinbar sein.[591] Eine Beeinträchtigung der Anwendung von gemeinsamen Regeln der SRM-Verordnung nach der *Pringle*-Rechtsprechung des EuGH[592] ist aufgrund der unterschiedlichen Regelungsgegenstände ebenfalls eher auszuschließen.[593] Auch im Übrigen begegnen der Ausgestaltung des Einheitlichen Abwicklungsmechanismus auf Grundlage von Art. 114 AEUV unions- sowie verfassungsrechtlich keine Bedenken.[594] Eine diskutierte, subsidiäre Haftung des ESM als „backstop" für den Bankenabwicklungsfonds dürfte trotz der Möglichkeit der Einführung neuer Hilfsmaßnahmen nach Art. 19 ESMV für Banken in Nicht-Eurostaaten aufgrund des Anwendungsbereichs des ESMV nicht möglich sein.[595]

II. Gemeinsame Europäische Staatsanleihen („Euro-Bonds")

1. Konzept

Grundidee gemeinsamer europäischer Staatsanleihen (sog. „Euro-Bonds") ist es, die nationalen Staatsanleihen durch gemeinsame europäische Staatsanleihen innerhalb der Europäischen Wirtschafts- und Währungsunion zu ersetzen oder zumindest zu ergänzen, um einen einheitlichen Zinssatz auf dem Kapitalmarkt zu erzielen.[596] Mitgliedstaaten im Euro-Raum, die eine erhöhte Staatsverschuldung aufweisen wie beispielsweise Griechenland und aus diesem Grund eine erhöhte Zinslast bei ihren nationalen Staatsanleihen tragen müssen, können so von günstigeren

589 BGBl. 2013 II, S. 1050.

590 Sie ist trotz des Sekundärrechtscharakters der Verordnung notwendig. Kritisch dazu *Mayer/Kollmeyer,* DVBl. 2013, S. 1158 ff.; *Ohler,* in: Schmidt-Bleibtreu/Hofmann/Henneke (Hrsg.), GG, 13. Aufl. 2014, Art. 88 Rn. 19; *Schmahl,* DÖV 2014, S. 501 (504); *dies.* in: Sodan (Hrsg.), GG, 3. Aufl. 2015, Art. 23 Rn. 17a.

591 *Calliess/Schoenfleisch,* JZ 2015, S. 113 (119 ff.); dazu Kap. 3, A. I. 2.; Kap. 4, A. II.

592 EuGH, Rs. C-370/12, EU:2012:756 (NJW 2013, S. 29), Rn. 101.

593 So wohl *Wojcik/Ceyssens,* EuZW 2014, S. 893 (897).

594 Vgl. etwa *Calliess/Schoenfleisch,* JZ 2015, S. 113 (119 f.); *Hermann/Rosenfeldt,* SRM-Gutachten, 2014, S. 9 ff.; *Repasi,* SRM-Gutachten, 2013, S. 2 ff.; *Wojcik/Ceyssens,* EuZW 2014, S. 893 (897).

595 So schon *Repasi,* SRM-Gutachten, 2013, S. 10.

596 Statt aller *Horn,* NJW 2011, S. 1398 (1401 f.) m.w.N.; *Mayer/Heidfeld,* NJW 2012, S. 422 (422); Grünbuch der EU-Kommission zur Einführung von Stabilitätsanleihen, KOM (2011) 818 endg., S. 6.

Zinskonditionen der Euro-Teilnehmerstaaten mit geringerer Staatsverschuldung und höherer Bonität wie beispielsweise Deutschland profitieren.[597] Umgekehrt besteht jedoch die Gefahr, dass die Zinslast für letztere ansteigt. Dadurch versprechen sich die Befürworter von „Euro-Bonds“ oder „Stabilitätsanleihen“[598] eine Effizienzsteigerung bei der Bewältigung der derzeitigen Schuldenkrise und gleichzeitig eine Präventivfunktion zur Vermeidung künftiger Schuldenkrisen im Euroraum.[599] Gemeinsame Staatsanleihen im Euro-Raum sollen ferner dazu führen, dass das Finanzsystem widerstandsfähiger gegenüber Marktvolatilitäten wird und die Übertragung von Geldpolitik innerhalb der Eurozone simplifiziert wird.[600]

Im Modell der sog. „klassischen“ Euro-Bonds werden die Staatsanleihen der Euro-Teilnehmerländer durch die Emission gemeinsamer, europäischer Staatsanleihen mit gesamtschuldnerischer Haftung abgelöst.[601] Ein „differenziertes Staatsanleihen-Regime“[602] sieht das sog. „Blue Bonds“-Modell vor, wonach gemeinsame Staatsanleihen nur ausgegeben werden, wenn die Schuldenquote des teilnehmenden Staates 60% des Bruttoinlandsproduktes nicht überschreitet.[603] Wird diese an die Maastricht-Kriterien angelehnte Grenze überschritten, ist der teilnehmende Staat aus dem System gemeinsamer Staatsanleihen ausgeschlossen. Er ist dann verpflichtet, eigene, nationale Staatsanleihen (die sog. „Red Bonds“) auszugeben. Darüber hinaus sind gemeinsame Staatsanleihen der Euro-Teilnehmerstaaten mit beschränkter, teilschuldnerischer Haftung im Gespräch, bei denen die nationalen Anleihen nur teilweise ersetzt würden.[604]

2. *Kurzbewertung*

Nach derzeitiger Vertragslage sind gemeinsame Staatsanleihen als hoch problematisch einzustufen.[605] Klassische gemeinsame Staatsanleihen würden die

---

597 Grünbuch der EU-Kommission zur Einführung von Stabilitätsanleihen, KOM (2011) 818 endg., S. 4; *Nitze*, Finanzhilfen für Euro-Staaten in der Krise, 2015, S. 35 bezeichnet diese deshalb explizit als Finanzhilfen; zur Grundidee *Di Fabio*, FAZ v. 22. 6. 2012, S. 9.

598 So der Ausdruck im Grünbuch der EU-Kommission zur Einführung von Stabilitätsanleihen, KOM (2011) 818 endg., hierzu insb. S. 2 Fn. 1.

599 Grünbuch der EU-Kommission zur Einführung von Stabilitätsanleihen, KOM (2011) 818 endg., S. 5.

600 Grünbuch der EU-Kommission zur Einführung von Stabilitätsanleihen, KOM (2011) 818 endg., S. 5 f.

601 Grünbuch der EU-Kommission zur Einführung von Stabilitätsanleihen, KOM (2011) 818 endg., S. 15; zu den ersten Überlegungen seit dem Jahr 2000 *Nitze*, Finanzhilfen für Euro-Staaten in der Krise, 2015, S. 35 f.

602 *Piecha*, EuZW 2012, S. 532 (535).

603 *Delpla/v. Weizsäcker*, Bruegel Policy Brief 2010/03, S. 1 ff.

604 KOM (2011) 818 endg., S. 22; s. auch *Mayer/Heidfeld*, NJW 2012, S. 422 (422).

605 S. dazu ausführlich *Nitze*, Finanzhilfen für Euro-Staaten in der Krise, 2015, S. 217 ff.

Nichtauslösungsklausel des Art. 125 Abs. 1 AEUV[606] verletzen, da sie über einen Umweg eine Haftung der Mitgliedstaaten für Schulden untereinander begründen.[607] Verfolgt man das an den Stabilitätskriterien orientierte Blue-Bonds-Modell, so entfällt diese Haftung und mithin ein Verstoß gegen Art. 125 Abs. 1 AEUV, da hierdurch keine unbegrenzte Haftung für bestehende Schulden anderer Mitgliedstaaten begründet wird, die sich außerhalb der Konvergenzkriterien bewegen. Gleiches muss somit aufgrund der eindeutig bezifferbaren Haftungssumme für gemeinsame europäische Staatsanleihen mit beschränkter, teilschuldnerischer Haftung gelten.[608] Auf verfassungsrechtlicher Ebene wird die Budgethoheit des Bundestages (Art. 110 GG) in der Hinsicht verletzt, als dass der Bundestag diesen einmal ins Werk gesetzten Mechanismus nicht mehr selbst steuern kann. Durch klassische Euro-Bonds läge mithin ein Verstoß gegen das Wahlrecht aus Art. 38 Abs. 1 GG im Sinne der Rechtsprechung des Bundesverfassungsgerichts zur Griechenland-Soforthilfe vor, da dieser einmal begründete Leistungsautomatismus nicht mehr vom Bundestag kontrolliert werden könnte.[609]

---

606 Dazu im Detail s. Kap. 3, A. II. 5.

607 Grünbuch der EU-Kommission zur Einführung von Stabilitätsanleihen, KOM (2011) 818 endg., S. 13; ebenso *Budras,* FAZ v. 24. 5. 2012, S. 13; *Horn,* Wirtschaftsdienst 2010, S. 797 (797 f.); *Mayer/Heidfeld,* NJW 2012, S. 422 (427); *dies.*, ZRP 2012, S. 129 (130); ähnlich *Häde,* in: Calliess/Ruffert (Hrsg.), EUV/AEUV-Kommentar, 4. Aufl. 2011, Art. 143 AEUV Rn. 11; *ders.*, in: Hatje/Müller-Graff (Hrsg.), EnzEuR I, 2014, § 14 Rn. 107; *Herdegen,* Europarecht, 17. Aufl. 2015, § 23 Rn. 9; *Müller-Franken,* LTO v. 13. 6. 2012; *Nitze,* Finanzhilfen für Euro-Staaten in der Krise, 2015, S. 224; *Ohler,* in: Siekmann (Hrsg.), EWU-Kommentar, 2013, Art. 125 AEUV Rn. 12; *Pernice/Wendel/Otto/Bettge/Mlynarski/Schwarz,* Die Krise demokatisch überwinden, 2012, S. 51 f.; *Ruffert,* Berliner Online-Beiträge zum Europarecht, Nr. 64, S. 1 (16); *ders.,* EuR 2011, S. 842 (854); a.A. wohl *v. Lewinski,* Öffentlichrechtliche Insolvenz und Staatsbankrott, 2011, S. 453.

608 Grünbuch der EU-Kommission zur Einführung von Stabilitätsanleihen, KOM (2011) 818 endg., S. 14; ebenso *Mayer/Heidfeld,* NJW 2012, S. 422 (427).

609 Vgl. BVerfGE 129, S. 124 (180) – *Griechenland-Soforthilfe/Euro-Rettungsschirm;* s. auch *Di Fabio,* Die Zukunft einer stabilen Wirtschafts- und Währungsunion, 2013, S. 66 f.; *Gröpl,* Der Staat 52 (2013), S. 1 (15); *Häde,* in: Hatje/Müller-Graff (Hrsg.), EnzEuR I, 2014, § 14 Rn. 111 f.; *Herrmann,* EuZW 2012, S. 805 (808); *Piecha,* ZJS 2011, S. 544 (549); differenzierter *Mayer/Heidfeld,* ZRP 2012, S. 129 (130 f.); zur Grenzziehung durch das BVerfG, *Möllers,* FAZ v. 20. 10. 2011, S. 6; a.A: *Wieland,* LTO v. 27. 9. 2011.

III. Schuldentilgungsfonds

1. Konzept

Ferner wird vorgeschlagen, einen sog. „*Schuldentilgungsfonds*" einzurichten.[610] Dadurch sollen Altschulden durch einen verbindlichen Tilgungsplan, der durch die Währungsreserven der Teilnehmerländer und speziell für die Tilgung vorgesehene Steuern abgesichert und durch die Einführung von nationalen Schuldenbremsen effektiviert wird, sukzessive abgebaut werden. Schulden, die in Anlehnung an die Maastrichter Kriterien den Referenzwert von 60% des BIP übersteigen, sollen in diesen Tilgungsfonds mit gemeinschaftlicher Haftung ausgelagert werden und dann in jährlichen Schritten von jeweils einem Zwanzigstel abgebaut werden.[611] Gleichzeitig sollen die teilnehmenden Staaten die Möglichkeit erhalten, ihren laufenden Finanzierungsbedarf über den Fonds zu decken. Ferner sollen die Altschulden sukzessive innerhalb von fünf Jahren in den Schuldentilgungsfonds überführt werden. Die Schulden sollen nach dieser Einspeisungsphase betragsmäßig nach oben begrenzt werden und innerhalb von 20 bis 25 Jahren eigenverantwortlich getilgt werden.[612]

2. Kurzbewertung

Die Vereinbarkeit mit der Nichtauslösungsklausel aus Art. 125 Abs. 1 AEUV ist bei diesem Modell des Schuldentilgungsfonds ebenfalls nicht gegeben, denn es wird für Schulden anderer Staaten gemittelt über einen Fonds gehaftet und somit eine Vergemeinschaftung von Schulden erreicht.[613] Für die Herstellung einer unionsrechtlichen Zulässigkeit müssten die Verträge also ebenfalls im Wege des Verfahrens nach Art. 48 EUV angepasst werden.[614]

---

610 Jahresgutachten 2011/12 des Sachverständigenrates zur Begutachtung der gesamtwirtschaftlichen Entwicklung, S. 109 (109 f.); dort auch im Folgenden; s. zur Ausgestaltung in Kürze auch *Nettesheim*, in: Breuer/Epiney/Haratsch/Schmahl/Weiß (Hrsg.), FS E. Klein, 2013, S. 603 (604 f); dazu auch *Nitze*, Finanzhilfen für Euro-Staaten in der Krise, 2015, S. 38 f.

611 Jahresgutachten 2011/12 des Sachverständigenrates zur Begutachtung der gesamtwirtschaftlichen Entwicklung, S. 109 (110); dort auch im Folgenden.

612 Jahresgutachten 2011/12 des Sachverständigenrates zur Begutachtung der gesamtwirtschaftlichen Entwicklung, S. 109 (111).

613 Ebenso *Di Fabio*, Die Zukunft einer stabilen Wirtschafts- und Währungsunion, 2013, S. 69 f.; *Mayer/Heidfeld*, ZRP 2012, S. 129 (131 f.); *Müller-Franken*, NVwZ 2012, S. 1201 (1202).

614 *Müller-Franken*, NVwZ 2012, S. 1201 (1202); *Nitze*, Finanzhilfen für Euro-Staaten in der Krise, 2015, S. 226 f.; ausführlich *Schorkopf*, Verfassungsrechtliche Grenzen und Möglichkeiten für eine Umsetzung des Schuldentilgungspaktes, des Sachverständigenrates http://www.sachverstaendigenrat-wirtschaft.de/fileadmin/dateiablage/download/publikationen/rechtsgutachten_schuldentilgungspakt.pdf (letzter Aufruf: 19. 1. 2015); a.A. *Nettesheim*, in: Breuer/Epiney/Haratsch/Schmahl/Weiß (Hrsg.), FS E. Klein, 2013, S. 603 (607 ff.).

Der Sachverständigenrat selbst sieht in seinem Jahresgutachten aufgrund der Bestimmbarkeit und Begrenzung der Haftungssumme eine Vereinbarkeit mit Verfassungsrecht im Sinne des BVerfG-Urteils[615] zur Griechenland-Soforthilfe und dem Euro-Rettungsschirm.[616] Folgt man der Rechtsprechung des BVerfG, so ist diese Bewertung auch konsequent und richtig. Das BVerfG sieht nämlich nur einen Bürgschafts- und Leistungsautomatismus als mit dem Recht auf demokratische Teilhabe als Wahlrecht aus Art. 38 Abs. 1 GG unvereinbar an, wenn er in seiner Höhe unbestimmt ist und sich nach seiner Ingangsetzung der Kontrolle des Bundestages entzieht.[617]

IV. Änderungen am Bestand der Währungsunion

Die Europäische Währungsunion wurde an sich als dauerhafte, unwiderrufliche Rechtsgemeinschaft ausgestaltet.[618] Im Rahmen der Diskussion über Lösungsansätze zur Staatsschuldenkrise im Euroraum treten jedoch immer wieder Forderungen nach Austritt oder Ausschluss von zahlungsunfähigen Staaten innerhalb der Eurozone oder gar Auflösung selbiger auf.[619] Nachdem die Diskussion über einen Austritts Griechenlands aus dem Euro-Währungsgebiet lange praktisch nicht mehr stattgefunden hat, wurde mit dem Sieg der Partei Syriza bei der Parlamentswahl am 25. Januar 2015 und dem Auslaufen der Hilfen zum 30. Juni 2015[620] die Frage um einen sog. „Grexit“ wieder aktuell.[621]

---

615 BVerfGE 129, S. 124.

616 Jahresgutachten 2011/12 des Sachverständigenrates zur Begutachtung der gesamtwirtschaftlichen Entwicklung, S. 109 (113).

617 BVerfGE 129, S. 124 (180) – *Griechenland-Soforthilfe/Euro-Rettungsschirm*; ausführlich dazu *Nettesheim*, in: Breuer/Epiney/Haratsch/Schmahl/Weiß (Hrsg.), FS E. Klein, 2013, S. 603 (610 ff.); differenziert *Mayer/Heidfeld*, ZRP 2012, S. 129 (132).

618 *Herdegen*, Die Währungsunion als dauerhafte Rechtsgemeinschaft, 1998, EWU-Monitor Nr. 52, S. 3; zum Begriff des „Europa als Rechtsgemeinschaft“ s. *Möllers*, in: ders./Zeitler (Hrsg.), Europa als Rechtsgemeinschaft – Währungsunion und Schuldenkrise, 2013, S. 1 (2); *Schmidt*, FAZ v. 5. 4. 2012, S. 7; grundlegend *Hallstein*, in: ders. (Hrsg.), Europäische Reden, 1979, S. 341 (343).

619 Vgl. exemplarisch *Plickert*, FAZ v. 24. 4. 2013, S. 9; weitere Reformkonzepte bei *Kerber*, Mehr Wettbewerb wagen, 2012, S. 26 ff.; volkswirtschaftliche Szenarien zeichnen *Dullien/Schwarzer*, SWP-Aktuell 54/2011, S. 1 ff.; zum Austritt Griechenlands *Seidel*, in: Meyer (Hrsg.), Die Zukunft der Währungsunion, 2013, S. 157 ff.

620 Vgl. dazu BT-Drs. 18/4079, S. 1 f.

621 S. etwa *Piller/Schwenn/Plickert*, FAZ v. 30. 12. 2014, S. 15; *Lorenz*, LTO v. 7. 1. 2015; ausführlich dazu *Hanschel*, NVwZ 2012, S. 995 ff.; *Plickert*, FAZ v. 30. 6. 2015, S. 15; *Schorkopf*, FAZ v. 11. 6. 2015, S. 6.

1. *Austritt und Ausschluss aus der Währungsunion*

Ein Austritt aus der Europäischen Währungsunion ist in zwei Konstellationen denkbar: Zum einen kann über einen Austritt bei Verbleib in der Europäischen Union (etwa den sog. „Grexit“) nachgedacht werden, zum anderen über einen kompletten Austritt aus der Europäischen Union. Gleiches gilt für einen denkbaren Ausschluss aus dem Euro-Währungsraum.

2. *Kurzbewertung*

a) *Austritt und Art. 50 Abs. 1 EUV*

Ein Austritt aus der Eurozone bei gleichzeitigem Verbleib in der EU ist derzeit nicht explizit in den Unionsverträgen vorgesehen.[622] Eine direkte Anwendung von Art. 50 Abs. 1 EUV, der Regelung über den Austritt aus der EU,[623] scheidet demnach aus. Ein Austritt lediglich aus der Währungsunion ist jedoch nicht möglich: Zwar könnte man den Austritt aus der Währungsunion als Minus bzw. aus einem Erst-Recht-Schluss (argumentum a maiore ad minus) zu einem Austritt aus der EU als von Art. 50 Abs. 1 EUV mitumfasst ansehen.[624] Allerdings widerspricht dies der ratio des Art. 50 Abs. 1 EUV, der den Mitgliedstaaten nur die Beendigung des europäischen Integrationsprozesses auf ihrem eigenen Hoheitsgebiet ermöglichen möchte. Ferner würde dies, rechtstechnisch gesehen, kein Austritt sein, sondern die

---

622 So auch *Bubrowski*, FAZ v. 6. 1. 2015, S. 2; *Haratsch/Koenig/Pechstein*, Europarecht, 10. Aufl. 2016, Rn. 1328; *Herdegen*, Die Währungsunion als dauerhafte Rechtsgemeinschaft, 1998, EWU-Monitor Nr. 52, S. 3; *Ludewig*, Beendigungstatbestände als notwendige und dynamische Elemente in internationalen Organisationen unter besonderer Berücksichtigung von Art. 50 EUV, 2015, S. 275 f.; hierzu auch kurz *Nitze*, Finanzhilfen für Euro-Staaten in der Krise, 2015, S. 78; ebenso *Oppermann*, NJW 2013, S. 6 (8); *Weiß* im Interview mit der LTO, s. *Lorenz*, LTO v. 7. 1. 2015.

623 Zum Austrittsrecht *Haratsch*, in: Höreth/Janowski/Kühnhardt (Hrsg.), Die Europäische Verfassung, 2005, S. 271 (277 ff.); *Ludewig*, Beendigungstatbestände als notwendige und dynamische Elemente in internationalen Organisationen unter besonderer Berücksichtigung von Art. 50 EUV, 2015, S. 212 ff.; *Meyer*, EuR 2013, S. 334 ff.; *Oppermann/Classen/Nettesheim*, Europarecht, 6. Aufl. 2014, § 42 Rn. 39 ff.; *Pechstein*, in: Hatje/Müller-Graff (Hrsg.), EnzEuR I, 2014, § 15 Rn. 20; *Piecha*, in: Berramdane/Cremer/Puttler/Rossetto (Hrsg.), Quel avenir pour l'intégration européenne?, 2010, S. 165 ff.; *Zeh*, ZEuS 2004, S. 173 ff.; demgegenüber meint *Everling*, in: Müller-Graff/Schmahl/Skouris (Hrsg.), FS Scheuing, 2011, S. 526 (539), ein solcher Ausschluss nütze der WWU eher als dass er schade und entspräche so dem Effektivitätsgebot (Art. 4 Abs. 3 EUV).

624 Vgl. *Haratsch/Koenig/Pechstein*, Europarecht, 10. Aufl. 2016, Rn. 1328, *Herrmann*, EuZW 2010, S. 413 (417); *Seidel*, EuZW 2007, S. 617; dagegen *Oppermann*, in: Bechtold/Jickeli/Rohe (Hrsg.), FS Möschel, 2011, S. 913 (919).

Wiedereinführung einer Ausnahmeregelung für den betreffenden Mitgliedstaat.[625] Dies setzt jedoch die Aufhebung des Ratsbeschlusses nach Art. 140 Abs. 3 AEUV sowie die vorherige Schaffung einer solchen Möglichkeit voraus.[626]

Ein Austritt im Rahmen einer Gesetzesanalogie des Art. 50 Abs. 1 EUV scheidet ebenfalls aus.[627] Es ist kaum denkbar, dass die Mitgiedstaaten, eine Austrittsregelung zum Euro vergessen haben, denn der Vertrag von Maastricht sah im Protokoll Nr. 24 über den Übergang zur dritten Stufe der Wirtschafts- und Währungsunion[628] die Unumkehrbarkeit der Euro-Einführung vor.[629] Eine planwidrige Regelungslücke liegt damit hier gar nicht erst vor.[630]

Nur ein kompletter Austritt aus der EU unter Einschluss der WWU ist hingegen de lege lata nach Art. 50 Abs. 1 EUV möglich.[631]

b) Austritt und Art. 352 AEUV

Herrmann bringt ferner den Ansatz in die Diskussion ein, einen Austritt aus der Währungsunion über die Kompetenzergänzungsklausel des Art. 352 AEUV zu konstruieren.[632] Dieser Auffassung ist jedoch nicht zuzustimmen: Wenn ein Ratsbeschluss nach Art. 140 Abs. 3 AEUV es ermöglicht, für einen Mitgliedstaat die Ausnahmeregelung aufzuheben und ihn so in die WWU aufzunehmen, eine Aufhebung dieses Beschlusses jedoch aufgrund der Unumkehrbarkeit des Übergangs in die dritte Stufe der WWU (also die Einführung des Euro in dem betreffenden

625 Vgl. *Ludewig*, Beendigungstatbestände als notwendige und dynamische Elemente in internationalen Organisationen unter besonderer Berücksichtigung von Art. 50 EUV, 2015, S. 269.

626 Dazu *Hatje*, in: Kadelbach/Günther (Hrsg.), Europa: Krise, Umbruch und neue Ordnung, 2014, S. 73 (81); *Herrmann*, EuZW 2010, S. 413 (416 ff.); *ders.*, Verfassungblog v. 15. 3. 2015; http://www.verfassungsblog.de/auf-der-suche-nach-dem-ariadnefaden-von-den-rechtlichen-schwierigkeiten-von-grexit-und-graccident/ (letzter Abruf: 3. 12. 2015); *Potacs*, in: Schwarze (Hrsg.), EU-Kommentar, 3. Aufl. 2012, Art. 140 AEUV Rn. 7.

627 I.E. auch *Athanassiou*, ECB Legal Working Papers 10/2009, S. 24; *Bonke*, ZEuS 2010, S. 493 (517); *Herrmann*, Verfassungsblog v. 15. 3. 2015, http://www.verfassungsblog.de/auf-der-suche-nach-dem-ariadnefaden-von-den-rechtlichen-schwierigkeiten-von-grexit-und-graccident/ (letzter Abruf: 3. 12. 2015); ähnlich *Siekmann*, in: ders. (Hrsg.), EWU-Kommentar, 2013, Einführung Rn. 49.

628 ABl.EG 1992 Nr. C 191, S. 87.

629 *Bonke*, ZEuS 2010, S. 493 (516); *Pache/Schwarz*, in: dies. (Hrsg.), Grundlagen, aktuelle Entwicklungen und Perspektiven der Europäischen Währungsunion, 2012, S. 13 (23); ausführlich *Ludewig*, Beendigungstatbestände als notwendige und dynamische Elemente in internationalen Organisationen unter besonderer Berücksichtigung von Art. 50 EUV, 2015, S. 270 ff.

630 *Bonke*, ZEuS 2010, S. 493 (517).

631 S. auch *Seidel*, in: *Meyer* (Hrsg.), Die Zukunft der Währungsunion, 2013, S. 161 ff.

632 *Herrmann*, EuZW 2010, S. 413 (417).

Mitgliedstaat) ausscheidet, so wird dies erst recht nicht möglich sein.[633] Das Ziel der gemeinsamen Wirtschafts- und Währungspolitik aus Art. 3 Abs. 4 EUV wird gerade durch die Wiedereinführung einer Ausnahmeregelung für den Euro als Währung konterkariert und nicht verwirklicht. Auch ein einseitiger Austritt ist auf Grundlage von Art. 352 AEUV indes nicht konstruierbar.

c) Austritt nach Vertragsänderung

Es müsste also eine explizite Austrittsregelung geschaffen werden.[634] Das setzt de lege lata eine Änderung der Unionsverträge mittels des Vertragsänderungsverfahrens nach Art. 48 EUV voraus.[635] Das ordentliche Vertragsänderungsverfahren nach Art. 48 Abs. 1 Satz 1, Abs. 2 bis Abs. 5 AEUV erlaubt als grundsätzlich anzuwendendes Verfahren jede Änderung der Unionsverträge.[636] Die Einführung einer Austrittsmöglichkeit aus dem WWU bei gleichzeitigem Verbleib in der Europäischen Union könnte somit jedenfalls über das ordentliche Vertragsänderungsverfahren erreicht werden.

d) Austritt nach der Wiener Vertragsrechtskonvention

Letztlich könnte ein Austritt aus dem Euroraum bei gleichzeitigem Verbleib in der EU mittels allgemeinen völkerrechtlichen Regelungen konstruiert werden, da es an einer ausdrücklichen Regelung zum Austritt aus dem Euroraum in den Unionsverträgen fehlt.[637] In Betracht kommt hier beispielsweise Art. 49 WVK bei Manipulation von Konjunkturdaten. Ebenfalls möglich scheint eine Beendigung durch einvernehmliche Entscheidung der Euro-Teilnehmerstaaten mit dem Austrittskandidaten nach Art. 54 WVK oder ein Austritt nach Art. 56 WVK (Kündigung bei

---

633 Ähnlich *Ludewig*, Beendigungstatbestände als notwendige und dynamische Elemente in internationalen Organisationen unter besonderer Berücksichtigung von Art. 50 EUV, 2015, S. 275.

634 I.E. auch *Hahn/Häde*, Währungsrecht, 2. Aufl. 2010, § 26 Rn. 10; ähnlich *Nettesheim*, EuR-Beiheft 2/2013, S. 7 (19); ausführlich *Ludewig*, Beendigungstatbestände als notwendige und dynamische Elemente in internationalen Organisationen unter besonderer Berücksichtigung von Art. 50 EUV, 2015, S. 275 f.

635 *Haratsch/Koenig/Pechstein*, Europarecht, 10. Aufl. 2016, Rn. 1328; *Herrmann*, EuZW 2010, S. 413 (417).

636 *Calliess*, Die Europäische Union nach dem Vertrag von Lissabon, 2010, S. 90 f.; *Ohler*, in: Grabitz/Hilf/Nettesheim (Hrsg.), Recht der EU, 45. EL 2011, Art. 48 EUV Rn. 28; *Geiger*, in: ders./Khan/Kotzur (Hrsg.), EUV/AEUV, 5. Aufl. 2010, Art. 48 EUV Rn. 1; *Haratsch/Koenig/Pechstein*, Europarecht, 10. Aufl. 2016, Rn. 96; *Herrnfeld*, in: Schwarze (Hrsg.), EU-Kommentar, 3. Aufl. 2012, Art. 48 EUV Rn. 13.

637 *Bonke*, ZEuS 2010, S. 493 (517 ff.); *Haratsch/Koenig/Pechstein*, Europarecht, 10. Aufl. 2016, Rn. 1329; s. dort auch im Folgenden; ausführlich *Ludewig*, Beendigungstatbestände als notwendige und dynamische Elemente in internationalen Organisationen unter besonderer Berücksichtigung von Art. 50 EUV, 2015, S. 279 ff.; a.A. *Weiß* im Interview mit der LTO, s. *Lorenz*, LTO v. 7. 1. 2015.

Fehlen einer Kündigungsklausel). Auch erscheint eine Kündigung nach Art. 61 WVK möglich, wenn sich im Nachhinein herausstellt, dass die Erfüllung der Maastrichter Stabilitätskriterien nachträglich unmöglich erscheint. Gleiches gilt für die Anwendung des Art. 62 WVK (clausula rebus sic stantibus, grundlegende Änderung der Umstände).[638] Hingegen findet Art. 60 WVK (Verletzung eines völkerrechtlichen Vertrages) keine Anwendung, denn der Stabilitäts- und Wachstumspakt enthält hierzu Regeln.[639]

e) Ausschluss

Gegen den Willen eines Mitgliedstaates ist ein Ausschluss aus der Eurozone nach derzeitiger Vertragsrechtslage nicht möglich.[640] Die allgemeinen völkerrechtlichen Regeln des Art. 60, 62 WVK werden durch die Regeln des Unionsrechts als lex specialis (v.a. Art. 126 AEUV, Art. 7 EUV) verdrängt.[641]

f) Auflösung der Eurozone

Eine Auflösung der Eurozone ist in den Verträgen derzeit nicht vorgesehen und müsste über den Weg der Vertragsänderung nach Art. 48 EUV erst ermöglicht werden. Lediglich die Anwendung der zuvor erwähnten Regelungen der WVK erscheint derzeit denkbar.

D. Die Finanzhilfemaßnahmen und ihre Konstruktion im Überblick

Zum leichteren Verständnis für die folgende Untersuchung wird im Folgenden überblicksartig festgestellt, wie die Finanzhilfemaßnahmen im Einzelnen konstruiert sind und welchen Rechtscharakter die jeweiligen Bestandteile der Maßnahmen aufweisen. Der VSKS sowie die Anleiheoperationen durch die EZB sind in der Folgenden Übersicht ausgenommen.

---

638 Hierfür wohl *Pache/Schwarz*, in: dies. (Hrsg.), Grundlagen, aktuelle Entwicklungen und Perspektiven der Europäischen Währungsunion, 2012, S. 13 (24); zum Streitstand *Ludewig*, Beendigungstatbestände als notwendige und dynamische Elemente in internationalen Organisationen unter besonderer Berücksichtigung von Art. 50 EUV, 2015, S. 280 ff.

639 Vgl. *Ludewig*, Beendigungstatbestände als notwendige und dynamische Elemente in internationalen Organisationen unter besonderer Berücksichtigung von Art. 50 EUV, 2015, S. 282.

640 So auch *Bonke*, ZEuS 2010, S. 493 (523); *Everling*, in: Müller-Graff/Schmahl/Skouris (Hrsg.), FS Scheuing, 2011, S. 526 (539); *Oppermann*, in: Bechtold/Jickeli/Rohe (Hrsg.), FS Möschel, 2011, S. 913 (919); *Weiß* im Interview mit der LTO, s. *Lorenz*, LTO v. 7. 1. 2015.

641 *Haratsch/Koenig/Pechstein*, Europarecht, 10. Aufl. 2016, Rn. 1330.

Maßnahme	**Rechtsnatur**
I. Griechenland-Soforthilfe	
1. Erklärung der Staats- und Regierungschefs der Euro-Gruppe vom 2. Mai 2010	unionsrechtliche Empfehlung
2. Memorandum of Understanding vom 3. Mai 2010	völkerrechtliche Absichtserklärung
3. Darlehensfazilitätsvertrag zwischen den Helferstaaten, der KfW und Griechenland	privatrechtlicher Vertrag
4. Gläubigervereinbarung der Helferstaaten	privatrechtlicher Vertrag
5. Beschluss des Rates 2010/320/EU	unionsrechtlicher Beschluss
6. Währungsunions-Finanzstabilisierungsgesetz	Bundesgesetz
II. Europäischer Finanzstabilisierungsmechanismus (EFSM)	
1. Verordnung (EU) Nr. 407/2010 zur Errichtung eines Europäischen Finanzstabilisierungsmechanismus vom 9. Mai 2010	unionsrechtliche Verordnung
2. Europäische Finanzstabilisierungsfazilität	
a) EFSF-Gesellschaftsvertrag	privatrechtlicher Vertrag
b) EFSF-Rahmenvertrag zwischen Staaten, deren Währung der Euro ist und der EFSF	privatrechtlicher Vertrag
3. Stabilisierungsmechanismusgesetz	Bundesgesetz

Maßnahme	**Rechtsnatur**
III. Europäischer Stabilitätsmechanismus (ESM)	
1. ESM-Vertrag	völkerrechtlicher Vertrag
2. Beschluss 2011/199/EU zur Ergänzung des Art. 136 AEUV	unionsrechtlicher Beschluss (Art. 48 Abs. 6 EUV)
3. ESM-Gesetz	Bundesgesetz zur Ratifikation von III. 1.
4. ESM-Finanzierungsgesetz	Bundesgesetz

3. Kapitel – Unions- und verfassungsrechtliche Fragen bei der Gewährung von Finanzhilfen

Den Hauptteil dieser Arbeit bildet das nun folgende, dritte Kapitel. Hier wird die Vereinbarkeit der Finanzhilfen von Griechenland-Soforthilfe als Maßnahmen der Mitgliedstaaten, EFSM als Unionsverordnung, EFSF als Maßnahme der Mitgliedstaaten sowie ESM als völkerrechtlicher Vertrag mit dem primären Unionsrecht (A.) und dem deutschen Verfassungsrecht (B.) untersucht.

A. Vereinbarkeit mit Unionsrecht

Die Mitgliedstaaten müssen auch bei außerunionalem Tätigwerden aufgrund des Loyalitätsgrundsatzes (Art. 4 Abs. 3 EUV) und der in Art. 2 ff. AEUV geregelten Kompetenzverteilung zwischen Unions- und mitgliedstaatlichem Tätigwerden an das vorrangige Unionsrecht halten.[642] Im folgenden Abschnitt werden daher die Finanzhilfen auf ihre Vereinbarkeit mit dem Unionsrecht hin untersucht. Dabei werden zunächst formelle Fragen (I.) erörtert, bevor materielle Fragen des Unionsrechts (II.) analysiert werden. Den Schluss dieses Abschnitts bildet ein Zwischenergebnis (III.).

I. Formelle Fragen

1. Das Verhältnis von EFSF-RV und ESMV zum Unionsrecht

a) Der EFSF-Rahmenvertrag als europäisches Vertragsprivatrecht

Der EFSF-RV könnte als eine Art „europäisches Vertragsprivatrecht" die Unionsverträge ergänzen und eine Rechtsquelle des Unionsrechts darstellen. Zwar finden sich keine Hinweise auf die EFSF in den Verträgen selbst oder bspw. der Verordnung (EU) Nr. 407/2010 zur Einführung eines europäischen Finanzstabilisierungsmechanismus. Gleichwohl wird die EFSF in den Verordnungen (EU) Nr. 472/2013 und 473/2013 explizit als Hilfsinstrument erwähnt. Auch enthält der EFSF-RV Regelungen, die Bezug auf Unionsorgane wie die Kommission oder die EZB (u. a. in Art. 2 Abs. 1 lit. (a), Art. 3, Art. 9 EFSF-RV) nehmen. Ein privatrechtlicher Vertrag, der zwar Unionsorganen bestimmte Funktionen zuweist und von Mitgliedstaaten des Euro-Währungsgebietes abgeschlossen wurde, kann zwar die Unionsverträge ergänzen. Allein von der Regelungsmaterie hierauf zu schließen, ginge aber zu weit. Zwar erlaubt das BVerfG die Anwendung von Art. 23 GG und sieht völkerrechtliche

642 Vgl. nur EuGH, Rs. C-370/12, EU:C:2012:756 (NJW 2013, S. 29), Rn. 148 ff. – *Pringle*; *Hölscheidt*, EuR-Beiheft 2/2013, S. 61 (63).

Verträge mit einem besonderen Nähe- und Ergänzungsverhältnis zum Unionsrecht als Angelegenheiten der Europäischen Union an i.S.d. Art. 23 Abs. 2 GG an.[643] Hieraus lässt sich eine Rechtsquellenergänzung allerdings nicht hineininterpretieren. Dies widerspräche unter anderem auch den in Art. 288 AEUV normierten Rechtsakttypen für die Setzung von Unionssekundärrecht. Auch eine Tertiärrechtsetzung kann im EFSF-RV nicht gesehen werden, da ein Durchführungsrechtsakt i.S.v. Art. 290 AEUV nicht ersichtlich ist. Art. 48 EUV schreibt darüber hinaus einer Vertragsänderung gewisse Verfahrensvorschriften vor, die hier mitnichten eingehalten wurden. Ein privatrechtlicher Vertrag zwischen Mitgliedstaaten der Union kann also, auch wenn er dem Unionsrecht nahesteht und sich unionaler Organe bedient,[644] zwar als vertragsergänzendes Vertragsprivatrecht eingeordnet werden. Er stellt indes aufgrund seiner hybriden Stellung keine explizite Rechtsquelle des Unionsrechts dar.

b) Der ESM-Vertrag als europäisches Vertragskomplementärrecht

Anders kann die Bewertung gleichwohl im Falle des völkerrechtlichen ESM-Vertrages ausfallen.

aa) Die Verknüpfung von Völkerrecht und Unionsrecht durch Art. 136 Abs. 3 AEUV n.F.

Der völkerrechtliche Vertrag der Mitgliedstaaten des Euro-Währungsgebietes zur Errichtung eines Europäischen Stabilitätsmechanismus installiert eine Institution zur Sicherung der Stabilität des Euro-Währungsgebietes und seiner Mitgliedstaaten.[645] Dieser völkerrechtliche Vertrag stünde, abgesehen von der Vereinbarkeit mit materiellem Primärrecht, eigenständig neben den Verträgen und wäre ohne unmittelbaren Einfluss auf das Unionsrecht. Durch den Beschluss des Rates 2011/199/EU wurde jedoch eine Erwähnung des ESM unmittelbar im Primärrecht geschaffen. Nach dem Inkrafttreten[646] der Vertragsänderung sind die Mitgliedstaaten also ermächtigt, einen Stabilitätsmechanismus zu errichten. Mit dieser Vertragsergänzung wird somit eine unmittelbare Verknüpfung von Völkerrecht und Primärrecht geschaffen. Unabhängig von den rechtlichen Auswirkungen auf die Wirtschafts- und Währungsverfassung der Union[647] wird mit dieser Ermächtigung in Art. 136 Abs. 3 AEUV n.F. eine Schnittstelle geschaffen, die dem völkerrechtlichen Vertrag, der den ESM errichtet, indirekte Wirkung im Unionsrecht verschafft. Eine europarechtliche Basis für die Errichtung eines dauerhaften Stabilitätsmechanismus wird

643 BVerfGE 131, S. 152 (199 ff.) – *ESM/Euro-Plus-Pakt.*
644 Zur Organleihe s.u. II. 4.
645 Zur Ausgestaltung des ESM s. o. Kap. 2, A. III. 1.
646 Art. 2 Abs. 1 Beschluss 2011/199/EU: nach Anzeige der Ratifizierung jedes Mitgliedstaates.
647 Hierzu s. u. bb).

hierdurch gebildet.[648] Ziel dieser Regelung war es immerhin, einem potenziellen Verstoß, insbesondere gegen Art. 125 Abs. 1 AEUV, entgegenzuwirken und das bislang fragile Regime der Euro-Rettungsschirme auf eine stabile Rechtsgrundlage im Unionsrecht zu stützen, unabhängig von der tatsächlichen Etablierung des ESM durch einen völkerrechtlichen Vertrag.[649] Letztlich wird mangels einer Übertragung von Hoheitsrechten durch diese Verknüpfung zwar keine Wirkung erzielt, wie sie die „Brückenklausel“[650] des Art. 23 Abs. 1 GG für das Verhältnis von Unionsrecht und deutschem Verfassungsrecht aufweist. Art. 136 Abs. 3 AEUV stellt auch keine direkte Wirkung des ESMV im Unionsrecht her. Gleichwohl muss durch die explizite Erwähnung bei der Auslegung des Unionsrechts die Existenz des ESMV berücksichtigt werden. Art. 136 Abs. 3 AEUV enthält, ähnlich wie Art. 23 Abs. 1 S. 3 GG i.V.m. Art. 79 Abs. 3, Art. 1, Art. 20 GG, allerdings materielle Grenzen, die für die Errichtung des ESM gelten. So wirkt die in Art. 136 Abs. 3 AEUV enthaltene Klausel gleichermaßen integrierend wie exklusiv. Die Ermöglichung zur Errichtung des ESM (Satz 1) integriert den ESMV als völkerrechtlichen Vertrag indirekt in die Unionsrechtsordnung und die in Satz 2 festgelegte Forderung, dass die Gewährung von Finanzhilfen aus dem ESM strengen Auflagen unterliegen werde, schließt die Möglichkeit von Hilfen ohne Auflagen wie makroökonomische Anpassungsprogramme aus.[651] Die Verknüpfung von Art. 136 Abs. 3 AEUV n.F. und dem ESMV stellt letztlich ein idealtypisches Beispiel für das Ineinandergreifen von supranationalen sowie intergouvernementalen Rechtsgehalten dar.[652] Die Existenz des Art. 136 Abs. 3 AEUV bindet gleichwohl die Mitgliedstaaten, da sie sich die Handlungen des ESM nunmehr unionsrechtlich zurechnen lassen müssen und daher an die Einhaltung dort vorgegebenen Voraussetzungen festgelegt sind.[653] Im Verhältnis zur Union steht der ESM als internationale Organisation, die in den institutionellen Rahmen der EU eingebunden ist, in einem Kooperationsverhältnis im Sinne der Art. 21 EUV, Art. 205 AEUV, das die Sicherung der Währungsunion bezwecken soll.[654]

bb) Vertragsergänzendes Völkerrecht als Rechtsquelle des Unionsrechts

Grundsätzlich sind neben dem unionalen Primärrecht in Gestalt der Verträge (EUV, AEUV) und der wegen Art. 6 Abs. 1, 2. Hs. EUV rechtlich gleichrangigen Grundrechtecharta auch das gesamte von Unionsorganen gesetzte Sekundär- und

---

648 *Ohler*, GYIL 54 (2011), S. 47 (58); *ders.*, in: Siekmann (Hrsg.), EWU-Kommentar, 2013, Art. 136 AEUV Rn. 25.

649 BT-Drs. 17/9047, S. 4; vgl. auch *Kube/Reimer*, ZG 2011, S. 332 (339); *Lorz/Sauer*, DÖV 2012, S. 573 (574); *Rathke*, DÖV 2011, S. 753 (756).

650 Hierzu grundlegend *Kirchhof*, in: Isensee/Kirchhof (Hrsg.), HbdStR X, 3. Aufl. 2012, § 214 Rn. 158 ff.

651 Dazu s.o. Kap. 2, A. III. 2.

652 *Kube*, WM 2012, S. 245 (247).

653 *Ohler*, in: Siekmann (Hrsg.), EWU-Kommentar, 2013, Art. 136 AEUV Rn. 17.

654 *v. Lewinski*, in: Isensee/Kirchhof (Hrsg.), HbdStR X, 3. Aufl. 2012, § 217 Rn. 75.

Tertiärrecht, das Europäische Gewohnheitsrecht, allgemeine Rechtsgrundsätze des Unionsrechts, Völkergewohnheitsrecht und völkerrechtliche Verträge der Union als Rechtsquellen des Unionsrechts anzusehen.[655] Eine rein formale Sichtweise bezüglich der Rechtsquellen des Unionsrechts dahingehend, dass nur die Unionsverträge sowie davon abgeleitetetes Sekundär- bzw. Tertiärrecht als eine solche Rechtsquelle anzusehen ist, wird daher ohnehin nicht ernsthaft vertreten.

Der die Unionsverträge ergänzende ESM-Vertrag der Mitgliedstaaten kann sodann gleichwohl als Rechtsquelle des Unionsrechts bezeichnet werden. Von einem materiellen Verständnis der Rechtsquellen des Unionsrechts her gesehen (allgemeine Rechtsgrundsätze, Gewohnheitsrecht, völkerrechtliche Verträge), muss der ESMV auch als Rechtsquelle des Unionsrechts angesehen werden.[656] Er regelt Materien des Unionsrechts, wobei auch explizit Bezug hierauf genommen wird (sowie Interdependenzen deutlich erkennbar werden) und steht dazu in einem Nähe- und Ergänzungsverhältnis zum originären Unionsrecht.[657] Eine Einordnung als einfacher völkerrechtlicher Vertrag scheidet daher aus.[658] Er bezieht sich explizit auf Unionsorgane und weist ihnen auch Funktionen zu (Verhandlungs-, Verwaltungs- und Evaluationsfunktionen, vgl. Art. 4, Art. 5, Art. 13, Art. 18 Abs. 2 ESMV). Der ESM nimmt ferner Aufgaben der Währungsstabilisierung wahr, die durch Unionsrecht der EU an sich zugeordnet sind und so zwischen Völkerrecht und supranationalem Unionsrecht stehen. Sie ersetzen Unionsrecht partikular und inhaltlich, weshalb man den ESMV auch als Ersatzunionsrecht bezeichnen kann.[659] Letztlich findet der ESMV als vertragsergänzendes Recht mit Art. 136 Abs. 3 AEUV n.F. eine normative Anknüpfung im primären Unionsrecht, was den vorgenannten Charakter abermals unterstreicht. Man kommt also nicht umhin, Verträge, die vertragsergänzende oder gar ersetzende Wirkung haben und materielle oder gar institutionelle Bezugspunkte zum Unionsrecht aufweisen, als eine ergänzende Rechtsquelle dessen zu betrachten.[660] Dagegen sprechen auch nicht die Vorschriften über die Vertragsänderung (Art. 48 EUV), denn mittels des vereinfachten Änderungsverfahrens nach Art. 48 Abs. 6 AEUV wurde die Möglichkeit zur Schaffung eines solchen Vertrages im AEUV festgeschrieben. Dass damit weitreichende Rechtswirkungen verbunden sind, muss den Vertrags- bzw. Mitgliedstaaten zumindest bewusst gewesen sein. Die Gesamtverfassung der Eurozone speist sich daher auch aus dem vertragsergänzenden Völkerrecht.[661]

655 Zu den Rechtsquellen s. etwa *Haratsch/Koenig/Pechstein,* Europarecht, 10. Aufl. 2016, Rn. 361 ff.; *Frenz,* Handbuch Europarecht, Bd. 5, 2010, Rn. 539 ff.
656 Vgl. auch BVerfGE 131, S. 152 (199 ff.) – *ESM/Euro-Plus-Pakt;* so wohl auch *Skouris,* in: Becker/Hatje/Potacs/Wunderlich (Hrsg.), FS Schwarze, 2014, S. 751 (757).
657 BVerfGE 132, S. 195 (199 ff.) – *ESM/Euro-Plus-Pakt.*
658 Ähnlich *Lorz/Sauer,* DÖV 2012, S. 573 (575).
659 *Lorz/Sauer,* DÖV 2012, S. 573 (575).
660 Ähnlich *Hakenberg,* Europarecht, 7. Aufl. 2015, Rn. 213; *Ohler,* GYIL 54 (2011), S. 47 (58); *Hölscheidt,* EuR-Beiheft 2/2013, S. 61 (68) spricht von Komplementärrecht.
661 Ebenso *Hufeld,* in: Müller-Graff (Hrsg.), EnzEuR IV, 2014, § 22 Rn. 170.

c) *Zwischenergebnis*

Der EFSF-RV kann als privatrechtlicher Vertrag zwar als vertragsergänzend, nicht jedoch als Unionsrecht angesehen werden. Der ESMV hingegen stellt aufgrund seiner Regelungsmaterie und der expliziten Erwähnung im Unionsprimärrecht eine ergänzende Rechtsquelle des Unionsrechts dar, die formal jedoch neben dem Unionsrecht steht.

2. *Kompetenzabgrenzungsfragen*

Die Union sowie die Mitgliedstaaten müssen zuallererst formell die Verbandskompetenz besitzen, bei Finanzhilfen tätig zu werden. Von der Einordnung der einzelnen Finanzhilfemaßnahmen als Wirtschafts- oder Währungspolitik hängt also maßgeblich ab, ob der jeweilige Akteur überhaupt dazu befugt war, in diesem Bereich tätig zu werden. Grundsätzlich gilt für ein Tätigwerden der Union das Prinzip der begrenzten Einzelermächtigung nach Art. 5 Abs. 2 Satz 1 EUV, d.h. dass die Union nur innerhalb der Grenzen, die ihr in den Verträgen zur Verwirklichung der darin niederlegten Ziele gesetzt werden, tätig werden darf. Alle weiteren, ihr nicht übertragenen Kompetenzen verbleiben nach Art. 5 Abs. 2 Satz 2 EUV bei den Mitgliedstaaten. Dabei dürfen die Mitgliedstaaten innerhalb der ihnen verbliebenen Kompetenzen grundsätzlich immer tätig werden, also auch Verträge untereinander abschließen, solange und soweit sie dabei nicht gegen Unionsrecht verstoßen.[662] Haben die Mitgliedstaaten für einen bestimmten Bereich die Kompetenz jedoch ausschließlich der Union übertragen, können sie gemäß Art. 2 Abs. 1 AEUV gesetzgeberisch nicht mehr tätig werden.[663] Das ist dann der Fall, wenn die Union auf dem Gebiet eine ausschließliche Zuständigkeit i.S.d. Art. 3 AEUV besitzt. Allerdings kommt vorliegend auch als weitere Kompetenzabgrenzungskategorie die der koordinierenden Kompetenz (Art. 5 AEUV) infrage, wobei die Mitgliedstaaten auf Unionsebene ihr Handeln koordinieren und letztlich die Kompetenz bei ihnen verbleibt.

Die Frage der Einordnung in die Politikbereiche ist daher essenziell von Bedeutung. Die Verordnung (EU) Nr. 407/2010 (Kap. 2, A. II. 2.) als einzige originär unionsrechtliche Maßnahme muss von der Verbandskompetenz der Union umfasst sein, d.h. sie darf nicht als Wirtschaftspolitik einzuordnen sein, da auf dem Gebiet die Union nach Art. 5 Abs. 1 S. 1 AEUV lediglich koordinierend tätig wird. Ebenso darf es sich bei den Maßnahmen, die die Mitgliedstaaten verabschiedet haben, also im Falle der EFSF (Kap. 2, A. II. 2.) privatrechtliche Verträge oder im Falle des ESM (Kap. 2, A. III. 1.) ein völkerrechtlicher Vertrag nicht um solche auf dem Gebiet der Währungspolitik handeln, da hier die Union nach Art. 3 Abs. 1 lit. c) AEUV eine ausschließliche Kompetenz aufweist. Sofern eine ausschließliche Kompetenz der

---

662 *Calliess*, ZEuS 2011, S. 213 (222); *Häde*, ZG 2011, S. 1 (17); näher *ders.*, JZ 1996, S. 138 ff.; *Kort*, JZ 1997, S. 640 ff.; *Thym*, in: Hatje/Müller-Graff (Hrsg.), EnzEuR I, 2014, § 5 Rn. 87.

663 S. auch *Thym*, in: Hatje/Müller-Graff (Hrsg.), EnzEuR I, 2014, § 5 Rn. 88.

Union vorliegt, so ist der Kompetenzverlust für die Mitgliedstaaten insofern vollkommen und sie dürfen nicht mehr tätig werden.[664]

a) Einordnung als Wirtschafts- oder Währungspolitik

Die drei finanziellen Hilfspakete (Griechenland-Soforthilfe, EFSF/EFSM und ESM) sind zunächst einem Politikbereich zuzuordnen, bevor die Frage nach der Kompetenz zum Tätigwerden erörtert werden kann. In Frage kommen vorliegend die Währungspolitik aus Art. 3 Abs. 1 lit. c) AEUV sowie die Wirtschaftspolitik nach Art. 5 Abs. 1 AEUV.

aa) Begriffsbestimmung: Währungspolitik

Der Begriff der Währungspolitik erfährt im Primärrecht keine Definition.[665] Teilweise wird davon ausgegangen, dass die in die ausschließliche Zuständigkeit der Union fallende Währungspolitik, für Staaten, deren Währung der Euro ist (Art. 3 Abs. 1 lit. c) AEUV) die Zuständigkeiten innerhalb der Eurozone umfasst und somit die Rechtsgrundlagen in Art. 128, Art. 129, Art. 132, Art. 133 sowie Art. 136 AEUV gemeint sind.[666]

Auch bezieht sich die Literatur bei der Definition der Währungspolitik auf Art. 127 AEUV und konturiert sie als Politik, die dem Europäischen System der Zentralbanken unterstellt ist und sich auf den internen Bereich des Währungsgebietes bezieht.[667] *Calliess* verweist dabei insbesondere auf die in Art. 127 Abs. 2 AEUV normierte Festlegung sowie Ausführung der Geldpolitik durch das ESZB und nennt zur weiteren Konkretisierung noch die in Art. 128, Art. 129, Art. 132, Art. 133 sowie Art. 219 AEUV beschriebenen Kompetenzen.[668] Explizit ausgenommen von diesem Begriffsverständnis sollen jedoch die besonderen Bestimmungen sein, die nur für Mitgliedstaaten, deren Währung der Euro ist, gelten: Sie begründen aufgrund ihres ergänzenden Charakters keine ausschließliche Zuständigkeit der Union.[669] Art. 138

---

664 *Calliess,* in: ders./Ruffert (Hrsg.), EUV/AEUV, 4. Aufl. 2011, Art. 2 AEUV Rn. 9 m.w.N.; *Haratsch/Koenig/Pechstein,* Europarecht, 10. Aufl. 2016, Rn. 149; *Herrmann,* EuZW 2010, S. 413 (415); *Nettesheim,* in: Grabitz/Hilf/Nettesheim (Hrsg.), Das Recht der EU, 52. EL 2014, Art. 2 Rn. 18; unklar *Herdegen,* Europarecht, 17. Aufl. 2015, § 8 Rn. 65 f.

665 EuGH, Rs. C-62/14, EU:C:2015:400, (NJW 2015, S. 2013 ff.), Rn. 42 – *Gauweiler u. a. / Deutscher Bundestag;* s. auch etwa *Obwexer,* in: v. d. Groeben/Schwarze/Hatje (Hrsg.), Europäisches Unionsrecht, Bd. 1, 7. Aufl. 2015, Art. 3 AEUV, Rn. 18.

666 *Streinz/Mögele,* in: Streinz (Hrsg.), EUV/AEUV, 2. Aufl. 2012, Art. 3 AEUV Rn. 8.

667 *Calliess,* in: ders./Ruffert (Hrsg.), EUV/AEUV, 4. Aufl. 2011, Art. 3 AEUV Rn. 11; *Hahn/Häde,* Währungsrecht, 2. Aufl. 2010, § 2 Rn. 4; *Nettesheim,* in: Grabitz/Hilf/Nettesheim (Hrsg.), Recht der EU, 52. EL 2014, Art. 3 AEUV Rn. 16 f.; *Pelka,* in: Schwarze (Hrsg.), EU-Kommentar, 3. Aufl. 2012, Art. 3 AEUV Rn. 11 f.

668 *Calliess,* in: ders./Ruffert (Hrsg.), EUV/AEUV, 4. Aufl. 2011, Art. 3 AEUV Rn. 11.

669 *Calliess,* in: ders./Ruffert (Hrsg.), EUV/AEUV, 4. Aufl. 2011, Art. 3 AEUV Rn. 12.

AEUV sei hier wiederum ausgenommen, da er die Kompetenz des Rates enthält, besondere Beschlüsse zu gemeinsamen Standpunkten von besonderer Bedeutung für die WWU zu erlassen.[670]

Der EuGH hat in seinem Urteil in der Rechtssache *Pringle*[671] eine sehr enge Auslegung der Währungspolitik vorgenommen, indem er darunter lediglich die Art. 127 bis 133 AEUV sowie Art. 282 AEUV ansieht.[672] Ähnlich sehen dies auch Generalanwalt *Cruz Villalón* sowie der EuGH, die als Währungspolitik ausschließlich Maßnahmen ansehen, die durch Instrumente der Währungspolitik wahrgenommen werden.[673]

Die Währungspolitik kann daher wenigstens als die Gesamtheit der Bereiche in den Unionsverträgen beschrieben werden, die Modalitäten der Gemeinschaftswährung beschreiben; mithin Aufgaben und Befugnisse des ESZB und der EZB sowie Kompetenzen anderer Unionsorgane mit Bezug zur Geldpolitik. Hierzu müssen auch Maßnahmen gezählt werden, die das primäre Ziel der Währungserhaltung verfolgen.

bb) Begriffsbestimmung: Wirtschaftspolitik

Dementgegen könnten finanzielle Hilfen auch in den Politikbereich der Wirtschaftspolitik nach Art. 5 Abs. 1 AEUV einzuordnen sein, der einer koordinierenden Kompetenz der Union unterliegt. Wirtschaftspolitik umfasst die Gesamtheit von Maßnahmen, die zur Regulierung und Lenkung aller ökonomischen Einrichtungen und Handlungen zur Befriedigung menschlichen Bedarfs dienen.[674]

Bei der als koordinierende Zuständigkeit der Union angelegten, in Art. 119 AEUV näher beschriebenen Wirtschaftspolitik der Mitgliedstaaten handelt es sich um allgemeine und bereichsübergreifende Wirtschaftspolitik.[675] Art. 119 Abs. 1 AEUV umschreibt die Wirtschaftspolitik indes als „nach Maßgabe der Verträge“, worunter

---

670 *Calliess,* in: ders./Ruffert (Hrsg.), EUV/AEUV, 4. Aufl. 2011, Art. 3 AEUV Rn. 12; *Nettesheim,* in: Grabitz/Hilf/Nettesheim (Hrsg.), Recht der EU, 52. EL 2014, Art. 3 AEUV Rn. 17; *Obwexer,* in: v. d. Groeben/Schwarze/Hatje (Hrsg.), Europäisches Unionsrecht, Bd. 1, 7. Aufl. 2015, Art. 3 AEUV, Rn. 19.

671 EuGH, Rs. C-370/12, EU:C:2012:756 (NJW 2013, S. 29).

672 EuGH, Rs. C-370/12, EU:C:2012:756 (NJW 2013, S. 29), Rn. 48 ff. – *Pringle;* EuGH, Rs. Rs. C-62/14, EU:C:2015:400 (NJW 2015, S. 2013 ff.), Rn. 35 ff. – *Gauweiler u. a./ Deutscher Bundestag.*

673 Schlussanträge in der Rs. C-62/14, EU:C:2015:7, (EuGRZ 2015, S. 105 ff.), Rn. 130 – *Gauweiler u. a. / Deutscher Bundestag;* EuGH, Rs. C-62/14, EU:C:2015:400, (NJW 2015, S. 2013 ff.), Rn. 46 ff. – *Gauweiler u. a. / Deutscher Bundestag.*

674 *Degen,* Historisches Lexikon der Schweiz, http://www.hls-dhs-dss.ch/textes/d/D13759.php (letzter Abruf: 3. 12. 2015); s. auch *Wittelsberger,* in: v. d. Groeben/Schwarze/Hatje (Hrsg.), Europäisches Unionsrecht, Bd. 3, 7. Aufl. 2015, Art. 120 AEUV, Rn. 9;

675 *Häde,* in: Calliess/Ruffert (Hrsg.), EUV/AEUV, 4. Aufl. 2011, Art. 119 AEUV Rn. 4; s. auch *Kempen,* in: Streinz (Hrsg.) EUV/AEUV, 2. Aufl. 2012, Art. 119 AEUV Rn. 12.

ein Verweis auf die unionale Wirtschaftsverfassung in den Art. 120 bis Art. 126 AEUV zu verstehen ist.[676] Auch wenn eine solche Koordinierung keine gemeinsame Wirtschaftspolitik der Union ist,[677] schließt sie gewiss nicht die Festlegung eines wirtschafts- und finanzpolitischen Rahmens durch die Union selbst aus.[678] Dennoch sind hier enge Grenzen eines unionseigenen Rahmens für Wirtschaftspolitik zu sehen, denn es bleibt gleichwohl bei einer autonomen Wirtschaftspolitik der Mitgliedstaaten, die lediglich auf Unionsebene zu koordinieren ist, da in diesem Politikfeld bisher keine Zuständigkeitsübertragung auf die Union durch die Verträge stattgefunden hat.[679]

cc) Einordnung

Für die Einordnung in die Politikfelder muss eine Differenzierung zwischen den Finanzhilfen an sich (1) sowie den für ihre Gewährung erforderlichen, makroökonomischen Anpassungsprogrammen (2) vorgenommen werden.

(1) Finanzhilfen

Voraussetzung für die Finanzhilfen ist jeweils eine Gefährdung der Finanzstabilität in der Währungsunion bzw. ihrer Mitgliedstaaten (vgl. Erwägungsgrund Nr. 5 der VO 407/2010, Präambel Nr. 1 EFSF-RV, Art. 12 Abs. 1 S. 1 ESMV). Damit wird an die Gefährdung der Stabilität der Währung als Voraussetzung angeknüpft. Geht man von der hier verwendeten Begriffsbestimmung der Währungspolitik aus, so sind finanzielle Hilfen für Mitgliedstaaten der Union, deren Währung der Euro ist, also von Tatbestandsseite durchaus als Währungspolitik einzuordnen. Es werden nämlich direkte Modalitäten der Gemeinschaftswährung beschrieben, wodurch Aufgaben oder Befugnisse des ESZB oder der EZB auch tangiert werden. Die Kommission koordiniert die bilateralen Darlehen der anderen Euro-Teilnehmerstaaten an Griechenland, sie ist im Namen der Mitgliedstaaten resp. des ESM befugt, Finanzhilfevereinbarungen abzuschließen (MoU-Griechenland, Art. 2 Abs. 2 lit. (a) EFSF-RV, Art. 13 Abs. 4 ESMV). Von Tatbestandsseite her kann Finanzhilfen also der Einordnung in die Währungspolitik als ausschließliche Unionskompetenz nach Art. 3 Abs. 1 lit. c) AEUV nicht widersprochen werden. Sie stärken den in dem Gebot der Wahrung der Preisstabilität enthaltenen Grundsatz der Wahrung der Finanzstabilität im Euro-Währungsgebiet und sind daher als Maßnahme der Währungspolitik

676 *Häde*, in: Calliess/Ruffert (Hrsg.), EUV/AEUV, 4. Aufl. 2011, Art. 119 AEUV Rn. 6.
677 *Häde*, in: Calliess/Ruffert (Hrsg.), EUV/AEUV, 4. Aufl. 2011, Art. 119 AEUV Rn. 6.
678 So *Khan*, in: Geiger/Khan/Kotzur (Hrsg.), EUV/AEUV, 5. Aufl. 2010, Art. 119 AEUV Rn. 5.
679 Vgl. *Häde*, in: Calliess/Ruffert (Hrsg.), EUV/AEUV, 4. Aufl. 2011, Art. 119 AEUV Rn. 6; *Khan*, in: Geiger/Khan/Kotzur (Hrsg.), EUV/AEUV, 5. Aufl. 2010, Art. 119 AEUV Rn. 5; Kempen, in: Streinz (Hrsg.), EUV/AEUV, 2. Aufl. 2012, Art. 122 AEUV Rn. 11.

i.S.v. Art. 3 Abs. 1 lit. (c) AEUV zu bezeichnen.[680] Allerdings tangieren sie mittelbar auch die Wirtschaftspolitik, indem hier ein ergänzender Teil des neuen Regelungsrahmens für die Verstärkung der wirtschaftspolitischen Steuerung der Union entsteht.[681] Damit sind Finanzhilfen im Ergebnis sowohl der Währungs- als auch der Wirtschaftspolitik zuzuordnen.[682]

(2) Makroökonomische Anpassungsprogramme

Allerdings kann diese Bewertung für die als konditionale Voraussetzung der Finanzhilfen dienenden, makroökonomischen Anpassungsprogramme nicht ohne weiteres übernommen werden.

Die makroökonomischen Anpassungsprogramme werden individuell zwischen dem betroffenen Mitgliedstaat und der Kommission in Einvernehmen mit EZB und IWF ausgehandelt (MoU-Griechenland, Art. 2 Abs. 1 lit. (a) EFSF-RV, Art. 13 Abs. 3 ESMV), um die Besonderheiten der Lage des betroffenen Mitgliedstaates hinreichend berücksichtigen zu können. Bei diesen Anpassungsprogrammen handelt es sich um Maßnahmen, die die Wettbewerbsfähigkeit des betroffenen Mitgliedstaates verbessern sollen, um seine Wirtschaft insgesamt zu stärken (präventive Komponente) sowie um Maßnahmen zur Verbesserung der Staatsfinanzen durch Optimierung der Finanzpolitik des betroffenen Mitgliedstaates (korrektive Komponente).[683]

Damit handelt es sich bei den makroökonomischen Anpassungsprogrammen um Mechanismen, die die Wirtschaft des Mitgliedstaates stärken sollen, um zukünftigen Krisen entgegenzuwirken sowie um Mechanismen, die die Haushalts- und Finanzpolitik des betreffenden Mitgliedstaates berühren, um die Stabilität der gemeinsamen Währung aufrechtzuerhalten. Die Relevanz der Anpassungsprogramme ist also nicht in direktem Bezug zur Geldpolitik zu sehen. Die Finanzhilfen sollen zwar die Stabilität des Euro absichern, allerdings sind dies mittelbare Konsequenzen der Wirtschafts- und Haushaltspolitik, nicht der Geldpolitik im Euroraum.

Somit sind die Anpassungsprogramme zuerst als allgemeine und bereichsübergreifende wirtschaftspolitische Maßnahmen einzuordnen und mithin als koordinierende Kompetenz der Union i.S.v. Art. 5 Abs. 1 AEUV anzusehen, die

---

680 A.A. EuGH, Rs. C-370/12, EU:C:2012:756 (NJW 2013, S. 29), Rn. 60 – *Pringle; Frenz,* EWS 2013, S. 27 (29); *Häde,* in: Hatje/Müller-Graff (Hrsg.), EnzEuR I, 2014, § 17 Rn. 4; *Hentschelmann,* EuR 2011, S. 282 (290); *Herrmann,* in: Giegerich (Hrsg.), Herausforderungen und Perspektiven der EU, 2012, S. 51 (68); *Schwarz,* CMLRev 51 (2014), S. 389 (409 f.).

681 EuGH, Rs. C-370/12, EU:C:2012:756 (NJW 2013, S. 29), Rn. 58 – *Pringle;* ähnlich wohl *Thym.,* in: Hatje/Müller-Graff (Hrsg.), EnzEuR I, 2014, § 5 Rn. 88; *Heß,* ZJS 2011, S. 207 (210 f.).

682 *Calliess,* ZEuS 2011, S. 213 (250); ähnlich *Häde,* in: Calliess/Ruffert (Hrsg.), EUV/AEUV, 4. Aufl. 2011, Art. 125 AEUV Rn. 8.

683 S. bspw. der Entwurf für ein MoU mit der Republik Zypern, BT-Drs. 17/13060, Anlage 5, S. 70 ff.

zuständigkeitshalber bei den Mitgliedstaaten verbleibt[684]. Allerdings sind sie darüber hinaus auch als finanz- bzw. haushaltspolitische Maßnahmen anzusehen, die originäre Zuständigkeiten der Mitgliedstaaten auf nationaler Ebene berühren und nicht als Zuständigkeiten der Union definiert sind. Diese beiden Politikbereiche lassen sich jedoch nicht sauber trennen, wenn es um wirtschaftspolitische Maßnahmen geht und bedingen sich auch oftmals gegenseitig.[685] Dies zeigt sich auch dadurch, dass die in Art. 126 AEUV i.V.m. dem Stabilitäts- und Wachstumspakt sowie den hierzu ergangenen Sekundärrechtsnormen der Union zur Stärkung und Überwachung der Haushaltsdisziplin Maßnahmen auf mitgliedstaatlicher Ebene vorgesehen sind, um das Haushaltsdefizit zu verringern.

Die Union an sich besitzt somit keine originäre, eigene Kompetenz zur Vereinbarung von makroökonomischen Anpassungsprogrammen, sondern dürfte sie lediglich auf ihrer Ebene koordinieren. Dies ist auch der Fall, denn die Kommission verhandelt die Anpassungsprogramme lediglich im Namen der Mitgliedstaaten des Euro-Währungsgebietes (MoU-Griechenland, Art. 2 Abs. 1 lit. (a) EFSF-RV) bzw. im Namen des ESM (Art. 13 Abs. 3 f. ESMV) und schließt sie in deren Namen auch ab. Sie wacht als Unionsorgan zudem mit der EZB und dem IWF als Troika nur über die Einhaltung der makroökonomischen Anpassungsprogramme (MoU-Griechenland, Art. 2 Abs. 2 lit. (a) EFSF-RV, Art. 13 Abs. 7 ESMV).

(3) Ergebnis

Damit ist festzustellen, dass die Finanzhilfen sowohl der Währungspolitik der Union zuzuordnen sind und sie daher nach Art. 3 Abs. 1 lit. c) AEUV eine ausschließliche Kompetenz dafür besitzt, als auch der Wirtschaftspolitik zuzuordnen sind.[686] Bezüglich der makroökonomischen Anpassungsprogramme darf die Union lediglich koordinierend tätig werden, da sie als Wirtschaftspolitik einzuordnen sind (Art. 5 Abs. 1 AEUV).

Kommen mehrere Rechtsgrundlagen in Frage, so muss auf den objektiv zu bestimmenden Schwerpunkt, mithin auf das Hauptziel der Maßnahme, abgestellt werden.[687] Man kann die währungsstabilisierende und wirtschaftspolitisch korrigierende Funktion nicht klar trennen, da diese sich stark auch gegenseitig bedingen.

---

684 Vgl. EuGH, Rs. C-370/12, EU:C:2012:756, (NJW 2013, S. 29 ff.), Rn. 60 – *Pringle.*

685 Ähnlich die Schlussanträge des Generalanwalts *Cruz Villalón,* Rs. C-62/14, EU:C:2015:7, (EuGRZ 2015, S. 105 ff.), Rn. 129 – *Gauweiler u. a. / Deutscher Bundestag; Heun,* JZ 2014, S. 331 (333); *Thiele,* EuZW 2014, S. 694 (698); *Ukrow,* ZEuS 2014, S. 119 (132 f.); a.A. eher BVerfGE 134, S. 366 (398 ff.) – *OMT-Vorlagebeschluss.*

686 In diese Richtung wohl BVerfGE 132, S. 195 (247 f.) – *ESM/Fiskalpakt I;* zur Trennschärfe zwischen den beiden Politikbereichen *Brosius-Linke,* DÖV 2014, S. 612 (614); ähnlich auch *Rodi,* JZ 2015, S. 737 (739).

687 S. etwa EuGH, Rs. C-42/97, EU:C:1999:81 (Slg. 1999, S. I-869), Rn. 43 – *Parlament/Rat*; EuGH, Rs. C-491/01, EU:C:2002:741 (Slg. 2002, S. I-11453), Rn. 96 – *British American Tobacco; Pelka,* in: Schwarze (Hrsg.), EU-Kommentar, 3. Aufl. 2012, Art. 2 AEUV Rn. 26.

In einem solchen Fall muss anhand der Kriterien des materiellen Regelungsgehalts und der erkennbaren Zielsetzung der Rechtsakte ein objektiver Schwerpunkt herausgebildet werden.[688] Maßgebliche Zielsetzung der Finanzhilfen wie auch der (isoliert betrachtet eher wirtschaftspolitisch geprägten) Anpassungsprogramme ist die Erhaltung der Währungs- bzw. Finanzstabilität im Euro-Währungssystem.[689] Die wirtschaftspolitischen Maßnahmen dienen allein diesem Zweck und sollen diese Stabilität herstellen und langfristig sichern. Damit handelt es sich bei den Finanzhilfen um Maßnahmen der Währungspolitik nach Art. 3 Abs. 1 lit. c) AEUV.[690]

Da sie primär der unionalisierten Währungspolitik zuzuordnen sind, verstoßen die Finanzhilfen der Griechenland-Soforthilfe (Kap. 2, D. I. 2., 3., 4.) als originäre Maßnahmen der Mitgliedstaaten daher gegen die Kompetenzverteilungsvorschrift des Art. 3 Abs. 1 lit. c) AEUV. Selbiges gilt in dieser Folge auch für die Finanzhilfen durch die EFSF (Kap. 2, D. II. 2.). Die Finanzhilfen aus dem EFSM auf Grundlage der Verordnung (EU) Nr. 407/2010 (Kap. 1, D. II. 1.) stellen indes keinen Verstoß gegen die Kompetenzverteilung nach Art. 3 Abs. 1 lit. c) AEUV dar, da es sich hierbei um einen Rechtsakt der Union handelt.

Finanzhilfen durch den ESM (Kap. 2, III. 1.) stellen zwar aufgrund ihrer Einordnung als Maßnahme der Währungspolitik einen Zuständigkeitsverstoß gegen Art. 3 Abs. 1 lit. c) AEUV dar. Dieser ist jedoch durch die Einfügung des Art. 136 Abs. 3 AEUV n.F. gerechtfertigt.[691] Ein Verstoß gegen Art. 3 Abs. 2 AEUV liegt damit indes nicht vor, denn durch den ESM wurde keine internationale Übereinkunft geschlossen, die eine Beeinträchtigung von Unionszielen bewirkt oder ihre Tragweite verändert. Die Stabilisierung des Euro-Währungsgebietes dient eher dem Schutz des Unionszieles aus Art. 3 Abs. 4 EUV.[692]

Die Koordinierung, Abschluss sowie die Überwachung der makroökonomischen Anpassungsprogramme mit Beteiligung der Kommission sind indes bei allen drei Maßnahmen von der im AEUV festgelegten Kompetenzzuweisung gedeckt. Hier wird die Union lediglich koordinierend tätig. Die Entscheidung über die Durchführung der Maßnahmen verbleibt allerdings bei den Mitgliedstaaten selbst.

---

688 *Calliess*, in: ders./Ruffert (Hrsg.), EUV/AEUV, 4. Aufl. 2011, Art. 2 AEUV Rn. 34.

689 Vgl. nur Erklärung der Staats- und Regierungschefs der Mitgliedstaaten des Euro-Währungsgebietes v. 25. 3. 2010, Erwägungsgrund Nr. 1 EFSF-RV; Art. 3 Satz 1 ESMV.

690 Im Ergebnis ebenso *Schröder*, DÖV 2011, S. 61 (64 f.); a.A. EuGH, Rs. C-370/12, EU:C:2012:756 (NJW 2013, S. 29), Rn. 63, 93 ff. – *Pringle*.

691 Hierzu s.u. A. I. 4. b) ee).

692 EuGH, Rs. C-370/12, EU:C:2012:756 (NJW 2013, S. 29), Rn. 99 ff. – *Pringle;* ähnlich EuGH, Rs. C476/98, EU:C:2002:631 (Slg. 2002, S. I9855), Rn. 105 – *Kommission/ Deutschland;* s. auch *Bauerschmidt*, EuR 2014, S. 277 (290).

b) Sperrwirkung

Ferner muss die Frage untersucht werden, ob die Begründung einer ausschließlichen Unionszuständigkeit nicht vielleicht eine Sperrwirkung gegenüber den Mitgliedstaaten entfaltet und sie somit eine eigene Gesetzgebungstätigkeit verbietet.[693] Dies betrifft auch völkervertragliches Tätigwerden von Mitgliedstaaten im Anwendbereich von Unionspolitiken.[694]

Die Begründung einer ausschließlichen Zuständigkeit der Union nach Art. 2 Abs. 1 AEUV verbietet grundsätzlich das gesetzgeberische Tätigwerden der Mitgliedstaaten unbedingt und dauerhaft in den in Art. 3 AEUV enumerativ aufgezählten Politikfeldern.[695] Allerdings sieht Art. 2 Abs. 1, 2. Hs. AEUV zwei geschriebene Ausnahmen vor: So kann die ausschließliche Zuständigkeit der Union durchbrochen werden, sofern die Mitgliedstaaten explizit durch eine Verordnung hierzu ermächtigt werden (1. Alt.) oder zur Ausführung von Rechtsakten der Union (2. Alt.). Diese Voraussetzungen sind bei den Finanzhilfemaßnahmen gleichwohl nicht erkennbar.

In Betracht kommt zuletzt jedoch noch eine durch Richterrecht des EuGH entstandene, ungeschriebene Durchbrechungsmöglichkeit der Sperrwirkung. Der EuGH hat in der Rechtsache *Kommission / Vereinigtes Königreich*[696] zu den Fischereierhaltungsmaßnahmen entschieden, dass Mitgliedstaaten trotz Vorliegen einer ausschließlichen Unionskompetenz als „Sachwalter fremden Interesses", zeitlich und inhaltlich beschränkt tätig werden dürfen, wenn sich die Union als handlungsunfähig erweist. Dabei handelt es sich um eine Art Gesetzgebungsnotstand zur Begründung einer außerordentlichen Gesetzgebungskompetenz der Mitgliedstaaten.[697] Zuvor müssen die Mitgliedstaaten sich jedoch bemühen, die Billigung der Kommission zu erhalten und diese in allen Verfahrensstufen konsultieren sowie nicht entgehen ihrer Einwände handeln.[698]

Im Falle der Finanzhilfen kann ein solch vergleichbarer Notsachverhalt zugrunde gelegt werden. So kann man für den Fall der Griechenland-Soforthilfe sowie der EFSF und dem ESM behaupten, dass die Mitgliedstaaten als Sachwalter der Währungsstabilität zur Erhaltung des Unionsziels der gemeinsamen Währung (Art. 3 Abs. 4 EUV) agierten. Die Union hat sich aufgrund der gebotenen Eile bei diesen beiden ad-hoc-Rettungsmaßnahmen nicht in der Lage gefühlt, aufgrund

---

693 Eingehend *Bauerschmidt*, EuR 2014, S. 277 (282 ff.).

694 Ausführlich *Repasi*, EuR 2013, S. 45 ff.

695 *Calliess*, in: ders./Ruffert (Hrsg.), EUV/AEUV, 4. Aufl. 2011, Art. 2 AEUV Rn. 9; *Frenz*, EWS 2013, S. 27 (29); *Nettesheim*, in: Grabitz/Hilf/Nettesheim (Hrsg.), Recht der EU, 52. EL 2014, Art. 2 AEUV Rn. 18; zur Situation im VVE s. *ders.*, EuR 2004, S. 511 (542).

696 EuGH, Rs. 804/79, EU:C:1981:93 (Slg. 1981, S. 1047), Rn. 22 ff. (30) – *Kommission/Vereinigtes Königreich*; näher auch *Pechstein*, Die Mitgliedstaaten der EG als „Sachwalter des gemeinsamen Interesses", 1987, S. 145 ff.

697 *Streinz*, Europarecht, 9. Aufl. 2012, Rn. 155.

698 EuGH, Rs. 804/79, EU:C:1981:93 (Slg. 1981, S. 1047), Rn. 31 – *Kommission/Vereinigtes Königreich.*

der fehlenden finanziellen und rechtlichen Möglichkeiten Finanzhilfen zur Stabilisierung der Gemeinschaftswährung zu leisten und hat ein Tätigwerden dann den Mitgliedstaaten überlassen und sich auf eine koordinierende Rolle beschränkt. Zwar mag kritisiert werden, dass die gebotene Eile und fehlende finanzielle und rechtliche Möglichkeiten nicht hinreichend wären, dies ist jedoch abzulehnen. Die Griechenland-Soforthilfe sowie EFSF waren jeweils zeitlich beschränkte Maßnahmen (vgl. MoU-Griechenland, Art. 4 S. 3 EFSF-GesV i.V.m. Art. 2 Abs. 11 EFSF-RV), die inhaltlich zum Zwecke der Sicherung der Stabilität des Euroraums durch Finanzhilfen an notleidende Mitgliedstaaten beschränkt waren. Auch der ESM wurde zwar als dauerhaftes Krisenrettungsinstrument errichtet, die Mitgliedstaaten wurden indes mittlerweile explizit nach Art. 136 Abs. 3 AEUV zu dessen Errichtung ermächtigt. Die Kommission wurde auch laufend konsultiert und in das Verfahren der Finanzhilfegewährung und Überwachung der Umsetzung der Anpassungsprogramme eingebunden.

Somit kann festgestellt werden, dass hier zwar eine Sperrwirkung vorlag, diese jedoch durch die Anwendung der ungeschriebenen Durchbrechungsmöglichkeiten wieder aufgehoben wurde. Ein Kompetenzkonflikt ist demnach durch die Finanzhilfen nicht zu erkennen.[699]

c) Zwischenergebnis

Die Griechenland-Soforthilfe und die EFSF greifen als der Währungspolitik zuzuordnende Maßnahmen der Mitgliedstaaten in die ausschließliche Zuständigkeit der Union gemäß Art. 3 Abs. 1 lit. c) AEUV ein und lösen eine Sperrwirkung in Bezug auf Handlungen der Mitgliedstaaten in diesem Politikfeld aus. Gleichwohl ist diese Sperrwirkung jedoch aufgrund des Handelns der Mitgliedstaaten als Sachwalter des Unionsinteresses durchbrochen. Die Maßnahmen des ESM greifen wegen Art. 136 Abs. 3 AEUV n. F. indes nicht gegen die ausschließliche Zuständigkeit der Union ein.

3. Rechtsgrundlagen der Finanzhilfen

Im Folgenden können nur originär unionsrechtliche Maßnahmen auf ihre möglichen Rechtsgrundlagen im Unionsrecht hin untersucht werden, da Handlungen von Mitgliedstaaaten oder zwischenstaatlichen Akteuren hierauf denknotwendigerweise nicht gestützt werden können. Damit bleibt in diesem Abschnitt lediglich die Untersuchung der unionseigenen Verordnung (EU) Nr. 407/2010 (a.) sowie die Errichtung eines dauerhaften Unterstützungsmechanismus durch die Union (b.).

a) Verordnung (EU) Nr. 407/2010 (EFSM)

Die Errichtung des EFSM als originär unionale Finanzhilfemaßnahme aufgrund der Verordnung (EU) Nr. 407/2010 (Kap. 2, D. II. 1.) wird im Folgenden darauf untersucht,

---

699 Ähnlich *Ohler*, GYIL 54 (2011), S. 47 (59), der aber von einer originären Kompetenz der Mitgliedstaaten ausgeht.

aufgrund welcher Ermächtigungsgrundlage sie erlassen werden könnte und ob die Voraussetzungen der jeweiligen Ermächtigungsnorm gegeben waren.

aa) Beistandsklausel (Art. 122 Abs. 2 AEUV)

Zunächst ist zu untersuchen, auf welche Rechtsgrundlage die Verordnung (EU) Nr. 407/2010 gestützt werden kann. Für die EFSF S.A. (Kap. 2, D. II. 1.) sowie den ESM (Kap. 2, D. III. 1.) kommt Art. 122 Abs. 2 AEUV indes nicht als Grundlage in Betracht, denn erstens wird dabei keine finanzielle Hilfe der Union gewährt,[700] sondern der Mitgliedstaaten mittels eines privatrechtliches Konstruktes bzw. einer völkerrechtlichen Organisation und zweitens ist der ESM auf Dauer angelegt und lässt sich somit unter eine „außergewöhnliche Situation" gar nicht subsumieren.

(1) Art. 122 Abs. 2 AEUV als Rechtsgrundlage für die Verordnung (EU) Nr. 407/2010

Explizit als Ermächtigungsgrundlage für das Eingreifen der Union ist in der Verordnung (EU) Nr. 407/2010 die Notstandsklausel des Art. 122 Abs. 2 S. 1 AEUV genannt.[701] Hiernach ist finanzieller Beistand der Union möglich, sofern ein Mitgliedstaat aufgrund von außergewöhnlichen Ereignissen, die sich seiner Kontrolle entziehen, von Schwierigkeiten betroffen oder von gravierenden Schwierigkeiten ernsthaft bedroht ist. Bei Art. 122 Abs. 2 AEUV handelt es sich zwar um eine vertraglich konkretisierte Solidaritätspflicht der Union gegenüber den Mitgliedstaaten.[702] Ein Anspruch auf Hilfe erwächst hieraus indes nicht.[703]

Art. 122 Abs. 2 S. 1 AEUV ermächtigt grundsätzlich bereits direkt den Rat, Finanzhilfen zu beschließen, wobei dieser grundsätzlich einen Ermessensspielraum hat.[704] Dafür spricht der explizite und eindeutige Wortlaut („kann der Rat auf Vorschlag der Kommission beschließen, [...] finanziellen Beistand der Union zu gewähren"). Aber auch die Auslegung der Norm nach Sinn und Zweck kann nichts anderes ergeben: Die Norm soll nämlich sicherstellen, dass die Union im Falle von

---

700 Ebenso *Nitze,* Finanzhilfen für Euro-Staaten in der Krise, 2015, S. 92.

701 Erwägungsgrund Nr. 1 der Verordnung (EU) Nr. 407/2010; *Frenz,* Handbuch Europarecht, Bd. VI, 2011, Rn. 3665 hält gar Abs. 1 möglicherweise für anwendbar; Art. 122 Abs. 2 AEUV kommt wegen seiner begrenzten Anwendbarkeit in Notsituationen nicht in Betracht als Rechtsgrundlage für den ESM, s. EuGH, Rs. C-370/12, EU:C:2012:756 (NJW 2013, S. 29), Rn. 118 – *Pringle; Schwarz,* CMLRev 51 (2014), S. 389 (410).

702 *Calliess,* FAZ v. 30. 6. 2011, S. 6.

703 *Hahn/Häde,* Währungsrecht, 2. Aufl. 2010, § 27 Rn. 18.

704 *Bandilla,* in: Grabitz/Hilf/Nettesheim (Hrsg.), Recht der EU, 44. EL 2011, Art. 122 AEUV Rn. 19; *Hattenberger,* in: Schwarze (Hrsg.), EU-Kommentar, 3. Aufl. 2012, Art. 122 AEUV Rn. 7; *Häde,* in: Calliess/Ruffert (Hrsg.), EUV/AEUV, 4. Aufl. 2011, Art. 122 AEUV Rn. 7; *Kempen,* in: Streinz (Hrsg.), EUV/AEUV, 2. Aufl. 2012, Art. 122 AEUV Rn. 10.

Naturkatastrophen oder außergewöhnlichen Ereignissen[705] eine flexible und schnelle Handlungsmöglichkeit hat, die dem Mitgliedstaat in einer für gewöhnlich nicht planbaren Notsituation die Inanspruchnahme finanziellen Beistands ermöglicht, um die schlimmsten ökonomischen Folgen für den Mitgliedstaat und seine Wirtschaft in einer solchen Situation abzumildern. Es wird also eine konkrete Einzelfallprüfung gefordert. Hierfür spricht zudem die systematische Stellung im Rahmen der Kapitels 1 des AEUV, der diese Regelungen als Wirtschaftspolitik betitelt.

Art. 122 Abs. 2 AEUV stellt mithin eine unmittelbar wirksame, d.h. ohne notwendige Ausgestaltung durch eines sekundärrechtlichen Rechtsaktes nach Art. 288 AEUV, Ermächtigungsnorm für den Rat dar.[706]

Dennoch steht dieser unmittelbare Ermächtigungscharakter dem Erlass von Sekundärrecht auf diesem Bereich nicht entgegen, d.h. es ist durch diese Norm nicht verboten, Verordnungen auf dieser Grundlage zu erlassen, die die Ausführung weiter konkretisieren, denn eine bestimmte Maßnahmeart wird weder vorgeschrieben noch ausgeschlossen.[707] Eine Konkretisierung der Vorgaben dieser Norm kann allerdings nur dann erfolgen, sofern sie nicht im Widerspruch mit Art. 122 Abs. 2 AEUV steht und so die Wirksamkeit des Art. 122 Abs. 2 AEUV durch Sekundärrecht konterkariert. In einem solchen Fall kann man von einer impliziten resp. faktischen Vertragsänderung schließen, die aufgrund des in Art. 48 EUV festgelegten Vertragsänderungsverfahrens unionsrechtswidrig wäre.[708]

Art. 122 Abs. 2 AEUV ermächtigt den Rat auf Vorschlag der Kommission zum Beschluss über die Gewährung von finanziellem Beistand unter den unter (c) genannten Voraussetzungen. Er trägt somit dem Grundsatz der begrenzten Einzelermächtigung aus Art. 5 Abs. 2 Satz 1 EUV Rechnung.

(2) Formelle Voraussetzungen

Formell setzt die Gewährung finanziellen Beistandes nach Art. 122 Abs. 2 Satz 1 AEUV einen Ratsbeschluss voraus, der auf Vorschlag der Kommission ergangen ist. Darüber hinaus verpflichtet Art. 122 Abs. 2 Satz 2 AEUV den Präsidenten des Rates zur Unterrichtung des Europäischen Parlamentes über den Beschluss des Rates, finanziellen Beistand zu gewähren. Die Verordnung (EU) Nr. 407/2010 konkretisiert diese primärrechtlichen Vorgaben auf sekundärrechtlicher Ebene und nennt

---

705 Zur Bestimmung dieses Begriffs sogleich unter (c).

706 Vgl. *Bandilla,* in: Grabitz/Hilf/Nettesheim (Hrsg.), Recht der EU, 44. EL 2011, Art. 122 AEUV Rn. 13; a.A. *Smulders/Keppenne,* in: v. d. Groeben/Schwarze/Hatje (Hrsg.), Europäisches Unionsrecht, Bd. 3, 7. Aufl. 2015, Art. 122 AEUV, Rn. 16.

707 *Müller-Graff,* integration 2011, S. 289 (294).

708 Ferner bedarf eine Vertragsänderung steht der Zustimmung sämtlicher Mitgliedstaaten. In Deutschland sind hiermit aufgrund von Art. 23 GG i.V.m. IntVG, EUZBBG, EUZBLG weitreichende innerstaatliche Beteiligungs- und Mitwirkungspflichten des Bundestages und Bundesrates verbunden.

detaillierte Verfahren für die Entscheidungsfindung über Gewährung finanziellen Beistands im Einzelfall (Art. 3).[709] Damit sind die formellen Voraussetzungen erfüllt.

(3) Materielle Voraussetzungen

Als materielle Voraussetzung für finanziellen Beistand der Union werden in Art. 122 Abs. 2 Satz 1 AEUV Naturkatastrophen oder außergewöhnliche Ereignisse, die sich der Kontrolle des Mitgliedstaates entziehen (Alt. 1), das Vorliegen von Schwierigkeiten oder die ernstliche Bedrohung durch gravierende Schwierigkeiten (Alt. 2) benannt. Diese Tatbestandsmerkmale sind aufgrund ihres Ausnahmecharakters indes eng auszulegen.[710] Grundidee ist, dass der von einer außergewöhnlichen Situation oder einer Naturkatastrophe betroffene Mitgliedstaat schnelle finanzielle Mittel erhält, wobei es möglich ist, Kredite oder Bürgschaften zu günstigeren Konditionen zu nutzen, die nach Entspannung der Notlage dann zurückzuzahlen sind.[711]

Von einer Naturkatastrophe kann im Falle einer drohenden Zahlungsunfähigkeit eines Mitgliedstaates freilich nicht die Rede sein,[712] so dass nur Art. 122 Abs. 2 Satz 1 Alt. 2 AEUV in Betracht kommen kann.

Die finanzielle Notlage, in der sich ein hilfsbedürftiger Mitgliedstaat der Union befinden muss, muss demnach aufgrund eines „außergewöhnlichen Ereignisses, das sich der Kontrolle des Mitgliedstaates entzieht“, entstanden sein, um als taugliche Ermächtigungsgrundlage für die Verordnung (EU) Nr. 407/2010 dienen zu können. Maßgeblich ist dies also eine Kausalitätsfrage zwischen außergewöhnlichen Ereignis und der finanziellen Notlage.[713] Dies lässt sich bereits aus dem Wortlaut der Norm („aufgrund“) entnehmen. Dabei muss es sich um eine unvorhergesehene, in gewissem Sinne überraschende und unvermittelt auftretende oder sich schnell entwickelnde Änderung der wirtschaftlichen Situation handeln.[714] Geht man davon aus, dass der Begriff „Ereignis“ bereits einen nicht alltäglichen Vorgang beschreibt, so verlangt der Wortlaut „außergewöhnliches Ereignis“ eine höhere Eskalationsstufe als ein nicht alltäglicher Vorgang, mithin eine Situation, die außerhalb des Üblichen liegt.[715] Darunter werden bspw. sogenannte „Schocks“ gefasst wie etwa gravierende

---

709 Ebenso *Nitze,* Finanzhilfen für Euro-Staaten in der Krise, 2015, S. 107.

710 *Frenz,* Handbuch Europarecht, Bd. VI, 2011, Rn. 3628; *Häde,* in: Calliess/Ruffert (Hrsg.), EUV/AEUV, 4. Aufl. 2011, Art. 122 AEUV Rn. 17; *ders.,* EuR 2010, S. 854 (858); *Knopp,* NJW 2010, S. 1777 (1780); a.A. *Nitze,* Finanzhilfen für Euro-Staaten in der Krise, 2015, S. 93.

711 *Hieronymi,* Das Solidaritätsprinzip in der Europäischen Union, 2003, S. 116.

712 So selbstverständlich auch *Siekmann,* in: Möllers/Zeitler (Hrsg.), Europa als Rechtsgemeinschaft, 2013, S. 101 (130).

713 *Siekmann,* in: Möllers/Zeitler (Hrsg.), Europa als Rechtsgemeinschaft, 2013, S. 101 (130, 134).

714 *Bandilla,* in: Grabitz/Hilf/Nettesheim (Hrsg.), Recht der EU, 44. EL 2011, Art. 122 AEUV Rn. 16 m.w.N.; ähnlich *Louis,* CMLRev. 47 (2010), S. 971 (984).

715 *Nitze,* Finanzhilfen für Euro-Staaten in der Krise, 2015, S. 94.

soziale Probleme, Unruhen, außenpolitische oder militärische Verwicklungen.[716] Solche Ursachen scheiden hier aus,[717] wenngleich soziale Probleme und Unruhen durchaus Folgen der mit den Rettungsmaßnahmen verbundenen, makroökonomischen Anpassungsprogramme waren.[718]

Entscheidend ist vielmehr, ob man auch einen gravierenden Wirtschaftsabschwung wie bspw. Griechenland als ein solches außergewöhnliches Ereignis i.S.v. Art. 122 Abs. 2 Satz 1 AEUV ansehen kann, was umstritten ist.[719] Es kann keine langsam anbahnende, häufig oder regelmäßig auftretende Verschlechterung der Umstände wirtschaftlicher oder politischer Natur ein solches außergewöhnliches Ereignis sein.[720] Gegen einen langsamen Abschwung ist vielmehr das Verfahren nach Art. 126 AEUV (i.V.m. den Regelungen des Sechser- und Zweierpakets) anwendbar.[721] An sich erfordert die Anwendung von Art. 122 Abs. 2 AEUV daher ein gewisses „Überraschungsmoment", wie unter anderem auch aus der Aufnahme der Naturkatastrophe in den Tatbestand der Norm deutlich wird. Die Folgen einer langsam ansteigenden Staatsverschuldung werden daher nicht vom Tatbestand der Norm erfasst.[722]

Auf die Beherrschbarkeit der Notsituation kommt es indes nicht an, da der Wortlaut der Norm lediglich die Ursächlichkeit benennt.[723] Wenn ein solches außergewöhnliches Ereignis allerdings ursächlich dafür ist, dass ein Staat in die Gefahr des Staatsbankrottes gerät, so muss dies auch unter diese Norm subsumierbar sein.[724]

Der Mitgliedstaat muss in diese außergewöhnliche Situation aufgrund des insoweit klaren Wortlauts des Art. 122 Abs. 2 AEUV letztlich auch nicht unverschuldet

---

716 *Häde*, in: Calliess/Ruffert (Hrsg.), EUV/AEUV, 4. Aufl. 2011, Art. 122 AEUV Rn. 8 m.w.N.; ähnlich *Nitze*, Finanzhilfen für Euro-Staaten in der Krise, 2015, S. 95.

717 *Kube/Reimer*, ZG 2011, S. 332 (336); *Puttler*, in: Kadelbach (Hrsg.), Solidarität als Europäisches Rechtsprinzip?, 2014, S. 43 (48); *Rodi*, in: Vedder/Heintschel von Heinegg (Hrsg.), Europäisches Unionsrecht, 2012, Art. 122 AEUV Rn. 14.

718 Statt vieler bspw. FAZ v. 13. 10. 2011, S. 12, *Martens*, FAZ v. 14. 2. 2012, S. 3, FAZ v. 6. 11. 2012, S. 6, FAZ v. 7. 11. 2013, S. 10.

719 Bejahend *Konow*, Der Stabilitäts- und Wachstumspakt, 2002, S. 89 ff.; a.A. *Bark*, Das gemeinschaftsrechtliche Defizitverfahren, 2004, S. 84.

720 Vgl. *Bandilla*, in: Grabitz/Hilf/Nettesheim (Hrsg.), Recht der EU, 44. EL 2011, Art. 122 AEUV Rn. 16.

721 *Louis*, CMLRev. 47 (2010), S. 971 (984).

722 *Ekardt/Buscher*, AöR 137 (2012), S. 42 (69); *Hufeld*, in: Müller-Graff (Hrsg.), EnzEuR IV, 2014, § 22 Rn. 112; a.A. wohl *Hatje*, in: Kadelbach/Günther (Hrsg.), Europa: Krise, Umbruch und neue Ordnung, 2014, S. 73 (87).

723 *Siekmann*, in: Möllers/Zeitler (Hrsg.), Europa als Rechtsgemeinschaft, 2013, S. 101 (130); a.A. *Nettesheim*, in: Kadelbach (Hrsg.), Nach der Finanzkrise, 2012, S. 31 (70).

724 *Häde*, EuZW 2009, S. 399 (403); *Kämmerer*, Wirtschaftsdienst 2010, S. 161 (164); a.A. wohl *Herdegen*, Völkerrecht, 14. Aufl. 2015, § 59 Rn. 5; *ders.*, Internationales Wirtschaftsrecht, 10. Aufl. 2014, § 26 Rn. 24 m.w.N.

gekommen sein.[725] Eine Verschuldensabhängigkeit würde im Geiste der Solidarität gebotenen Beistand bei pflichtwidrigem Vorverhalten vielleicht ausschließen.[726] Allerdings muss diese Verschuldensunabhängigkeit auf solche Fälle reduziert werden, in denen keine zwingenden Vorschriften des Unionsrechts vorsätzlich oder grob fahrlässig missachtet wurden.

Zusammenfassend kann konstatiert werden, dass Voraussetzung von Art. 122 Abs. 2 AEUV ein außergewöhnliches Ereginis sein muss, welches ursächlich für die finanzielle Notsituation des Mitgliedstaates ist.

Die Verordnung (EU) Nr. 407/2010 geht davon aus, dass durch die Verschärfung der Finanzkrise die Finanzstabilität des Euro bedroht ist[727] und nennt „insbesondere" Art. 122 Abs. 2 AEUV als Ermächtigungsgrundlage.

Dabei ist die finanzielle Situation Griechenlands und des gesamten Euroraums keine außergewöhnliche.[728] Es fehlt schlichthin das Überraschungsmoment.[729] Die Situation ist vorwiegend bedingt durch den langsamen aber rapiden Anstieg der Staatsverschuldung in den „PIIGSZ"-Staaten, gepaart mit Bilanzmanipulationen;[730] die Finanzkrise war nur ein Katalysator, der diese Staaten letztlich an den Rand des Staatsbankrottes geführt hat.[731]

Es wird also deutlich, dass ein massives und dem Grunde nach auch selbst zu verantwortendes Haushaltsdefizit, wie bspw. im Fall Griechenland oder Irland, keine Ausnahmesituation im Sinne des Art. 122 Abs. 2 AEUV darstellen kann, da sonst die disziplinierende Wirkung des Art. 126 Abs. 2 AEUV gänzlich ad absurdum geführt werden würde.[732] Für eine solche Auslegung spricht auch die Einfügung des Art. 136

725 *Bandilla,* in: Grabitz/Hilf/Nettesheim (Hrsg.), Recht der EU, 44. EL 2011, Art. 122 AEUV Rn. 18; *Frenz,* Handbuch Europarecht, Bd. VI, 2011, Rn. 3652; *Häde,* EuZW 2009, S. 399 (403); *Nitze,* Finanzhilfen für Euro-Staaten in der Krise, 2015, S. 98; *Ohler,* Fiskalische Integration in der Europäischen Gemeinschaft, 1997, S. 289; unklar *Kämmerer,* Wirtschaftsdienst 2010, S. 161 (164 f.); *Schröder,* in: Müller-Graff/Schmahl/Skouris (Hrsg.), FS Scheuing, 2011, S. 690 (697); a.A. *Gröpl,* Der Staat 52 (2013), S. 1 (6); *Hattenberger,* in: Schwarze (Hrsg.), EU-Kommentar, 3. Aufl. 2012, Art. 122 AEUV Rn. 6; *Frenz/Ehlenz,* GewArch 2010, S. 329 (335); *Gnan,* in: v. d. Groeben/Schwarze (Hrsg.), EUV/EGV, 6. Aufl. 2003, Bd. 3, Art. 103 EGV Rn. 28.

726 *Nitze,* Finanzhilfen für Euro-Staaten in der Krise, 2015, S. 98; vgl. auch *Herrmann,* in: v. Lewinski (Hrsg.), Staatsbankrott als Rechtsfrage, 2011, S. 29 (35).

727 Erwägungsgrund Nr. 4 und Art. 1 der VO 407/2010.

728 Eingehend und differenzierend *Nitze,* Finanzhilfen für Euro-Staaten in der Krise, 2015, S. 101 ff.; *Schachtschneider,* Die Rechtswidrigkeit der Euro-Rettungspolitik, 2011, S. 118.

729 *Schwarz,* in: Müller-Graff/Schmahl/Skouris (Hrsg.), FS Scheuing, 2011, S. 705 (709).

730 *Kämmerer,* in: Siekmann (Hrsg.), EWU-Kommentar, 2013, Art. 122 AEUV Rn. 57.

731 Anders wohl *Frenz,* Handbuch Europarecht, Bd. VI, 2011, Rn. 3651; *Nitze,* Finanzhilfen für Euro-Staaten in der Krise, 2015, S. 95.

732 *Häde,* EuZW 2009, S. 399 (401); *Heß,* ZJS 2010, S. 473 (475); *Faßbender,* NVwZ 2010, S. 799 (800 f.); *Schwarz,* in: Müller-Graff/Schmahl/Skouris (Hrsg.), FS Scheuing, 2011, S. 705 (708 f.); ähnlich *Nitze,* Finanzhilfen für Euro-Staaten in der Krise, 2015,

Abs. 3 AEUV durch den Beschluss 2011/199/EU, dessen vierter Erwägungsgrund festhält, dass Art. 122 Abs. 2 AEUV für diese Zwecke nicht mehr benötigt werde, da der Mechanismus die Finanzstabilität des gesamten Euro-Währungsgebietes wahren solle. Das bedeutet zum einen, dass Art. 122 Abs. 2 AEUV bereits für den vorläufigen Krisenmechanismus keine taugliche Grundlage darstellte, weil die Zielrichtung des vorläufigen Stabilitätsmechanismus keine andere war und als die des permanenten sein soll und zum anderen, dass das Gebot der Disziplinierung durch die Marktkräfte beschränkt wird, weil in Ausnahmesituationen Mitgliedstaaten von den Wirkungen dieser Kräfte befreit würden.[733]

Überdies beinhaltet Art. 122 Abs. 2 AEUV eine reine Ausgabenkompetenz der Union, was die Aufnahme von Krediten oder den Ankauf von Anleihen zur Finanzierung des Beistandes nicht explizit mit einschließt.[734] Dies würde voraussetzen, dass jede Ausgabenermächtigungsnorm in den Verträgen automatisch eine Einnahmegenierungskompetenz beinhaltet, was in Anbetracht der expliziten Vorschriften der Art. 310 ff. AEUV und dem Prinzip der begrenzten Einzelermächtigung (Art. 5 Abs. 2 EUV) auszuschließen ist. Damit ist auch aus diesem Grund Art. 122 Abs. 2 AEUV keine hinreichende Rechtsgrundlage für den mit der Verordnung (EU) Nr. 407/2010 errichteten EFSM.[735]

(4) Zwischenergebnis

Damit ist Art. 122 Abs. 2 AEUV schon keine wirksame Rechtsgrundlage für die Finanzhilfen der Union durch die Verordnung (EU) Nr. 407/2010. Sie verstößt daher gegen diese primärrechtliche Vorschrift.

bb) Koordinierungsmaßnahmen (Art. 136 Abs. 1 AEUV)

Der nachfolgende Abschnitt untersucht, ob die Finanzhilfen aufgrund der Verordnung (EU) Nr. 407/2010 die wirtschaftspolitische Steuerung des Euro-Währungsgebietes nach Art. 136 AEUV tangieren und ob Art. 136 Abs. 1 AEUV als Ermächtigungsnorm hierfür zugrunde gelegt werden kann.

S. 100; vgl. auch *Smulders/Keppenne,* in: v. d. Groeben/Schwarze/Hatje (Hrsg.), Europäisches Unionsrecht, Bd. 3, 7. Aufl. 2015, Art. 122 AEUV, Rn. 15.

733 *Hattenberger,* in: Schwarze (Hrsg.), EU-Kommentar, 3. Aufl. 2012, Art. 122 AEUV Rn. 11; i.E. a.A. *Wieland,* LTO 29. 7. 2011.

734 *Häde,* in: Hatje/Müller-Graff (Hrsg.), EnzEuR I, 2014, § 14 Rn. 84; s. dort auch im Folgenden; *Müller-Graff,* integration 2011, S. 289 (294); *Seidel,* EuZW 2011, S. 241; *Zehnpfund/Heimbach,* WD 11 – 3000 – 30/10, S. 7; näher *Nitze,* Finanzhilfen für Euro-Staaten in der Krise, 2015, S. 108 ff.

735 A.A. *Kämmerer,* in: Siekmann (Hrsg.), EWU-Kommentar, 2013, Art. 122 AEUV Rn. 50.

(a) Grundsätzliches

Art. 136 AEUV bezweckt primär das reibungslose Funktionieren der WWU (Abs. 1).[736] Dabei handelt es sich um eine spezielle Form der Verstärkten Zusammenarbeit für den Bereich der Wirtschafts- und Währungsunion, bei der jedoch lediglich die verstärkte Koordinierung und Überwachung sowie Ausarbeitung von Grundzügen der Wirtschaftspolitik innerhalb des Euro-Währungsgebietes als Sekundärziel zur Erreichung des soeben erwähnten Primärziels im Vordergrund steht.[737] Hauptzweck des Art. 136 AEUV ist daher die Verstärkung der wirtschaftspolitischen Koordinierung der Mitgliedstaaten, deren Währung der Euro ist.[738] Der Rat wird dadurch ermächtigt, spezielle Maßnahmen zu diesem Zweck zu ergreifen, wobei sich diese ausweislich des Wortlautes lediglich im Rahmen der Möglichkeiten und Verfahren der Art. 121 und Art. 126 AEUV (unter Ausschluss des Verfahrens nach Art. 126 Abs. 14 AEUV) bewegen dürfen.[739] Daher darf diese Norm auch nicht als „Generalklausel" für sämtliche Maßnahmen, die mit der Wirtschafts- und Währungsunion in Beziehung stehen, verwendet werden, denn es ist immer zu prüfen, ob die Voraussetzungen des Art. 136 AEUV, dessen Notwendigkeit in Verbindung mit Art. 121 und Art. 126 AEUV ohnehin dahingestellt sein möge,[740] erfüllt sind.[741] Mögliche Anwendungsfälle könnten insbesondere vorliegen, wenn durch Beschlüsse eine intensivere Koordinierung vonnöten ist, bspw. in Form von makroökonomischen Anpassungsprogrammen, um Regelungslücken der Art. 121 sowie Art. 126 AEUV insofern zu schließen.[742]

(b) Art. 136 Abs. 1 AEUV als Rechtsgrundlage für Finanzhilfen?

Da die Mitgliedstaaten die Gewährung der Finanzhilfen von makroökonomischen Anpassungsprogrammen abhängig machen, könnte auch zu diskutieren sein, ob Art. 136 Abs. 1 AEUV als Ausnahme zur Nichtauslösungsklausel des Art. 125 Abs. 1 AEUV als Rechtsgrundlage für Finanzhilfen dienen kann.[743] Dies wurde durch den damaligen Kommissionspräsidenten *Barroso* vor Einsetzung der Griechenland-Soforthilfe als bilaterales Vorgehen vorgeschlagen.[744] Allerdings erlaubt Art. 136 Abs. 1 AEUV lediglich Maßnahmen, die die Koordinierung der Haushaltsdisziplin

---

736 *Häde,* JZ 2011, S. 333 (334).

737 *Häde,* JZ 2011, S. 333 (334); *Ohler,* in: Siekmann (Hrsg.), EWU-Kommentar, 2013, Art. 136 AEUV Rn. 5.

738 *Calliess/Schoenfleisch,* JZ 2012, S. 477 (480).

739 *Frenz/Ehlenz,* GewArch 2010, S. 329 (332); *dies.,* EWS 2011, S. 211 (212); *Häde,* JZ 2011, S. 333 (334 f.); *ders.,* EuR 2000, S. 200 (204 f.); *Ohler,* in: Siekmann (Hrsg.), EWU-Kommentar, 2013, Art. 136 AEUV Rn. 10.

740 So wohl *Häde,* JZ 2011, S. 333 (335).

741 *Häde,* JZ 2011, S. 333 (340).

742 In diese Richtung zielt wohl *Häde,* JZ 2011, S. 333 (338).

743 *Bonke,* ZEuS 2010, S. 493 (507); dort auch im Folgenden.

744 S. *Häde,* JZ 2011, S. 333.

im Euroraum verstärken, womit nicht die eigentliche Gewährung von Finanzhilfen gemeint sein kann.[745]

Zwar tragen Finanzhilfen gewissermaßen auch zur wirtschaftspolitischen Steuerung der betroffenen Mitgliedstaaten bei, von Art. 136 Abs. 1 AEUV können sie gleichwohl nicht erfasst sein.[746] Art. 136 AEUV erlaubt nur Maßnahmen nach den einschlägigen Bestimmungen der Verträge, mithin Art. 121, Art. 126 AEUV, die eine Kreditvergabe nicht erlauben.[747] Damit scheidet Art. 136 Abs. 1 AEUV als Rechtsgrundlage für die Verordnung (EU) Nr. 407/2010 und mithin für die aufgrund dessen gewährten Finanzhilfen gänzlich aus.[748]

cc) Zahlungsbilanzhilfen nach Art. 143 Abs. 2 Satz 2 lit. c) AEUV analog

In der Literatur wird teilweise vertreten, die in Art. 143 Abs. 2 Satz 2 lit. c) AEUV normierte Möglichkeit von Zahlungsbilanzhilfen an Staaten, deren Währung nicht der Euro ist, auf Finanzhilfen zugunsten von Staaten im Euroraum analog anzuwenden, da die dortige Aufzählung nicht abschließend sei („insbesondere").[749] Bereits aus systematischer Hinsicht kann dieser Ansatz nicht überzeugen. Die Norm befindet sich im Abschnitt über die Übergangsregelungen, mithin gilt sie nur für solche Staaten, die sich (noch) außerhalb des Euro-Raums befinden. Sollte die Norm auch für Euro-Staaten Anwendung finden, so müsste sie zumindest im Kapitel 1 zur Wirtschaftspolitik verortet werden. Im Übrigen besteht auch keine vergleichbare Interessenlage, denn die Wirkungen einer Zahlungsbilanzkrise sind innerhalb wie außerhalb des Euroraums von Grund auf verschieden, da bei Nicht-Euro-Staaten Devisenreserven vermindert oder gar aufgebraucht werden, während aufgrund der Target-2-Salden innerhalb des Eurosystems solche unbegrenzt von der EZB erhalten und es so gar keiner eigenen Devisenreserven zur Erhaltung der internationalen Zahlungsfähigkeit bedarf.[750] Darüber hinaus besteht seit dem 1. Mai 2013 mit der Einfügung des Art. 136 Abs. 3 AEUV schon gar keine Regelungslücke, denn hierdurch wird die Errichtung eines Stabilitätsmechanismus für Staaten innerhalb des Euro-Währungsgebietes durch Abschluss eines völkerrechtlichen Vertrages ermöglicht.[751] Eine analoge Anwendung des Art. 143 Abs. 2 Satz 2 lit. c) AEUV verbietet sich somit als Rechtsgrundlage für die Verordnung (EU) Nr. 407/2010 und Finanzhilfen hieraus.

---

745 *Bonke,* ZEuS 2010, S. 493 (507).

746 So auch *Kerber,* Occasional Paper 1/2010, S. 12.

747 *Korioth,* in: Pache/Schwarz (Hrsg.), Grundlagen, aktuelle Entwicklungen und Perspektiven der Europäischen Währungsunion, 2012, S. 61 (70).

748 Auch der ESM wäre hierauf nicht zu stützen gewesen, s. *Nettesheim,* NJW 2013, S. 14 (15).

749 *Kempen,* in: Streinz (Hrsg), EUV/AEUV, 2. Aufl. 2012, Art. 143 AEUV Rn. 2; zur Diskussion näher *Nitze,* Finanzhilfen für Euro-Staaten in der Krise, 2015, S. 122 ff.; ähnlich *Schwarz,* CMLRev 51 (2014), S. 389 (412 ff.).

750 *Nitze,* Finanzhilfen für Euro-Staaten in der Krise, 2015, S. 124 m.w.N.

751 S. dazu Kap. 2, A. III. 2 und Kap. 3, A. I. 4. b) ee).

dd) Kompetenzergänzungsklausel (Art. 352 Abs. 1 AEUV)

Es könnte ebenfalls kein Verstoß gegen primäres Unionsrecht durch die Finanzhilfen aus der Verordnung (EU) Nr. 407/2010 vorliegen, wenn sie auf einer anderen Kompetenzgrundlage fußen könnten. Die Kompetenzergänzungsklausel aus Art. 352 AEUV wird hierfür sowie als Grundlage für einen dauerhaften Krisenbewältigungsmechanismus, der auch berechtigt ist, Finanzhilfen zu vergeben, diskutiert.[752] Der folgende Abschnitt würdigt diesen Ansatz unter Berücksichtigung der Voraussetzungen des Art. 352 AEUV kritisch. Vorzubemerken ist, dass es sich im Falle von Art. 352 AEUV als Kompetenzgrundlage lediglich um direkte Hilfen der Union aus ihren eigenen Mitteln oder durch aufgenommeine Anleihen handeln kann, mithin nur um die Verordnung (EU) Nr. 407/2010 zur Errichtung des EFSM oder ggf. noch zu erlassende Maßnahmen. Im Übrigen sind, wie bereits oben untersucht,[753] die Mitgliedstaaten als Finanzhilfeakteure tätig geworden, wenngleich die Kommission und die EZB als Organe der Union hierbei Unterstützung leisten. Darüber hinaus ist ein paralleles Tätigwerden der Mitgliedstaaten zwar grundsätzlich möglich, sofern es der Förderung der Unionsziele dient.[754] Gleichwohl ist unionales Handeln im Kompetenzbereich der Union vorzuziehen, was insbesondere dann gilt, wenn klare Regeln des Unionsrechts (im konkreten Fall die Nichtauslösungsklausel des Art. 125 Abs. 1 AEUV oder Art. 122 Abs. 2 AEUV) durch mitgliedstaatlich koordiniertes oder völkerrechtlich organisiertes Handeln sonst umgangen würden.[755] Eine Abweichung von ausdrücklichen Regeln des Primärrechts ist somit nicht über den Umweg der Kompetenzergänzungsklausel statthaft.[756]

(1) In den Verträgen festgelegter Politikbereich

Finanzhilfen müssen zunächst einem in den Verträgen festgelegten Politikbereich zuordenbar sein (Art. 352 Abs. 1 Satz 1 AEUV). Da durch die sehr weit gefasste Kompetenzergänzungsklausel des Art. 352 AEUV die Kompetenzen der Union nicht erweitert werden dürfen, wirkt diese Tatbestandsvoraussetzung somit kompetenzbegrenzend.[757] Es ist daher ein Bezug zu bereits bestehenden Politikfeldern der Verträge herzustellen.[758] Hierunter sind die Bestimmungen im Titel II des Ersten

---

752 *Calliess,* ZEuS 2011, S. 213 (248); *Häde,* EuR 2010, S. 854 (861 f.); *ders.,* ZG 2011, S. 1 (27); *Frenz/Ehlenz,* EWS 2010, S. 211 (213); *Ohler,* ZG 2010, S. 330 (345); vgl. zur Verordnung (EG) Nr. 332/2002 *Seidel,* ZEI Working Paper, B 01 2010, S. 11 f.

753 S.o. Kap. 2, A.

754 *Rossi,* in: Calliess/Ruffert (Hrsg.), EUV/AEUV, 4. Aufl. 2011, Art. 352 AEUV Rn. 49.

755 *Rossi,* in: Calliess/Ruffert (Hrsg.), EUV/AEUV, 4. Aufl. 2011, Art. 352 AEUV Rn. 53.

756 *Frenz,* Handbuch Europarecht, Bd. VI, 2011, Rn. 3667; bereits *Häde,* EuZW 1996, S. 138 (140) in Bezug auf Art. 235 EGV/Maastricht.

757 *Schröder,* in: v. d. Groeben/Schwarze/Hatje (Hrsg.), Europäisches Unionsrecht, Bd. 4, 7. Aufl. 2015, Art. 352 AEUV, Rn. 29 ff.; *Streinz,* in: ders. (Hrsg.), EUV/AEUV, 2. Aufl. 2012, Art. 352 AEUV Rn. 32 m.w.N.

758 *Streinz,* in: ders. (Hrsg.), EUV/AEUV, 2. Aufl. 2012, Art. 352 AEUV Rn. 33.

Teils sowie die des Zweiten bis Fünften Teils genauso wie nicht-institutionelle Normen des Sechsten und Siebten Teils des AEU-Vertrags zu fassen.[759]

Versteht man die Stabilisierung des Euro als reine Währungspolitik, so ist sie gewiss unter das in den Verträgen insbesondere in den Art. 127 ff. AEUV festgelegte Normgefüge zu fassen. Subsumiert man Finanzhilfen darüber hinaus noch unter den Begriff der Wirtschaftspolitik,[760] so kann man sie zugleich auf zwei in den Verträgen festgelegte Politikbereiche (Art. 119 ff. AEUV) stützen. Hierbei ist allerdings die auf Koordinierung begrenzte Zuständigkeitsverteilung zwischen der Union und den Mitgliedstaaten (Art. 5 Abs. 1, Art. 119 Abs. 1 AEUV) zu achten.[761]

(2) Verwirklichung eines Unionszieles

Ferner muss durch das Tätigwerden der Union auch ein Unionsziel verwirklicht werden. Die Ziele sind in Art. 3 EUV niedergeschrieben, wobei die Erklärung Nr. 41 zur Schlussakte des Vertrags von Lissabon klarstellt, dass die allgemeine Formulierung des Art. 3 Abs. 1 EUV für sich genommen gleichwohl nicht als Unionsziel herangezogen werden kann.[762]

Als eines der „wichtigen Fundamentalziele der Union“[763] ist in Art. 3 Abs. 4 EUV die Errichtung einer Wirtschafts- und Währungsunion, deren Währung der Euro ist, explizit als Unionsziel verankert. Hierunter kann gewiss nicht nur die Errichtung als Akt der Konstitution einer gemeinsamen Währung innerhalb der Union gemeint sein. Es muss vielmehr im Sinne der Zielerhaltung auch deren Sicherung und Fortbestand beinhalten. Somit würde ein Tätigwerden der Union durch Finanzhilfen zur Aufrechterhaltung der Währungsstabilität auch dem Tatbestandsmerkmal der Verwirklichung eines Unionsziels dienen.[764]

(3) Erforderlichkeit und Verhältnis zum Subsidiaritätsprinzip

Erforderlich ist ein unionales Tätigwerden nach Art. 352 Abs. 1 AEUV, wenn ein Abweichen zwischen Unionszielen und ihrer Verwirklichung vorliegt.[765]

---

759 *Booß,* in: Lenz/Borchardt (Hrsg.), EU-Verträge Kommentar, 6. Aufl. 2013, Art. 352 AEUV Rn. 5; *Geiß,* in: Schwarze (Hrsg.), EU-Kommentar, 3. Aufl. 2012, Art. 352 AEUV Rn. 16.

760 So bspw. *Häde,* EuR 2010, S. 854 (861).

761 *Calliess,* ZEuS 2011, S. 213 (248 f.) sieht demgegenüber Art. 3 Abs. 3 UAbs. 3 EUV als Ziel (Förderung des wirtschaftlichen Zusammenhalts).

762 *Schröder,* in: v. d. Groeben/Schwarze/Hatje (Hrsg.), Europäisches Unionsrecht, Bd. 4, 7. Aufl. 2015, Art. 352 AEUV, Rn. 27; *Streinz,* in: ders. (Hrsg.), EUV/AEUV, 2. Aufl. 2012, Art. 352 AEUV Rn. 28.

763 *Pechstein,* in: Streinz (Hrsg.), EUV/AEUV, 2. Aufl. 2012, Art. 3 EUV Rn. 11.

764 Dies gilt auch für eine Anleiheaufnahme zu diesem Zwecke, s. i.E. *Nitze,* Finanzhilfen für Euro-Staaten in der Krise, 2015, S 115 f.

765 *Streinz,* in: ders. (Hrsg.), EUV/AEUV, 2. Aufl. 2012, Art. 352 AEUV Rn. 37 m.w.N.

Zwar ist die Verwirklichung eines Unionszieles mit der Erhaltung der Währungsunion (Art. 3 Abs. 4 EUV) gegeben. Näher zu untersuchen ist jedoch die Frage, ob die Verwirklichung dieses Zieles nicht aufgrund der Notwendigkeit der Finanzhilfen als unzureichend bezeichnet werden muss und somit eine Erforderlichkeit im Sinne des Art. 352 Abs. 1 AEUV begründet. Dies kann jedoch zweifelsohne bejaht werden.[766] Das bisherige Stabilitätsregime war unzureichend, hat es Haushalts- und Finanzierungskrisen einzelner Mitgliedstaaten nicht rechtzeitig erkennbar werden lassen und wenig Möglichkeiten von zielführenden Reaktionen vorgehalten.[767]

Die Emergenz von privat- sowie völkerrechtlichen Rettungsschirmen wie der EFSF und dem ESM, die von den Mitgliedstaaten neben dem Unionsregime errichtet wurden, steht der Erforderlichkeit eines unionalen Tätigwerdens zwar nicht absolut entgegen. Die Erforderlichkeit wäre aber nicht gegeben, wenn das Ziel einfacher und besser durch die Mitgliedstaaten selbst erreicht werden könnte (vgl. Art. 5 Abs. 3 EUV). Davon ist indes nicht auszugehen, denn hierdurch entstünde ein größerer Koodinationsaufwand, der jedoch nur durch Einschaltung der Union mit der nötigen Expertise minimiert werden könnte.

(4) Fehlen erforderlicher Befugnisse (Innensubsidiarität)

Aufgrund der Subsidiarität von Art. 352 AEUV kann diese Klausel jedoch nur zur Anwendung kommen, sofern und soweit die Verträge keine speziellen Befugnisse für ein Tätigwerden vorsehen. Solche Befugnisse fehlen jedenfalls dann, wenn sie weder explizit noch implizit in den Verträgen enthalten sind.[768]

Finanzhilfen im Euro-Währungsgebiet sind durch die Nichtauslösungsklausel des Art. 125 Abs. 1 AEUV grundsätzlich verboten, es besteht mithin keine Befugnis zur Gewährung solcher Hilfen innerhalb des Euro-Raums, wenn nicht die Voraussetzungen der Beistandsklausel des Art. 122 Abs. 2 AEUV[769] erfüllt sind. Ferner kann man die Beistandsklausel des Art. 122 Abs. 2 AEUV, welche finanzielle Hilfen der Union und der Mitgliedstaaten in gravierenden Not- oder Katastrophenfällen erlaubt, auch nicht als eine „unzureichende Befugnis" einordnen. Sie bestimmt abschließend und in Ausnahme zu Art. 125 Abs. 1 AEUV, wann finanzieller Beistand an Mitgliedstaaten gewährt werden darf.

---

766 Ebenso in Bezug auf eine Anleiheaufnahme zu diesem Zweck, so *Nitze,* Finanzhilfen für Euro-Staaten in der Krise, 2015, S 116 ff.

767 Vgl. *Korioth,* in: Pache/K..-A. Schwarz (Hrsg.), Grundlagen, aktuelle Entwicklungen und Perspektiven der Europäischen Währungsunion, 2012, S. 61 (89), s. zu den Ursachen o. Kap. 1, E.

768 *Rossi,* in: Calliess/Ruffert (Hrsg.), EUV/AEUV, 4. Aufl. 2011, Art. 352 AEUV Rn. 65 f.; *Schröder,* in: v. d. Groeben/Schwarze/Hatje (Hrsg.), Europäisches Unionsrecht, Bd. 4, 7. Aufl. 2015, Art. 352 AEUV, Rn. 17; .*Streinz,* in: ders. (Hrsg.), EUV/AEUV, 2. Aufl. 2012, Art. 352 AEUV Rn. 40.

769 Hierzu s.o. Kap. 3, II. 2.

Die Möglichkeit von finanziellen Hilfen im Falle von Zahlungsbilanzschwierigkeiten oder -krisen für Mitgliedstaaten, deren Währung nicht der Euro ist (Art. 143 f. AEUV), gleichsam als eine solche „unzureichende Befugnis" einzuordnen sein, kann nicht durch Art. 352 Abs. 1 AEUV ergänzt werden. Hierbei handelt es sich um bereits vollständige Kompetenznormen für einen bestimmten Fall und Empfängerkreis. Eine Ergänzung würde einen krassen systematischen sowie teleologischen Bruch bedeuten.

Durch die Einfügung des Art. 136 Abs. 3 AEUV in das Vertragsgefüge wird indes klar umrissen, unter welchen Voraussetzungen ein dauerhafter Stabilitätsmechanismus durch die Mitgliedstaaten errichtet werden kann. Die explizite Nichterwähnung der Union als Adressat dieser Norm lässt einmal mehr den Schluss zu, dass ein Tätigwerden aufgrund von Art. 352 Abs. 1 AEUV ausgeschlossen ist.

Unabhängig davon, ob gänzlich fehlende oder unzureichende Befugnisse der Union hier anzunehmen sind, darf durch die Anwendung des Art. 352 Abs. 1 AEUV als Kompetenzgrundlage für Unionsrechtsakte die insbesondere durch das Prinzip der begrenzten Einzelermächtigung aus Art. 5 Abs. 1 EUV differenzierte sowie differenzierende Kompetenzstruktur der Union nicht unterwandert oder gar ausgehöhlt werden.[770] Zwar stellt die Kompetenzergänzungsklausel des Art. 352 Abs. 1 AEUV zugegebenermaßen eine gewisse (und auch gewollte) Lockerung dieses Prinzips dar.[771] Gleichwohl birgt eine solche Aushöhlung dieses Prinzips die Gefahr einer Erweiterung der Befugnisse der Union dergestalt, dass die Union sich beliebig neue Rechtsetzungsbefugnisse schaffen kann, sofern diese nicht existierten.[772] Das heißt in der Konsequenz, dass für die Anwendung des Art. 352 Abs. 1 AEUV als Kompetenzgrundlage insofern kein Raum verbleibt, sofern spezielle Ermächtigungsnormen abschließende formelle und materielle Einschränkungen enthalten.[773]

Die Finanzhilfen können aus diesem Grund nicht auf die Kompetenzgrundlage des Art. 352 Abs. 1 AEUV gestützt werden. Aufgrund des expliziten Einstandsverbotes aus Art. 125 Abs. 1 AEUV, welches eine materielle Beschränkung der Unionskompetenzen (negative Kompetenzabgrenzung) darstellt und der das Prinzip der Eigenverantwortlichkeit nationaler Haushaltspolitik innewohnt, würde eine Abstützung von unionalen Finanzhilfen auf Art. 352 Abs. 1 AEUV die Kompetenzarchitektur der Union überspielen und mithin das Prinzip der begrenzten Einzelermächtigung aushöhlen. Darüber hinaus besteht mit den Art. 310 ff. AEUV ein abschließender Rahmen für die Ausgaben der Union und die Möglichkeiten

---

770 So schon *Rossi,* in: Calliess/Ruffert (Hrsg.), EUV/AEUV, 4. Aufl. 2011, Art. 352 AEUV Rn. 66 m.w.N.; *Streinz,* in: ders. (Hrsg.), EUV/AEUV, 2. Aufl. 2012, Art. 352 AEUV Rn. 41.

771 BVerfGE 123, S. 267 (394) – *Lissabon.*

772 Vgl. *Haratsch/Koenig/Pechstein,* Europarecht, 10. Aufl. 2016, Rn. 162.

773 *Streinz,* in: ders. (Hrsg.), EUV/AEUV, 2. Aufl. 2012, Art. 352 AEUV Rn. 41; vgl. *Geiss,* in: Schwarze (Hrsg.), EU-Kommentar, 3. Aufl. 2012, Art. 352 AEUV Rn. 24 f.; *Winkler,* in: Grabitz/Hilf/Nettesheim (Hrsg.), Recht der EU, 46. EL 2011, Art. 352 AEUV Rn. 83.

der Mittelaufbringung, so dass eine Aufnahme von Krediten oder Begebung von Anleihen durch die Union zur Weitergabe an notleidende Mitgliedstaaten einmal mehr ausgeschlossen ist.[774]

Die Verordnung (EU) Nr. 407/2010 kann daher nicht auf die Kompetenzergänzungsklausel gestützt werden, denn sie wurde zur Beruhigung der Märkte „über Nacht" erlassen, die erforderliche Beteiligung des EUropäischen Parlamentes blieb aus und kann auch nicht im Nachhinein geheilt werden, insbesondere in Deutschland ist eine vorherige Zustimmung des Bundestages nach § 8 Satz 1 IntVG vonnöten.[775]

Im Übrigen widerspricht dies auch dem Grundsatz der Haushaltsdisziplin aus Art. 310 Abs. 4 AEUV. Diese Norm verbietet den Erlass solcher Rechtsakte, die erhebliche Auswirkungen auf den Unionshaushalt haben können. Diese würde vorliegen, wenn es zu einem Zahlungsausfall der Empfängerstaaten käme und die Union (im Falle des EFSM schlimmstenfalls 60 Mrd. Euro) Verlust erwirtschaften würde. Auch die rechtliche Möglichkeit der haushaltspolitischen Umschichtung kann nicht dazu führen, hier keinen Verstoß anzunehmen.[776] Schutzzweck von Art. 310 Abs. 4 AEUV ist abstrakt gesehen die ordnungsgemäße Erfüllung der Unionsaufgaben. Wird eine Umschichtung in Gesamthöhe von 60 Mrd. Euro vorgenommen, kann dies jedoch nicht ohne Beeinträchtigung der Aufgabenerfüllung einhergehen, denn das Gesamtbudget der Union beträgt etwas mehr als die doppelte Summe.[777] Haushaltsdisziplin meint indes Ausrichtung der finanzwirksamen Rechtsakte an den verfügbaren Eigenmitteln der Union,[778] was einer Anleiheaufnahme bereits entgegenstünde.

---

774 *Kerber,* Occasional Paper, 1/2010, S. 11; *Korioth,* in: Pache/K..-A. Schwarz (Hrsg.), Grundlagen, aktuelle Entwicklungen und Perspektiven der Europäischen Währungsunion, 2012, S. 61 (89); ähnlich *v. Lewinski,* ZG 2012, S. 164 (174).

775 *Frenz/Ehlenz,* EWS 2010, S. 211 (214); *Korioth,* in: Pache/K..-A. Schwarz (Hrsg.), Grundlagen, aktuelle Entwicklungen und Perspektiven der Europäischen Währungsunion, 2012, S. 61 (90 f.); *Siekmann,* in: Möllers/Zeitler (Hrsg.), Europa als Rechtsgemeinschaft, 2013, S. 101 (137); dazu *Calliess,* in: Pechstein (Hrsg.), Integrationsverantwortung, 2012, S. 53 (64 ff.).

776 So aber *Nitze,* Finanzhilfen für Euro-Staaten in der Krise, 2015, S. 119 f.

777 Vgl. nur die angenomme, aber noch nicht im ABl.EU veröffentlichte Entschließung des Europäischen Parlaments vom 17. Dezember 2014 betreffend den Standpunkt des Rates zum neuen Entwurf des Gesamthaushaltsplans der Europäischen Union für das Haushaltsjahr 2015, Punkt A., 16739/2014 – C8–0287/2014 – 2014/2224(BUD), P8_TA-PROV(2014)0100.

778 *Magiera,* in: Grabitz/Hilf/Nettesheim (Hrsg.), Recht der EU, 47. EL 2012, Art. 310 AEUV Rn. 55; ähnlich *Niedobitek,* in: Streinz (Hrsg.), EUV/AEUV, 2. Aufl. 2012, Art. 310 AEUV Rn. 56; *Waldhoff,* in: Calliess/Ruffert (Hrsg.), EUV/AEUV, 4. Aufl. 2011, Art. 310 AEUV Rn. 32.

(5) Zwischenergebnis

Entgegen vereinzelter Auffassungen in der Literatur kann somit Art. 352 AEUV nicht als Kompetenzgrundlage für einen Finanzhilfen ermöglichenden Krisenbewältigungsmechanismus der Union, vorliegend also die Verordnung (EU) Nr. 407/2010, dienen.

ee) Europäisches Gewohnheitsrecht

Es wäre gleichwohl auch denkbar, die Verordnung (EU) Nr. 407/2010 auf unionales Gewohnheitsrecht zu stützen.

(1) Voraussetzungen für die Entstehung von Gewohnheitsrecht

Für die Begründung der Voraussetzungen von Europäischem Gewohnheitsrecht kann auf die nationale und völkerrechtliche Rechtsquellenlehre zurückgegriffen werden.[779] Das Gewohnheitsrecht ist als allgemeine Rechtsquelle gemeinhin anerkannt und Teil des ungeschriebenen Unionsrechts,[780] auch wenn dies vom EuGH noch weitgehend unberücksichtigt geblieben ist.[781] Voraussetzung für seine Entstehung ist eine über einen längeren Zeitraum stattfindende, anhaltende Übung (consuetudo), die von den Beteiligten als rechtlich verbindlich und geboten angesehen wird (opinio iuris sive necessitatis).[782] Geltungsvoraussetzung von Gewohnheitsrecht ist ferner, dass die ständige Übung als Rechtssatz formulierbar und darüber hinaus auch als solcher hinreichend bestimmt ist.[783] Es kann sowohl durch positives Handeln als auch durch Unterlassen entstehen, wobei bei der Erzeugung von primärem Unionsrecht zu beachten ist, dass diese aufgrund des Prinzips der begrenzten Einzelermächtigung nicht ohne eine auf eine entsprechende Rechtsüberzeugung gestützte Rechtspraxis der Mitgliedstaaten entstehen kann.[784] Ferner reicht eine lang anhaltende Übung an sich nicht aus, denn das Entstehen

---

779 *Bleckmann/Pieper*, in: Dauses (Hrsg.), EU-Wirtschaftsrecht, 5. EL (Grundwerk 1993), B. I. Rn. 164.

780 *Haratsch/Koenig/Pechstein*, Europarecht, 10. Aufl. 2016, Rn. 431; restriktiv *Herdegen*, Europarecht, 17. Aufl. 2015, § 8 Rn. 9; *Nettesheim*, in. Grabitz/Hilf/Nettesheim (Hrsg.), Recht der EU, 48. EL 2012, Art. 288 AEUV Rn. 29; zur Existenz von Gewohnheitsrecht im Unionsrecht ausführlich s. *Bleckmann*, Europarecht, 6. Aufl. 1997, Rn. 560 ff.

781 *Bleckmann/Pieper*, in: Dauses (Hrsg.), EU-Wirtschaftsrecht, 5. EL (Grundwerk 1993), B. I. Rn. 161.

782 *Bleckmann/Pieper*, in: Dauses (Hrsg.), EU-Wirtschaftsrecht, 5. EL (Grundwerk 1993), B. I. Rn. 164; *Haratsch/Koenig/Pechstein*, Europarecht, 10. Aufl. 2016, Rn. 431; *Knauff*, in: Müller-Graff/Schmahl/Skouris (Hrsg.), FS Scheuing, 2011, S. 127 (129 f.); *Ruffert*, in: Calliess/Ruffert (Hrsg.), EUV/AEUV, 4. Aufl. 2011, Art. 1 AEUV Rn. 11; s. auch *Maurer*, Allgemeines Verwaltungsrecht, 18. Aufl. 2011, § 4 Rn. 29.

783 *Maurer*, Allgemeines Verwaltungsrecht, 18. Aufl. 2011, § 4 Rn. 30.

784 *Haratsch/Koenig/Pechstein*, Europarecht, 10. Aufl. 2016, Rn. 432.

von unionalem Gewohnheitsrecht setzt vielmehr voraus, dass diese Übung in der Rechtsüberzeugung des praktizierenden Rechtssubjektes, im Falle von primärem Unionsrecht mithin die der Mitgliedstaaten, als Gewohnheitsrecht anerkannt ist.[785]

Fraglich ist dann, ob es wie im nationalen Verfassungsrecht auch zu Gewohnheitsrecht mit derogierender Wirkung kommen kann (contra constitutionem), d. h., dass geschriebenes Recht von Gewohnheitsrecht verdrängt wird.[786] Dies wird für das primäre Unionsrecht gleichwohl abzulehnen sein.[787] Zwar sind die Mitgliedstaaten als verantwortliches Rechtssubjekt für die Entstehung von Primärrecht verantwortlich („Herren der Verträge"), allerdings muss für das Wirksamwerden von Vertragsänderungen das Verfahren nach Art. 48 EUV zwingend eingehalten werden.[788] Dies gebieten schon der Charakter des Unionsrechts als derogierte, supranationale Rechtsordnung mit völkerrechtlichem Ursprung sowie der Grundsatz des Vertrauensschutzes.

(2) Vorliegen von Europäischem Gewohnheitsrecht

Im Falle der Gewährung von Finanzhilfen an Mitgliedstaaten der Union durch die Union selbst kann jedoch ein solches Europäisches Gewohnheitsrecht nicht angenommen werden. Zum einen ist der Zeitraum der Gewährung der Hilfen (seit Mai 2010) noch viel zu kurz, als dass sich in ihm eine „ständige Übung" hätte etablieren können. Zum anderen kann, auch wenn nach Überzeugung sowohl der Mitgliedstaaten als auch der Union die Gewährung von Finanzhilfen als geboten angesehen wird, die geschriebene Regel der Nichtauslösungsklausel (Art. 125 Abs. 1 AEUV) nicht durch ungeschriebenes Gewohnheitsrecht umgangen werden.[789] Dies zeigt sich letztlich auch dadurch, dass von den Mitgliedstaaten die Notwendigkeit gesehen wurde, Art. 136 Abs. 3 AEUV als unionsrechtlichen Anker für die Errichtung des ständigen Rettungsinstrumentes ESM in das Primärrecht aufzunehmen.

(3) Zwischenergebnis

Die Verordnung (EU) Nr. 407/2010 kann daher nicht auf europäisches Gewohnheitsrecht gestützt werden.

---

785 *Frenz,* Handbuch Europarecht, Bd. V, 2010, Rn. 563; *Haratsch/Koenig/Pechstein,* Europarecht, 10. Aufl. 2016, Rn. 433; *Nettesheim,* in. Grabitz/Hilf/Nettesheim (Hrsg.), Recht der EU, 48. EL 2012, Art. 288 AEUV Rn. 29.

786 *Maurer,* Staatsrecht I, 6. Aufl. 2010, § 1 Rn. 45; näher *Tomuschat,* Verfassungsgewohnheitsrecht?, 1972, S. 74 ff.

787 Vgl. EuGH, Rs. 68/86, EU:C:1988:85 (Slg. 1988, S. 892), Rn. 24 – *Vereinigtes Königreich/Rat*; EuGH, Rs. C-426/93, EU:C:1995:367 (Slg. 1995, S. I-3723), Rn. 21 – *Deutschland/Rat;* EuGH, Rs. C-133/06, EU:C:2008:257 (Slg. 2008, S. I-3189), Rn. 60 – *Parlament/Kommission,* Schlussanträge Generalanwalt *Maduro,* Rs.C-133/06, EU:C:2007:551 (Slg. 2008, S. I-3192), Rn. 29.

788 *Frenz,* Handbuch Europarecht, Bd. V, 2010, Rn. 564.

789 *Schröder,* DÖV 2011, S. 61 (64).

ff) Zwischenergebnis

Die Verordnung (EU) Nr. 407/2010 kann mithin auf keine unionsrechtliche Ermächtigungsgrundlage gestützt werden und ist daher bereits formell unionsrechtswidrig.

b) Ein dauerhafter Rettungsmechanismus als Unionseinrichtung?

Ein dauerhafter Finanzhilfemechanismus, der mittels der geltenden Verträge als Unionseinrichtung, etwa vergleichbar einer Agentur, durch Verordnung errichtet werden könnte, bedürfte ebenfalls einer Grundlage im primären Unionsrecht. Der Union ist es grundsätzlich möglich, bestimmte Befugnisse auf Einrichtungen oder sonstige Stellen zu übertragen.[790] Die EFSF als Aktiengesellschaft oder der ESM als internationale Organisation können an dieser Stelle daher bei der Untersuchung unberücksichtigt bleiben.

Zuvörderst muss eine primärrechtliche Grundlage für die Errichtung ermittelt werden. Wie oben unter a) untersucht, scheiden Art. 122 Abs. 2 AEUV sowie Art. 136 Abs. 1 AEUV aufgrund ihrer engen Voraussetzungen von vornherein hierfür aus.[791] Der neugeschaffene Art. 136 Abs. 3 bestätigt den Mitgliedstaaten lediglich die Möglichkeit, durch völkerrechtlichen Vertrag vom Haftungsverbot des Art. 125 Abs. 1 AEUV abzuweichen und eröffnet der Union keine Möglichkeit, selbst einen dauerhaften Rettungsschirm zu installieren.[792] Da auch der Anwendungsbereich von Art. 143 f. AEUV hier ebenfalls nicht eröffnet ist, da es sich gerade um Staaten des Euroraums handelt, scheiden diese Normen ebenfalls als Ermächtigungsgrundlage aus. Wie bei der Errichtung diverser Unionsagenturen bislang praktiziert,[793] verbleibt als einzige Norm mangels anderweitiger einschlägiger Vorschriften hier die Kompetenzergänzungsklausel des Art. 352 Abs. 1 AEUV.[794]

Wie bereits oben unter a) genauer in Bezug auf die Verordnung (EU) Nr. 407/2010 untersucht, kommt Art. 352 Abs. 1 AEUV als Kompetenzgrundlage für Finanzhilfen nicht in Betracht. Was für kurzfristige Finanzhilfemechanismen gilt, muss indes erst recht für unbefristete Rettungsmechanismen gelten. Eine Errichtung eines „Europäischen Währungsfonds" oder einer vergleichbaren Institution (bspw. den ESM) ist auf Grundlage der geltenden Verträge indes nicht möglich.[795]

---

790 EuGH, Rs. 9/56, EU:C:1958:7 (Slg. 1958, S. 9), Rn. 42 ff. – *Meroni.*

791 Ebenso *Smulders/Keppenne,* in: v. d. Groeben/Schwarze/Hatje (Hrsg.), Europäisches Unionsrecht, Bd. 3, 7. Aufl. 2015, Art. 122 AEUV, Rn. 27.

792 Dazu s.u. Kap. 3, A. II. 1. c) bb); ähnlich wohl *Nitze,* Finanzhilfen für Euro-Staaten in der Krise, 2015, S. 229.

793 Bspw. Europäische Grundrechteagentur, errichtet durch Art. 1 der Verordnung (EG) Nr. 168/2007, ABl.EU 2007 Nr. L 53, S. 1; Europäischen Beobachtungsstelle für Drogen und Drogensucht, errichtet durch Art. 1 Abs. 1 der Verordnung (EWG) Nr. 302/93, ABl.EG 1993 Nr. L 36, S. 1; teilweise ergangen aufgrund der Vorgängerregelungen (Art. 308 EGV, Art. 235 EWGV).

794 Dazu etwa *Haratsch/Koenig/Pechstein,* Europarecht, 10. Aufl. 2016, Rn. 321.

795 I.E. auch etwa *Häde,* EuR 2010, S. 854 (865).

Auch das europäische Gewohnheitsrecht kann für einen dauerhaften Rettungsmechanismus, wie oben unter a) schon beleuchet, nicht herangezogen werden.

c) *Zwischenergebnis*

Damit kann festgestellt werden, dass eine unionsrechtliche Grundlage weder für die Verordnung (EU) Nr. 407/2010 zur Errichtung des unionsrechtlichen Teils des EFSM (1. Kap., D., 2., a)) noch für einen möglichen dauerhaften Rettungsschirm in den geltenden Verträgen bzw. im europäischen Gewohnheitsrecht zu finden ist.

4. *Ermöglichung von Finanzhilfen mit Mitteln des geltenden Unionsrechts*

Ferner besteht noch die Möglichkeit, mit Mitteln des geltenden Unionsrechts Finanzhilfen zu realisieren. Zu untersuchen ist hierbei zum einen, ob dies im Rahmen der Verstärkten Zusammenarbeit (a.) oder im Wege einer Vertragsänderung (b.) möglich wäre.

a) *Verstärkte Zusammenarbeit (Art. 20 EUV, Art. 326 ff. AEUV)*

Da ein währungsverfassungsrechtlicher Rahmen für die Rettung des Euro nahezu komplett fehlt,[796] ist in den Verträgen nach alternativen Konstruktionen für die Stützung von Finanzhilfen zu suchen. Die Verstärkte Zusammenarbeit könnte hierfür ein Anknüpfungspunkt ein, der auch das Europäische Parlament stärker einbindet und die demokratische Legitimation so erhöhen würde.[797] Eine solch innerunionale Handlungsweise vermeidet auch den Rückgriff auf außer-unionale Rechtskonstruktionen.[798] Dies gilt umso mehr, als dass die Finanzhilfemaßnahmen materiell bereits als Verstärkte Zusammenarbeit angesehen werden können.[799]

Im Folgenden wird untersucht, ob Finanzhilfen zugunsten von Mitgliedstaaten, deren Währung der Euro ist, mit dem Instrument der Verstärkten Zusammenarbeit nicht vorrangig gelöst werden müssten (a.) und könnten (b.), bevor ein außerunionaler Rechtsrahmen (bspw. privatrechtliche oder völkerrechtliche Verträge) hierfür gewählt wird.[800]

---

796 Zur Grundkonstruktion der Währungsunion vor der Krise s.o. Kap. 1, D. II.

797 *Pernice/Wendel/Otto/Bettge/Mlynarski/Schwarz*, Die Krise demokatisch überwinden, 2012, S. 62 f.; ausführlich *Schwarz*, CMLRev 51 (2014), S. 389 (406 ff., 417 ff.).

798 *Schwarz*, CMLRev 51 (2014), S. 389 (417).

799 Vgl. *Hufeld*, in: Müller-Graff (Hrsg.), EnzEuR IV, 2014, § 22 Rn. 22; *Schwarz*, CMLRev 51 (2014), S. 389 (410 f.).

800 S. auch *Thym*, EuR-Beiheft 2/2013, S. 23 (34).

aa) Vorrangigkeit der Verstärkten Zusammenarbeit

Das Ideal einer einheitlichen Integration wird durch das in Art. 20 EUV, Art. 326 ff. AEUV errichtete Regelungsregime der Verstärkten Zusammenarbeit seiner Konzeption nach auf Zeit und für bestimmte Politikfelder aufgegeben, um langfristig den Integrationsprozess zu fördern und so das volle Integrationspotenzial der Verträge zu nutzen (vgl. Art. 20 Abs. 1 UAbs. 2 EUV).[801] Der Verstärkten Zusammenarbeit ist somit ein integrationsfördernder Grundgedanke zuzuschreiben, dem ein Gebot der primären Anwendung dieses Mittels vor außerunionalen Rechtskonstrukten zwischen Mitgliedstaaten immanent scheint, sofern dieses Mittel die Möglichkeit zur Realisierung dieses integrationsfördernden Schrittes bietet. Auch wenn die Verstärkte Zusammenarbeit nur als letztes Mittel (Art. 20 Abs. 2 Satz 1 EUV) genutzt werden soll, um das angestrebte Ziel innerhalb absehbarer Zeit zu erreichen, so steht dies nicht in Widerspruch zu diesem Grundgedanken. Er wird im Gegenteil nur bestärkt, denn die Integration als Fernziel soll dadurch gerade erreicht werden.

Gleichwohl könnte die Möglichkeit einer potenziellen Verstärkten Zusammenarbeit ein völkerrechtliches Zusammenwirken einzelner Mitgliedstaaten ausschließen, auch wenn die Union die hierfür zugewiesene Kompetenz noch nicht in Anspruch genommen hat.[802] Geht man allerdings von der hier vertretenen Auffassung aus, dass Finanzhilfen der Währungspolitik zuzuordnen sind, so bleibt für ein Tätigwerden seitens der Mitgliedstaaten gar kein Raum.

Der Wortlaut von Art. 20 EUV stützt die Annahme, dass ein privat- oder völkerrechtliches Vorgehen der Mitgliedstaaten außerhalb des Unionsrechtsrahmens nicht verboten ist, denn er eröffnet lediglich die Möglichkeit zum Tätigwerden in Form der Verstärkten Zusammenarbeit und erlaubt gleichzeitig die Nutzung von Unionsorganen, den unionsrechtlichen Verfahren sowie Unionsmechanismen.[803] Es wird zwar teilweise argumentiert, dass ein völkerrechtliches Tätigwerden unterhalb der im Vertrag vorgesehenen Mindestanzahl von teilnehmenden Staaten möglich sein soll,[804] dem wird jedoch zu Recht entgegnet, dass dies eine systemisch

---

801 *Pechstein,* in: Streinz (Hrsg.), EUV/AEUV, 2. Aufl. 2012, Art. 20 EUV Rn. 5 f.; *Blanke,* in: Grabitz/Hilf/Nettesheim (Hrsg.), Recht der EU, 41. EL 2010, Art. 20 EUV Rn. 55; ähnlich *Hatje,* in: Schwarze (Hrsg.), EU-Kommentar, 3. Aufl. 2012, Art. 20 EUV Rn. 3.

802 *Martenczuk,* ZEuS 1998, S. 447 (464); *Repasi,* EuR 2013, S. 45 (59 f.) geht wegen der Stellung der Unionsorgane, insbesondere dem Initiativrecht der Kommission (Art. 17 Abs. 2 EUV) und den Mitbestimmungsrechten in Kombination mit dem Loyalitätsgrundsatz von einer Vorrangigkeit der Verstärkten Zusammenarbeit aus; a.A. *Thym,* EuR-Beiheft 2/2013, S. 23 (34); *ders.,* in: Hatje/Müller-Graff (Hrsg.), EnzEuR I, 2014, § 5 Rn. 89.

803 *Thym,* Ungleichzeitigkeit und europäisches Verfassungsrecht, 2004, S. 306 f. m.w.N. zu dieser Wortlautauslegung; vgl. auch *Ehlermann,* EuR 1997, S. 362 (372); *Hofmann,* EuR 1999, S. 713 (728); a.A. *Martenczuk,* ZEuS 1998, S. 447 (464).

804 So *Ehlermann,* EuR 1997, S. 362 (373).

inkonsistente Argumentation sei.[805] Den Mitgliedstaaten als „Herren der Verträge" dürfe auch die Zulässigkeit zum Abschluss völkerrechtlicher Verträge durch dieses Instrument nicht versperrt bleiben, solange Unionsrecht dem nicht entgegensteht.[806] Die Verstärkte Zusammenarbeit ist nur eine bestimmte Form der differenzierten Integration, dessen Voraussetzungen in Art. 20 EUV bezeichnet werden.[807]

Zudem wäre es mehr als ratsam, der Klarheit halber die Verträge mit einer expliziten Aussage über die Möglichkeit von mitgliedstaatlicher Kooperation außerhalb des Unionsrechtsrahmens zu treffen.[808]

Im Ergebnis lässt sich also konstatieren, dass die Einführung dieses Handlungsinstrumentes zur Möglichkeit der partiellen Vertiefung der europäischen Integration nach der politischen Intention zwar einem Ausbrechen aus dem Unionsrechtsrahmen entgegenwirken soll, indem eine Alternative zur völkerrechtlichen Kooperation in das Unionsrechtsgefüge implementiert wird, dieses jedoch nicht verbietet, sofern die Mitgliedstaaten nicht diese Kompetenz vollständig auf die Union übertragen haben.[809] Dabei haben die Mitgliedstaaten zudem unionsrechtliche Vorgaben zu beachten, wie bspw. die Pflicht zur loyalen Zusammenarbeit aus Art. 4 Abs. 3 EUV, den Vorrang des Unionsrechts, die Funktionsfähigkeit der Union, Offenheit für den Beitritt weiterer Mitgliedstaaten sowie Wechselwirkungen durch die Organleihe von Unionsorganen.[810]

bb) Realisierungsmöglichkeit im Rahmen der Verstärkten Zusammenarbeit

Obwohl keine strikte Vorrangigkeit des Mittels der Verstärkten Zusammenarbeit damit vorliegt, muss zudem noch untersucht werden, ob sich das Ziel auch damit realisieren lässt. Nach Art. 20 EUV, Art. 326 ff. AEUV besteht die Möglichkeit zur Verstärkten Zusammenarbeit zwischen mindestens neun Mitgliedstaaten der Union in einem Politikfeld, für das die Union nicht ausschließliche Zuständigkeit besitzt. Diese darf indes nur als ultima ratio in Anspruch genommen werden, wenn der Rat feststellt, dass die mit der Zusammenarbeit angestrebten Ziele von der Union in ihrer Gesamtheit nicht innerhalb eines vertretbaren Zeitraums verwirklicht werden könnten (Art. 20 Abs. 2 Satz 1 EUV).

805 *Tuytschaever,* Differentiation in European Union Law, 1999, S. 53.

806 *Becker,* in: ders./Hatje/Potacs/Wunderlich (Hrsg.), FS Schwarze, 2014, S. 790 (799); *Hofmann,* EuR 1999, S. 713 (727); ähnlich *Craig,* EuConst 9 (2013), S. 263 (274).

807 *Becker,* in: ders./Hatje/Potacs/Wunderlich (Hrsg.), FS Schwarze, 2014, S. 790 (799).

808 *Thym,* Ungleichzeitigkeit und europäisches Verfassungsrecht, 2004, S. 308 m.w.N.

809 EuGH, Rs. C- 370/12, EU:C:2012:756 (NJW 2013, S. 29), Rn. 63, 93 ff. – *Pringle; Kortenberg,* CMLRev. 35 (1998), S. 833 (835); *Thym,* EuR-Beiheft 2/2013, S. 23 (34); *ders.,* in: Hatje/Müller-Graff (Hrsg.), EnzEuR I, 2014, § 5 Rn. 89.

810 Siehe hierzu *Thym,* Ungleichzeitigkeit und europäisches Verfassungsrecht, 2004, S. 308 ff., der diesen Kanon von Anforderungen als die „fünf Gebote" für völkerrechtliche Kooperationen einiger Mitgliedstaaten" bezeichnet.

Zunächst ist die Verstärkte Zusammenarbeit den Politikfeldern vorbehalten, die nicht in die ausschließliche Zuständigkeit der Union nach Art. 3 AEUV fallen. Da es sich bei den Finanzhilfen jedoch um Maßnahmen im Bereich der Währungspolitik handelt, die nach Art. 3 Abs. 1 lit. c) AEUV in die ausschließliche Unionszuständigkeit fällt, ist dieses Mittel von vornherein ausgeschlossen.[811] Lediglich die in die Wirtschaftspolitik und somit in die koordinierende Zuständigkeit der Union nach Art. 5 Abs. 1 S. 1, Art. 119 AEUV einzuordnenden makroökonomischen Anpassungsprogramme ließen sich hierunter fassen. Eine andere Bewertung ließe sich indes nur vornehmen, wenn der Sekundärzweck der Stabilitätshilfen (wirtschaftspolitische Konsolidierung der Mitgliedstaaten) zur Einordnung in die Politikfelder und somit der Unionszuständigkeit ausreichte.

Ginge man vorliegend davon aus, dann müssten auch die einschlägigen Bestimmungen der Verträge bei der Ausübung der Verstärkten Zusammenarbeit, also die Konvergenz mit dem bestehenden Primärrecht, geachtet werden (Art. 20 Abs. 1 UAbs. 1 EUV, Art. 326 Abs. 1 AEUV). Als primärrechtliche Grundlagen für finanzielle Hilfen kommen hier einzig die Art. 122 Abs. 2, Art. 143 f. AEUV und ggf. Art. 352 AEUV in Betracht, die jeweils auch nur in begrenztem Umfang einschlägig sein könnten. Ferner dürfte aber hierdurch auch kein Verstoß gegen das in Art. 123, Art. 124 sowie Art. 125 AEUV festgelegte Stabilitätskorsett der WWU vorliegen, was nach der hier vertretenen Auffassung zumindest teilweise der Fall ist.[812]

Finanzhilfen zur Stabilisierung des Euro-Währungsgebietes müssten demnach als Sekundärrechtsakt (Art. 20 Abs. 4 EUV) erlassen werden können. Auch wenn der EFSM auf Grundlage von Art. 122 Abs. 2 AEUV als begrenzter Rettungsschirm errichtet wurde, so ist hierdurch keine Möglichkeit gegeben, auf Haushalte der Mitgliedstaaten zuzugreifen, die den Großteil der Hilfen ausmachen. Die Griechenland-Soforthilfe sowie Hilfen aus der EFSF könnten hierbei bei Annahme eines außergewöhnlichen Ereignisses aufgrund Art. 122 Abs. 2 AEUV erlassen werden, da sie befristet waren. Die Errichtung eines dauerhaften Stabilitätsmechanismus wie den ESM erforderte jedoch eine Vertragsänderung, die mit Art. 136 Abs. 3 AEUV n. F. vorgenommen wurde. Sie ist jedoch als lex specialis zu den Mitteln der Verstärkten Zusammenarbeit zu sehen, da sie die Möglichkeit der Errichtung des ESM durch die Mitgliedstaaten vorsieht, indes keine Pflicht hierzu statuiert. Allerdings ermächtigt Art. 136 Abs. 3 AEUV nicht zu einer Sekundärrechtsetzung, sondern lediglich zum Abschluss eines völkerrechtlichen Vertrages durch die Mitgliedstaaten und scheidet mithin als Rechtsgrundlage ebenfalls aus.[813] Einzig Art. 352 AEUV könnte bei entsprechender Auslegung als Kompetenzgrundlage für den Erlass einer solchen Verordnung dienen.[814]

---

811 So auch *Heß,* ZJS 2011, S. 207 (210 f.); *Müller-Graff,* integration 2011, S. 289 (302).
812 S.u. II. 2.
813 Vgl. *Nitze,* Finanzhilfen für Euro-Staaten in der Krise, 2015, S. 230.
814 Hierzu s.u. Kap. 2, A. III.

Zudem darf durch die Inanspruchnahme der Verstärkten Zusammenarbeit keine Wettbewerbsverzerrung zwischen den Mitgliedstaaten entstehen und weder den Binnenmarkt noch den wirtschaftlichen Zusammenhalt der Union beeinträchtigen (Art. 326 UAbs. 2 AEUV). Durch die Finanzhilfen und die damit verbundenen, makroökonomischen Anpassungsprogramme werden bestehende Wettbewerbsungleichheiten zwischen den weniger leistungsfähigen sowie den extrem leistungsfähigen Volkswirtschaften der Mitgliedstaaten eher angeglichen und vereinheitlicht denn verzerrt.[815] Somit wäre dies insofern kein entgegenstehender Grund für die Nutzung der Verstärkten Zusammenarbeit.

Die richtungsweisende Bestimmung des Art. 20 Abs. 1 UAbs. 2 Satz 1 EUV, wonach die Verstärkte Zusammenarbeit darauf ausgerichtet ist, die Verwirklichung der Unionsziele zu fördern, ist unabhängig von ihrem Charakter als Voraussetzung oder eines Programmsatzes der Verstärkten Zusammenarbeit unzweifelhaft zu bejahen. So fördern die Finanzhilfen den Fortbestand der Wirtschafts- und Währungsunion, die nach Art. 3 Abs. 4 EUV ein elementares Ziel der Union darstellt.

cc) Zwischenergebnis

Es ist daher festzustellen, dass die Verstärkte Zusammenarbeit zwar vorrangiges Mittel vor einer außerunionalen Rechtskonstruktion ist, Finanzhilfen nach den Maßgaben der Verstärkten Zusammenarbeit allerdings nicht realisierbar wären. Damit wäre auch kein Verstoß gegen diese Vorschriften anzunehmen.

b) Vertragsänderung (Art. 48 EUV)

Ein Verstoß gegen primäres Unionsrecht durch Finanzhilfen könnte jedoch für die Zukunft durch eine Vertragsänderung verhindert werden. Der folgende Abschnitt erläutert zunächst die hierfür in Frage kommenden Vertragsänderungsverfahren nach Art. 48 EUV (aa) und stellt Rahmenvorgaben eines Regelungsvorschlages dar (bb). Schließlich werden noch kurz die verfassungsrechtlichen Implikationen (cc) solcher Änderungen umrissen.

aa) Wahl des richtigen Vertragsänderungsverfahrens

Ein änderungsfester Kern des Unionsrechts besteht nicht.[816] Es wäre somit denkbar, Finanzhilfen mittels Änderungen des unionalen Primärrechts nach Art. 48 EUV zu ermöglichen. Direkte Finanzhilfen durch die Union würden die Kompetenz der Union erweitern, womit das vereinfachte Änderungsverfahren wegen Art. 48 Abs. 6

---

815 A.A. *Heß*, ZJS 2011, S. 207 (211).

816 S. etwa *Cremer*, in: Calliess/Ruffert (Hrsg.), EUV/AEUV, 4. Aufl. 2011, Art. 48 EUV Rn. 19; *Haratsch/Koenig/Pechstein*, Europarecht, 10. Aufl. 2016, Rn. 96; *Ohler*, in: Grabitz/Hilf/Nettesheim (Hrsg.), Recht der EU, 45. EL 2011, Art. 48 EUV Rn. 24 f.; ausführlich *Sichert*, Grenzen der Revision des Primärrechts in der Europäischen Union, 2005, S. 511 ff.

UAbs. 3 EUV ausscheidet und nur das wesentlich aufwendigere, ordentliche Vertragsänderungsverfahren nach Art. 48 Abs. 2 ff. EUV gewählt werden müsste.

Die Ermöglichung von Finanzhilfen der Mitgliedstaaten außerhalb des bereits zulässigen Rahmens von Art. 122 Abs. 2, Art. 136 Abs. 3 AEUV, beispielsweise durch Überführung der Inhalte des ESMV, könnte indes im Wege des vereinfachten Vertragsänderungsverfahrens nach Art. 48 Abs. 6 EUV umgesetzt werden. Dies würde die Kompetenz der Union freilich nicht erweitern.

bb) Rahmenvorgaben eines Regelungsvorschlages

Um Mittel für Finanzhilfen durch die Union zu generieren, müsste eine Ermächtigung in die Verträge eingefügt werden, die es bspw. der Kommission erlaubt, Anleihen auf dem Kapitalmarkt zu begeben. Ähnliches ist bereits bei Zahlungsbilanzhilfen nach den Art. 143, Art. 144 AEUV mit der Verordnung (EG) Nr. 332/2002[817] der Fall und wurde bereits mit der Europäischen Gemeinschaftsanleihe im Jahre 1975 ermöglicht.[818] Gleichermaßen wäre es statthaft, das Einnahmesystem der Union (Art. 311 ff. AEUV) von Grund auf zu reformieren und so originäre Haushaltsmittel der Union zur Bereitstellung von Hilfszahlungen zu generieren. Auch die Rolle der EZB müsste dabei klarifiziert werden. Die letztgenannte Option über Eigenmittelfinanzierung scheint angesichts der dann dafür aufzuwenden Summen allerdings politisch wie finanziell undenkbar, so dass es wohl praktisch relevanter sein dürfte, die erstgenannte Variante zu nutzen. Dies würde auch das bisherige Rettungsschema stringent fortführen.

Zur rechtsklaren Umsetzung von Finanzhilfen durch die Mitgliedstaaten müssten insbesondere die Stabilitätsanker der Art. 123 bis Art. 125 AEUV sowie die Vorschrift zur wirtschaftspolitischen Koordinierung im Euroraum des Art. 136 AEUV modifiziert werden. Es wäre dabei denkbar und sinnvoll, den ESM vom Grundsatz her in das Primärrecht zu überführen (Grundlegendes, das Verfahren, die Rollen der beteiligten Organe etc.) und eine insoweit klare Verordnungsermächtigung für den Rat und das Parlament unter Beteiligung der EZB zu implementieren, um die notfalls erforderliche Flexibilität in Bezug auf zu entwickelnde Rettungsinstrumente (vgl. Art. 19 ESMV) gewährleisten zu können.

Letztlich müsste das Verhältnis der beiden Hilfsinstrumente klargestellt werden. Denkbar ist insoweit eine starre oder flexible, bspw. quotenmäßige Beteiligung der Hilfsquellen. Es müsste dabei jedoch darauf geachtet werden, die Entscheidungsprozesse weitgehend zu entpolitisieren, um die Fehler des Stabilitäts- und Wachstumspaktes zu korrigieren. Grundsätzlich müsste dieser, in Verbindung mit den bereits ins Werk gesetzten Maßnahmen des Sechser- und Zweierpaketes und

---

817 ABl.EG 2002 Nr. L 53, S. 1.

818 Verordnungen (EWG) Nr. 397/75 und Nr. 398/75, s. dazu im Einzelnen *Piecha*, EuZW 2012, S. 532 ff.

des VSKS[819] dazu führen, dass solche Hilfsinstrumente gar nicht erforderlich sind, nötigenfalls nur als ultima ratio.

cc) Verfassungsrechtliche Implikationen

Gleichwohl wäre eine solche Änderung aus verfassungsrechtlicher Perspektive heikel. Eine solche Änderung würde die Stabilitätsarchitektur, die der WWU bislang zugrunde lag, zumindest wesentlich verändern. Wenn man bedenkt, dass die Grundlage für die Teilnahme Deutschlands an der WWU die Ausgestaltung als Stabilitätsgemeinschaft ist[820] und zudem dadurch ein System errichtet würde, was an einen bundesstaatlichen Finanzausgleich wenigstens stark erinnert, so könnte schwerlich eine Ratifikation nach Art. 23 GG auskömmlich sein. Wenn man bedenkt, dass dadurch ein Kernelement der Verfassungsidentität Deutschlands erodiert, so muss wenigstens eine Verfassungsanpassung oder gar -neuschöpfung, die im Wege einer Volksabstimmung nach Art. 146 GG gebilligt werden müsste, erfolgen.[821]

dd) Zwischenergebnis

Eine Überführung von Finanzhilfen sowohl durch die Union als auch die Mitgliedstaaten in das Primärrecht, ist mittels einer Vertragsänderung möglich. Dabei kann eine unionsseitige Beteiligung lediglich im ordentlichen Vertragsänderungsverfahren erfolgen. Ferner muss auf verfassungsrechtlicher Ebene wohl ein Referendum nach Art. 146 GG abgehalten werden.

ee) Anwendungsfall: Ergänzung des Art. 136 AEUV um Abs. 3

Die nach Art. 48 Abs. 6 EUV im vereinfachten Vertragsänderungsverfahren erfolgte, zum 1. Mai 2013 in Kraft getretene Erweiterung des Art. 136 um einen dritten Absatz durch den Beschluss 2011/199/EU[822] vom 25. März 2011, wurde vielfach kritisiert. Eingewendet wird vielfach, dass das ordentliche Vertragsänderungsverfahren nach Art. 48 Abs. 2 bis Abs. 5 EUV einschlägig sei und die Voraussetzungen des Art. 48 Abs. 6 EUV durch den Beschluss überdehnt würden.[823]

Diese Kritik ist auf unionsrechtlicher Seite indes nicht gerechtfertigt, wenn Art. 48 Abs. 6 EUV das adäquate Verfahren beinhaltet (1) und seine Voraussetzungen (2) eingehalten wurden.

---

819 Zur Möglichkeit seiner Überführung ins Primärrecht s. u. Kap. 4, A. VI.

820 BVerfGE 89, S. 155 (205) – *Maastricht*; BVerfGE 129, S. 124 (181) – *Griechenland-Soforthilfe/Euro-Rettungsschirm*.

821 In diese Richtung wohl auch *Herrmann*, in: v. Lewinski (Hrsg.), Staatsbankrott als Rechtsfrage, 2011, S. 29 (42).

822 ABl.EU 2011 Nr. L 91, S. 1.

823 Etwa *Sester*, EWS 2012, S. 80 (88).

(1) Wahl des korrekten Vertragsänderungsmodus

Die Unterscheidung zwischen den hier in Frage kommenden Vertragsänderungsmodi nach Art. 48 Abs. 2 bis Abs. 5 EUV bzw. Art. 48 Abs. 6 EUV ist allein materieller Natur. Durch das ordentliche Vertragsänderungsverfahren nach Art. 48 Abs. 2 bis Abs. 5 EUV können sämtliche Normen in den Unionsverträgen ohne Beschränkung auf bestimmte Vertragsteile modifiziert werden (vgl. Art. 48 Abs. 2 EUV).[824] Die Änderung von Bestimmungen der internen Politikbereiche, die im Dritten Teil des AEU-Vertrages geregelt sind, kann auch im vereinfachten Vertragsänderungsverfahren nach Art. 48 Abs. 6 EUV erfolgen.[825] Eine erfolgreiche Vertragsänderung innerhalb dieses Verfahrens darf materiell nicht zu einer Ausweitung der Unionskompetenzen führen (Art. 48 Abs. 6 UAbs. 3 EUV). Art. 48 Abs. 6 UAbs. 1 EUV schränkt den Anwendungsbereich des Verfahrens somit dahingehend ein, als dass lediglich der Dritte Teil des AEU-Vertrages im Wege des vereinfachten Änderungsverfahrens abgeändert werden darf. Im Übrigen sind die Mitgliedstaaten als „Herren der Verträge“ in der Wahl der Änderungsmodi hingegen frei. Berücksichtigt man den praktischen Aufwand des ordentlichen Vertragsänderungsverfahrens nach Art. 48 Abs. 2 bis 5 EUV, so ist dieses Verfahren für eine größere Vertragsrevision oder grundlegende Änderungen und das vereinfachte Vertragsänderungsverfahren nach Art. 48 Abs. 6 EUV für marginale Änderungen der Verträge konzipiert worden.[826] Teilweise wird zwar behauptet, der Wandel der EU zu einer quasi-föderalen Haftungs- und Transfergemeinschaft erfordere aus diesem Grunde die Anwendung des ordentlichen Vertragsänderungsverfahrens.[827] Allerdings lassen sich hierfür keine weiteren Anhaltspunkte finden, denn zum einen ist eine grundlegende Änderung keine explizite Tatbestandsvoraussetzung des Art. 48 Abs. 6 EUV, zum anderen kann eher von einer grundlegenden Änderung gesprochen werden, wenn lediglich der Dritte Teil des AEU-Vertrages geändert wird.[828]

Aufgrund der Einfügung des neuen Art. 136 Abs. 3 AEUV n.F. in den Dritten Teil des AEU-Vertrages wurde mit dem einfachen Vertragsänderungsverfahren nach Art. 48 Abs. 6 EUV mithin der korrekte Vertragsänderungsmodus gewählt.[829]

(2) Einhaltung der Voraussetzungen des Art. 48 Abs. 6 EUV

Die formalen Voraussetzungen des Art. 48 Abs. 6 EUV wurden beim Beschluss 2011/199/EU zur Ergänzung des Art. 136 AEUV eingehalten: Die belgische Regierung, auf deren Betreiben die Änderung verfolgt wurde, war initiativberechtigt

---

824 Ausführlich zu diesem Verfahren *Haratsch/Koenig/Pechstein,* Europarecht, 10. Aufl. 2016, Rn. 89 ff.; s. bereits *Puttler,* EuR 2004, S. 669 (680 f.).

825 Dazu u. a. *Haratsch/Koenig/Pechstein,* Europarecht, 10. Aufl. 2016, Rn. 93; s. bereits *Puttler,* EuR 2004, S. 669 (682 f.).

826 Ähnlich BVerfGE 123, S. 267 (385) – *Lissabon.*

827 *Degenhart,* Wirtschaftsdienst 2011, S. 374 (375).

828 So *Nitze,* Finanzhilfen für Euro-Staaten in der Krise, 2015, S. 128 f.

829 Ebenso *Nitze,* Finanzhilfen für Euro-Staaten in der Krise, 2015, S. 126 f.

und Anhörungen von Europäischem Parlament, Kommission sowie der EZB haben stattgefunden.[830] Ferner erging der Ratsbeschluss einstimmig.

Einzig die Negativvoraussetzung (keine Erweiterung von Unionskompetenzen) wird teilweise bestritten. Diese ist nur gegeben, wenn zulasten der Mitgliedstaaten Hoheitsrechte auf die Union übertragen oder bestehende Hoheitsrechte sachlich erweitert werden.[831] Wenn man davon ausginge, dass die Mitgliedstaaten nicht die erforderliche Vertragsabschlusskompetenz besitzen, um den ESM durch Vertrag zu errichten, so könnte man den Beschluss des Rates 2011/199/EU, Art. 136 Abs. 3 AEUV in den Vertrag einzufügen, als Erweiterung von Unionskompetenzen ansehen.[832] Auch könnte vertreten werden, die Währungsunion werde durch die Einfügung dieser Norm derart umgewandelt, dass eine Erweiterung der Kompetenzen vorliege.[833]

Diese Sichtweise kann einer näheren Prüfung gleichwohl nicht standhalten. Die originäre Vertragsabschlusskompetenz für völkerrechtliche Verträge liegt bei den Mitgliedstaaten, die ihre Hoheitsrechte aufgrund des Prinzips der begrenzten Einzelermächtigung (Art. 5 Abs. 1 EUV) nur beschränkt auf die Union übertragen haben.[834] Art. 136 Abs. 3 AEUV berechtigt indes nur zum Abschluss eines völkerrechtlichen Vertrages, dessen Regelungsgehalt auch in die ausschließliche Unionskompetenz der Währungspolitik (Art. 3 Abs. 1 lit. c) AEUV) fällt. Die durch Art. 136 Abs. 3 AEUV erfolgte Rückermächtigung auf die Mitgliedstaaten erweitert somit nicht die Unionskompetenzen.[835] Klarstellender Natur ist die Norm indes nicht.[836] Es werden gar Kompetenzen von der Union auf die Mitgliedstaaten zurückverlagert.[837] Mithin ist dem Beschluss 2011/199/EU zur Einfügung des Art. 136 Abs. 3 AEUV eine Verringerung der Unionskompetenz immanent. Diese Norm kann nicht so gelesen werden, dass sie Unionsorgane über ihren Wortlaut hinaus ermächtigt,

---

830 Siehe Beschluss 2011/199/EU v. 25. 3. 2011, ABl.EU 2011 Nr. L 91, S. 1; Stellungnahme des Europäischen Parlaments vom 23. 3 2011, Stellungnahme der Kommission v. 15. 2. 2011 und Stellungnahme der EZB v. 17. 3 2011.

831 *Ohler,* in: Grabitz/Hilf/Nettesheim (Hrsg.), Recht der EU, 45. EL 2011, Art. 48 EUV Rn. 44.

832 *Häde,* ZG 2011, S. 1 (29); *Sester,* EWS 2012, S. 80 (88); a.A. *Kube,* WM 2012, S. 245 (246).

833 *Sester,* in: Möllers/Zeitler (Hrsg.), Europa als Rechtsgemeinschaft, 2013, S. 175 (189).

834 Vgl. nur *Hofmann/Konow,* ZG 2012, S. 138 (151); *Repasi,* EuR 2013, S. 45 (48 ff.).

835 Ebenso *Müller-Graff,* integration 2011, S. 289 (297); ähnlich *Heß,* ZJS 2011, S. 207 (212); a.A. etwa EuGH, Rs. C-370/12, EU:C:2012:756 (NJW 2013, S. 29), Rn. 72 – *Pringle.*

836 BT-Drs. 17/9045, Denkschrift, S. 29; a.A. etwa *Pernice,* WHI-Paper 04/2013, S. 9; *Ohler,* GYIL 54 (2011), S. 47 (58).

837 I.E. wohl auch *Pernice,* EuZW 2012, S. 601 (602); *Siekmann,* in: ders. (Hrsg.), EWU-Kommentar, 2013, Einführung Rn. 94; *ders.,* in: Möllers/Zeitler (Hrsg.), Europa als Rechtsgemeinschaft, 2013, S. 101 (138 f.); *Kube,* WM 2012, S. 245 (246) und *ders./Reimer,* ZG 2011, S. 332 (339) sprechen indes von einer Bestätigung der Vertragsschlusskompetenz.

Mitgliedstaaten in Notsituationen zu helfen.[838] Eine Erweiterung der Unionskompetenzen kann daher nicht angenommen werden.[839] Durch Art. 136 Abs. 3 AEUV werden die Mitgliedstaaten lediglich ermächtigt, völkervertragliche Strukturen zu schaffen, die formal nicht genuin zur EU gehören.[840] Auch die Einbindung von Unionsorganen und die Übertragung von Aufgaben auf selbige erfolgt nicht durch Art. 136 Abs. 3 AEUV, sondern durch den ESMV selbst, so dass von einer Erweiterung der Unionskompetenzen nicht die Rede sein kann.[841]

(3) Zwischenergebnis

Mit dem vereinfachten Vertragsänderungsverfahren nach Art. 48 Abs. 6 EUV ist das korrekte Verfahren für die Einfügung des Art. 136 Abs. 3 AEUV gewählt worden.[842] Die Voraussetzungen dieses Verfahrens wurden eingehalten; insbesondere führt diese Vertragsänderung nicht zu einer Ausdehnung der Unionszuständigkeiten.

ff) Implizite Vertragsänderung durch EFSF-RV oder ESMV?

Nach dem zuvor Erläuterten stellt sich noch die Frage, ob die EFSF-RV und der ESMV eine verbotene implizite Vertragsänderung der Unionsverträge darstellen. Als implizit sind sie deshalb zu bezeichnen, da sie sich nicht explizit der Änderungsmodi des Art. 48 EUV bedienen, sondern materielle Änderungen der Unionsverträge außerhalb des dort festgelegten Rahmens bewirken.[843] Näher zu untersuchen ist auch die darin enthaltene Frage, ob eine solche implizite Vertragsänderung überhaupt zulässig ist.

Ausgangspunkt dieser Überlegung ist, dass grundsätzlich die in Art. 48 EUV festgelegten, sog. „förmlichen Vertragsänderungsverfahren“[844] abschließend sind und Änderungen der Unionsverträge nur über die dort festgelegten Verfahren möglich sind.[845] Als Konsequenz hieraus können außerhalb dieser Modi durchgeführte Vertragsänderungen die Unionsverträge nicht mit Bindungswirkung für die Sphäre des Unionsrechts abändern und sind fortan unionsrechtswidrig. Dennoch ist hier

---

838 *Ohler,* in: Siekmann (Hrsg.), EWU-Kommentar, 2013, Art. 136 AEUV Rn. 15.

839 I.E. auch *Calliess,* ZEuS 2011, S. 213 (278); *Frenz,* EWS 2013, S. 27 (32); *Giegerich,* in: ders. (Hrsg.), Herausforderungen und Perspektiven der EU, 2012, S. 7 (19); *Kube,* WM 2012, S. 245 (246); *v. Lewinski,* in: Isensee/Kirchhof (Hrsg.), HbdStR X, 3. Aufl. 2012, § 217 Rn. 74.

840 *Kämmerer,* in: Siekmann (Hrsg.), EWU-Kommentar, 2013, Art. 122 AEUV Rn. 60.

841 *Nitze,* Finanzhilfen für Euro-Staaten in der Krise, 2015, S. 127 f.

842 Ebenso *Kube,* WM 2012, S. 245 (246).

843 Vgl. auch *Pernice/Wendel/Otto/Bettge/Mlynarski/Schwarz,* Die Krise demokatisch überwinden, 2012, S. 67 ff.

844 *Haratsch/Koenig/Pechstein,* Europarecht, 10. Aufl. 2016, Rn. 97.

845 EuGH, Rs. 43/75, EU:C:1976:56 (Slg. 1976, S. 455), Rn. 56/58 – *Defrenne*; ebenso *Oppermann/Classen/Nettesheim,* Europarecht, 6. Aufl. 2014, § 9 Rn. 58; *Schröder,* DÖV 2011, S. 61 (63).

eine Auflösung des Spannungsverhältnisses der Mitgliedstaaten als „Herren der Verträge“ und selbstgewählter Bindung durch die in Art. 48 EUV normierten Verfahren erforderlich. Diese ist indes durch eine Differenzierung zwischen völkerrechtlicher und unionsrechtlicher Wirkung möglich: Eine konsensuale Änderung der Unionsverträge durch die Vertragsparteien ist nach allgemeinen, völkerrechtlichen Grundsätzen demnach auch formfrei durchaus möglich, auch wenn sie in diesem Fall zwar unionsrechtswidrig, gleichwohl aber völkerrechtskonform sind.[846] Konsequenz einer solchen, außerhalb der Vertragsänderungsverfahren beschlossenen Modifikation ist, dass diese so ins Werk gesetzte Revision der Verträge innerhalb des Unionsrechts unanwendbar ist und keinerlei Wirkung zu entfalten vermag.[847] Gleichwohl dürfen die Mitgliedstaaten unabhängig davon kooperieren, sofern sie dabei das Unionsrecht nicht verletzten.[848]

Die Gewährung von Finanzhilfen nach Art. 2 Abs. 1 EFSF-RV nimmt auf unionsrechtlicher Ebene ebensowenig vom Verbot der Finanzhilfen des Art. 125 Abs. 1 AEUV aus wie die in Art. 13 ff. ESMV festgelegten Finanzhilfemöglichkeiten. Dies gilt jedoch nur insoweit, als dass die durch die formell zulässige Vertragsänderung durch Beschluss des Rates 2011/199/EU zur Einfügung von Art. 136 Abs. 3 AEUV in das Vertragsgefüge noch nicht in Kraft waren.[849]

gg) Zwischenergebnis

Im Wege des Vertragsänderungsverfahrens nach Art. 48 Abs. 6 EUV wäre die Implementierung von Hilfsmaßnahmen durchaus möglich. Die Ergänzung des Art. 136 AEUV um Abs. 3 stellt einen solchen Fall dar und ist unionsrechtskonform implementiert worden. EFSF und ESM stellen indes keinen Fall einer unionsrechtswidrigen, impliziten Vertragsänderung dar.

c) Zwischenergebnis

Die Implementierung von Finanzhilfen ist im Rahmen der geltenden Regelungen zur Verstärkten Zusammenarbeit nicht möglich. Gleichwohl besteht die Möglichkeit, diese im Wege des Vertragsänderungsverfahrens nach Art. 48 EUV in die Verträge einzufügen.

---

846 *Haratsch/Koenig/Pechstein,* Europarecht, 10. Aufl. 2016, Rn. 97; *Pechstein,* in: Streinz (Hrsg.), EUV/AEUV, 2. Aufl. 2012, Art. 48 EUV Rn. 14; dazu *Schröder,* DÖV 2011, S. 61 (64 f.).

847 *Pechstein,* in: Streinz (Hrsg.), EUV/AEUV, 2. Aufl. 2012, Art. 48 EUV Rn. 14.

848 EuGH, Rs. C-370/12, EU:C:2012:756 (NJW 2013, S. 29), Rn. 90 ff. – *Pringle*; s. auch *Schröder,* DÖV 2011, S. 61 (64).

849 *Schröder,* DÖV 2011, S. 61 (64) geht gar von einer suspendierten Wirkung der Vereinbarung des ECOFIN-Rates v. 9. 5. 2010 aus.

5. Zwischenergebnis

Kompetenzkonflikte zwischen Union und den Mitgliedstaaten entstehen nicht durch die Finanzhilfen. Der EFSF-RV ergänzt das Unionsrecht zwar, ist jedoch kein Teil desselbigen, wohingegen der ESMV eine ergänzende Rechtsquelle des Unionsrechts darstellt.

Normative Grundlagen sind weder für die Verordnung (EU) Nr. 407/2010 zur Errichtung des unionsrechtlichen Teils des EFSM (Kap. 1, D. II. 2. a) noch für einen möglichen dauerhaften Rettungsschirm in den geltenden Verträgen zu finden.

Die Implementierung von Finanzhilfen im Wege der Verstärkten Zusammenarbeit ist nicht möglich, gleichwohl ist dies im Wege des Vertragsänderungsverfahrens nach Art. 48 EUV möglich.

II. Materielle Fragen

Darüber hinaus wird im folgenden Teil untersucht, ob Finanzhilfen gegen materiellrechtliche Vorschriften der Unionsverträge verstoßen. Unabhängig von der Frage der Einhaltung der Kompetenzverteilung zwischen Union und Mitgliedstaaten muss jedoch die Vereinbarkeit der Finanzhilfemaßnahmen und den dazugehörigen makroökonomischen Anpassungsprogrammen mit der unionalen Wirtschafts- und Währungsverfassung und übrigen Vertragsnormen übereinstimmen.

1. Vereinbarkeit mit Steuerungs- und Koordinierungsvorschriften

a) Koordinierung der Wirtschaftspolitik (Art. 120, Art. 121 AEUV)

Die Finanzhilfen sowie die damit unabdingbar verknüpften makroökonomischen Anpassungsprogramme bedürfen zudem einer näheren Betrachtung, um ihre Vereinbarkeit mit den in Art. 121 AEUV kodifizierten Maßnahmen der wirtschaftspolitischen Koordinierung festzustellen. Hierfür werden zunächst die Grundlagen und Reichweite der dort normierten Koordinierung (aa.) in der gebotenen Kürze dargestellt und sodann die Finanzhilfen (bb.) sowie die makroökonomischen Anpassungsprogramme (cc.) auf ihre Vereinbarkeit mit dieser Koordinierung hin überprüft.

aa) Grundlagen und Reichweite der Koordinierung

Bei der WWU handelt es sich nicht um eine „echte" Wirtschaftsunion im Sinne einer einheitlichen von der Union betriebenen Wirtschaftspolitik.[850] Nach Art. 121 Abs. 1 AEUV betrachten die Mitgliedstaaten ihre Wirtschaftspolitik gleichwohl als eine Angelegenheit von gemeinsamem Interesse und koordinieren sie im Rat nach Maßgabe von Art. 120 AEUV. Dadurch werden die in Art. 120 AEUV genannten

---

850 *Bleckmann,* Europarecht, 6. Aufl. 1997, Rn. 2440; *Hahn/Häde,* Währungsrecht, 2. Aufl. 2010, § 15 Rn. 2; *Häde,* in: Calliess/Ruffert (Hrsg.), EUV/AEUV, 4. Aufl. 2011, Art. 120 AEUV Rn. 2.

Ziele wie Orientierung nach dem Prinzip der Marktwirtschaft und die Aufrechterhaltung von Preisstabilität innerhalb des Euro-Währungsgebietes konkretisiert und die politischen Grundlagen für die wirtschaftliche Stabilität in der Union gesichert.[851] Es stellt daher ein Instrument zur Durchsetzung der Unionsdisziplin im Bereich der Wirtschaftspolitik dar und enthält die Rechtspflicht zur Koordinierung der nationalen Wirtschaftspolitiken der Mitgliedstaaten auf Unionsebene.[852] Die Empfehlungen des Rates sind indes unverbindlich, sollen jedoch durch deren Veröffentlichung einen erheblichen Druck auf die nationalen Instanzen ausüben.[853] Das weitere Verfahren sowie die Ermächtigungen zur Sekundärrechtsetzung finden sich in den übrigen Absätzen der Norm.

bb) Finanzhilfen als Beitrag zur Koordinierung

Finanzhilfen stellen indes nur einen begrenzten Beitrag zur Koordinierung der Wirtschaftspolitik der Mitgliedstaaten dar. Zwar wird in den Verfahren zur Ermittlung des Finanzbedarfs auch eine Evaluierung der Haushalts- und Wirtschaftslage (MoU-Griechenland, Art. 2 Abs. 1 lit. (a) Satz 1 EFSF-RV, Art. 13 Abs. 1 Satz 3 lit. b) ESMV) durchgeführt. Dabei wird jedoch nur der Bedarf des Mitgliedstaates berücksichtigt, der Finanzhilfen beantragt hat. Die gesamtwirtschaftliche Lage innerhalb des Euro-Raums spielt zwar auch eine Rolle, jedoch ist in den Verfahren zur Gewährung von Finanzhilfen nur zu prüfen, ob durch die finanzielle Notlage des betreffenden Mitgliedstaates die Stabilität der gemeinsamen Währung an sich gefährdet ist. Diese ist jedoch keinesfalls mit einem Beitrag zur Koordinierung der Wirtschaftspolitik zu vergleichen. Diese der Liquiditätssteigerung des betreffenden Mitgliedstaates dienenden Finanzhilfen sollen primär eine fehlgeleitete Wirtschafts- und Haushaltspolitik kurzfristig heilen denn eine Koordinierung mit anderen Mitgliedstaaten herbeiführen.[854] Dem wohnt auch eher eine reparative denn präventive Funktion inne, die der Koordinierung der Wirtschaftspolitik zuzuschreiben ist.[855] Die Gewährung von Finanzhilfen durch die Mitgliedstaaten steht der wirtschaftspolitischen Koordinierung nach Art. 121 AEUV nicht entgegen, denn diese wird dadurch nicht berührt. Im Gegenteil, es wird insbesondere in der Eurogruppe noch enger koordiniert, was nicht im Widerspruch insb. zu Art. 121 Abs. 2 AEUV steht.

---

851 *Ohler,* in: Siekmann (Hrsg.), EWU-Kommentar, 2013, Art. 121 AEUV Rn. 37.

852 *Bandilla,* in: Grabitz/Hilf/Nettesheim (Hrsg.), Recht der EU, 44. EL 2011, Art. 121 AEUV Rn. 2, 5; *Hattenberger,* in: Schwarze (Hrsg.), EU-Kommentar, 3. Aufl. 2012, Art. 121 AEUV Rn. 1, 5 ¸ *Schulte,* in: v. d. Groeben/Schwarze/Hatje (Hrsg.), Europäisches Unionsrecht, Bd. 3, 7. Aufl. 2015, Art. 121 AEUV, Rn. 8.

853 *Everling,* in: Müller-Graff/Schmahl/Skouris (Hrsg.), FS Scheuing, 2011, S. 526 (535); *Seidel,* ebd., S. 717 (722).

854 EuGH, Rs. C-370/12, EU:C:2012:756 (NJW 2013, S. 29), Rn. 110 – *Pringle*; *Frenz,* EWS 2013, S. 27 (29).

855 EuGH, Rs. C-370/12, EU:C:2012:756 (NJW 2013, S. 29), Rn. 59 – *Pringle*; *Frenz,* EWS 2013, S. 27 (30).

cc) Makroökonomische Anpassungsprogramme als Beitrag zur Koordinierung

Durch die makroökonomischen Anpassungsprogramme entsteht ein Beitrag zur wirtschaftspolitischen Koordinierung nach Art. 121 AEUV auf nebenunionaler Ebene. Die Vereinbarung solcher makroökonomischer Anpassungsprogramme als Auflage für die Gewährung von Finanzhilfen steht Art. 121 AEUV nicht entgegen. Nach Erwägungsgrund Nr. 17 des ESMV erfolgt die wirtschaftspolitische Koordinierung nach Abschluss eines ma-kroökonomischen Anpassungsprogrammes aufgrund von Art. 121, Art. 136 AEUV. Erwägungsgrund Nr. 2 des EFSF-RV sagt aus, dass die mit der Gewährung der Finanzhilfen in Verbindung stehenden Auflagen und für die Überwachung ihrer Einhaltung geltenden Vorschriften vollständig mit europäischem Primär- und Sekundärrecht vereinbar sein müssen. Solche Programme tragen daher dazu bei, dass die Wirtschaftspolitik der Programmländer dergestalt modifiziert wird, um insbesondere dem über Art. 121 Abs. 1, Art. 120 i.V.m. Art. 119 Abs. 2 AEUV festgelegten Ziel der Preisstabilität der gemeinsamen Währung Rechnung zu tragen und die Währungsstabilität als übergeordnetes, immanentes Ziel zu sichern. Zudem wird die Integration der makroökonomischen Anpassungsprogramme durch die Nutzung des Verfahrens nach Art. 121 AEUV in den Unionsrechtsrahmen gefördert, obwohl es sich bei der Gewährung von Finanzhilfen um nebenunionale Rechtskonstruktionen handelt. Es handelt sich letztlich um einen Teil der fortdauernden Bemühungen von Mitgliedstaaten um eine weitere Stärkung der wirtschaftspolitischen Säule innerhalb der asymmetrisch unionalisierten WWU.[856]

dd) Zwischenergebnis

Die Gewährung von Finanzhilfen steht der wirtschaftspolitischen Koordinierung nach Art. 121 AEUV nicht entgegen. Durch die makroökonomischen Anpassungsprogramme wird vielmehr auch ein Beitrag hierzu geleistet.

b) Vermeidung übermäßiger Haushaltsdefizite (Art. 126 AEUV)

Die Implementierung von Entscheidungen nach Art. 126 AEUV i.V.m. Prot./12 könnte ferner einen Verstoß gegen die dort normierten Vorschriften zur Vermeidung übermäßiger öffentlicher Defizite darstellen.

aa) Grundsätzliches

Art. 126 AEUV stellt die Grundlagenbestimmung für das komplexe System von primär- und sekundärrechtlichen Regelungen dar, welche der Sicherung einer dauerhaft tragfähigen Finanzlage in den Mitgliedstaaten und mithin im Euro-Währungsgebiet

856 Vgl. *Hattenberger*, in: Schwarze (Hrsg.), EU-Kommentar, 3. Aufl. 2012, Art. 121 AEUV Rn. 57; *Häde*, EuR 2009, S. 200 (202).

dienen.[857] Er stellt insofern den Kern für die korrektive Komponente des Stabilitäts- und Wachstumspaketes dien.[858] Die Norm zielt direkt auf die nationale Haushaltspolitik als mitgliedstaatliche Schuldenpolitik, während die Art. 123 bis Art. 125 AEUV indirekt auf eine solide Finanzpolitik durch Verminderung der Verschuldungsanreize zielen.[859] Nach Art. 126 Abs. 1 AEUV vermeiden die Mitgliedstaaten übermäßige öffentliche Defizite. Die Zielsetzung der Norm bezweckt eine Verzahnung der wirtschaftspolitischen mit währungspolitischen Komponenten der WWU.[860] Hierbei handelt es sich nicht um einen politischen Programmsatz, sondern um eine echte Rechtspflicht, die für sämtliche Mitgliedstaaten Geltung aufweist.[861] Art. 126 Abs. 2 AEUV i.V.m. Art. 1 Prot./12 legt die dabei zugrunde zu legenden Referenzwerte[862] fest und erlegt der Kommission die Pflicht zur Überwachung selbiger auf.[863] Im Weiteren enthält Art. 126 AEUV Verfahrensregelungen sowie Verordnungsermächtigungen, die an dieser Stelle unerheblich sind.[864]

bb) Einordnung der Finanzhilfen

Durch die Gewährung von Finanzhilfen werden die öffentlichen Schuldenstände i.S.d. Referenzwerte nach Art. 1 Prot./12 bei den Hilfe erhaltenden Programmländern durch die Summe der Hilfszahlungen erhöht. Damit stellen sie an sich einen zumindest impliziten Verstoß gegen die in Art. 126 Abs. 1 AEUV festgeschriebene Rechtspflicht zur Vermeidung übermäßiger öffentlicher Defizite dar und können die in Art. 126 Abs. 2 i.V.m. Art. 1 Prot./12 festgelegten Referenzwerte in noch

---

857 *Gaitanides,* in: Siekmann (Hrsg.), EWU-Kommentar, 2013, Art. 126 AEUV Rn. 68; *Hattenberger,* in: Schwarze (Hrsg.), EU-Kommentar, 3. Aufl. 2012, Art. 126 AEUV Rn. 2; näher *Weber,* EuR 2013, S. 375 ff.

858 Vgl. *Bandilla,* in: Grabitz/Hilf/Nettesheim (Hrsg.), Recht der EU, 44. EL 2011, Art. 121 AEUV Rn. 3.

859 *Häde,* in: Calliess/Ruffert (Hrsg.), EUV/AEUV, 4. Aufl. 2011, Art. 126 AEUV Rn. 3; vgl. auch *Hamer,* in: v. d. Groeben/Schwarze/Hatje (Hrsg.), Europäisches Unionsrecht, Bd. 3, 7. Aufl. 2015, Art. 126 AEUV, Rn. 3 ff.

860 *Frenz/Ehlenz,* GewArch 2010, S. 329 (332).

861 *Bandilla,* in: Grabitz/Hilf/Nettesheim (Hrsg.), Recht der EU, 48. EL 2012, Art. 126 AEUV Rn. 43 f.; *Gaitanides,* in: Siekmann (Hrsg.), EWU-Kommentar, 2013, Art. 126 AEUV Rn. 73; *Hamer,* in: v. d. Groeben/Schwarze/Hatje (Hrsg.), Europäisches Unionsrecht, Bd. 3, 7. Aufl. 2015, Art. 126 AEUV, Rn. 1; *Hattenberger,* in: Schwarze (Hrsg.), EU-Kommentar, 3. Aufl. 2012, Art. 126 AEUV Rn. 15; *Häde,* in: Calliess/Ruffert (Hrsg.), EUV/AEUV, 4. Aufl. 2011, Art. 126 AEUV Rn. 8.

862 Dies lauten wie folgt: 3% für das Verhältnis zwischen dem geplanten und tatsächlichen öffentlichem Defizit zum Bruttoinlandsprodukt zu Marktpreisen und 60% für das Verhältnis zwischen öffentlichem Schuldenstand und Bruttoinlandsprodukt zu Marktpreisen.

863 Dazu eingehend *Kotzur,* in: Möllers/Zeitler (Hrsg.), Europa als Rechtsgemeinschaft, 2013, S. 45 (60 ff.).

864 Hierzu *Bark,* Das gemeinschaftsrechtliche Defizitverfahren, 2004, S. 52 ff.; *Frenz/Ehlenz,* GewArch 2010, S. 329 (332 ff).

größerem Umfang verletzen, als diese in der Regel bei Gewährung solcher Hilfen bereits sind. Ferner kann auch auf Seiten der Hilfe gewährenden Mitgliedstaaten das Defizit im Fall einer Inanspruchnahme der Gewährleistungsermächtigungen sowie durch Einzahlung von Barleistungen (vgl. Art. 8 Abs. 2 ESMV) eine solche Rechtsverletzung entstehen.

cc) Einordnung der makroökonomischen Anpassungsprogramme

Die makroökonomischen Anpassungsprogramme wirken dem Ziel der Vermeidung übermäßiger Defizite jedoch wieder entgegen. Dies trägt sodann auch dem Charakter des Defizitverfahrens als Vorbeugungsmaßnahme gegenüber wirtschaftlichen und haushaltspolitischen Fehlentwicklungen Rechnung.[865] Die makroökonomischen Anpassungsprogramme sind im Kern durchaus darauf ausgerichtet, den betreffenden Mitgliedstaat durch die dort spezifisch auf ihn abgestimmten Maßnahmen und Reformen längerfristig wieder zu einer tragfähigen Staatsverschuldung zu verhelfen (vgl. bspw. Art. 13 Abs. 3 Satz 2 ESMV). Sie sollen also Hilfe leisten, um den Referenzwerten des Art. 1 Prot./12 wieder näherzukommen und diese im Optimalfall auch zu unterschreiten. Würden solche Finanzhilfen in Verbindung mit den Auflagen unterlassen, so würde sich die Staatsverschuldung vermutlich noch weiter verschlimmern.

Ein möglicher Verstoß durch einen zwischenzeitlich verschlimmerten Schuldenstand muss daher aufgrund des angestrebten Fernziels der Konsolidierung zurückstehen und wird daher von diesem kompensiert.[866]

dd) Zwischenergebnis

Weder die Finanzhilfen noch die damit verbundenen makroökonomischen Anpassungsprogramme verstoßen gegen die Defizitregeln in Art. 126 AEUV i.V.m. Prot./12, denn sie müssen in einer Gesamtschau betrachtet werden.

c) Verstärkte Koordinierung der Wirtschaftspolitik (Art. 136 AEUV)

aa) Makroökonomische Anpassungsprogramme als Anwendungsfall

Art. 136 AEUV ist durch die bisherige Praxis der Euro-Rettungsmaßnahmen jedoch vielfach als alleinige oder zusätzliche Rechtsgrundlage für makroökonomische Anpassungsprogramme verwendet worden. Nach der hier vertretenen Auffassung erscheint diese Norm auch als einzig denkbare Lösung, auch da der primärrechtliche Rahmen bislang hierzu keinen Raum bot.[867] Mit Inkrafttreten des Art. 136 Abs. 3 Satz 2 AEUV wird diese Ansicht noch gestützt, da ab diesem Zeitpunkt die

---

865 Vgl. *Kämmerer*, Wirtschaftsdienst 2010, S. 161 (163).

866 Vgl. etwa die These der Annäherung an das Recht von *Kirchhof*, in: Isensee/Kirchhof (Hrsg.), HbdStR X, 3. Aufl. 2012, § 214 Rn. 80 ff.

867 Insoweit unklar *Ohler*, in: Siekmann (Hrsg.), EWU-Kommentar, Art. 136 AEUV Rn. 12.

Gewährung von Finanzhilfen des ESM „strengen Auflagen“ unterliegen wird, womit zweifelsfrei die makroökonomischen Anpassungsprogramme gemeint sind. Durch Ratsbeschlüsse (1) und Verordnungen (2) wurden von diesen Rechtsgrundlagen bereits mehrfach Gebrauch gemacht.

(1) Ratsbeschlüsse

Diverse Ratsbeschlüsse auf Grundlage u. a. von Art. 136 AEUV beinhalten makroökonomische Anpassungsprogramme und nehmen Bezug hierauf.

Der Beschluss des Rates 2010/320/EU[868], der im Zuge der Griechenland-Soforthilfe an Griechenland gerichtet wurde, nimmt in seinem Art. 2 explizit Bezug auf die damit verbundenen, makroökonomischen Anpassungsprogramme und nennt neben Art. 126 Abs. 9 AEUV ausdrücklich auch Art. 136 AEUV als Rechtsgrundlage. Der Beschluss des Rates 2012/443/EU[869] gerichtet an Spanien über spezifische Maßnahmen zur Stärkung der Finanzstabilität sieht in seinem Art. 1 Abs. 4 die Maßnahmen vor, die Spanien zu ergreifen hat, um sein Bankensystem zu stabilisieren, und wird auf Art. 126 Abs. 6 und Art. 136 Abs. 1 lit. a) AEUV gestützt. Diese Rechtsgrundlage wird ebenfalls im Beschluss des Rates 2013/236/EU[870] gerichtet an Zypern über spezifische Maßnahmen zur Wiederherstellung von Finanzstabilität und nachhaltigem Wachstum genannt, der in seinem Art. 2 Abs. 3 ff. wiederum explizit die Anpassungsprogramme aufführt. Neben der ausdrücklichen Erwähnung der Anpassungsziele und –maßnahmen im Beschluss selbst ist diesen Beschlüssen gemein, dass sie in ihren Erwägungsgründen auf die jeweiligen Hilfen (EFSF, ESM, IWF) und die dazu vereinbarten MoUs rekurrieren.

Die Durchführungsbeschlüsse des Rates zur Ausgabe von Hilfen nach Art. 3 Abs. 2 VO 407/2010 an Irland[871] und Portugal[872] beinhalten ebenfalls regelmäßig die makroökonomischen Anpassungsprogramme, wenngleich sie lediglich die Verordnung sowie allgemein den AEUV als Rechtsgrundlage aufführen. Streng genommen kann, wenn man ihn als einschlägig betrachten würde, hierfür jedoch nur Art. 122 Abs. 2 AEUV und nicht Art. 136 Abs. 1 AEUV als Rechtsgrundlage angesehen werden. Die mit dem EFSM versehenen Anpassungsprogramme sind daher kein Anwendungsfall von Art. 136 AEUV, wobei dies praktisch eher irrelevant sein dürfte, da hiermit Hilfen der EFSF einhergehen und das im MoU makroökonomische Anpassungsprogramm jeweils identisch ist.

---

868 ABl.EU 2010 Nr. L 146, S. 6; s. dazu o Kap. 2, A. I. 1. e).

869 ABl.EU 2012 Nr. L 202, S. 17.

870 ABl.EU 2013 Nr. L 143, S. 32.

871 Durchführungsbeschluss 2011/177/EU, ABl.EU 2011 Nr. L 30, S. 34; zul. geändert durch Durchführungsbeschluss 2013/525/EU, ABl.EU 2013 Nr. L 282, S. 71.

872 Durchführungsbeschluss 2011/344/EU, ABl.EU 2011 Nr. L 159, S. 88, zul. berichtigt und geändert durch Durchführungsbeschluss 2013/703/EU, ABl.EU 2013 Nr. L 322, S. 31.

(2) Verordnungen (Zweierpaket)

Die ebenfalls auf Grundlage von Art. 136 sowie Art. 121 Abs. 6 AEUV erlassenen Verordnungen (EU) Nr. 472/2013[873] und Nr. 473/2013[874] (Zweierpaket[875]) beinhalten Vorschriften zu makroökonomischen Anpassungsprogrammen, schreiben gar eine Pflicht zum Abschluss solcher Programme im Falle von Finanzhilfen der EFSF, des ESM und des IWF vor (Art. 7 Abs. 1 VO 472/2013) und normieren eine verstärkte wirtschaftspolitische Überwachung dieser Mitgliedstaaten. Die insoweit ungenaue Nennung der Rechtsgrundlage Art. 136 AEUV erlaubt den Schluss, dass selbst dem Unionsgesetzgeber unklar war, welcher Absatz zu wählen ist, und sicherheitshalber die gesamte Vorschrift genannt wurde.[876] Korrekterweise müsste für diese Verordnungen, da sie am 21. Mai 2013 erlassen wurden, mithin kurz nach Inkrafttreten der Vertragsergänzung, Art. 136 Abs. 1, Abs. 3 AEUV genannt werden.

bb) Einrichtung eines Stabilitätsmechanismus (Art. 136 Abs. 3 AEUV n.F.)

Art. 136 Abs. 3 Satz. 1 AEUV n.F. normiert die Möglichkeit für die Mitgliedstaaten, einen Stabilitätsmechanismus einzurichten. Er setzt die Unabdingbarkeit zur Wahrung der Stabilität im Euro-Währungsgebiet voraus (Satz 1) und besagt darüber hinaus, dass die Gewährung aller erforderlichen Finanzhilfen im Rahmen des Mechanismus strengen Auflagen unterliegen wird. Im Verhältnis zu Art. 125 Abs. 1 AEUV ermöglicht er die Einrichtung des ESM und befreit somit vom Haftungsverbot.[877] Damit wird gleichwohl eine erhebliche Modifikation des Prinzips der Eigenverantwortung vorgenommen und eine dauerhafte Durchbrechung der Art. 122 ff. AEUV unter bestimmten Voraussetzungen ermöglicht.[878] Eine Pflicht zur Errichtung des ESM durch die Mitgliedstaaten, deren Währung der Euro ist, wird durch Art. 136 Abs. 3 AEUV n.F. indes nicht konstituiert.[879] Der ESMV entspricht in seiner derzeitigen Ausgestaltung, insbesondere durch die Voraussetzungen seiner Art. 12 ff., dem Regel-Ausnahme-Prinzip und den sonstigen inhaltlichen Vorgaben des Art. 136 Abs. 3 AEUV n.F.[880]

---

873 ABl.EU 2013 Nr. L 140, S. 1.

874 ABl.EU 2013 Nr. L 140, S. 11.

875 Dazu s.o. Kap. 2, B. III.

876 Zum Mehrwert der Norm etwa *Smulders/Keppenne,* in: v. d. Groeben/Schwarze/Hatje (Hrsg.), Europäisches Unionsrecht, Bd. 3, 7. Aufl. 2015, Art. 136 AEUV, Rn. 3 ff.

877 Vgl. *Siekmann,* in: ders. (Hrsg.), EWU-Kommentar, 2013, Einführung Rn. 92; näher s.u. 2. c) bb).

878 *Hufeld,* in: Müller-Graff (Hrsg.), EnzEuR IV, 2014, § 22 Rn. 108; *Potacs,* EuR 2013, S. 133 (141); *Rathke,* DÖV 2011, S. 753 (756); *Ohler,* in: Siekmann (Hrsg.), EWU-Kommentar, 2013, Art. 136 AEUV Rn. 25 lässt indes nur eine Durchbrechung von Art. 125 Abs. 1 AEUV zu.

879 *Kube,* WM 2012, S. 245 (245).

880 *Hufeld,* in: Müller-Graff (Hrsg.), EnzEuR IV, 2014, § 22 Rn. 160.

Darüber hinaus stellt sich jedoch die Frage, ob Art. 136 Abs. 3 AEUV konstitutiver oder lediglich klarstellender Natur für die Errichtung des ESM ist.

Ginge man davon aus, dass es sich bei dem ESM um eine wirtschaftspolitische Maßnahme handelt,[881] so wäre diese Frage rein kompetenzrechtlich irrelevant, da die Mitgliedstaaten dieses Politikfeld nicht abschließend auf die Union übertragen haben und ihnen demnach frei steht, ob sie hierauf bezogen einen völkerrechtlichen Vertrag abschließen. Die Vertragsabschlusskompetenz bestünde insofern weiterhin bei den Mitgliedstaaten und bliebe hiervon unberührt. Der EuGH sieht Art. 136 Abs. 3 AEUV daher nicht als konstitutiv für die Einrichtung des ESM an, sondern bestätigt lediglich die Zuständigkeit der Mitgliedstaaten hierfür.[882] Vor dem Hintergrund, dass der ESM seine Tätigkeit vorzeitig bereits am 8. Oktober 2012 aufgenommen hat, d. h. bevor die Vertragsänderung zum 1. Mai 2013 Rechtswirkung entfaltete,[883] kann die Auslegung des EuGH insofern auch klar als ergebnisorientiert ausgemacht werden.

Allerdings dürfen die Mitgliedstaaten nicht gegen höherrangiges Unionsrecht, hier die Nichtauslösungsklausel des Art. 125 Abs. 1 AEUV verstoßen. Eine klarstellende Funktion kann dem Art. 136 Abs. 3 AEUV daher nur zugesprochen werden, wenn man Hilfen des ESM nicht als Verstoß gegen Art. 125 Abs. 1 AEUV behandelt.[884]

Auch wenn man wie hier davon ausgehen sollte, dass es sich bei dem ESM um eine währungspolitische Maßnahme, mithin um eine ausschließliche Unionskompetenz handelt, bedarf es einer expliziten Rückermächtigung der Mitgliedstaaten,[885] da diese in Bezug hierauf keine Kompetenz mehr besitzen, einen solchen Stabilitätsmechanismus auf völkerrechtlicher Grundlage zu errichten. Insofern ist Art. 136 Abs. 3 AEUV denknotwendigerweise konstitutiv als Ermächtigungsgrundlage für die Errichtung des ESM einzuordnen.[886] Dies ist auch von dem Standpunkt heraus

---

881 Zur Einordnung s.o. Kap. 3., A. I. 1.

882 EuGH, Rs. C-370/12, EU:C:2012:756 (NJW 2013, S. 29), Rn. 185 – *Pringle*; so auch BVerfGE 132, S. 195 (250) – *ESM/Fiskalpakt I, Herrmann,* in: Giegerich (Hrsg.), Herausforderungen und Perspektiven der EU, 2012, S. 51 (68); *Kube/Reimer,* WM 2012, S. 2011, S. 332 (339); *Ohler,* in: Siekmann (Hrsg.), EWU-Kommentar, 2013, Art. 136 AEUV Rn. 15; *Smulders/Keppenne,* in: v. d. Groeben/Schwarze/Hatje (Hrsg.), Europäisches Unionsrecht, Bd. 3, 7. Aufl. 2015, Art. 136 AEUV, Rn. 14; *Vogel,* EWS 2013, S. 45 (45); ähnlich *Rathke,* DÖV 2011, S. 753 (756).

883 *Calliess,* NVwZ 2013, S. 97 (100).

884 So der EuGH, Rs. C-370/12, EU:C:2012:756 (NJW 2013, S. 29), Rn. 147 – *Pringle*; *Ohler,* in: Siekmann (Hrsg.), EWU-Kommentar, 2013, Art. 125 AEUV Rn. 19.

885 Vgl. *Kube/Reimer,* ZG 2011, S. 332 (339).

886 BVerfGE 132, S. 195 (247 f.) – *ESM/Fiskalpakt I*; *v. Arnauld,* in: Breuer/Epiney/Haratsch/Schmahl/Weiß (Hrsg.), FS E. Klein, 2013, S. 509 (513); *Ekardt/Buscher,* AöR 137 (2012), S. 42 (70); *Hufeld,* in: Meyer (Hrsg.), Die Zukunft der Währungsunion, 2013, S. 135 (142); *ders.,* in: Müller-Graff (Hrsg.), EnzEuR IV, 2014, § 22 Rn. 108; *Siekmann,* in: ders. (Hrsg.), EWU-Kommentar, 2013, Einführung

zu betrachten, dass ein deklaratorischer Charakter einer solchen Norm wohl nicht angenommen worden würde, wenn er zu Beginn der WWU ein Teil ihrer Normenarithmetik gewesen wäre.[887] Jegliche Finanzhilfen vor Inkrafttreten dieser Vertragsergänzung sind mithin unionsrechtswidrig, da keine Ermächtigung hierfür in den Verträgen vorgesehen war.[888] Klarstellend kann sie insofern nur gemeint sein, wenn es auf die Vertragsabschlusskompetenz bezüglich der Errichtung des ESM ankomen soll.[889]

Die weitere Funktion des Art. 136 Abs. 3 AEUV soll nach EuGH die Sicherung der Beachtung des Unionsrechts bei der Gewährung von Finanzhilfen sein.[890] Die Mitgliedstaaten können sich durch die Auslagerung in einen völkerrechtlichen Vertrag ihrer Verpflichtung zur Beachtung des Unionsrechts nämlich nicht entziehen.[891] Unionsrechtlich werden daher die Unabdingbarkeit zur Wahrung der Stabilität der Währung und die Konditionalität vorgeschrieben.[892]

cc) Bewertung und Zwischenergebnis

Der Versuch des Unionsgesetzgebers, solche Anpassungsmaßnahmen auf eine unionsrechtliche Basis zu stellen, ist wohl am ehesten durch die Nutzung des Art. 136 Abs. 1 AEUV möglich, wenngleich eine Mutation zu einer Art Generalklausel der Währungspolitik kritisch gesehen werden kann.[893] Ein Verstoß gegen Art. 136 AEUV ist durch die bislang erfolgten Anwendungsfälle nicht ersichtlich.

d) Rolle der Eurogruppe (Art. 137 AEUV)

Es ist darüber hinaus zu untersuchen, ob die Entscheidungsmechanismen der Finanzhilfemaßnahmen, die außerhalb des Normgefüges des Unionsrechts festgelegt sind, gegen die primärrechtlichen Verfahrensregelungen hinsichtlich der Rolle der Eurogruppe aus Art. 137 AEUV i.V.m. dem Protokoll (Nr. 14) betreffend die Euro-Gruppe verstoßen.

aa) Regelungsgehalt

Art. 137 AEUV enthält lediglich die knappe Feststellung, dass die Einzelheiten für die Tagungen der Minister, deren Währung der Euro ist, im Protokoll betreffen die

---

Rn. 92; *Potacs,* in: Schwarze (Hrsg.), EU-Kommentar, 3. Aufl. 2012, Art. 136 AEUV Rn. 6; ähnlich bereits *Häde,* JZ 2011, S. 333 (339); *Weber,* EuZW 2011, S. 935 (937).

887 *Hufeld,* in: Müller-Graff (Hrsg.), EnzEuR IV, 2014, § 22 Rn. 108.

888 Vgl. *Rathke,* DÖV 2011, S. 753 (756).

889 *Siekmann,* in: Möllers/Zeitler (Hrsg.), Europa als Rechtsgemeinschaft, 2013, S. 101 (138).

890 EuGH, Rs. C-370/12, EU:C:2012:756 (NJW 2013, S. 29), Rn. 65 – *Pringle.*

891 *Ohler,* in: Siekmann (Hrsg.), EWU-Kommentar, 2013, Art. 136 AEUV Rn. 17;

892 S. genauer o. Kap. 2, A. III. 2.; zur Vereinbarkeit der direkten Bankenrekapitalisierung wird insofern auf die Ausführungen unter 3. verwiesen.

893 So schon *Häde,* JZ 2011, S. 333 (340).

Euro-Gruppe (Nr. 14) festgelegt sind.[894] Das Protokoll hat als Bestandteil der Verträge aufgrund von Art. 51 EUV den Rang von Primärrecht.[895]

Neben der Wahl des Präsidenten der Euro-Gruppe[896] in Art. 2 Prot./14 regelt Art. 1 Prot./14 einzelne Verfahrensregelungen bezüglich der Treffen der Minister, deren Währung der Euro ist. So wird dort lediglich festgestellt, dass die Minister zu informellen Sitzungen zusammentreten (Art. 1 Satz 1 Prot./14) und diese bei Bedarf abgehalten werden, um Fragen im Zusammenhang mit ihrer gemeinsamen spezifischen Verantwortung im Bereich der einheitlichen Währung zu erörtern (Art. 1 Satz 2 Prot./14). Es handelt sich hierbei gleichwohl nicht um eine spezielle Zusammensetzung des Rates, sondern um ein nach Unionsrecht nicht zur Beschlussfassung befugtes Gremium der Minister der Euro-Gruppe.[897] Die formale Beschlussfassung verbleibt demnach beim ECOFIN-Rat,[898] auch wenn die politische Bedeutung der Euro-Gruppe nicht unterschätzen werden darf.[899] Zudem erweitert Art. 1 Satz 3 Prot./14 den Kreis der Teilnehmer um Vertreter der Europäischen Kommission. Zuletzt enthält Art. 1 Satz 4 Prot./14 die Regelung, dass die EZB zu den Sitzungen eingeladen wird, allerdings ist sie nicht zur Teilnahme verpflichtet.[900] Ebendort ist festgelegt, dass die Sitzungen von den Vertretern der Finanzminister, deren Währung der Euro ist sowie der Kommission vorbereitet werden. Dadurch, dass die Euro-Gruppe am Vortag des ECOFIN-Rates tagt und die Entscheidungsträger aus Kommission und EZB in die einbezogen sind, handelt es sich um ein faktisch gleichwohl bedeutsames Gremium,[901] auch wenn ihr die formale Beschlusskompetenz fehlt.

---

894 Vgl. auch *Rodi,* JZ 2015, S. 737 (738); zur Entstehungsgeschichte etwa *Selmayr,* in: v. d. Groeben/Schwarze/Hatje (Hrsg.), Europäisches Unionsrecht, Bd. 3, 7. Aufl. 2015, Art. 137 AEUV, Rn. 1 ff..

895 *Häde,* in: Calliess/Ruffert (Hrsg.), EUV/AEUV, 4. Aufl. 2011, Art. 137 AEUV Rn. 1.

896 Zu ihrer Entstehung und Entwicklung s. *Häde,* in: Calliess/Ruffert (Hrsg.), EUV/AEUV, 4. Aufl. 2011, Art. 137 AEUV Rn. 3.

897 *Thym,* Ungleichzeitigkeit und Europäisches Verfassungsrecht, 2004, S. 144; *ders.,* in: Hatje/Müller-Graff (Hrsg.), EnzEuR I, 2014, § 5 Rn. 65; *Khan,* in: Geiger/Khan/Kotzur (Hrsg.), EUV/AEUV, 5. Aufl. 2010, Art. 137 AEUV Rn. 1; *Selmayr,* in: v. d. Groeben/Schwarze/Hatje (Hrsg.), Europäisches Unionsrecht, Bd. 3, 7. Aufl. 2015, Art. 137 AEUV, Rn. 5.

898 Ziffer I. 6 Abs. 5 der Entschließung des Europäischen Rates v. 13. 12. 1997, ABl. EG 1998 Nr. C 35, S. 1; hierzu *Selmayr,* AöR 124 (1999), S. 357 (385); *ders.,* in: v. d. Groeben/Schwarze/Hatje (Hrsg.), Europäisches Unionsrecht, Bd. 3, 7. Aufl. 2015, Art. 137 AEUV, Rn. 5; *Kempen,* in: Streinz (Hrsg.), EUV/AEUV, 2. Aufl. 2012, Art. 137 AEUV Rn. 2.

899 *Palm,* in: Grabitz/Hilf/Nettesheim (Hrsg.), Recht der EU, 48. EL 2012, Art. 137 AEUV Rn. 2; *Selmayr,* in: v. d. Groeben/Schwarze/Hatje (Hrsg.), Europäisches Unionsrecht, Bd. 3, 7. Aufl. 2015, Art. 137 AEUV, Rn. 8.

900 *Hahn/Häde,* Währungsrecht, 2. Aufl. 2010, § 20 Rn. 47.

901 *Khan,* in: Geiger/Khan/Kotzur (Hrsg.), EUV/AEUV, 5. Aufl. 2010, Art. 137 AEUV Rn. 1.

bb) Bedeutungswandel durch EFSF und ESM

Die Euro-Gruppe erhält jedoch entgegen ihrer ursprünglichen Konzeption als informelles Gremium durch die EFSF und den ESM einen weiteren, enormen Bedeutungszuwachs:[902] Art. 10 Abs. 8 Satz 1 EFSF-RV bestimmt, dass die Euro-Mitgliedstaaten ihre die Sicherungsgeber betreffenden Entscheidungen auf den innerhalb der Euro-Gruppe anberaumten Sitzungen fällen. Entsprechend regelt Art. 5 Abs. 1 Satz 2 ESMV, dass der Gouverneursrat des ESM sich aus den Ministern der ESM-Mitglieder mit Zuständigkeit für die Finanzen, mithin der Euro-Mitgliedstaaten, zusammensetzt. Damit fallen die grundsätzlichen und verbindlichen Entscheidungen über das Ob und das Wie von Finanzhilfen durch EFSF und ESM im Rahmen der ihrer Konzeption nach ursprünglich informellen Euro-Gruppe.[903] Der bereits faktisch vielfach erfolgte Bedeutungswandel des informellen Gremiums wird somit auch rechtlich untermauert.

Fraglich ist aber, ob dieser Bedeutungswandel der außerhalb des Unionsrechtsrahmens gebildeten Rettungsmaßnahmen EFSF und ESM gleichsam einen Verstoß gegen die primärrechtlichen Vorgaben von Art. 137 AEUV i.V.m. Art. 1 S. 1 Prot./14 darstellt. Unabhängig von der Frage, ob eine solche „Organleihe" zulässig ist und solche Rettungsmaßnahmen materiell gegen unionales Primärrecht verstoßen, muss man genau zwischen der inner- und außerunionalen Ebene differenzieren. Die schleichende Formalisierung und Aufwertung der Euro-Gruppe als währungspolitisches Organ der Union wirkt sich nämlich auf der Unionsebene lediglich faktisch aus: Diese Formalisierung im Falle von EFSF und ESM verletzt keine Verfahrensvorschriften, insbesondere Art. 136 AEUV. Inhaltlich werden zudem keine Entscheidungen, beispielsweise des ECOFIN-Rates, gefällt, sondern solche der EFSF bzw. des ESM. Es wäre schlicht impraktikabel, verbindliche Entscheidungen, die die Finanzminister der Eurozone in ihrer Funktion als Gouverneure und Verwaltungsräte von EFSF und ESM, welche sie in Personalunion sind, auf separate Treffen zu verlagern. Zwar wird der Euro-Gruppe hierdurch ein zusätzlicher privat- sowie völkerrechtlicher Charakter immanent, der jedoch gerade aufgrund der „Informalität" des Gremiums keinen Verstoß gegen selbige darstellen kann.

cc) Zwischenergebnis

Somit lässt sich die Einbindung der Entscheidungsgremien von EFSF und ESM in die Euro-Gruppe nicht als Verstoß gegen die in Art. 137 AEUV i.V.m. Art. 1 Satz 1 Prot./14 geregelte „Informalität" von Treffen der Euro-Gruppe bewerten. Insbesondere im Hinblick auf die mangelnde Transparenz am Ende der demokratischen

---

902 Ähnlich *Palm*, in: Grabitz/Hilf/Nettesheim (Hrsg.), Recht der EU, 48. EL 2012, Art. 137 AEUV Rn. 9.

903 Wie weit die Entscheidungsbefugnisse des deutschen Bundesfinanzministers hierbei gehen regeln §§ 1–3 StabMechG für die EFSF bzw. §§ 1–4 ESMFinG, s. hierzu Kap. 2, A. II. 3. bzw. Kap. 2, A. III. 3. b.

Legitimationskette[904] ist der faktische Bedeutungswandel, den die Euro-Gruppe durch die Überwölbung der im EFSF-RV und ESMV normierten Entscheidungsbefugnisse als rechtspolitisch bedenklich anzusehen und mittelfristig, zumindest im Falle des auf unbestimmte Dauer angelegten ESM, primärrechtlich zu kodifizieren. Ein Verstoß gegen Art. 137 AEUV ist hierin allerdings nicht zu erkennen.

2. Vereinbarkeit mit stabilitätsorientierten Vorschriften

a) Verbot monetärer Staatsfinanzierung (Art. 123 AEUV)

Ferner ist durch Finanzhilfen ein Verstoß gegen das Verbot der monetären Staatsfinanzierung aus Art. 123 AEUV möglich. Art. 123 Abs. 1 Alt. 1 AEUV enthält ein explizites Verbot von Überziehungs- oder Kreditfazilitäten bei der EZB oder den nationalen Zentralbanken für Organe, Einrichtungen oder sonstige Stellen der Union, Zentralregierungen, regionale oder lokale Gebietskörperschaften oder anderen öffentlich-rechtlichen Unternehmen, sonstigen Einrichtungen oder öffentlichen Unternehmen der Mitgliedstaaten. Damit ist jegliche Art von Krediten (inkl. Überziehungskrediten) untersagt.[905] Der Begriff der „Überziehungsfazilität" erfährt sekundärrechtlich in der Verordnung (EG) 3603/93 vom 13. Dezember 1993[906] eine nähere Konkretisierung: Nach Art. 1 Abs. 1 lit. a) VO (EG) 3603/93 ist als solche „jede Bereitstellung von Mitteln zugunsten des öffentlichen Sektors, deren Verbuchung einen Negativsaldo ergibt oder ergeben könnte", gemeint. Als „andere Kreditfazilität" ist nach Art. 1 Abs. 1 lit. b) dieser Verordnung jede andere bestehende Forderung und „jede Finanzierung von Verbindlichkeiten des öffentlichen Sektors gegenüber Dritten" sowie „jede Transaktion mit dem öffentlichen Sektor, die zu einer Forderung an diesen führt oder führen könnte", bestimmt.

Das bedeutet, dass im Rahmen der Finanzhilfemaßnahmen keine Zahlungen von der EZB geleistet werden dürfen, was im Falle der Griechenland-Soforthilfe und des EFSM sowie der EFSF auch nicht der Fall ist, denn die EZB wirkt bei der Kreditgewährung lediglich in beratender und verwaltender Funktion mit (Art. 3 Abs. 3 Kreditfazilitätsvertrag, Art. 3 ff. Gläubigervereinbarung, Art. 8 VO 407/2010, Art. 2 Abs. 1 lit. a) EFSF-RV).[907] Diese Bewertung gilt ebenfalls für den ESM.[908] Dieser wirkt lediglich mit einer beratenden und analysierenden Funktion bei der Gewährung von Finanzhilfen des ESM mit. Nach Art. 13 Abs. 1 Satz 3 lit. a) ESMV wird nach einem Finanzhilfeersuchen eines ESM-Mitgliedes „im Benehmen mit der

---

904 Vgl. *Palm*, in: Grabitz/Hilf/Nettesheim (Hrsg.), Recht der EU, 48. EL 2012, Art. 137 AEUV Rn. 9.

905 *Häde*, in: Calliess/Ruffert (Hrsg.), EUV/AEUV, Art. 123 AEUV Rn. 7; *Herrmann*, in: v. Lewinski (Hrsg.), Staatsbankrott als Rechtsfrage, 2011, S. 29 (31) sieht dies als eine Ursache für den drohenden Staatsbankrott.

906 ABl.EG 1993 Nr. L 332, S. 1 ff.

907 Vgl. zum EFSM *Kämmerer*, in: Siekmann (Hrsg.), EWU-Kommentar, 2013, Art. 123 AEUV Rn. 21.

908 Vgl. wohl *Hufeld*, in: Müller-Graff (Hrsg.), EnzEuR IV, 2014, § 22 Rn. 103 m.w.N.

EZB", also mit dessen Einvernehmen, das Bestehen einer Gefahr für die Finanzstabilität des Euro-Währungsgebietes auf die Kommission übertragen, sofern nicht bereits die EZB eine Analyse nach Art. 18 Abs. 2 ESMV vorlegt. Diese Analyse betrifft die Feststellung über das Vorliegen außergewöhnlicher Umstände auf dem Finanzmarkt und Gefahren für die Finanzstabilität. Auch die Mitwirkung der EZB als Akteur bei der Aushandlung des MoU (Art. 13 Abs. 3 Satz 1 ESMV) begründet keine direkten Kreditzahlungen an die ESM-Mitglieder. Sie soll lediglich die Einbeziehung des Sachverstandes der EZB bei der Erarbeitung des MoU gewährleisten. Darüber hinaus findet mit der Gewährung von Finanzhilfen keine von Art. 123 Abs. 1 AEUV intendierte Vermeidung der Erhöhung von Zentralbankgeld (und damit die Erhöhung der Inflationsgefahr) auf Kosten der Zentralbankunabhängigkeit statt.[909] Damit sind diese Hilfen in einem formellen Sinn keine Kreditfazilitäten nach Art. 123 Abs. 1 AEUV.[910]

Um der Räson des Art. 123 Abs. 1 AEUV Rechnung zu tragen, wäre noch eine Ausweitung des Verbotstatbestandes in einem materiellen Sinne dahingehend denkbar, dass dadurch jede Maßnahme eines Unions- und mitgliedstaatlichen Akteurs als verboten anzusehen ist, die geeignet sind, die Finanzierung zu Marktbedingungen zu unterlaufen. Dies wird teilweise durch die Gewährung von Krediten unterhalb von Marktkonditionen durch die hier beschriebenen Finanzhilfemaßnahmen getan.[911] Allerdings kann eine solch extensive Auslegung des Verbotstatbestandes nicht aufrechterhalten werden. Durch eine solche Interpretation würde der Adressatenkreis sowie der Verbotstatbestand gegen den expliziten Vertragswortlaut erweitert.[912]

Ein Verstoß gegen Art. 123 Abs. 1 AEUV ist durch Finanzhilfen mithin nicht erkennbar.

b) Verbot des Zugangs zu bevorrechtigten Kreditinstituten (Art. 124 AEUV)

Darüber hinaus besteht die Möglichkeit, dass die Finanzhilfen gegen das in Art. 124 AEUV normierte Verbot des bevorrechtigten Zugangs zu Kreditinstituten verstoßen. Im Folgenden wird zunächst die Reichweite dieses Verbotes dargestellt (a.), bevor eine Verletzung des Verbots durch die Finanzhilfen (b.) näher untersucht wird.

aa) Reichweite des Verbots

Verboten sind nach Art. 124 AEUV Maßnahmen, die einen bevorrechtigten Zugang von Unionsorganen, Mitgliedstaaten oder sonstigen Einrichtungen des öffentlichen

---

909 Ausführlich *Nitze,* Finanzhilfen für Euro-Staaten in der Krise, 2015, S. 82 f.

910 *v. Lewinski,* in: Isensee/Kirchhof (Hrsg.), HbdStR X, 3. Aufl. 2012, § 217 Rn. 73; ebenso *Nitze,* Finanzhilfen für Euro-Staaten in der Krise, 2015, S. 82 f.

911 *Rathke,* DÖV 2011, S. 753 (754); *Kube/Reimer,* NJW 2010, S. 1911 (1912).

912 I.E. genauso EuGH, Rs. C-370/12, EU:C:2012:756 (NJW 2013, S. 29), Rn. 125 – *Pringle*; *Siekmann,* in: Möllers/Zeitler (Hrsg.), Europa als Rechtsgemeinschaft, 2013, S. 101 (132).

Rechts oder öffentlicher Unternehmen zu Finanzinstituten schaffen sind, soweit sie nicht aus aufsichtsrechtlichen Gründen getroffen werden. Diese Norm ist in Verbindung mit Art. 123 AEUV sowie Art. 125 AEUV zu sehen und soll als harte Bestimmung die Preisstabilität innerhalb der WWU sicherstellen.[913] Art. 124 AEUV setzt demnach auch auf eine disziplinierende Funktion des allgemeinen Marktmechanismus.[914] Besteht kein bevorrechtigter Zugang zu Finanzinstituten, so ist ein Mitgliedstaat in der Währungsunion gezwungen, eine übermäßige Verschuldung des öffentlichen Haushaltes durch eine solide Haushaltspolitik zu vermeiden, da er im Übrigen gezwungen wird, sich nach den marktüblichen Konditionen zu refinanzieren, welche mit hohen Risikoaufschlägen verbunden wären.[915]

Durch die Verordnung (EG) Nr. 3604/93[916] wurden einige Begriffsbestimmungen im Sinne dieser Vorschrift vorgenommen. So ist nach Art. 1 Abs. 1 VO 3604/94 eine Maßnahme i.S.d. Art. 124 AEUV Gesetze, Rechtsvorschriften oder sonstige zwingende Rechtsakte, die in Ausübung der öffentlichen Gewalt erlassen werden und Finanzinstitute entweder dazu verpflichten, Forderungen gegenüber dem öffentlichen Sektor zu erwerben oder zu halten oder Steuervergünstigungen darstellen, die nur Finanzinstituten zugutekommen können bzw. einen Anreiz für den Erwerb von Forderungen der öffentlichen Hand bieten.[917] Zudem schließt Art. 1 Abs. 2 VO 3604/93 Maßnahmen wie etwa Verpflichtungen zur Finanzierung des sozialen Wohnungsbaus oder zur Finanzierung der Beseitigung von Katastrophenschäden vom Anwendungsbereich des Art. 124 AEUV aus. Letztlich sind nach Art. 2 VO 3604/93 aufsichtsrechtliche Gründe solche, die die Solidität der Finanzinstitute fördern und die Stabilität des Finanzsystems sowie den Schutz ihrer Kunden stärken sollen.

Die Begriffsbestimmung der Finanzinstitute ist nach dieser Verordnung weit gefasst (Art. 4 Abs. 1) und schließt auch Versicherungs- sowie Wertpapierunternehmen mit ein. Für die Definition des Finanzinstitutes wird auf Art. 1 1. Spstr. RL 77/780/EWG[918] verwiesen, der Kreditinstitute als Unternehmen definiert, dessen Tätigkeit darin besteht, Einlagen oder andere rückzahlbare Gelder des Publikums entgegenzunehmen und Kredite für eigene Rechnung zu gewähren. Ferner sind nach Art. 4

---

913 *Kempen,* in: Streinz (Hrsg.), EUV/AEUV, 2. Aufl. 2012, Art. 123 AEUV Rn. 1; ähnlich *Tutsch,* in: v. d. Groeben/Schwarze/Hatje (Hrsg.), Europäisches Unionsrecht, Bd. 3, 7. Aufl. 2015, Art. 124 AEUV, Rn. 2.

914 Vgl. Erwägungsgrund Nr. 1 d. Verordnung (EG) Nr. 3604/93; ähnlich *Kempen,* in: Streinz (Hrsg.), EUV/AEUV, 2. Aufl. 2012, Art. 123 AEUV Rn. 1; *Häde,* in: Calliess/Ruffert (Hrsg.), EUV/AEUV, 4. Aufl. 2011, Art. 124 AEUV Rn. 1; *Hattenberger,* in: Schwarze (Hrsg.), EU-Kommentar, 3. Aufl. 2012, Art. 124 AEUV Rn. 1.

915 *Bandilla,* in: Grabitz/Hilf/Nettesheim (Hrsg.), Recht der EU, 44. EL 2011, Art. 123 AEUV Rn. 1.

916 ABl.EG 1993 Nr. L 332, S. 4.

917 Vgl. *Tutsch,* in: v. d. Groeben/Schwarze/Hatje (Hrsg.), Europäisches Unionsrecht, Bd. 3, 7. Aufl. 2015, Art. 123 AEUV, Rn. 6.

918 ABl.EG 1977 Nr. L 322, S. 31.

Abs. 2 VO 3604/93 die EZB sowie nationale Zentralbanken vom Anwendungsbereich des Verbots ausgeschlossen.

bb) Verletzung des Verbots durch Finanzhilfen

Für die Griechenland-Soforthilfe ergibt sich daraus folgende Schlussfolgerung: Der von Deutschland übernommene Teil der Hilfen an die Hellenische Republik wird von der KfW übernommen, für die die Bundesrepublik Deutschland Garantien übernimmt (§ 1 Abs. 1 Satz 1 f. WFStG). Bei der KfW handelt es sicht zwar um ein Finanzinstitut nach Art. 124 AEUV, denn sie ist nach der Definition der ESVG (Ziffern 2.41, 2.49) dem Sektor finanzielle Kapitalgesellschaften zuzuordnen und mithin keine Einrichtung, die i.S.v. Art. 4 Abs. 2 3. Spstr. VO 3604/93 unmittelbar dem Sektor Staat zuzuschreiben ist.[919] Allerdings liegt hier kein zwingender Rechtsakt vor, wodurch der KfW nicht den Grundsätzen der Marktwirtschaft entsprechende Vergünstigungen gewährt werden, da es sich nach § 1 Abs. 1 Satz 1 WFStG nur um eine Gewährleistungsermächtigung nach Art. 115 GG handelt, die mittels eines privatrechtlichen Vertrages zwischen der KfW und dem Bund im Rahmen von freiwilligen Vereinbarungen getroffen wurden, dem eine nicht verbotene, informelle Einflussnahme der Bundesregierung auf die KfW (vgl. §§ 6, 7, 12 KfWG) zuvorging.[920] Dem steht auch kein Umgehungsverbot (Erwägungsgrund Nr. 11 VO 3604/93) entgegen, denn Schutzzweck des Art. 124 AEUV ist die Schaffung von bevorrechtigten Zugängen zu Finanzinstituten, durch welche die Haushaltsdisziplin des öffentlichen Sektors beeinträchtigt wird.[921] Es wird allerdings durch die Kreditgewährung der KfW lediglich eine Anreizwirkung durch die Haftungsübernahme durch den Bund gesetzt, die bereits durch die speziellere Regelung des Art. 125 Abs. 1 AEUV erfasst wird.[922] Die anderen Helferstaaten sind direkt Vertragspartner der Darlehens-Fazilitätsvereinbarung und demnach per Definition schon keine Finanzinstitute nach Art. 124 AEUV. Zwar könnte man noch versuchen, die Regelung teleologisch zu extensivieren, indem man auf den Sinn und Zweck des Zugangsverbots (Unterwerfung unter marktübliche Konditionen) abstellt. Allerdings würde eine solche Auslegung von Art. 124 AEUV dem klaren Wortlaut widersprechen und die insoweit eindeutige Formulierung der VO 3604/93 unterlaufen, womit eine solche extensive Auslegung auszuschließen ist. Damit ist die Griechenland-Soforthilfe mit Art. 124 AEUV unvereinbar.[923]

---

919 Ausführlich *Nitze,* Finanzhilfen für Euro-Staaten in der Krise, 2015, S. 86; s. auch *Tutsch,* in: v. d. Groeben/Schwarze/Hatje (Hrsg.), Europäisches Unionsrecht, Bd. 3, 7. Aufl. 2015, Art. 124 AEUV, Rn. 21 ff.

920 *Nitze,* Finanzhilfen für Euro-Staaten in der Krise, 2015, S. 87 m.w.N.

921 *Nitze,* Finanzhilfen für Euro-Staaten in der Krise, 2015, S. 88 f.

922 *Nitze,* Finanzhilfen für Euro-Staaten in der Krise, 2015, S. 89.

923 Ebenso etwa *Herrmann,* EuZW 2010, S. 413 (415 f.); *Nitze,* Finanzhilfen für Euro-Staaten in der Krise, 2015, S. 89.

Der EFSM (VO 407/2010) stellt indes schon keine Maßnahme i.S.v. Art. 124 AEUV dar, da damit keine Finanzinstitute verpflichtet werden, Forderungen von Mitgliedstaaten zu erwerben und er keine anreizsteuernden Steuervergünstigungen beinhaltet.

Die EFSF ist der Definition nach ebenfalls kein Finanzinstitut. Es handelt sich dabei zwar um ein privatrechtliches Unternehmen, das Kredite oder andere Finanzierungshilfen für eigene Rechnung gewährt (vgl. Art. 2 Abs. 1 EFSF-RV). Diese Tätigkeit besteht allerdings nicht darin, Einlagen oder andere rückzahlbare Gelder des Publikums (der Mitgliedstaaten des Euro-Währungsgebietes als Gesellschafter und Sicherungsgeber) entgegenzunehmen. Grundlage der Zahlungen sind lediglich die Sicherungszusagen (Bürgschaften) der daran als Gesellschafter beteiligten Mitgliedstaaten, deren Währung der Euro ist (vgl. Art. 3 EFSF-GesV, Art. 2 Abs. 4 EFSF-RV). Allerdings werden diese Finanzierungsinstrumente durch Emission oder Übernahme von Anleihen, Schuldscheinen, Liquiditätswechseln, Schuldverschreibungen oder anderen Formen der Finanzierung ermöglicht und nicht durch direkte Einlagen der Sicherungsgeber (Erwägungsgrund Nr. 4; Art. 4 Abs. 1 EFSF-RV). Somit ist hierin auch kein Verstoß gegen Art. 124 AEUV zu erkennen.[924]

Beim ESM jedoch handelt es sich um ein Finanzinstitut i.S.v. Art. 124 AEUV. Der Zweck des ESM ist nach Art. 3 ESMV die Mobilisierung von Finanzmitteln zur Bereitstellung an ESM-Mitglieder, die sich in schwerwiegenden Finanzierungsproblemen befinden. Dazu leisten die ESM-Mitglieder Beiträge (Art. 8 f. ESMV) an dem ESM. Somit handelt es sich hierbei um ein Unternehmen, dessen Tätigkeit darin besteht, Einlagen oder andere rückzahlbare Gelder des Publikums (Beiträge der ESM-Mitglieder) entgegenzunehmen und Kredite für eigene Rechnung (Stabilitätshilfen i.S.v. Art. 13 ff. ESMV) zu gewähren.[925] Ob es sich bei dem ESM dabei um eine internationale Organisation oder ein privatrechtliches Unternehmen handelt, kann jedoch insoweit keine Rolle spielen, als dass die Art. 124 AEUV konkretisierende Verordnung (EG) Nr. 3604/93 keine bestimmte Rechtsform vorschreibt. Weiteres Indiz für das Vorliegen eines Finanzinstitutes ist die Befreiung des ESM von der Lizenzierungs- und Zulassungspflicht für Kreditinstitute gemäß Art. 32 Abs. 9 ESMV. Handelte es sich bei dem ESM nicht um ein Finanzinstitut, so wäre diese Regelung schlichtweg entbehrlich. Auch sind die Ratifizierungsgesetze der Mitgliedstaaten des ESM (vgl. nur Art. 1 S. 1 ESMG) als Maßnahmen einzuordnen, die durch seine Tätigkeit einen bevorrechtigten Zugang zu Finanzinstituten schaffen. Lediglich ESM-Mitglieder, also Mitgliedstaaten der Union, deren Währung der Euro ist, haben Zugang zu Finanzierungshilfen des ESM. Auch wenn nicht direkt Forderungen von Mitgliedstaaten übernommen werden, so wird der Sinn und Zweck von Art. 124 AEUV, nämlich die Unterwerfung der Mitgliedstaaten unter marktübliche Konditionen, durch den ESM

---

924 I.E. ebenso *Nitze,* Finanzhilfen für Euro-Staaten in der Krise, 2015, S. 89 f.
925 A.A. *Nitze,* Finanzhilfen für Euro-Staaten in der Krise, 2015, S. 89.

konterkariert. Damit ist der ESM mit dem Verbot des bevorrechtigten Zugangs zu Finanzinstituten aus Art. 124 AEUV nicht zu vereinbaren.[926]

Allerdings ändert die Einfügung des Art. 136 Abs. 3 AEUV n.F. die Rechtslage. Der ESM ist nach Inkrafttreten dieser Vertragsänderung nicht mehr vom Verbot des Art. 124 AEUV umfasst. Ähnlich wie beim Verbot des Art. 125 Abs. 1 AEUV[927] erlaubt Art. 136 Abs. 3 AEUV n.F. die Errichtung eines Stabilitätsmechanismus zur Stabilisierung der WWU als lex specialis. Würde Art. 136 Abs. 3 AEUV nämlich keine derogierende Wirkung aufweisen und den ESM somit aus dem Anwendungsbereich des Art. 124 AEUV exkludieren, so würde seine Einfügung obsolet. Damit ist festzustellen, dass Hilfen, die nach Inkrafttreten dieser Vertragsänderung gewährt werden, im Gegensatz zum ESM bis zum Inkrafttreten der Vertragsänderung keinen Verstoß gegen das Verbot des bevorrechtigten Zugangs zu Kreditinstituten nach Art. 124 AEUV darstellen.

c) Nichtauslösungsklausel (Art. 125 AEUV)

Im Kern geht es bei den hier untersuchten Finanzhilfen jedoch um die Frage, ob die Union oder die Mitgliedstaaten mit der Vergabe von Darlehen an andere Mitgliedstaaten (bilateral, mittels des EFSM/EFSF oder über den ESM) gegen die unionsrechtlich normierte Nichtauslösungsklausel (auch bailout-Verbot oder Nichtbeistandsklausel) aus Art. 125 Abs. 1 AEUV verstoßen. Da sich der Adressatenkreis des Haftungsverbotes aus Art. 125 Abs. 1 AEUV sowohl auf die Union (Satz 1) als auch die Mitgliedstaaten (Satz 2) bezieht, muss an dieser Stelle nicht weiter nach dem Darlehensgeber differenziert werden.[928] Die Norm ist unmittelbar anwendbar.[929] Kern der folgenden Analyse ist die Frage, ob Art. 125 Abs. 1 AEUV ein absolutes und ausnahmsloses Haftungsverbot statuiert oder ob „freiwillige" Hilfen trotzdem noch erlaubt sind.

Bei der Auslegung von Unionsrecht kann dabei grundsätzlich auf die vier klassischen, aus dem nationalen Recht bekannten Auslegungsmethoden nach Wortlaut[930],

926 A.A. *Glaser,* DÖV 2012, S. 901 (904); *Hufeld,* in: Müller-Graff (Hrsg.), EnzEuR IV, 2014, § 22 Rn. 103.

927 Hierzu s.u. c).

928 Zum Adressatenkreis etwa *Smulders/Keppenne,* in: v. d. Groeben/Schwarze/Hatje (Hrsg.), Europäisches Unionsrecht, Bd. 3, 7. Aufl. 2015, Art. 125 AEUV, Rn. 11 f.

929 *Bandilla,* in: Grabitz/Hilf/Nettesheim (Hrsg.), Das Recht der EU, 44. EL 2011, Art. 125 Rn. 5; *Hattenberger,* in: Schwarze (Hrsg.), EU-Kommentar, 3. Aufl. 2012, Art. 125 AEUV Rn. 1; *Häde,* in: Calliess/Ruffert (Hrsg.), EUV/AEUV, 4. Aufl. 2011, Art. 125 AEUV Rn. 4; *Louis,* CMLRev 47 (2010), S. 971 (977); *Smulders/Keppenne,* in: v. d. Groeben/Schwarze/Hatje (Hrsg.), Europäisches Unionsrecht, Bd. 3, 7. Aufl. 2015, Art. 125 AEUV, Rn. 17.

930 EuGH, Rs. 26/62, EU:C:1963:1 (Slg. 1963, S. 1), S. 24 – *van Gend & Loos.*

Systematik[931], Historie[932] und Teleologie[933] zurückgegriffen werden, was der Europäische Gerichtshof in seiner Rechtsprechung regelmäßig auch so praktiziert, ohne es stets explizit so zu bezeichnen.[934] Berücksichtigt werden dabei jedoch Besonderheiten wie etwa die Autonomie des Unionsrechts, verschiedene verbindliche Sprachfassungen der Vertragstexte, eine Orientierung am Gebot der praktischen Wirksamkeit (effet utile) und den Vertragszielen sowie rechtsvergleichende Aspekte.[935]

aa) Wortlautauslegung

Als Ausgangspunkt jeder Auslegung wird zunächst der Wortlaut einer näheren Betrachtung unterzogen. Nach Art. 125 Abs. 1 AEUV haftet die Union bzw. ein Mitgliedstaat nicht für Verbindlichkeiten der Zentralregierungen, der regionalen oder lokalen Gebietskörperschaften oder anderen öffentlich-rechtlichen Körperschaften, sonstiger Einrichtungen des öffentlichen Rechts oder öffentlicher Unternehmen eines anderen Mitgliedstaates und tritt nicht für derartige Verbindlichkeiten ein. Wenn man mit Haftung lediglich eine Schuldübernahme meint,[936] so greift dieses

---

931 EuGH, Rs. 26/62, EU:C:1963:1 (Slg. 1963, S. 1), S. 24 – *van Gend & Loos;* EuGH, Rs. 22/70, EU:C:1971:32 (Slg. 1971, S. 263), Rn. 12 – *AETR.*

932 Zum Sekundärrecht: EuGH, Rs. C-540/03, EU:C:2006:429 (Slg. 2006, S. I-5769), Rn. 66 ff. – *Parlament/Rat;* EuGH, Rs. C-104/01, EU:C:2003:244 (Slg. 2003, S. I-3793), Rn. 25 f. – *Libertel/Benelux-Merkenbureau*; diese Methode spielt allerdings eine eher untergeordnete Rolle, so etwa *Gaitanides,* in: v. d. Groeben/Schwarze/Hatje (Hrsg.), Europäisches Unionsrecht, Bd. 1, 7. Aufl. 2015, Art. 19 EUV Rn. 47 m.w.N.; *Mayer,* in: Grabitz/Hilf/Nettesheim (Hrsg.), Recht der EU, 41. EL 2010, Art. 19 EUV Rn. 66; *Schroeder,* JuS 2004, S. 180 (183); *Schwarze,* in: ders. (Hrsg.), EU-Kommentar, 3. Aufl. 2012, Art. 19 EUV Rn. 37.

933 S. etwa EuGH, Rs. 26/62, EU:C:1963:1 (Slg. 1963, S. 1), S. 27 – *van Gend & Loos; Schroeder,* JuS 2004, S. 180 (183).

934 Vgl. nur *Kutscher,* in: Gerichtshof der Europäischen Gemeinschaften (Hrsg.), Begegnung von Justiz und Hochschule am 27. und 28. September 1976 – Berichte, 1976, S. I-6; s. auch *Calliess,* Berliner Online-Beiträge zum Europarecht Nr. 28, 2005, S. 3; *Ismer/Wiesner,* DÖV 2015, S. 81 (87); *Nitze,* Finanzhilfen für Euro-Staaten in der Krise, 2015, S. 64 m.w.N.; *Schroeder,* JuS 2004, S. 180 (181 ff.); *Yaroshevskij,* Berliner Online-Beiträge zum Europarecht Nr. 59, 2010, S. 9.

935 Vgl. nur EuGH, Rs. 69/79, EU:C:1980:7 (Slg. 1980, S. 75), Rn. 6 – *Jordens-Vosters*; EuGH, Rs. 283/81, EU:C:1982:335 (Slg. 1982, S. 3415), Rn. 17 – *CILFiT;* EuGH, Rs. C-296/95, EU:C:1998:152 (Slg. 1998, S. I-1605), Rn. 30 m.w.N. – *The Queen/Commissioners of Customs and Excise;* EuGH, Rs. C-426/05, EU:C:2008:103 (Slg. 2008, S. I-685), Rn. 26 m.w.N. – *Tele 2 Telecommunication*; *Ismer/Wiesner,* DÖV 2015, S. 81 (88 f.) m.w.N.; *Mayer,* in: Grabitz/Hilf/Nettesheim (Hrsg.), Recht der EU, 41. EL 2010, Art. 19 EUV Rn. 53 ff. m.w.N.; *Schroeder,* JuS 2004, S. 180 (184 ff.).

936 So *Gnan,* in: v. d. Groeben/Schwarze (Hrsg.), EU-/EG-Vertrag, Bd. 3, 6. Aufl. 2003, Art. 103 EGV Rn. 22; *Weiß/Haberkamm,* EuZW 2013, S. 95 (98 f.); dazu auch *Nitze,* Finanzhilfen für Euro-Staaten in der Krise, 2015, S. 63.

Verbot im Falle von freiwilligen Finanzhilfen nicht.[937] „Haftung“ ist in diesem Kontext allerdings sowohl deliktsrechtlich als auch in vertraglichem Sinne zu verstehen, was bedeutet, dass im Interesse einer effektiven Durchsetzung dieser Norm sämtliche Formen eines finanziellen Einstehens für Verbindlichkeiten von Mitgliedstaaten der Union hierunter fallen, mithin auch bilaterale Kredite oder Garantien.[938] Also sind demnach auch Finanzhilfen wie die Griechenland-Soforthilfe, EFSM/EFSF oder ESM umfasst.

Ferner stellt sich die Frage, ob es sich bei dieser Norm um ein totales Verbot handelt oder ob freiwillig Hilfen der Norm nicht entgegenstehen. Geht man rein vom deutschen Vertragswortlaut aus, so begründet diese Norm streng genommen kein explizites Verbot der Haftung für Verbindlichkeiten anderer Mitgliedstaaten, sondern beinhaltet einzig die Feststellung, dass Mitgliedstaaten nicht haften. Die französische Vertragsfassung („Un État membre ne répond pas des engagements“) entspricht der deutschen, ebenso etwa die polnische („Państwo Członkowskie nie odpowiada za zobowiązania“). Im nach Art. 358 AEUV i.V.m. Art. 55 Abs. 1 EUV ebenso verbindlichen englischen Vertragstext („A Member State shall not be liable for or assume commitments“) ist zudem, etwas eindeutiger, von einem Haftungsausschluss sowie dem Ausschluss der Übernahme von Verpflichtungen die Rede, womit klarstellenderweise sowohl die vorhergehende als auch nachträgliche Haftung für Verbindlichkeiten anderer Mitgliedstaaten explizit ausgenommen ist.[939] Würde man dies nicht als verbindliche Formulierung und mithin als ein Haftungsverbot ansehen, so würde dies den Zweck dieser Regelung völlig konterkarieren.[940] Sieht man die Formulierung des Art. 125 Abs. 1 AEUV nicht als absolut an, so droht die Gefahr der Degenerierung des Wortlauts zum „soft law“.[941] Gleichwohl ist dieser

---

937 So etwa *Herrmann,* EuZW 2010, S. 413 (415); *ders.*, in: Kadelbach (Hrsg.), Nach der Finanzkrise, 2012, S. 79 (86).

938 *Kempen,* in: Streinz (Hrsg.), EUV/AEUV, 2. Aufl. 2012, Art. 125 AEUV Rn. 4; ähnlich *Häde,* in: Calliess/Ruffert (Hrsg.), EUV/AEUV, 4. Aufl. 2011, Art. 125 AEUV Rn. 3; *Knopp,* NJW 2010, S. 1777 (1779); *Smulders/Keppenne,* in: v. d. Groeben/Schwarze/Hatje (Hrsg.), Europäisches Unionsrecht, Bd. 3, 7. Aufl. 2015, Art. 125 AEUV, Rn. 13; a.A. EuGH, Rs. C-370/12, EU:C:2012:756 (NJW 2013, S. 29), Rn. 130 – *Pringle*; *Herrmann,* in: Kadelbach (Hrsg.), Nach der Finanzkrise, 2012, S. 79 (87 f.); *Pernice,* WHI-Paper 04/2013, S. 8.

939 Ebenso *Nitze,* Finanzhilfen für Euro-Staaten in der Krise, 2015, S. 61.

940 *Bandilla,* in: Grabitz/Hilf/Nettesheim (Hrsg.), Recht der EU, 48. EL 2012, Art. 125 AEUV Rn. 6; *Frenz/Ehlenz,* EWS 2010, S. 65 (67); *Häde,* in: Calliess/Ruffert (Hrsg.), EUV/AEUV, 4. Aufl. 2011, Art. 125 AEUV Rn. 3; *Hentschelmann,* EuR 2011, S. 282 (290); *Rodi,* in: Vedder/Heintschel von Heinegg (Hrsg.), Europäisches Unionsrecht, 2012, Art. 125 AEUV Rn. 9 f.

941 So zutreffend *Schwarz,* in: in: Müller-Graff/Schmahl/Skouris (Hrsg.), FS Scheuing, 2011, S. 705 (715).

Schluss nicht zwingend: Der Wortlaut „haftet nicht" und „tritt nicht ein" schließt nicht gänzlich ein freiwilliges Einstehen für andere Mitgliedstaaten aus.[942]

bb) Systematische Auslegung

(1) Die Stellung des Art. 125 Abs. 1 AEUV

Art. 125 AEUV ist im Drittel Teil des AEU-Vertrags über die internen Politiken und Maßnahmen der Union, dort im Titel VIII, der mit „Die Wirtschafts- und Währungspolitik" überschrieben ist, angesiedelt und innerhalb dessen im ersten Kapitel über die Wirtschaftspolitik. Damit kann die Entscheidung für einen Haftungsausschluss der Mitgliedstaaten als ein elementarer wirtschaftspolitischer Grundsatz der Wirtschafts- und Währungsunion gesehen werden. Auch die unmittelbar vor und nach dieser Norm platzierten Vorschriften sprechen für diese wirtschaftspolitische Grundentscheidung: Das Verbot der monetären Staatsfinanzierung aus Art. 123 AEUV oder das Verbot des bevorrechtigten Zugangs zu Finanzinstituten für öffentliche Einrichtungen aus Art. 124 AEUV dienen als stabilitätsorientierte Normen der Aufrechterhaltung von Preisstabilität im Euro-Währungsraum.[943] Art. 126 AEUV als zentrale Regelung in Bezug auf die Haushaltsdisziplin der Mitgliedstaaten befindet sich in diesem Kapitel und stützt damit diese These. Auch die Existenz einer Ausnahmeklausel aufgrund gravierender Schwierigkeiten, wie sie mit Art. 122 Abs. 2 AEUV existiert, untermauert den Gedanken eines strengen Verbots umso mehr, als dass Art. 122 AEUV lediglich finanzielle Hilfen in absoluten Notsituationen von Mitgliedstaaten erlaubt.[944] Denn würde das Haftungsverbot aus Art. 125 Abs. 1 AEUV dadurch relativiert, indem freiwillig vergebene Hilfen davon nicht erfasst

---

942 *Bandilla,* in: Grabitz/Hilf/Nettesheim (Hrsg.), Recht der EU, 48. EL 2012, Art. 125 AEUV Rn. 11; *Ekardt/Buscher,* AöR 137 (2012), S. 42 (69); *dies.*, NJ 2012, S. 148 (150); *Herrmann,* in: v. Lewinski (Hrsg.), Staatsbankrott als Rechtsfrage, 2011, S. 29 (35); *Hufeld,* in: Müller-Graff (Hrsg.), EnzEuR IV, 2014, § 22 Rn. 103; *Haratsch/Koenig/Pechstein,* Europarecht, 10. Aufl. 2016, Rn. 1314; *Herrmann,* EuZW 2010, S. 413 (415); *Müller-Graff,* integration 2011, S. 289 (293); *Nettesheim,* in: Kadelbach (Hrsg.), Nach der Finanzkrise, 2012, S. 31 (58); *Schroeder,* Grundkurs Europarecht, 4. Auf. 2015, § 23 Rn. 4; *Siekmann,* in: Möllers/Zeitler (Hrsg.), Europa als Rechtsgemeinschaft, 2013, S. 101 (132); vgl. ausführlich *Palm,* Preisstabilität, 2000, S. 141; *Seidel,* EuZW 2011, S. 529 (530); im Ergebnis auch *Siekmann,* in: ders. (Hrsg.), EWU-Kommentar, 2013, Einführung Rn. 73; *Bonke,* ZEuS 2010, S. 493 (508 f.); ähnlich *Simon,* EuR 2015, S. 107 (111); i.E. a.A. *Kämmerer,* Wirtschaftsdienst 2010, S. 161 (162); *Puttler,* in: Kadelbach (Hrsg.), Solidarität als Europäisches Rechtsprinzip?, 2014, S. 43 (48); *Schorkopf,* AöR 136 (2011), S. 323 (339); unklar eher *Smulders/Keppenne,* in: v. d. Groeben/Schwarze/Hatje (Hrsg.), Europäisches Unionsrecht, Bd. 3, 7. Aufl. 2015, Art. 125 AEUV, Rn. 15.

943 *Bandilla,* in: Grabitz/Hilf/Nettesheim (Hrsg.), Recht der EU, 44. EL 2011, Art. 123 AEUV Rn. 3.

944 *Pache/Schwarz,* in: dies. (Hrsg.), Grundlagen, aktuelle Entwicklungen und Perspektiven der Europäischen Währungsunion, 2012, S. 13 (19).

sind, so würde die Existenz einer solchen Ausnahmeklausel gleichzeitig ad absurdum geführt.[945] Auch spricht Art. 125 Abs. 2 AEUV von „Verbot", wenn er auf die Regelung des Art. 125 Abs. 1 AEUV Bezug nimmt, so dass von einem umfassenden Haftungsverbot ausgegangen werden muss.[946]

(2) Verhältnis zu Art. 122 Abs. 2 AEUV

Die Nichtauslösungsklausel aus Art. 125 Abs. 1 AEUV stellt fest, dass eine Haftung der Union für die Verbindlichkeiten von Zentralregierungen, regionalen oder lokalen Gebietskörperschaften von Mitgliedstaaten sowie ein Eintritt in dessen Verbindlichkeiten durch die Union nicht stattfindet. Hierzu steht Art. 122 Abs. 2 AEUV prima facie in einem gewissen Spannungsverhältnis, als dass die Gewährung von finanziellem Beistand durch die Union gerade doch ermöglicht wird.[947] Allerdings regelt Art. 125 Abs. 1 AEUV den Normalfall, während Art. 122 Abs. 2 AEUV eine speziellere Regelung für den Fall von Schwierigkeiten, die sich der Kontrolle des Mitgliedstaates entziehen, enthält. Insofern ist Art. 122 Abs. 2 AEUV trotz des expliziten Wortlautes des Art. 125 Abs. 1 S. 1 AEUV als lex specialis anzusehen und verdrängt die letztgenannte Norm bei deren tatbestandlichem Vorliegen.[948] Darüber hinaus ist der Regelungsbestand der beiden Normen nicht gänzlich deckungsgleich: Während Art. 122 Abs. 2 AEUV schon der Räson nach freiwilligen Beistand meint und nur die Union als Adressat aufweist,[949] so ist in Art. 125 Abs. 1 AEUV der Fall einer unfreiwilligen, verpflichtenden Haftung oder Verbindlichkeitsübernahme gemeint unter Einschluss der Mitgliedstaaten als Adressaten. Das stützt indes den Gedanken, dass Art. 122 Abs. 2 AEUV spezieller ist und Art. 125 Abs. 1 S. 1 AEUV in seinem Anwendungsbereich verdrängt. Systematisch gesehen könnte man ebenfalls davon sprechen, dass Art. 122 Abs. 2 AEUV als eine Art Rechtfertigungsgrund oder Ausnahme vom Haftungsausschluss des Art. 125 Abs. 1 S. 1 AEUV suspendiert.[950]

---

945 I.E. etwa *Schwarz*, in: in: Müller-Graff/Schmahl/Skouris (Hrsg.), FS Scheuing, 2011, S. 705 (710) m.w.N.; a.A. EuGH, Rs. C-370/12, EU:C:2012:756 (NJW 2013, S. 29), Rn. 131 – *Pringle*.

946 *Brück/Schalast/Schanz*, BB 2010, S. 2522 (2525); *Frenz/Ehlenz*, EWS 2010, S. 65 (67).

947 *Hahn/Häde*, Währungsrecht, 2. Aufl. 2010, § 27 Rn. 13.

948 *Kämmerer*, in: Siekmann (Hrsg.), EWU-Kommentar, 2013, Art. 122 AEUV Rn. 21; *Nitze*, Finanzhilfen für Euro-Staaten in der Krise, 2015, S. 93; *Schorkopf*, AöR 136 (2011), S. 323 (339); *Smulders/Keppenne*, in: v. d. Groeben/Schwarze/Hatje (Hrsg.), Europäisches Unionsrecht, Bd. 3, 7. Aufl. 2015, Art. 122 AEUV, Rn. 19; *Streinz*, Europarecht, 9. Aufl. 2012, Rn. 1098; *Zehnpfund/Heimbach*, WD 11 – 3000 – 30/10, S. 7; a.A. *Kerber*, Occasional Paper 1/2010, S. 10.

949 Vgl. *Ohler*, in: Siekmann (Hrsg.), EWU-Kommentar, 2013, Art. 122 AEUV Rn. 42.

950 *Häde*, in: Calliess/Ruffert (Hrsg.), EUV/AEUV, 4. Aufl. 2011, Art. 122 AEUV Rn. 11; *ders.*, EuZW 2009, S. 399 (401); *Haratsch/Koenig/Pechstein*, Europarecht, 10. Aufl. 2016, Rn. 1316; *Schwarz*, in: in: Müller-Graff/Schmahl/Skouris (Hrsg.), FS Scheuing, 2011, S. 705 (710); *Weber*, EuZW 2011, S. 935 (937); a.A. wohl *Hafke*, Kreditwesen 2010, S. 393 (394).

Dafür spricht auch, dass beide Normen normenhierarchisch auf einer Ebene stehen und daher gleichrangig sind.[951] Das Spannungsverhältnis der beiden Normen ist grundsätzlich also Auflösbar.

Allerdings wird nicht einhellig davon ausgegangen, dass Art. 122 Abs. 2 AEUV in jedem Fall spezieller als Art. 125 Abs. 2 AEUV oder als Ausnahmevorschrift dienen kann: So wird teilweise davon ausgegangen, dass diese beiden Normen nicht kongruent sind, da Art. 122 Abs. 2 AEUV nur finanziellen Beistand der Union ermöglicht, Art. 125 Abs. 1 AEUV jedoch auch finanziellen, bilateralen Beistand der Mitgliedstaaten verbietet und insofern ein Auslösungsverbot nur für bilateral vereinbarte Hilfen von Mitgliedstaaten besteht.[952] Zwar wird hieraus teilweise, auch in Verbindung der Auslegung mit Art. 125 Abs. 1 AEUV, ein Ausschluss von Hilfen der Mitgliedstaaten verneint.[953] Diese bilateralen Hilfen widersprechen dem Wortlaut von Art. 122 Abs. 2 AEUV und dem Grundansatz des Solidarföderalismus, d.h. dass die Unterstützung des Schwächeren innerhalb einer Gemeinschaft auch eine gemeinsame Angelegenheit ist.[954]

Darüber hinaus wird auch versucht, das Spannungsverhältnis dieser beiden Normen dahingehend mit einer Verhältnismäßigkeitserwägung dergestalt aufzulösen, als dass zwar beide anwendbar und unverletzt seien, jedoch Konditionalität mittels eines makroökonomischen Anpassungsprogramms für Hilfe erhaltende Staaten gewährleistet sein muss.[955] Allerdings ist eine solche Art praktischer Konkordanz, wie sie aus der Grundrechtsdogmatik bekannt ist, um Spannungsverhältnisse von vorbehaltlosen Grundrechten aufzulösen und beide Grundrechte zur größtmöglichen Anwendung zu bringen, hier nicht möglich: Beide Normen schließen sich denknotwendigerweise in einem großen Anwendungsbereich gegenseitig aus. Einzig die Hilfsmaßnahmen im Falle von Naturkatastrophen oder vergleichbaren Sachverhalten, die sich der Kontrolle der Mitgliedstaaten entziehen, blieben hiervon unberührt.

(3) Verhältnis zu Art. 136 Abs. 3 AEUV n.F.

Art. 136 Abs. 3 Satz 1 AEUV ermöglicht es den Mitgliedstaaten der Union, einen Stabilitätsmechanismus zu errichten, der aktiviert wird, wenn es zur Wahrung der Stabilität des Euro-Währungsgebietes unabdingbar notwendig ist. Das bedeutet, dass diese Norm im Verhältnis zu Art. 125 Abs. 1 Satz 2 AEUV vom Haftungsverbot

---

951 *Hahn/Häde,* Währungsrecht, 2. Aufl. 2010, § 27 Rn. 16.

952 *Gnan,* v.d. Groeben/Schwarze (Hrsg.), EU-/EG-Vertrag, Bd. 3, 6. Aufl. 2003, Art. 103 EGV Rn. 28.

953 *Louis,* CMLRev 47 (2010), S. 971 (985).

954 *Kämmerer,* Wirtschaftsdienst 2010, S. 161 (164).

955 *Louis,* CMLRev 47 (2010), S. 971 (985); ähnlich *Nitze,* Finanzhilfen für Euro-Staaten in der Krise, 2015, S. 93.

ausnimmt,[956] sofern deren Voraussetzungen vorliegen. Der Konstruktion einer „rechtlichen Einstandspflicht“[957] durch die Einfügung des Art. 136 Abs. 3 AEUV unter faktischer Umkehrung des Art. 125 Abs. 1 AEUV kann allerdings entgegnet werden, dass der Wortlaut dieser Norm keine Verpflichtung, sondern lediglich die Möglichkeit der Einrichtung eines Stabilitätsmechanismus enthält. Faktisch geht damit eine Entwertung dieses Verbots aus Art. 125 Abs. 1 AEUV einher.[958] Die Einfügung von Art. 136 Abs. 3 AEUV hat indes andere Wirkungen in Bezug auf Art. 125 Abs. 1 AEUV: Zum einen untermauert es das starre Auslösungsverbot, da es eine explizite Haftung ausschließt. Dies spricht also für einen klaren Verstoß gegen Art. 125 Abs. 1 AEUV durch die Griechenland-Soforthilfe sowie EFSM/EFSF.[959] Denn verstießen diese Maßnahmen nicht gegen die Nichtauslösungsklausel, so hätte es der Einfügung des Art. 136 Abs. 3 AEUV in das Vertragsgefüge gar nicht erst bedurft.[960] Einen nachträglichen Legitimationscharakter für den Verstoßes gegen Art. 125 Abs. 1 AEUV durch die Mitgliedstaaten enthält der neue Abs. 3 indes nicht.[961] Auch wenn man temporäre und ultima ratio notwendige Maßnahmen für vereinbar mit der Nichtauslösungsklausel erachtet, so bedarf es zur Einrichtung eines dauerhaften Stabilisierungsmechanismus wie dem ESM einer expliziten Vertragsänderung.[962] Zum anderen entlastet es Finanzhilfen durch den ESM vom Verstoß gegen Art. 125 Abs. 1 AEUV, indem dieser explizit erwähnt wird und damit

---

956 Ähnlich *Calliess/Schoenfleisch*, JZ 2012, S. 477 (485); *Degenhart*, in: Möllers/Zeitler (Hrsg.), Europa als Rechtsgemeinschaft, 2013, S. 85 (97); *Ekardt/Buscher*, NJ 2012, S. 148 (150 f.); *Herrmann*, in: v. Lewinski (Hrsg.), Staatsbankrott als Rechtsfrage, 2011, S. 29 (41); *Hufeld*, in: Müller-Graff (Hrsg.), EnzEuR IV, 2014, § 22 Rn. 172; *Kämmerer*, in: Siekmann (Hrsg.), EWU-Kommentar, 2013, Art. 122 Rn. 68; *Kube/Reimer*, ZG 2011, S. 332 (339); *Kube*, WM 2012, S. 245 f.; *v. Lewinski*, in: Isensee/Kirchhof (Hrsg.), HbdStR X, 3. Aufl. 2012, § 217 Rn. 71; *Puttler*, in: Kadelbach (Hrsg.), Solidarität als Europäisches Rechtsprinzip?, 2014, S. 43 (49); *Rathke*, DÖV 2011, S. 753 (759); *Ruffert*, EuR 2011, S. 842 (852); *Schachtschneider*, Die Rechtswidrigkeit der Euro-Rettungspolitik, 2011, S. 151 f.; *Schroeder*, Grundkurs Europarecht, 4. Aufl. 2015, § 23 Rn. 4; *Thym*, EuZW 2011, S. 167 (171); Stellungnahme der EZB v. 17. 3. 2011 zu einem Entwurf des Beschlusses des Europäischen Rates zur Änderung des Art. 136 AEUV, ABl.EU 2011, Nr. C 140, S. 8 (9).

957 So *Rathke*, DÖV 2011, S. 753 (758).

958 *Degenhart*, in: Möllers/Zeitler (Hrsg.), Europa als Rechtsgemeinschaft, 2013, S. 85 (97).

959 *Siekmann*, in: ders. (Hrsg.), EWU-Kommentar, 2013, Einführung Rn. 91.

960 A.A. *Simon*, EuR 2015, S. 107 (112).

961 So aber *Hufeld*, in: Meyer (Hrsg.), Die Zukunft der Währungsunion, 2013, S. 135 (146 f.).

962 Ähnlich bereits *Louis*, CMLRev 47 (2010), S. 971 (986).

insofern nicht mehr greift.[963] Es wird mithin eine primärrechtliche Grundlage für die Euro-Rettung durch den ESM erst geschaffen.[964]

(4) Verhältnis zu Art. 143, Art. 144 AEUV

Finanzhilfen sind jedoch nur innerhalb Eurozone aufgrund von Art. 125 Abs. 1 AEUV untersagt. Art. 143 Abs. 2, Art. 144 Abs. 1 i.V.m. Art. 143 Abs. 2 AEUV erlauben explizit Finanzhilfen der Union durch Beschluss des Rates für Mitgliedstaaten, deren Währung nicht der Euro ist, im Falle von Zahlungsbilanzschwierigkeiten bzw. –krisen. Dies stützt wiederum aus systematischer Hinsicht e contrario die These, dass die Nichtauslösungsklausel ein ausdrückliches Verbot darstellt, wenn Hilfen für Nicht-Euro-Staaten explizit normiert und ermöglicht wurden.[965] Sollte Hilfe möglich sein, so hätte dies explizit normiert werden können.[966] Daraus die These abzuleiten, nicht jegliche Hilfen seien deshalb verboten,[967] stellt einen Zirkelschluss dar.

cc) Historische Auslegung

Schon der Delors-Bericht als direkte Vorarbeit für die Vertragsverhandlungen des Maastricht-Vertrages ging von einer disziplinierenden Wirkung der Marktkräfte aus, wenngleich zugegeben wurde, dass von ihnen teilweise nicht immer kräftige und zwingende Signale ausgehen würden.[968] Dies stützt die These der sich hieran anschließenden, teleologischen Untersuchung aus entstehungsgeschichtlicher Perspektive. Es bestand auch weitgehende Einigkeit darüber, dass kein Staat für die Verpflichtungen eines anderen aufkommen soll oder in diese eintreten soll.[969] Die Formulierungsvorschläge unterschieden sich in Nuancen. Während die Kommission vorschlug, dass nur bedingungslose Bürgschaften von Mitgliedstaaten nicht von der Union übernommen werden dürfen,[970] schlug beispielsweise Frankreich vor, den Vertragstext so zu formulieren, dass jeder Mitgliedstaat für seine Schulden

---

963 Ähnlich *Vogel,* EWS 2013, S. 45 (46) m.w.N.; *Kube/Reimer,* ZG 2011, S. 335 (339); *Kube,* WM 2012, S. 245 (245); *Lorz/Sauer,* DÖV 2012, S. 573 (574); *Rathke,* DÖV 2011, S. 753 (758).

964 *Rathke,* DÖV 2011, S. 753 (755).

965 Ähnlich *Ekardt/Buscher,* AöR 137 (2012), S. 42 (69); *dies.,* NJ 2012, S. 148 (150); *Frenz,* Handbuch Europarecht, Bd. VI, 2011, Rn. 3636; *ders.,* EWS 2013, S. 27 (31); *Nitze,* Finanzhilfen für Euro-Staaten in der Krise, 2015, S. 67; *Potacs,* EuR 2013, S. 133 (138 f.); *Streinz,* Europarecht, 9. Aufl. 2012, Rn. 1098; vgl. auch *Zehnpfund/Heimbach,* WD 11 – 3000 – 30/10, S. 6.

966 *Frenz,* Handbuch Europarecht, Bd. VI, Rn. 3642.

967 *Weiß/Haberkamm,* EuZW 2013, S. 95 (99).

968 Delors-Bericht, Rn. 30.

969 *Endler,* EZB und Preisstabilität, 1998, S. 340; Bericht des Währungsausschusses, Ziffer 3 ff.; *EG-Kommission,* Bulletin der EG, Beilage 2/91, S. 25.

970 *EG-Kommission,* Bulletin der EG, Beilage 2/91, S. 45; zur Entstehungsgeschichte ausführlich *Smulders/Keppenne,* in: v. d. Groeben/Schwarze/Hatje (Hrsg.), Europäisches Unionsrecht, Bd. 3, 7. Aufl. 2015, Art. 125 AEUV, Rn. 3 ff.

allein verantwortlich sein solle und Bürgschaften der Mitgliedstaaten und der Union ausgeschlossen sein sollten.[971] Die letztlich im Maastricht-Vertrag aufgenommene Regelung spiegelt im Wesentlichen eine Mischung aus den luxemburgischen (Haftungsausschluss gilt unbeschadet gemeinsamer Projekte) und niederländischen Vorschlägen (Aufteilung in zwei Sätze) wider. Diese Form der Nichtbeistandsklausel ist mit dem Vertrag von Maastricht in das Regelwerk des damaligen EG-Vertrages eingefügt worden (Art. 104b EGV-Maastricht, Art. 103 EGV-Amsterdam) und blieb seit 1992, mit Ausnahme einiger redaktioneller Änderungen, die den wesentlichen Inhalt der Norm jedoch nicht modifiziert haben, unverändert.[972]

Das Prinzip der Nichtauslösung war also auch schon zum Entstehungszeitpunkt der WWU vorherrschend.[973] Seine Entstehungsgeschichte zeigt im Ergebnis also, dass durch die Nichtauslösungsklausel (jetzt: Art. 125 Abs. 1 AEUV) eine Haftung von Mitgliedstaaten und Union für die Verbindlichkeiten anderer Mitgliedstaaten in jeglicher Art, insbesondere durch Kredite und Bürgschaften ausgeschlossen werden und ein absolutes Verbot statuiert werden sollte.[974]

dd) Teleologische Auslegung

(1) Grundsätzliches

Sinn und Zweck der Nichtauslösungsklausel ist die Aufrechterhaltung der Preisstabilität, insbesondere durch disziplinierte Haushaltsführung im Euroraum.[975] Die Art. 123 bis Art. 125 AEUV stehen daher als Stabilitätsanker für das Strukturelement der haushaltspolitischen Autonomie.[976] Die Mitgliedstaaten sollen nur dann haften, wenn sie sich gegenseitige Mitspracherechte zugesichert haben.[977] Art. 125 AEUV ist dabei eine zentrale Rechtsvorschrift.[978] Es soll der sog. „moral hazard", also das Vertrauen der Mitgliedstaaten auf eine Rettung im Falle von Zahlungsschwierigkeiten und die dadurch bedingte erhöhte Risikobereitschaft durch diese

---

971 *Endler,* EZB und Preisstabilität, 1998, S. 342; s. dort auch im Folgenden.

972 So auch *Bandilla,* in: Grabitz/Hilf/Nettesheim (Hrsg.), Recht der EU, 44. EL 2011, Art. 123 AEUV Rn. 5.

973 Vgl. *EG-Kommission,* Bulletin der EG, Beilage 2/91, S. 25.

974 *EG-Kommission,* Bulletin der EG, Beilage 2/91, S. 56; vgl. *Nitze,* Finanzhilfen für Euro-Staaten in der Krise, 2015, S. 62.

975 Vgl. *Brück/Schalast/Schanz,* BB 2010, S. 2522 (2525); *Hahn/Häde,* Währungsrecht, 2. Aufl. 2010, § 15 Rn. 18; *Potacs,* EuR 2013, S. 133 (135); *Zehnpfund/Heimbach,* WD 11 – 3000 – 30/10, S. 7.

976 *Hufeld,* in: Müller-Graff (Hrsg.), EnzEuR IV, 2014, § 22 Rn. 105; ähnlich *Blanke/Pilz,* EuR 2014, S. 541 (550); *Tutsch,* in: v. d. Groeben/Schwarze/Hatje (Hrsg.), Europäisches Unionsrecht, Bd. 3, 7. Aufl. 2015, Art. 123 AEUV, Rn. 5.

977 *Schorkopf,* Der Europäische Weg, 2010, S. 61.

978 *Blanke/Pilz,* EuR 2014, S. 541 (550); *Honsell,* in: Staudinger (Hrsg.), BGB-Kommentar, Bd. 1, 2013, Einleitung, Rn. 112g.

Norm verhindert werden.[979] Die Nichtauslösungsklausel enthält implizit also ein Gebot zu disziplinierter Haushaltsführung.[980] Man könnte daher auch von einer Disziplinierungsfunktion dieser Norm oder von einem Spekulationsverbot sprechen.[981] Grundgedanke ist dabei, dass der öffentliche Sektor durch den Zwang in die Mechanismen des freien Marktes beim Ausgleichen seiner Haushaltsdefizite und zum Erhalt seiner eigenen Liquidität, bspw. durch Kreditbeschaffung auf dem freien Markt, zu verantwortungsbewusstem Verhalten bei der Haushaltsführung geleitet wird.[982] Die Märkte sollen also die Bonität des Mitgliedstaates aufgrund dieses Grundverständnisses bewerten.[983] Die angestrebte Haushaltsdisziplin wirkt auf diese Weise an der Verwirklichung eines übergeordneten Ziels mit, der Aufrechterhaltung der finanziellen Stabilität der Unionswährung.[984] Eine Abwälzung der Folgen unseriöser Finanzpolitik eines Mitgliedstaates auf die Union oder andere Mitgliedstaaten soll durch diese Norm eben verhindert werden.[985] Somit stärkt diese Norm insbesondere auch das Prinzip der Eigenverantwortlichkeit nationaler Finanzpolitik.[986] Sie bildet gewissermaßen den „Schlussstein im Gewölbe nationaler

---

979 *Gnan,* in: v.d. Groeben/Schwarze (Hrsg.), EUV/EGV, Bd. 3, 6. Aufl. 2003, Art. 103 EGV Rn. 31; *Häde,* in: Calliess/Ruffert (Hrsg.), EUV/AEUV, 4. Aufl. 2011, Art. 125 AEUV Rn. 1; *Khan,* in: Geiger/Khan/Kotzur (Hrsg.), EUV/AEUV, 5. Aufl. 2010, Art. 125 AEUV Rn. 1; *Nitze,* Finanzhilfen für Euro-Staaten in der Krise, 2015, S. 62; *Schwarz,* in: in: Müller-Graff/Schmahl/Skouris (Hrsg.), FS Scheuing, 2011, S. 705 (711).

980 *Frenz,* Handbuch Europarecht, Bd. VI, 2011, Rn. 3624 f.; *Hattenberger,* in: Schwarze (Hrsg.), EU-Kommentar, 3. Aufl. 2012, Art. 125 AEUV Rn. 1; ähnlich *Kämmerer,* Wirtschaftsdienst 2010, S. 161 (162); *Kerber,* Occasional Paper 1/2010, S. 7; *Knopp,* NVwZ 2011, S. 1480 (1482 f.); *Smulders/Keppenne,* in: v. d. Groeben/Schwarze/Hatje (Hrsg.), Europäisches Unionsrecht, Bd. 3, 7. Aufl. 2015, Art. 125 AEUV, Rn. 1.

981 *Hafke,* Kreditwesen 2010, S. 393 (394); *Hufeld,* in: Müller-Graff (Hrsg.), EnzEuR IV, 2014, § 22 Rn. 105; ähnlich *Di Fabio,* FAZ v. 22. 6. 2012, S. 9.

982 EuGH, Rs. C-370/12, EU:C:2012:756 (NJW 2013, S. 29), Rn. 135 – *Pringle; Hahn/Häde,* Währungsrecht, 2. Aufl. 2010, § 27 Rn. 19; *Kempen,* in: Streinz (Hrsg.), EUV/AEUV, 2. Aufl. 2012, Art. 125 AEUV Rn. 1; *Kerber,* Occasional Paper 1/2010, S. 7; *Knopp,* NJW 2010, S. 1777 (1779); *v. Lewinski,* in: Isensee/Kirchhof (Hrsg.), HbdStR X, 3. Aufl. 2012, § 217 Rn. 69; *Louis,* CMLRev 47 (2010), S. 971 (977); *Potacs,* EuR 2013, S. 133 (135); *Smits,* The European Central Bank, 1997, S. 77.

983 *Hahn/Häde,* Währungsrecht, 2. Aufl. 2010, § 27 Rn. 12; *Häde,* EuZW 2009, S. 399 (402); *v. Lewinski,* in: Isensee/Kirchhof (Hrsg.), HbdStR X, 3. Aufl. 2012, § 217 Rn. 69; *Louis,* CMLRev 47 (2010), S. 971 (978); ähnlich *Knopp,* NJW 2010, S. 1777 (1779).

984 EuGH, Rs. C-370/12, EU:C:2012:756 (NJW 2013, S. 29), Rn. 135 – *Pringle*; vgl. *Frenz,* EWS 2013, S. 27 (31).

985 BVerfGE 89, S. 155 (204 f.) – *Maastricht.*

986 *Di Fabio,* Die Zukunft einer stabilen Wirtschafts- und Währungsunion, 2013, S. 13; *Faßbender,* NVwZ 2010, S. 799 (800); *Hentschelmann,* EuR 2011, S. 282 (284 f.); *Kerber,* Occasional Paper 1/2010, S. 8; *Knopp,* NJW 2010, S. 1777 (1779); *Kube/Reimer,* NJW 2010, S. 1911 (1912 f.); *Louis,* CMLRev 47 (2010), S. 971 (978); *Potacs,*

Budgetautonomie“[987]. Art. 125 Abs. 1 AEUV kann daher auch als Ausdruck davon verstanden werden, dass die Mitglieder der europäischen Solidargemeinschaft gerade nicht für Überschuldungslagen anderer einstehen sollen.[988] Dieser Grundgedanke würde auch bei der Ausnahme „freiwilliger“ Hilfen aus dem Anwendungsbereich unterlaufen, denn es handelt sich hier um ein echtes Verbot.[989] Der mit der Nichtauslösungsklausel bezweckte Ausschluss wechselseitiger Haftung unterscheidet sich notwendigerweise von einer bundesstaatlichen Verantwortungsstruktur und ist einer Staatengemeinschaft somit immanent.[990]

Zwar muss zugegeben werden, dass die Marktreaktionen manchmal zu spät und dann überzogen sind und die Verfolgung dieser Ratio daher nicht alleiniges Ziel der Norm sein kann.[991] Sicherung und Schutz der Währungsunion können hieraus aber als übergeordnete Ratio entnommen werden, welche durch ein anderes Verständnis des Art. 125 Abs. 1 AEUV als das als Haftungsverbot nicht unterlaufen würden.[992] Das Haftungsverbot kann somit als elementarer Anker der Stabilitätskultur im Euroraum bezeichnet werden, der insbesondere auch in anderen Normen wie bspw. Art. 3 Abs. 3 EUV, Art. 119 Abs. 2 f., Art. 127 Abs. 1 AEUV und Art. 2 Abs. 1 EZB-Satzung zum Ausdruck kommt.[993] Auch das Bundesverfassungsgericht statuiert in seinem *Maastricht*-Urteil die Stabilitätsgemeinschaft als Grundvoraussetzung für die deutsche Partizipation an der Europäischen Wirtschafts- und Währungsunion.[994]

EuR 2013, S. 133 (135); *Rathke,* DÖV 2011, S. 753 (754); *Siekmann,* in: ders. (Hrsg.), EWU-Kommentar, 2013, Einführung Rn. 68 m.w.N.; *Vogel,* EWS 2013, S. 45 (45); zur Eigenverantwortung auch *Regling,* EWS 2011, S. 261 (262).

987 So trefflich *Hatje,* in: Kadelbach/Günther (Hrsg.), Europa: Krise, Umbruch und neue Ordnung, 2014, S. 73 (89).

988 *Haversath,* in: Junge Wissenschaft im Öffentlichen Recht (Hrsg.), Kollektivität – Öffentliches Recht zwischen Gruppeninteressen und Gemeinwohl, 2012, S. 211 (226); ähnlich *Di Fabio,* FAZ v. 22. 6. 2012, S. 9; *Nitze,* Finanzhilfen für Euro-Staaten in der Krise, 2015, S. 62.

989 *Hentschelmann,* EuR 2011, S. 282 (291 ff.); *Honsell,* in: Staudinger (Hrsg.), BGB-Kommentar, 2013, Einleitung, Rn. 112g; *Nitze,* Finanzhilfen für Euro-Staaten in der Krise, 2015, S. 65; *Rodi,* in: Vedder/Heintschel von Heinegg (Hrsg.), Europäisches Unionsrecht, 2012, Art. 125 AEUV Rn. 10; *Schröder,* DÖV 2011, S. 61 (66); *Siekmann,* in: Möllers/Zeitler (Hrsg.), Europa als Rechtsgemeinschaft, 2013, S. 101 (135); vgl. auch *Gröpl,* Der Staat 52 (2013), S. 1 (5); *Streinz,* Europarecht, 9. Aufl. 2012, Rn. 1097; a.A. *Wieland,* NVwZ 2011, S. 340 (342).

990 *Seidel,* in: Müller-Graff/Schmahl/Skouris (Hrsg.), FS Scheuing, 2011, S. 717 (724).

991 Vgl. *Häde,* EuZW 2009, S. 399 (402); *Louis,* CMLRev 47 (2010), S. 971 (978) m.w.N.; a.A. *Everling,* in: Müller-Graff/Schmahl/Skouris (Hrsg.), FS Scheuing, 2011, S. 526 (541).

992 *Seidel,* EuZW 2011, S. 529 (530).

993 *Louis,* CMLRev 47 (2010), S. 971 (977); vgl. auch *Schorkopf,* AöR 136 (2011), S. 323 (339); *Hahn/Häde,* Währungsrecht, 2. Aufl. 2010, § 27 Rn. 20.

994 BVerfGE 89, S. 155 (200).

Der EuGH deutet in seinem Urteil in der Rechtssache Pringle[995] zur Vereinbarkeit des ESM-Vertrages mit dem Unionsrecht die Nichtauslösungsklausel des Art. 125 Abs. 1 AEUV ganz im Sinne des soeben dargelegten Anreiz- und Stabilitätsdogmas: So verbiete Art. 125 Abs. 1 AEUV weder der Union noch den Mitgliedstaaten eine Finanzhilfe, wenn der Mitgliedstaat für seine Verbindlichkeiten gegenüber seinen Gläubigern weiterhin selbst haftbar bleibe und die daran geknüpften Auflagen in Form von makroökonomischen Anpassungsmaßnahmen geeignet seien, dem Mitgliedstaat einen Anreiz zur soliden Haushaltspolitik zu bieten.[996] Der Gerichtshof begründet die Vereinbarkeit mit Art. 125 Abs. 1 AEUV weiterhin damit, dass die Mitgliedstaaten mit dem ESM nicht in bestehende Verbindlichkeiten eintreten und somit nicht für den hilfsbedürftigen Mitgliedstaat haften.[997] Die strenge Konditionalität der makroökonomischen Anpassungsprogramme sei, so wie sie den entsprechenden nationalstaatlichen Umsetzungsnormen[998] Niederschlag gefunden haben, ausreichender Anreiz zur stabilen Haushaltspolitik.[999] Dieser Auslegung kann indes nicht gefolgt werden, denn dies beinhaltet einen Zirkelschluss.[1000] Gerade wenn kein Rettungsinstrument besteht, bemühen sich die Mitgliedstaaten bemühen, eine solide Haushaltspolitik zu betreiben und nicht wegen der durch entsprechende Hilfsprogramme initiierte makroökonomische Anpassungsprogramme, die als dessen Voraussetzung durchgeführt werden müssen. Art. 125 Abs. 1 AEUV enthält somit ein umfassendes, unmittelbares wie mittelbares Haftungsverbot.

(2) Teleologische Reduktion bei Gefährdung der Währungsstabilität

Insbesondere *Häde*[1001] verhilft dem an sich durch Finanzhilfen vorliegenden Verstoß gegen Art. 125 Abs. 1 AEUV durch seine Auslegung zu einer Heilung: Wenn man die Wahrung der Haushaltsdisziplin aufgrund der Unterwerfung der Staatsfinanzierung unter Marktregeln nicht als einzigen und entscheidenden Zweck der Norm sieht, sondern auch den Schutz der gemeinsamen Währung hierunter versteht, so könnte man Hilfen zu dem letztgenannten Zwecke trotz des grundsätzlichen Haftungsverbotes des Art. 125 Abs. 1 AEUV erlauben.[1002] Diese Ziele stehen aber in solchen Situation in einem Spannungsverhältnis, da viele Mitgliedstaaten unter einer, meist durch konjunkturelle Auswirkungen der Finanzkrise bedingten, zu hohen

995 EuGH, Rs. C-370/12, EU:C:2012:756 (NJW 2013, S. 29).

996 EuGH, Rs. C-370/12, EU:C:2012:756 (NJW 2013, S. 29), Rn. 137 – *Pringle*; ähnlich *Pernice*, WHI-Paper 04/2013, S. 8 f.

997 EuGH, Rs. C-370/12, EU:C:2012:756 (NJW 2013, S. 29), Rn. 139 – *Pringle*.

998 § 1 Abs. 1 S. 3 WFStG, § 1 Abs. 3 StabMechG, mit Rekurs auf den ESMV: § 2 S. 1 ESMFinG.

999 EuGH, Rs. C-370/12, EU:C:2012:756 (NJW 2013, S. 29), Rn. 142 f. – *Pringle*.

1000 Kritisch ebenso *Nettesheim*, NJW 2013, S. 14 (15 f.).

1001 EuZW 2009, S. 399 (402 f.); *ders.*, EuR 2010, S. 854 (860 ff.); s. auch *Ohler*, in: Siekmann (Hrsg.), EWU-Kommentar, 2013, Art. 125 AEUV Rn. 19 f.

1002 *Häde*, EuR 2010, S. 854 (860).

Staatsverschuldung leiden und die Situation in solchen Mitgliedstaaten verheerend ist, eher durch mangelnde Haushaltsdisziplin verursacht wurde.[1003] Da in einem einheitlichen Währungsgebiet nicht ein einzelner Staat die Konsequenzen einer solchen Haushaltspolitik trägt, besteht die Gefahr eines Dominoeffektes, wenn der erste Staat die Bedienung seiner Schulden einstellen muss und die anderen Staaten des Währungsgebietes von einer Kreditgewährung ausgeschlossen würden und ebenfalls zahlungsunfähig zu werden drohen. Wenn also die Instrumente zur Wahrung der Haushaltsdisziplin (Art. 126 AEUV) und die Nichtauslösungsklausel (Art. 125 Abs. 1 AEUV) ihren Zweck nicht mehr zu erfüllen vermögen, muss zur Abwendung weiteren Schadens als ultima ratio ein Abweichen vom Haftungsverbot möglich sein und diese Regel teleologisch reduziert werden, um ihren Zweck nicht zu verfehlen.[1004] Hierbei muss jedoch berücksichtigt werden, dass solche Hilfszahlungen nicht zuvörderst den Zweck verfolgen dürfen, dem betroffenen Mitgliedstaat aus seinen Schwierigkeiten zu helfen, sondern um Gefahr für die gemeinsame Währung und die Wirtschaft der anderen Mitgliedstaaten abwehren sollen.[1005]

Eine solche teleologische Reduktion scheint methodisch zwar durchaus vertretbar,[1006] erweckt gleichwohl den Anschein, so wie die Auslegung des EuGH in seinem Urteil in der Rechtssache *Pringle*[1007], ergebnisorientiert zu sein. Selbstverständlich darf das Ergebnis nicht außer Acht gelassen werden. Bei einer solchen Auslegung der Nichtauslösungsklausel wird jedoch die klare Anreizfunktion dieser Norm in den Hintergrund gestellt. Das Prinzip der Eigenverantwortung wird so negiert.[1008]

Klarer wäre es, diese Norm von ihrem Anwendungsbereich her unangetastet zu lassen sowie eine teleologische Reduktion nicht vorzunehmen und in einem zweiten Schritt die Gefahr für die Stabilität der Währung zu berücksichtigen, etwa in einer Art „unionsrechtlichem Notstand"[1009]. Damit könnte auch dem, bei der vorgenannten Ansicht durchaus zugegebenen Einwand, dies sei noch keine Grundlage für die Hilfen,[1010] entgegnet werden.

1003 *Häde,* EuR 2010, S. 854 (860); s. dort auch im Folgenden.

1004 *Häde,* EuR 2010, S. 854 (860 f.); *ders.*, in: Calliess/Ruffert (Hrsg.), EUV/AEUV, 4. Aufl. 2011, Art. 125 AEUV Rn. 8; ähnlich auch der EuGH, Rs. C-370/12, EU:C:2012:756 (NJW 2013, S. 29), Rn. 136 – *Pringle; Schröder,* in: Müller-Graff/Schmahl/Skouris (Hrsg.), FS Scheuing, 2011, S. 690 (702); *Smulders/Keppenne,* in: v. d. Groeben/Schwarze/Hatje (Hrsg.), Europäisches Unionsrecht, Bd. 3, 7. Aufl. 2015, Art. 125 AEUV, Rn. 15.

1005 *Häde,* EuR 2010, S. 854 (860 f.).

1006 Ebenso *Streinz,* Europarecht, 9. Aufl. 2012, Rn. 1099.

1007 EuGH, Rs. C-370/12, EU:C:2012:756 (NJW 2013, S. 29).

1008 *Potacs,* EuR 2013, S. 133 (136); ähnlich *Streinz,* Europarecht, 9. Aufl. 2012, Rn. 1099; *Nitze,* Finanzhilfen für Euro-Staaten in der Krise, 2015, S. 78 ff. thematisiert zudem einen möglichen Konflikt mit Art. 174 ff. AEUV, lehnt diesen jedoch im Ergebnis ab.

1009 Dazu s.u. 7. c).

1010 *Häde,* EuR 2010, S. 854 (861).

ee) Zwischenergebnis

Die vorstehende Auslegung ergibt, dass zwar nach dem Wortlaut eine freiwillige Haftung nicht zweifelsfrei als verboten angesehen werden kann.[1011] Die systematische sowie entstehungsgeschichtliche und teleologische Untersuchung der Nichtbeistandsklausel kommt indes jeweils zu dem Ergebnis, dass jegliche Finanzhilfen wie die Griechenland-Soforthilfe, aus dem EFSM bzw. der EFSF sowie des ESM vom Tatbestand des Art. 125 Abs. 1 AEUV umfasst und demnach nicht zulässig sind.[1012] Innerstaatlich bedeutet dies zunächst, dass wegen des Anwendungsvorrangs des Unionsrechts die deutschen Beteiligungsgesetze an diesen Hilfsinstrumenten (WFStG, StabMechG und ESMFinG) unanwendbar werden.[1013] Bagatellisierend kann daher nicht nur von einer „temporalen Verfassungsdurchbrechung“[1014] die Rede sein. Die privatrechtliche oder völkerrechtliche Handlungsform suspendiert zudem nicht von der Bindung des Art. 125 Abs. 1 AEUV, denn dies widerspricht zum einen dem allgemeinen, aus dem Gebot der loyalen Zusammenarbeit (Art. 4 Abs. 3 EUV) hergeleiteten, europäischen Umgehungsverbot.[1015] Zum anderen tangieren diese Maßnahmen die Wirtschafts- und Währungspolitk (Art. 120 ff. AEUV), womit ein Zuwiderhandeln gegen diese Vorschriften durch die Mitgliedstaaten unabhängig von der Handlungsform umfassend verboten ist.[1016]

Der ESM als nunmehr explizit im Unionsrecht in Art. 136 Abs. 3 AEUV erwähnte Maßnahme ist jedoch, ab dem Zeitpunkt des Inkrafttretens der Norm, zulässig.[1017] Allerdings wurde der ESMV bereits am 2. Februar 2012 unterzeichnet, seine Arbeit begann mit der ersten Sitzung des Gouverneursrates nach Ratifikation der Vertragsstaaten am 8. Oktober 2012. Art. 136 Abs. 3 AEUV wurde jedoch erst mit Wirkung

---

1011 Etwa *Simon*, EuR 2015, S. 107 (111); a.A. *Everling*, in: Müller-Graff/Schmahl/Skouris (Hrsg.), FS Scheuing, 2011, S. 526 (540).

1012 I.E. auch *Gröpl*, Der Staat 52 (2013), S. 1 (6); *Hofmann/Konow*, ZG 2012, S. 138 (155); *Kämmerer*, Wirtschaftsdienst 2010, S. 161; *Nitze*, Finanzhilfen für Euro-Staaten in der Krise, 2015, S. 68 ff.; *Philipp*, ZRP 2011, S. 240 (242 f.); *Rodi*, JZ 2015, S. 737 (738); *Ruffert*, EuR 2011, S. 842 (849); *Schorkopf*, AöR 136 (2011), S. 323 (340); ähnlich wohl *Hakenberg*, Europarecht, 7. Aufl. 2015, Rn. 96; a.A. *Hufeld*, in: Müller-Graff (Hrsg.), EnzEuR IV, 2014, § 22 Rn. 104.

1013 *Schröder*, DÖV 2011, S. 61 (67).

1014 So aber *Hufeld*, in: Müller-Graff (Hrsg.), EnzEuR IV, 2014, § 22 Rn. 152.

1015 *Brück/Schalast/Schanz*, BB 2010, S. 2522 (2525); *Kube/Reimer*, NJW 2010, S. 1911 (1913); *Frenz/Ehlenz*, EWS 2010, S. 65 (67); *Streinz*, Europarecht, 9. Aufl. 2012, Rn. 1097; ähnlich BVerfGE 134, S. 366 (411) – *OMT-Vorlagebeschluss;* EuGH, Rs. C-259/12, EU:C:2013:414 (DStRE 2014, S. 97), Rn. 41 m.w.N. – *Rodopi-M 91;* a.A. *Herrmann*, EuZW 2010, S. 413 (415).

1016 *Frenz*, Handbuch Europarecht, Bd. VI, 2011, Rn. 3668; *Nitze*, Finanzhilfen für Euro-Staaten in der Krise, 2015, S. 70 m.w.N.

1017 Ebenso *Simon*, EuR 2015, S. 107 (112).

zum 1. Mai 2013 in das Unionsrecht aufgenommen.[1018] Damit sind zumindest die Finanzhilfen zur Rekapitalisierung des spanischen Bankensektors, die ab 11. Dezember 2012 vom ESM ausgereicht wurden,[1019] unzulässig.[1020] Eine „Heilung" der Rechtswidrigkeit der Finanzhilfen, die vor dem 1. Mai 2013 ausgekehrt wurden und nach der hier vertretenen Auffassung mit Art. 125 Abs. 1 AEUV unvereinbar sind, geht mit dem Inkrafttreten von Art. 136 Abs. 3 AEUV indes nicht einher. Dies würde das auch im Unionsrecht geltende, rechtsstaatliche Prinzip (Art. 2 Satz 1 EUV) unterminieren. Gleichwohl würde einer hiergegen gerichteten Klage das Rechtsschutzbedürfnis fehlen, da etwa eine Vertragsverletzung ab diesem Zeitpunkt nicht mehr vorliegt.[1021]

3. Vereinbarkeit einer direkten Bankenrekapitalisierung mit dem ESMV

Art. 19 ESMV ermöglich dem Gouverneursrat per Beschluss die Überprüfung und Einführung weiterer Finanzhilfeinstrumente. Mit Beschluss vom 8. Dezember 2014[1022] hat dieser nun die direkte Rekapitalisierung von Finanzinstituten unter bestimmten Voraussetzungen[1023] ermöglicht. Aufgrund seiner unionsrechtsergänzenden Wirkung muss dies ebenfalls erörtert werden. Die suspendierende Wirkung des Art. 136 Abs. 3 AEUV tritt nämlich nur ein, wenn neue Finanzinstrumente im Einklang mit dem ESMV vereinbar sind. Es stellt sich somit die Frage, ob dies mit ESMV, insbesondere Art. 12, vereinbar ist, denn ein Abweichen von den Vorgaben des ESMV wäre nur mittels einer expliziten Vertragsänderung, die der Ratifizierung bedarf, möglich.[1024]

1018 Art. 2 des Beschlusses des Europäischen Rates vom 25. 3. 2011, Nr. 2011/199/EU, ABl.EU 2011, Nr. L 91, S. 1; abwegig daher *Hamer,* in: v. d. Groeben/Schwarze/Hatje (Hrsg.), Europäisches Unionsrecht, Bd. 3, 7. Aufl. 2015, Art. 126 AEUV, Rn. 59.

1019 http://www.esm.europa.eu/assistance/spain/index.htm (letzter Abruf: 3. 12. 2015); a.A. EuGH, Rs. C-370/12, EU:C:2012:756 (NJW 2013, S. 29), Rn. 184 – *Pringle;* zum Ablauf *Nitze,* Finanzhilfen für Euro-Staaten in der Krise, 2015, S. 29 f.

1020 Ebenso *Glaser,* DÖV 2012, S. 901 (907); *Vogel,* EWS 2013, S. 45 (46); so wohl auch *Calliess/Schoenfleisch,* JZ 2012, S. 477 (485); *Kirchhof,* in: Isensee/Kirchhof (Hrsg.), HbdStR X, 3. Aufl. 2012, § 214 Rn. 77; a.A. *Häde,* in: Hatje/Müller-Graff (Hrsg.), EnzEuR I, 2014, § 17 Rn. 5; ähnlich *Herrmann,* in: Kadelbach (Hrsg.), Nach der Finanzkrise, 2012, S. 79 (96).

1021 Vgl. etwa *Haratsch/Koenig/Pechstein,* Europarecht, 10. Aufl. 2016, Rn. 535.

1022 Vgl. die Pressemitteilung des ESM v. 8. 12. 2014, abrufbar unter: http://www.esm.europa.eu/press/releases/esm-direct-bank-recapitalisation-instrument-adopted.htm (zuletzt: 3. 12. 2015).

1023 Dazu s.o. Kap. 2, A. III. 1. b) ff).

1024 *Bark/Gilles,* EuZW 2013, S. 367 (370); ebenso *Calliess,* Stellungnahme zur direkten Bankenrekapitalisierung, 2014, S. 3.

a) Gefährdung der Finanzstabilität (Art. 12 Abs. 1 Satz 1 ESMV)

Finanzhilfen des ESM sind nur möglich, wenn sie für die Wahrung der Finanzstabilität des Euro-Währungsgebietes und seiner Mitgliedstaaten unabdingbar sind.[1025] Das bedeutet denknotwendigerweise, dass ein mittels diesem Instrument rekapitalisierten Finanzinstitut systemrelevant sein muss, um die Finanzstabilität im Euro-Währungsgebiet zu gefährden. Die Systemrelevanz eines Instituts ist nach Art. 3 Abs. 1 der Leitlinie nach deren Größe, Verflechtungsintensität, Komplexität und Nachhaltigkeit zu bestimmen und vor allem bei solchen Insituten nach der Leitlinie anzunehmen. Darüber hinaus ist sie ebenfalls bei Instituten anzunehmen, die nicht notwendigerweise grenzüberschreitend tätig sind, dessen Insolvenz jedoch aufgrund von widrigen Marktumständen oder Finanzschwächen signifakt negative Auswirkungen auf das Finanzsystem hat.

Zum einen umfasst dieses Instrument dann nur solche Institute, die von der EZB durch den Einheitlichen Aufsichtsmechanismus beaufsichtigt werden, was allein schon nur die größten und umsatzstärksten Institute im Euro-Währungsgebiet sind (vgl. Art. 6 Abs. 4 VO 1024/2013). Zum anderen ist die Rekapitalisierung kleiner, unbedeutender Institute schon keine unabdingbare Voraussetzung zur Wahrung der Finanzstabilität. Das schließt also die Haftung des ESM für jedwede Banken im Euro-Währungsgebiet schon tatbestandlich aus. Unter Rückgriff auf den in der Leitlinie in Art. 2 Abs. 1 festgelegten Zweck kann auch nicht von einem Alternativverhältnis zwischen den Voraussetzungen der Gefährdung der Finanzstabilität und Systemrelevanz gesprochen werden,[1026] denn die Leitlinie konkretisiert lediglich die Vorgaben des Beschlusses, der in seiner Nr. 1 explizit auf die Voraussetzungen des Art. 12 Abs. 1 ESMV verweist. Ferner muss die Leitlinie stets anhand der Beschlussvorgaben interpretiert werden, denn sie steht hierzu nicht in einem Alternativ- sondern in einem Konkretisierungsverhältnis. Zu einer Vertragswidrigkeit kann dies indes nicht führen.[1027]

Finanzhilfen zur Bankenrekapitalisierung dürfen mithin nur als ultima ratio gewährt werden, wenn keine anderen Maßnahmen mehr zur Finanzstabilität beitragen können. Dies wird auch dadurch sichergestellt, dass die nunmehr ins Werk gesetzte „Bankenunion"[1028] eine Haftungskaskade vorsieht, die zuerst Eigentümer und Gläubiger von Banken zur Haftung zieht, sodann den Einheitlichen Bankenabwicklungsfonds und erst als letzten Schritt im Falle des Scheiterns der beiden zuvorgenannten Maßnahmen die Rettung durch direkte Finanzhilfen aus dem ESM. Zwar ist dies in dem Beschluss zur Einführung des direkten Rekapitalisierungsinstruments nicht explizit festgelegt, allerdings ergibt sich dies zweifelsohne aus den hierzu beschlossenen Leitlinien (Art. 8) sowie aus der Zusammenschau mit den

1025 Insoweit unzutreffend *Murswiek*, Rechtsgutachten zur direkten Bankenrekapitalisierung, 2014, S. 11.
1026 So *Murswiek*, Rechtsgutachten zur direkten Bankenrekapitalisierung, 2014, S. 11 f.
1027 Zutreffend daher *Wieland*, LTO v. 14. 11. 2014.
1028 Dazu s.o. Kap. 2, C. I.

Maßnahmen der Bankenunion.[1029] Gleichwohl besteht für die Entscheidungsträger im Gouverneursrat ein gewisser Ermessensspielraum bei der Einschätzung der Unabdingbarkeit zur Wahrung der Finanzstabilität.

Insofern steht die Einführung der direkten Bankenrekapitalisierung in ihrer derzeitigen Form im Einklang mit Art. 12 Abs. 1 Satz 1 ESMV.

b) Auflagenvorbehalt (Art. 12 Abs. 1 ESMV)

Art. 12 Abs. 1 ESMV stellt ebenso wie Art. 136 Abs. 3 AEUV die Gewährung von Finanzhilfen unter einen strengen Auflagenvorbehalt. Dieses Konditionalitätsverhältnis zwischen Hilfen einerseits und Abhilfe- sowie Präventionsmaßnahmen andererseits muss also gewahrt sein.[1030] Dabei sieht Art. 12 Abs. 1 Satz 2 ESMV i.V.m. Voraussetzungen der Art. 14 ff. ESMV durchaus instrumentenspezifische, also auf das jeweilige Hilfsinstrument angepasste Auflagen vor. Der Beschluss beschränkt sich zwar auf die Aussage, dass die Finanzhilfen zur direkten Bankrenrekapitalisierung spezifischen, für dieses Instrument maßgeblichen Auflagen unterliegt (Nr. 2). Jedoch weisen die Leitlinien hierzu detailliertere Vorgaben auf (Art. 1 Abs. 4, Abs. 5; Art. 2 Abs. 2). Dort wird von institutsspezifischen, sektorspezifischen und/oder makroökonomischen Auflagen gesprochen, die ggf. auch an den Mitgliedstaat, in dem das Institut seinen Sitz hat, gerichtet werden können, sofern das die gesamtwirtschaftliche Situation erfordert. Problematisch könnte dies in Bezug auf die zwingende Konnexität zwischen Finanzhilfen und Auflagen an das ESM-Mitglied (Art. 12 Abs. 1 Satz 1 ESMV) erscheinen.[1031] Allerdings ist zum einen das ESM-Mitglied verpflichtet, die Einhaltung der Auflagen zu überwachen; über sektor- sowie gesamtwirtschaftliche Auflagen kann auch nur das ESM-Mitglied wachen.[1032] Zum anderen wird die Zwecksetzung der Leitlinie (Art. 2 Abs. 1) deutlich, dass das Ermessen des Gouverneursrates insofern auf Null reduziert ist, auch wenn die Leitlinie nicht von zwingenden Auflagen in Bezug auf das ESM-Mitglied spricht. Ohne eine akute Gefährdung der Haushaltslage sind nämlich keine direkten Rekapitalisierungshilfen an Finanzinstitute möglich. In einem solchen Fall wäre das Instrument der indirekten Rekapitalisierung mit spezifischen Auflagen für den Vertragsstaat (Art. 15 ESMV) auch vorrangig. Zwar ist die fehlende, explizite Festschreibung eines

1029 Ähnlich *Calliess*, Stellungnahme zur direkten Bankenrekapitalisierung, 2014, S. 5.

1030 § 2 Satz 1 ESMFinG verweist ebenfalls auf die Voraussetzungen des ESMV und macht die Konditionalität so zur Voraussetzung für die Gewährung von Finanzhilfen nach deutschem Recht.

1031 Ausführlich *Murswiek*, Rechtsgutachten zur direkten Bankenrekapitalisierung, 2014, S. 15 ff.

1032 *Calliess*, Stellungnahme zur direkten Bankenrekapitalisierung, 2014, S. 6 f.; *ders./Schoenfleisch*, JZ 2015, S. 113 (116 f.).

Auflagenvorbehalts an das ESM-Mitglied fragwürdig. Dem Auflagenvorbehalt wird in Konsequenz jedoch implizit Rechnung getragen.[1033]

c) Finanzinstitute als Empfänger von Finanzhilfen (Art. 12 Abs. 1 Satz 1 ESMV)

Art. 12 Abs. 12 Satz 1 ESMV ermöglicht die Gewährung von Finanzhilfen lediglich an ESM-Mitglieder. Mitglieder des ESM sind danach allerdings nur die Vertragspartein des ESMV (Art. 1 Abs. 2 ESMV), mithin EU-Mitgliedstaaten, deren Währung der Euro ist. Finanzinstitute können dem Wortlaut der Norm nach also keine direkten Empfänger von Finanzhilfen des ESM sein.[1034] Allerdings würde eine solche Auslegung den Sinn und Zweck von Finanzhilfen des ESM außer Betracht lassen. Sinn und Zweck von Finanzhilfen des ESM ist nach Art. 3 Satz 1 ESMV die Wahrung der Finanzstabilität des Euro-Währungsgebiets und seiner Mitgliedstaaten. Werden jedoch durch Finanzhilfen des ESM Finanzinstitute mit Systemrelevanz vor dem Zusammenbruch bewahrt, so trägt dies gerade zu dieser intendierten Wahrung der Finanzstabilität bei und entlastet die ESM-Mitglieder.[1035] Dies ist auch der Primärzweck der direkten Bankenrekapitalisierung.[1036] Die Leitlinie präzisiert dies in ihrem Art. 2 Abs. 1: Sie nimmt dabei Bezug auf den in Art. 3 Satz 1 ESMV normierten Zweck (Wahrung der Finanzstabilität), der ausgerichtet ist auf die speziellen Fälle, in denen akute Schwierigkeiten mit seinem Finanzsektor nicht signifikant geheilt werden können ohne die fiskalische Nachhaltigkeit aufgrund einer Ansteckungsgefahr des Souveräns durch Probleme des Finanzsektors. Damit ist der mit der Direkthilfe bezweckte Effekt die Rettung der Vertragsstaaten und des gesamten Euro-Währungsgebiets durch Kompensation von Ansteckungsgefahren.

Zudem muss ein ESM-Mitglied die Hilfe zusammen mit dem betreffenden Finanzinstitut beantragen (Art. 4 Abs. 1 Leitlinie). Das verhilft indes nicht zu einer kompletten Wortlautübereinstimmung mit Art. 12 Abs. 1 ESMV, denn eine Differenzierung zwischen Begünstigten und Antragsteller ist durchaus geboten.[1037] Dass kein ESM-Mitglied in dieser Konsequenz haftet ist zwar richtig,[1038] steht jedoch nicht im Widerspruch mit dem ESMV, denn die dort grundsätzlich vorgesehen Finanzierungsbedingungsvereinbarungen (Art. 13 Abs. 3 Satz 3 ESMV i.V.m. Art. 4 Abs. 7 Leitlinie) können diese Modalitäten entsprechend regeln. Zudem erlaubt auch Art. 15 ESMV eine (indirekte) Rekapitalisierung von Finanzinstituten, die jedoch

---

1033 Ähnlich *Calliess/Schoenfleisch,* JZ 2015, S. 113 (116); a.A. *Murswiek,* Rechtsgutachten zur direkten Bankenrekapitalisierung, 2014, S. 17 f.

1034 S. auch *Calliess,* Stellungnahme zur direkten Bankenrekapitalisierung, 2014, S. 5; *Murswiek,* Rechtsgutachten zur direkten Bankenrekapitalisierung, 2014, S. 14.

1035 *Calliess/Schoenfleisch,* JZ 2015, S. 113 (116); *Wieland,* LTO v. 14. 11. 2014.

1036 *Calliess,* Stellungnahme zur direkten Bankenrekapitalisierung, 2014, S. 5 *f.*

1037 Insoweit zutreffend *Murswiek,* Rechtsgutachten zur direkten Bankenrekapitalisierung, 2014, S. 14 f.

1038 *Murswiek,* Rechtsgutachten zur direkten Bankenrekapitalisierung, 2014, S. 15.

nicht ohne Belastung des öffentlichen Defizits auskommt.[1039] Auch aus diesem Grund ist die Adressatenfrage eher zweitrangig, solange der Zweck erfüllt wird.[1040]

Im Übrigen waren sich die Vertragsstaaten bewusst, dass eine direkte Bankenrekapitalisierung durch den ESM nach Einführung einer Einheitlichen Bankenaufsicht durch die EZB das Repertoire der Finanzhilfeinstrumente vervollkommnen sollte,[1041] ansonsten wäre auch die Flexibilisierungsklausel des Art. 19 ESMV nicht im Vertrag verankert worden.[1042]

d) Zwischenergebnis

Die Einführung einer direkten Bankenrekapitalisierung entspricht in ihrer derzeitigen Ausgestaltung, die sie mit dem Gouverneursratsbeschluss vom 8. Dezember 2014 und den hierzu beschlossenen Leitlinien erfahren hat, den Vorgaben des ESMV.

4. Vertragskonformität der Organleihe

Der ESMV und der EFSF-RV binden die Kommission und die EZB als Unionsorgane in die Verfahren der durch den Vertrag fixierten Pflichten ein. Damit findet eine sog. Organleihe statt, d.h. eine Gruppe von Mitgliedstaaten verwendet Unionsorgane unter Nutzung der unionalen Infrastruktur und mittels einer externen Aufgabenzuweisung zur Durchsetzung von Zielen, auf die sich nicht alle Mitgliedstaaten einigen konnten.[1043] Grundsätzlich müssen sich Unionsorgane an das ihnen durch Art. 13 Abs. 2 EUV übertragene Pensum von Kompetenzen halten, sofern sie nicht in Ermangelung unionsrechtlicher Vorschriften hierzu nach den allgemeinen völkergewohnheitsrechtlichen Regeln als Dritte in den VSKS einbezogen wurden (vgl. Art. 35 WVK).[1044]

Der EuGH hat zuletzt in seinem Urteil zur Rechtssache *Pringle*[1045] für den Fall des ESMV unter Zugrundelegung seiner bisherigen Rechtsprechung[1046] Voraussetzungen für die Einbeziehung von Unionsorganen bei völkerrechtlichen Verträgen der Mitgliedstaaten aufgestellt. So können Unionsorgane in Bereichen, die nicht in die ausschließliche Zuständigkeit der Union fallen, außerhalb des Rahmens der Union mit Aufgaben wie bspw. der Koordinierung einer von den Mitgliedstaaten gemeinsam unternommenen Aktion oder der Verwaltung einer Finanzhilfe betraut

1039 *Calliess*, Stellungnahme zur direkten Bankenrekapitalisierung, 2014, S. 6.
1040 Ähnlich *Calliess/Schoenfleisch*, JZ 2015, S. 113 (116).
1041 Gipfelerklärung Mitglieder des Euro-Währungsgebiets vom 29. 6. 2012, S. 1.
1042 *Brück*, FAZ v. 15. 11. 2012, S. 8 plädiert indes für eine Vertragsänderung.
1043 *Fischer-Lescano/Oberndorfer*, NJW 2013, S. 9 (9).
1044 *Fischer-Lescano/Oberndorfer*, NJW 2013, S. 9 (11); kritisch *Pernice*, WHI-Paper 04/2013, S. 7.
1045 EuGH, Rs. C-370/12, EU:C:2012:756 (NJW 2013, S. 29), Rn. 158.
1046 Dazu im Überblick *Craig*, EuConst 9 (2013), S. 263 (264 ff.).

werden,[1047] wenn sie die den Organen durch die Verträge übertragenen Befugnisse nicht verfälschen.[1048] In solchen Fällen stellt die Organleihe gar ein Mehrwert für die Verknüpfung inner- wie außerunionaler Institutionen dar.[1049] Teilweise wird auch konstatiert, der EuGH erachte die Mitwirkung von Unionsinstitutionen in dem Urteil gar aufgrund der engen Verbindung der Staatsschuldenkrise zur WWU als notwendig.[1050]

Eine Organleihe ist indes nur zulässig, wenn die Verträge dies erlauben oder sämtliche Mitgliedstaaten einen völkerrechtlichen Vertrag dazu schließen, der dies erlaubt.[1051] Eine Bestimmung in den Verträgen, die dies verbietet, ist nicht ersichtlich.[1052] Vielmehr enthält Art. 273 AEUV eine explizite Regelung zur Übertragung von Aufgaben auf den EuGH durch Schiedsvertrag. Eine vergleichbare Regelung zur Übertragung von Funktionen für die übrigen Organe fehlt indes.[1053] Zu untersuchen ist im Folgenden, ob diese Organleihe überhaupt unionsrechtmäßig ist.

Teilweise wird für den Fall des VSKS vorgebracht, dass eine Wirksamkeitsvoraussetzung für die Organleihe außerhalb der in den Verträgen vorgesehenen Fälle in jedem Fall Informations- und Beteiligungsrechte des Europäischen Parlaments nach Art. 216 AEUV i.V.m. Art. 218 Abs. 6 UAbs. 2 lit. a) v) AEUV auslöst,[1054] da es sich bei den Regelungen um Wirtschaftspolitik i.S.v. Art. 120 ff. AEUV handele, die ausschließlich nach Art. 121 Abs. 6 AEUV in ordentlichem Gesetzgebungsverfahren erlassen werden können.[1055] Eine solche Ansicht ist jedoch für den Fall des ESMV abzulehnen. Beim EMSV handelt es sich um einen völkerrechtlichen Vertrag, der von den Mitgliedstaaten, deren Währung der Euro ist, unterzeichnet wurde. Da es sich hierbei um ein Stabilisierungsinstrument für das Euro-Währungsgebiet handelt und die Mitgliedstaaten außerhalb dieses Währungsgebietes sich bewusst nicht daran beteiligten, kann daraus eine zumindest konkludente Zustimmung im Sinne eines beredten Schweigens für die Einbeziehung der Unionsorgane für die

---

1047 EuGH, Rs. C-181/91, EU:C:1993:271 (Slg. 1993, S. I-3685), Rn. 16, 20, 22 – *Parlament/Rat u. Kommission*; EuGH, Rs. C-316/91, EU:C:1994:76 (Slg. 1994, S. I-625), Rn. 26, 34, 41 – *Parlament/Rat.*

1048 EuGH, Gutachten 1/92, EU:C:1992:189 (Slg. 1992, S. I-2821), Rn. 32, 41; EuGH, Gutachten 1/00, EU:C:2002:231 (Slg. 2002, S. I-3493), Rn. 20; EuGH, Gutachten 1/09, EU:C:2011:123 (Slg. 2011, S. I-1137), Rn. 75; *Siekmann,* in: Möllers/Zeitler (Hrsg.), Europa als Rechtsgemeinschaft, 2013, S. 101 (140).

1049 *Nettesheim,* NJW 2013, S. 14 (16).

1050 *Craig*, EuConst 9 (2013), S. 263 (268).

1051 *Schröder,* DÖV 2011, S. 61 (67); *Thym,* Ungleichzeitigkeit und europäisches Verfassungsrecht, 2004, S. 317; ebenso *Craig*, EuConst 9 (2013), S. 263 (268); *Pilz,* DÖV 2012, S. 909 (914); *Fischer-Lescano/Oberndorfer,* NJW 2013, S. 9 (10 f.); unklar BVerfGE 131, S. 152 (217 f.) – *ESM/Euro-Plus-Pakt.*

1052 EuGH, Rs. C-316/91, EU:C:1994:76 (Slg. 1994, S. I-653), Rn. 41 – *Parlament/Rat.*

1053 *Oberndorfer,* juridikum 2012, S. 168 (179).

1054 Zweifelnd *Craig*, EuConst 9 (2013), S. 263 (277).

1055 *Fischer-Lescano/Oberndorfer,* NJW 2013, S. 9 (11); *Craig*, EuConst 9 (2013), S. 263 (267) kritisiert den fehlenden normativen Ansatz des EuGH in der Rs. *Pringle.*

restlichen Unionsmitgliedstaaten zu entnehmen sein.[1056] Allerdings spricht für die Zustimmung der übrigen Mitgliedstaaten auch, dass der Beschluss im Rat (2011/199/EU) zur Einfügung von Art. 136 Abs. 3 AEUV n.F. von sämtlichen Mitgliedstaaten einstimmig getroffen wurde und letztlich auch ratifiziert wurde. Da jedoch die Ausgestaltung des ESM zum Zeitpunkt des Beschlusses bekannt war, ist dies nicht nur als implizite oder konkludente Ermächtigung für die Einbeziehung von Kommission und EZB zu werten, sondern lässt vielmehr den Schluss zu, dass es sich um eine explizite Ermächtigung der Organleihe für den ESM handelt.[1057] Ferner fördert der ESM die Erfüllung unionsrechtlicher Aufgaben und wahrt so die Unionsinteressen im Sinne der Pringle-Rechtsprechung des EuGH.[1058] Sein Zweck steht den Unionsverträgen daher nicht entgegen sondern hilft gar auf das Ziel der Stabilitäts des Währungsgebietes hinzuwirken. Somit ist die Organleihe der Kommission und EZB nicht als Verstoß gegen primäres Unionsrecht anzusehen.[1059]

5. *Vereinbarkeit mit der Grundrechtecharta*

Fraglich ist indes, ob die Finanzhilfen nicht teilweise in die durch die EU-Grundrechtecharta gewährten Grundrechte eingreifen. Der folgende Abschnitt dieser Arbeit untersucht zunächst deren Anwendungsbereich (1.), bevor die Verletzung von Grundrechten durch die Finanzhilfen (2.) einer näheren Betrachtung unterzogen wird.

a) Anwendungsbereich (Art. 51 Abs. 1 GrCh)

Nach Art. 51 Abs. 1 Satz 1 GrCh sind Verpflichtungsadressaten der in der Charta festgeschriebenen Grundrechte die Organe, Einrichtungen und sonstigen Stellen der Union sowie die Mitgliedstaaten, sofern sie Unionsrecht durchführen.

Vorab muss somit geklärt werden, ob die Finanzhilfen von EFSF und ESM als neben dem Unionsrecht errichtete Institutionen hiervon umfasst sind. Die in Art. 51 Abs. 1 Satz 1 GrCh verwendete Terminologie verweist mit ihrer Bezugnahme auf Organe, Einrichtungen und sonstige Stellen der Union auf die Aufzählung der Unionsorgane in Art. 13 Abs. 1 UAbs. 2 EUV sowie alle weiteren durch die Verträge oder Sekundärrechtsakte geschaffenen Institutionen wie bspw. Agenturen oder Ämter.[1060] Der Anwendungsbereich speist sich somit direkt aus dem primären Unionsrecht

---

1056 Ähnlich *Craig*, EuConst 9 (2013), S. 263 (273).

1057 Für eine implizite Zustimmung eher *Craig*, EuConst 9 (2013), S. 263 (272 f.).

1058 EuGH, Rs. C-370/12, EU:C:2012:756 (NJW 2013, S. 29), Rn. 165.

1059 Vgl. für den VSKS *Oberndorfer*, juridikum 2012, S. 168 (180); *Pilz*, DÖV 2012, S. 909 (914); ähnlich *Antpöhler*, ZaöRV 61 (2012), S. 353 (391); kritisch *Craig*, EuConst 9 (2013), S. 263 (278); *Kotzur*, in: Möllers/Zeitler (Hrsg.), Europa als Rechtsgemeinschaft, 2013, S. 45 (66 f.); *Rodi*, JZ 2015, S. 737 (740 f.).

1060 ABl.EG 2007, Nr. C 303, S. 32; *Streinz/Michl*, in: Streinz (Hrsg.), EUV/AEUV, 2. Aufl. 2012, Art. 51 GrCh Rn. 3; *Terhechte*, in: v. d. Groeben/Schwarze/Hatje (Hrsg.), Europäisches Unionsrecht, Bd. 1, 7. Aufl. 2015, Art. 51 GrCh, Rn. 6.

oder seinen auf Grundlage dessen erlassenen Sekundärrechtsakten und ist daher originär an eine Verbindung zum Unionsrecht gebunden.

aa) EFSF und Griechenland-Soforthilfe

Die EFSF ist als außerunionsrechtliche Gesellschaft gegründet und dem luxemburgischen Privatrecht zuzuordnen.[1061] Eine Erwähnung der EFSF im Primär- oder Sekundärrecht findet nicht statt, womit die EFSF als Verpflichtungsadressat prima facie ausscheidet. Allerdings besteht hier gleichwohl ein gewisses Nähe- und Ergänzungsverhältnis zum Recht der EU.[1062] Zum einen sind die Mitgliedstaaten Gesellschafter der EFSF S.A. Zum anderen agieren gemäß Art. 2 Abs. 1 lit. (a) EFSF-RV bei der Aushandlung und dem Abschluss der makroökonomischen Anpassungsprogramme originäre Unionsorgane i.S.d. Art. 13 Abs. 1 UAbs. 2 EUV, wenn die Kommission im Namen der Mitgliedstaaten, deren Währung der Euro ist, diese Programme (neben den die Hilfen erhaltenden Mitgliedstaaten) unterzeichnet. Ferner sind die EZB sowie Mitglieder der Eurogroup Working Group bei der Aushandlung des makroökonomischen Anpassungsprogrammes beteiligt, womit ebenfalls Unionsorgane oder Teile von Unionsorganen tätig werden. Durch die Beteiligung der Unionsorgane und der Mitgliedstaaten bei Abschluss der makroökonomischen Anpassungsprogramme ist der Anwendungsbereich der Unionsgrundrechte aus der GrCh im Falle des EFSF nach Art. 51 Abs. 1 Satz 1 GrCh eröffnet.[1063] Für die ähnlich ausgestaltete Griechenland-Soforthilfe (Kreditfazilitätsvereinbarung und Gläubigervereinbarung) kann nichts anderes gelten.

bb) ESM

Zwar muss sich im Ergebnis für den ESM ebenfalls Entsprechendes ergeben, gleichwohl weist die Verbindung zu den Unionsorganen eine andere, intensivere Qualität auf. Auch die Hinführung auf dieses Ergebnis muss näher erläutert werden. Mit Art. 136 Abs. 3 AEUV ist eine direkte Unionsrechtsgrundlage für die Errichtung des völkervertraglich zu konstituierenden ESM geschaffen. Zwar macht dies den ESM mangels Erwähnung in Art. 13 Abs. 1 UAbs. 2 EUV nicht direkt zu einem Unionsrechtsorgan. Eine „sonstige Stelle" der Union kann dieser jedoch ebenfalls darstellen, auch wenn er nicht durch die Verträge oder Sekundärrechtsakte errichtet worden ist. Denn für völkervertraglich errichtete, zum Unionsrecht in einem nahen Nähe- und Ergänzungsverhältnis stehende Organisationen kann schließlich nichts anderes gelten, insbesondere wenn sie über eine explizite Erwähnung im Primärrecht verfügen. Ein reines Abstellen auf den Rechtscharakter wäre demnach schlicht

---

1061 S.o. hierzu Kap. 2, A. II. 2.

1062 Vgl. BVerfGE 131, S. 152 (199 ff.) – *ESM/Euro-Plus-Pakt.*

1063 Dafür spricht die weite Auslegung des EuGH, Rs. C-617/10, EU:C:2013:105 (NJW 2013, S. 1415), Rn. 19 ff. – *Åkerberg Fransson*; dazu etwa *Oppermann/Classen/Nettesheim,* Europarecht, 6. Aufl. 2014, § 17 Rn. 27; *Rathke,* JuWissBlog v. 5. 3. 2013, www.juwiss.de/mangold-reloaded/ (letzter Abruf: 3. 12. 2015).

zu formalistisch.[1064] Darüber hinaus gilt das für die EFSF bereits erwähnte, denn die Kommission unterzeichnet im Namen des ESM die Finanzhilfevereinbarung nebst der Anpassungsprogramme (vgl. insb. Art. 13 Abs. 3, Abs. 4 ESMV).[1065]

cc) Zwischenergebnis

Damit ist festzustellen, dass die Finanzhilfen in den Anwendungsbereich der Grundrechtecharta nach Art. 51 Abs. 1 Satz 1 GrCh fallen und infolgedessen anhand ihrer Maßstäbe überprüft werden können.

b) Verletzung der unionalen Eigentumsfreiheit durch Finanzhilfen

Die Finanzhilfen werden in der Folge auch auf Verletzung von Grundrechten aus dem Anwendungsbereich der Grundrechtecharta hin untersucht. Durch die mit den Hilfen verbundenen, makroökonomischen Anpassungsprogramme sowie einen potenziellen Verlust von Geldwertstabilität könnte hier die Eigentumsfreiheit aus Art. 17 GrCh berührt sein.

Art. 17 Abs. 1 Satz 1 GrCh enthält für jedermann das Recht, sein rechtmäßig erworbenes Eigentum zu besitzen, zu nutzen, darüber zu verfügen und es zu vererben. Ein Entzug des Eigentums ist nach Art. 17 Abs. 1 Satz 2 GrCh untersagt, es sei denn aus Gründen des öffentlichen Interesses in den Fällen und unter den Bedingungen, die in einem Gesetz vorgesehen sind, sowie gegen eine rechtzeitige angemessene Entschädigung für den Verlust des Eigentums.[1066] Ein solcher ist jedoch durch die vorgenannten Maßnahmen nicht ersichtlich. Weder die Finanzhilfen noch die makroökonomischen Anpassungsprogramme haben eine direkt enteignende oder enteignungsgleiche Wirkung auf den Einzelnen. Letztere sind auch nur die mittelbare Grundlage für das Handeln des Mitgliedstaates und können daher auf unionsrechtlicher Ebene nicht angegriffen werden. Art. 17 GrCh beinhaltet darüber hinaus, vergleichbar mit Art. 14 GG, keine Geldwertabsicherung.[1067] Daher ist eine Berufung auf die unional gewährte Eigentumsfreiheit aus Art. 17 GrCh für den Fall von Geldwertverschlechterungen durch Finanzhilfen oder enteignende Maßnahmen wie Verstaatlichungen oder Massenentlassungen durch den betroffenen Mitgliedstaat schon nicht möglich.

c) Zwischenergebnis

Damit ist kein Verstoß gegen die in der Grundrechtecharta verbürgten Rechte erkennbar.

1064 Vgl. BVerfGE131, S. 152 (199 ff.) – *ESM/Euro-Plus-Pakt.*

1065 Zum Verfahren im ESM s.o. Kap. 2, A. III. 1. b) dd).

1066 Dazu *Oppermann/Classen/Nettesheim,* Europarecht, 6. Aufl. 2014, § 17 Rn. 62 ff.

1067 Vgl. auch *Ohler,* JZ 2008, S. 317 (324).

6. Unionsrechtliche Rechtfertigung

Die Rettungsmaßnahmen (Kap. 2, D. I. 1.-5.; II. 1., 2.; III. 1.) sind nach der hier durchgeführten Analyse mit der Nichtauslösungsklausel (Art. 125 Abs. 1 AEUV) unvereinbar. Durch den Abschluss des ESM-Vertrages (Kap. 2, D. III. 1.) verstoßen die Mitgliedstaaten zudem auch gegen das Verbot des bevorrechtigten Zugangs zu Kreditinstituten (Art. 124 AEUV). Die Maßnahmen können jedoch möglicherweise unionsrechtlich gerechtfertigt sein. In Betracht kommen vorliegend Rechtfertigungserwägungen aus unionsrechtlicher Solidarität (a.), unionsrechtlicher Ingerenz (b.) oder unionsrechtlichem Notstand (c.). Dabei wird jeweils zunächst untersucht, wie das jeweilige Rechtfertigungsinstitut herzuleiten und zu definieren ist sowie ob es als ein solches Rechtfertigungsinstrument vorliegend überhaupt in Frage kommt.

a) Solidarität

Zunächst ist eine Rechtfertigung aufgrund des unionalen Solidaritätsprinzips denkbar.[1068] Dabei muss das Solidaritätsprinzip zunächst unionsrechtlich hergeleitet werden (aa.), bevor seine wirtschafts- und währungspolitschen Ausprägungen dargelegt werden (bb.) und die Möglichkeit der unionsrechtlichen Rechtfertigung der Finanzhilfen hiermit (cc.) untersucht wird.

aa) Existenz, Herleitung und Konturierung eines unionalen Solidaritätsprinzips

Zunächst muss die Frage erörtert werden, ob ein Solidaritätsprinzip im Unionsrecht existiert, wie es konturiert werden kann und welche Rechtswirkungen von ihm ausgehen.[1069]

Solidarität[1070] ist bereits seit Beginn des europäischen Integrationsprozesses eines seiner Leitprinzipien von grundlegender Bedeutung und ein tragendes Element sowie Strukturprinzip.[1071] Sie ist ein Wert, der der EU immanent ist und diese definiert,

---

1068 *Nitze,* Finanzhilfen für Euro-Staaten in der Krise, 2015, S. 72 ff. thematisiert dies hingegen bereits im Rahmen der Anwendung des Art. 125 Abs. 1 Satz 2 AEUV; *Schorkopf,* Der Europäische Weg, 2010, S. 63 sieht diesen Ansatz als verfehlt an.

1069 Ausführlich *Hieronymi,* Das Solidaritätsprinzip in der Europäischen Union, 2003, S. 27 ff.

1070 Zum Begriff etwa *Bieber,* Berliner Online-Beiträge zum Europarecht Nr. 84, 2012, S. 1 ff.; *Blanke/Pilz,* EuR 2014, S. 541 (542 f.); *Kadelbach,* in: ders. (Hrsg.), Solidarität als europäisches Rechtsprinzip?, 2014, S. 9 (9 ff.); *Nitze,* Finanzhilfen für Euro-Staaten in der Krise, 2015, S. 73 f.

1071 *Bieber,* Berliner Online-Beiträge zum Europarecht Nr. 84, 2012, S. 5; *Calliess,* ZEuS 2011, S. 213 (226); *Häde,* EuZW 2009, S. 399; *Hentschelmann,* EuR 2011, S. 282 (286); *Kadelbach,* in: ders. (Hrsg.), Solidarität als europäisches Rechtsprinzip?, 2014, S. 9 (12); *Ruffert.,* in: Calliess/Ruffert (Hrsg.), EUV/AEUV, 4. Aufl. 2011, Art. 3 EUV Rn. 41; *Schröder,* in: Müller-Graff/Schmahl/Skouris (Hrsg.), FS Scheuing, 2011, S. 690 (700); *Tomuschat,* in: Capotorti/Ehlermann/Frowein/Jacobs/Joliet/Koopmans/

denn sie ist als Solidargemeinschaft konzipiert.[1072] Der Wunsch der Stärkung der Solidarität zwischen den Völkern ist bereits in der Präambel des EU-Vertrages verankert, was den Schluss zulässt, dass es sich hierbei um ein allgemeines unionales Prinzip handelt.[1073] In den Verträgen ist an vielen Stellen gar explizit die Rede von Solidarität, wobei als allgemeines Ziel, Determinante von Unionspolitiken, als Richtschnur mitgliedstaatlichen Handelns sowie als Beistandsgrundlage für Notlagen in Erscheinung tritt.[1074] Teilweise wird in ihrer aktuellen Ausgestaltung durch den Vertrag von Lissabon gar ein „Feuerwerk der Solidarität" erkannt.[1075]

Solidarität hat in den Verträgen verschiedene Dimensionen. Art. 2 Satz 2 EUV erklärt die Solidarität neben der Demokratie, Rechtsstaatlichkeit und Gleichheit gar zu einem grundlegenden Wert der EU,[1076] der von einem beitrittswilligen Staat nach Art. 49 UAbs. 1 Satz 1 EUV zu achten ist. Art. 3 Abs. 3 UAbs. 2 EUV spricht davon, dass die Union die Solidarität zwischen den Generationen als zwischenmenschlichen Aspekt der Solidarität fördert und erklärt dies so zu einem Unionsziel. Titel VI der Grundrechte-Charta ist mit „Solidarität" überschrieben und enthält gesellschaftliche Grundrechte wie den Schutz bei ungerechtfertigter Entlassung (Art. 30 GrCh) oder die Gewährleistung des Schutzes der Familie (Art. 33 GrCh). Damit sind gesellschaftliche Dimensionen der Solidarität Vertragsbestandteil.[1077]

Art. 3 Abs. 3 UAbs. 3 EUV spricht davon, dass die Union die Solidarität zwischen den Mitgliedstaaten fördert und erwähnt somit eine zwischenstaatliche Komponente der Solidarität.[1078] Zuletzt ist in den Zielen der Union in Art. 3 Abs. 5 Satz 2 EUV die Solidarität als Beitrag für Frieden in den Beziehungen zur übrigen Welt als Solidarität mit Drittbezug zu finden.

Kovar (Hrsg.), LA Pescatore, 1987, S. 729 (731 f.); zur Solidarität in eher politisch-kultureller Hinsicht s. *Böckenförde,* Wissenschaft – Politik – Verfassungsgericht, 2011, S. 267 ff.

1072 *Calliess,* ZEuS 2011, S. 213 (226); *Kämmerer,* Wirtschaftsdienst 2010, S. 161 (164).

1073 *Kadelbach,* in: ders. (Hrsg.), Solidarität als europäisches Rechtsprinzip?, 2014, S. 9 (13); *Schröder,* in: Müller-Graff/Schmahl/Skouris (Hrsg.), FS Scheuing, 2011, S. 690 (691).

1074 *Schröder,* in: Müller-Graff/Schmahl/Skouris (Hrsg.), FS Scheuing, 2011, S. 690 (691); zur Solidarität im EWG-Vertrag s. *Tomuschat,* in: Capotorti/Ehlermann/Frowein/Jacobs/Joliet/Koopmans/Kovar (Hrsg.), LA Pescatore, 1987, S. 729 (730 ff.); kritisch zum „inflatorischen Gebrauch" des Begriffs *Degenhart,* in: Möllers/Zeitler (Hrsg.), Europa als Rechtsgemeinschaft, 2013, S. 85 (97).

1075 *Calliess,* ZEuS 2011, S. 213 (227).

1076 S. kurz auch *Blanke/Pilz,* EuR 2014, S. 541 (547); *Potacs,* EuR 2013, S. 133 (137); *Kadelbach,* in: ders. (Hrsg.), Solidarität als europäisches Rechtsprinzip?, 2014, S. 9 (13) bezeichnet sie gar als eine „Fundamentalnorm".

1077 *Calliess,* ZEuS 2011, S. 213 (227 f.).

1078 *Calliess,* ZEuS 2011, S. 213 (227); *Kadelbach,* in: ders. (Hrsg.), Solidarität als europäisches Rechtsprinzip?, 2014, S. 9 (13 f.); *Potacs,* EuR 2013, S. 133 (137).

Die Unionsverträge stellen zusätzlich zu diesen allgemeinen Solidaritätsbekenntnissen auch in einzelnen Politikbereichen Bezüge zur Solidarität her.[1079] So spielt Solidarität etwa im auswärtigen Handeln der Union eine Rolle. Art. 21 Abs. 1 UAbs. 1 EUV hält fest, dass die Union bei ihrem Handeln auf internationaler Ebene sich vom Grundsatz der Solidarität als Grundsatz, der für ihre eigene Entstehung, Entwicklung und Erweiterung maßgebend war, leiten lässt.[1080] Damit enthält Art. 21 Abs. 1 UAbs. 1 EUV in Anlehnung an Art. 2 Satz 2 EUV die Feststellung, dass die Union sich auf diesen Wert gründet und er elementar für die Union ist. In Art. 24 Abs. 2 EUV bestimmt ferner, dass die Union eine Gemeinsame Außen- und Sicherheitspolitik verfolgt, die auf einer Entwicklung der gegenseitigen politischen Solidarität der Mitgliedstaaten beruht. Zuletzt enthält Art. 24 Abs. 3 UAbs. 1 EUV für den Bereich der Gemeinsamen Außen- und Sicherheitspolitik die Feststellung, dass die Mitgliedstaaten diese Politik der Union aktiv und vorbehaltlos im Geiste der gegenseitigen Solidarität unterstützten. Damit werden die Mitgliedstaaten zu einem nach außen hin kohärenten und loyalen Auftreten verpflichtet.[1081] Nach Art. 24 Abs. 3 UAbs. 2 Satz 2 EUV arbeiten die Mitgliedstaaten zusammen, um ihre gegenseitige politische Solidarität zu stärken. Diesem Gedanken entspricht auch die Verfahrensvorschrift des Art. 31 Abs. 1 UAbs. 2 Satz 3 EUV, wonach ein Mitgliedstaat im Geiste gegenseitiger Solidarität unterlässt bei Stimmenthaltung und Nichtteilnahme an einem Vorgehen alles unterlässt, was dem auf diesem Beschluss beruhenden Vorgehen der Union zuwiderlaufen oder es behindern könnte. Dem entspricht auch Art. 32 UAbs. 1 Satz 4 EUV der normiert, dass die Mitgliedstaaten auch auf internationaler Ebene untereinander solidarisch sind.[1082] Die Solidarität ist im Bereich der GASP also auch als politische Handlungsvorgabe im EU-Vertrag festgeschrieben und enthält auch eine außenpolitische Ausprägung.[1083]

Auch im Raum der Freiheit, Sicherheit und des Rechts spielt der Grundsatz der Solidarität eine Rolle als Ausdruck der gerechten Lastenverteilung.[1084] So soll sich zum einen die Politik der Union nach Art. 67 Abs. 2 Satz 1 AEUV in den Bereichen Asyl, Einwanderung und Kontrolle an den Außengrenzen auf die Solidarität der Mitgliedstaaten gründen. Zum anderen gilt für das Kapitel 2 über die Politik im Bereich Grenzkontrollen, Asyl und Einwanderung nach Art. 80 Satz 1 AEUV der Grundsatz der Solidarität und der gerechten Aufteilung der Verantwortlichkeiten

---

1079 *Kadelbach*, in: ders. (Hrsg.), Solidarität als europäisches Rechtsprinzip?, 2014, S. 9 (14).

1080 Ähnlich *Potacs*, EuR 2013, S. 133 (137).

1081 *Kadelbach*, in: ders. (Hrsg.), Solidarität als europäisches Rechtsprinzip?, 2014, S. 9 (15).

1082 Vgl. auch *Potacs*, EuR 2013, S. 133 (137).

1083 *Calliess*, ZEuS 2011, S. 213 (228).

1084 *Schlegel*, in: Hohmann-Dennhardt/Masuch/Villiger (Hrsg.), FS Jaeger, 2011, S. 331 (343).

unter den Mitgliedstaaten, was auch die finanzielle Komponente miteinschließt. Hier wird folglich eine innenpolitische Solidarität innerhalb der Union erkennbar.[1085]

Die einzige explizite Solidaritätsklausel im Bereich der Wirtschafts- und Währungsunion enthält Art. 122 AEUV. Abs. 1 spricht dabei von der Möglichkeit, im Geiste der Solidarität angemessene Maßnahmen zu beschließen, falls gravierende Schwierigkeiten in der Versorgung mit Waren, insbesondere im Energiebereich, auftreten. Hiermit ist also eine echte Hilfeklausel enthalten, die sich explizit auf die Solidarität bezieht, obwohl sich die EU im Übrigen zur Eigenverantwortung der Wirtschaftspolitik ihrer Mitgliedstaaten bekennt.[1086]

Daneben enthält die Querschnittsklausel des Art. 194 Abs. 1 AEUV die Feststellung, dass die dort genannten Ziele der Energiepolitik im Geiste der Solidarität zwischen den Mitgliedstaaten von der Union verfolgt werden. Damit soll eine von außerunionalen Energielieferanten unabhängige Versorgung durch die Mitgliedstaaten untereinander gewährleistet werden.[1087]

Letztlich enthält die sog. Solidaritätsklausel des Art. 222 AEUV noch einen letzten Bezug auf die Solidarität in den Verträgen, der an die bisherige Unionspraxis nach Katastrophen wie dem 11. September 2011, dem Madrider Terroranschlag 2004 oder der Flut 2004 anknüpft.[1088] Dort ist festgelegt, dass die Union und die Mitgliedstaaten gemeinsam im Geiste der Solidarität handeln, wenn ein Mitgliedstaat von Terroranschlägen, Naturkatastrophen oder durch Menschen verursachte Katastrophen betroffen ist. Hier ist somit eine echte Hilfsklausel für die dort benannten Fälle im primären Unionsrecht aufgenommen worden, die an das Grundmuster des Zusammenhaltes und des Zusammenstehens von Gemeinschaften in schicksalhafter Not anknüpft.[1089]

Ungeachtet der expliziten Erwähnung ist auch dem Grundsatz der loyalen Zusammenarbeit aus Art. 4 Abs. 3 EUV ein gewisser Solidaritätsgedanke zu entnehmen, der als prozedurale Ausprägung dieses Gedankens zu werten ist.[1090] Gleichwohl kann sich wegen der Art. 4 Abs. 3 EUV innewohnenden Vertragsakzessorietät seine Rolle nur auf die Bekräftigung, Konkretisierung oder Ergänzungen bestehender

---

1085 *Calliess,* ZEuS 2011, S. 213 (228).

1086 *Schlegel,* in: Hohmann-Dennhardt/Masuch/Villiger (Hrsg.), FS Jaeger, 2011, S. 331 (344).

1087 Vgl. *Kadelbach,* in: ders. (Hrsg.), Solidarität als europäisches Rechtsprinzip?, 2014, S. 9 (15).

1088 *Schröder,* in: Müller-Graff/Schmahl/Skouris (Hrsg.), FS Scheuing, 2011, S. 690 (695).

1089 *Schlegel,* in: Hohmann-Dennhardt/Masuch/Villiger (Hrsg.), FS Jaeger, 2011, S. 331 (343).

1090 *Calliess,* FAZ v. 30. 06. 2011, S. 6; *ders.,* ZEuS 2011, S. 213 (228); ähnlich *Blanke/Pilz,* EuR 2014, S. 541 (547).

Vertragspflichten beziehen.[1091] Eine Begründung expliziter Pflichten aus sich heraus ohne weitere Anknüpfungen im Vertrag erscheint durchaus schwierig.[1092]

Man kann also feststellen, dass die Solidarität mithin als Ordnungsprinzip für die Beziehung der zwischen den Mitgliedstaaten der Europäischen Union bezeichnet werden kann.[1093] Sie stellt ein Grundprinzip der EU dar und manifestiert sich als Werte-Alltag.[1094] Auch der EuGH hat bereits 1969 festgestellt, dass der Solidaritätsgedanke das gesamte Gemeinschaftssystem durchzieht und dieses auf diesem Gedanken fußt.[1095] Solidarität ist im Unionsrecht im Wesentlichen in drei Kategorien enthalten: als Solidarität zwischen den Mitgliedstaaten, als Gesellschaftswert und als föderale Solidarität, die Ungleichgewichte negieren, gemeinsame Lastentragung gebieten und Hilfe in Notlagen sichern soll.[1096]

Dieses im Unionsrecht in vielerlei Vertragsbestimmungen angelegte, unionale Solidaritätsprinzip muss für eine präzise Betrachtung sodann konturiert werden.[1097] Solidarität im Unionsrecht bedeutet unter anderem auch ein rücksichtsvolles Entgegenkommen zwischen den in einer Integrationsgemeinschaft verbundenen Mitgliedstaaten, wobei fraglich zu sein scheint, ob dies auch aus einer rechtlichen Perspektive greifbar werden kann.[1098] Allerdings wird die Wirkkraft des Solidaritätsprinzips umso schwächer, je weiter eine Entscheidung vom den Kern des Integrationsprozesses liegt.[1099]

Hieraus lassen sich konkrete Rechtsfolgen gleichwohl nicht ableiten, was jedoch auch ein Problem von Rechtsprinzipien darstellt.[1100] Vielmehr kann der allgemeine Solidaritätsgedanke interpretierend und integrationsfördernd als Grundidee für die Auslegung des Unionsrechts herangezogen werden.

1091 *Potacs,* EuR 2013, S. 133 (140); vgl. auch *Gaitanides,* in: Kadelbach (Hrsg.), Solidarität als Europäisches Rechtsprinzip?, 2014, S. 33 (35).

1092 Dazu *Hieronymi,* Das Solidaritätsprinzip in der Europäischen Union, 2003, S. 97.

1093 *Bieber,* in: v. Bogdandy/Kadelbach (Hrsg.), Solidarität und europäische Integration, 2002, S. 41 (43); *Tomuschat,* in: Capotorti/Ehlermann/Frowein/Jacobs/Joliet/Koopmans/Kovar (Hrsg.), LA Pescatore, 1987, S. 729 (734).

1094 *v. Bogdandy,* in: ders./Bast (Hrsg.), Europäisches Verfassungsrecht, 2. Aufl. 2009, S. 69 ff., *Calliess,* ZEuS 2011, S. 213 (228) m.w.N.

1095 EuGH, verb. Rs. C-6/69 u. C-11/69, EU:C:1969:68 (Slg. 1969, S. 523), Rn. 14/17 – *Kommission/Frankreich.*

1096 Ausführlich *Kadelbach,* in: ders. (Hrsg.), Solidarität als europäisches Rechtsprinzip?, 2014, S. 9 (15 f.).

1097 Ähnlich *Kunig,* in: Becker/Hatje/Potacs/Wunderlich (Hrsg.), FS Schwarze, 2014, S. 190 (198).

1098 Vgl. zur Sekundärrechtsetzung *Tomuschat,* in: Capotorti/Ehlermann/Frowein/Jacobs/Joliet/Koopmans/Kovar (Hrsg.), LA Pescatore, 1987, S. 729 (739).

1099 *Tomuschat,* in: Capotorti/Ehlermann/Frowein/Jacobs/Joliet/Koopmans/Kovar (Hrsg.), LA Pescatore, 1987, S. 729 (739).

1100 *Hieronymi,* Das Solidaritätsprinzip in der Europäischen Union, 2003, S. 17; dazu auch *Hatje,* in: Kadelbach/Günther (Hrsg.), Europa: Krise, Umbruch und neue Ordnung, 2014, S. 73 (90 f).

bb) Wirtschafts- und währungspolitische Ausprägungen der Solidarität im Unionsrecht

Ein allgemeines unionales Solidaritätsprinzip, wie soeben hergeleitet, muss in dieser Arbeit vor allem auf seine wirtschafts- und währungspolitischen Ausprägungen hin untersucht werden. Eine Unanwendbarkeit könnte sich insbesondere aus einem Widerspruch dieses Prinzips und seiner Rechtswirkungen zum explizit geschrieben Normgefüge des Unionsrechts ergeben. Das Solidaritätsprinzip kann auch in Gestalt von gegenseitigem oder finanziellen Beistand und der Kohäsionspolitik Wirkung entfalten.[1101]

Die EU ist kraft föderativer Elemente als Schicksals- sowie Solidargemeinschaft konzipiert, was auch in finanzieller Hinsicht gelten soll.[1102] *Tomuschat* setzte schon früh europäische Solidarität in finanziellen Fragen im weiteren Sinne mit einem Finanzausgleich, wie er beispielsweise in föderal strukturierten Deutschland in Art. 106, Art. 107 GG i.V.m. FAG verankert ist, gleich.[1103] Auch wenn ein Finanzausgleich der Bezeichnung nach im Staatenverbund der EU nach den geltenden Verträgen nicht existiert, so könnte man die im Zeichen der Krise geschaffenen Rettungsmaßnahmen (insb. EFSF und ESM) dahingehend verstehen, dass ein Mitgliedstaat bei exorbitanter Staatsverschuldung auf die finanzielle Solidarität der restlichen Eurozone, mithin auf Ausgleichszahlungen vertrauen kann und so ein faktischer unionaler Finanzausgleich installiert würde.[1104] Diese Sichtweise findet hernach keinerlei Stütze im Primärrecht.[1105]

Allerdings darf nicht vergessen werden, dass auch das Primärrecht gleichwohl wirtschafts- und währungspolitische Ausprägungen der Solidarität enthält.[1106] So spricht die Beistandsklausel des Art. 122 AEUV in Abs. 1 explizit vom „Geist der Solidarität", der EuGH liest diesen Begriff gar in Abs. 2 hinein,[1107] auf dessen Grundlage die VO 407/2010 zur Errichtung des EFSM basiert. Allerdings stellt Art. 122 Abs. 2 AEUV auch lediglich eine Ausnahmeregelung dar und statuiert daher kein allgemeines unionsrechtliches Solidaritätsprinzip in Bezug auf die Währungsunion,

---

1101 *Hieronymi,* Das Solidaritätsprinzip in der Europäischen Union, 2003, S. 100.

1102 *Kämmerer,* Wirtschaftsdienst 2010, S. 161 (164); *Weiß/Haberkamm,* EuZW 2013, S. 95 (99).

1103 *Tomuschat,* in: Capotorti/Ehlermann/Frowein/Jacobs/Joliet/Koopmans/Kovar (Hrsg.), LA Pescatore, 1987, S. 729 (743); eingehend dazu *Häde,* Finanzausgleich, 1996; *Kube,* Der bundesstaatliche Finanzausgleich, 2011.

1104 So etwa *Everling,* in: Müller-Graff/Schmahl/Skouris (Hrsg.), FS Scheuing, 2011, S. 526 (543).

1105 Eine ökonomische Konvergenz ohne Finanzausgleich wird in der wirtschaftswissenschaftlichen Diskussion teilweise ausgeschlossen, so *Zeitel,* in: Bea (Hrsg.), FS Pohmer, 1990, S. 343 (355); zu der Frage auch *Hieronymi,* Das Solidaritätsprinzip in der Europäischen Union, 2003, S. 117 ff.

1106 Vgl. auch *Kadelbach,* in: ders. (Hrsg.), Solidarität als europäisches Rechtsprinzip?, 2014, S. 9 (14).

1107 EuGH, Rs. C-370/12, EU:C:2012:756 (NJW 2013, S. 29), Rn. 115 – *Pringle.*

sondern stärkt so vielmehr das Prinzip der Eigenverantwortlichkeit, indem genau umrissen wird, in welchen Fällen Unterstützungsleistungen der Union überhaupt möglich sind.[1108]

Auch die Art. 143, Art. 144 AEUV lassen gegenseitigen Beistand zu und stellen somit eine Ausprägung des Solidaritätsprinzips für Mitgliedstaaten außerhalb des Euro-Währungsgebietes in Form von Umverteilung dar.[1109] Dies lässt indes nicht den Schluss zu, es gebe ein allgemeines Solidaritätsprinzip im Hinblick auf finanzielle Hilfsleistungen, im Gegenteil stärken diese Normen auch das Prinzip der Eigenverantwortung auch innerhalb der Währungsunion, denn der Beistand nach Art. 143, Art. 144 AEUV muss in gegenseitigem Einvernehmen erfolgen.[1110]

Die Strukturfonds der Europäischen Union (Art. 174 ff. AEUV) sollen u.a. den wirtschaftlichen Zusammenhalt innerhalb der Union fördern und stellen daher gewissermaßen ebenfalls eine wirtschaftspolitische Ausprägung eines materiellen Solidaritätsgedankens dar.[1111] Hieraus lässt sich gleichwohl kein allgemeiner wirtschaftspolitischer Solidaritätsgedanke ableiten, der das geschriebene Vertragswerk unter Beachtung der Teleologie des Art. 125 Abs. 1 AEUV auszuhebeln vermag, da diese Mittel zweckgebunden und langfristig kohärenzfördernd wirken sollen, um wirtschaftlich unterentwickelte Regionen an das Niveau der EU heranzuführen.[1112]

Auch muss daran erinnert werden, dass auch Art. 136 Abs. 3 AEUV ein gewisser Solidaritätsgedanke innewohnt, da hierdurch die Errichtung eines Stabilitätsmechanismus ermöglicht wird, der mittels Finanzhilfen an Mitgliedstaaten die Stabilität der Währung sichern soll.[1113] Allerdings darf dabei nicht verkannt werden, dass durch die strenge Konditionalität, die gleichsam unions- (Art. 136 Abs. 3 Satz 2 AEUV) wie völkerrechtlich (Art. 12 Abs. 1, Art. 13 ESMV) festgeschrieben ist. Es lässt sich hernach resümieren, dass die Währungsunion nun konzeptionell auch als Solidargemeinschaft mit begrenzter Haftung anzusehen sein wird.[1114]

Schließlich darf trotz diverser Anknüpfungspunkte für wirtschafts- und währungspolitische Ausprägungen der Solidarität nicht verkannt werden, dass Solidarität in

---

1108 *Potacs,* EuR 2013, S. 133 (138).

1109 Vgl. *Hieronymi,* Das Solidaritätsprinzip in der Europäischen Union, 2003, S. 115.

1110 *Potacs,* EuR 2013, S. 133 (138 f.).

1111 *Kadelbach,* in: ders. (Hrsg.), Solidarität als europäisches Rechtsprinzip?, 2014, S. 9 (14 f.); ähnlich *Blanke/Pilz,* EuR 2014, S. 541 (546); näher *Calliess,* ZEuS 2011, S. 213 (233 ff.); *Hieronymi,* Das Solidaritätsprinzip in der Europäischen Union, 2003, S. 61; *Schröder,* in: Müller-Graff/Schmahl/Skouris (Hrsg.), FS Scheuing, 2011, S. 690 (697); *Puttler,* in: Kadelbach (Hrsg.), Solidarität als Europäisches Rechtsprinzip?, 2014, S. 43 ff.; *Potacs,* EuR 2013, S. 133 (139); *Schorkopf,* Der Europäische Weg, 2010, S. 63 m.w.N. spricht hier gar von einem System des Finanzausgleichs.

1112 *Calliess,* ZEuS 2011, S. 213 (237); *Potacs,* EuR 2013, S. 133 (139).

1113 Anders wohl BVerfGE 132, S. 195 (250) – *ESM/Fiskalpakt I;* dazu *Weber,* EuR 2013, S. 375 (383).

1114 So *Pache/Schwarz,* in: dies. (Hrsg.), Grundlagen, aktuelle Entwicklungen und Perspektiven der Europäischen Währungsunion, 2012, S. 13 (18).

rein unionsrechtlicher Hinsicht nicht zugunsten bestimmter Mitgliedstaaten aufzufassen ist, sondern lediglich dem vertraglichen Ziel einer konsequenten Stabilitätspolitik zu dienen hat.[1115]

cc) Rechtfertigung von Finanzhilfen aufgrund von Solidaritätserwägungen?

Nach alledem kann jedoch festgestellt werden, dass Solidaritätserwägungen zwar als grundlegendes Prinzip des Unionsrechts anerkannt sind, seine wirtschafts- und währungspolitischen Implikationen allerdings eine Rechtfertigung von Rechtsverstößen nicht zu tragen vermögen.[1116] Bei dem Solidaritätsprinzip handelt es sich trotz mannigfaltiger Erwähnung in den Verträgen um Richtschnüre für das politische Handeln, die nur in wenigen Fällen gesetzgeberische Vorgaben enthalten.[1117] Solidaritätsverpflichtungen bedürfen jedoch einer expliziten Anordnung im positiven Recht.[1118] Es ist demnach lediglich ein mit Zielvorstellungen aufgeladenes Prinzip und keine Norm, unter die sich offenkundig eine Rechtmäßigkeit oder Rechtswidrigkeit eines Handelns feststellen lässt.[1119] Das Recht erhält danach lediglich wertgestaltende und wertsichernde Funktion.[1120] Durch sie sollen als Maßstab nationale und europäische Interessen ausbalanciert werden.[1121] Die Finanzhilfen und somit ein Verstoß gegen die Nichtauslösungsklausel in Art. 125 Abs. 1 AEUV können nicht durch ein allgemeines, unionales Solidaritätsprinzip gerechtfertigt werden.[1122] Voraussetzung für die Nutzung eines Solidarsystems ist nämlich auch einen satzungsgemäße Mittelverwendung, die gerade im Verstoß gegen Art. 125 Abs. 1 AEUV nicht vorliegt.[1123] Eine finanzielle Umverteilung stellt lediglich eine Form von Solidarität dar, ist jedoch nicht ihr Inhalt.[1124] Als allgemeines Prinzip ist

---

1115 *Calliess*, VVDStRL 71 (2012), S. 113 (155); *Gaitanides*, in: Kadelbach (Hrsg.), Solidarität als Europäisches Rechtsprinzip?, 2014, S. 33 (35).

1116 Ebenso *Schorkopf*, Der Europäische Weg, 2010, S. 61; ähnlich *Rodi*, JZ 2015, S. 737 (738); a.A. wohl *Bandilla*, in: Grabitz/Hilf/Nettesheim (Hrsg.), Recht der EU, 44. EL 2011, Art. 125 AEUV Rn. 31; *Calliess*, NVwZ 2013, S. 97 (101); *Weiß/Haberkamm*, EuZW 2013, S. 95 (99).

1117 *Becker*, in: Schwarze (Hrsg.), EU-Kommentar, 3. Aufl. 2012, Art. 3 EUV Rn. 5.

1118 *Blanke/Pilz*, EuR 2014, S. 541 (548); *Kunig*, in: Becker/Hatje/Potacs/Wunderlich (Hrsg.), FS Schwarze, 2014, S. 190 (191).

1119 *Kadelbach*, in: ders. (Hrsg.), Solidarität als europäisches Rechtsprinzip?, 2014, S. 9 (16 f.).

1120 *Calliess*, Subsidiaritäts- und Solidaritätsprinzip in der Europäischen Union, 2. Aufl. 1999, S. 189; *ders.*, ZEuS 2011, S. 213 (230).

1121 Vgl. *Schröder*, in: Müller-Graff/Schmahl/Skouris (Hrsg.), FS Scheuing, 2011, S. 690 (700).

1122 Ebenso *Schröder*, in: Müller-Graff/Schmahl/Skouris (Hrsg.), FS Scheuing, 2011, S. 690 (701); vgl. auch *Frenz/Ehlenz*, GewArch 2010, S. 329 (334).

1123 Vgl. *Gaitanides*, in: Kadelbach (Hrsg.), Solidarität als Europäisches Rechtsprinzip?, 2014, S. 33 (39).

1124 *Calliess*, ZEuS 2011, S. 213 (232).

es viel zu unkonkret, um festgelegte Rechtswirkungen entfalten zu können. Nicht umsonst wird die Solidarität auch als großer Schwamm, der bestehende Grenzen verwischt, bezeichnet.[1125] Denn würde man ein solches allgemeines Unionsprinzip aus den zuvor erläuterten Erwähnungen dazu nutzen, um Finanzhilfen zu rechtfertigen, so würde die unionale Wirtschafts- und Währungsverfassung und der Sinn und Zweck ihres Stabilitätskorsetts durch Solidaritätserwägungen praktisch unterlaufen. Art. 125 Abs. 1 AEUV ist vielmehr Ausdruck davon, dass Mitglieder der europäischen Solidargemeinschaft nicht für Überschuldungslagen anderer einstehen sollen.[1126] Das Solidaritätsprinzip ist vielmehr im systematischen Gesamtkontext zu betrachten, was eher für die Annahme eines vorrangingen Prinzips der Eigenverantwortlichkeit spreche.[1127] Hierfür spricht nicht zuletzt auch der Ausnahmecharakter der Normen Art. 122 Abs. 2 AEUV sowie die Grundentscheidung in den Normen Art. 143, Art. 144 AEUV und Art. 136 Abs. 3 AEUV.[1128]

dd) Zwischenergebnis

Das unionsrechtliche Solidaritätsprinzip begründet somit keine Rechtspflicht, in Zahlungsschwierigkeiten geratene Staaten aus dem gemeinsamen Euro-Währungsraum durch bilaterale oder durch die Union gewährte Finanzhilfen zu retten.[1129] Gleichwohl kann dies moralisch oder politisch, vielleicht gar ökonomisch geboten sein.

b) Ingerenz

Darüber hinaus besteht vielleicht die Möglichkeit, eine Hilfsverpflichtung aus einer Art „unionsrechtlicher Ingerenz“ zu begründen, die womöglich einen Verstoß gegen Art. 125 Abs. 1 AEUV zu rechtfertigen vermag. Hierbei stellt sich zunächst die Frage, ob und woraus sich eine solche Ingerenz herleiten lässt (aa.) und sodann, ob diese als Rechtfertigungs- oder Begründungsinstrument taugt (bb.).

1125 *Schorkopf,* FAZ v. 30. 6. 2011, S. 6.

1126 *Gaitanides,* in: Kadelbach (Hrsg.), Solidarität als Europäisches Rechtsprinzip?, 2014, S. 33 (38); *Haversath,* in: Junge Wissenschaft im Öffentlichen Recht (Hrsg.), Kollektivität – Öffentliches Recht zwischen Gruppeninteressen und Gemeinwohl, 2012, S. 211 (226); unzutreffend daher *Kunig,* in: Becker/Hatje/Potacs/Wunderlich (Hrsg.), FS Schwarze, 2014, S. 190 (199).

1127 *Degenhart,* BayVBl. 2012, S. 517 (518); dazu ausführlich *Blanke/Pilz,* EuR 2014, S. 541 (549 ff.).

1128 Vgl. i.E. *Nitze,* Finanzhilfen für Euro-Staaten in der Krise, 2015, S. 76 f.; *Potacs,* EuR 2013, S. 133 (138, 140).

1129 *Blanke/Pilz,* EuR 2014, S. 541 (554) sprechen im Falle des ESM von einem lediglich rechtspolitischen Gehalt der Solidarität.

aa) Herleitung und Voraussetzungen

Im Strafrecht existiert die Figur der Garantenpflicht aus Ingerenz. Dies bedeutet, dass durch ein vorangegangenes Gefahrverhalten eine Garantenpflicht begründet wird, die den Täter dazu verpflichtet, den Schadenseintritt durch aktives Tun zu verhindern.[1130] Wird der Garant hingegen entgegen dieser Verpflichtung nicht tätig, so macht er sich wegen Unterlassens strafbar.

Überträgt man diese Denkweise auf die hier zu untersuchenden Finanzhilfen, so stellt sich die Frage, ob Union oder die Mitgliedstaaten aus einer unionsrechtlich herzuleitenden Ingerenz entgegen der Regelung des Art. 125 Abs. 1 AEUV nicht sogar verpflichtet waren, Finanzhilfen zu leisten.

Bei der Union handelt es sich um eine Rechts-, Werte- und Integrationsgemeinschaft.[1131] Die Integration hin zu einer gemeinsamen Währung ist unumkehrbar.[1132] Gleichwohl wurde wissentlich rechtlichen und ökonomischen Voraussetzungen eines optimalen Währungsraumes entgegengetreten, da die politische Motivation im Vordergrund stand. Die Entscheidung, Staaten, die die Konvergenzkriterien nur unzureichend erfüllen, in den Euro-Währungsraum aufzunehmen, kann auch als Provokation gesehen werden, das Unionsrecht einem Belastbarkeitstest zu unterziehen.[1133] Wenn man dies berücksichtigt, so müsste doch auch billigend in Kauf genommen werden, dass eine solche Konstruktion misslingen kann und eine Haftung entgegen Art. 125 Abs. 1 AEUV begründet wird.[1134]

Geklärt werden müssen hier somit insbesondere die Fragen, welche Gefahr sich zu realisieren droht und welches Verhalten dieser Gefahr zur drohenden Realisierung verhalf.

Die Stabilität der gemeinsamen Währung ist durch den drohenden Staatsbankrott von finanzschwachen Mitgliedstaaten in nicht unerheblichem Maße gefährdet. Würden Stabilitätshilfen in Form von Finanzmitteln nicht gewährt, so würde die Preisstabilität im Euroraum und somit die Währungsstabilität in diesem heterogenen Währungsraum stark gefährdet.

1130 Statt vieler nur *Frister*, Strafrecht AT, 6. Aufl. 2013, 22. Kapitel, Rn. 30 ff.; *Kühl*, Strafrecht AT, 7. Aufl. 2012, Rn. 91 ff.; *Rengier*, Strafrecht AT, 5. Aufl. 2013, § 50, Rn. 70 ff; s. dort auch im Folgenden; zu den Voraussetzungen im Einzelnen s. *Heuchemer*, in: v. Heintschel-Heinegg (Hrsg.), BeckOK-StGB, 28. Ed. 2015, § 13 Rn. 53 ff.

1131 Vgl. *Calliess*, in: ders./Ruffert (Hrsg.), EUV/AEUV, 4. Aufl. 2011, Art. 2 EUV Rn. 14 m.w.N.; *Jacqué*, in: v. d. Groeben/Schwarze/Hatje (Hrsg.), Europäisches Unionsrecht, Bd. 1, 7. Aufl. 2015, Art. 2 EUV, Rn. 4 m.w.N.; *Hallstein*, Die Europäische Gemeinschaft, 5. Aufl. 1979, S. 52 ff.

1132 Protokoll Nr. 24 des Vertrages von Maastricht über den Übergang zur dritten Stufe der Wirtschafts- und Währungsunion.

1133 So *Schwarz*, in: in: Müller-Graff/Schmahl/Skouris (Hrsg.), FS Scheuing, 2011, S. 705 (715).

1134 Vgl. *Calliess*, FAZ v. 30. 06. 2011, S. 6.

Die Verantwortlichkeit für dieses Verhalten muss indes einer genaueren Betrachtung unterzogen werden: Die Aufhebung einer Ausnahmeregelung für einen Mitgliedstaat, die mit dem Beitritt in den Euro-Währungsraum gleichzusetzen ist, erfolgt gemäß Art. 140 Abs. 2 UAbs. 1 AEUV durch den Rat nach Anhörung des Europäischen Parlamentes und nach Aussprache im Europäischen Rat sowie auf Vorschlag der Kommission. Grundlage des Beitritts in den Euro-Raum ist mithin die Ratsentscheidung auf Grundlage des Konvergenzberichtes nach Art. 140 Abs. 1 AEUV.[1135] Für den Konvergenzbericht sind gemäß Art. 140 Abs. 1 UAbs. 1 Satz 1 AEUV die Kommission und die EZB verantwortlich. Allerdings sind die statistischen Daten von den jeweiligen Mitgliedstaaten zu übermitteln und werden nicht von Kommission und EZB selbst ermittelt. Erfüllt also ein Mitgliedstaat die Voraussetzungen des Art. 140 Abs. 1 AEUV evidenterweise nicht und beschließt der Rat gleichwohl die Aufhebung der Ausnahmeregelung, so ist der Rat mitverantwortlich für die Schaffung einer potenziellen Gefahr für die gemeinsame Währung.

Ist für einen Mitgliedstaat bereits die Ausnahmeregelung aufgehoben, so sind die Mitgliedstaaten gemäß Art. 126 Abs. 1 AEUV dafür verantwortlich, übermäßige öffentliche Defizite zu vermeiden und die Vorschriften des Stabilitäts- und Wachstumspaktes sowie von Sechserpaket und Zweierpaket zu beachten. Hier übernehmen die europäischen Institutionen lediglich Überwachungs- und Sanktionierungsfunktionen (vgl. Art. 126 Abs. 2 ff. AEUV).

bb) Rechtfertigung von Finanzhilfen aufgrund von unionsrechtlicher Ingerenz

Gleichwohl kann der Verstoß gegen das primäre Unionsrecht (insb. Art. 125 Abs. 1 AEUV) durch eine solche Konstruktion nicht gerechtfertigt werden. Dies widerspräche einem klaren Wortlaut sowie dem Sinn und Zweck der Norm und würde einmal mehr die Kompetenzen der Union entgegen Art. 5 Abs. 1 EUV erweitern. Es besteht ein fester rechtlicher Rahmen, der nicht zu einer Zahlungs- und Haftungsverpflichtung führen kann, die contra legem ist. Dies würde den Vertragsgebern und den von ihnen repräsentierten Bürgern die Vertrauensgrundlage der Union als Rechtsgemeinschaft entziehen. Damit kann, auch wenn eine solche unionsrechtliche Ingerenz als Rechtsfigur angenommen würde, Hilfe sich nur im Rahmen der geltenden Verträge bewegen. Dieser Rahmen ist mit Art. 122 Abs. 2, Art. 125 Abs. 1, Art. 143, Art. 144 AEUV und dem neu einfügten Art. 136 Abs. 3 AEUV abschließend abgesteckt.

1135 *Hatje*, in: Kadelbach/Günther (Hrsg.), Europa: Krise, Umbruch und neue Ordnung, 2014, S. 73 (92) m.w.N. sieht das Handeln von Rat und Kommission mit der Aufnahme Griechenlands gar als Hauptursache der Krise an, da das politische Ermessen hier fehlerhaft ausgeübt wurde.

cc) Zwischenergebnis

Finanzhilfen und der damit einhergehende Verstoß gegen die Nichtauslösungsklausel des Art. 125 Abs. 1 AEUV können somit nicht durch die Figur einer unionalen Ingerenz gerechtfertigt werden.

c) Notstand

Wenn die Maßnahmen bereits mit der Nichtauslösungsklausel (Art. 125 Abs. 1 AEUV) unvereinbar sind, gleichwohl jedoch als alternativlos bezeichnet werden, so waren sie vielleicht trotz ihrer Rechtswidrigkeit geboten. Daher kann noch darüber nachgedacht werden, das Spannungsverhältnis zum primären Unionsrecht durch eine Art „unionsrechtlichen Notstand" aufzulösen und so zu rechtfertigen.[1136] Somit stellt sich die Frage der Herleitung (aa), der Konturierung (bb) sowie der Anwendbarkeit in den vorliegenden Fällen (cc).

aa) Herleitung und Voraussetzungen

Zuerst muss ein unionsrechtlicher Notstand überhaupt erst hergeleitet werden. Als Rechtsquellen kommen dabei die Verträge (1), das Völkerrecht (2) sowie allgemeine Rechtsgrundsätze, die sich aus den Rechtsordnungen der Mitgliedstaaten herleiten lassen (3), in Betracht. Schließlich wird untersucht, ob ein unionsrechtlicher Notstand aus einer übergesetzlichen Konstruktion (4) herzuleiten ist.

(1) Rechtsanalogie aus Vertragsnormen

Der folgende Abschnitt ermittelt primärrechtliche Anknüpfungspunkte für die Herleitung der Figur des unionsrechtlichen Notstands als allgemeinen Rechtsgedanken im Wege einer Gesamt- bzw. Rechtsanalogie.[1137]

(a) Zielvorgaben des Art. 3 EUV

Art. 3 EUV enthält beispielweise rechtsverbindliche Zielvorgaben der Union, die über einen programmatischen Charakter hinausgehen.[1138]

1136 *Schorkopf,* AöR 136 (2011), S. 323 (340); bejahend wohl *Böckenförde,* Wissenschaft – Politik – Verfassungsgericht, 2011, S. 299 (300 f.); *Honsell,* in: Staudinger (Hrsg.), BGB-Kommentar, 2013, Einleitung, Rn. 112g; *Oppermann,* in: Bechtold/Jickeli/Rohe (Hrsg.), FS Möschel, 2011, S. 913 (914 f.).

1137 Vgl. dazu etwa *Wank,* Die Auslegung von Gesetzen, 5. Aufl. 2011, S. 87 f.

1138 *Pechstein,* in: Streinz (Hrsg.), EUV/AEUV, 2. Aufl. 2012, Art. 3 EUV Rn. 3; *E. Klein,* in: Hailbronner/E. Klein/Magiera/Müller-Graff (Hrsg.), Handkommentar zum EU-Vertrag, 1998, Art. B EUV, Rn. 6; *Geiger,* in: ders./Khan/Kotzur (Hrsg.), EUV/AEUV, 5. Aufl. 2010, Art. 3 EUV Rn. 1; *Becker,* in: Schwarze (Hrsg.), EU-Kommentar, 3. Aufl. 2012, Art. 3 EUV Rn. 5; *Ruffert,* in: Calliess/Ruffert (Hrsg.), EUV/AEUV, 4. Aufl. 2011, Art. 3 EUV Rn. 7; *Müller-Graff,* in: Dauses (Hrsg.), EU-Wirtschaftsrecht,

So enthält Art. 3 Abs. 1 EUV allein schon die, zugegeben sehr abstrakte[1139], Zielvorgabe der Förderung des Wohlergehens der Völker der Union. Zieht man diesen Anwendungsbereich also sehr weit, so kann man darunter auch verstehen, dass die Union (und die Mitgliedstaaten als ihre integrierten Bestandteile) sich schützend vor einen Mitgliedstaat zu stellen hat, der andernfalls insolvent zu werden droht, sollten die in den Verträgen so festgehaltenen Vorschriften in der hier vertretenen Strenge angewandt werden. Das würde mittelbar das Wohlergehen des Volkes dieses Mitgliedstaates mindern und somit eine Unionsverpflichtung darstellen.

Art. 3 Abs. 3 UAbs. 3 EUV stellt darüber hinaus die Förderung des wirtschaftlichen Zusammenhalts zwischen den Mitgliedstaaten als Zielvorgabe der Union fest. Die der wirtschaftlichen Angleichung dienenden Struktur- und Kohäsionsfondsmittel sind Ausdruck dieses wirtschaftlichen Zusammenhaltes.[1140] Wenn also ein reines Finanzausgleichsystem wie in der Bundesrepublik Deutschland in der Union fehlt, so könnte Art. 3 Abs. 3 UAbs. 3 EUV i.V.m. Art. 174 ff. AEUV hierfür ein rudimentärer, normativer Anknüpfungspunkt sein.

Nicht zuletzt stellt die Errichtung einer Wirtschafts- und Währungsunion (Art. 3 Abs. 4 EUV) ein Fundamentalziel der Union dar.[1141] Die integrative Wirkung der Währung ist mittlerweile unbestritten. So kann aus diesem Unionsziel ebenfalls eine Vorgabe entnommen werden, die Staaten, deren Währung der Euro ist, im Falle einer unabwendbaren Gefahr für den gemeinsamen Währungsraum Hilfe zuteilwerden zu lassen, auch wenn die unionale Währungsverfassung dies nach strenger, zielorientierter Lesart des Art. 125 Abs. 1 AEUV verbietet. Der Charakter dieser Norm als Fundamentalziel, das von besonderer integrativer Bedeutung ist, stützt diesen Befund daher noch.

(b) Grundsatz der loyalen Zusammenarbeit (Art. 4 Abs. 3 EUV)

Ergänzend kann noch der Grundsatz der loyalen Zusammenarbeit aus Art. 4 Abs. 3 EUV als Ausprägung des Grundsatzes der Unionstreue[1142] zur Herleitung der Konstruktion des unionsrechtlichen Notstands herangezogen werden. Art. 4 Abs. 3 UAbs. 1 EUV enthält eine gegenseitige Unterstützungsobliegenheit von Union und Mitgliedstaaten zur Erfüllung der sich aus den Verträgen ergebenden Aufgaben.[1143]

---

31. EL 2012, A.I. Rn. 177; *Terhechte,* in: Grabitz/Hilf/Nettesheim (Hrsg.), Recht der EU, 53. EL 2014, Art. 3 EUV Rn. 28.

1139 So *Pechstein,* in: Streinz (Hrsg.), EUV/AEUV, 2. Aufl. 2012, Art. 3 EUV Rn. 5.

1140 *Pechstein,* in: Streinz (Hrsg.), EUV/AEUV, 2. Aufl. 2012, Art. 3 EUV Rn. 8.

1141 *Pechstein,* in: Streinz (Hrsg.), EUV/AEUV, 2. Aufl. 2012, Art. 3 EUV Rn. 11; ebenso im Folgenden.

1142 Vgl. nur *Haratsch/Koenig/Pechstein,* Europarecht, 10. Aufl. 2016, Rn. 192.

1143 *Geiger,* in: ders./Khan/Kotzur (Hrsg.), EUV/AEUV, 5. Aufl. 2010, Art. 4 EUV Rn. 5 m.w.N.; *Streinz,* in: ders. (Hrsg.), EUV/AEUV, 2. Aufl. 2012, Art. 4 EUV Rn. 26.

Der Grundsatz der loyalen Zusammenarbeit steht somit nicht für sich und muss akzessorisch an bestehenden Vertragsaufgaben und –pflichten anknüpfen.[1144]

Angeknüpft werden kann hier an das Vertragsziel der Errichtung einer Wirtschafts- und Währungsunion aus Art. 3 Abs. 4 EUV sowie seine Konkretisierungen in Art. 119 ff. AEUV.

Insbesondere bestimmt Art. 119 Abs. 2 AEUV, dass die Tätigkeit der Union auch die Festlegung einer einheitlichen Geldpolitik umfasst, welche das vorrangige Ziel der Preisstabilität verfolgt. Unter Preisstabilität versteht man hier den Binnenwert der Währung.[1145] Dieser Binnenwert der Währung ist jedoch genau dann stark gefährdet, wenn ein Mitgliedstaat seine laufenden Verpflichtungen nicht mehr erfüllen kann. Zwar statuiert Art. 119 Abs. 2 AEUV für sich genommen gerade keine Pflicht für die Union oder die Mitgliedstaaten, bestimmte wirtschaftspolitische Maßnahmen zu ergreifen.[1146] Allerdings bedeutet dies nicht, dass diese Norm als rechtsunverbindlicher Programmsatz zu sehen ist, sondern sie verpflichtet die Union sowie die Mitgliedstaaten vielmehr zur Verfolgung dieses Zieles bei allen währungspolitischen Entscheidungen. Somit lässt sich aus Art. 119 Abs. 2 AEUV i.V.m. Art. 4 Abs. 3 EUV auch herleiten, im Falle einer Gefährdung des Euro-Währungsgebietes durch eine extreme finanzielle Notlage eines Mitgliedstaates entsprechende Finanzhilfen zu leisten.

Dem entspricht auch, dass Art. 126 Abs. 1 AEUV als Grundgedanken die Vermeidung übermäßiger Defizite der öffentlichen Haushalte im Euro-Währungsraum statuiert. Hierbei handelt es sich für alle Mitgliedstaaten (mit Ausnahme des Vereinigten Königreichs) um eine echte Rechtspflicht.[1147] Um dieser Rechtspflicht nachzukommen und den zahlungsunfähigen Mitgliedstaat wieder näher an die Einhaltung dieser Pflicht zu bringen,[1148] erscheint es geboten, konditionale Hilfsleistungen zu erbringen, um das Stabilitätsziel zu verfolgen.

(c) Subsidiaritätsgrundsatz (Art. 5 Abs. 3 EUV)

Als weitere Quelle eines unionalen Notstandsregimes könnte der Subsidiaritätsgrundsatz aus Art. 5 Abs. 3 EUV herangezogen werden. In seiner ursprünglichen, militärischen Wortbedeutung meint Subsidiarität (lat. „subsidium“) einen Rückhalt, der erst eingreift, wenn die in vorderster Reihe stehenden Streitkräfte nicht mehr ausreichen.[1149] Es ist weitergehend also auch möglich, diesen Begriff mit

1144 *Kahl,* in: Calliess/Ruffert (Hrsg.), EUV/AEUV, 4. Aufl. 2011, Art. 4 EUV Rn. 46; *Streinz,* in: ders. (Hrsg.), EUV/AEUV, 2. Aufl. 2012, Art. 4 EUV Rn. 25.

1145 *Kempen,* in: Streinz (Hrsg.), EUV/AEUV, 2. Aufl. 2012, Art. 119 AEUV Rn. 25.

1146 *Kempen,* in: Streinz (Hrsg.), EUV/AEUV, 2. Aufl. 2012, Art. 119 AEUV Rn. 25; dort auch im Folgenden.

1147 *Kempen,* in: Streinz (Hrsg.), EUV/AEUV, 2. Aufl. 2012, Art. 126 AEUV Rn. 13.

1148 Vgl. *Kirchhof,* in: Isensee/Kirchhof (Hrsg.), HbdStR X, 3. Aufl. 2012, § 214 Rn. 85 ff.

1149 *Calliess,* Subsidiaritäts- und Solidaritätsprinzip in der EU, 2. Aufl. 1999, S. 21.

„Beistand" und „Hilfe" zu übersetzen.[1150] Aus staatstheoretischer Sicht wird Subsidiarität eher als Organisations- und Handlungsprinzip angesehen, welches die Fragen von Rechtsbegründung und Rechtsträgerschaft miteinander verbindet.[1151] So knüpft das unionsrechtliche Subsidiaritätsprinzip aus Art. 5 Abs. 3 EUV hieran an und stellt eine Kompetenzausübungsmaxime für die durch die Unionsverträge verteilten Kompetenzen dar.[1152] Im Unionsrecht wird die Subsidiarität nach der in Art. 5 Abs. 3 EUV niedergelegten Lesart so verstanden, dass der kleineren Einheit (Mitgliedstaat) der Vorrang vor einem Tätigwerden der größeren Einheit (Union) zu geben ist, sofern das dadurch verfolgte Ziel durch die kleinere Einheit ausreichend und nicht gleichzeitig durch die größere Einheit besser verwirklicht werden kann; damit besteht eine Art „Zuständigkeitsprärogative" für den Mitgliedstaat.[1153]

Der Hilfsaspekt eines solchen Subsidiaritätsprinzips ist demnach nicht wegzudiskutieren. Dahinter muss sich schließlich auch der Gedanke verbergen, dass die Union resp. die Mitgliedstaaten in ihrer Gesamtheit einem schwächeren Mitgliedstaat helfen, sofern dieser nicht mehr in der Lage ist, seinen finanziellen Verpflichtungen nachzukommen. Allerdings kann dies angesichts der klaren Kompetenzverteilung und der klaren Regelung des Art. 125 Abs. 1 AEUV nur dergestalt geschehen, dass dies zum Schutze des gesamten Währungsgebietes erfolgen muss und insofern nicht bei jeder drohenden Zahlungsunfähigkeit erfolgen darf. Dies gilt umso mehr deshalb, um das Prinzip der Selbstverantwortung nicht vollständig und im Vornhinein zu unterlaufen. Das Subsidiaritätsprinzip kann mithin, da es sich bei der Währungspolitik eben um eine ausschließliche Unionszuständigkeit handelt, als Rechtsgedanke zur Heranziehung eines unionsrechtlichen Notstandsregimes nicht zurate gezogen werden. Hieran ändert auch die teilweise Zuordnung der Finanzhilfen in den Bereich der Wirtschaftspolitik nichts, da dem der Wortlaut des Art. 5 Abs. 3 EUV entgegensteht.

(d) Weitere unionsrechtliche Anknüpfungspunkte

Darüber hinaus kann man einen notstandsähnlichen Gedanken auch noch aus anderen Vertragsnormen ableiten.[1154] Insbesondere sind hier Art. 28 Abs. 1 EUV sowie

---

1150 *Battisti*, Freiheit und Bindung, 1987, S. 204; *Kimminich*, in: ders. (Hrsg.), Subsidiarität und Demokratie, 1981, S. 9 (11).

1151 *Kimminich*, in: ders. (Hrsg.), Subsidiarität und Demokratie, 1981, S. 9 (10).

1152 *Calliess*, in: ders./Ruffert (Hrsg.), EUV/AEUV, 4. Aufl. 2011, Art. 5 EUV Rn. 21; *Haratsch/Koenig/Pechstein*, Europarecht, 10. Aufl. 2016, Rn. 166; *Schöbener/Knauff*, Allgemeine Staatslehre, 2. Aufl. 2013, § 4 Rn. 71.

1153 *Calliess*, in: ders./Ruffert (Hrsg.), EUV/AEUV, 4. Aufl. 2011, Art. 5 EUV Rn. 20; zu den Vorrausetzungen der Subsidiarität im Einzelnen s. bspw. *Haratsch/Koenig/Pechstein*, Europarecht, 10. Aufl. 2016, Rn. 168 ff.

1154 *Hufeld*, in: Müller-Graff (Hrsg.), EnzEuR IV, 2014, § 22 Rn. 155 sieht gar die EFSF als Notbrücke bis zur Vertragsergänzung um Art. 136 Abs. 3 AEUV, was jedoch einen Zirkelschluss bedeuten würde.

die Art. 122 Abs. 2, Art. 143 f., Art. 174 ff., Art. 222, Art. 347 AEUV erwähnens- und untersuchenswert.

Art. 28 Abs. 1 EUV ermächtigt die Union zu Aktionen im Rahmen der Ausführung der Gemeinsamen Außen- und Sicherheitspolitik, die als Hilfeleistungen konzipiert sind. Hierunter sind auch finanzielle Leistungen zu subsumieren.[1155] Wenn im Rahmen der GASP ein gemeinsames Vorgehen zur Hilfe von Drittstaaten erlaubt ist, so muss dies erst Recht innerhalb der Union zur Rettung des Euroraums und einzelner Mitgliedstaaten möglich sein.

Finanzielle Hilfeleistungen sind den Unionsverträgen zudem nicht fremd. Vielmehr erlaubt in Katastrophenfällen Art. 122 Abs. 2 AEUV Finanzhilfe im Euroraum. Auch die Art. 143, Art. 144 AEUV erlauben im Falle von Zahlungsbilanzschwierigkeiten oder –krisen finanzielle Hilfsleistungen, wobei hier explizit nur von Nicht-Euro-Mitgliedstaaten die Rede ist. Mittel aus dem Struktur- und Kohäsionsfonds (Art. 174 ff. AEUV) sollen zudem strukturelle Ungleichheiten zwischen Mitgliedstaaten durch gezielte finanzielle Förderung ausgleichen, um eine harmonische Entwicklung der Union zu unterstützen.

Zuletzt lässt sich aus Art. 222 AEUV sowie Art. 347 AEUV ein allgemeiner Hilfegedanke herauslesen. In Art. 222 AEUV ist die Obliegenheit normiert, gegenseitige Unterstützung bei Terroranschlägen und Katastrophen zu leisten. Da hier ein gewisser Ermessensspielraum zugestanden wird,[1156] fallen auch finanzielle Hilfeleistungen darunter.[1157] Diese Regelungen setzen denknotwendigerweise voraus, dass die Mitgliedstaaten in schweren Ausnahmesituationen auch handeln dürfen.[1158] Auch wenn der Anwendungsbereich dieser Norm stark auf die dort erwähnten Fälle (Terroranschlag, Naturkatastrophe oder vom Menschen verursachte Katastrophe) verengt ist und keine Generalklausel zur Hilfeleistung darstellt,[1159] so kann man einen allgemeinen Hilfegedanken aus dem dahinter stehenden Solidaritätsempfinden schöpfen.

Ähnliches muss für die Notstandsklausel des Art. 347 AEUV gelten: Auch ihr Anwendungsbereich ist ähnlich begrenzt und lediglich subsidiär zu anderen Unionsrechtsnormen anwendbar.[1160] Gleichwohl wird zum Schutze des Binnenmarktes durch die Mitgliedstaaten im Falle von schwerwiegenden innerstaatlichen

---

1155 *Cremer,* in: Calliess/Ruffert (Hrsg.), EUV/AEUV, 4. Aufl. 2011, Art. 28 EUV Rn. 2; ähnlich *Kaufmann-Bühler,* in: Grabitz/Hilf/Nettesheim (Hrsg.), Recht der EU, 41. EL 2010, Art. 28 EUV Rn. 11 ff.

1156 So *Thym,* in: Grabitz/Hilf/Nettesheim (Hrsg.), Recht der EU, 46. EL 2011, Art. 222 AEUV Rn. 9.

1157 *Becker,* in: Schwarze (Hrsg.), EU-Kommentar, 3. Aufl. 2012, Art. 222 AEUV Rn. 9.

1158 *Schorkopf,* AöR 136 (2011), S. 323 (341).

1159 *Calliess,* in: ders./Ruffert (Hrsg.), EUV/AEUV, 4. Aufl. 2011, Art. 222 EUV Rn. 16.

1160 Vgl. dazu *Calliess,* in: ders./Ruffert (Hrsg.), EUV/AEUV, 4. Aufl. 2011, Art. 347 EUV Rn. 9 m.w.N.; zum Streitstand bezüglich des Anwendungsbereichs *Roeder,* in: Zwitter (Hrsg.), Notstand und Recht, 2012, S. 82 (91 ff.), die ihn in diesem Fall auch als Rechtsgrundlage fruchtbar machen würde.

Störungen, Kriegsfällen oder Kriegsgefahr in einem Mitgliedstaat eine Möglichkeit für die Mitgliedstaaten eröffnet, um durch gemeinsames Vorgehen die Binnenmarktstörung zu beseitigen. Es wird hierdurch zwar keine Hilfsverpflichtung statuiert, sondern ein dem Vertrag immanenter Hilfsgedanke deutlich. Auch wenn eine innerstaatliche Störung nicht ausreichen mag, sondern die Eurozone an sich gefährdet sein müsste, kann man Art. 347 AEUV gleichwohl zur Herleitung eines allgemeinen Notstandsgedankens fruchtbar machen. Zudem suspendiert Art. 347 AEUV in seiner Rechtsfolge von der Beachtung des Unionsrechts,[1161] was ihn zur Heranziehung für die Herleitung einen unionsrechtlichen Notstands prädestiniert.

(e) Zwischenergebnis

Damit lässt sich feststellen, dass den Verträgen ein Notstand als allgemeiner Rechtsgedanke immanent ist, der sich im Wege der Rechtsanalogie aus Art. 3, Art. 4 Abs 3, Art. 5 Abs. 3 EUV, Art. 28 Abs. 1, Art. 122 Abs. 2, Art. 143 f., Art. 174 ff., Art. 222, Art. 347 AEUV herleiten lässt.

(2) Völkerrecht

Grundsätzlich ist Völkerrecht Bestandteil der Unionsrechtsordnung.[1162] Das Unionsrecht unterliegt daher ebenfalls dem Gebot der völkerrechtskonformen Auslegung.[1163] Unionales Primärrecht geht dabei dem Völkerrecht vor, wenn eine völkerrechtskonforme Auslegung nicht möglich ist und es sich dabei nicht um einen Konflikt mit stets vorrangigen, zwingenden Grundsätzen des Völkerrechts (ius cogens) handelt.[1164]

Untersucht werden muss daher auch, ob die Figur des völkerrechtlichen Notstandes hier als Grundlage für einen unionsrechtlichen Notstand überhaupt zur Anwendung kommen kann.[1165] Der in Art. 23 des ILC-Entwurfs geregelte, völkerrechtliche Notstand bildet einen Rechtfertigungsgrund bei unvorhersehbaren und unbeherrschbaren äußeren Ereignissen, welche die Pflichterfüllung vereiteln.[1166] Ausgeschlossen ist dieser Notstand, wenn der Staat das Risiko selbst übernommen

---

1161 *Karpenstein,* in: Schwarze (Hrsg.), EU-Kommentar, 3. Aufl. 2012, Art. 347 AEUV Rn. 9 m.w.N.

1162 S. nur *Dörr,* in: Grabitz/Hilf/Nettesheim (Hrsg.), Recht der EU, 44. EL 2011, Art. 47 EUV Rn 40; *Oppermann/Classen/Nettesheim,* Europarecht, 6. Aufl. 2014, § 9 Rn. 152 ff.; *Terhechte,* in: Schwarze (Hrsg.), EU-Kommentar, 3. Aufl. 2012, Art. 47 EUV Rn. 18.

1163 EuGH, Rs. 89/85, EU:C:1988:447 (Slg. 1988, S. 5193), Rn. 15 f. – *Ahlström/Kommission;* EuGH, Rs. C-380/09, EU:C:2012:137, Rn. 55 – *Melli Bank/Rat.*

1164 So etwa *Schröder,* DÖV 2011, S. 61 (65); *Terhechte,* in: Schwarze (Hrsg.), EU-Kommentar, 3. Aufl. 2012, Art. 47 EUV Rn. 19.

1165 Zum völkerrechtlichen Notstand in der Rechtsprechung des BVerfG s. *Schill,* ZaöRV 2008, S. 45 ff.

1166 *Herdegen,* Völkerrecht, 14. Aufl. 2015, § 59 Rn. 3; s. dort auch im Folgenden.

hat. Ein solcher Notstand kann dann die Nichterfüllung einer völkerrechtlichen Verpflichtung bewirken, sofern sie zur Gewährleistung wesentlicher Staatsinteressen erforderlich ist und diese Interessen schwerer wiegen als die Belange des beeinträchtigten Staates.[1167] Diese Figur greift jedoch nicht für Leistungshindernisse, deren Ursache in der Risikosphäre des sich auf Notstand berufenden Staates liegen, er bspw. wesentlich zu dieser Notstandssituation beigetragen hat, wie im Fall selbstverschuldeter Zahlungsunfähigkeit.[1168]

Aus dem Vorangegangen kann indes gefolgert werden, dass die Figur des völkerrechtlichen Notstandes einen unionsrechtlichen Notstand nicht zu begründen vermag. Zwar gründet sich das Unionsrecht im Völkerrecht, seine Regelungen sind auch subsidiär anwendbar, sofern das Unionsrecht nichts Spezielleres vorsieht.[1169] Im Zweifel geht das primäre Unionsrecht jedoch dem Völkerrecht vor, sofern es sich nicht um ius cogens handelt. Ein Rekurs auf den völkerrechtlichen Notstand innerhalb des Anwendungsbereichs des Primärrechts würde hier also bedeuten, dass die Mitgliedstaaten sich dem geschriebenen Verbot des Art. 125 Abs. 1 AEUV widersetzen könnten und Finanzhilfen leisten dürfen, wenn eine Notsituation (Gefährdung der Währungsstabilität) vorläge. So würde jedoch die Umkehrung des Grundgedankens (Befreiung von einer Verantwortlichkeit aus dem Völkerrecht) auf die helfenden Staaten stattfinden. Es handelt sich bei diesem ILC-Entwurf jedoch lediglich um eine Rechtserkenntnisquelle des Völkerrechts im Sinne des Art. 38 Abs. 1 lit. d des IGH-Statuts und nicht um zwingende Grundsätze des Völkerrechts.[1170] Damit ist eine Abweichung vom geschriebenen Text des Vertrages aufgrund vorrangiger völkerrechtlicher Normen nicht möglich. Der völkerrechtliche Notstand kann hier also nicht als Rechtfertigungsinstrument im Unionsrecht dienen.

(3) Allgemeiner Rechtsgrundsatz

Zudem könnte man die Rechtfertigungsfigur des allgemeinen Notstands als allgemeiner, unionsrechtlicher Rechtsgrundsatz aus mitgliedstaatlichen Rechtsordnungen ableiten. Allgemeine Rechtsgrundsätze können vom EuGH aufgrund von Art. 19 Abs. 1 UAbs. 1 Satz 2 EUV im Wege einer wertenden Rechtsvergleichung der mitgliedstaatlichen Rechtsordnungen als Rechtserkenntnisquellen gewonnen werden.[1171] Dies setzt indes voraus, dass diese Grundsätze und Prinzipien den

1167 *Herdegen,* Völkerrecht, 14. Aufl. 2015, § 59 Rn. 4.
1168 *Herdegen,* Völkerrecht, 14. Aufl. 2015, § 59 Rn. 5.
1169 S.o.; vgl. auch *Haratsch/Koenig/Pechstein,* Europarecht, 10. Aufl. 2016, Rn. 1329; s. auch *Roeder,* in: Zwitter (Hrsg.), Notstand und Recht, 2012, S. 82.
1170 S. etwa *Herdegen,* Völkerrecht, 14. Aufl. 2015, § 16 Rn. 14 f., § 21 Rn. 2.
1171 *Haratsch/Koenig/Pechstein,* Europarecht, 10. Aufl. 2016, Rn. 435; *Moser,* ZfRV 2012, S. 4 (6 f.).

Rechtsordnungen der Mitgliedstaaten gemeinsam sind und auf die europäische Ebene auch übertragbar sind.[1172]

(a) Regelungen in mitgliedstaatlichen Rechtsordnungen

Einige mitgliedstaatliche Rechtsordnungen lassen finanzielle Hilfe bzw. Kredite vom Zentralstaat an seine nachgeordneten Gebietskörperschaften zu.

Das deutsche Finanzverfassungssystem erlaubt mit Art. 106, Art. 107 GG i.V.m. FAG ein differenziertes System von Ausgleichszahlungen des Bundes und der Länder untereinander, allerdings zur Herstellung gleichwertiger Lebensverhältnisse und nicht als Kredit.[1173] Daran anknüpfend könnte hier die deutsche Konstruktion des bundesstaatlichen Notstands als Rechtserkenntnisquelle zur Herleitung eines unionsrechtlichen Notstandes dienen. Das Bundesverfassungsgericht hat in seinem *Berlin*-Urteil[1174] Voraussetzungen und Grenzen für die Figur des bundesstaatlichen Notstandes zur Verpflichtung des Bundes zur Gewährung von Ergänzungszuweisungen an das Land Berlin nach Art. 107 Abs. 2 Satz 3 GG i.V.m. § 11 FAG konturiert. Bundesergänzungszuweisungen an Länder und mithin Sanierungspflichten des Bundes stellen danach einen Fremdkörper im System des bundesstaatlichen Finanzausgleichs dar, da sie mit dem Grundsatz einer eigenständigen und eigenverantwortlichen Landeshaushaltspolitik in Konflikt stehen (vgl. Art. 109 Abs. 1 GG).[1175] Allerdings sind solche Bundesergänzungszuweisungen als ultima ratio dennoch möglich, wenn eine extreme Haushaltsnotlage besteht. Als Rechtsgrundlage hierfür dient das allgemeine Bundesstaatsprinzip aus Art. 20 Abs. 1 GG, das jedoch allein nicht für die Bundesergänzungszuweisungen ausreicht, sondern nur die in Art. 107 Abs. 2 Satz 3 GG normierte Möglichkeit hierfür dahingehend konkretisiert, dass sie vollumfänglich auszuschöpfen sind, wenn ein Bundesland durch die extreme Haushaltsnotlage in seiner Existenz bedroht ist.[1176] Die Figur des bundesstaatlichen Notstands knüpft daher an eine bestehende Verfassungsnorm an und bringt sie durch die Anwendung des allgemeinen Bundestaatsprinzips zur vollen Wirksamkeit, erweitert also ihren Anwendungsbereich. Gleichzeitig enthält sie jedoch auch ein Negativelement, nämlich das Vorliegen einer extremen Haushaltsnotlage gepaart mit einer anderweitigen Unabwendbarkeit des Notstands. Das zeigt auch,

---

1172 EuGH, Rs. 11/70, EU:C:1970:114 (Slg. 1970, S. 1125), Rn. 4 – *Internationale Handelsgesellschaft*; s. näher *Haratsch/Koenig/Pechstein*, Europarecht, 10. Aufl. 2016, Rn. 436 ff.; *Knauff*, in: Müller-Graff/Schmahl/Skouris (Hrsg.), FS Scheuing, 2011, S. 127 (131); *Moser*, ZfRV 2012, S. 4 ff.

1173 Dazu eingehend *Häde*, Finanzausgleich, 1996; *Kube*, Der bundesstaatliche Finanzausgleich, 2011.

1174 BVerfGE 116, S. 327.

1175 BVerfGE 116, S. 327 (384).

1176 BVerfGE 116, S. 327 (387).

dass Bundesstaatsprinzip zugleich die Grundlage sowie die Grenze der Hilfeleistungspflicht darstellt.[1177]

§ 15 Satz 1 des österreichischen Finanzverfassungsgesetzes[1178] erlaubt Kredite vom Bund an die Länder aufgrund speziellen Gesetzes. Art. 119 Abs. 3 der italienischen Verfassung installiert einen Ausgleichfonds für Gebiete mit geringer Steuerkraft. Art. 72–2 der französischen Verfassung normiert in seinem Abs. 1, dass den Gebietskörperschaften Mittel zur Verfügung gestellt werden, über die sie nach Maßgabe der gesetzlichen Bestimmungen frei verfügen können. Art. 72–2 Abs. 5 sieht zudem eine Ermächtigung vor, ein Gesetz hinsichtlich Ausgleichsmaßnahmen zur Förderung gleicher Bedingungen in den Gebietskörperschaften zu erlassen.

Damit existieren sowohl in föderalen als auch teilweise in zentralistisch geprägten Mitgliedstaaten Möglichkeiten, anderen Gebietskörperschaften oder Teilgliederungen Finanzhilfen zukommen zu lassen.

(b) Übertragbarkeit auf die Unionsrechtsebene

Versucht man in einem nächsten Schritt solche nationalstaatlichen Modelle nun auf die Unionsebene zu übertragen, so zeigen sich schnell grundlegende Strukturunterschiede. Der wohl größte ist, dass es sich bei der Union um einen Staatenverbund und keine souveränen Nationalstaaten handelt.[1179] Die Union besitzt keine Kompetenz-Kompetenz und handelt demnach auch nur innerhalb des ihr von den Mitgliedstaaten übertragenen Aufgabenfeldes.[1180] Geht man von den allgemeinen Strukturunterschieden weiter zu den Besonderheiten der jeweiligen Finanzverfassung, so lässt sich zum Beispiel für das föderale Finanzausgleichsystem der Bundesrepublik Deutschland, welches auf Ausgleich von grundlegenden finanziellen Ungleichgewichten ausgelegt ist, schnell feststellen, dass sich dies allenfalls bedingt auf die unionale Finanzverfassung übertragen lässt. Ein vergleichbares Finanzausgleichinstrument fehlt der Union prima facie. Auf den zweiten Blick lässt sich hingegen durch die durch Mittel der Mitgliedstaaten gespeisten Struktur- und Kohäsionsfonds (Art. 174 ff. AEUV) ein indirekter Ausgleich zur Verbesserung der Konvergenz ausmachen. Zudem sind Art. 107 Abs. 2 Satz 3 GG entsprechende Ergänzungszuweisungen dem Unionsrecht fremd. Finanzielle Hilfen sind nur für Mitgliedstaaten mit Ausnahmeregelung bei Zahlungsbilanzschwierigkeiten oder -krisen nach Art. 143 f. AEUV oder aufgrund von außergewöhnlichen Situationen wie Naturkatastrophen nach Art. 122 Abs. 2 AEUV möglich. Die Figur des deutschen bundesstaatlichen Notstandes oder die Finanzhilferegelungen der anderen vorgenannten Mitgliedstaaten sind daher nicht auf die Unionsebene übertragbar und stellen insofern keinen allgemeinen Rechtsgrundsatz dar.

1177 BVerfGE 72, S. 330 (384, 386 f.); 86, S. 148 (214).

1178 BGBl. Nr. 45/1948, zul. geändert durch BGBl. I Nr. 21/2012.

1179 Vgl. nur BVerfGE 89, S. 155 (181 ff.) – *Maastricht*; s. auch *Hieronymi,* Das Solidaritätsprinzip in der Europäischen Union, 2003, S. 118.

1180 EuGH, Rs. 6/64, EU:C:1964:66 (Slg. 1964, S. 1251, 1269) – *Costa/ENEL*.

(c) Zwischenergebnis

Ein unionsrechtlicher Notstand kann damit nicht als allgemeiner Rechtsgrundsatz aus den mitgliedstaatlichen Rechtsordnungen gewonnen werden. Auch wenn ein gewisses System der Hilfe und des Ausgleichs, nicht nur in föderalen Staaten sondern auch zentralistischen Staaten, in einigen mitgliedstaatlichen Rechtsordnungen vorhanden ist, so ist dies keineswegs auf die Ebene der Union übertragbar. Es besteht schon keine Strukturgleichheit zwischen einer nationalen, mit voller Budgethoheit ausgestatteten Finanzarchitektur und der Unionskonzeption des Staatenbundes. Zwar verfügt die Union zur Herstellung gleichwertiger Lebensverhältnisse über die Mittel eines Struktur- und Kohäsionsfonds (Art. 174 ff. AEUV). Gleichwohl handelt es sich bei der Union nicht um einen souveränen Staat.[1181] Es fehlt ihm auch die Besteuerungskompetenz, was eine Übertragbarkeit insbesondere des deutschen Modells des Finanzausgleichs, der auf Steuerumverteilung abzielt, ausschließt.[1182] Die WWU beruht vielmehr auf dem Konzept der finanziellen Eigenverantwortung der Mitgliedstaaten als souveräne Staaten,[1183] die lediglich die Währungspolitik auf unionale Ebene transferieren und die Wirtschaftspolitik im Wege der Koordinierung unter Beibehaltung ihrer Autonomie ausführen. Dem widerspricht auch ein unionaler finanzieller Ausgleich aufgrund von Missachtung dieser eigenverantwortlichen Grundsätze und erst Recht eine Art „unionsrechtlicher Notstand". Nothilfemaßnahmen sind grundsätzlich abschließend in den Verträgen geregelt und können daher nicht über den Weg der allgemeinen Rechtsgrundsätze umgangen werden. Daran ändert auch die Ratifikation des ESMV durch die Mitgliedstaaten, deren Währung der Euro ist, nur wenig. Dieser Notstandsgedanke ist nur dann notwendig, wenn ein Verstoß gegen Unionsrecht vorliegt. Dies ist mit Inkrafttreten des Art. 136 Abs. 3 AEUV obsolet geworden.

(4) Ein übergesetzlicher Gedanke?

Die zuvor untersuchten, normativen Anknüpfungspunkte führen indes dazu, dass man auch in einer EU als Rechtsgemeinschaft davon ausgehen muss, dass etwas Übergesetzliches, in ihren Grundgedanken in den Verträgen angelegtes und dennoch außergesetzliches Handeln auf Grundlage eines unionalen Notstandes gerechtfertigt ist.[1184] Es muss auch im Unionsrecht in seiner staatsnahen Konstruktion die Möglichkeit geben, dass sich die verantwortlichen Organe im entscheidenden Augenblick über das gesetzte Recht hinwegsetzen, um einer Notlage Herr zu werden.[1185] Handelnd nach der Maxime „Not kennt kein Gebot", den Rekurs auf

---

1181 *Hieronymi,* Das Solidaritätsprinzip in der Europäischen Union, 2003, S. 118.

1182 *Hieronymi,* Das Solidaritätsprinzip in der Europäischen Union, 2003, S. 119.

1183 Bspw. *Hentschelmann,* EuR 2011, S. 282 (287); *Potacs,* EuR 2013, S. 133 (135).

1184 *Schorkopf,* AöR 136 (2011), S. 323 (341) nennt dies gar „überrechtlich"; i.E. wohl auch *Honsell,* in: Staudinger (Hrsg.), BGB-Kommentar, 2013, Einleitung, Rn. 112g; kritisch *v. Lewinski,* in: Isensee/Kirchhof (Hrsg.), HbdStR X, 3. Aufl. 2012, § 217 Rn. 69.

1185 *Oppermann,* in: Bechtold/Jickeli/Rohe (Hrsg.), FS Möschel, 2011, S. 913 (914 f.) m.w.N.

den Ausnahmezustand, der das Recht der Normallage suspendiert.[1186] Das bedeutet, dass die Unionsorgane und die Mitgliedstaaten als Herren der Verträge sich in einer krassen Notsituation über das geschriebene Unionsrecht hinwegsetzen dürfen, wenn eine Abwendung ansonsten unmöglich erscheint. Zwar ist die Union eine Rechtsgemeinschaft, jedoch hat sich in der gegenwärtigen Situation, bereits abzeichnend seit 2005 mit der Modifizierung der unionalen Stabilitätsarchitektur, abgezeichnet, dass dieses Recht sich neuen Lagen anpasst und nicht umgekehrt. Diese Rechtsgemeinschaft ist aber durch die Rettungsmaßnahmen zu einem politischen Primärraum erstarkt, weshalb in das Prinzip der begrenzten Einzelermächtigung ein europäischer Gemeinwohlvorbehalt hineingelesen werden müsste.[1187] Das Recht sollte nicht mehr nur am Wortlaut und Zweck sowie seiner Effektivität gemessen werden, sondern seine Stabilisierungsfunktion für das Verhalten in einem gesetzten Ordnungsrahmen sollte in den Fokus geraten.[1188] Allerdings sollte von abschließend formulierten Rechtsnormen keineswegs Abstand genommen werden, sondern mit der Rechtsetzung einhergehende Gefahr sollte erkannt werden, was dazu führt, dass dabei Zurückhaltung geboten ist. Dies birgt zudem die Gefahr, dass die Bindungskraft des Rechts grundsätzlich in Frage gestellt wird.[1189]

Zwar kann einer solchen Sichtweise durchaus Kritik dahingehend entgegengebracht werden, dass bei Verlassen der vertraglichen Konzeption der Währungsunion und eines Rückgriffs auf Übergesetzliches nach Maßgabe der *Maastricht*-Rechtsprechung des Bundesverfassungsgerichts[1190] diese nicht mehr verbindlich sei und die politischen Entscheidungsträger ihr Mandat verlören.[1191] Wenn nach voller Ausschöpfung des unionsrechtlichen Normalzustandes das Recht an seine Grenzen gerät,[1192] muss an solche übergesetzlichen Konstruktionen gleichwohl gedacht werden. Jeder Schritt hin zu mehr Stabilität so lange als zulässig erachtet werden muss, solange der rechtliche gebotene Zustand noch nicht erreicht ist und die ergriffenen Notmaßnahmen darauf hinwirken.[1193] Eine so erfolgte, temporale Durchbrechung der unionalen Verfassungsordnung setzt sich wegen ihrer Spezialität dann durch.[1194]

1186 *Böckenförde*, Wissenschaft – Politik – Verfassungsgericht, 2011, S. 299 (300 f.); kritisch *Kirchhof*, in: Isensee/Kirchhof (Hrsg.), HbdStR X, 3. Aufl. 2012, § 214 Rn. 82; *Siekmann*, in: Möllers/Zeitler (Hrsg.), Europa als Rechtsgemeinschaft, 2013, S. 101 (128).

1187 *Schorkopf*, AöR 136 (2011), S. 323 (342).

1188 *Schorkopf*, AöR 136 (2011), S. 323 (343); s. dort auch im Folgenden.

1189 *Siekmann*, in: Möllers/Zeitler (Hrsg.), Europa als Rechtsgemeinschaft, 2013, S. 101 (129).

1190 BVerfGE 89, S. 155 (205).

1191 So *Kirchhof*, in: Isensee/Kirchhof (Hrsg.), HbdStR X, 3. Aufl. 2012, § 214 Rn. 82.

1192 Vgl. *Leisner*, DVBl. 2009, S. 1409 (1414).

1193 Vgl. *Kirchhof*, in: Isensee/Kirchhof (Hrsg.), HbdStR X, 3. Aufl. 2012, § 214 Rn. 85 ff.; *ders.*, FAZ v. 12. 7. 2012, S. 25; *ders.*, NJW 2013, S. 1 (3 f.); *ders.*,in: Breuer/Epiney/Haratsch/Schmahl/Weiß (Hrsg.), FS E. Klein, 2013, S. 157 (174 f.); vgl. dazu *Thym*, JZ 2013, S. 259 (259 f.).

1194 *Hufeld*, in: Müller-Graff (Hrsg.), EnzEuR IV, 2014, § 22 Rn. 173.

bb) Konturierung eines unionsrechtlichen Notstandes

Ein mittelbar aus Rechtsgedanken des Unionsrechts entnommener, im Wege der Rechtsanalogie hergeleiteter, unionsrechtlicher Notstand darf jedoch nicht den geschriebenen Vertragstexten zuwiderlaufen. Es handelt sich gleichwohl nicht um eine „Ausnahme vom Recht“, sondern vielmehr ein „Recht der Ausnahme“.[1195] Eine solche Auslegung widerspräche dem ausdrücklichen Willen der Vertragsstaaten und wäre (innerstaatlich) auch nicht von einem Zustimmungsgesetz des Art. 23 Abs. 1 GG gedeckt, würde somit auch keine Bindungswirkung in Deutschland aufweisen. Daher darf von einer solch „ergänzenden Vertragsauslegung“ nur unter strengen sowie engen Voraussetzungen Gebrauch gemacht werden, es muss vielmehr eine Anknüpfung an bestehende Rechtsnormen geschehen um dem Rechtsstaatsprinzip nicht zuwiderzulaufen.[1196] Hier kann insbesondere mit dem Notstandsgedanken aus Art. 347 AEUV gearbeitet werden.

Finanzielle Hilfeleistungen aufgrund eines unionsrechtlichen Notstandes können aus der Gesamtschau der Vertragsnormen und Rechtsgedanken im Wege der Rechtsanalogie also nur dann in Betracht bekommen, wenn

1) eine extreme Notlage für einen Mitgliedstaat besteht, die unter strenger Anwendung anderer Vertragsnormen nicht abwendbar scheint,
2) die Ziele der Union durch Hilfe gefördert werden,
3) die Kompetenzen der Union nicht ausgeweitet werden und
4) der betroffene Mitgliedstaat substantiell zur Änderung dieser Lage bereit ist.

Man kann also sagen, dass von einer drängenden Gefahr für die Unionsgrundordnung auszugehen sein muss.[1197] Diese Maßnahmen dürfen auch nur aufgrund von Notrecht in Anspruch genommen werden, sofern sie

5) zeitlich befristet sind und eine Rückkehr zur normativen Normallage so rasch wie möglich nach Ende der Notsituation erfolgt.[1198]

Das annähernde Organ muss sich überdies ständig vergewissern, ob die schrittweise Annäherung an das Stabilisierungziel das Abweichen von der Normallage rechtfertigt.[1199]

1195 So *Zwitter,* in: ders. (Hrsg.), Notstand und Recht, 2012, S. 21 (30), s. dort auch zum Unterschied von *Kelsens* und *Schmitts* Theorien in Bezug auf die überrechtliche Ausnahme; kritisch *Kirchhof,* FAZ v. 12. 7. 2012, S. 25.

1196 *Zwitter,* in: ders. (Hrsg.), Notstand und Recht, 2012, S. 21 (31 ff.).

1197 Vgl. *Leisner,* DVBl. 2009, S. 1409 (1413) m.w.N.

1198 *Kirchhof,* in: Breuer/Epiney/Haratsch/Schmahl/Weiß (Hrsg.), FS E. Klein, 2013, S. 157 (174 f.); *Oppermann,* in: Bechtold/Jickeli/Rohe (Hrsg.), FS Möschel, 2011, S. 913 (917).

1199 *Kirchhof,* in: Breuer/Epiney/Haratsch/Schmahl/Weiß (Hrsg.), FS E. Klein, 2013, S. 157 (175).

Die Definition einer extremen Notlage ist nur sehr schwer rechtlich zu bestimmen.[1200] So darf in jedem Fall jedoch eine Finanzierung der laufenden Staatsausgaben nicht oder mit an Sicherheit grenzender Wahrscheinlichkeit nicht mehr sichergestellt werden können. Nicht anderweitig abwendbar ist die Notlage insbesondere dann, wenn der Mitgliedstaat aus eigener Kraft sich nicht mehr am freien Kapitalmarkt finanzieren kann, ohne horrende Aufschläge hierfür zahlen zu müssen, die in Zukunft wiederum den Schuldenstand derart vergrößern würden, dass folgende Generationen aufgrund dieser Schuldenlast voraussichtlich wieder in eine extreme Notlage verfallen würden. Jedoch ist hier der mittlerweile in Präambel Nr. 1 des EFSF-RV sowie Art. 12 Abs. 1 Satz 1 ESMV kodifizierte Gedanke der Gefährdung der Stabilität der Währung insgesamt und seiner Mitgliedstaaten zu berücksichtigen. Damit soll eine Hilfeleistung bei hoher Staatsverschuldung, aber ohne Systemrelevanz für den Euroraum ausgeschlossen sein. Dem muss jedoch keine rein rechtliche, sondern eher eine unabhängige ökonomische Folgenabwägung zugrunde liegen.

Der Förderung von Unionszielen liegen insbesondere die in Art. 3 EUV festgelegten Zielvorgaben zugrunde. Für Mitgliedstaaten, deren Währung der Euro ist, ist Art. 3 Abs. 4 EUV i.V.m. Art. 119 Abs. 2 AEUV hier maßgeblich. Das Fehlen einer Kompetenzerweiterung der Union ist aufgrund des Prinzips der begrenzten Einzelermächtigung (Art. 5 Abs. 1 EUV) notwendig und geboten. Es stärkt den Zusammenhalt der Mitgliedstaaten durch gegenseitige Hilfe im Geiste des Art. 4 Abs. 3 EUV. Die Union darf durch Hilfen aufgrund eines unionsrechtlichen Notstandes nicht ohne Vertragsänderung direkte Besteuerungstatbestände oder Zwangsabgaben der Mitgliedstaaten hierauf stützen, um Hilfeleistungen finanzieren zu können. Dies schließt indes nicht das Tätigwerden eines Unionsorgans zur Koordination von Hilfeleistungen der Mitgliedstaaten bzw. Gewährung von Hilfen aus Haushaltsmitteln der Union oder Anleiheoperationen aus.

Die substantielle Bereitschaft zur Änderung der Lage setzt die Bereitschaft des Mitgliedstaates voraus, ein makroökonomisches Anpassungsprogramm mit den Hilfsakteuren zu verhandeln und dies auch verbindlich umzusetzen. Eine Hilfe ohne Maßnahmen, um diese Notstandslage reaktiv zu ändern und vergleichbare Situationen durch präventive Maßnahmen zu verhindern (Konditionalität), kann es folglich nicht geben.

Diese Konstruktion ist indes nicht übertragbar auf weitere Konstellationen. Katastrophenhilfen sind gleichwohl über die allgemeine Solidaritätsklausel des Art. 222 AEUV oder die Notstandsklausel des Art. 347 AEUV selbstverständlich möglich.

In Abgrenzung zur Rechtfertigung aufgrund von unionsrechtlicher Solidarität ist die Rechtfertigung von Finanzhilfen aufgrund eines unionsrechtlichen Notstandes direkt aus den Verträgen herleitbar und auf einen klaren Fall begrenzt. Ein allgemeiner unionaler Solidaritätsgedanke ist zwar den Verträgen immanent und spiegelt sich durch verschiedene Ausprägungen in einzelnen Normen wieder.[1201]

1200 Vgl. BVerfGE 116, S. 327 (384 ff.).
1201 S.o. a).

In Abgrenzung zur Rechtfertigung aufgrund von unionsrechtlicher Ingerenz steht hier auch nicht der Charakter eines Mitverschuldens der Situation im Sinne einer Garantenpflicht im Vordergrund, sondern die Sicherung des Euro-Währungsgebiets als Ganzes.

cc) Rechtfertigung von Finanzhilfen aufgrund von unionsrechtlichem Notstand

Lässt man die Rechtsfigur des unionsrechtlichen Notstandes zu, so stellt sich ferner die Frage, ob die Hilfsmaßnahmen durch die Griechenland-Soforthilfe, die EFSF und den ESM hierdurch zu rechtfertigen waren.[1202]

Die Krise zeigt uns, dass die Union zwar keinen Solidarverband vergleichbar mit einem Bundesstaat darstellt.[1203] Eine Unvereinbarkeit mit dem Unionsrecht, insbesondere mit Art. 125 Abs. 1 AEUV, durch die Griechenland-Soforthilfe kann, ungeachtet ihrer ökonomisch bestreitbaren Systemrelevanz, gleichwohl durch die Figur des unionsrechtlichen Notstandes gerechtfertigt werden.[1204] Die Mitgliedstaaten haben als Sachwalter des eigenen und fremden (Unions-) Interesses gehandelt und eine notstandsähnliche Kompetenz in Anspruch genommen, als sie die Stabilität des Währungssystems durch die Ermöglichung der Staatsfinanzierung einzelner Teilnehmerstaaten retten wollten.[1205]

Gleiches gilt für die Errichtung der EFSF und Gewährung von Hilfen durch selbige, da hierfür keine unionsrechtliche Rechtsgrundlage bestand. Die rechtstechnische Lösung über die Errichtung einer luxemburgischen Aktiengesellschaft, die von den Euro-Mitgliedstaaten als Teilhabern und Entscheidungsträgern Darlehen vergibt, muss hiervon ebenfalls umfasst sein. Denn würde man im Falle eines unionsrechtlichen Notstandes den Rückgriff auf solche schnell umzusetzenden, durch intergouvernementale Absprachen determinierte, privatrechtliche Gesellschaft verbieten, bliebe für eine solche Rechtsfigur kaum noch Raum. Eine Hilfeleistung muss in einer Union der 28 und einem aus 19 Mitgliedstaaten bestehenden Euroraum entsprechend koordiniert werden. Zudem ist in diesem Falle als Notlage die Krise anzusehen, deren Ende und Ablauf zu dem Zeitpunkt unabsehbar waren. Ferner war die EFSF nur als zeitlich limitierte, bis zum vollen Einsatz des ESM befristete Lösung. Die ständige Vergewisserung an die Annäherung wurde durch die restriktive Handhabung der Hilfen durch die Voraussetzungen in Art. 12 und Art. 13 ESMV (Unabdingbarkeit, ständige Überwachung) gewährleistet.

Finanzhilfen aus dem ESM bedurften jedoch nur bis zum Inkrafttreten des Art. 136 Abs. 3 AEUV n.F. einer Rechtfertigung über die Figur des unionsrechtlichen

1202 A.A. wohl *Thym*, in:; Hatje/Müller-Graff (Hrsg.), EnzEuR I, 2014, § 5 Rn. 97.

1203 *Schröder*, in: Müller-Graff/Schmahl/Skouris (Hrsg.), FS Scheuing, 2011, S. 690 (701); ähnlich *Everling*, ebd., S. 526 (543 f.).

1204 Ebenso *Oppermann*, in: Bechtold/Jickeli/Rohe (Hrsg.), FS Möschel, 2011, S. 913 (917); a.A. *Schachtschneider*, Die Rechtswidrigkeit der Euro-Rettungspolitik, 2011, S. 116.

1205 Vgl. *Schorkopf*, AöR 136 (2011), S. 323 (342).

Notstandes. Ab diesem Zeitpunkt besteht mit dieser Norm eine originär unionsrechtliche Ermächtigung für Finanzhilfen durch den ESM, die außerhalb der im ESMV reglementierten Restriktionen keiner weiteren Rechtfertigung bedarf. Dies wäre auch im Übrigen ohne eine Vertragsänderung nicht möglich, denn eine dauerhafte Hinwegsetzung über Unionsrecht ist von dem hier vertretenen Notstandstatbestand nicht mehr umfasst.[1206]

Insgesamt muss auch erwähnt werden, dass mit diesen Rettungsmaßnahmen zwar in dem Moment entgegen des Vertragstextes gehandelt wurde bzw. wird, jedoch eine langfristige Annäherung an das Recht stattfindet. Hätten die Mitgliedstaaten nicht entsprechend reagiert, wäre es höchstwahrscheinlich zu einer erheblichen Währungskrise gekommen, die die Stabilität des gesamten Finanzsystems im Euroraum gefährdet hätte.[1207] Mit den Finanzhilfen wurde eine weitergehende und dauerhafte Aushöhlung der Nichtauslösungsklausel verhindert.[1208]

Der Vorzug einer solchen Konstruktion ist, dass sie bislang vertretene, interpretatorische Überdehnungen,[1209] insbesondere der Nichtauslösungsklausel von Art. 125 Abs. 1 AEUV,[1210] vermeidet und so die gebotene Annäherung an den rechtlich gebotenen Zustand fördert.[1211]

dd) Zwischenergebnis

Der unionsrechtliche Notstand ist ein Instrument, um Hilfen entgegen dem bestehenden Wortlaut der Verträge zu ermöglichen. Diese Figur rechtfertigt im Falle der Griechenland-Soforthilfe, der EFSF sowie des ESM bis zum Inkrafttreten des Art. 136 Abs. 3 AEUV n. F. die Unvereinbarkeit mit (Art. 124 AEUV sowie) Art. 125 Abs. 1 AEUV.

d) Zwischenergebnis

Die Unvereinbarkeit mit dem primären Unionsrecht wird durch die Figur des unionsrechtlichen Notstands gerechtfertigt.

7. Zwischenergebnis

Die Unvereinbarkeit der Finanzhilfen (Kap. 1, D. I. 1.–5., II. 1.–2., III. 1.–2.) mit Unionsrecht wird durch die Figur des unionsrechtlichen Notstandes gerechtfertigt. Die

1206 Vgl. *Oppermann,* in: Bechtold/Jickeli/Rohe (Hrsg.), FS Möschel, 2011, S. 913 (917).
1207 *Nitze,* Finanzhilfen für Euro-Staaten in der Krise, 2015, S. 47 f.
1208 Vgl. *Nitze,* Finanzhilfen für Euro-Staaten in der Krise, 2015, S. 57.
1209 Vgl. dazu *Kirchhof,* in: Isensee/Kirchhof (Hrsg.), HbdStR X, 3. Aufl. 2012, § 214 Rn. 84.
1210 Insb. *Häde,* EuR 2010, S. 854 ff.; *Herrmann,* EuZW 2010, S. 413 (415).
1211 Vgl. *Kirchhof,* in: Isensee/Kirchhof (Hrsg.), HbdStR X, 3. Aufl. 2012, § 214 Rn. 85 ff.

deutschen Beteiligungsgesetze sind mithin anwendbar, da ihnen der Anwendungsvorrang von widerstreitendem Unionsrecht so nicht entgegensteht.[1212]

III. Zwischenergebnis

Durch die Finanzhilfen wird damit weder formell noch in letzter Konsequenz materiell gegen Unionsrecht verstoßen, da sie durch die Figur des unionsrechtlichen Notstandes gerechtfertigt sind.

B. Vereinbarkeit mit Verfassungsrecht

Darüber hinaus ist die Vereinbarkeit der Finanzhilfen (Kap. 1, D. I. 6., II. 3., III. 3., 4.) mit dem deutschen Verfassungsrecht zu untersuchen. Hierbei wird zwischen staatsorganisations- und finanzverfassungsrechtlichen Fragen (I.) sowie grundrechtlichen Fragen (II.) unterschieden.

I. Staatsorganisationsrecht und Finanzverfassung

1. Anforderungen der Europaklausel des Art. 23 Abs. 1 GG

Zu untersuchen ist zunächst, ob die Europa- bzw. Integrationsklausel des Art. 23 Abs. 1 GG im Falle der Finanzhilfen anwendbar ist und so die dort normierten Rechtsfolgen damit einsetzen. Hierzu gilt es zweierlei zu klären: Erstens, ob es sich bei den Finanzhilfen um eine Übertragung von Hoheitsrechten i.S.v. Art. 23 Abs. 1 Satz 2 GG handelt und zweitens, ob die Voraussetzungen des Art. 23 Abs. 1 Satz 3 GG erfüllt sind.

a) Anwendbarkeit und Abgrenzung zu Art. 24 GG

Art. 24 Abs. 1 GG erlaubt ebenfalls die Übertragung von Hoheitsrechten an zwischenstaatliche Organisationen. Diese Norm war auch bis zur Verfassungsänderung 1992[1213], die aus Anlass des Vertrages von Maastricht, der als Qualitätssprung für die europäische Integration angesehen wurde,[1214] erfolgte, für die Teilnahme Deutschlands an der europäischen Integration maßgeblich.[1215] Allerdings ist Art. 23 GG als lex specialis für die europäische Integration anzusehen und verdrängt Art. 24 GG seither in seinem Anwendungsbereich,[1216] womit ersterer hier anwendbar ist.

1212 I.E. a.A. *Schröder,* DÖV 2011, S. 61 (67).

1213 BGBl. 1992 I, S. 2086.

1214 BVerfGE 89, S. 155 (186) – *Maastricht*; hierzu auch *Haratsch,* Der Integrationsstaat, 2003, S. 68 f.

1215 *Schmahl,* in: Sodan (Hrsg.), GG, 3. Aufl. 2015, Art. 24 Rn. 2; *Scholz,* in: Maunz/Dürig (Hrsg.), GG, 56. EL 2009, Art. 23 Rn. 1.

1216 *Guckelberger,* ZEuS 2012, S. 1 (28); *Jarass,* in: ders./Pieroth (Hrsg.), GG, 13. Aufl. 2014, Art. 23 Rn. 4; *Randelzhofer,* in: Maunz/Dürig (Hrsg.), GG, 30. EL 1992, Art. 24 Rn. 200; *Scholz,* in: Maunz/Dürig (Hrsg.), GG, 56. EL 2009, Art. 23 Rn. 4.

b) Die Gewährung von Finanzhilfen als Übertragung von Hoheitsrechten i.S.v. Art. 23 Abs. 1 Satz 2 GG

Nach Art. 23 Abs. 1 Satz 1 GG wirkt die Bundesrepublik Deutschland zur Verwirklichung eines geeinten Europas bei der Entwicklung der Europäischen Union mit. Dem so etablierten, verbindlichen Verfassungsauftrag müssen die Verfassungsorgane der Bundesrepublik Deutschland, allerdings im Rahmen der in Art. 23 Abs. 1 Satz 1 GG normierten, materiellen Schranken, Folge leisten.[1217] Hierzu ermächtigt Art. 23 Abs. 1 Satz 2 GG den Bund zur Übertragung von Hoheitsrechten durch Gesetz. Eine Übertragung von Hoheitsrechten, d.h. eine durch Rechtsakte begründete sowie durch Rechtsakte ausgeübte, hoheitliche Tätigkeit[1218] liegt vor, sofern die deutsche Rechtsordnung derart geöffnet wird, dass der ausschließliche Herrschaftsanspruch der Bundesrepublik Deutschland im Geltungsbereich des GG zurückgenommen und die Geltung sowie Anwendbarkeit eines Rechts anderer Quelle innerhalb des nationalen Herrschaftsbereichs ermöglicht wird.[1219] Art. 23 Abs. 1 GG ermöglicht daher infolge der Übertragung von Hoheitsrechten die Teilnahme Deutschlands an der Europäischen Integration die Durchbrechung des staatlichen Souveränitätspanzers sowie die Anwendung des Unionsrechts innerhalb Deutschlands.[1220] Die Übertragung von Hoheitsrechten setzt also eine unmittelbare Durchgriffsbefugnis einer zwischenstaatlichen Einrichtung gegenüber dem einzelnen Bürger voraus.[1221] Zwar wird eine solche Durchgriffswirkung teilweise als abdingbar angesehen, wenn eine hinreichende Nähe zum Integrationsprogramm besteht, die so eine faktische Durchgriffswirkung entfalten.[1222] Dies ist jedoch insbesondere vor dem Hintergrund abzulehnen, dass das Budgetrecht des Bundestages durch Gewährleistungsübernahmen von gewisser Höhe nicht entäußert wird und eine Verdichtung zu einer ähnlichen Wirkung wie einer unmittelbare Durchgriffsbefugnis so ausscheidet. Auch die Ausweitung des Adressatenkreises von Art. 23 Abs. 1

1217 BVerfGE 123, 267 (346 f.) – *Lissabon*; *Classen,* in: Mangoldt/Klein/Starck (Hrsg.), GG, 6. Aufl. 2010, Art. 23 Rn. 7; *König,* Die Übertragung von Hoheitsrechten im Rahmen des europäischen Integrationsprozesses, S. 292 f.; *Murswiek,* in: Brömer (Hrsg.), FS Ress, 2005, S. 657 (666); *Schmahl,* in: Sodan (Hrsg.), GG, 3. Aufl. 2015, Art. 23 Rn. 2.

1218 So *Heintschel v. Heinegg,* in: BeckOK-GG, 26. Ed. 2015, Art. 23 Rn. 22; *Jarass,* in: ders./Pieroth (Hrsg.), GG, 13. Aufl. 2014, Art. 23 Rn. 24; *Streinz,* in: Sachs (Hrsg.), GG, 7. Aufl. 2014, Art. 23 Rn. 55.

1219 BVerfGE 37, S. 271 (280) – *Solange I*; BVerfGE 58, S. 1 (28) – *Eurocontrol I;* BVerfGE 73, S. 339 (374) – *Solange II.*

1220 *Haratsch,* in: Breuer/Epiney/Haratsch/Schmahl/Weiß (Hrsg.), FS E. Klein, 2013, S. 79 (81).

1221 *Calliess,* in: Pechstein (Hrsg.), Integrationsverantwortung, 2012, S. 53 (78) m.w.N.; *Hölscheidt/Rohleder,* DVBl. 2012, S. 806 (807); *Möllers/Reinhardt,* JZ 2012, S. 693 (695).

1222 Sehr weit auslegend *Wollenschläger,* NVwZ 2012, S. 713 (714 f).

Satz 2 GG auf Akteure, die in der Nähe des unionalen Bereichs stehen[1223] ist nicht angezeigt, da Art. 23 Abs. 1 Satz 1 GG, worauf sich Satz 2 bezieht („hierzu"), von der Entwicklung der Europäischen Union als Institution spricht und diese dem Gedanken eines vereinten Europa dienen soll.

aa) Griechenland-Soforthilfe

Die Griechenland-Soforthilfe erfüllt die Voraussetzungen des Art. 23 Abs. 1 Satz 1 f. GG nicht: Der Regelungsgehalt des WFStG erschöpft sich weitgehend darin, das Bundesministerium der Finanzen zu Gewährleistungen für Kredite an Griechenland in Höhe von 22,4 Mrd. Euro zu ermächtigen (§ 1 Abs. 1 Satz 1 WFStG). Zwar ist zuzugeben, dass die Griechenland-Soforthilfe im Zusammenhang mit der drohenden Zahlungsunfähigkeit eines Mitglieds der Eurozone und der daraus resultierenden Gefährdung für die Stabilität des Euro im Ganzen durchaus einen Beitrag Deutschlands zur Europäischen Union darstellen kann.[1224] Dafür spricht letztlich auch die Offenheit des Europa- sowie Unionsbegriffs des Art. 23 Abs. 1 GG.[1225] Allerdings handelt es sich gleichwohl nicht um eine Maßnahme zur Entwicklung der Europäischen Union im Sinne dieser Vorschrift, denn die Gewährleistung von Krediten für einen Teilnehmerstaat der Europäischen Wirtschafts- und Währungsunion modifiziert oder erweitert nicht den rechtlichen Bestand selbiger, sondern ist primär auf die Aufrechterhaltung des stabilen status quo der Gemeinschaftswährung gerichtet. Der durch das WFStG geleistete, deutsche Beitrag zur Griechenland-Soforthilfe soll also quasi-präventiv die Stabilität der Währung sichern und nicht progressiv die Währungsunion weiter vervollkommnen. Ungeachtet dessen liegt im hier zu untersuchenden WFStG ferner auch keine Übertragung von Hoheitsrechten i.S.d. Art. 23 Abs. 1 Satz 2 GG vor. Das Budgetrecht des Bundestags aus Art. 110 GG wird nicht zugunsten eines Unionsorgans zurückgenommen und auf ein solches übertragen, das unmittelbar in der Bundesrepublik Deutschland anwendbare Rechtsakte erlassen kann.[1226] Ferner stellt das WFStG eher noch die Bestätigung des nationalen Herrschaftsanspruchs im Bereich des Budgetrechts dar, indem das Bundesministerium der Finanzen durch Parlamentsgesetz zur Übernahme von Gewährleistungen für Kredite an die Hellenische Republik ermächtigt wird. Mithin ist Art. 23 Abs. 1 GG im Falle des WFStG nicht einschlägig.[1227] Das Bundesverfassungsgericht lässt

---

1223 *Wollenschläger,* NVwZ 2012, S. 713 (715); ähnlich *Schmahl,* in: Sodan (Hrsg.), GG, 3. Aufl. 2015, Art. 23 Rn. 17b m.w.N.

1224 Vgl. BT-Drs. 17/1544, S. 1.

1225 Hierzu bspw. *Scholz,* in: Maunz/Dürig (Hrsg.), GG, 56. EL 2009, Art. 23 Rn. 55 f.

1226 Vgl. *Kube/Reimer,* ZG 2011, S. 332 (343).

1227 *Polzin,* DÖV 2011, S. 209 (214 f.); i.E. für die EFSF: *Calliess,* in: Pechstein (Hrsg.), Integrationsverantwortung, 2012, S. 53 (78); s. auch *Piecha,* ZJS 2011, S. 544 (547); *Thym,* EuZW 2011, S. 167 (169); a.A. *Faßbender,* NVwZ 2010, S. 799 (802).

diese Frage sogar offen und wendet lediglich das Demokratieprinzip als Maßstab für seine Prüfung an.[1228]

bb) EFSF

Eine ähnliche Bewertung ist somit für die EFSF anzunehmen. Durch den über das StabMechG verbindlichen EFSF-RV werden keine hoheitlichen Rechte i.S.d. Art. 23 Abs. 1 Satz 2 GG an die EFSF S.A. übertragen, denn sie stellt im Rahmen privatrechtlicher und privatwirtschaftlicher Tätigkeit unter Auflagen Gelder zur Verfügung und weist somit keine direkte Durchgriffswirkung auf den Bürger auf.[1229] Eine Hoheitsrechtsübertragung findet durch das StabMechG also nicht statt, womit zu Recht lediglich Art. 115 Abs. 1 GG als Rechtsgrundlage einschlägig und ausreichend ist.[1230]

cc) ESM

Auch für den ESM lässt sich keine andere Bewertung vornehmen: Der der EFSF nachgebildeten, aber als internationale Organisation ausgestaltete ESM wird zwar nicht privatrechtlich tätig, übt aber dennoch keine Hoheitsrechte aus, indem er unter Auflagen Finanzhilfen (Art. 13 ff. ESMV) an notleidende Mitgliedstaaten, deren Währung der Euro ist, ausgibt. Zwar wird teilweise argumentiert, dass Deutschland sich den verfahrensrechtlichen und institutionellen Arrangements des ESMV und damit der Entscheidungsgewalt des Gouverneursrates unterwerfe.[1231] Es fehlt aber auch hier an der dafür typischen Durchgriffswirkung gegenüber dem Bürger.[1232] Mit Art. 1 ESMG, das die Geltung des ESMV im innerstaatlichen Recht bewirkt, findet daher keine Übertragung von Hoheitsrechten statt. Dies bedeutet gleichwohl nicht, dass die weiteren Voraussetzungen des Art. 23 GG nicht auch einschlägig sind und dessen Rechtsfolgen eintreten können.

dd) Zwischenergebnis

Damit findet eine Hoheitsrechteübertragung nach Art. 23 Abs. 1 Satz 2 GG weder durch die Griechenland-Soforthilfe noch durch die EFSF oder den ESM statt.

1228 BVerfGE 129, S. 124 (171) – *Griechenland-Soforthilfe/Euro-Rettungsschirm*; dazu kritisch *Calliess,* in: Pechstein (Hrsg.), Integrationsverantwortung, 2012, S. 53 (76); *Hölscheidt/Rohleder,* DVBl. 2012, S. 806 (807).

1229 Ebenso *Calliess,* in: Pechstein (Hrsg.), Integrationsverantwortung, 2012, S. 53 (78).

1230 *Calliess,* in: Pechstein (Hrsg.), Integrationsverantwortung, 2012, S. 53 (78); *Häde,* ZG 2011, S. 1 (17); *Thym,* EuZW 2011, S. 167 (171).

1231 *Kube/Reimer,* ZG 2011, S. 332 (343).

1232 So *Calliess,* in: Pechstein (Hrsg.), Integrationsverantwortung, 2012, S. 53 (78); *Wollenschläger,* NVwZ 2012, S. 713 (714).

c) *Tatbestandsvoraussetzungen von Art. 23 Abs. 1 Satz 3 GG*

Auch wenn keine Übertragung von Hoheitsrechten stattfindet, so ist Art. 23 Abs. 1 Satz 3 GG gleichwohl ein eigener Anwendungsbereich zuzuschreiben, etwa wenn dem Grundgesetz ausdrücklich zugeschriebene Kompetenzen wie bspw. die Währungsautonomie aus Art. 88 GG modifiziert werden oder Grundsätze der Verfassung berührt werden.[1233] Art. 23 Abs. 1 Satz 3 GG enthält aufgrund des expliziten Verweises auf lediglich Art. 79 Abs. 2, Abs. 3 GG eine Ausnahme vom Textänderungsgebot des Art. 79 Abs. 1 Satz 1 GG und erlaubt daher implizite Verfassungsänderungen.[1234] Zudem darf die deutsche Hoheitsgewalt gemäß Art. 23 Abs. 1 Satz 3 GG durch Verträge, die die Begründung der EU sowie für Vertragsänderungen und vergleichbare Regelungen, durch die das GG seinem Inhalt nach geändert oder ergänzt wird, oder dass solche Änderungen oder Ergänzungen ermöglicht, lediglich in den Schranken des Art. 79 Abs. 3 i.V.m. Art. 1, Art. 20 GG übertragen werden (Bestandssicherungsklausel). Das bedeutet gewiss nicht, dass der Bestand des geltenden Rechts damit konserviert wird.[1235] Eine gewisse Entwicklungsoffentheit bleibt hierdurch gleichwohl gewahrt.

aa) Begründung der Europäischen Union

Art. 23 Abs. 1 Satz 3 GG erfasst tatbestandlich zuallererst den Fall der Begründung der Europäischen Union. Damit ist die erstmalige Begründung der Europäischen Union gemeint. Diese Norm wurde explizit aufgrund der Änderungen durch den Vertrag von Maastricht in das Grundgesetz[1236] und der damit eintretenden, neuen Integrationsstufe der Europäischen Einigung eingeführt, womit auch die nach der Deutschen Wiedervereinigung entstandene Leerstelle geschlossen wurde.[1237] Durch die Begründung der Europäischen Union mit dem Vertrag von Maastricht war auch der einzig denkbare, praktische Anwendungsfall für diese Alternative bereits erfüllt. Damit hat sich diese Tatbestandsvariante auch praktisch erledigt.[1238]

bb) Vertragsänderungen

Ferner erfasst die Norm auch Änderungen der vertraglichen Grundlagen der Europäischen Union. Damit sind sämtliche förmliche Vertragsänderungennach den in

---

1233 *Calliess*, NVwZ 2012, S. 1 (3 f.); *Guckelberger*, ZEuS 2012, S. 1 (49); *Jarass*, in: ders./Pieroth (Hrsg.), GG, 13. Aufl. 2014, Art. 23 Rn. 34; *Hölscheidt/Rohleder*, DVBl. 2012, S. 806 (808); *Pernice*, in: Dreier (Hrsg.), GG, 2. Aufl. 2006, Art. 23 Rn. 89 f.; dort auch zum Streitstand.

1234 *Schmahl*, in: Sodan (Hrsg.), GG, 3. Aufl. 2015, Art. 23 Rn. 19; *Hillgruber*, in: Schmidt-Bleibtreu/Hofmann/Henneke (Hrsg.), GG, 13. Aufl. 2014, Art. 23 Rn. 28.

1235 BVerfGE 132, S. 195 (244) – *ESM/Fiskalpakt I.*

1236 Gesetz zur Änderung des Grundgesetzes v. 21. 12. 1992, BGBl. 1992 I, S. 2086.

1237 *Scholz*, in: Maunz/Dürig (Hrsg.), GG, 56. EL 2009, Art. 23 Rn. 1.

1238 *Heintschel v. Heinegg*, in: BeckOK-GG, 26. Ed. 2015, Art. 23 Rn. 26.

Art. 48 EUV normierten Verfahren gemeint,[1239] mithin jede Änderung der textlichen Grundlagen des EU-Primärrechts.[1240]

cc) Vergleichbare Regelungen

Schließlich werden dem Wortlaut der Norm nach unter den Tatbestand auch „vergleichbare Regelungen“ gefasst. Diese müssen demnach ein ähnliches Gewicht aufweisen wie die Begründung der EU oder eine Vertragsänderung. Unter „vergleichbaren Regelungen“ i.S.d. von Art. 23 Abs. 1 Satz 3 GG versteht man so etwa einen in den Gründungsverträgen der EU vorgesehenen Beschluss, der durch die Mitgliedstaaten zu ratifizieren ist.[1241] Sie setzen eine materielle Änderung des Unionsrechts außerhalb der regulären Verfahren voraus, wobei ausdrücklich Regelungen ausgeschlossen sind, die formal außerhalb des Unionsrechts stehen.[1242] Damit wohnt Art. 23 Abs. 1 Satz 3 GG zwar eine gewisse Unionsrechtsakzessorietät inne. Diese wird bei völkervertraglichem Handeln der Mitgliedstaaten im Näheverhältnis der Union aber gleichwohl erfüllt.[1243] Art. 23 Abs. 1 Satz 3 GG muss systematisch ausgelegt und im Kontext zu Satz 1 betrachtet werden: Danach ist von der „Entwicklung der Europäischen Union“ die Rede. Ein dynamisches Begriffsverständnis ist Art. 23 Abs. 1 GG somit immanent.[1244] Die Entwicklung hat gezeigt, dass gerade aus politischen Gründen gewisse Fortschritte oder Krisenrettungskonstrukte wegen des Einstimmigkeitsprinzips nicht im Rahmen von Vertragsänderungen nach Art. 48 EUV möglich sind. Auch wenn keine anderen europäischen Organisationen wie der Europarat oder regionale Organisationen unter den Terminus „vergleichbare Regelungen“ zu subsumieren sind,[1245] so ist die EU nicht lediglich in ihrer primärvertraglichen Ausgestaltung gemeint. Ein gewisser normativer Zusammenhang mit der EU muss bereits genügen.[1246] Eine statische Betrachtungsweise verbietet sich gerade damit, denn der Begriff der „Europäischen Union“ ist insoweit offen gestaltet, als dass nicht ausschließlich die aktuelle Konstruktion, Mitgliedschaft und

---

1239 *Heintschel v. Heinegg*, in: BeckOK-GG, 26. Ed. 2015, Art. 23 Rn. 26; *Jarass*, in: ders./Pieroth (Hrsg), GG, 13. Aufl. 2014, Art. 23 Rn. 27, *Pernice*, in: Dreier (Hrsg.), GG, 2. Aufl. 2006, Art. 23 Rn. 82.

1240 BVerfGE 123, S. 267 (355 f.) – *Lissabon*.

1241 *Heintschel v. Heinegg*, in: BeckOK-GG, 23. Ed. 2014, Art. 23 Rn. 26; ähnlich *Schmahl*, in: Sodan (Hrsg.), GG, 3. Aufl. 2015, Art. 23 Rn. 17.

1242 *Möllers/Reinhardt*, JZ 2012, S. 693 (696).

1243 Ebenso wohl *König*, Die Übertragung von Hoheitsrechten im Rahmen des europäischen Integrationsprozesses, 2000, S. 322.

1244 *Jarass*, in: ders./Pieroth (Hrsg.), GG, 13. Aufl. 2014, Art. 23 Rn. 3; *König*, Die Übertragung von Hoheitsrechten im Rahmen des europäischen Integrationsprozesses, 2000, S. 321 f.; *Streinz*, in: Sachs (Hrsg.), GG, 7. Aufl. 2014, Art. 23 Rn. 8.

1245 *Heintschel v. Heinegg*, in: BeckOK-GG, 26. Edition 2015, Art. 23 Rn. 5.1; vgl. auch *Schmahl*, in: Sodan (Hrsg.), GG, 3. Aufl. 2015, Art. 23 Rn. 2.

1246 *Streinz*, in: Sachs (Hrsg.), GG, 7. Aufl. 2014, Art. 23 Rn. 84 ff.

Perspektive der EU im Sinne des EUV hiervon erfasst sind.[1247] Eine erweiterende Auslegung dahingehend, dass auch intergouvernementale, völkerrechtliche Vereinbarungen hierunter zu fassen sind, die zwar nicht im Rahmen des Unionsrechts sensu strictu zu fassen sind, sondern einen engen Unionsrechtsbezug darstellen,[1248] muss demnach ebenfalls hierunter fallen. Dies muss dann auch völkerrechtliche Selbstverpflichtungen erfassen, die keinem automatischen Anwendungsvorrang vor nationalem Recht unterliegen und erst in nationales Recht transformiert werden müssen.[1249] Damit sind gerade unionsrechtsergänzende Rechtsquellen ein Anwendungsfall des Art. 23 Abs. 1 Satz 3, Var. 3 GG.[1250] Zwar ist der Begriff der Angelegenheit der Europäischen Union aus Art. 23 Abs. 2 Satz 1 GG in aus seinem entstehungsgeschichtlichen Kontext heraus weiter zu verstehen als der in Art. 23 Abs. 1 Satz 3 GG, denn ansonsten hätte der verfassungsändernde Gesetzgeber 1992 eine vergleichbare Formulierung wählen müssen.[1251] Allerdings muss dies gerade im Kontext von nebenunionalen, unionsrechtsergänzenden Rechtskonstrukten, die Auswirkungen auf das Gesamtgefüge einzelner Politikbereiche der Union haben, dynamisch weiterentwickelt werden. Hierfür spricht auch, dass Art. 23 Abs. 1 Satz 1 GG vom selben Europabegriff ausgeht, wie er in der Präambel des GG verankert ist und diese bereits zu einer Zeit verfasst wurde, als die europäische Einigung im institutionellen Sinne (EGKS, EWG, EG oder EU) noch gar nicht begonnen hat.[1252] Zu einer vergleichbaren Regelung i.S.v. Art. 23 Abs. 1 Satz 3 GG genügt es also bereits, dass ihr ein enger Bezug zur europäischen Integration zuzuschreiben ist. Im Übrigen müssen sich die beiden Begriffe auch gar nicht decken, denn Art. 23 Abs. 2 GG zieht lediglich die innerstaatliche Konsequenz an einem möglichen Verlust von Wirkungsmöglichkeiten im innerstaatlichen Bereich und eröffnet so hinreichende Beteiligungs- und Informationsrechte innerstaatlicher Verfassungsorgane bei Angelegenheiten, oder wie die einfachgesetzliche Konkretisierung in § 5 EUZBBG formuliert „Vorhaben“ der EU und ist per se weiter als Art. 23 Abs. 1 Satz 2 GG.[1253] Er ist daher unabhängig davon zu bestimmen.[1254] Zur Kompensation der weitreichend der Exekutive übertragenen Verantwortung für den auswärtigen Bereich soll für die Mitwirkung an der Europäischen Union daher eine über Art. 23 Abs. 1

1247 *Scholz,* in: Maunz/Dürig (Hrsg.), GG, 56. EL 2009, Art. 23 Rn.56.

1248 Daher in sich widersprüchlich *Möllers/Reinhardt,* JZ 2012, S. 693 (696).

1249 *Möllers/Reinhardt,* JZ 2012, S. 693 (697); ähnlich *Hölscheidt/Rohleder,* DVBl. 2012, S. 806 (809); a.A. *Kube,* LTO v. 11. 4. 2012; *Lorz/Sauer,* EuR 2012, S. 682 (688).

1250 Ähnlich wohl *Schmahl,* in: Sodan (Hrsg.), GG, 3. Aufl. 2015, Art. 23 Rn. 2; s. dazu auch Kap. 3, A. I. 1. b) bb).

1251 Insoweit unklar BT-Drs. 12/3338, S. 5 ff.; undifferenziert auch *Sauer,* cep-Standpunkt „ESM nur mit Zweidrittelmehrheit“, 2012, S. 7.

1252 Vgl. *Murswiek,* in: Brömer (Hrsg.), FS Ress, 2005, S. 657 (659).

1253 *Pernice,* in: Dreier (Hrsg.), GG, 2. Aufl. 2006, Art. 23 Rn. 93.

1254 *Graf v. Kielmansegg,* EuR 2012, S. 654 (660).

GG hinausgehende Beteiligung mit Art. 23 Abs. 2 GG ermöglicht werden.[1255] Ein kompletter Gleichlauf dieser beiden Ansätze innerhalb des Art. 23 GG ist daher nicht vorgesehen, wohl aber möglich und gewollt. Auch die Rechtsprechung des BVerfG zum *ESM/Euro-Plus-Pakt*[1256] hat gezeigt, dass sich diese Begriffe annähern können und sollten. Im Übrigen wird damit einer Umgehung der Rechtsfolgen des Art. 23 Abs. 1 Satz 3 GG, etwa durch faktische Vertragsänderungen, vorgebeugt.[1257] Mit der Ausweitung des Art. 23 Abs. 1 Satz 3 GG auf primärrechtsersetzende Vertragswerke im Kontext der europäischen Integration werden diese überprüfbar.[1258]

dd) Verfassungsändernder Charakter

Zudem würde die Anwendung von Art. 23 Abs. 1 Satz 3 GG voraussetzen, dass implizit die Verfassung dadurch geändert oder ergänzt würde, wobei hier von einer Kausalbeziehung auszugehen ist.[1259] Ohne Erfüllung des Tatbestandsmerkmals „vergleichbare Regelungen“ kann auch keine weitere Prüfung der Verfassungsänderung folgen. Die aus der Anwendbarkeit von Art. 23 Abs. 1 Satz 3 GG resultierenden, materiellen Grenzen der Ewigkeitsklausel (Art. 79 Abs. 3 GG) sind die Menschenwürde (Art. 1 GG), die in Art. 20 GG niederlegten Prinzipien, die Gliederung des Bundes in Länder sowie deren grundsätzliche Mitwirkung bei der Gesetzgebung Anwendung finden und unveräußerbare Bestandteile der Staatlichkeit Deutschlands darstellen. Damit wird über diese Norm die Staatsstruktur und Identität der Bundesrepublik Deutschlands gesichert.[1260] Im Falle impliziter Verfassungsänderungen bedeutet dies, dass vergleichbare Regelungen sich an diesen Maßstäben messen lassen müssen.[1261] Dem stünde etwa eine Unkündbarkeit oder eine unbestimmte Entäußerung der Budgetautonomie entgegen.[1262]

Es wird teilweise auch angenommen, die Vertragsergänzung müsse mit verfassungsändernder Mehrheit beschlossen werden, da der Grundakt zur Einführung der Währungsunion schon mit einer solchen Mehrheit angenommen werden musste und wurde. Dies ist jedoch selbst dann nur der Fall, wenn eine verfassungsändernde

---

1255 BVerfGE 131, S. 152 (201) – *ESM/Euro-Plus-Pakt;* ähnlich *v. Arnauld,* in: Breuer/Epiney/Haratsch/Schmahl/Weiß (Hrsg.), FS E. Klein, 2013, S. 509 (521); *Nettesheim,* NJW 2010, S. 177 (177 f.).

1256 BVerfGE 131, S. 152 (199 ff.).

1257 *Guckelberger,* ZEuS 2012, S. 1 (49); *Nettesheim,* EuR 2011, S. 765 (769).

1258 *Lehner,* Der Staat 52 (2013), S. 535 (543); vgl. dazu BVerfGE 132, S. 195 (241) – *ESM/Fiskalpakt I.*

1259 Vgl. *Schorkopf,* in: BonnKomm-GG, 153. EL 2011, Art. 23 Rn. 80.

1260 BVerfGE 123, S. 267 (400) – *Lissabon*; *Streinz,* in: Sachs (Hrsg.), GG, 7. Aufl. 2014, Art. 23 Rn. 93.

1261 *Kettgen,* Finanzkrise und EFSF, 2011, S. 24 ff. problematisiert zudem auch die EFSF im Hinblick hierauf.

1262 *Möllers/Reinhardt,* JZ 2012, S. 693 (698 f.).

Wirkung in diesem Änderungsakt liegt, der die Geschäftsgrundlage der Währungsunion wesentlich verändern würde.[1263]

ee) Vorliegen der Tatbestandsvoraussetzungen

Zunächst werden die Ergänzung des Art. 136 AEUV um einen dritten Absatz (1) sowie die Begründung des ESM durch den ESMV (2) dahingehend untersucht, ob sie die Tatbestandsvoraussetzungen des Art. 23 Abs. 1 Satz 3 GG erfüllen und so die Rechtsfolgen (Anwendung von Art. 79 Abs. 2 GG sowie des Art. 79 Abs. 3 GG) auslösen.[1264]

(1) Ergänzung des Art. 136 AEUV

Durch den Beschluss 2011/199/EU wird Art. 136 AEUV um einen Abs. 3 ergänzt und damit eine vertragliche Grundlage der EU modifiziert, womit die zweite der drei Varianten tatbestandlich vorläge. Art. 23 Abs. 1 Satz 3 GG findet hier somit Anwendung, denn die grundgesetzliche Ordnung wird hierdurch ergänzt.[1265] Durch diesen Beschluss wird im Unionsrecht zur Herstellung von Rechtssicherheit unmissverständlich klargestellt, dass die Mitgliedstaaten die Berechtigung besitzen, einen Stabilitätsmechanismus zu errichten.[1266] Damit wird den Mitgliedstaaten die völkerrechtliche Abschlusskompetenz in diesem Bereich zurückgegeben. Mechanismen, durch die der Bundeshaushalt berührt würde, werden hierdurch allein noch nicht ins Werk gesetzt.[1267] Die Ergänzung des Art. 136 AEUV stellt gleichwohl eine materielle Verfassungsänderung von einer gewissen Tragweite und Auswirkung dar.[1268] Die Umgestaltung der Währungsunion hin zu einer Stabilitätsunion mit bedingter Auslösungsmöglichkeit durch die Mitgliedstaaten über die Ergänzung von Art. 136 AEUV stellt eine systemische Änderung dar,[1269] auch wenn die Geschäftsgrundlage der deutschen Zustimmung hierdurch nicht entzogen wird,[1270] sondern ihrer Zweckbestimmung wieder angenähert wird. Damit findet währungsrechtlicher

1263 BVerfGE 89, S. 155 (204 f.) – *Maastricht.*

1264 Griechenland-Soforthilfe und EFSF bleiben hier unerwähnt, da Art. 23 Abs. 1 Satz 3 GG darauf offensichtlich keine Anwendung findet.

1265 A.A. die Gesetzesbegründung, BT-Drs. 17/9047, S. 4; s. auch *Giegerich*, in: ders. (Hrsg.), Herausforderungen und Perspektiven der EU, 2012, S. 7 (19).

1266 *Lorz/Sauer,* EuR 2012, S. 682 (686); *dies.,* DÖV 2012, S. 573 (573 f.); vgl. BVerfGE 132, S. 195 (249 f.) – *ESM/Fiskalpakt I,* s. dort auch im Folgenden.

1267 BVerfGE 132, S. 195 (249 f.) – *ESM/Fiskalpakt I; Lorz/Sauer,* EuR 2012, S. 682 (686).

1268 *Calliess,* NVwZ 2012, S. 1 (3); *Kube,* WM 2012, S. 245 (247); *Weber,* EuZW 2011, S. 935 (937).

1269 *Gröpl,* Der Staat 52 (2013), S. 1 (9); *v. Lewinski,* in: Isensee/Kirchhof (Hrsg.), HbdStR X, 3. Aufl. 2012, § 217 Rn. 95; *Müller-Graff,* integration 2011, S. 289 (301); *Puttler,* in: Kadelbach (Hrsg.), Solidarität als Europäisches Rechtsprinzip?, 2014, S. 43 (49); *Weber,* EuZW 2011, S. 935 (937); a.A. *Lorz/Sauer,* EuR 2012, S. 682 (690 f.).

1270 Vgl. BVerfGE 132, S. 195 (248 f.) – *ESM /Fiskalpakt.*

Richtungswechsel statt,[1271] der die Voraussetzungen des Art. 23 Abs. 1 Satz 3 GG erfüllt.

(2) ESMV

Das den ESMV ratifizierende ESMG stellt ebenso einen Fall von Art. 23 Abs. 1 Satz 3 GG dar, denn es handelt sich dabei um eine vergleichbare Regelung.[1272] Der ESMV ist zwar ein völkerrechtlicher Vertrag, der insofern nach seiner Ratifikation unterhalb des Verfassungsrechts steht und so keine implizite oder faktische Verfassungsänderung darstellen kann.[1273] Er hat aber materiell unionsrechtsergänzenden Charakter, auch wenn ihm etwa der typische Anwendungsvorrang sowie die unmittelbare Geltung im innerstaatlichen Rechtskreis fehlt.[1274] Die Regelungen des Art. 125 Abs. 1 AEUV und Art. 136 Abs. 3 AEUV erfahren hiermit erst eine praktische Ergänzung durch effektive Einsetzung des ESMV, womit die derogierende Wirkung des Art. 136 Abs. 3 AEUV überhaupt erst eintreten kann.

Im Übrigen weist der ESMV jedoch keine direkte Wirkung auf das Budgetrecht des Bundestages auf, denn jede Hilfsmaßnahme muss von einem konstitutiven Votum des Bundestages bestätigt werden.[1275] Einzig von der Nachschusspflicht und Kapitalaufbringung auf einen verfassungsändernden Charakter der Art. 109 Abs. 3, Art. 115 Abs. 2 GG zu schließen,[1276] wäre überzogen. Würde dies jedes Mal eine Verfassungsänderung damit bezweckt, so wäre auch für jede Finanzhilfemaßnahme eine Zustimmung von zwei Dritteln der Mitglieder des Bundestages (dazu sogleich unter d.aa.) notwendig. Dies kann indes nicht zielführend sein. Die Höhe der haushaltspolitischen Gesamtgewährleistungsübernahmen von rund 190 Mrd. Euro vermag allein eine verfassungsändernde Mehrheit indes nicht zu rechtfertigen, da dem Haushaltsgesetzgeber hierbei ein großer Entscheidungs- und Beurteilungsspielraum zuzusprechen ist.[1277] Von der politischen Bedeutsamkeit auf das Erfordernis einer verfassungsändernden Mehrheit zu schließen, ist allein schon aus demokratielegitimatorischer Perspektive ausgeschlossen.[1278]

(3) Zwischenergebnis

Art. 23 Abs. 1 Satz 3 GG liegt demnach tatbestandlich im Falle der Ergänzung von Art. 136 Abs. 3 AEUV sowie der Begründung des ESM durch den ESMV vor.

1271 *Kube,* WM 2012, S. 245 (247); vgl. auch *Calliess,* DÖV 2013, S. 785 (789).

1272 Vgl. *v. Lewinski,* in: Isensee/Kirchhof (Hrsg.), HbdStR X, 3. Aufl. 2012, § 217 Rn. 95.

1273 A.A. *Kube,* WM 2012, S. 245 (248); *ders.,* AöR 137 (2012), S. 205 (212); *Wollenschläger,* NVwZ 2012, S. 713 (717).

1274 *Lorz/Sauer,* EuR 2012, S. 682 (688).

1275 BVerfGE 129, S. 124 (178 f.) – *Griechenland-Soforthilfe/Euro-Rettungsschirm*; 132, S. 195 (240) – *ESM/Fiskalpakt I; Lorz/Sauer,* EuR 2012, S. 682 (687 f).

1276 *Kube/Reimer,* ZG 2011, S. 332 (343 f.).

1277 Vgl. BVerfGE 129, S. 124 (182 f.) – *Griechenland-Soforthilfe/Euro-Rettungsschirm.*

1278 *Lorz/Sauer,* EuR 2012, S. 682 (691).

d) Rechtsfolge: Erfordernis einer verfassungsändernden Mehrheit (Art. 23 Abs. 1 Satz 3 i.V.m. Art. 79 Abs. 2 GG)

Art. 23 Abs. 1 Satz 3 GG statuiert mit dem Verweis auf Art. 79 Abs. 2 GG ebenfalls die Anwendbarkeit von formellen Grenzen zur Begründung oder Änderung von Grundlagen der Europäischen Union. Damit erfordern solche Regelungen nach Art. 79 Abs. 2 GG die verfassungsändernde Mehrheit von zwei Dritteln der Abgeordneten des Bundestages und zwei Dritteln der Stimmen im Bundesrat. Das ambivalente Verhältnis zur Ratifizierung nach Art. 59 Abs. 2 Satz 1 GG wird schon dadurch deutlich, dass hierdurch unterschiedliche Mehrheiten für eine Ratifikation vorgesehen sind. Allerdings setzt dies voraus dass eine Vertragsänderung oder vergleichbare Regelung vorliegt. Nach dem hier vertretenen, eher weiten Begriff der vergleichbaren Regelung ist davon auszugehen, dass für die Ratifikation des ESMV die Regelung des Art. 79 Abs. 2 GG Anwendung findet.[1279] Diese Ratifikation ist gängige Staatspraxis und setzt die Grundannahme voraus, dass eine implizite Verfassungsänderung durch den zu ratifizierenden Vertrag nicht erfolgt.[1280] Bis zum Inkrafttreten des Art. 23 GG in der derzeitigen Fassung war eine Hoheitsrechteübertragung und daher auch eine Teilnahme am europäischen Einigungsprozess aufgrund von Art. 24 Abs. 1 GG möglich, da Art. 59 Abs. 2 Satz 1 GG keine speziellen Mehrheitserfordernisse erforderte und zudem das Textänderungsgebot (Art. 79 Abs. 1 GG) hierdurch nicht entfiele.[1281] Durch den Vertrag von Maastricht und die zuvor erfolgte Grundgesetzänderung kann dieser Gedanke zwar nicht mehr vollumfänglich greifen, da Art. 23 GG als speziellere Norm nunmehr greift. Sie stellt allerdings auch weitreichende Hürden für ihre Anwendbarkeit auf. Diese scheinen im Fall des ESM bereits erreicht. Auch in der Vergangenheit sind politisch wichtige Bereiche mit internationalem Bezug zwar auf Grundlage von Art. 59 Abs. 2 GG, jedoch nicht mit einfacher Mehrheit ratifiziert worden.[1282]

Damit bleibt festzustellen, dass eine verfassungsändernde Merheit nach Art. 23 Abs. 1 Satz 3 i.V.m. Art. 79 Abs. 2 GG im Falle des ESM erforderlich war.[1283] Für die

1279 In der Praxis war dies auch der Fall: s. Endgültiges Ergebnis der Namentlichen Abstimmung Nr. 3der 188. Sitzung des Deutschen Bundestages am 29. 6. 2012 zu BT-Drs. 17/9045, 17/10126 und 17/10172.

1280 *Kube*, Verfassungsblog v. 5. 4. 2012, http://www.verfassungsblog.de/de/welche-mehrheiten-brauchen-fiskalpakt-und-esm, (letzter Aufruf: 19. 1. 2015).

1281 *Möllers*,Verfassungsblog v. 5. 3. 2012, http://www.verfassungsblog.de/de/braucht-der-fiskalpakt-wirklich-eine-zweidrittelmehrheit/ (letzter Aufruf: 19. 1. 2015).

1282 *Sauer*, cep-Standpunkt „ESM nur mit Zweidrittelmehrheit", 2012, S. 6; a.A. *v. Lewinski*, in: Isensee/Kirchhof (Hrsg.), HbdStR X, 3. Aufl. 2012, § 217 Rn. 95; *Calliess*, NVwZ 2012, S. 1 (3) plädiert für ein Nebeneinander von Art. 23 und Art. 59 Abs. 2 GG; der Gesetzentwurf zum ESMG, BT-Drs. 17/9045, S. 4 geht lediglich von der Anwendbarkeit des Art. 59 Abs. 2 GG aus.

1283 I.E. *Hufeld*, integration 2011, S. 117 (127); *Hölscheidt*, DÖV 2012, S. 105 (108); *Schlief/Schulte*, ZG 2012, S. 121 (126); *Schmahl*, DÖV 2014, S. 501 (508); *dies.*, in: Sodan (Hrsg.), GG, 3. Aufl. 2015, Art. 23 Rn. 17c m.w.N.

Ratifikation wäre eine einfache Mehrheit nach Art. 59 Abs. 2 Satz 1 GG daher nicht ausreichend gewesen. Gleiches gilt für die Ergänzung des Art. 136 AEUV.[1284]

e) Die Verordnung (EU) Nr. 407/2010 als ultra-vires-Rechtsakt

Aufgrund ihres grundsätzlichen Verstoßes gegen die in Art. 125 Abs. 1 Satz 1 AEUV niedergeschriebene, unionsrechtliche Nichtauslösungsklausel können Finanzhilfen aus dem EFSM, die auf Grundlage der Verordnung (EU) Nr. 407/2010 gewährt wurden, einen „ausbrechenden Rechtsakt" der Union darstellen und somit als Rechtsakt ultra vires keine Wirkung innerhalb der deutschen Rechtsordnung entfalten, da sie nicht mehr von der „Brücke" des Zustimmungsgesetz nach Art. 23 Abs. 1 GG mehr gedeckt sind.[1285] Da dies denknotwendigerweise einen Rechtsakt der Union voraussetzt, bedarf es hier keiner weiteren Untersuchung von Griechenland-Soforthilfe, EFSF und ESM.[1286]

Gleichwohl ist nach den im *Honeywell*-Beschluss des BVerfG[1287] aufgestellten Grundsätzen nicht jeder ausbrechende Rechtsakt gleich als ein Rechtsakt ultra vires einzuordnen. Danach muss ein Rechtsakt evident und erheblich außerhalb der der Union übertragenen Kompetenzen liegen.[1288] Das ist dann der Fall, wenn das kompetenzwidrige Handeln offensichtlich ist und der angegriffene Akt im Hinblick auf die Kompetenzarchitektur zwischen den Mitgliedstaaten und der Union unter Berücksichtigung des Prinzips der begrenzten Einzelermächtigung und der rechtsstaatlichen Gesetzesbindung erheblich ins Gewicht fällt.[1289] Die Verordnung (EU) Nr. 407/2010 basiert auf der Grundlage der Beistandsklausel aus Art. 122 Abs. 2 AEUV. Zumindest für die Notsituation und für eine befristete Zeit kann in solchen Zeiten, wenngleich interpretatorisch auch anderes möglich ist, nicht behauptet werden, dass das kompetenzwidrige Handeln offensichtlich ist, denn die Notlage lässt sich gleichwohl als „außergewöhnliche Situation" ansehen.[1290] Jedenfalls fällt die Verordnung im Hinblick auf die Kompetenzarchitektur zwischen den Mitgliedstaaten und der Union nicht erheblich ins Gewicht, denn diese wird nicht berührt. Ein ultra-vires-Rechtsakt kann insofern nicht angenommen werden. Das Bundesverfassungsgericht müsste zudem vor einer Erklärung als ultra vires den EuGH im

1284 *v. Lewinski*, in: Isensee/Kirchhof (Hrsg.), HbdStR X, 3. Aufl. 2012, § 217 Rn. 95; a.A. *Lorz/Sauer*, EuR 2012, S. 682 (687) m.w.N.

1285 Zur Brückentheorie grundlegend *Kirchhof*, in: Isensee/Kirchhof (Hrsg.), HbdStR X, 3. Aufl. 2012, § 214 Rn. 158 ff.

1286 So schon *Polzin*, DÖV 2011, S. 209 (212); *Thym*, EuZW 2011, S. 167 (169); unklar *v. Lewinski*, in: Isensee/Kirchhof (Hrsg.), HbdStR X, 3. Aufl. 2012, § 217 Rn. 79.

1287 BVerfGE 126, S. 286 (304 f.) – *Honeywell*.

1288 BVerfGE 126, S. 286 (304 f.) – *Honeywell*.

1289 BVerfGE 126, S. 286 (304) – *Honeywell*.

1290 *Siekmann*, in: Möllers/Zeitler (Hrsg.), Europa als Rechtsgemeinschaft, 2013, S. 101 (153 f.).

Wege des Vorabentscheidungsverfahrens um eine Stellungnahme bitten.[1291] Betrachtet man sich sein Urteil in der Rechtssache *Pringle*[1292], so ist davon auszugehen, dass die Feststellung eines ultra vires-Rechtsaktes eher fernliegend erscheint.

2. *Mitwirkungs- und Informationsrechte des Bundestages und Bundesrates (Art. 23 Abs. 2 bis Abs. 6 GG)*

Die Mitwirkungsrechte und Unterrichtungspflichten aus Art. 23 Abs. 2 bis Abs. 6 GG sind die verfahrensrechtliche Ausprägung der materiell-rechtlichen Integrationsverantwortung.[1293] Um sie auszulösen, müsste es sich bei den die Finanzhilfen ermöglichenden Rechtsakten ebenfalls um „Angelegenheiten der Europäischen Union" nach Art. 23 Abs. 2 Satz 1 GG handeln.[1294] Der Anwendungsbereich ist, trotz der oben angedeuteten Annäherung der Begrifflichkeiten, zunächst gesondert davon zu betrachten.[1295] Hinter der Ausweitung von Beteiligungsrechten über Art. 23 Abs. 2 GG steht die Überlegung, dass die Außenpolitik traditionell der Regierung zusteht und auch die parlamentarische Beteiligung über Art. 59 Abs. 2 Satz 1 GG lediglich „Regierungsakte in Form von Parlamentsgesetzen"[1296] darstellen, die so keine weiteren Mitwirkungsrechte vorsehen.[1297] Da jedoch europäische Maßnahmen unmittelbar in die deutsche Rechtsordnung hineinwirken, weisen sie nur noch eine geringe Vergleichbarkeit mit traditionell außenpolitischen Akten auf und erfordern daher eine Mitwirkung des unmittelbar demokratisch legitimierten Bundestages.[1298] Sie sind vielmehr bereits jetzt längst der Europapolitik entwachsen und zu einer europäisierten Innen- und Rechtspolitik mutiert.[1299]

1291 BVerfGE 126, S. 286 (304) – *Honeywell*; so geschehen mit dem *OMT-Vorlagebeschluss* v. 14. 1. 2014, BVerfGE 134, S. 366 ff., dazu s.u. Kap. 6, C. II.

1292 EuGH, Rs. C-370/12, EU:C:2012:756 (NJW 2013, S. 29).

1293 *Schorkopf*, in: BonnKomm-GG, 153. EL 2011, Art. 23 Rn. 131; ebenso *Durner*, in: Isensee/Kirchhof (Hrsg.), HdbdStR X, 3. Aufl. 2012, § 216 Rn. 35; vgl. dazu auch *Schmahl*, DÖV 2014, S. 501 (502 ff.).

1294 Dazu bereits *E. Klein/Haratsch*, DÖV 1993, S. 785 (797).

1295 Zum den unterschiedlichen Anwendungsbereichen innerhalb von Art. 23 GG s. *Calliess*, NVwZ 2012, S. 1 (3 f.), *ders.*, in: Pechstein (Hrsg.), Integrationsverantwortung, 2012, S. 53 (79); *Pernice*, in: Dreier (Hrsg.), GG, 2. Aufl. 2006, Art. 23 Rn. 96; *Scholz*, in: Maunz/Dürig (Hrsg.), GG, 56. EL 2009, Art. 23 Rn. 147; *Wollenschläger*, NVwZ 2012, S. 713 (716 ff.).

1296 BVerfGE 1, S. 372 (394 f.); BVerfGE 90, S. 286 (357).

1297 *v. Arnauld*, in: Breuer/Epiney/Haratsch/Schmahl/Weiß (Hrsg.), FS E. Klein, 2013, S. 509 (521).

1298 BVerfGE 89, S. 155 (185) – *Maastricht*; *Hillgruber*, in: Schmidt-Bleibtreu/Hofmann/Hopfauf (Hrsg.), 13. Aufl. 2014, GG, Art. 23 Rn. 60; *Schmahl*, in: Sodan (Hrsg.), GG, 3. Aufl. 2015, Art. 23 Rn. 26; ähnlich *Durner*, in: Isensee/Kirchhof (Hrsg.), HdbdStR X, 3. Aufl. 2012, § 216 Rn. 32.

1299 *Calliess*, NVwZ 2012, S. 1 (7); *Graf v. Kielmansegg*, EuR 2012, S. 654 (659); *Pernice*, in: Dreier (Hrsg.), GG, 2. Aufl. 2006, Art. 23 Rn. 95.

a) Anwendbarkeitsvoraussetzung „Angelegenheit der Europäischen Union"

Zunächst ist daher die entscheidende Begriffbestimmung vorzunehmen, denn ob die Mitwirkungsrechte des Bundestages ausgelöst werden, hängt maßgeblich von der Konturierung des Begriffs der „Angelegenheit der Europäischen Union" (eher formell-institutionell angeknüpft an die EU oder materiell an die Inhalte der Regelungen und ihren Bezug zu den Unionspolitiken) ab.[1300] Das Grundgesetz selbst enthält keine Legaldefinition dieses Begriffs. Legt man dem Begriff eine rein formale Betrachtungsweise zugrunde, so liegt es nahe, darunter ausschließlich Angelegenheiten zu subsumieren, die im direkten Sinne Unionsrecht darstellen, mithin lediglich Primärrecht sowie Sekundärrecht in den in Art. 288 AEUV vorgesehenen Rechtsaktformen der Europäischen Union.[1301] Diese Sichtweise lag auch mit der einfachgesetzlichen Konkretisierung des Begriffs in § 3 Abs. 1 Satz 1 EUZBBG (a.F. 2009)[1302] nahe, der jedoch von „Vorhaben" anstatt „Angelegenheiten" sprach.[1303] So erklärte die enumerative, gleichsam aber nicht abschließende Aufzählung des § 3 Abs. 1 Satz 1 EUZBBG (a.F. 2009) bspw. Vorschläge und Initiativen für Beschlüsse zu Änderungen der vertraglichen Grundlagen der Europäischen Union (Nr. 1), Verhandlungsmandate für die Europäische Kommission zu Verhandlungen über völkerrechtliche Verträge der Europäischen Union (Nr. 4), politische Programme der Organe der Europäischen Union (Nr. 11) sowie die Finanz- und Haushaltsplanung der Europäischen Union (Nr. 14) zu Vorhaben der Europäischen Union. Damit konkretisierte § 3 Abs. 1 Satz 1 EUZBBG den verfassungsrechtlichen Begriff des Art. 23 Abs. 2 Satz 1 GG in seinem Anwendungsbereich rein formal auf Vorhaben der Institution „Europäische Union".

Allerdings greift eine solch formale Betrachtungsweise regelmäßig zu kurz. Die Wahl zwischen unions- und völkerrechtlichen Formen ist meist austauschbar und folgt so einem Entwicklungspfad von der rechtlichen Selbstständigkeit in das Unionsrecht hinein.[1304] Vorzugswürdig ist daher eine materiell-inhaltliche und umfassende Bestimmung des Begriffs der „Angelegenheiten der Europäischen Union".[1305]

1300 *Graf v. Kielmansegg,* EuR 2012, S. 654 (658).

1301 Für dieses Begriffsverständnis wohl *Streinz,* in: Sachs (Hrsg.), GG, 7. Aufl. 2014, Art. 23 Rn. 106.

1302 Fassung vom 12. März 1993, BGBl. 1993 I, S. 311 in der Fassung nach dem 1. Änderungsgesetz v. 22. 9. 2009, BGBl. 2009 I, S. 3026; sie stellt jedoch schon eine Ausweitung gegenüber dem Begriff in der Vereinbarung zwischen dem Deutschen Bundestag und der Bundesregierung über die Zusammenarbeit in Angelegenheiten der Europäischen Union (BBV), BGBl. 2006 I, S. 2177, dar, *Nettesheim,* NJW 2010, S. 177 (182).

1303 *Koch,* in: v. Arnauld/Hufeld (Hrsg.), SK-Lissabon, 2011, 9. Abschnitt, Rn. 14.

1304 *Graf v. Kielmansegg,* EuR 2012, S. 654 (659).

1305 *Calliess,* NVwZ 2012, S. 1 (3 f.); *Classen,* in: Mangoldt/Klein/Starck (Hrsg.), GG, 6. Aufl. 2010, Art. 23 Rn. 70; *Hölscheidt/Rohleder,* DVBl. 2012, S. 806 (810); *Jarass,* in: ders./Pieroth (Hrsg.), GG, 13. Aufl. 2014, Art. 23 Rn. 47; *Koch,* in: v. Arnauld/Hufeld (Hrsg.), SK-Lissabon, 2011, 9. Abschnitt, Rn. 10; *König,* Die Übertragung

Der Wortlaut von Art. 23 Abs. 2 Satz 1 GG enthält bereits keine Beschränkung rein auf Primär- oder Sekundärrechtsakte der Europäischen Union.[1306] Auch spricht aus systematischer Sicht nichts gegen diese Lesart. Art. 23 Abs. 1 Satz 1 GG bestimmt die Entwicklung der Europäischen Union zum Zwecke der Verwirklichung eines vereinten Europa zum Programm und Zielrichtung der gesamten Vorschrift und ist somit auch in Art. 23 Abs. 2 Satz 1 GG enthalten; eine Außerachtlassung damit verbundener Mitwirkungsrechte und Unterrichtungspflichten widerspricht dem dynamischen Integrationsprozess.[1307] Berücksichtigt man ferner, dass Art. 23 Abs. 2 Satz 1 GG Gelegenheit zu einer Entscheidung, ob und wie sich der nationale Gesetzgeber an der Willensbildung dieser Angelegenheit beteiligen möchte,[1308] so muss eine umfassende Bestimmung des Begriffs der Angelegenheit der Europäischen Union erfolgen.[1309] Hierfür spricht zuletzt auch, dass der verfassungsändernde Gesetzgeber (*pouvoir constitué*) Art. 23 Abs. 2 Satz 1 GG im Zuge der Ratifikation des Vertrages von Maastricht ins Grundgesetz aufgenommen hat und die Norm sich nach seinem Willen auf alle Vorhaben der Europäischen Union erstrecken sollte, die für die Bundesrepublik Deutschland von Interesse sein könnten.[1310] Eine materiell-rechtliche sowie organisatorische Verzahnung mit der EU wird hier vorausgesetzt.[1311] Materiell-rechtlich bedeutet insofern, dass die Maßnahme der Vorbereitung, Verwirklichung oder Wahrnehmung der in den vertraglichen Grundlagen der Union formulierten Ziele dienen muss, um eine Angelegenheit der Union darzustellen.[1312]

---

von Hoheitsrechten im Rahmen des europäischen Integrationsprozesses, 2000, S. 334 ff.; *Pernice,* in: Dreier (Hrsg.), GG, Art. 23 Rn. 96; *Risse,* in: Hömig (Hrsg.), GG, 10. Aufl. 2013, Art. 23 Rn. 9; *Rojahn,* in: v. Münch/Kunig (Hrsg.), GG, 6. Aufl. 2012, Art. 23 Rn. 56; *Scholz,* in: Maunz/Dürig (Hrsg.), GG, 56. EL 2009, Art. 23 Rn. 111, 147; *Schorkopf,* VVDStRL 71 (2012), S. 183 (211); *ders.,* BonnKomm-GG, 153. EL 2011, Art. 23 Rn. 136; *Schröder,* ZParl 2012, S. 250 (252 f.); *Winkelmann,* DVBl. 1993, S. 1128 (1134 f.); *Wollenschläger,* NVwZ 2012, S. 713 (718); ebenso *Schmahl,* in: Sodan (Hrsg.), GG, 3. Aufl. 2015, Art. 23 Rn. 26.

1306 BVerfGE 131, S. 152 (200) – *ESM/Euro-Plus-Pakt*; ähnlich bereits *Mayer,* Verfassungsblog v. 19. 12. 2011, http://www.verfassungsblog.de/das-recht-der-eurokrise-teil-der-lsung-oder-teil-des-problems/ (letzter Aufruf: 19. 1. 2015).

1307 BVerfGE 131, S. 152 (200 f.) – *ESM/Euro-Plus-Pakt*; *Scholz,* in: Maunz/Dürig (Hrsg.), GG, 56. EL 2009, Art. 23 Rn. 147.

1308 *Schorkopf,* in: BonnKomm-GG, 153. EL 2011, Art. 23 Rn. 136.

1309 BVerfGE 131, S. 152 (200 f.) – *ESM/Euro-Plus-Pakt.*

1310 So BVerfGE 131, S. 152 (201 f.) – *ESM/Euro-Plus-Pakt* mit Verweis auf BT-Drs. 12/6000, S. 21.

1311 *Wollenschläger,* NVwZ 2012, S. 713 (718).

1312 *Guckelberger,* ZEuS 2012, S. 1 (49); *Jarass,* in: ders./Pieroth (Hrsg.), GG, 13. Aufl. 2014, Art. 23 Rn. 47; *Scholz,* in: Maunz/Dürig (Hrsg.), GG, 56. EL 2009, Art. 23 Rn. 147; *Schröder,* ZParl 2012, S. 250 (252 f.).

Das BVerfG spricht an dieser Stelle von einem „Ergänzungs- oder sonstigen besonderen Näheverhältnis" zur Europäischen Union.[1313]

Der Begriff der „Angelegenheit der Europäischen Union" aus Art. 23 Abs. 2 Satz 1 GG ist mithin ebenfalls materiell und umfassend zu bestimmen und nicht auf die Verträge sowie Rechtsetzungsakte der Europäischen Union beschränkt. Nach diesem Begriffsverständnis werden bspw. auch Abkommen der Mitgliedstaaten untereinander als „Angelegenheiten der Europäischen Union" im Sinne dieser Vorschrift angesehen.[1314] Dies wird auch durch die Überlegung gestützt, dass aufgrund der politischen Implikationen auf europäischer Ebene supranationale und intergouvernemental-völkerrechtliche Handlungsformen vielfach austauschbar sind und die von der vorwiegend auf Exekutivebene getroffene Entscheidung die parlamentariche Beteiligung nicht bedingen, teilweise vielleicht sogar bewusst minimalisieren können sollte.[1315]

Eine in diese Richtung weisende, einfachgesetzliche Orientierung gab hier bereits § 3 Abs. 1 Satz 1 EUZBBG (a.F. 2012)[1316], welcher den Begriff des Vorhabens um Entwürfe zu völkerrechtlichen Verträgen und sonstigen Vereinbarungen, wenn sie in einem Ergänzungs- oder sonstigen besonderen Näheverhältnis zum Recht der Europäischen Union stehen (Nr. 15) sowie Beratungsgegenstände, Vorschläge und Initiativen, die im Rahmen des Vertrags über Stabilität, Koordinierung und Steuerung in der Wirtschafts- und Währungsunion (Fiskalvertrag) und sonstiger, die Wirtschafts- und Währungsunion betreffenden völkerrechtlichen Verträge und Vereinbarungen behandelt werden (Nr. 16) nach dem Urteil des Bundesverfassungsgerichts in Sachen *ESM/Euro-Plus-Pakt*[1317] ergänzte. Die Komplettrevision des EUZBBG vom 4. Juli 2013[1318], die seit dem 13. Juli 2013 in Kraft ist, bestätigte diese Ergänzung (Nr. 11, 12), straffte die Begrifflichkeiten in seinem neuen § 5 Abs. 1 und verstetigt somit den materiellen Vorhabens- bzw. Angelegenheitenbegriff durch einfachgesetzliche Konkretisierung.[1319]

b) Rechtsfolgen

Aufgrund der soeben festgestellten Anwendbarkeit ergeben sich Mitwirkungsrechte des Bundestages (a.) sowie Unterrichtungspflichten der Bundesregierung (b.).

1313 BVerfGE 131, S. 152 (219 f.) – *ESM/Euro-Plus-Pakt*; vgl. auch *Gröpl*, Der Staat 52 (2013), S. 1 (10 f.).

1314 *Pernice*, in: Dreier (Hrsg.), 2. Aufl. 2006, GG, Art. 23 Rn. 96; *Rojahn*, in: v. Münch/Kunig (Hrsg.), GG, 6. Aufl. 2012, Art. 23 Rn. 56; *Schmahl*, in: Sodan (Hrsg.), GG, 3. Aufl. 2015, Art. 23 Rn. 26; *Winkelmann*, DVBl. 1993, S. 1128 (1134 f.).

1315 *v. Arnauld*, in: Breuer/Epiney/Haratsch/Schmahl/Weiß (Hrsg.), FS E. Klein, 2013, S. 509 (522 f.).

1316 Neufassung v. 4. 7. 2013, BGBl. 2013 I, S. 2170.

1317 BVerfGE 131, S. 152 ff.

1318 BGBl. 2013 I, S. 2170; dazu *Schäfer/Schulz*, integration 2013, S. 199 ff.

1319 Vgl. BT-Drs. 17/12816, S. 8, 10 f.

aa) Mitwirkungsrechte

Dem Bundestag und dem Bundesrat stehen nach Art. 23 Abs. 2 Satz 1 GG Mitwirkungsrechte in „Angelegenheiten der Europäischen Union" zu. Damit muss die Bundesregierung dem Bundestag vor jeglicher Art von Rechtsetzungsakten in den Mitwirkungsorganen der EU die Möglichkeit zur Stellungnahme in angemessener Frist geben, um dieses Recht nicht zu konterkarieren.[1320] Eine weitergehende Mitwirkung ist davon nicht erfasst.[1321] Diese Stellungnahme muss allerdings gleichwohl auch berücksichtigt werden (Art. 23 Abs. 3 Satz 2 GG) was voraussetzt, dass die Bundesregierung sich mit der parlamentarischen Stellungnahme erkennbar argumentativ auseinandergesetzt hat.[1322] Eine Pflicht zur Befolgung selbiger wird hierdurch nicht konstruiert, da ansonsten die Norm strenger hätte formuliert werden müssen,[1323] was im Übrigen auf eine formale Zustimmung des Bundestages zu solchen Maßnahmen hinausliefe (vgl. § 8 Abs. 4 EUZBBG). Auch diese Mitwirkungsrechte wurden in der Neufassung des EUZBBG (§ 8) anhand der Maßgaben der verfassungsgerichtlichen Rechtsprechung modifiziert.[1324] Davon zu unterscheiden ist das abgestufte Beteiligungsmodell des Bundestages, das strengere Anforderungen für die konstitutive Zustimmung des Bundestages in Bezug auf Finanzhilfen aufstellt.[1325] Möchte die Bundesregierung abweichend der Stellungnahme des Bundestages entscheiden, muss sie sich bemühen, zuvor „Einvernehmen" darüber herzustellen.[1326]

bb) Unterrichtungspflichten

Nach Art. 23 Abs. 2 Satz 2 GG besteht die verfassungsrechtliche Pflicht der Bundesregierung zur frühestmöglichen Unterrichtung der Bundesregierung gegenüber dem Bundestag sowie Bundesrat.[1327] Verfassungsrechtlich bedeutet dies eine spezielle Ausgestaltung des Spannungsverhältnisses von exekutiver Außenvertretung und parlamentarischer Verantwortung dergestalt, dass dem Bundestag hinreichende Mitwirkungsrechte gewährt werden.[1328]

Die verfassungsrechtliche Unterrichtungspflicht aus Art. 23 Abs. 2 Satz 2 GG muss frühestmöglich erfolgen, um eine effektive Einflussnahme des Bundestages zu gewährleisten und diesen nicht in die Rolle des bloßenm Nachvollzuges exekutiver

---

1320 *Schmahl*, in: Sodan (Hrsg.), 3. Aufl. 2015, Art. 23 Rn. 27b.
1321 *Calliess*, in: Pechstein (Hrsg.), Integrationsverantwortung, 2012, S. 53 (81) m.w.N.
1322 BT-Drs. 12/3338, S. 8; *Schmahl*, in: Sodan (Hrsg.), 3. Aufl. 2015, Art. 23 Rn. 27b.
1323 *Hölscheidt*, DÖV 2012, S. 105 (109).
1324 BVerfGE 131, S. 152 (202 ff.) – *ESM/Euro-Plus-Pakt.*
1325 Dazu s.u. II. 2. b).
1326 *Calliess*, ZG 2010, S. 1 (24 f.); *Hölscheidt*, DÖV 2012, S. 105 (109)
1327 *Streinz*, in: Sachs (Hrsg.), GG, 7. Aufl. 2014, Art. 23 Rn. 103 ff.; zu den einzelnen Unterrichtungspflichten nach dem EUZBBG s. *Schröder*, ZParl 2012, S. 250 (253 ff.).
1328 BVerfGE 131, S. 152 (196) – *ESM/Euro-Plus-Pakt.*

Handlungen zu drängen.[1329] Dies trägt der Informationsasymmetrie zwischen Regierung und Parlament Rechnung und stärkt durch die Beratung im Plenum so die Beteiligung der Öffentlichkeit.[1330] Dies gilt insbesondere im Falle der Betroffenheit der haushaltspolitischen Gesamtverantwortung des Bundestages.[1331] Vorausgesetzt wird daher eine umfassende und zweckgerichtete Unterrichtung durch die Regierung, die zwar zur Vermeidung regelrechter Informationsflutdarauf beschränkt ist, lediglich Informationen von Relevanz für den Bundestag weiterzuleiten, sich gleichwohl nicht auf einen einmaligen Akt der Unterrichtung beschränkt, da neue verfassungsrechtliche und parlamentsbezogene Informationen zu Unionsgelegenheiten diese Pflicht erneut entstehen lassen.[1332] Damit wird kein quantitatives Maximum sondern ein qualitatives Optimum des Unterrichtungsumfangs intendiert.[1333] Die ebenfalls gleichrangige Bedeutung des Zeitpunktes der Unterrichtung meint einen Zeitpunkt, der dem Bundestag die fundierte Befassung und Erarbeitung einer Stellungnahme ermöglicht, bevor eine außenwirksame Bindung durch eine Erklärung der Bundesregierung in Bezug auf unionale Rechtsetzungsakte und intergouvernementale Vereinbarungen erfolgt, womit die Ergreifung konkreter Initiativen oder Beschlussfassung ohne vorherige Beteiligung des Bundestages ausgeschlossen ist.[1334]

Begrenzt wird diese Unterrichtungspflicht durch den Gewaltenteilungsgrundsatz (Art. 20 GG), wobei als Beschränkung der Kernbereich exekutiver Eigenverantwortung zu identifizieren ist.[1335] Dieser umfasst die interne Willensbildung der Regierung, sowohl hinsichtlich der Erörterungen im Kabinett als auch bei der Vorbereitung von Kabinetts- und Ressortentscheidungen, so dass ein Unterrichtungsanspruch des Bundestags vor Abschluss der internen Willensbildung der Regierung, wie er durch ressortinterne oder ressortübergreifende Abstimmungsprozesse erfolgt, ausgeschlossen ist.[1336] Jedoch umfasst dieser Kernbereich in einer organfunktionalen

---

1329 BVerfGE 129, S. 124 (178 f.) – *Griechenland-Soforthilfe/Euro-Rettungsschirm*; BVerfGE 130, S. 318 (344 f.) – *Sondergremium*; BVerfGE 131, S. 152 (202 f.) – *ESM/Euro-Plus-Pakt.*

1330 BVerfGE 131, S. 152 (204 f.) – *ESM/Euro-Plus-Pakt*; *Schorkopf,* in: BonnKomm-GG, 153. EL 2011, Art. 23 Rn. 144.

1331 BVerfGE 129, S. 124 (178) – *Griechenland-Soforthilfe/Euro-Rettungsschirm*; BVerfGE 131, S. 152 (205) – *ESM/Euro-Plus-Pakt.*

1332 BVerfGE 131, S. 152 (208 f.) – *ESM/Euro-Plus-Pakt* m.w.N.

1333 *Graf v. Kielmansegg,* EuR 2012, S. 654 (662).

1334 BVerfGE 131, S. 152 (212) – *ESM/Euro-Plus-Pakt*; *Hölscheidt,* DÖV 2012, S. 105 (108); *Streinz,* in: Sachs (Hrsg.), GG, 7. Aufl. 2014, Art. 23 Rn. 96.

1335 BVerfGE 131, S. 152 (206) – *ESM/Euro-Plus-Pakt* m.w.N.; s. dort auch im Folgenden.

1336 BVerfGE 131, S. 152 (206) – *ESM/Euro-Plus-Pakt*; *v. Arnauld,* in: Breuer/Epiney/Haratsch/Schmahl/Weiß (Hrsg.), FS E. Klein, 2013, S. 509 (524); *Hölscheidt,* DÖV 2012, S. 105 (108) m.w.N.

Deutung auch Sondierungen mit den Regierungen anderer EU-Mitgliedstaaten.[1337] Diese gerichtliche Auslegung überrascht keinesfalls und ist naheliegend.[1338]

Daraus erwachsen Pflichten der frühzeitigen Information und Unterrichtung, die im Einzelnen nunmehr aufgrund der Ermächtigung des Art. 23 Abs. 3 Satz 2 GG einfachgesetzlich durch das EUZBBG konkretisiert wurden und nach § 5 Abs. 3 Nr. 1, 2 EUZBBG unbeschadet der Regelungen des StabMechG und ESMFinG gelten.[1339] Dieses greift stark auf die hier zugrunde gelegte Rechtsprechung des Bundesverfassungsgerichtes zurück und gießt diese in formale Gesetzesform (§ 3 EUZBBG).[1340] Damit wird eine umfassende Unterrichtung des Bundestages gewährleistet.

cc) Vorliegen in den konkreten Fällen

(1) Griechenland-Soforthilfe

Geht man von dem hier vertretenen, materiellen Begriffsverständnis aus, so kann trotzdem konstatiert werden, dass es sich im Falle des WFStG nicht um eine Angelegenheit der Europäischen Union handelt. Zwar ist nicht zu leugnen, dass die Griechenland-Soforthilfe eine gewisse Nähe zur Europäischen (Währungs-)Union aufweist, indem der durch das WFStG geleistete, deutsche Beitrag von Hilfen zur Stabilisierung der Finanzlage Griechenlands und mithin der gesamten Unionswährung zugutekommt. Dennoch ergänzt die Griechenland-Soforthilfe materiell nicht den Normbestand der Europäischen Union. Das sie umsetzende WFStG legitimiert lediglich innerstaatlich die deutschen Gewährleistungsermächtigungen für Griechenland. In seiner *ESM/Euro-Plus-Pakt*-Entscheidung[1341] hat des BVerfG ein Nähe- bzw. Ergänzungsverhältnis für den ESM zwar angenommen.[1342] Diese Bewertung kann jedoch nicht ohne weiteres auf die Griechenland-Soforthilfe und die in § 1 Abs. 1 Satz 1 WFStG normierten Gewährleistungsermächtigungen übertragen werden. Die Griechenland-Soforthilfe stellt keinen völkerrechtlichen Vertrag zwischen den Staaten der Eurozone dar, so dass ein Ergänzungs- oder Näheverhältnis zur EU prima facie angenommen werden könnte. Zwar besteht eine gewisse Nähe zum Integrationsprogramm der Union dahingehend, dass Art. 3 Abs. 4 EUV die Wirtschafts- und Währungsunion sogar ausdrücklich zu einem Ziel der Union deklariert.[1343] Auch wurde die Griechenland-Soforthilfe auf Unionsebene im Rahmen eines Treffens der Staats- und Regierungschefs der Euro-Teilnehmerstaaten am 2. Mai 2010 beschlossen. Allerdings stellt dieser Beschluss keinen völkerrechtlich verbindlichen

---

1337 *v. Arnauld,* in: Breuer/Epiney/Haratsch/Schmahl/Weiß (Hrsg.), FS E. Klein, 2013, S. 509 (524).

1338 Vgl. *Graf v. Kielmansegg,* EuR 2012, S. 654 (665).

1339 Vgl. dazu *Schmahl,* in: Sodan (Hrsg.), GG, 3. Aufl. 2015, Art. 23 Rn. 27a.

1340 Vgl. nur BT-Drs. 17/12816, S. 8.

1341 BVerfGE 131, S. 152 ff. – *ESM/Euro-Plus-Pakt.*

1342 BVerfGE 131, S. 152 (199 ff.) – *ESM/Euro-Plus-Pakt.*

1343 Hierzu *Kirchhof,* in: Isensee/Kirchhof (Hrsg.), HbdStR X, 3. Aufl. 2012, § 214 Rn. 40 ff.

Vertrag zwischen den Staaten, deren Währung der Euro ist, dar.[1344] Maßgebend für die Bestimmung des Ergänzungs- oder Näheverhältnis zur Europäischen Union soll nach BVerfG die Gesamtbetrachtung der Umstände, einschließlich der Regelungsinhalte, –ziele und –wirkungen sein.[1345] Auch die Berücksichtigung des Regelungsinhaltes der Griechenland-Soforthilfe und des sie umsetzenden WFStG (Ermöglichung von Gewährleistungsermächtigungen) sowie sein Regelungsziel (Erhaltung der Stabilität des Euro) und seine Regelungswirkung (Entspannung der griechischen Finanzierungsnotlage nebst Ausstrahlungswirkung auf den gesamten Euro-Währungsbereich) lassen kein anderes Ergebnis zu. Denn stellte jede auf Unionsebene zwar informell auf intergouvernementaler Ebene koordinierte und lediglich auf mitgliedstaatlicher Ebene, allerdings ohne zwischenzeitlich erfolgte, formale Setzung eines Rechtsaktes auf Unionsebene Maßnahme automatisch eine „Angelegenheit der Europäischen Union" i.S.d. Art. 23 Abs. 2 Satz 1 GG dar, so würde dies den Umsetzungsprozess nur unnötig verlängern. Zudem ist der hier gewählte Weg im konkreten Fall notwendig gewesen, um die Staatsfinanzierung des griechischen Staatshaushaltes schnell wiederherzustellen. Die Außerachtlassung des förmlichen Rechtsetzungsverfahrens innerhalb der EU ist in dieser Ausnahmesituation zwar aus rechtsstaatlichen Gesichtspunkten mehr als bedenklich, allerdings auch geboten. Denn schließlich wurde das Gesetzgebungsverfahren in Deutschland in Bezug auf das WFStG ordnungsgemäß durchlaufen, womit die auch von Art. 23 Abs. 2 Satz 1 GG bezweckte Beteiligung des Parlamentes hier berücksichtigt wurde. Das WFStG stellt mithin keine „Angelegenheit der Europäischen Union" nach den vorgenannten Kriterien dar.

Das BVerfG geht in seiner *Griechenland-Soforthilfe/Euro-Rettungsschirm*-Entscheidung vom 7. September 2011[1346] auf diese Problematik indes nicht ein.

(2) EFSF

Um die Mitwirkungsrechte und Unterrichtungspflichten aus Art. 23 Abs. 2 bis Abs. 6 GG im Falle des StabMechG auszulösen, müsste es sich hierbei ebenfalls um eine „Angelegenheit der Europäischen Union" nach Art. 23 Abs. 2 Satz 1 GG handeln.

Nach dem hier zugrunde gelegten, weiten Begriffsverständnisses der „Angelegenheiten der Europäischen Union"[1347] aus Art. 23 Abs. 2 Satz 1 GG müsste es sich bei dem StabMechG entweder um Primär- oder Sekundärrecht der Europäischen Union handeln oder um eine hierzu materiell-rechtlich und organisatorisch in Beziehung stehende Maßnahme, die in einem Ergänzungs- oder sonstigen besonderen Näheverhältnis zur Europäischen Union steht. Gleichwohl kann hier nicht von einem besonderen Näheverhältnis ausgegangen werden, denn es werden lediglich Kredite und andere Finanzhilfen innerhalb des Rahmens der EFSF an notleidende

1344 S.o. Kap. 2, A. I. 1. e).
1345 BVerfGE 131, S. 152 (199) – *ESM/Euro-Plus-Pakt.*
1346 BVerfGE 129, S. 124 ff. – *Griechenland-Soforthilfe/Euro-Rettungsschirm.*
1347 S.o 2. aa).

Staaten im Euro-Währungsgebiet ausgegeben. Dies stellt jedoch auch keine „dauerhafte“ Grundlage der EU, sondern eine akute und befristete Krisenrettungsmaßnahme dar, die zudem auf ein Privatrechtssubjekt delegiert wurde.

(3) ESM

Wie bereits bei dem der Griechenland-Soforthilfe und dem EFSF zugrunde gelegten, weiten Begriffsverständnis der „Angelegenheiten der Europäischen Union“ in Art. 23 Abs. 2 Satz 1 GG müsste es sich bei dem ESM entweder um Primär- oder Sekundärrecht der Europäischen Union handeln oder um eine hierzu materiellrechtlich und organisatorisch in Beziehung stehende Maßnahme, die in einem Ergänzungs- oder sonstigen besonderen Näheverhältnis zur Europäischen Union steht.[1348] Dies ist hier zweifelsfrei zu erkennen. Insbesondere auch vor dem Hintergrund, dass Art. 136 Abs. 3 AEUV lediglich vorbereitenden Charakter für die Finanzhilfen aus dem ESM aufweist und der ESM daher eine völkervertraglich Ausgestaltung funktional legislativer Tätigkeit darstellt, lässt die von Art. 23 Abs. 2 GG auszulösenden Mitwirkungsrechte und Unterrichtungspflichten umso wichtiger werden.[1349] Der Charakter als unionsrechtsergänzende Rechtsquelle[1350] stützt diesen Befund nochmals.

Auch das dem StabMechG nachempfundene, abgestufte Beteiligungsmodell im ESMFinG (Plenums-, Haushaltsausschuss-, Sondergremienbeschluss) stellt die Wahrnehmungs- und Beteiligungsrechte der Abgeordneten weitgehend sicher.[1351] § 4 ESMFinG und Art. 2 Abs. 2 ESMG normieren den Plenumsbeschluss als grundsätzliches Verhandlungs- und Entscheidungsmodell zur Durchsetzung der haushaltspolitischen Gesamtverantwortung des Bundestages.[1352] Die selbstständige und plenarersetzende Tätigkeit des Haushaltsausschusses ist darüber hinaus nur für untergeordnete und nicht eindeutig Plenumsbeschlüssen vorbehaltenen Entscheidungen möglich.[1353] Ist lediglich die Haushaltsverantwortung betroffen, so ist die in § 5 ESMFinG jedoch teilweise optimistisch formuliert, denn die Veränderung von Leitlinien („guidelines“) oder Regelungen und Bedingungen („terms and conditions“) (Abs. 2 Nr. 2–5) können gleichwohl Auswirkungen auf die haushaltpolitische Gesamtverantwortung haben, so dass hier ein Plenumsbeschluss notwendig wäre.[1354]

1348 Vgl. *Calliess*, in: Pechstein (Hrsg.), Integrationsverantwortung, 2012, S. 53 (79).

1349 *Calliess*, in: Pechstein (Hrsg.), Integrationsverantwortung, 2012, S. 53 (79 f.).

1350 S.o. A. I. 1. b) bb).

1351 BVerfGE 130, S. 318 (341) – *Sondergremium*; BVerfGE 132, S. 195 (274 ff.) – *ESM/Fiskalpakt I;* BVerfGE 135, S. 317 (426 ff.) – *ESM/Fiskalpakt II.*

1352 BVerfGE 130, S. 318 (347) – *Sondergremium*; BVerfGE 132, S. 195 (275) – *ESM/Fiskalpakt I;* BVerfGE 135, S. 317 (427 f.) – *ESM/Fiskalpakt II.*

1353 BVerfGE 132, S. 195 (275) – *ESM/Fiskalpakt I*; BVerfGE 135, S. 317 (427 f.) – *ESM/Fiskalpakt II.*

1354 BVerfGE 132, S. 195 (276 ff.) – *ESM/Fiskalpakt I* verdeutlicht dies anhand von Kapitalabrufen nach Art. 9 Abs. 1 ESMV näher.

Hinsichtlich der Beteiligung eines Sondergremiums nach § 6 ESMFinG, das nur zum Ankauf von Staatsanleihen aktiviert werden darf, werden die Vorgaben des Bundesverfassungsgerichts[1355] in Anlehnung an das reformierte StabMechG erfüllt. § 7 ESMFinG normiert zudem hinreichende, frühzeitige Unterrichtungspflichten, die in der Regel auch schriftlich zu erfolgen haben. Die Informationsrechte müssen ferner mit der Entscheidungskompetenz des Bundestages korrelieren, denn die Abgeordneten benötigen eine hinreichende Informationsgrundlage für ihre Entscheidung.[1356] Die im Falle der direkten Bankenrekapitalisierung beim Plenum verbliebene Entscheidungskompetenz (§ 4 Abs. 1 Nr. 1, Nr. 2 ESMFinG n. F.) schlösse damit auch eine Information ausschließlich des Sondergremiums, wie es im Gesetzgebungsverfahren zur Änderung des § 7 Abs. 1 ESMFinG zur Ermöglichung der direkten Rekapitalisierung von Finanzinstituten ursprünglich geplant war, aus.[1357] Diese diskutierte Beschränkung der Information des Bundestages durch die Bundesregierung auf den Kreis des Sondergremiums[1358] wurde gebotenerweise nach einiger Kritik[1359] letztlich nicht umgesetzt.

Endlich werden die bundesverfassungsgerichtlichen Vorgaben mithin umgesetzt und erfüllt, um einen Verstoß gegen Art. 23 Abs. 2, 3 GG vorzubeugen sowie die parlamentarische Beteiligung nach dem EUZBBG und EUZBLG zu gewährleisten.[1360]

(4) Zwischenergebnis

Damit handelt es sich lediglich bei dem ESM um eine „Angelegenheit der Europäischen Union“ im Sinne des Art. 23 GG. Die daraus resultierenden Mitwirkungsrechte und Unterrichtungspflichten wurden jedoch gewahrt.

3. Mitwirkungsrechte von Abgeordneten (Art. 38 Abs. 1 GG)

Art. 38 Abs. 1 GG verleiht den Abgeordneten des Bundestages gewisse Statusrechte. Durch die Rettungsmaßnahmen und die damit beschlossenen Gesetze WFStG, StabMechG und ESMFinG werden den Abgeordneten zwar elementare Mitwirkungsrechte zugestanden,[1361] allerdings gleichzeitig auch bestimmte Entscheidungsbefugnisse auf den Haushaltsausschuss oder gar ein noch kleineres Sondergremium verlagert. Zu untersuchen ist in Bezug auf die Statusrechte der Abgeordneten, welche verfassungsrechtlichen Grenzen für die Delegation parlamentarischer

---

1355 BVerfGE 130, S. 317 (357 ff.) – *Sondergremium.*

1356 Vgl. nur *Murswiek,* Rechtsgutachten zur direkten Bankenrekapitalisierung, 2014, S. 27.

1357 Dazu ausführlich *Calliess/Schoenfleisch,* JZ 2015, S. 113 (118 f.).

1358 BT-Drs. 18/2577, S. 7.

1359 Ausführlich *Murswiek,* Rechtsgutachten zur direkten Bankenrekapitalisierung, 2014, S. 24 ff.; ähnlich *Calliess,* Stellungnahme zur direkten Bankenrekapitalsierung, 2014, S. 10; a.A. eher *Wieland,* LTO vom 14. 11. 2014.

1360 BVerfGE 130, S. 317 (357 ff.) – *Sondergremium*; BT-Drs. 17/10172, S. 13 f.

1361 Zur Ausgestaltung im Einzelnen s.o. Kap. 2, A. IV.

Entscheidungen bestehen, welche Voraussetzungen hierfür zu erfüllen sind und ob diese in den vorliegenden Fällen gegeben sind.

a) Inhalt

Als Korrelat zu der aus Art. 38 Abs. 1 Satz 1 GG hergeleiteten Budgetverantwortung des Bundestages müssen den Abgeordneten hinreichende Entscheidungsbefugnisse verbleiben, um einer Entleerung ihrer politischen Gestaltungsmöglichkeiten, die ihnen durch die Wahl von den Bürgern zugesprochen wurden, entgegenzuwirken und so den Kern des Demokratieprinzips nicht zu verletzen.[1362] Beiden Komponenten des Art. 38 Abs. 1 GG wohnt daher ein abwehrrechtlicher Charakter inne.[1363] Aufgrund ihres verfassungsrechtlichen Status stehen den Abgeordneten aus Gründen der Gleichheit Mitwirkungsrechte zu, die als Teilhaberechte allerdings nicht dem einzelnen Abgeordneten, sondern dem Parlament als Gesamtheit zugewiesen sind.[1364] Dies beinhaltet unter anderem grundsätzlich gleiche Mitwirkungsrechte wie das Rede-, Stimm-, Initiativrecht oder sonstige Beteiligungsrechte für alle Abgeordneten.[1365] Diese Statusrechte werden insbesondere im Anwendungsbereich der parlamentarischen Budgetverantwortung durch Art. 110 Abs. 2, Art. 115 Abs. 1 GG, ähnlich der aus grundrechtlichen Terminologie bekannten Schutzbereichsverstärkung, effektiviert[1366] Dies gilt im Speziellen auch für die Budgetöffentlichkeit als Ausfluss des demokratischen Öffentlichkeitsprinzips.[1367]

b) Grenzen

Eine Delegation von Mitwirkungsrechten ist aufgrund ihrer Wurzeln im Demokratieprinzip nicht unbegrenzt möglich. Die wesentliche Entscheidungsbefugnis muss, gerade im Bereich des Budgetrechts und der haushaltspolitischen Gesamtverantwortung, letztlich dem Plenum vorenthalten bleiben, sofern dies nicht verfassungsrechtlich geboten ist.[1368] Zwar dürfen Entscheidungsprozesse auch in Untergremien verlagert werden, die Letztentscheidung muss jedoch wegen der Gleichheit der

---

1362 Vgl. BVerfGE 89, S. 155 (172) – *Maastricht;* BVerfGE 129, S. 124 (168) – *Griechenland-Soforthilfe/Euro-Rettungsschirm; Moench/Ruttloff,* DVBl. 2012, S. 1261 (1262).

1363 *Moench/Ruttloff,* DVBl. 2012, S. 1261 (1262).

1364 BVerfGE 44, S. 308 (316); BVerfGE 56, S. 396 (405); BVerfGE 80, S. 188 (217); BVerfGE 130, S. 318 (342) – *Sondergremium; Klein,* in: Isensee/Kirchhof (Hrsg.), HbdStR III, 3. Aufl. 2005, § 51 Rn. 31 m.w.N.; ähnlich *Murswiek,* Rechtsgutachten zur direkten Bankenrekapitaislierung, 2014, S. 19 ff.; *Nettesheim,* NJW 2012, S. 1409 (1411).

1365 BVerfGE 130, S. 318 (342 f.) – *Sondergremium;* kritisch *Nettesheim,* NJW 2012, S. 1409 (1410).

1366 *Moench/Ruttloff,* DVBl. 2012, S. 1261 (1262).

1367 BVerfGE 70, S. 324 (358); BVerfGE 130, S. 318 (351) – *Sondergremium.*

1368 BVerfGE 130, S. 318 (346 f.) – *Sondergremium;* vgl. auch *Gröpl,* Der Staat 52 (2013), S. 1 (13); *Wiefelspütz,* ZParl 2012, S. 227 (229 f.).

Abgeordneten beim Plenum verbleiben.[1369] Diese Folge ergibt sich aus der Integrationsverantwortung des Parlaments und jedes einzelnen Abgeordneten.[1370] Dabei bedarf es für die Durchbrechung dieses Grundsatzes jedenfalls triftiger Gründe.[1371]

Art. 45 Satz 2 GG enthält als einzige Verfassungsbestimmung die Möglichkeit der Wahrnehmung von Rechten des Bundestages durch eine Untergliederung des Parlaments, den Europaaauschuss.[1372] Dieser ist ermächtigt, die Rechte des Bundestages nach Art. 23 Abs. 2 GG abschließend wahrzunehmen.[1373] Die Frage, ob dies auch qua Geschäftsordnung möglich wäre, wird vom Bundesverfassungsgericht in seiner Entscheidung zum *Sondergremium* gleichwohl wegen vermeintlich fehlender Entscheidungsrelevanz offengelassen.[1374] Elementare Entscheidungen dürfen indes nicht auf Untergliederungen des Parlamentes übertragen werden. Sollte dies dennoch der Fall sein, so gilt das aus dem Verhältnismäßigkeitsprinzip abgeleitete Gebot des geringstmöglichen Eingriffs, d. h. andere verfassungsrechtliche Gesichtspunkte können nur insoweit rechtfertigend wirken, sofern sie zwingend geboten sind.[1375] Da die Delegatare lediglich vom Bundestag abgeleitete Befugnisse und Kompetenzen aufweisen muss ein Rückholrecht hierfür bestehen,[1376] das nach der insoweit unklaren Judikatur des Bundesverfassungsgerichts eher als Minderheitenrecht als von einer qualifizierten Mehrheit, etwa vergleichbar mit Art. 44 Abs. 1 Satz 1 GG, ausgestaltet sein muss.[1377]

Das Plenum des Bundestages muss nach Ausführung der Maßnahme darüber informiert werden, um seine Informationsrechte zu wahren und die Transparenz der Gremienhandlung zu gewährleisten. Eine Einschränkung parlamentarischer Unterrichtungsrechte ist aus Gründen der Eilbedürftigkeit oder des Geheimschutzes lediglich in zeitlicher Hinsicht statthaft, um die Kontrollfunktion des Parlamentes in Bezug auf die Delegationsregelung nicht zu unterlaufen.[1378]

1369 *Wiefelspütz,* ZParl 2012, S. 227 (230 f.) m.w.N. auch zum Streitstand.

1370 Vgl. *Nettesheim,* in: Pechstein (Hrsg.), Integrationsverantwortung, 2012, S. 11 (36), der im Übrigen jedoch einen funktionalen Ansatz bezüglich der Beteiligung des Parlaments vertritt (S. 44 ff.); dazu ausführlich *Engels,* JuS 2012, S. 210 ff.

1371 *Guckelberger,* ZEuS 2012, S. 1 (44).

1372 Vgl. *Schmahl,* in: Sodan (Hrsg.), GG, 3. Aufl. 2015, Art. 45 Rn. 3.

1373 Selbst der Petitionsausschuss (Art. 45c GG) hat lediglich Beratungs- und keine Letztentscheidungskompetenz, s. *Guckelberger,* ZEuS 2012, S. 1 (45).

1374 BVerfGE 130, S. 318 (351) – *Sondergremium*; kritisch *Nettesheim,* NJW 2012, S. 1409 (1411).

1375 BVerfGE 130, S. 318 (360 ff.) – *Sondergremium*; dazu *Calliess,* NVwZ 2012, S. 1 (6); *Guckelberger,* ZEuS 2012, S. 1 (44); *Moench/Ruttloff,* DVBl. 2012, S. 1261 (1265).

1376 BVerfGE 132, S. 195 (274 f.) – *ESM/Fiskalpakt I.*

1377 *Moench/Ruttloff,* DVBl. 2012, S. 1261 (1266).

1378 BVerfGE 130, S. 318 (366) – *Sondergremium.*

aa) Geschäftsordnungsautonomie

Die in Art. 40 GG vorgesehene Geschäftsordnungsautonomie bestätigt, zwar, dass für alle beratenden und vorbereitenden Maßnahmen der parlamentarischen Arbeit wie die Arbeit an Gesetzentwürfen in Ausschüssen (§§ 54 Abs. 1, 62 Abs. 1 GOBT) eine Delegation möglich ist.[1379] Eine Delegation nur aus Gründen der Funktionsfähigkeit des Parlamentes scheidet gleichwohl aus. Das Selbstorganisationsrecht des Parlamentes kann deshalb nur bei der Ausgestaltung parlamentarischer Arbeit fruchtbar gemacht werden, nicht zum Entzug von essentiellen Teilhaberechten der Abgeordneten.[1380] Vielmehr gebietet das Status- und Teilhaberecht der Abgeordneten korrespondierend zum Wahlrecht der Bürger, dass Entscheidung in dessen Kernbereich, also der potentiellen Teilhabe an allen Letztentscheidungen des Bundestages, nur aufgrund einer verfassungsrechtlichen Ermächtigung erfolgen dürfen.[1381] Dafür spricht auch die explizite verfassungsrechtliche Ermächtigung in Art. 45 Satz 2 GG, die einzigartig im systematischen Gefüge des GG ist.[1382] Allerdings kann diese Argumentation aufgrund der jahrelangen, unbeanstandeten Staatspraxis nicht mehr aufrechterhalten werden.[1383] Demnach besteht kein generelles, verfassungsrechtliches Delegationsverbot. Die Delegation muss indes im gesamten Gefüge des Grundgesetzes,[1384] insbesondere vor dem Hintergrund der gleichen Mitwirkungsrechte und, hier, dem Grundsatz der Budgetöffentlichkeit, genügen.

bb) Eilbedürftigkeit

Die Eilbedürftigkeit von Entscheidungen könnte eine Delegation rechtfertigen. Um eine Entscheidung von besonderer Dringlichkeit zu fassen, die nicht abgewartet werden kann, bis der Bundestag seine nächste Sitzung abhält, kann dies durchaus in Frage kommen. Dies setzt indes voraus, dass die zu entscheidende Maßnahme durch ein Zuwarten konterkariert würde und diese unmittelbar im Anschluss an die Entscheidung auch ins Werk gesetzt werden müsste.[1385] Ist also Gefahr im Verzug gegeben, so kann ein zuvor bestimmter Delegatar die Entscheidung treffen. Das setzt indes voraus, dass diese Gremium in jedem Fall rasch zusammentreten kann, womit eine hinreichende Anzahl von Stellvertretern ernannt werden muss, da der Eingriff in die verfassungsrechtliche Position der Abgeordneten ansonsten zu groß ist.[1386]

1379 *Klein,* in: Maunz/Dürig (Hrsg.), GG, 50. EL 2007, Art. 40 Rn. 135 f.

1380 BVerfGE 130, S. 318 (344) – *Sondergremium* m.w.N. zur Rechtsprechung.

1381 *Kube,* AöR 137 (2012), S. 205 (214); *Moench/Ruttloff,* DVBl. 2012, S. 1261 (1263).

1382 Vgl. *Schmahl,* in: Sodan (Hrsg.), GG, 3. Aufl. 2015, Art. 45 Rn. 3; *Scholz,* in: Maunz/Dürig (Hrsg.), GG, 56. EL 2009, Art. 45 Rn. 6.

1383 S. nur BVerfGE 40, S. 356 (362 ff.); BVerfGE 70, S. 324 (364 ff.).

1384 *Klein,* in: Maunz/Schmidt-Bleibtreu/Klein/Bethge (Hrsg.), BVerfGG, 13. EL 1993, § 6 Rn. 3 m.w.N.

1385 BVerfGE 130, S. 318 (360) – *Sondergremium.*

1386 BVerfGE 130, S. 318 (360 f.) – *Sondergremium.*

cc) Geheimhaltungsbedürftigkeit

Aus Gründen der Geheimhaltungsbedürftigkeit ist ebenfalls eine Delegation auf ein untergeordnetes Gremium weniger Abgeordneter möglich. Dies gilt, vergleichbar mit militärischen Geheimnissen oder aus Gründen des Staatsschutzes indes nur, wenn nicht nur der Inhalt der Beratung, sondern auch die Tatsache der Beratung und Beschlussfassung an sich geheimgehalten werden muss, um den Erfolg der Maßnahme nicht zu konterkarieren und die Geheimschutzordnung daher auch keinen ausreichenden Schutz bieten würde[1387] Dies ist beispielsweise angesichts der Verwerfungen auf dem Finanzmarkt durch die Auswirkungen der Krise(n) nur nachvollziehbar.[1388]

dd) Grundsatz der Spiegelbildlichkeit

Entscheidungsbefugnisse dürfen zudem nur auf Unterorgane oder Organteile des Bundestages übertragen werden, wenn sie die Mehrheitsverhältnisse des Parlamenes in ihrer konkreten Gestalt durch die Fraktionen abbilden.[1389] Dieser Grundsatz der Spiegelbildlichkeit gilt bereits für die Tätigkeit der Ausschüsse als vorbereitendem und beratendem Parlamentssegment und muss daher recht für den Fall der bindenden Entscheidungen gelten. Dieser Grundsatz wird umso wichtiger, je kleiner die Größe des Gremiums wird, da dann umso mehr Abgeordnete an der Ausübung ihres Mandates gehindert werden.[1390] Abweichungen von diesem Prinzip sind daher nur in engen Grenzen möglich, insbesondere wenn die Regierungsmehrheit ansonsten durch eine strenge Anwendung des Spiegelbildlichkeitsgrundsatzes nichtmehr abzubilden wäre.[1391] Die Chancengleichheit gebietet also auch einengleichen Zugang zu Subgremien des Bundestages.[1392] Gleichwohl muss in Fällen, in denen das Gremium die kleinstmögliche (möglicherweise gar einstellige) Zahl von Entscheidungsträgern erreichen soll, jede parlamentarische Gruppierung mindestens mit einem Vertreter repräsentiert werden. Eine hierdurch möglicherweise erreichte Verzerrung des Grundsatzes der Spiegelbildlichkeit ist aus Gründen des Minderheitenschutzes und der Gewährleistung von Oppositionsrechten aus dem auch den Statusrechten der Abgeordneten aus Art. 38 Abs. 1 Satz 2 GG zugrunde liegenden Demokratieprinzip (Art. 20 GG) zu rechtfertigen. Die Wahl der Vertreter eines entscheidungsbefugten parlamentarischen Gremiums muss indes aus demokratisch-legitimatorischen Motiven durch das Plenum stattfinden, eine Kettendelegation (bspw. über einen Ausschuss hin zu einem noch kleineren Gremium) ist daher unzulässig.[1393]

1387 BVerfGE 130, S. 318 (362) – *Sondergremium.*

1388 *Manger-Nestler,* NJ 2012, S. 158 (159).

1389 BVerfGE 80, S. 188 (222); BVerfGE 84, S. 304 (323); BVerfGE 96, S. 264 (282); BVerfGE 112, S. 118 (133); BVerfGE 130, S. 318 (364 f.) – *Sondergremium.*

1390 BVerfGE 130, S. 318 (354) – *Sondergremium.*

1391 BVerfGE 112, S. 118 (141); BVerfGE 130, S. 318 (355) – *Sondergremium.*

1392 *Nettesheim,* NJW 2012, S. 1409 (1411).

1393 *Moench/Ruttloff,* DVBl. 2012, S. 1261 (1266).

ee) Explizite Delegationsverbote

Als absolut sind die Grenzen der Delegation durch grundgesetzlich vorgegebene Mehrheitsentscheidungen des Plenums zu sehen.[1394] In diesen Fällen ist eine solche Entscheidung des Plenums unumgänglich. So statuieren etwa im Falle der Gesetzgebung (Art. 77 GG), der Bundeskanzlerwahl (Art. 63 GG, des Misstrauensvotums (Art. 67 GG), der Vertrauensfrage (Art. 68 GG) absolute Delegationsverbote auf Unterorgane oder Organteile.[1395]

ff) Wesentlichkeit der Entscheidung

Auch wenn Entscheidungen wesentlich sind, müssen sie dem Plenum des Bundestages vorbehalten bleiben und dürfen nicht auf parlamentarische Gremien delegiert werden.[1396] Dabei gilt der Grundsatz, dass je wichtiger eine Kompetenz politisch ist, desto größer muss die verfassungsrechtlich geforderte Beteiligungsmöglichkeit sein.[1397] Für die Annahme der Wesentlichkeit können insbesondere gravierende finanzielle Auswirkungen, erhebliche Auswirkungen auf das Staatsgefüge, Konkretisierungen offenen Verfassungsrechts sowie die politische Wichtigkeit oder Umstrittenheit des Vorhabens sprechen.[1398] Die übertragenen Befugnisse müssen also einer organ- und funktionsadäquaten Aufgaben- und Verantwortungszuweisung entsprechen.[1399] Dies kann insbesondere im Hinblick auf die auszuübende Budgetautonomie des Bundestages der Fall sein, wenn sie hierfür von struktureller Bedeutung sind.[1400] Der Bundestag darf nämlich nicht in die bloße Rolle des Nachvollzuges exekutiver Entscheidungen gedrängt und so seiner haushaltspolitischen Gesamtverwortung entzogen werden.[1401] Der Wesentlichkeitsgrundsatz statuiert jedoch ein graduell abgestuftes System, wobei grundlegende Rahmenbedingungeen stets durch ein im Plenum beschlossenes Parlamentsgesetz festlegegt werden müssen, weniger wesentliche Aspekte allerdings nicht zwangsläufig in Gesetzesform zu normieren sind, aber gleichwohl noch dem Vorbehalt einer einfachen Parlamentsentscheidung unterliegen und schließlich letzte Konkretisierungen von marginaler Bedeutung durch eine pauschale Delegationsregelung gar der Exekutive überantworten

---

1394 *Wiefelspütz,* ZParl 2012, S. 227 (235) m.w.N.

1395 *Moench/Ruttloff,* DVBl. 2012, S. 1261 (1267).

1396 *Moench/Ruttloff,* DVBl. 2012, S. 1261 (1267).

1397 *Klein,* in: Maunz/Schmidt-Bleibtreu/Klein/Bethge (Hrsg.), BVerfGG, 13. EL 1993, § 6 Rn. 3.

1398 *Herzog/Grzeszick,* in: Maunz/Dürig (Hrsg.), GG, 51. EL 2007, Art. 20 Rn. 107; *Manger-Nestler,* NJ 2012, S. 158 (159).

1399 *Kube,* AöR 137 (2012), S. 205 (219).

1400 BVerfGE 129, S. 124 (180 f.) – *Griechenland-Soforthilfe/Euro-Rettungsschirm;* BVerfGE 130, S. 318 (344) – *Sondergremium*; vgl. auch *Wiefelspütz,* ZParl 2012, S. 227 (238) m.w.N.

1401 BVerfGE 129, S. 124 (178 f.) – *Griechenland-Soforthilfe/Euro-Rettungsschirm;* BVerfGE 130, S. 318 (344 f.) – *Sondergremium.*

werden dürften (vgl. Art. 80 Abs. 1 Satz 2 GG).[1402] Man kann also feststellen, dass die Beteiligung des Bundestages kleiner werden darf je bestimmter die gesetzliche Ermächtigung ist.[1403] Dem steht jedoch diametral gegenüber, dass, je wichtiger die Entscheidung ist, desto größer muss das beschlussfassende Gremium im Bundestag sein. Dies ist jedoch kein Gegensatz, sondern lässt sich durch die legislatorische Ausgestaltung von Beteiligungsgesetzen verbinden.

c) *Verletzung im Falle von WFStG, StabMechG und ESMFinG*

Die Delegation der Unterrichtung des Haushaltsausschusses in § 1 Abs. 3 WFStG begegnet keinen Bedenken in Bezug auf die Statusrechte der Abgeordneten, denn die hinreichend bestimmte Gewährleistungsermächtigung vollzieht bereits den durch dieses Gesetz bezweckten Akt der deutschen Beteiligung an der Griechenland-Soforthilfe.

Das ESMFinG sowie das StabMechG in der Fassung durch das Zweite Änderungsgesetz begegnen ebenfalls keinen Bedenken, sie setzen im Großen und Ganzen die Vorgaben der verfassungsgerichtlichen Rechtsprechung in Bezug auf die Wesentlichkeit, Eilbedürftigkeit, Geheimhaltung und Information der Abgeordneten in Bezug auf ihre Statusrechte aus Art. 38 Abs. 1 Satz 2 GG um.[1404] In der Ursprungsversion des StabMechG wurde § 1 Abs. 4 dahingehend vom Bundesverfassungsgericht verfassungskonform auszulegen sei, dass die Zustimmung einzuholen sei und kein Einvernehmen ausreiche.[1405] Allerdings ist dies methodisch kaum vertretbar, denn dort wurde nicht darlegt, wie diese Auslegung der Budgetverantwortung hinreichend gerecht wird.[1406] Außerdem wird durch die Umdeutung einer nicht erfolgsbezogenen Regelung zu einer erfolgsbezogenen bereits der Sinn der Vorschrift umgedeutet, ganz zu schweigen von der Uminterpretation einer Stellungnahme hin zu einer konstitutiven Zustimmung.[1407] Als verfassungwidrig verworfen hat das Bundesverfassungsgericht auch die grundsätzliche Delegation von Entscheidungsbefunissen auf das Sondergremium in § 3 Abs. 3 StabMechG in der Fassung des ersten Änderungsgesetzes, da dies wesentliche Entscheidungen grundsätzlich auf das Sondergremium übertrug und den Grundsatz der Spiegelbildlichkeit nicht hinreichend berücksichtigte.[1408]

1402 *Moench/Ruttloff,* DVBl. 2012, S. 1261 (1267) m.w.N.

1403 Vgl. *Nettesheim,* in: Pechstein (Hrsg.), Integrationsverantwortung, 2012, S. 11 (33).

1404 Siehe dazu BT-Drs. 17/9145, S. 4 f.; zur Ausgestaltung s.o. Kap. 2, A. IV.

1405 BVerfGE 129, S. 124 (185 f.) – *Griechenland-Soforthilfe/Euro-Rettungsschirm.*

1406 *Korioth,* in: Pache/Schwarz (Hrsg.), Grundlagen, aktuelle Entwicklungen und Perspektiven der Europäischen Währungsunion, 2012, S. 61 (80 f.); ähnlich *Kube/Reimer,* ZG 2011, S. 332 (338).

1407 *Götz/Schneider,* DVBl. 2012, S. 145 (147).

1408 BVerfGE 112, S. 118 (141); BVerfGE 130, S. 318 (355) – *Sondergremium;* dazu ausführlich *Wiefelspütz,* ZParl 2012, S. 227 (242 f.); bereits kritisch *Calliess,* in: Pechstein (Hrsg.), Integrationsverantwortung, 2012, S. 53 (83 ff.).

Die Delegation der Entscheidung über die Leitlinien bezüglich der Ausgestaltung der direkten Bankenrekapitalisierung an den Haushaltsausschuss nach § 5 Abs. 2 Satz 1 Nr. 3 ESMFinG n.F. verstößt indes nicht gegen das in Art. 38 Abs. 1 GG gewährleistete Mitwirkungsrecht der Abgeordneten. Die Entscheidung darüber ist nicht wesentlich im Sinne der Rechtsprechung des BVerfG,[1409] denn es werden damit lediglich die Modalitäten für die Bankenrekapitalisierung konkretisiert und keine die haushaltspolitische Gesamtvertantwortung des Bundestages tangierenden Wirkungen gezeitigt.[1410]

Die Beteiligungsgesetze sind der Wesentlichkeitsmaxime maßgeblich nachgekommen, wenngleich sie teilweise noch optimierungsbedürftig sind. Im Übrigen zeichnen sie die Vorgaben des Bundesverfassungsgerichts genau nach, um einer erneuten Verletzung des Grundgesetzes entgegenzuwirken.[1411] Sie stellen einen Beitrag zu einem differenzierten Beteiligungsmodell unter Einhaltung verfassungsrechtlicher Grenzen dar.

4. Anforderungen an die Kreditbeschaffung (Art. 115 GG)

Nach Art. 115 Abs. 1 GG bedarf die Aufnahme von Krediten sowie die Übernahme von Bürgschaften, Garantien oder sonstigen Gewährleistungen, welche zu Ausgaben in künftigen Rechnungsjahren führen können einer Ermächtigung durch Bundesgesetz, die zumindest der Höhe nach bestimmbar sein muss. Hierbei muss es sich um ein förmliches Bundesgesetz handeln.[1412] Dies gilt insbesondere im Hinblick auf die durch die Finanzhilfen begründeten, immensen Risiken.[1413] Diese Norm ist Ausprägung der Bud-gethoheit des Bundestages und gehört zum Kern des parlamentarischen Budgetrechts.[1414] Sie soll der Aufnahme von unbestimmten oder unbestimmbaren Negativsalden im Bundeshaushalt entgegenwirken. Indem die Summe bestimmt oder bestimmbar sein muss, wird dem Haushaltsgesetzgeber seine Verantwortung für eine nachhaltige Finanzpolitik und das Fernziel eines ausgeglichenen Haushaltes ohne weitere Kreditaufnahme (Art. 115 Abs. 3 GG) verdeutlicht. Eine absolute Grenze, etwa im Verhältnis zum Bundeshaushalt gesehen, enthält diese Norm indes nicht.[1415]

1409 BVerfGE 129, S. 124 (185 f.) – *Griechenland-Soforthilfe/Euro-Rettungsschirm*; BVerfGE 130, S. 318 (351 f.) – *Sondergremium;* zu den Kriterien s.o. ff).

1410 A.A. *Murswiek,* Rechtsgutachten zur direkten Bankenrekapitalisierung, 2014, S. 22 ff.

1411 Ähnlich *Wiefelspütz,* ZParl 2012, S. 227 (249).

1412 *Pünder,* in: Isensee/Kirchhof (Hrsg.), HbdStR V, 3. Aufl. 2007, § 123 Rn. 15; in diese Richtung *Philipp,* ZRP 2011, S. 240 (241 f.).

1413 *Kube,* AöR 137 (2012), S. 205 (216).

1414 *Pünder,* in: Isensee/Kirchhof (Hrsg.), HbdStR V, 3. Aufl. 2007, § 123 Rn. 14.

1415 So aber *Kube,* AöR 137 (2012), S. 205 (217); offengelassen BVerfGE 129, S. 124 (146 f.) – *Griechenland-Soforthilfe/Euro-Rettungsschirm.*

Die Griechenland-Soforthilfe stellt indes keinen Verstoß gegen diese Norm dar. § 1 Abs. 1 Satz 1 WFStG beziffert den Betrag der deutschen Gewährleistungsübernahme auf genau 22,4 Mrd. Euro und wird mithin den Anforderungen dieser Norm vollends gerecht.[1416]

Selbiges gilt für die Europäische Finanzstabilisierungsfazilität, denn § 1 Abs. 1 Satz 1 StabMechG deckelt den deutschen Gewährleistungsbeitrag für deren Finanzierungsgeschäfte auf 211,0459 Mrd. Euro.[1417] Stimmen, die die Beteiligung Deutschlands an der EFSF als Zweckgesellschaft gar ohne gesetzliche Ermächtigungsgrundlage für möglich halten und zur Begründung § 65 BHO anführen,[1418] ist bereits aufgrund der in der *Lissabon*-Entscheidung des BVerfG[1419] festgelegten und in den Entscheidungen zur Euro-Rettung[1420] weiterentwickelten Anforderungen an die Integrations- und Budgetverantwortung des Gesetzgebers eine Absage zu erteilen. Der Gesetzgeber muss solche haushaltswirksamen Entscheidungen selbst fällen, um dieser Verantwortung gerecht zu werden.

Grundsätzlich kann auch für den Europäischen Stabilisierungsmechanismus nichts anderes gelten, wenn § 1 Abs. 1 i.V.m. Abs. 2 Satz 1 ESMFinG die Gewährleistungsübernahme im Rahmen der deutschen Beteiligung an diesem dauerhaften Rettungsinstrument auf 168,30768 Milliarden Euro limitiert. Ganz eindeutig bestimmt ist diese Summe zwar nicht, denn es ist möglich, Art. 8 Abs. 5 ESMV, der über Art. 1 ESMG in Deutschland Rechtswirkung entfaltet, derart auszulegen, dass über den erhöhten Kapitalabruf eine größere Summe als die ursprünglich vorgesehene eingezahlt werden muss.[1421] Allerdings hat die Bundesrepublik Deutschland durch die durch das Bundesverfassungsgericht aufgegebene,[1422] völkerrechtliche Auslegungserklärung[1423] nochmals klargestellt, dass die Auslegung des Art. 8 Abs. 5 ESMV so vorzunehmen ist, dass die Haftungssumme in jedem Fall nicht ohne Zustimmung der nationalen Beteiligungsverfahren erhöht werden darf. Mithin lässt sich die in § 1 Abs. 1 i.V.m. Abs. 2 Satz 1 ESMFinG bestimmte Summe gar absolut bestimmen und stellt daher keinen Verstoß gegen Art. 115 Abs. 1 GG dar.

1416 S. auch *Kettgen,* Finanzkrise und EFSF, 2011, S. 19 f.

1417 *Korioth,* in: Pache/K..-A. Schwarz (Hrsg.), Grundlagen, aktuelle Entwicklungen und Perspektiven der Europäischen Währungsunion, 2012, S. 61 (78).

1418 So *Wieland,* NVwZ 2011, S. 340 (341).

1419 BVerfGE 123, S. 267 (insb. 352 ff.).

1420 BVerfGE 129, S. 124 (179 ff.) – *Griechenland-Soforthilfe/Euro-Rettungsschirm;* BVerfGE 132, S. 195 (240 ff.) – *ESM/Fiskalpakt I;* BVerfGE 135, S. 317 (399 ff.) – *ESM/Fiskalpakt II.*

1421 Dazu BVerfGE 132, S. 195 (251 ff.) – *ESM/Fiskalpakt I.*

1422 BVerfGE 132, S. 195 (257) – *ESM/Fiskalpakt I.*

1423 BGBl. 2012 II, S. 1086 f.

5. Verstoß gegen unionsrechtliche Verpflichtungen und gesamtwirtschaftliches Gleichgewicht (Art. 109 Abs. 2 GG)

Es ist darüber hinaus denkbar, dass durch die Finanzhilfen die Pflicht zur Beachtung der unionsrechtlichen Verpflichtungen durch Rechtsakte auf Grundlage von Art. 126 AEUV zur Einhaltung der Haushaltsdisziplin aus Art. 109 Abs. 2 Hs. 1 GG verletzt wird. Ein Verstoß gegen Art. 109 Abs. 2 Hs. 1 GG kann jedoch auch bei großzügiger Auslegung unter Einbeziehung von Art. 125 AEUV als teleologische Voraussetzung des Art. 126 AEUV nicht festgestellt werden. Die Finanzhilfen müssten hierfür gegen Rechtsakte der Union auf Grundlage von Art. 126 AEUV verstoßen, was bereits daran scheitert, dass es sich bei einem Großteil der Finanzhilfen gar nicht um Rechtsakte der Union handelt.[1424] Selbst ein Verstoß gegen Art. 125 Abs. 1 AEUV durch die auf Grundlage von Art. 122 Abs. 2 AEUV erlassenen Verordnung (EU) Nr. 407/2010 würde im Rahmen des Art. 109 Abs. 2 Hs. 1 AEUV bedeutungslos sein.

Gleichwohl bedeutet dies nicht, dass nicht auch gegen die Verpflichtung zur Wahrung des gesamtwirtschaftlichen Gleichgewichts aus Art. 109 Abs. 2 Hs. 2 GG verstoßen werden kann. Diese im Zuge der Föderalismusreform II veränderte Vorschrift ist nunmehr vom einfachen Programmsatz zum eigenständigen Prüfungspunkt avanciert, wobei die Beachtung der unionsrechtlichen Vorgaben in Form der Maastricht-Kriterien durch den Wortlaut des Art. 109 Abs. 2 GG („in diesem Rahmen") eine echte Pflicht, insbesondere zur Begrenzung von Defiziten sowie Gesamtverschuldung geworden ist.[1425] Der Ansicht von *Kube* und *Reimer*, wonach Art. 109 Abs. 2 GG dem gesamtwirtschaftlichen Gleichgewicht als unbestimmten Rechtsbegriff einer spezifisch unionsrechtskonformen Auslegung öffnet und dies beim gegenwärtigen Integrationsstand nur eine Lage sein kann, die mit den zentralen Vorgaben des Unionsrechts in Einklang steht und deshalb eine Haushaltspolitik die durch Gewährleistungsübernahmen gegen Primärrecht verstößt sowie für den Sicherungsfall potenziell die Defizitbegrenzung und die Gesamtverschuldungsgrenze missachtet,[1426] kann indes zugestimmt werden. Auch wenn dem Gesetzgeber vom Bundesverfassungsgericht im Falle von Art. 109 Abs. 2 GG a.F. ein großer Einschätzungsspielraum zugesprochen wurde, so dass sich die Überprüfung der Vorgaben des Art. 109 Abs. 2 GG lediglich auf Fälle evidenter Missachtung des gesamtwirtschaftlichen Gleichgewichts beschränkt,[1427] so kann diese Einordnung unter der geltenden Rechtslage nicht mehr vollends aufrechterhalten werden. Denn auch wenn Art. 109 Abs. 2 GG n. F. ein gewisser Programmsatzcharakterverbleibt, so muss die Einhaltung der unionsrechtlichen Vorgaben durch den Verweis hierauf

---

1424 *Kube/Reimer*, NJW 2010, S. 1911 (1914).
1425 *Kube/Reimer*, NJW 2010, S. 1911 (1914).
1426 *Kube/Reimer*, NJW 2010, S. 1911 (1915).
1427 BVerfG NVwZ 1990, S. 356 (357) – *Zweitwohnungssteuer Westerland;* vgl. auch *Di Fabio,* Die Zukunft einer stabilen Wirtschafts- und Währungsunion, 2013, S. 30.

auch uneingeschränkt justiziabel sein.[1428] Damit kann festgestellt werden, dass die Gewährleistungsermächtigungen des § 1 Abs. 1 Satz 1 WFStG, § 1 Abs. 1 StabMechG und § 1 Abs. 1 i.V.m. Abs. 2 Satz 1 ESMFinG hiergegen verstoßen.[1429]

6. *Schuldenbremse (Art. 109 Abs. 3, Art. 115 Abs. 2 GG)*

Ferner könnten das WFStG, StabMechG und ESMFinG die grundgesetzlich in Art. 109 Abs. 3, Art. 115 Abs. 2 GG normierte sog. „Schuldenbremse" verletzen. Die grundgesetzliche Schuldenbremse aus Art. 109 Abs. 3, Art. 115 Abs. 2 GG bestimmt den Grundsatz eines ohne Einnahmen aus Krediten auszugleichenden Haushalts (sog. „materieller Haushaltsausgleich"), der sowohl für den Bundes- als auch die Länderhaushalte gilt.[1430] Einnahmen aus Krediten im Sinne dieser Vorschrift sind die Einräumung von Kreditermächtigungen und die tatsächliche Aufnahme von Krediten.[1431] Ein Kredit liegt vor, wenn Verbindlichkeiten zur Beschaffung von Geld oder zur Abgeltung von Ansprüchen begründet werden.[1432]

Eine direkte Anwendung wird bei bloßen Gewährleistungsübernahmen grundsätzlich allein bereits aufgrund des expliziten Wortlautunterschiedes zu Art. 115 Abs. 1 GG nicht möglich sein.[1433] Da Finanzhilfen im Falle der Inanspruchnahme der Gewährleistungsübernahmen die Schuldenbremse mittelbar verletzen könnten, wird teilweise gleichwohl eine Verletzung der Schuldenbremse angenommen.[1434] Begründet wird dies vor allem mit einem zeitlichen Vorwirkung der Art. 109 Abs. 3, Art. 115 Abs. 2 GG, die dann verletzt würden, wenn der aktuelle Bundesgesetzgeber so große Gewährleistungsübernahmen festschreibt, die einen späteren Haushaltsgesetzgeber mit hinreichender Wahrscheinlichkeit in eine Lage bringen, in der ein Verstoß gegen die Schuldenbremse faktisch zur einzigen Handlungsoption wird (als eine Art actio libera in causa).[1435] Die Gewährleistungsermächtigungen können trotz der vollen Geltung der Schuldenbremse erst ab 2016 (Art. 143d Abs. 1 Satz 5 GG) potenzielle Risiken enthalten, die die Einhaltung der Vorgaben der Schuldenbremse

---

1428 A.A. wohl *v. Lewinski*, in: Isensee/Kirchhof (Hrsg.), HbdStR X, 3. Aufl. 2012, § 217 Rn. 82.

1429 So für § 1 WFStG bereits *Kube/Reimer*, NJW 2010, S. 1911 (1915); ähnlich *Brück/Schalast/Schanz*, BB 2010, S. 2522 (2526); a.A. *Korioth*, in: Pache/Schwarz (Hrsg.), Grundlagen, aktuelle Entwicklungen und Perspektiven der Europäischen Währungsunion, 2012, S. 61 (79).

1430 *Schenke*, in: Sodan (Hrsg.), GG, 3. Aufl. 2015, Art. 109 Rn. 9 f-.

1431 *Kube/Reimer*, NJW 2010, S. 1911 (1915).

1432 *Jarass*, in: ders./Pieroth, GG, 13. Aufl. 2014, Art. 115 Rn. 3; *Kube*, in: Maunz/Dürig (Hrsg.), GG, 56. EL 2009, Art. 115 Rn. 68; *Pünder*, in: Isensee/Kirchhof (Hrsg.), HbdStR V, 3. Aufl. 2007, § 123 Rn. 20; *Siekmann*, in: Sachs (Hrsg.), GG; 7. Aufl. 2014, Art. 115 Rn. 14.

1433 *Kube/Reimer*, NJW 2010 S. 1911 (1915); *Kube*, in: Maunz/Dürig (Hrsg.), GG, 56. EL 2009, Art. 115 Rn. 124.

1434 *Kube/Reimer*, NJW 2010, S. 1911 (1915).

1435 *Kube/Reimer*, ZG 2011, S. 332 (338); *dies.*, NJW 2010, S. 1911 (1915).

wesentlich erschweren, wenn nicht gar unmöglich machen können.[1436] Dabei spielt es keine Rolle, ob der Eintritt dieser Verletzung durch Inanspruchnahme der Gewährleistungen wahrscheinlich ist oder nicht,[1437] denn die potenzielle Verletzung wird bereits durch die Höhe der übernommenen Gewährleistungen determiniert. Es bleibt zudem zu bedenken, dass im Falle einer Inanspruchnahme dieser Gewährleistungsermächtigungen und einem hierauf folgenden Verstoß gegen die grundgesetzliche Schuldenbremse auch keine außergewönhliche Situation bestehen dürfte, die einen Verstoß rechtfertigen könnte.[1438]

Dem ist grundsätzlich auch zuzustimmen.[1439] Zwar ist eine zeitliche Vorwirkung von Normen grundsätzlich nicht unproblematisch, allerdings ist dies nach Sinn und Zweck der Schuldenbremse hier unumgänglich. Auch das Bundesverfassungsgericht hat in seiner Entscheidung in Sachen *Griechenland-Soforthilfe/Euro-Rettungsschirm*[1440] dieser Norm mit keinem Satze Beachtung geschenkt, was in Anbetracht der vorgebrachten Kritik freilich unverständlich ist.[1441] Gleichwohl wird dort ohne direkten Rekurs auf die Schuldenbremse postuliert, dass die Kompetenzen des künftigen Bundestages nicht rechtlich oder praktisch unmöglich gemacht werden dürfen.[1442] Das BVerfG erkennt also implizit die nachhaltige und vorgreifende Wirkung der Schuldenbremse durch diese weitreichende finanzielle Beteiligung an den Finanzhilfen an.[1443] Ein Verstoß gegen die zeitlich insofern vorwirkende Schuldenbremse (Art. 109 Abs. 3, Art. 115 Abs. 2 GG) ist daher durch die Gewährleistungsermächtigungen von WFStG, StabMechG und ESMFinG gegeben.[1444]

7. Das Budgetrecht des Bundestages (Art. 110 GG)

Auch das in Art. 110 GG normierte Budgetrecht des Bundestages als „Kernbestimmung des Haushaltsverfassungsrechts"[1445] kann durch die Finanzhilfen berührt sein. Dieser Abschnitt thematisiert zuerst den Inhalt und die Reichweite dieses Rechts (a.), bevor eine Verletzung durch das WFStG, das StabMechG und das ESMFinG untersucht wird (b.).

1436 *Brück/Schalast/Schanz,* BB 2010, S. 2522 (2526).

1437 So aber *Häde,* ZG 2011, S. 1 (19).

1438 *Schorkopf,* AöR 136 (2011), S. 323 (343); ähnlich *Piecha,* ZJS 2011, S. 544 (548); a.A. *Korioth,* in: Pache/K.-A. Schwarz (Hrsg.), Grundlagen, aktuelle Entwicklungen und Perspektiven der Europäischen Währungsunion, 2012, S. 61 (79); *Wieland,* NVwZ 2011, S. 340 (342).

1439 Ebenfalls *Kettgen,* Finanzkrise und EFSF, 2011, S. 17 ff.; *Korioth,* in: Pache/Schwarz (Hrsg.), Grundlagen, aktuelle Entwicklungen und Perspektiven der Europäischen Währungsunion, 2012, S. 61 (78).

1440 BVerfGE 129, S. 124 ff.

1441 S. bspw. *Pagenkopf,* NVwZ 2011, S. 1473 (1479); *Piecha,* ZJS 2011, S. 544 (548).

1442 BVerfGE 129, S. 124 (170) – *Griechenland-Soforthilfe/Euro-Rettungsschirm.*

1443 Dazu *Lehner,* Der Staat 52 (2013), S. 535 (559 f.).

1444 A.A. i.E. *Gröpl,* Der Staat 52 (2013), S. 1 (14).

1445 BVerfGE 79, S. 311 (329) – *Staatsverschuldung.*

a) Inhalt und Reichweite des Budgetrechts

Das Budgetrecht ist das originäre Recht des Parlamentes, über den Haushalt des Bundes zu bestimmen und seit jeher das „vornehmste Recht der Demokratie“[1446], das „Königsrecht“[1447]. Mit ihm ist die Verbindung von Staatsausgaben an gesetzesförmige Ermächtigungen verbunden.[1448] Allein der Bundestag stimmt über die allein von der Bundesregierung mögliche Vorlage in Form eines förmlichen Gesetzes ab (Art. 110 Abs. 3 GG),[1449] dem Bundesrat steht grundsätzlich nur ein Einspruchsrecht zu.[1450] Mit dieser Entscheidung trifft der Gesetzgeber wirtschaftliche Grundsatzentscheidungen für zentrale Bereiche der Politik während des jeweiligen Planungszeitraums.[1451] Dem Bundestag müssen daher grundlegende Entscheidungen verbleiben, wie beispielsweise die Festlegung über Art und Höhe der den Bürger treffenden Abgaben oder Ausgaben des Staates, wobei nicht jede haushaltswirksame europäische oder internationale Verpflichtung diese Gestaltungsfähigkeit gefährdet.[1452] Daraus folgt, dass Entscheidungen über die Gesamtverantwortung mit ausreichenden politischen Freiräumen für Einnahmen und Ausgaben im Bundestag getroffen werden müssen.[1453] Dies gilt nach der Rechtsprechung des Bundesverfassungsgerichts umso mehr, wenn in einem System intergouvernementalen Regierens Budgetverantwortung auf überstaatliche Organisationen abgegeben wird.[1454] Denn dem Bundestag muss die haushaltspolitische Gesamtverantwortung verbleiben, das Budgetrecht beschränkt sich nicht auf den bloßen Nachvollzug von Entscheidungen, die auf europäischer Ebene getroffen wurden.[1455] Auch geht das Budgetrecht nicht so weit, dass der Bundestag sich dessen entledigen könnte und auf andere Akteure delegieren dürfte.[1456] Die Budgetautonomie des Bundestages verlangt, dass dieser keinem nicht an strikte Vorgaben gebundenen und in seinen Auswirkungen unbegrenzten Bürgschafts- oder Leistungsautomatismus zustimmen darf, der

---

1446 Abgeordneter *Quarck* bei den Beratungen der Weimarer Nationalversammlung, in: Verhandlungen der verfassunggebenden Nationalversammlung, Bd. 336, Anlagen zu den stenographischen Berichten Nr. 391, Bericht des Verfassungsausschusses, 1920, S. 310.

1447 *v. Lewinski*, in: Isensee/Kirchhof (Hrsg.), HbdStR X, 3. Aufl. 2012, § 217 Rn. 53.

1448 *Isensee*, JZ 2005, S. 971 (972).

1449 *Isensee*, JZ 2005, S. 971 (973).

1450 *Heintzen*, in:v. Münch/Kunig (Hrsg.), GG, 6. Aufl. 2012, Art. 110 Rn. 41; *Schenke*, in: Sodan (Hrsg.), GG, 3. Aufl. 2015, Art. 110 Rn. 13; *Siekmann*, in: Sachs (Hrsg.), GG, 7. Aufl. 2014, Art. 110 Rn. 84.

1451 BVerfGE 45, S. 1 (32) – *Budgetrecht.*

1452 BVerfGE 123, S. 267 (361 f.) – *Lissabon*; zur genauen Untersuchung des Art. 38 GG s.u. B. II. 2.

1453 BVerfGE 123, S. 267 (362) – *Lissabon.*

1454 BVerfGE 129, S. 124 (178) – *Griechenland-Soforthilfe/Euro-Rettungsschirm.*

1455 BVerfGE 129, S. 124 (179) – *Griechenland-Soforthilfe/Euro-Rettungsschirm*; kritisch *Thym*, JZ 2011, S. 1011 (1012).

1456 BVerfGE 129, S. 124 (179) – *Griechenland-Soforthilfe/Euro-Rettungsschirm.*

nach einmaliger Ingangsetzung seiner Kontrolle und Einwirkung entzogen ist.[1457] Dies bedeutet ferner, dass keine dauerhaften völkervertragsrechtlichen Mechanismen begründet werden dürfen, die auf eine Haftungsübernahme für Willensentscheidungen anderer Staaten hinauslaufen, sofern nicht jede ausgabenwirksame, solidarische Hilfsmaßnahme des Bundes vom Bundestag im Einzelnen bewilligt wird.[1458] Das BVerfG leitet daraus gar eine privilegierte Rechtsstellung Deutschlands dahingehend ab, dass es sein Vetorecht in jedem Falle behalten müsse, um dieser Haftungsübernahme entgegenzuwirken.[1459] Klargestellt hat das Gericht ferner, dass der Bundestag fortlaufend sicherzustellen hat, dass das eingezahlte Kapital von vorherein abrufbar bleibt, da die Möglichkeiten des Nachtragshaushalts (Art. 110 Abs. 3 GG) sowie das Notbewilligungsrecht des Finanzministers (Art. 112 GG) hierfür nicht ausreichen.[1460] Eine „Totalsupranationalisierung" des Budgetrechts bleibt aufgrund des Art. 110 GG verboten. Dies würde einer Grundgesetzänderung nach Art. 79 GG bedürfen. Hier müssen jedoch Grenzen des Art. 79 Abs. 3 i.V.m. Art. 1, Art. 20 GG beachtet werden.[1461]

b) Verletzung des Budgetrechts

Dieses Budgetrecht wird zwar durch die Finanzhilfen tangiert, jedoch nicht verletzt. Die bundesverfassungsgerichtlichen Vorgaben in Bezug hierauf wurden durch das WFStG sowie StabMechG im Wesentlichen eingehalten.[1462] Es wird kein Bürgschafts- oder Leistungsautomatismus durch die Griechenland-Soforthilfe und die EFSF ins Werk gesetzt, der nach einmaliger Ingangsetzung der Kontrolle des Gesetzgebers entzogen wäre, denn die deutschen Umsetzungsgesetze WFStG und StabMechG sehen hinreichende Einflussmöglichkeiten des Bundestages vor, ohne dessen konstitutive Zustimmung keine Finanzhilfen gewährt werden (vgl. § 1 Abs. 1 Satz 1 WFStG, §§ 3, 4 StabMechG).[1463] Dies gilt insbesondere im Anwendungsbereich von Kreditermächtigungen nach Art. 115 GG, was in Anbetracht der Integrationsverantwortung geboten scheint.[1464] Damit wird das in Art. 110 GG festgeschriebene Budgetrecht des Bundestages in vollem Umfang gewahrt.

1457 BVerfGE 129, S. 124 (180) – *Griechenland-Soforthilfe/Euro-Rettungsschirm.*

1458 BVerfGE 129, S. 124 (180) – *Griechenland-Soforthilfe/Euro-Rettungsschirm*; dies findet im sonstigen Haushaltsvollzug kaum eine Entsprechung, s. *Gröpl*, Der Staat 52 (2013), S. 1 (12).

1459 BVerfGE 135, S. 317 (412 f.) – *ESM/Fiskalpakt II; Hufeld*, in: Isensee/Kirchhof (Hrsg.), HdbdStR X, 3. Aufl. 2012, § 215 Rn. 76; kritisch *Tomuschat*, DVBl. 2014, S. 645 (648).

1460 BVerfGE 135, S. 317 (418 f.) – *ESM/Fiskalpakt II.*

1461 Für eine gesamteuropäische Betrachtungsweise *Guckelberger*, ZEuS 2012, S. 1 (41 f.).

1462 BVerfGE 129, S. 124 (183 ff.) – *Griechenland-Soforthilfe/Euro-Rettungsschirm.*

1463 BVerfGE 129, S. 124 (183 ff.) – *Griechenland-Soforthilfe/Euro-Rettungsschirm.*

1464 Vgl. *Thym*, JZ 2011, S. 1011 (1012).

Dies gilt ebenfalls für die Bewertung des ESM. Das ESMG sowie ESMFinG erfüllen die Vorgaben des Bundesverfassungsgerichts im Hinblick auf die Beteiligung des Bundestages und die Souveränität des Budgetrechts. Gleichwohl kann durch die Auslegung des Art. 9 Abs. 2, 3 Satz 1 i.V.m. Art. 25 Abs. 2 ESMV möglicherweise eine Erhöhung der Nachschusspflicht ohne konstitutive Zustimmung des Bundestages das Budgetrecht verletzen, allerdings ist völkerrechtlich abgesichert, dass eine solche Auslegung nicht möglich sein wird und ansonsten die Bundesrepublik Deutschland an den ESMV nicht mehr gebunden ist.[1465] Die fortlaufende Kontrolle möglicher Nachsschusspflichten über vierteljährliche Berichte des ESM durch Informationen der Bundesregierung ist im Übrigen nach § 7 ESMFinG sichergestellt. Die parlamentarische Praxis ist auch dergestalt ausreichend, als das das eingezahlte Kapital nach Art. 8 Abs. 2 ESMV im Haushaltsplan eingestellt wird.[1466]

Die inzwischen ermöglichte, direkte Bankenrekapitalisierung führt indes aufgrund der absoluten Begrenzung des Rekapitalisierungsvolumens auf 60 Mrd. Euro sowie der notwendigen Zustimmung des Bundestages (§ 4 Abs. 1 Nr. 1, Nr. 2 ESMFinG n.F.) nicht zu einer Verletzung seines Budgetrechts.[1467]

Dieser verfassungsgerichtlichen Bewertung ist dem Grunde nach auch zuzustimmen. Gleichwohl kann sie auch kritisiert werden, denn dem Bundestag verbleibt zwar juristisch die Möglichkeit, die Finanzhilfen durch sein Votum zu verhindern. Auch die dogmatische Anbindung an das Wahlrecht ist zwar aus verfahrensrechtlichen Gründen nachvollziehbar, hätte jedoch sauberer zumindest auch auf das Budgetrecht aus Art. 110 GG gestützt werden müssen.

c) Zwischenergebnis

Das Budgetrecht des Bundestages (Art. 110 GG) wird zwar tangiert, gleichwohl verstoßen die hier untersuchten Finanzhilfen nicht dagegen.

8. Die Notwendigkeit einer Volksabstimmung nach Art. 146 GG

Bisweilen wird teilweise argumentiert, dass durch die Etablierung von Finanzhilfen mittels Griechenland-Soforthilfe, EFSF/EFSM sowie ESM die Grenze zu einem europäischen Bundesstaat überschritten wird, weshalb die Durchführung einer Volksabstimmung nach Art. 146 GG notwendig sei.[1468] Das setzt jedoch zum einen Voraus, dass die Finanzhilfen eine solche Grenze überhaupt überschreiten (a.) und Art. 146 GG in einem solchen Fall überhaupt anwendbar ist (b).

1465 BVerfGE 132, S. 195 (251 ff.) – *ESM/Fiskalpakt I;* BVerfGE 135, S. 317 (420 f.) – *ESM/Fiskalpakt II.*

1466 BVerfGE 135, S. 317 (415 ff.) – *ESM/Fiskalpakt II.*

1467 Ausführlich dazu *Murswiek,* Rechtsgutachten zur direkten Bankenrekapitalisierung, 2014, S. 18 f.

1468 BGBl. 2012 II, S. 1086; dazu auch *Guckelberger,* ZEuS 2012, S. 1 (51); zu Art. 146 ausführlich *Schilling,* Der Staat 53 (2014), S. 95 ff.

a) *Finanzhilfen als Überschreitung der Grenze zu einem Europäischen Bundesstaat?*

Die Finanzhilfen innerhalb der Eurozone in ihrer derzeitigen Ausgestaltung können die Grenze von einem Staatenverbund zu einem Europäischen Bundesstaat an sich gar nicht begründen. Nach der Rechtsprechung des Bundesverfassungsgerichts ist nur davon auszugehen, wenn der Identitätskern der Verfassung durch die Übertragung auf europäische Hoheitsträger entäußert wird.[1469] Dies ist bislang indes nicht der Fall. Die Grenze zu einem europäischen Bundesstaat wird durch die deutsche Beteiligung an der Griechenland-Soforthilfe, der EFSF und dem ESM jedoch nicht überschritten.[1470] Es wird dadurch kein Automatismus generiert, so dass die darüber gewährten Finanzhilfen, ähnlich dem Bundesfinanzausgleich, ohne konstitutive Zustimmung des Bundestages extra legem ermöglicht werden. Eine Aufgabe des in Art. 79 Abs. 3, Art. 20 GG geschützten Demokratie- und Bundesstaatsprinzip kann somit nicht angenommen werden.

b) *Anwendbarkeit des Art. 146 GG*

Art. 146 GG normiert grundsätzlich nur das Außerkrafttreten des Grundgesetzes und stellt hierfür die Voraussetzung auf, dass dies nur nach Inkrafttreten einer neuen, vom Volk durch Abstimmung angenommen Verfassung der Fall sein kann. Überschreitet die europäische Integration indes die Grenze hin zu einem Europäischen Bundesstaat, d.h. erreicht der Grad der Willensbildung der Unionsorgane ein staatsanaloges Niveau, das vergleichbar der Bundesebene ist,[1471] so ist dies nur möglich, sofern das Volk einem solchen Identitätswechsel in Form einer neuen Verfassung nach Art. 146 GG zugestimmt hat und so sein daraus abgeleitetes Teilhaberecht wahrnimmt.[1472] Das setzt jedoch voraus, dass eine Verfassungsänderung wegen Art. 79 Abs. 3 GG (ggf. i.V.m. Art. 23 Abs. 1 Satz 3 GG) nicht mehr möglich erscheint. Eine Ergänzung oder Änderung des Grundgesetzes nach Art. 23 Abs. 1 Satz 3 GG findet durch WFStG, StabMechG und ESMFinG nicht statt.[1473] Auch eine explizite Verfassungsänderung ist mangels Einhaltung des Textänderungsgebotes aus Art. 79 Abs. 1 Satz 1 GG dadurch nicht erfolgt. Auch eine notwendige Anwendung von Art. 146 GG aufgrund einer faktischen Verfassungsänderung ist durch diese Maßnahmen nicht ersichtlich. Damit findet Art. 146 GG im Falle der derzeitigen Ausgestaltung der Finanzhilfen keine Anwendung.[1474]

1469 BVerfGE 123, S. 267 (364 f.) – *Lissabon.*

1470 Vgl. auch *Schmahl,* in: Sodan (Hrsg.), GG, 3. Aufl. 2015, Art. 146 Rn. 5.

1471 BVerfGE 123, S. 267 (364 f.) – *Lissabon*; näher dazu *Guckelberger,* ZEuS 2012, S. 1 (32 ff.); *Nettesheim,* Der Staat 51 (2012), S. 313 (318 ff.).

1472 BVerfGE 123, S. 267 (331 f.) – *Lissabon.*

1473 S.o. Kap. 3, B. I. 1. b); ähnlich *Wieland,* LTO v. 27. 9. 2011.

1474 So wohl auch *Herbst,* ZRP 2012, S. 33 (35); dazu auch *Hofmann,* in. Schmidt-Bleibtreu/Hofmann/Henneke (Hrsg.), GG, 13. Aufl. 2014, Art. 146 GG Rn. 11 ff.

II. Grundrechte und grundrechtsgleiche Rechte

Der folgende Abschnitt thematisiert die Vereinbarkeit von Finanzhilfen mit den durch das Grundgesetz gewährleisteten Grundrechten. Hierbei wird nach einer kurzen Einführung, ob nationale Grundrechte im Anwendungsbereich des Unionsrechts Anwendung finden können (1.) auf die in Art. 38 GG (2.), Art. 14 GG (3.) sowie in Art. 2 Abs. 1 GG (4.) festgeschriebenen Grundrechte und grundrechtsgleichen Rechte eingegangen.

1. Anwendbarkeit nationaler Grundrechte im Anwendungsbereich des Unionsrechts

Nationale Grundrechte sind im Anwendungsbereich des Unionsrechts nur anwendbar, wenn ein vergleichbarer Grundrechtsschutz auf Unionsebene nicht gewährleistet wird.[1475] Abgeleitetes Unionsrecht kann nur vom Bundesverfassungsgericht anhand der nationalen Grundrechte überprüft werden, wenn der Nachweis erbracht wird, dass die europäische Rechtsentwicklung einschließlich der Rechtsprechung des Europäischen Gerichtshofs nach Ergehen der Solange II-Entscheidung unter den erforderlichen Grundrechtsstandard abgesunken sei.[1476] Allerdings fehlt es hier mit Ausnahme der Verordnung (EU) Nr. 407/2010 an unionsrechtlichen Handlungen, die überprüft werden sollten, denn die EFSF und der ESM sind außerhalb des Unionsrechtsrahmens konstituiert worden. Eine Überprüfung anhand nationaler Grundrechte im Sinne der Rechtsprechung des Bundesverfassungsgerichts bleibt hiernach also im Wesentlichen möglich.

2. Das Wahlrecht als subjektives Element demokratischer Mitbestimmung (Art. 38 Abs. 1 GG)

Finanzhilfen stellen möglicherweise eine Verletzung des Wahlrechts aus Art. 38 Abs. 1 GG als Element der demokratischen Mitbestimmung dar. Im Folgenden wird zuerst die Subjektivierung des Wahlrechts thematisiert, bevor deren Inhalt und Reichweite skizziert werden und letztlich die Verletzung einer näheren Betrachtung unterzogen wird.

a) Die Subjektivierung des Wahlrechts

Art. 38 Abs. 1 Satz 1 GG garantiert in erster Linie die Wahl zum Deutschen Bundestag und legt die dafür geltenden Wahlrechtsgrundsätze[1477] fest. Die Norm enthält damit zuvörderst objektivrechtliche Gewährleistungen. Allerdings wohnt Art. 38

1475 BVerfGE 73, S. 339 (387) – *Solange II.*

1476 BVerfGE 102, S. 147 (162 ff.) – *Bananenmarktordnung.*

1477 Dazu s. etwa *Meyer*, in: Isensee/Kirchhof (Hrsg.), HbdStR VI, 3. Aufl. 2005, § 46 Rn. 1 ff.

Abs. 1 Satz 1 GG nicht ausschließlich ein objektives Recht inne, denn er muss darüber hinaus auch eine subjektivrechtliche Komponente enthalten. Es ist daher praktisch das „Eingangstor für demokratische Mitwirkungsrechte“[1478]. Die Gestaltungsmöglichkeiten des Bundestages sollen damit gesichert werden.[1479] Die Teilnahme an der Wahl zum Deutschen Bundestag wird dadurch subjektivrechtlich jedem Deutschen gewährleistet.[1480] Das Bundesverfassungsgericht argumentiert hierzu, dass eine objektive Gewährleistung des Wahlverfahrens zum Bundestag praktisch gar inhaltlos würde, wenn der dadurch konstituierte Bundestag nicht auch über ein hinreichendes Maß an Aufgaben und Befugnissen verfügte ein gewichtige, demokratisch legitimierte Entscheidungen fällen dürfte.[1481] Das Parlament trage daher keine lediglich abstrakte, sondern eine konkrete Verantwortung für das Handeln des Staatsverbandes, was nach Art. 79 Abs. 3, Art. 20 Abs. 1, 2 GG auch als unantastbarer Identitätskern der deutschen Verfassung geschützt wird.[1482] Aus diesem Grunde verbiete Art. 38 Abs. 1 Satz 1 GG eine Verlagerung von Aufgaben und Befugnissen des Bundestages auf die europäische Ebene derart zu entleeren, dass das Demokratieprinzip hierdurch verletzt werde. Damit habe der Bürger durch Art. 38 Abs. 1 Satz 1 GG gleichzeitig auch einen subjektivrechtlichen Anspruch auf ein hinreichendes Gewicht seiner Einflussnahme bei der Entscheidungskompetenz des Bundestages. So erhält der Bürger die Möglichkeit, sein vornehmstes Recht gegen eine Sinnentleerung zu verteidigen.[1483] Insbesondere in einer Europäischen Union, bei der dem Europäischen Parlament immer noch ein gewisses institutionelles Demokratiedefizit innewohnt, müssen die nationalen Parlamente sich einer größeren Integrationsverantwortung stellen und diese wahrnehmen, um einen hinreichenden Legitimationsbeitrag im System der dualen Legitimation (Art. 10 Abs. 2 EUV) zu leisten.[1484] Das Demokratieprinzip wird mit dieser Konstruktion „europafest“.[1485] Dieses Recht kann daher als ein notwendiges, subjektivrechtliches Korrelat des Demokratieprinzips oder auch als das staatsbürgerliche Recht schlechthin bezeichnet

1478 *Pagenkopf*, NVwZ 2011, S. 1473 (1479).

1479 *Guckelberger*, ZEuS 2012, S. 1 (34 f.) m.w.N.

1480 BVerfGE 47, S. 253 (269); BVerfGE 89, S. 155 (171) – *Maastricht*; BVerfGE 123, S. 267 (330) – *Lissabon*; s. auch *Klein*, in: Maunz/Dürig (Hrsg.), GG, 68. EL 2013, Art. 38 Rn. 144 f.

1481 BVerfGE 123, S. 267 (330) – *Lissabon*; ähnlich wohl *Voßkuhle*, in: Hatje/Iliopoulos/Iliopoulos-Strangas/Kämmerer (Hrsg.), Verantwortung und Solidarität in der Europäischen Union, 2015, S. 135 (148).

1482 BVerfGE 89, S. 155 (172) – *Maastricht*; 123, S. 267 (330 f.) – *Lissabon*; 129, S. 124 (179) – *Griechenland-Soforthilfe/Euro-Rettungsschirm*; 132, S. 195 (238) – *ESM/Fiskalpakt*; BVerfG, Beschl. v. 17. 4. 2013, Az. 2 BvQ 17/13, NVwZ 2013, S. 858 (859 f.) – *ESM/Zypern-Hilfe*. s. dort auch im Folgenden.

1483 *Klein*, in: Maunz/Dürig (Hrsg.), GG, 68. EL 2013, Art. 38 Rn. 146; ähnlich *Tomuschat*, DVBl. 2014, S. 645 (646).

1484 *Calliess*, in: Pechstein (Hrsg.), Integrationsverantwortung, 2012, S. 53 (54, 74).

1485 *Calliess/Schoenfleisch*, JZ 2012, S. 477.

werden.[1486] Eine hinreichende Einflussnahmemuss insbesondere im Fall von Aufgabendelegation auf Unionsebene oder zwischenstaatliche Ebene gewährleistet werden.[1487] Dies gilt im Übrigen auch für das in Art. 38 Abs. 1 Satz 2 GG normierte Status- und Teilhaberecht der Abgeordneten, die eine gleichberechtigte Beteiligung an den Entscheidungsprozessen verbleiben muss.[1488] Die Rügefähigkeit des Art. 38 GG durch den Einzelnen ist zudem in Art. 93 Abs. 1 Nr. 4a GG, § 90 Abs. 1 BVerfGG positivrechtlich festgelegt und festigt die Eigenschaft als subjektives Recht. Nicht rügefähig im Verfassungsbeschwerdeverfahren sind indes Entscheidungsquoren im Parlament und die Aufgabenverteilung zwischen Plenum und Ausschuss.[1489]

Diese Ausweitung des Wahlrechts zum grundrechtsgleichen, subjektiven Recht auf eine hinreichende parlamentarische Einflussnahmemöglichkeit ermöglicht es praktisch jedem Bürger, die Kontrolle der europäischen Integration und damit zusammenhängender Maßnahmen vorzunehmen, vergleichbar einer Wahlbürgerbeschwerde.[1490] Fortentwickelt wurde das aus Art. 38 Abs. 1 GG herzuleitende Recht damit zu einem „Grundrecht auf Staatlichkeit“[1491]. Dies kommt beinahe schon der Möglichkeit einer „Popularklage“ gleich, denn an sich wäre das Verfahren der abstrakten Normenkontrolle hier das Mittel der Wahl.[1492] Die Anforderungen an die subjektive Betroffenheit einer Grundrechtsverletzung müssen hernach gleichwohl hoch sein, um die europäische Integration nicht allzu sehr zu lähmen.[1493] Zugegeben werden muss jedoch, dass das Bundesverfassungsgericht sich hierzu trotz seines „Kunstgriffs“[1494] einer noch zulässigen Rechtsschöpfung bedient hat, denn eine souveräne Staatlichkeit Deutschlands muss in den Grenzen Art. 79 Abs. 3 i.V.m.

1486 *Morlok,* in: Dreier (Hrsg.), GG; 2. Aufl. 2006, Art. 38 Rn. 119; *Klein,* in: Maunz/Dürig (Hrsg.), GG, 68. EL 2013, Art. 38 Rn. 135.

1487 BVerfGE 129, S. 124 (180) – *Griechenland-Soforthilfe/Euro-Rettungsschirm.*

1488 *Moench/Ruttloff,* DVBl. 2012, S. 1261 (1261 f.); dazu s.o. I. 2.

1489 BVerfGE 135, S. 317 (386 ff.) – *ESM/Fiskalpakt II*; *Ruffert,* JuS 2014, S. 465 (466); zur Delegation auf Untergliederungen s.o. I. 3.

1490 *Degenhart,* BayVBl. 2012, S. 517 (519); *Peuker,* EuR 2013, S. 75 (78); *Schumann,* in: Dalibor/Debus/Kruse/Lachmayer/Peters/Scharrer/Schroeder/Seifert/Sicko/Stirn/Stöger (Hrsg.), Perspektiven des öffentlichen Rechts – Festgabe 50 Jahre Assistententagung, 2011, S. 51 (70); *Tomuschat,* DVBl. 2012, S. 1431.

1491 So bspw. *Nettesheim,* NJW 2009, S. 2867 ff.; dies zeigt allein schon die Anzahl der Beschwerdeführer im Verfahren *ESM/Fiskalpakt I,* über 11.700 werden im Rubrum der einstweiligen Anordnung genannt; kritisch auch *Doerfert,* ZJS 2012, S. 106 (107 f.); dazu *Engels,* JuS 2012, S. 210 (211); *Lehner,* Der Staat 52 (2013), S. 535 (551 f.).

1492 *Degenhart,* BayVBl. 2012, S. 517 (519); *Nettesheim,* EuR 2011, S. 765 (768 f.); ähnlich *Honsell,* in: Staudinger (Hrsg.), BGB-Kommentar, 2013, Einleitung, Rn. 112g; *Lehner,* Der Staat 52 (2013), S. 535 (539) spricht gar von „Super-Rechtsbehelf“.

1493 Die niedrigen Anforderungen zeigen sich bspw. auch dadurch, dass diese Verfahrensart teilweise schon als „abstrakte Verfassungsbeschwerde“ bezeichnet wird, s. *Lehner,* Der Staat 52 (2013), S. 535 (545).

1494 So *Terhechte,* EuZW 2009, S. 724 (725).

Art. 20 Abs. 1, Abs. 2 GG auch gerichtlich überprüfbar sein. Die Wurzeln dieser Rechtsprechung lassen sich bis hin zum Maastricht-Urteil[1495] zurückverfolgen und wurden seither stetig fortentwickelt.[1496] Der dogmatische Kniff des Bundesverfassungsgerichts überrascht aufgrund der Tatsache, dass Art. 23 Abs. 1 GG unanwendbar ist,[1497] indes nicht. Wenngleich Demokratieprinzip hierfür fruchtbar gemacht werden, so führt dies zu identischen Grenzen (Art. 79 Abs. 3 GG), die auch Art. 23 Abs. 1 Satz 3 GG zieht.[1498] Mit dem OMT-Vorlagebeschluss erweiterte das Bundesverfassungsgericht in Abkehr seiner bisherigen, verglichen damit noch restriktiven Judikatur zuletzt die Rügefähigkeit des Einzelnen nach Art. 38 Abs. 1 GG gar auf das Unterlassen deutscher Staatsorgane gegen Kompetenzüberschreitungen von Unionsorganen, die sich auf die Verfassungsidentität auswirken und verwässert so die Grenzen der ultra-vires- und Identitätskontrolle.[1499]

b) Inhalt und Reichweite: Das Wahlrecht als Budgetverantwortung

Die von Art. 38 Abs. 1 i.V.m. Art. 20 GG durch das Wahlrecht des Einzelnen geschützte Gestaltungsmacht des Bundestages im Verbund intergouvernementalen Handelns innerhalb und außerhalb des unionsrechtlichen Rahmens muss sodann konturiert werden. Die Grenzen gelten nich nur im Anwendungsbereich der EU,[1500] sondern auch für damit verbundene Institutionen.[1501] Die Entscheidung über Einnahmen und Ausgaben der öffentlichen Hand ist ein grundlegender Teil der demokratischen Selbstgestaltungsfähigkeit.[1502]

Nach der Rechtsprechung des Bundesverfassungsgerichts wird durch das Grundgesetz der öffentlichen Gewalt verboten, der Europäischen Union oder in Zusammenhang mit ihr geschaffenen Einrichtungeneine Kompetenz-Kompetenz zu übertragen, womit auch Blankettermächtigungen zur Ausübung öffentlicher Gewalt gemeint sind.[1503] Die bedeutet indes auch, dass dem aktuellen sowie dem zukünftigen Bundestag die Budgetautonomie verbleiben muss, denn die Entscheidung über Einnahmen und Ausgaben der öffentlichen Hand ist ein elementarer

1495 BVerfGE 89, S. 155 ff.

1496 *Degenhart,* BayVBl. 2012, S. 517 (519); *Ruffert,* EuR 2011, S. 842 (843 f.); kritisch auch *Tomuschat,* DVBl. 2014, S. 645 (646).

1497 S.o. B. I. 1. b).

1498 Kritisch *Nettesheim,* EuR 2011, S. 765 (769).

1499 BVerfGE 134, S. 366 (382 ff.); dazu u. a. *Ukrow,* ZEuS 2014, S. 119 (125 ff.).

1500 Treffend *Lehner,* Der Staat 52 (2013), S. 535 (540): „Integrationsverfassungsbeschwerde".

1501 BVerfGE 129, S. 124 (168) – *Griechenland-Soforthilfe/Euro-Rettungsschirm;* dazu *Ruffert,* EuR 2011, S. 842 (844 f.).

1502 BVerfGE 129, S. 124 (170) – *Griechenland-Soforthilfe/Euro-Rettungsschirm;* s. auch *Calliess,* DÖV 2013, S. 785 (788).

1503 BVerfGE 89, S. 155 (183 ff.) – *Maastricht;* BVerfGE 123, S. 267 (349 f.) – *Lissabon.*

Aspekt demokratischer Selbstgestaltungsfähigkeit.[1504] Vor Eintritt in die WWU konnte das Bundesverfassungsgericht noch mühelos konstatieren, dass eine Befürchtung des Fehlschlags von Stabilitätsbemühungen, der zu finanzpolitischen Zugeständniseen der Mitgliedstaaten führen könnte, unwahrscheinlich sei.[1505] Später konkretisierte es nach Ausbruch der Krise sein These dahingehend, dass die Beteiligung Deutschlands an Finanzhilfen zugunsten von EU-Mitgliedstaaten an eine konstitutive Zustimmung des Bundestages hinsichtlich jeder einzelnen Finanzhilfemaßnahme erforderlich ist, um die Budgetverantwortung zu wahren, da ansonsten der Bundestages die Rolle des bloßen Nachvollzuges verbleiben würde und so seine haushaltspolitische Gesamtverantwortung nicht mehr wahrnehmen könnte.[1506] Somit muss eine hinreichend bestimmte haushaltspolitische Ermächtigung des Bundestages verlangt werden, die nicht auf andere Akteure übertragbar ist und graduell auszugestalten ist.[1507] Gemeint ist damit eine Begrenzung der Höhe, des Zwecks, der Auszahlungsmodalitäten, der Vergabekonditionalität sowie des Zeitraums.[1508] Eine fortwirkende parlamentarische Beteiligung hängt daher vom Grad der Bestimtheit der Gewährleistungsermächtigung ab. Ist sie von vornherein bestimmbar, so dürfte eine einmalige Zustimmung des Bundestages genügen, ist sie indes unbestimmt und erfolgtr anlassbezogen, so muss die Parlamentsbeteiligung kontunierlich erfolgen.[1509] Das bedeutet, dass je größerer das finanzielle Ausmaß der Gewährleistungsermächtigungen ist, desto größer muss auch die Ausgestaltung der parlamentarischen Kontrollrechte sein, um die Bewahrung seiner Haushaltskompetenz je nach Intensität der Maßnahme zu gewährleisten.[1510] Ein Verstoß gegen Art. 79 Abs. 3 GG wird jedoch nicht allein durch die Höhe der Gewährleistungsermächtigung begründet.[1511] Dies gebietet ein Kriterium der Verhältnismäßigkeit, wobei unklar bleibt, ob durch das Gericht eine absolute Höhe definiert werden

1504 BVerfGE 123, S. 267 (359) – *Lissabon*; BVerfGE 129, S. 124 (177) – *Griechenland-Soforthilfe/Euro-Rettungsschirm*; BVerfGE 132, S. 195 (239) – *ESM/Fiskalpakt I* m.w.N.; dazu auch eingehend *Becker/Merschmann,* in: Giegerich/Gstrein/Zeitzmann (Hrsg.), The EU between 'an ever closer Union' and inalienable policy domains of Member States, 2014, S. 187 (189 ff.); *Ruffert*, EuR 2011, S. 842 (845) spricht von „Fesselung des Haushaltsgesetzgebers"; *Voßkuhle,* in: Hatje/Iliopoulos/Iliopoulos-Strangas/Kämmerer (Hrsg.), Verantwortung und Solidarität in der Europäischen Union, 2015, S. 135 (144).

1505 BVerfGE 89, S. 155 (204) – *Maastricht.*

1506 BVerfGE 129, S. 124 (178 f.) – *Griechenland-Soforthilfe/Euro-Rettungsschirm*; BVerfGE 132, S. 195 (240) – *ESM/Fiskalpakt I;* dazu *Schenke,* in: Sodan (Hrsg.), GG, 3. Aufl. 2015, Art. 110 Rn. 3.

1507 BVerfGE 129, S. 124 (179 f.) – *Griechenland-Soforthilfe/Euro-Rettungsschirm*; BVerfGE 132, S. 195 (240) – *ESM/Fiskalpakt I;* s. dort auch im Folgenden.

1508 *Nettesheim,* EuR 2011, S. 765 (774).

1509 *v. Lewinski,* in: Isensee/Kirchhof (Hrsg.), HbdStR X, 3. Aufl. 2012, § 217 Rn. 92.

1510 Vgl. *Nettesheim,* EuR 2011, S. 765 (774); s. dort auch im Folgenden.

1511 *v. Lewinski,* in: Isensee/Kirchhof (Hrsg.), HbdStR X, 3. Aufl. 2012, § 217 Rn. 89; a.A. *Kahl/Glaser,* FAZ v. 8. 3. 2012, S. 8.

soll. Die Übertragung der Haushalts- und Finanzpolitik würde als Kernaufgabe der nationalen Parlamente die Grenze zum Bundesstaat überschreiten und so einen Eingriff in Art. 38 Abs. 1 GG zufolge haben.[1512] Allerdings wird durch die Betonung der Einschätzungsprärogative des Gesetzgebers der Kontrollanspruch des Bundesverfassungsgerichts selbst eingegrenzt,[1513] was gleichwohl nachvollziehbar erscheint, um die politische Wertung im Bundestag im Kernbereich seiner Verantwortung nicht zu entwerten. Damit sind nur noch evidente Verletzungen überprüfbar, was den Anwendungsbereich dieser Prüfung denknotwendigerweise einschränkt.[1514]

Diese Rechtsprechung des Bundesverfassungsgerichts ist an diesem Punkt in sich stringent sowie als konsequente Weiterentwicklung der Grundsätze der *Maastricht*[1515]- und *Lissabon*[1516]-Urteile anzusehen.[1517] Es stärkt die Rechte des Bundestages in Bezug auf Finanzhilfemaßnahmen und trägt gleichzeitig der deutschen Verantwortung innerhalb der WWU Rechnung. Gerade bei einem Rückgriff auf intergouvernementale Methoden der Zusammenarbeit im Bereich der EU (sog. „Unionsmethode“[1518]) ist die Stärkung der demokratischen Legitimation durch das Bundesverfassungsgericht begrüßenswert.[1519] Allerdings ist die Eingrenzung der Beschwerdebefugnis, die nicht der grundlegenden Kontrolle demokratischer Prozesse sondern deren Ermöglichung dienen solle, durch die Einschränkung auf eine substantiierte Darlegung der Wahlrechtsentleerung[1520] selbst wiederum reichlich vage. Das Bundesverfassungsgericht entledigt sich zumindest partiell dem Vorwurf der Reinterpretaion der abstrakten Normenkontrolle in Form einer Popularklagemöglichkeit im Rahmen der Verfassungsbeschwerde.[1521] Kritisiert werden kann zwar, dass das Bundesverfassungsgericht verschweigt, dass der Bundestag faktisch lediglich Beschlüsse auf intergouvernementaler Ebene, der EZB und des IWF „ausführt“ und damit doch ein bloßer Nachvollzug stattfindet, da eine echte Entscheidung kaum verbleibt.[1522]

Gleichwohl kann kritisiert werden, dass eine explizite normative Anknüpfung der Budgetverantwortung durch das Bundesverfassungsgericht sich kaum erkennen lässt und so den Besonderheiten der in Art. 23, Art. 24, Art. 59 Abs. 2 GG angelegten

---

1512 *Hahn/Häde,* Währungsrecht, 2. Aufl. 2010, § 15 Rn. 8 m.w.N.
1513 *Degenhart,* BayVBl. 2012, S. 517 (520).
1514 *Pagenkopf,* NVwZ 2011, S. 1473 (1479).
1515 BVerfGE 89, S. 155 ff.
1516 BVerfGE 123, S. 267 ff.
1517 *Piecha,* ZJS 2011, S. 544 (548).
1518 Dazu *Rodi,* JZ 2015, S. 737 (739 f.); *Schmahl,* DÖV 2014, S. 501 (509).
1519 *v. Lewinski,* in: Isensee/Kirchhof (Hrsg.), HbdStR X, 3. Aufl. 2012, § 217 Rn. 85; *Peuker,* EuR 2013, S. 75 (85); dazu *Cromme,* DÖV 2013, S. 594 (597 f.); *Hölscheidt,* EuR-Beiheft 2/2013, S. 61 (66 ff.).
1520 BVerfGE 129, S. 124 (168, 170) – *Griechenland-Soforthilfe/Euro-Rettungsschirm.*
1521 Vgl. *Tomuschat,* DVBl. 2012, S. 1431 (1432).
1522 *Nettesheim,* in: Pechstein (Hrsg.), Integrationsverantwortung, 2011, S. 11 (46 f.); *Pagenkopf,* NVwZ 2011, S. 1473 (1480).

Kompetenzverteilung zwischen Gesetzgeber und Bundesregierung im Bereich Auswärtiger Gewalt wenig Rechnung trägt.[1523]

c) Verletzung des Wahlrechts durch Finanzhilfen

Zu untersuchen ist schließlich, ob das Wahlrecht aus Art. 38 Abs. 1 GG durch die in WFStG, StabMechG und ESMFinG abgesicherten Finanzhilfen derart ausgehöhlt wird, dass eine Verletzung dieses Rechts anzunehmen ist. Da die Budgetautonomie des Bundestages als elementarer Bestandteil demokratischer Selbstbestimmung gewahrt bleiben muss, also kein Bürgschafts- und Leistungsautomatismus in Gang gesetzt werden darf, der sich nach einmaliger Ingangsetzung der Kontrolle des Bundestages entzieht,[1524] kann eine Verletzung nur dann vorliegen, wenn diese nicht mehr gewährleistet werden kann. Diese Grundsätze gelten indes nicht nur für den Anwendungsbereich des Art. 23 GG, sondern auch für außerhalb des Unionsrechtsrahmens getroffenene Vereinbarungen auf zwischenstaatlicher oder völkerrechtlicher Ebene.[1525]

aa) Griechenland-Soforthilfe (WFStG)

Dies ist im Falle der Griechenland-Soforthilfe und der EFSF indes der Fall. Das WFStG erlaubt zwar die Übernahme eine Gewährleistungsermächtigung durch das Bundesfinanzministerium (§ 1 Abs. 1 Satz 1) und stellt daher eine konstitutive Ermächtigung dar. Im Sinne einer Gesamtverantwortung des Bundestages stellt zwar die lediglich Unterrichtung des Haushaltsausschusses hierüber (§ 1 Abs. 3 Satz 1 WFStG) eine problematische Regelung dar. Diese kann gleichwohl dadurch entkräftet werden, dass die Übernahme dieser Ermächtigung bereits stattgefunden hat und hinreichend bestimmt in § 1 Abs. 1 Satz 1 WFStG normiert wurde.

bb) EFSF (StabMechG)

In Bezug auf das StabMechG ergibt sich eine ähnliche Situation. Eine Entäußerung der politischen Entscheidungsmacht des Bundestages ist nicht ersichtlich. Durch das StabMechG wird der gesamte Gesamtgewährleistungsrahmen des deutschen Anteils an der EFSF nominell begrenzt auf 211,0459 Mrd. Euro (§ 1 Abs. 1 Satz 1). Auch wird durch den in § 3 StabMechG normierten Parlamentsvorbehalt die haushaltspolitische Gesamtverantwortung abgesichert, denn dieser ist konstitutiv bspw. für den Abschluss von Finanzhilfevereinbarungen (§ 3 Abs. 2 Nr. 1 StabMechG), Änderungen selbiger (§ 3 Abs. 2 Nr. 2 StabMechG) oder Änderungen des EFSF-RV bzw. Überführung der EFSF in den ESM (§ 3 Abs. 2 Nr. 3, 4 StabMechG). Für Materien von geringerer Bedeutung ist eine Beteiligung ist ein Beschluss des

---

1523 *Calliess*, in: Pechstein (Hrsg.), Integrationsverantwortung, 2012, S. 53 (76 f.) m.w.N.
1524 BVerfGE 129, S. 124 (180) – *Griechenland-Soforthilfe/Euro-Rettungsschirm*; BVerfGE 132, S. 195 (240 f.) – *ESM/Fiskalpakt I.*
1525 Vgl. BVerfGE 132, S. 195 (241) – *ESM/Fiskalpakt I.*

Haushaltsausschusses (§ 4 StabMechG) oder sogar des Sondergremium (§ 5 StabMechG) im Falle von Staatsanleihekäufen auf dem Sekundärmarkt konstitutiv für die Zustimmung des deutschen Vertreters im Verwaltungsrat der EFSF. Lediglich das in der mittlerweile außer Kraft getrenenen Ursprungsfassung von § 1 Abs. 4 StabMechG[1526] vorgesehene Bemühen um die Herstellung von „Einvernehmen" mit der Bundesregierung durch den Haushaltsausschuss des Bundestages vor Übernahme einere Gewährleistung war insoweit verfassungsrechtlich problematisch. Jedoch stand diese Regelung einer verfassungskonformen Auslegung noch dahingehend offen, sofern dies als Verpflichtung der Bundesregierung zur Einholung einer vorherigen Zustimmung des Haushaltsausschusses angesehen wird.[1527] Ein Verstoß gegen die Budgetautonomie des Bundestages ist daher nicht erkennbar.

cc) ESM (ESMFinG)

Probleme können sich aus verfassungsrechtlicher Perspektive in Bezug auf Art. 38 Abs. 1 GG insbesondere aus dem Gesetz zu dem Beschluss 2011/199/EU zur Änderung des Art. 136 AEUV, aus dem ESMV selbst sowie der Ausgestaltung im ESMFinG ergeben.

(1) Probleme wegen Vertragsergänzung

Das Gesetz zu dem Beschluss 2011/199/EU zur Änderung des Art. 136 AEUV verstößt nicht gegen die der Verfassungsidentität zuzuschreibende Budgetautonomie. Zwar wird durch die Vertragsergänzung[1528] die Währungsunion grundlegend umgestaltet und löst sich vom Prinzip der Eigenständigkeit nationaler Haushalte, da die Marktabhängigkeit dergestalt relativiert wird, dass nun auch Finanzhilfen zwischen Mitgliedstaaten ermöglicht werden, wenn dies zur Währungsstabilisierung unabdingbar wird.[1529] Jedoch wird aufgrund der weiter geltenden Vertragsnormen, die die Preisstabilität sichern sollen (insbesondere Art. 123 bis Art. 125, Art. 126, Art. 127, Art. 130, Art. 136 AEUV) das Konzept der Stabilitätsgemeinschaft, das Geschäftsgrundlage für die Beteiligung an der WWU ist,[1530] nicht aufgegeben, insbesondere auch durch die strengen Anforderungen dieser Ausnahmeklausel.[1531] Ferner wird der ESM durch die Vertragsänderung nicht ins Werk gesetzt, sondern die Mitgliedstaaten ermächtigt, einen solchen Stabilitätsmechanimus einrichten

---

1526 BGBl. 2010 I, S. 627.

1527 BVerfGE 129, S. 124 (185 f.) – *Griechenland-Soforthilfe/Euro-Rettungsschirm.*

1528 Dazu näher s.o. Kap. 2, A. III. 2.

1529 BVerfGE 129, S. 124 (181 f.) – *Griechenland-Soforthilfe/Euro-Rettungsschirm*; BVerfGE 132, S. 195 (248) – *ESM/Fiskalpakt I*; BVerfGE 135, S. 317 (408 ff.) – *ESM/Fiskalpakt II; Calliess*, ZEuS 2011, S. 213 (279); *Kube*, WM 2012, S. 245 (247).

1530 BVerfGE 89, S. 155 (204 f.) – *Maastricht.*

1531 BVerfGE 132, S. 195 (248 f.) – *ESM/Fiskalpakt I*; s. auch *Puttler*, in: Kadelbach (Hrsg.), Solidarität als Europäisches Rechtsprinzip?, 2014, S. 43 (49).

zu dürfen, womit die haushaltspolitische Gesamtverantwortung gar nicht berührt wird.[1532]

(2) Probleme im ESMV

Das Stammkapital ist grundsätzlich hinreichend bestimmt, § 1 Abs. 1, 2 ESMFinG sowie Art. 2 ESMG sehen für jegliche Änderung eine bundesgesetzliche Zustimmung vor.[1533] Ein Haftungsautomatismus wird hierdurch also nicht begründet.

(a) Revidierter erhöhter Kapitalabruf

Der revidierte erhöhte Kapitalabruf nach Art. 9 Abs. 2, 3 Satz 1 i.V.m. Art. 25 Abs. 2 ESMV kann allerdings in bestimmten Konstellationen trotz der absoluten Begrenzung der Haftungssumme nach Art. 8 Abs. 5 Satz 1 ESMV dazu führen, dass die haushaltspolitische Gesamtverantwortung des Bundestages verletzt würde.[1534] Eine strikte Begrenzung der Zahlungspflichten ist dem Wortlaut dieser Normen nicht direkt zu entnehmen, da auch eine Auslegung möglich erscheint, die die Haftungsobergrenze des Art. 8 Abs. 5 Satz 1 ESMV für unanwendbar erklären würde, womit eine Obergrenze derZahlungspflichten nicht vollständig normiert wäre.[1535] Auch das Argument, ein Ersatzanspruch gegen den ESM entstünde in einem solchen Fall der Vorleistung durch einen Mitgliedstaat,[1536] kann nicht berücksichtigt werden. Auch der Sinn und Zweck eines kurzfristig erhöhten Kapitalabrufs zur Aufrechterhaltung der Arbeitsfähigkeit eines unterfinanzierten ESM würde eine einschränkende Auslegung des Art. 8 Abs. 5 Satz 1 ESMV bewirken, indem behauptet würde, dass dies zur Zweckerreichung des Art. 25 Abs. 2 ESMV erforderlich ist, um eine hinreichende Bonität des ESM sowie, damit einhergehed, seine Handlungsfähigkeit des ESM zu gewährleisten, wenn gleichzeitig ein Mitgliedstaat einen erhöhten Kapitalabruf mit der Begründung, er habe seinen Anteil bereits geleistet (Art. 10 ESMV).[1537] Gleichwohl trägt das Argument, die Bundesrepublik Deutschland werde sich einer Erhöhung des Stammkapitals aus politischen Gründen nicht entziehen können und verletze daher die Bestimmtheit der Ermächtigung, nicht.[1538] Die eventuell politisch motivierte Erhöhung des Stammkapitals, die durch entsprechenden Bundestagsbeschluss konstituiert würde, wäre wiederum hinreichend bestimmt.

1532 Vgl. BVerfGE 132, S. 195 (249 f.) – *ESM/Fiskalpakt I.*

1533 *v. Lewinski*, in: Isensee/Kirchhof (Hrsg.), HbdStR X, 3. Aufl. 2012, § 217 Rn. 93.

1534 BVerfGE 132, S. 195 (251) – *ESM/Fiskalpakt I.*

1535 BVerfGE 132, S. 195 (256) – *ESM/Fiskalpakt I*; s. dort auch im Folgenden.

1536 BT-Drs. 17/9045, S. 33.

1537 BVerfGE 132, S. 195 (256 f.) – *ESM/Fiskalpakt I.*

1538 *Degenhart*, BayVBl. 2012, S. 517 (520).

(b) Parlamentarische Informations- und Kontrollrechte

Der über die Verfassungsidentität geschützte Kern des Demokratieprinzips setzt überdies eine wirksame parlamentarische Kontrolle des ESM durch den Bundestag voraus, die wegen der umfassenden Geltung der in Art. 32 Abs. 5 ESMV festgelegten Unverletztlichkeit der Dokumente des ESM sowie der in Art. 34 ESMV normierten beruflichen Schweigepflicht und der in Art. 35 Abs. 1 ESMV vorgesehenen Immunitätsgewährung, nicht mehr gewährleistet sein könnte.[1539] Da die Parlamente jedoch im Verfahren der Finanzhilfegewährung eine herausgehobene Stellung bei Erörterung und BIlligung in den Gremien aufweisen und diese Regelung in Gesamtschau mit der in Art. 30 Abs. 5 ESMV normierten Regelung zur Information über Mittelverwendung und Rechnungslegung an Rechnungshöfe und Parlamente derart interpretiert werden könnte, dass eine Information an die Parlamente nicht möglich ist, musste dies im Ratifizierungsverfahren klargestellt werden.[1540] Zwar geht das Bundesverfassungsgericht selbst davon aus, dass Sinn und Zweck dieser Regelungen eher der Schutz vor Informationsflüssen an unbefugte Dritte sein soll, jedoch muss in Anbetracht der Tatsache, dass dem ESM keine andere parlamentarische Kontrollmöglichkeit durch das Europäische Parlament zur Verfügung steht, sichergestellt werden, dass die nationalen Parlamente der Mitgliedstaaten gestärkt werden.[1541] Dogmatisch könnte dies auch eher in den Teilhaberechten der Abgeordneten zu verorten sein.[1542]

(c) Aussetzung von Stimmrechten

Die Aussetzung von Stimmrechten nach Art. 4 Abs. 8 ESMV steht der haushaltspolitischen Gesamtverantwortung ungeachtet des Verlustes einer Mitwirkung in den ESM-Entscheidungsgremien im Übrigen auch nicht entgegen, da der Bundestag sich dazu verpflichtet hat und auch in der Lage ist, das vereinbarte Stammkapital vollständig aufzubringen (Art. 110 Abs. 1 GG sowie § 22 HGrG und § 16 BHO).[1543] Nach Auffassung des Bundesverfassungsgerichts reicht der Streitbeilegungsmechanismus nach Art. 37 ESMV in Verbindung mit der rechtzeitigen Einzahlung des Stammkapitals zur Sicherstellung der Budgetautonomie des Bundestages aus.[1544] Dies ist zwar im Ergebnis begrüßenswert. Allerdings kann die Einzahlung des Stammkapitals auch aus anderen Gründen verzögert werden, die nicht in der Sphäre des Bundestages liegen, womit die Entscheidungsprozesse im ESM nicht mehr vom Votum des Bundestages beeinflusst werden könnten, wie das Bundesverfassungsgericht auch zugibt.[1545]

1539 BVerfGE 132, S. 195 (258) – *ESM/Fiskalpakt I*; s. dort auch im Folgenden.
1540 Dazu sogleich.
1541 BVerfGE 132, S. 195 (258 ff.) – *ESM/Fiskalpakt I.*
1542 S. dazu oben B. I. 3.
1543 BVerfGE 132, S. 195 (261 ff.) – *ESM/Fiskalpakt I;* s. dort auch im Folgenden.
1544 Vgl. BVerfGE 135, S. 317 (414 ff.) – *ESM/Fiskalpakt II.*
1545 BVerfGE 132, S. 195 (264) – *ESM/Fiskalpakt I.*

(d) Fehlende Kündigungsmöglichkeit

Der im ESMV nicht explizit geregelten Kündigungsmöglichkeit ist jedoch kein verfassungsrechtlicher Verstoß gegen die Budgetautonomie zu entnehmen. Die Bundesrepublik Deutschland hat selbstverständlich die Möglichkeit zur Kündigung des Vertrages nach allgemeinen völkerrechtlichen Regeln, womit die Budgetautonomie beim Bundestag verbleibt.[1546] Zudem wird kein irreversibler Zahlungs- oder Gewährleistungsautomatismus ins Werk gesetz, der nach einmaliger Ingangsetzung unumkehrbar würde, denn die Haftung ist auf 190,0248 Mrd. Euro begrenzt.[1547]

(e) Völkerrechtliche Sicherstellung

Das Bundesverfassungsgericht forderte als Voraussetzung für die Ratifizierung des ESMV, völkerrechtliche Auslegungserklärungen mit der deutschen Rechtsauffassung und Interpretation der soeben in (α) und (β) genannten Probleme zu hinterlegen.[1548] Diese wurde bei einer Ratssitzung am 27. September 2012 sowohl als gemeinsame Erklärung der Vertragspartner angenommen als auch bei der Hinterlegung deer Ratifikationsurkunde am selben Tag von der Bundesrepublik Deutschland als einseitige Erklärung zur Bestätigung vorgenommen.[1549] Damit wird klargestellt, dass sich sowohl die Vertragsparteien als auch lediglich die Bundesrepublik Deutschland andernfalls nicht an den Vertrag gebunden fühlen.

Völkerrechtlich gesehen handelt es sich hierbei nicht um einen klassischen Vorbehalt nach Art. 2 Abs. 1 lit. d) WVK, sondern um eine bedingte auslegende Erklärung (Protokollerklärung nach Art. 31 Abs. 2 lit. b) WVK), die nach Art. 2 ILC-Leitfaden wie ein Vorbehalt anzusehen sind, da die Vertragsparteien damit eine rechtliche Bindung im Falle einer anderen Vertragsintepretation ausschließen.[1550] Unabhängig von der Frage, ob dies einen zulässigen Vorbehalt, eine Auslegungserklärung oder sonst etwas handelt,[1551] haben sich die Vertragsparteien jedenfalls übereinstimmend hierzu verständigt, womit sie zweifellos die Verbindlichkeit dieser Regelung bestätigen. Diese völkerrechtliche Sicherherstellung hat zuletzt auch das BVerfG explizit gebilligt und seine Auslegungszweifel zu recht fallen lassen.[1552]

1546 BVerfGE 135, S. 317 (424 ff.) – *ESM/Fiskalpakt II;* vgl. dazu *Giegerich*, in: ders. (Hrsg.), Herausforderungen und Perspektiven der EU, 2012, S. 7 (19 f.); a.A. wohl *Brück*, FAZ v. 16. 5. 2012, S. 8.

1547 BVerfGE 132, S. 195 (268) – *ESM/Fiskalpakt I.*

1548 BVerfGE 132, S. 195 (257, 260) – *ESM/Fiskalpakt I.*

1549 Bekanntmachung über das Inkrafttreten des ESMV, BGBl. 2012 II, S. 1086.

1550 Vgl. dazu *Herdegen*, Völkerrecht, 14. Aufl. 2015, § 15 Rn. 20 f.; ähnlich *Herrmann*, EuZW 2012, S. 805 (805 f.); *Kube/Reimer*, ZG 2011, S. 332 (345); *Schorkopf*, NVwZ 2012, S. 1273 (1275); *Talmon* FAZ v. 20. 9. 2012, S. 8; *ders.*, FAZ v. 18. 10. 2012, S. 6; a.A. jedoch *Nolte*, FAZ v. 4. 10. 2012, S. 8; *ders.*, FAZ v. 1. 11. 2012, S. 6.

1551 Zu dieser Problematik *Tomuschat*, DVBl. 2012, S. 1431 (1433 f.).

1552 BVerfGE 135, S. 317 (410 ff.) – *ESM/Fiskalpakt II.*

(3) Probleme im ESMFinG

Das ESMFinG begegnet keinen derart weitläufigen Bedenken wie der ESMV selbst. Eine parlametarische Verantwortlichkeit und Rechenschaftspflicht für das Handeln des Bundesministers der Finanzen in Angelegenheiten des ESM ist bereits aufgrund Art. 64 Abs. 1, Art. 67 Abs. 1, Art. 114 GG gegeben, so dass die Zustimmung zu Beschlüssen entgegen dem parlamentarischem Votum nach § 4 Abs. 2, Abs. 3, § 5 Abs. 2 Satz 4 ESMFinG sanktioniert werden könnte.[1553]

(4) Zwischenergebnis

Die Budgetverantwortung des Bundestages wird durch die Finanzhilfen zwar berührt, eine Verletzung ist jedoch nicht damit verbunden.

dd) Bewertung und Zwischenergebnis

Durch die Finanzhilfen werden keine Automatismen geschaffen, die nach einmaliger Ingangsetzung die Budgetverantwortung des Bundestages derart entleeren, dass keine hinreichende Entscheidungsgewalt mehr besteht. Die haushaltspolitische Gesamtverantwortung verbleibt daher in jedem Fall beim Bundestag. Das Bundesverfassungsgericht hat mit seinen Entscheidungen in Sachen Griechenland-Soforthilfe/*Euro-Rettungsschirm*,[1554] *Sondergremium*,[1555] *ESM/Euro-Plus-Pakt*[1556] sowie *ESM/Fiskalpakt*[1557] schrittweise dazu beigetragen, dass die haushaltspolitische Gesamtverantwortung und die parlamentarischen Informationsrechte gestärkt werden und so auch in einem dauerhaft angelegten System der Sicherung der Währungsstabilität wie dem ESM hinreichende Wirkkraft entfalten. Es betont ferner die Stabilitätsgedanken der Währungsunion.[1558] Dogmatisch ist diese Ausgestaltung eher ergebnisorientiert zur Eröffnung eines breitestmöglichen Kreises der Rechtsschutzberechtigen einzuordnen, denn die Anknüpfung an die Regeln der Finanzverfassung (insbesondere an Art. 110 GG) oder die unionsspezifischen Integrationsermächtigungen (Art. 23 GG) erschiene durchaus auch vertretbar und mit der grundgesetzlichen Systematik, auch im Hinblick auf die prozessuale Ausgestaltung besser vereinbar. Für eine klarere Herleitung der Budgetverantwortung ist angesichts der konstruktiven Klimmzüge des Bundesverfassungsgerichts noch hinreichend Raum.[1559]

1553 BVerfGE 132, S. 195 (273) – *ESM/Fiskalpakt I.*
1554 BVerfGE 129, S. 124 ff.
1555 BVerfGE 130, S. 318 ff.
1556 BVerfGE 131, S. 152 ff.
1557 BVerfGE 132, S. 195 ff.; BVerfGE 135, S. 317 ff.
1558 *Schorkopf*, NVwZ 2012, S. 1273 (1274).
1559 *Peuker*, EuR 2013, S. 75 (79 f.).

3. *Das Eigentumsrecht als Grundrecht auf Geldwertstabilität (Art. 14 Abs. 1 GG)*

Finanzhilfen könnten zudem das aus dem Eigentumsrecht aus Art. 14 Abs. 1 GG abzuleitende Grundrecht auf Geldwert- oder Preisstabilität verletzen.[1560] Mit Eigentum i.S.v. Art. 14 Abs. 1 GG ist grundsätzlich jede vermögenswerte Rechtsposition gemeint.[1561] Anknüpfungspunkt einer solchen Untersuchung um die Schutzfähigkeit der Kaufkraft des Geldes ist daher die Frage, wie konkret diese vermögenswerte Rechtsposition ist, die durch das Geld gewährt wird.[1562]

Das Bundesverfassungsgericht hat bereits in seiner *Maastricht*-Entscheidung[1563] die Konzeption der Währungsunion als Stabilitätsgemeinschaft zur Geschäftsgrundlage und zum Gegenstand einer deutschen Teilnahme an der Währungsunion erklärt.[1564] Somit liegt der Teilnahme Deutschlands ein starrer Stabilitätsgedanke zugrunde, der sich auch im Geldwert oder der Preisstabilität widerspiegelt. Mit dieser Entscheidung wurde gleichwohl noch keine Feststellung darüber getroffen, ob der Geldwert und die Kaufkrafterhaltung von Art. 14 Abs. 1 GG geschützt werden. Das Bundesverfassungsgericht stellt in dieser Entscheidung lediglich fest, dass Art. 14 Abs. 1 GG eine Ersetzung der D-Mark durch eine gemeinsame europäische Währung nicht ausschließe und von daher eine Verfassungsbeschwerde gar unzulässig sei.[1565]

In seinem Beschluss zur *Euro-Einführung*[1566] beschäftigt sich das Bundesverfassungsgericht indes näher mit der Frage, ob der Schutz des Geldwertes durch die Eigentumsfreiheit gewährt wird. Zwar stellt es fest, dass die Eigentumsgarantie nicht bloß körperliche Sachen schützt, sondern auch Geldeigentum und sich die Gleichwertigkeit von Sach- und Geldeigentum eine der Funktionsgrundlagen des Art. 14 GG sei.[1567] Jedoch sei der Geldwert in besonderer Weise gemeinschaftsbezogen sowie gemeinschaftsabhängig und werde im Rahmen der staatlichen Währungshoheit und Finanzpolitik wesentlich durch das Verhalten der Grundrechtsberechtigten selbst gebildet.[1568] Ferne folge der Außenwert des Geldes aus Beziehungen des nationalen Geldes zu anderen Währungen und deren Grundlagen, was die Abhängigkeit des

1560 Z.B. *Kerber*, Der Verfassungsstaat ist ohne Alternative, 2010, S. 97 ff.; *Schachtschneider*, Die Rechtswidrigkeit der Euro-Rettungspolitik, 2011, S. 211 ff.

1561 Statt vieler *Hahn/Häde*, Währungsrecht, 2. Aufl. 2010, § 9 Rn. 19 m.w.N.; *Papier*, in: Maunz/Dürig (Hrsg.), GG, 59. EL 2010, Art. 14 Rn. 55 m.w.N.

1562 *Herrmann*, Währungshoheit, Währungsverfassung und subjektive Rechte, 2010, S. 338; s. dort auch zum Streitstand.

1563 BVerfGE 89, S. 155 ff.

1564 BVerfGE 89, S. 155 (205) – *Maastricht*.

1565 BVerfGE 89, S. 155 (174) – *Maastricht*.

1566 BVerfGE 97, S. 350 ff.

1567 BVerfGE 97, S. 350 (371) – *Euro-Einführung*; zum Nominalwertprinzip s. *Hahn/Häde*, Währungsrecht, 2. Aufl. 2010, § 5 Rn. 1 ff.; *Herrmann*, Währungshoheit, Währungsverfassung und subjektive Rechte, 2010, S. 334 ff.

1568 BVerfGE 97, S. 350 (371) – *Euro-Einführung*; dort auch im Folgenden.

Geldwertes von verschiedenen, nichtstaatlichen Faktoren bedinge. Deshalb könne Art. 14 Abs. 1 GG beim Geld nur deren institutionelle Grundlage und seine individuelle Zuordnung gewährleisten und keinen spezifischen Geldwert. Letztlich sei eine Gesamtprognose für die Stabilität innerhalb der Währungsunion durch die Bundesregierung und das Parlament zu treffen und könne nicht nach dem individualisierbaren Maßstab eines Grundrechts beurteilt werden.[1569]

In seinem Urteil zu *Griechenland-Soforthilfe/Euro-Rettungsschirm*[1570] sowie dem Beschluss bezüglich einer einstweiligen Anordnung in Sachen *ESM/Fiskalpakt*[1571] oder der finalen Entscheidung hierzu[1572] hat das Bundesverfassungsgericht über den Inhalt der Eigentumsfreiheit zwar nichts klargestellt, gleichwohl jedoch erkennen lassen, dass eine Verletzung der Eigentumsfreiheit in ihrer Form der Kaufkraftgewährleistung jedenfalls durch den vorliegenden Rettungsschirm nicht vorliege, da dadurch keine massiven Auswirkungen auf die Geldwertstabilität vorlägen.[1573] Erkennbar wurde jedoch, dass für die Verletzung der Eigentumsfreiheit jedenfalls eine evidente Minderung des Geldwertes durch Maßnahmen der öffentlichen Hand vorausgesetzt werde. Wann diese vorliegt, blieb jedoch offen.

Allerdings gibt es Stimmen, die die Geldwertstabilität als vom Schutzbereich des Art. 14 Abs. 1 GG umfasst sehen. So definiere sich der Wert von Geld sowie Geldforderungen allein durch ihren Tauschwert, da dabei ein vom Tauschwert gelöster und unabhängiger Besitz- oder Nutzungswert fehle.[1574] Daraus folge, dass im Falle der Annahme einer in Art. 14 Abs. 1 GG bloß angelegten Gebrauchswertgarantie für Geld und Geldforderungen mangels eines vom Tauschwert unabhängigen Nutzungswertes ein Freiheitsraum für eigenverantwortliche Betätigung schwerlich verbliebe und somit ebenfalls in den Schutz der Eigentumsgarantie falle.[1575] Teilweise wird auch mit dem Argument besonderer Relevanz in der arbeitsteiligen Gemeinschaft hierfür gestritten.[1576] Es wird jedoch auch vertreten, dass Geld unabhängig vom äußeren Tauschwert auch einen inneren Wert aufweist. Es bestehe ein Proportionsanteil- sowie -wert, der als bestimmter Teil der Gesamtgeldmenge repräsentiere einen proportionalen Anteil an der Totalität der Güter und Leistungen.[1577] Das Element des über die Geldmengenproportion vermittelten Sachbezuges

---

1569 BVerfGE 97, S. 350 (376) – *Euro-Einführung*.

1570 BVerfGE 129, S. 124 ff. – *Griechenland-Soforthilfe/Euro-Rettungsschirm*.

1571 BVerfGE 132, S. 195 ff.

1572 BVerfGE 135, S. 317 (389) – *ESM/Fiskalpakt II*.

1573 BVerfGE 129, S. 124 (173) – *Griechenland-Soforthilfe/Euro-Rettungsschirm*; BVerfGE 132, S. 195 (236) – *ESM/Fiskalpakt I*; BVerfGE 135, S. 317 (389) – *ESM/Fiskalpakt II*; kritisch *Ruffert*, EuR 2011, S. 842 (846).

1574 *Simitis*, AcP 159 (1960/61), S. 406 (414); ähnlich *Forkel*, ZRP 2011, S. 140 (141 f.); *Knopp*, NVwZ 2011, S. 1480 (1484).

1575 *Papier*, AöR 98 (1973), S. 528 (537 f.); *ders.*, in: Maunz/Dürig (Hrsg.), GG, 59. EL 2010, Art. 14 Rn. 186.

1576 *Elicker/Heintz*, DVBl. 2012, S. 141 (143).

1577 *Köhler*, JZ 2013, S. 957 (962); s. dort auch im Folgenden.

werde verfehlt, wenn man konstatiert, dass der Geldwert keinen konkreten Zuweisungsgehalt beinhalte. Dies zeige sich schon durch die notwendige gesetzliche Inhaltsbestimmung (Art. 14 Abs. 1 Satz 2 GG), was bedeutet, dass das Geld zwar keine spezifische Gebrauchsbefugnis vergleichbar einem gegenständlichen Recht aufweist, gleichwohl sein proportionaler Anteil und Wert einen rechtlich bestimmten Anteil an der Gesamtheit aller Gebrauchsbefugnisse, umzusetzen in Verträgen nach Tauschwerten repräsentiert.[1578] Sie sei daher auch Grund der objektivrechtlichen Stabilitätsgewährleistungen (Art. 88, Art. 109 GG). Damit gewährleiste die Eigentumsgarantie auch wertstabiles Geld. Dieses sei im Wesentlichen mit Kaufkraft gleichzusetzen, die im Geldwert ihren Ausdruck finde.[1579] Insbesondere könne von der Tatsache, dass im Falle von inflationären Vorgängen keine konkrete Vermögensposition entzogen wird, nicht darauf geschlossen werden, dass die Geldwert- oder Preisstabilität von Art. 14 GG nicht geschützt sei.[1580]

Kerber sieht indes bereits durch die Vergabe von Bürgschaften für Nothilfen die Schaffung einer prä-inflationären Gefahrenlage, da sie im Falle ausbleibender Rückzahlungen dieser Kredite nur durch eine pro-inflationäre Geldpolitik wieder kompensiert werden könnten.[1581] Vergleichbar behauptet *Pagenkopf*, das Geld verliere infolge derart hoher Gewährleistungsermächtigungen durch das hohe Ausfallrisiko unmittelbar seinen Tauschwert, womit der Schutzberei des Art. 14 GG derart verkürzt werde, dass der Geldwert damit ebenfalls betroffen sei.[1582]

In Art. 14 Abs. 1 GG wird, entsprechend seiner Existenz- und Freiheitssicherungsfunktion, also teilweise auch der Erhalt des realen Geldwertes in Anlehnung an die bisherige Rechtsprechung des BVerfG hineingelesen.[1583]

Kritisch sieht die ganze Diskussion *Herrmann*. Er fragt sodann nicht danach, ob der Geldwert in den Schutzbereich des Art. 14 Abs. 1 GG fällt, sondern wie und unter welchen Voraussetzungen ein staatlicher Eingriff in den Geldwert beschaffen sein muss, um dogmatisch als Eingriff in die Eigentumsgarantie klassifiziert zu werden.[1584] Damit sieht er die Geldwertstabilität als gegeben an und verlagert die Diskussion von der Schutzbereichs- auf die Eingriffsebene. Dies kommt gleichwohl der Rechtsprechung des Bundesverfassungsgerichts am nächsten, da dieses jedenfalls dann einen Eingriff als gegeben ansieht, sofern eine evidente Wertminderung des Geldes vorliegt.

1578 *Köhler*, JZ 2013, S. 957 (963); s. dort auch im Folgenden.

1579 *Schachtschneider*, Die Rechtswidrigkeit der Euro-Rettungspolitik, 2011, S. 212 f.

1580 *Kröger/Gas*, VersR 1998, S. 1338 (1339).

1581 *Kerber*, EuZW 2011, S. 927.

1582 *Pagenkopf*, NVwZ 2011, S. 1473 (1476).

1583 *Pagenkopf*, NVwZ 2011, S. 1473 (1476); wohl auch *Meier*, NJW 1996, S. 1027 (1029 f.).

1584 *Herrmann*, Währungshoheit, Währungsverfassung und subjektive Rechte, 2010, S. 349.

Art. 14 Abs. 1 GG schützt jedoch nur konkrete vermögenswerte Rechte und garantiert deshalb kein bestimmtes Austauschverhältnis von Geld und Waren.[1585] Es schützt lediglich die abstrakte Möglichkeit, Geld gegen Waren einzutauschen und fungiert so gesehen praktisch als Institutsgarantie.[1586] Dem Staat obliegt es nicht, vor einer Wertsteigerung oder -minderung des Geldes zu schützen, sondern seine Eigenschaft als Zahlungsmittel zu erhalten.[1587] Er schafft lediglich Vorkehrungen, die eine Wertbildung erst ermöglichen.[1588] Eine Wertgarantie wird vom Staat durch die Ausgabe von Geld nicht gegeben, fehlt es doch bereits seit Langem an der vertrauensbildenden Absicherung durch Gold- und Devisrenreserven.[1589] Das Abstellen auf die Wertaufbewahrungsfunktion des Geldes schlägt ferner deshalb fehl, da auch andere Güter von relativem Wert geprägt sind.[1590] Das Eigentum an Aktien, Immobilien oder etwa Gold kann ebenfalls einen erheblichen Wertverlust erleiden, womit der Eigentümer von Geld nicht schlechter gestellt ist, denn die Tauschfunktion, der Bestand des Eigentums und seine Nutzbarkeit bleiben erhalten, lediglich der Wert ändert sich.[1591] In Bezug auf die Kausalität und Justitiabität eines solchen Rechts bestehend zudem Bedenken, da dabei der Nachweis einernicht mehr vom insofern großen Ermessensspielraum des Gesetzgebers gedeckten, konkreten staatlichen Geldentwertungsmaßnahme gelingen müsste.[1592] Dies stellt den Einzelnen regelmäßig auch vor rechtspraktische Probleme, über die eine Entscheidung meist auch nicht möglich scheint, denn den Juristen kann nur die Funktion der Kontrolle rechtstechnischer Umsetzung wirtschaftlicher Abwägungsentscheidungen zukommen.[1593] Letztlich ist ein Schutz des Geldwertes aufgrund des Übergangs der Geld- und Währungspolitik auf die europäische Ebene im Hinblick auf die nationale

---

1585 BVerfGE 105, S. 17 (30); *Hahn/Häde,* Währungsrecht, 2. Aufl. 2010, § 9 Rn. 34; *Korioth,* in: Pache/Schwarz (Hrsg.), Grundlagen, aktuelle Entwicklungen und Perspektiven der Europäischen Währungsunion, 2012, S. 61 (80); *Knopp,* NJW 2010, S. 1777 (1781); a.A. *Papier,* in: Maunz/Dürig (Hrsg.), GG, 53. EL 2010, Art. 14 Rn. 184 ff.

1586 BVerfGE 105, S. 17 (30); *Brück/Schalast/Schanz,* BB 2010, S. 1252 (1257); *Knopp,* NJW 2010, S. 1777 (1781 f.); *Leisner,* in: Isensee/Kirchhof (Hrsg.), HbdStR VIII, 3. Aufl. 2010, § 173 Rn. 25; *Sonder,* DVBl. 2011, S. 1274 (1277); vgl. *Häde,* WM 2008, S. 1717 (1718).

1587 BVerfGE 97, S. 350 (371) – *Euro-Einführung; Häde,* WM 2008, S. 1717 (1721); *v. Lewinski,* in: Isensee/Kirchhof (Hrsg.), HbdStR X, 3. Aufl. 2012, § 217 Rn. 77; a.A. *Papier,* in: Maunz/Dürig (Hrsg.), GG, 59. EL 2010, Art. 14 Rn. 186.

1588 *Ohler,* JZ 2008, S. 317 (319).

1589 *Ohler,* JZ 2008, S. 317 (319) m.w.N., *Ruffert,* NJW 2009, S. 2093 (2094) m.w.N.

1590 *Häde,* WM 2008, S. 1717 (1721).

1591 *Häde,* WM 2008, S. 1717 (1722).

1592 *Hahn/Häde,* Währungsrecht, 2. Aufl. 2010, § 9 Rn. 40 ff.; *Häde,* WM 2008, S. 1717 (1722 f.); zugegeben auch *Kröger/Gas,* VersR 1998, S. 1338 (1340).

1593 *Ohler,* JZ 2008, S. 317 (320); kritisch hingegen *Elicker/Heintz,* DVBl. 2012, S. 141 (144).

Eigentumsfreiheit problematisch.[1594] Es kann mithin festgestellt werden, dass ein Grundrecht auf Geldwertstabilität aus Art. 14 Abs. 1 GG nicht abzuleiten ist.[1595]

Selbst wenn die Existenz eines solchen Grundrechts aus Art. 14 Abs. 1 GG angenommen würde, könnte man durch die Finanzhilfen gleichwohl keinen Eingriff feststellen.[1596] WFStG, StabMechG und ESMFinG sind auch als Haushaltsgesetze im Sinne von Art. 115 Abs. 1 GG zu verstehen, da dort lediglich die Kreditaufnahme und Übernahme von Gewährleistungen geregelt ist. Sie enthalten eine lediglich organschaftliche Ermächtigung und weisen somit keinerlei Außenwirkung für den einzelnen Bürger auf, womit ein Grundrechtseingriff auszuschließen ist.[1597] Nicht ersichtlich ist auch ein gänzlicher Ausschluss der Möglichkeit zum Austausch von Waren und Geld.[1598] Jedenfalls wäre ein möglicher Eingriff durch die die Rettungsmaßnahmen installierenden Gesetze in Art. 14 Abs. 1 GG verfassungsrechtlich gerechtfertigt, da dem Gesetzgeber in währungspolitischen Entscheidungen ein großer Einschätzungsspielraum zugebilligt wird, was auch für die Beurteilung der Angemessenheit von Sicherungsmaßnahmen in Bezug auf die Stabilität des Euros gelten muss.[1599] Auch muss eine Abwägung mit anderen Verfassungsgütern, bspw. Art. 109 Abs. 2 GG erfolgen, die im Ergebnis in Anbetracht der konkreten wirtschaftlichen Situation wohl schwerlich die Interessen einzelner Geldinhaber an der Preisstabilität als eindeutig höherrangig einordnen wird.[1600]

4. Recht auf Recht (Art. 2 Abs. 1 GG)

Schachtschneider postuliert im Zuge der Bewertung von Maßnahmen zur Rettung des Euro ein aus Art. 2 Abs. 1 GG herzuleitendes „Recht auf Recht“ als Grundrecht auf allgemeine Gesetzlichkeit.[1601] Im Folgenden wird zunächst die Herleitung nebst Inhalt eines solchen Rechts dargestellt (1.), um diesen Ansatz im Anschluss daran kritisch zu bewerten (2.).

1594 *Ohler,* JZ 2008, S. 317 (324).

1595 *Korioth,* in: Pache/Schwarz (Hrsg.), Grundlagen, aktuelle Entwicklungen und Perspektiven der Europäischen Währungsunion, 2012, S. 61 (80); *Piecha,* ZJS 2011, S. 544 (548); i.E. auch *Polzin,* DÖV 2011, S. 209 (212).

1596 Ähnlich *Pernice,* EuZW 2012, S. 601 (602).

1597 So in Bezug auf das WFStG *Polzin,* DÖV 2011, S. 209 (212 f.),

1598 *Sonder,* DVBl. 2011, S. 1274 (1277).

1599 *Polzin,* DÖV 2011, S. 209 (212); ähnlich BVerfGE 97, S. 350 (377) – *Euro-Einführung*; vgl. bereits *Hafke,* Kreditwesen 2010, S. 393 (396).

1600 *Elicker/Heintz,* DVBl. 2012, S. 141 (144).

1601 *Schachtschneider,* Die Rechtswidrigkeit der Euro-Rettungspolitik, 2011, S. 237 ff.; *ders.,* Freiheit in der Republik, 2007, S. 288 ff.; *ders.,* Res publica res populi, 1994, S. 325 ff.; hierzu auch *Knopp,* NJW 2010, S. 1777 (1782).

a) Herleitung und Inhalt eines solchen Rechts

Ein „Recht auf Recht" könne danach bis hin zur Französischen Revolution zurückverfolgt werden und sei deshalb dem Gedanken von Freiheit, Gleichheit und Brüderlichkeit immanent.[1602] Dies gebiete die Menschenwürde aus Art. 1 Abs. 1 GG, die als Kern jedem Grundrecht innewohne und so das Wesen der Freiheit aus Art. 2 Abs. 1 GG darstelle.[1603] Ferner statuiere Art. 2 Abs. 1 GG durch seinen tatbestandlich fixierten Gemeinwohlbezug, dass ein praktisch vernünftiges, sittliches Gesetz in das durch die allgemeine Handlungsfreiheit geschützte Recht gar nicht eingreifen kann, da eine Unabhängigkeit von verbindlichen Gesetzen nicht geschützt sei und die so geschützte Freiheit ein Recht auf allgemeine Gesetzlichkeit begründe.[1604] Freiheit sei ferner der Rechtsgrund der Gesetzlichkeit und damit ein „Urrecht" und kein bloßes Auffanggrundrecht.[1605] So enthält das in Art. 2 Abs. 1 GG festgeschriebene Auffanggrundrecht auch das Abwehrrecht auf Schutz vor rechtloser Politik gegenüber rechtswidrigen Maßnahmen des Staates, was insgesamt auch durch das in Art. 20 Abs. 2 Satz 1 GG festgeschriebene Demokratieprinzip bestätigt werde.[1606]

b) Bewertung

Der These *Schachtschneiders*, in Art. 2 Abs. 1 GG ein „Recht auf Recht" hineinzulesen, kann nicht gefolgt werden. Art. 2 Abs. 1 GG beinhaltet als Abwehrrecht des Bürgers gegen den Staat zwar die Funktion eines sog. „Auffanggrundrechts".[1607] Eine Institutsgarantie für die Einrichtung von „Recht" lässt sich hieraus gleichwohl nicht entnehmen. Vielmehr verkennt *Schachtschneider* mit seiner These, dass das in der „Staatsfundamentalform"[1608] Art. 20 Abs. 3 GG normierte Rechtsstaatsprinzip bereits eine institutionelle Garantie für das Recht beinhaltet. Wenn Art. 2 Abs. 1 GG nun als Grundrecht mit dem Bedeutungsgehalt des „Rechts auf Recht" aufgeladen wird, so führt dies ferner auch nicht zu einer Maximierung des grundrechtlichen Individualschutzes. Die Bindung aller staatlichen Gewalt – mithin auch der Legislative – an die Grundrechte ist in Art. 1 Abs. 3 GG unmissverständlich festgeschrieben. Darüber hinaus bleibt für ein aus Art. 20 Abs. 1 GG hergeleitetes „Recht auf Recht" aufgrund des subjektivierten Wahlrechts als Recht auf demokratische Teilhabe aus Art. 38 Abs. 1 GG i.V.m. Art. 20 Abs. 1, 2 GG kaum mehr Raum. Das „Recht auf

---

1602 *Schachtschneider,* Die Rechtswidrigkeit der Euro-Rettungspolitik, 2011, S. 237 f.

1603 *Schachtschneider,* Die Rechtswidrigkeit der Euro-Rettungspolitik, 2011, S. 237; vgl. auch *ders.* Freiheit in der Republik, 2007, S. 297; *ders.,* Res publica res populi, 1994, S. 357, 359 f.

1604 *Schachtschneider,* Freiheit in der Republik, 2007, S. 289.

1605 *Schachtschneider,* Freiheit in der Republik, 2007, S. 290 f.; *ders.,* Res publica res populi, 1994, S. 325, 330 f.

1606 *Schachtschneider,* Die Rechtswidrigkeit der Euro-Rettungspolitik, 2011, S. 240.

1607 Exemplarisch D*iFabio,* in: Maunz/Dürig (Hrsg.), GG, 39. EL 2001, Art. 2 Rn. 21 m.w.N.

1608 *Herzog/Grzeszick,* in: Maunz/Dürig (Hrsg.), GG, 57. EL 2010, Art. 20 Rn. 7.

Recht“ subjektiviert nur den objektivrechtlichen Charakter des Rechtsstaatsprinzips und macht ihn damit im Rahmen einer Verfassungsbeschwerde rügefähig,[1609] Ein ausreichender Schutz des Rechtsstaatsprinzips ist bereits durch eine umfassende Überprüfung der formellen und materiellen, objektiven Rechtssätze, insb. des gesamten Gesetzgebungsverfahrens im Rahmen einer Verfassungsbeschwerde bereits gegeben. Abgesehen davon, dass Art. 2 Abs. 1 GG aufgrund seiner Subsidiarität bei einer Verletzung des Art. 14 Abs. 1 GG im Falle des WFStG, StabMechG oder ESMFinG gar keine Anwendung finden würde, ist ein „Recht auf Recht“ aus Art. 2 Abs. 1 GG gar nicht hineinzuinterpretieren.[1610] Mangels Existenz ist also auch keine Verletzung eines „Grundrechts auf Recht“ aus Art. 2 Abs. 1 GG zu erkennen.

III. Zwischenergebnis

Die Finanzhilfen (Griechenland-Soforthilfe, EFSF, ESM, Kap. 1, D. I. 6., II. 3., III. 3., 4) stehen nur teilweise im Einklang mit den grundgesetzlichen Vorgaben. Zwar ist kein Verstoß gegen staatsorganisationsrechtliche Vorschriften sowie Grundrechte oder grundrechtsgleiche Rechte zu erkennen. Gleichwohl liegt dadurch ein Verstoß gegen Art. 109 Abs. 2 sowie gegen die Schuldenbremse aus Art. 109 Abs. 3, Art. 115 Abs. 2 GG vor.

C. Zwischenergebnis

Die Finanzhilfen verstoßen in letzter Konsequenz nicht gegen Unionsrecht. Auf verfassungsrechtlicher Ebene ist ein Verstoß gegen Art. 109 Abs. 2 sowie die Schuldenbremse aus Art. 109 Abs. 3, Art. 115 Abs. 2 GG zu erkennen.

1609 So auch schon *Knopp*, NJW 2010, S. 1777 (1782).
1610 Ähnlich BVerfGE 97, S. 357 (377) – *Euro-Einführung*.

4. Kapitel – Unions- und verfassungsrechtliche Fragen in Bezug auf den Vertrag über Stabilität, Koordinierung und Steuerung (Fiskalpakt)

A. Vereinbarkeit mit Unionsrecht

Insbesondere im Hinblick auf das Gebot der loyalen Zusammenarbeit aus Art. 4 Abs. 3 EUV, den Vorrang des Unionsrechts sowie die Anforderungen an die Organleihe, Grundfreiheiten und dem Diskriminierungsverbot muss untersucht werden, ob die Regelungen des VSKS als völkerrechtlicher Vertrag einiger Mitgliedstaaten gegen das Unionsrecht verstoßen.[1611] Die Mitgliedstaaten sind aufgrund Art. 4 Abs. 3 EUV nämlich verpflichtet, jegliche Maßnahmen zu unterlassen, die die praktische Wirksamkeit der Verträge beeinträchtigten.[1612] Dies gilt im Umkehrschluss aus Art. 351 UAbs. 2 Satz 1 AEUV auch für völkerrechtliche Verträge, denn wenn die Mitgliedstaaten aus dem Gebot der loyalen Zusammenarbeit verpflichtet sind, jegliche Unvereinbarkeiten zum Unionsrecht zu unterlassen, so gilt dies erst recht auch dahingehend, dass sie verpflichtet sind, den Abschluss völkerrechtliche Verträge zu unterlassen, die Unvereinbarkeiten zum Unionsrecht herstellen.[1613] Zuvor enthält dieser Abschnitt Überlegungen zum VSKS als Unionskomplementärrecht sowie als Rechtsquelle des Unionsrechts.

I. Der VSKS als Rechtsquelle des Unionsrechts

Zu untersuchen ist zudem, ob der VSKS als Rechtsquelle des Unionsrechts angesehen werden kann oder gar muss. Der VSKS steht aufgrund seiner formellen Ausgestaltung als völkerrechtlicher Vertrag und der gleichzeitigen Einbeziehung von Unionsorganen in einem Zwischenraum zwischen Völker- und Unionsrecht.[1614]

1611 So kombiniert die Ansätze von *Calliess/Schoenfleisch,* JZ 2012, S. 477 (481 ff.) und *Thym,* Ungleichzeitigkeit und europäisches Verfassungsrecht, 2004, S. 308 ff.; ähnlich *Antpöhler,* ZaöRV 2012, S. 353 (383); *Ohler,* in: Schmidt-Bleibtreu/Hofmann/Henne-ke (Hrsg.), GG, 13. Aufl. 2014, Art. 88 Rn. 33.

1612 *Streinz,* in: ders. (Hrsg.), EUV/AEUV, 2. Aufl. 2012, Art. 4 EUV Rn. 68; dort auch im Folgenden; vgl. auch *Ohler,* GYIL 54 (2011), S. 47 (59).

1613 Überzeugend *Oberndorfer,* juridikum 2012, S. 168 (180).

1614 *Möllers/Reinhardt,* JZ 2012, S. 693 (693); vgl. auch (zum ESM) *Lorz/Sauer,* DÖV 2012, S. 753 (574 f.).

Ähnlich wie der ESMV muss jedoch auch der VSKS als Rechtsquelle des Unionsrechts im weiteren Sinne betrachtet werden („Europavölkerrecht“[1615]), denn es handelt sich hierbei ebenfalls um einen unionsrechtsergänzenden, völkerrechtlichen Vertrag.[1616] Zwar findet im Unterschied zum ESMV (Art. 136 Abs. 3 AEUV) der VSKS keine explizite normative Anknüpfung im primären Unionsrecht, gleichwohl ändert sich an der Bewertung nichts. Der VSKS bezieht sich vielfach ebenfalls auf Unionsrecht, ergänzt es oder fördert seine Einhaltung. Die Schuldenbremse (Art. 3 VSKS) wirkt sich positiv auf die Defizitregeln (Art. 126 AEUV, Sechserpaket) aus, selbiges gilt für die Verstärkung der wirtschaftspolitischen Koordinierung (Art. 9 ff. VSKS). Der Euro-Gipfel (Art. 12 VSKS) soll strategische Fragen um die gemeinsame Währung im Kreise der Staats- und Regierungchefs klären.

II. Kompetenz und Sperrwirkung durch Primärrecht

Die Mitgliedstaaten müssen zunächst auch eine Kompetenz zum Abschluss des VSKS haben. Es darf ferner keine Sperrwirkung durch unionales Tätigwerden vorliegen. Gewiss ist der VSKS nicht das erste Beispiel für eine völkervertragliche Verabredung zwischen Mitgliedstaaten im Nähebereich zu Unionspolitiken (z.B. Schengen-Abkommen oder Sozialcharta).[1617]

Das in Art. 6 WVK verbürgte Recht zum Abschluss völkerrechtlicher Verträge wird durch die Mitgliedschaft in der EU und die durch die Verträge geregelte Kompetenzverteilung zwischen Union und Mitgliedstaaten modifiziert.[1618] Ein Mitgliedstaat wäre somit zwar unions- jedoch nicht völkerrechtlich gehindert, auf einem Gebiet, in dem die Union die ausschließliche Kompetenz aufweist, tätig zu werden.[1619] Die Kompetenz für Währungspolitik, im Falle von Mitgliedstaaten, deren Währung der Euro ist, liegt nach Art. 3 Abs. 1 lit. c) AEUV ausschließlich bei der Union, während die Union im Bereich der Wirtschaftspolitik lediglich koordinierende Kompetenz aufweist (Art. 5 Abs. 1 AEUV). Letztere entfaltet keine Sperrwirkung

---

1615 *Henneke,* in: Schmidt-Bleibtreu/Hofmann/Henneke (Hrsg.), GG, 13. Aufl. 2014, Art. 109 Rn. 48.

1616 *Fischer-Lescano/Oberndorfer,* NJW 2013, S. 9 sprechen von „Unionsnebenrecht“.

1617 *Siekmann,* in: Möllers/Zeitler (Hrsg.), Europa als Rechtsgemeinschaft, 2013, S. 101 (143); *Schorkopf,* ZSE 2012, S. 1 (14); *Skouris,* in: Becker/Hatje/Potacs/Wunderlich (Hrsg.), FS Schwarze, 2014, S. 751 (760 f.); *Weber,* DVBl. 2012, S. 801 (803 f.); *Thym,* in: Hatje/Müller-Graff (Hrsg.), EnzEuR I, 2014, § 5 Rn. 82 m.w.N.; *Hatje,* in: Kadelbach/Günther (Hrsg.), Europa: Krise, Umbruch und neue Ordnung, 2014, S. 73 (82 f.); vgl. in Bezug auf dem ESM *Heß,* ZJS 2011, S. 207 (210); zur Implementierung der Sozialcharta in das EU-Recht s. *Hailbronner,* in: Randelzhofer/Scholz/Wilke (Hrsg.), GS Grabitz, 1995, S. 125 ff.; *Schuster,* EuZW 1992, S. 178 ff.; zur Problematik des Schengen-Abkommens *Schütz,* AöR 120 (1995), S. 509 ff.

1618 *Calliess/Schoenfleisch,* JZ 2012, S. 477 (481); *Kort,* JZ 1997, S. 640; *Passalacqua,* Rechtliche und politische Probleme des Stabilitätspakts, 2000, S. 74; vgl. auch *Pilz,* DÖV 2012, S. 909 (910); eingehend *Repasi,* EuR 2013, S. 45 ff.

1619 So schon *Häde,* EuZW 1996, S. 138 (141) in Bezug auf den Stabilitätspakt.

gegenüber einem Tätigwerden der Mitgliedstaaten, es ist den Mitgliedstaaten gar gestattet, in diesem Bereich über die primärrechtlichen Regelungen hinaus weitere völkerrechtliche Bindungen im Bereich der wirtschafts- und Haushaltspolitik einzugehen.[1620] Wird die Union nicht tätig, so steht es den Mitgliedstaaten freilich offen, untereinander völkerrechtliche Verpflichtungen einzugehen.[1621] Daher muss zunächst der Kompetenzbereich des VSKS bestimmt werden.[1622]

Der VSKS enthält primär Regelungen, die der wirtschaftspolitischen Koordinierung zwischen den Mitgliedstaaten dienen und dem unionalen Regime des SWP und des Sechser- sowie Zweierpakets unterliegen, um die unionalen Kriterien der Haushaltsdisziplin zu stärken (insbesondere Art. 3 ff., Art. 9 ff. VSKS).[1623] Er führt also zusätzliche Klauseln, haushaltsrechtliche Grenzwerte und Verfahren zur Stärkung des wirtschaftspolitischen Arms der WWU ein.[1624] Damit ist der Regelungsgehalt des VSKS klar der Wirtschaftspolitik zuzuordnen, die nicht ausschließlich auf die Union übertragen wurde.

Einzig Art. 12 VSKS, der Tagungen des Euro-Gipfels in Bezug auf die gemeinsame Währung zum Gegenstand hat, könnte in den Bereich der Währungspolitik nach Art. 3 Abs. 1 lit. c) AEUV fallen. Da von Art. 3 Abs. 1 lit. c) AEUV jedoch ausschließlich die grundlegenden Aufgaben in Bezug auf das ESZB gemeint sind wie u. a. die Festlegung und Ausführung der Geldpolitik der Union nach Art. 127 Abs. 2 1. Spstr. AEUV oder die Ausgabe der Banknoten nach Art. 128 Abs. 1 AEUV,[1625] kann die Einrichtung einer informellen, nicht beschlussbefugten und eher politisch orientierten Tagung zum Themenbereich des Euro wohl nicht als Währungspolitik im engeren Sinne verstanden werden. Ob des koordinierenden Charakters und der Schnittmengen zur Wirtschaftspolitik kann Art. 12 VSKS sogar eher der Wirtschaftspolitik zugeordnet werden.

Daher kann resümiert werden, dass der VSKS der Wirtschaftspolitik zuzuordnen ist und die aufgrund der Koordinierungskompetenz der Union ein Tätigwerden der Mitgliedstaaten dem grundsätzlich nicht entgegensteht. Dafür spricht auch, dass durch die Kohärenzklausel des Art. 2 VSKS ein zeitlich nachgelagertes Tätigwerden der Union durch den VSKS nicht berührt werden soll.[1626]

1620 *Calliess/Schoenfleisch,* JZ 2012, S. 477 (481); *Calliess,* Die neue Europäische Union nach dem Vertrag von Lissabon, 2010, S. 92 f.; *Fischer-Lescano/Kommer,* KritJ 2011, S. 412 (415).

1621 *Häde,* Berliner Online-Beiträge zum Europarecht Nr. 77, 2012, S. 7.

1622 Zu den Begriffsbestimmungen s. bereits oben Kap. 3, A. I. 2. a).

1623 Vgl. *Siekmann,* in: Möllers/Zeitler (Hrsg.), Europa als Rechtsgemeinschaft, 2013, S. 101 (142).

1624 *Blanke,* in: Scherzberg (Hrsg.), 10 Jahre Staatswissenschaftliche Fakultät, 2012, S. 70 (95).

1625 *Nettesheim,* in: Grabitz/Hilf/Nettesheim (Hrsg.), Recht der EU, 52. EL 2014, Art. 3 AEUV Rn. 16.

1626 *Calliess/Schoenfleisch,* JZ 2012, S. 477 (481).

Die Mitgliedstaaten haben bei dem Bereich der Wirtschaftspolitik zuzuordnenden VSKS die Kompetenz zum Handeln behalten.

III. Vereinbarkeit mit der unionalen Währungsverfassung

Darüber hinaus ist im Besonderen die Vereinbarkeit mit der unionalen Währungsverfassung, insbesondere mit den Art. 121 (1.), Art. 126 (2.), Art. 136 (3.) sowie Art. 137 AEUV (4.) zu untersuchen.[1627]

1. Wirtschaftspolitische Steuerung und Koordinierung (Art. 121 AEUV)

Die Vorschrift des Art. 121 i.V.m. Art. 120 AEUV normiert Regeln bezüglich der wirtschaftlichen Koordinierung und Steuerung zwischen den Mitgliedstaaten. Art. 9 S. 1 VSKS rekurriert explizit auf die wirtschaftspolitische Koordinierung im AEUV und soll auf eine verstärkte wirtschaftspolitische Koordinierung der Vertragsstaaten hinarbeiten. Abweichungen von den in Art. 121 AEUV vorgeschriebenen Verfahren sind nicht erkennbar. Werden die in Art. 9 bis Art. 11 VSKS vereinbarten Ziele und Vorgaben eingehalten, so ist kein Verstoß gegen Art. 121 AEUV erkennbar.[1628]

2. Wahrung der Haushaltsdisziplin (Art. 126 AEUV)

Der VSKS ist von seinem Regelungsgehalt her nur partiell auf die Modifizierung geltenden Unionsrechts, insbesondere der Regelungen zur Wahrung der Haushaltsdisziplin aus Art. 126 AEUV und das aufgrund dessen ergangenen Sekundärrechts gerichtet[1629] und bestätigt im Übrigen bereits sekundärrechtlich kodifizierte Regelungen des Sechserpakets.[1630] Fraglich ist indes, ob hieran auch ein Verstoß gegen Art. 126 AEUV zu erkennen ist.

Art. 126 Abs. 1 AEUV verpflichtet die Mitgliedstaaten zur Vermeidung übermäßiger öffentlicher Defizite. Art. 3 VSKS verpflichtet die beteiligten Vertragsparteien gar zu einem ausgeglichenen Haushalt oder zu Haushaltsüberschüssen, geht somit noch darüber hinaus. Jedoch verstößt diese Vertragsbestimmung nicht gegen Unionsrecht, da es ohne ein Entgegenstehen bei gleicher Ziel- und Wirkrichtung über seine Anforderungen hinausgeht und durch die Einführung eines Korrekturmechanismus den besonderen Überwachungsrahmen lediglich effektuiert.[1631] Die

1627 *Siekmann*, in: Möllers/Zeitler (Hrsg.), Europa als Rechtsgemeinschaft, 2013, S. 101 (144) stellt gar ohne nähere Prüfung fest, dass kein Verstoß gegen Unionsrecht vorliegt.

1628 So schon *Kube*, WM 2012, S. 245 (251).

1629 *Kube*, WM 2012, S. 245 (250).

1630 *Calliess/Schoenfleisch*, JZ 2012, S. 477 (482); ähnlich *Gröpl*, Der Staat 52 (2013), S. 1 (21); *Pernice/Wendel/Otto/Bettge/Mlynarski/Schwarz*, Die Krise demokatisch überwinden, 2012, S. 27; zum Sechserpaket s.o. Kap. 2, B. II.

1631 *Kube*, WM 2012, S. 245 (250); *Calliess/Schoenfleisch*, JZ 2012, S. 477 (482); dort auch im Folgenden; vgl. auch *Blanke/Pilz*, EuR 2014, S. 541 (559).

primärrechtlichen Mindestvorgaben des Art. 126 AEUV sollen durch den VSKS gestärkt werden.[1632] Eine Änderung der Defizitkriterien ist mit dieser Regelung gleichwohl nicht verbunden, diese kann nur durch das in Art. 126 Abs. 14 AEUV normierte Verfahren erfolgen.

Auch durch Art. 7 VSKS kann indes kein Verstoß gegen Art. 126 AEUV vorliegen. Art. 126 Abs. 2 f. AEUV erlaubt der Kommission die Erstellung eines Berichts, falls ein Mitgliedstaat ein übermäßiges öffentliches Defizit aufweist. Durch Art. 7 VSKS werden die Vertragsparteien lediglich verpflichtet, die Kommission bei dessen Vorschlägen durch diesen Bericht zu unterstützen. Teilweise wird jedoch behauptet, durch Art. 7 VSKS werde das Monopol des Rates, der nach Art. 126 Abs. 6 ff. AEUV ein Defizitverfahren einleiten kann, umgangen und auf die Kommission übertragen.[1633] Dies kann indes nicht der Fall sein. Bei einer solchen Sichtweise wird nämlich verkannt, dass Berichterstellung und Einleitung eines förmlichen Defizitverfahrens verschiedene, strikt voneinander zu trennende Schritte sind. Zwar legen sich die Mitgliedstaaten durch Art. 7 VSKS in der Tat fest, die Kommission zu unterstützen, jedoch ist mit Art. 7 VSKS somit nur ein weiterer Schritt zur „Depolitisierung"[1634] des Verfahrens intendiert.[1635] Dies ist auch unter Zugrundelegung der Kohärenzklausel des Art. 2 VSKS nur so zu verstehen, dass eine Bindung des Abstimmungsverhaltens im Rat bezweckt wird und der Kommissionsentscheidungso keine größere Bindungswirkung zukommt.[1636] Wenn die Mitgliedstaaten sich ihrem Entscheidungsspielraum durch diese Norm selbst beschneiden,[1637] so ist dies ihr gutes Recht und steht in keinem Widerspruch zu Art. 126 AEUV, denn es stellt dann lediglich eine nicht justiziable, freiwillige Einschränkung ihres eigenen Ermessensspielraums dar, welche für die Abstimmung über das Vorliegen eines übermäßigen Defizits gewählt wurde.[1638] Die Abstimmungsregeln des Art. 126 AEUV werden indes durch dieses „umgekehrte Abstimmungsmodell" nicht berührt.[1639] Es handelt sich hierbei um außerunional vereinbarte Abstimmungsmodi, zu denen sich

---

1632 *Pilz,* DÖV 2012, S. 909 (910).

1633 *Pernice,* Legal Opinion, S. 11; *Kube,* WM 2012, S. 245 (251) unter Rekurs auf einen mit der endgültigen Fassung inhaltlich weitgehend identischen Vertragsentwurf.

1634 Vgl. *Herzmann,* ZJS 2012, S. 168 (171).

1635 A.A. wohl *Rathke,* DÖV 2012, S. 751 (756).

1636 *Calliess/Schoenfleisch,* JZ 2012, S. 477 (482); *Hufeld,* in: Müller-Graff (Hrsg.), EnzEuR IV, 2014, § 22 Rn. 148.

1637 Ähnlich BVerfGE 132, S. 195 (283) – *ESM/Fiskalpakt I*; *Hamer,* in: v. d. Groeben/Schwarze/Hatje (Hrsg.), Europäisches Unionsrecht, Bd. 3, 7. Aufl. 2015, Art. 126 AEUV, Rn. 57; anders wohl *Bandilla,* in: Grabitz/Hilf/Nettesheim (Hrsg.), Recht der EU, 48. EL 2012, Art. 126 AEUV Rn. 122 f.

1638 *Pilz,* DÖV 2012, S. 909 (914); vgl. auch *Antpöhler,* ZaöRV 2012, S. 353 (387).

1639 *Hofmann/Konow,* ZG 2012, S. 138 (145); a.A. *Craig,* E.L.Rev. 37 (2012), S. 231 (243); *Fischer-Lescano/Oberndorfer,* NJW 2013, S. 9 (12); *Oberndorfer,* juridikum 2012, S. 168 (173 ff.); ähnlich *Hakenberg,* Europarecht, 7. Aufl. 2015, Rn. 623; näher *Bast/Rödl,* EuGRZ 2012, S. 269 ff.

die Vertragsstaaten freiwillig verpflichten, die das in Art. 126 AEUV i.V.m. Art. 16 Abs. 3 EUV festgelegte Abstimmungsmodell nicht ändern kann, vergleichbar den Kompromissen von Luxemburg (1966)[1640] oder Ioannina (1994)[1641], die ebenfalls eine bestimmte Stimmausübung vorsahen.[1642]

3. Grundzüge der Haushaltspolitik (Art. 136 AEUV)

Art. 136 AEUV regelt als lex specialis zu Art. 121 und Art. 126 AEUV unter Bezug auf die vorgenannten Normen die wirtschaftspolitische Koordinierung für das Euro-Währungsgebiet.[1643] In Art. 10 VSKS haben die Vertragsstaaten die Nutzung von Art. 136 AEUV, wann immer es angemessen und notwendig erscheint, vereinbart. Ferner soll verstärkt das Mittel der Verstärkten Zusammenarbeit genutzt werden. Die Vereinbarung der Nutzung einer Norm des Unionsrechts kann dem Unionsrecht nicht entgegenstehen, wenn die dort festgelegten Regelungen eingehalten werden. Damit stellt auch Art. 10 VSKS keinen Verstoß gegen Art. 136 AEUV dar.

Ähnliches muss für Art. 11 VSKS gelten, der lediglich eine Vorabkoordinierung größerer wirtschaftspolitischer Reformen unter den Vertragsstaaten fordert, welche im Geiste des Grundsatzes der loyalen Zusammenarbeit aus Art. 4 Abs. 3 EUV zusätzlich sogar geboten ist.

4. Rolle der Eurogruppe (Art. 137 AEUV)

Die Rolle der Euro-Gruppe wird durch Art. 137 AEUV i.V.m. Prot./14 näher definiert.[1644] Art. 12 VSKS enthält daneben Regelungen zu Treffen im Rahmen von Euro-Gipfeln.[1645] Hier gilt es jedoch zu differenzieren: Während Art. 137 AEUV i.V.m. Prot./14 die Tagungen der Euro-Gruppe, also der Treffen der zuständigen Minister der Finanzen im Euro-Währungsgebiet meint, so wird durch Art. 12 VSKS ein neues, informelles Treffen von Staats- und Regierungschefs festgeschrieben. Dies tritt neben die Tagungen der Euro-Gruppe nach Art. 137 AEUV i.V.m. Prot./14. Durch Art. 12 VSKS wird das Prozedere innerhalb der Euro-Gruppe nicht weiter institutionalisiert und formalisiert. Da Art. 137 AEUV i.V.m. Prot./14 lediglich die Feststellung beinhaltet, dass die Minister der Mitgliedstaaten, deren Währung der Euro ist, als spezielle Formation des Rates zu informellen Treffen zusammentreten, die zwei Mal jährlich oder nach Bedarf (Art. 1 Prot./14) abgehalten werden sollten, ist ein Verstoß gegen primäres Unionsrecht durch Art. 12 VSKS indes nicht zu erkennen. Ein

1640 Bulletin der EWG 3/1996, S. 9.
1641 ABl.EG 1994 Nr. C 105, S. 1.
1642 *Antpöhler,* ZaöRV 2012, S. 353 (387); *Repasi,* EuR 2013, S. 45 (70); vgl. *Gundel,* GreifRecht 2012, S. 69 (75).
1643 Zum Verhältnis der Normen s. näher *Häde,* in: Calliess/Ruffert (Hrsg.), EUV/AEUV, 4. Aufl. 2011, Art. 136 AEUV Rn. 4.
1644 Siehe zum Regelungsgehalt bereits oben Kap. 3, A. II. 1. d) aa).
1645 Dazu s.o. Kap. 2, B. I. 6.

Verstoß gegen die formalen Vorschriften des Art. 12 VSKS stellt zudem nicht gleichzeitig einen Verstoß gegen primäres Unionsrecht (Art. 137 AEUV i.V.m. Prot./14) dar, da hier völlig andere Konstellationen von Akteuren auf Minister- bzw. Staats- und Regierungschefebene gemeint sind. Ein Verstoß gegen Art. 137 AEUV liegt durch Art. 12 VSKS somit nicht vor. Es ist gleichwohl nicht von vornherein auszuschließen, dass ein Beschluss des Euro-Gipfels nicht einen Verstoß gegen das Gebot der loyalen Zusammenarbeit aus Art. 4 Abs. 3 EUV darstellen kann, insbesondere wenn das Funktionieren der Unionsorgane dadurch behindert würde.[1646]

5. *Verhältnis zum Sechser- sowie Zweierpaket*

Der Vorrang des Unionsrechts gilt auch für völkerrechtliche Verträge der Mitgliedstaaten untereinander, womit sich der VSKS auch am unionalen Sekundärrecht messen lassen muss.[1647]

Im Vergleich zum Sechserpaket[1648] lassen sich sehr wohl gewisse Parallelen erkennen.[1649] So gleichen sich die Defizitregeln in der Verordnung (EG) Nr. 1466/97 in der Fassung der Verordnung (EU) Nr. 1175/2011 (Art. 2a), obgleich die Verordnung auch ein Defizit von 1% zulässt, während Art. 3 Abs. 1 lit. b) VSKS lediglich 0,5% hierfür bemisst.[1650] Der Korrekturmechanismus aus Art. 3 Abs. 2 VSKS lässt sich in vergleichbarer Weise auch in der Richtlinie 2011/85/EU (Art. 5 bis 7) wiederfinden, wodurch länderspezifische numerische Haushaltsregeln verpflichtend werden.[1651]

Betrachtet man den VSKS im Vergleich zu den Verordnugnen des Zweierpakets[1652], so wird klar, dass auch hier gewisse Parallelen bestehen. Die Verordnung (EU) Nr. 473/2013 enthält mit ihrem Art. 4 Regeln zu einem gemeinsamen Haushaltszeitplan, der widerum Art. 2a Verordnung (EG) Nr. 1466/97 in der Fassung der Verordnung (EU) Nr. 1175/2011 entsprechen muss.[1653]

Damit lässt sich feststellen, dass der VSKS ein Parallelregime zum unionalen Stabilitätsregime errichtet, das aber aufgrund derselben Zielrichtung und der Kohärenzklausel (Art. 2 Abs. 2 VSKS) nicht gegen Unionsrecht verstößt. Die expliziten

---

1646 *Calliess/Schoenfleisch,* JZ 2012, S. 477 (483) m.w.N.

1647 *Thym,* Ungleichzeitigkeit und europäisches Verfassungsrecht, 2004, S. 311; *Antpöhler,* ZaöRV 2012, S. 353 (383); ähnlich, wenn auch nicht ausdrücklich, EuGH, Rs. C-55/00, EU:C:2002:16 (Slg. 2002, S. I-443), Rn. 33 – *Gottardo;* Rs. C-546/07, EU:C:2010:25 (Slg. 2010, S. I-439), Rn. 44 – *Kommission/Deutschland;* vgl. auch *Haratsch/Koenig/Pechstein,* Europarecht, 10. Aufl. 2016, Rn. 451.

1648 Dazu s.o. Kap. 2, B. II.

1649 *Hamer,* in: v. d. Groeben/Schwarze/Hatje (Hrsg.), Europäisches Unionsrecht, Bd. 3, 7. Aufl. 2015, Art. 126 AEUV, Rn. 57; *Kube,* WM 2012, S. 245 (250); *Repasi,* EuR 2013, S. 45 (69 ff.).

1650 *Craig,* E.L.Rev. 37 (2012), S. 231 (235).

1651 Näher noch *Craig,* E.L.Rev. 37 (2012), S. 231 (236); *Repasi,* EuR 2013, S. 45 (68).

1652 Dazu s.o. Kap. 2, B. III.

1653 Vgl. zu einer Entwurfsfassung *Craig,* E.L. Rev. 37 (2012), S. 231 (236); *Repasi,* EuR 2013, S. 45 (68).

Verweise auf das Sechserpaket (Art. 4, Art. 5, Art. 7 VSKS) lassen letzte Bedenken gegen eine Unvereinbarkeit mit dem Sekundärrecht gegenstandslos werden.[1654] Der SWP wird durch den VSKS lediglich erweitert.[1655]

IV. Vertragskonformität der Organleihe

Der VSKS bindet die Kommission als Unionsorgan in die Durchsetzung der durch den Vertrag fixierten Pflichten ein. Damit findet auch hier eine sog. Organleihe statt.[1656] Auch im Falle des VSKS handelt es sich um einen völkerrechtlichen Vertrag, der mit Ausnahme dreier von allen Mitgliedstaaten unterzeichnet wurde. Die Nichtteilnahme ist bei dem Vereinigten Königreich und der Tschechischen Republik aus nationalrechtlichen oder innenpolitischen Gründen abgelehnt worden,[1657] weshalb dem eine konkludente Zustimmung für die Einbeziehung der Unionsorgane für die restlichen Unionsmitgliedstaaten zu entnehmen ist. Auch liegt keine Umgehung des Europäischen Parlaments vor, denn mit dem Sechser- sowie Zweierpaket wurde bereits ein umfassendes Parlamentsverfahren für die im Wege der Sekundärrechtsetzung durchgeführt. Ferner fördert der VSKS die Erfüllung unionsrechtlicher Aufgaben und wahrt so die Unionsinteressen im Sinne der *Pringle*-Rechtsprechung des EuGH.[1658] Daher ist auch die Organleihe der Kommission im VSKS nicht als Verstoß gegen primäres Unionsrecht anzusehen.[1659]

V. Vorrangigkeit der und Implementierung durch die Verstärkte Zusammenarbeit?

Dass die Möglichkeit einer Verstärkten Zusammenarbeit nicht gleichzeitig eine Pflicht zur Nutzung dieses unionalen Elements der differenzierten Integration bedeutet, wurde oben schon näher untersucht.[1660]

Eine Integration dieser Regelungen im Wege der Verstärkten Zusammenarbeit müsste dem Grunde nach möglich sein, da es sich um den Bereich der Wirtschaftspolitik handelt, die keine ausschließliche Kompetenz der Union ist. Dafür spricht auch schon, dass im Wege des Sechser- sowie Zweierpaketes entsprechende Regelungen auf Unionsebene erlassen wurden, die eine gleiche Zielsetzung wie der VSKS aufweisen, was insbesondere für die Regeln der verstärkten wirtschaftspolitischen

---

1654 Ebenso *Weber*, DVBl. 2012, S. 801 (805).
1655 *Schorkopf*, ZSE 2012, S. 1 (15).
1656 Dazu bereits o. Kap. 3, A. II. 4.
1657 Dazu s.o. Kap. 2, B. I. 1.
1658 EuGH, Rs. C-370/12, EU:C:2012:756 (NJW 2013, S. 29), Rn. 165.
1659 *Hofmann/Konow*, ZG 2012, S. 138 (152); *Oberndorfer*, juridikum 2012, S. 168 (180); *Pilz*, DÖV 2012, S. 909 (914); ähnlich *Antpöhler*, ZaöRV 61 (2012), S. 353 (391); a.A. hingegen *Calliess/Schoenfleisch*, JZ 2012, S. 477 (484); *Repasi*, EuR 2013, S. 45 (72).
1660 S.o. Kap. 2, A. I. 4. a) aa).

Koordinierung gilt[1661] Auch die Verpflichtung zur Implementierung einer Schuldenbremse (Art. 3 VSKS) ließe sich mit der Einschränkung, dass die Verpflichtung zur Einführung keinen verfassungsrechtlichen Rang haben muss, durch eine Richtlinie im Unionsrechtsrahmen umsetzen, wobei Kohärenz mit den Art. 121, Art. 126 sowie Art. 136 AEUV hergestellt werden müsste.[1662] Problematisch ist auch die Installierung des Euro-Gipfels (Art. 12 VSKS), der aufgrund der kompetenziellen Ausgestaltung nur durch eine Vertragsänderung in Unionsrecht überführt werden könnte.[1663] Die gerichtliche Kontrolle der Implementierung der Schuldenbremse aus Art. 8 VSKS[1664] müsste auch angesichts des Art. 126 Abs. 10 AEUV im Wege eines Vertragsverletzungsverfahrens nach den Art. 258, 259 AEUV möglich sein. Eine Übertragung von neuen Hoheitsrechten auf den EuGH findet dadurch nicht statt, da nur die Implementierung einer Richtlinie überprüft würde.[1665]

Gleichwohl wird der Umweg über das Völkerrecht teilweise als bewusste sowie unzulässige Umgehung der Regeln über die Verstärkte Zusammenarbeit sowie die Vertragsänderung gesehen, da trotz politischer Schwierigkeiten doch eine differenziert anwendbare Vertragsänderung oder zumindest eine Verstärkte Zusammenarbeit möglich gewesen wäre.[1666] Dies ist freilich nicht ganz von der Hand zu weisen. Gleichwohl besteht eine solche Vorrangigkeit nicht zwingend und greift zudem nicht in die Kompetenzverteilung zwischen Union und Mitgliedstaaten ein, da eine Sperrwirkung im Bereich der Wirtschaftspolitik fehlt.

VI. Möglichkeit der Implementierung der Regelungen des VSKS durch Primärrechtsänderungen

Art. 16 VSKS sieht die Überführung der Inhalte des VSKS in den Rechtsrahmen der Europäischen Union binnen fünf Jahren vor. Es stellt sich daher die Frage, ob dies im Rahmen der bestehenden Änderungsverfahren oder im Wege der Sekundärrechtsetzung möglich wäre, teilweise wird die Vertragsänderung gar für notwendig erachtet.[1667] Eine implizite Vertragsänderung[1668] liegt durch den VSKS indes nicht vor.[1669] Die in Art. 3 Abs. 1 VSKS festgelegten, strengen Regelungen zur Vermeidung übermäßiger Staatsverschuldung berühren die unionsrechtliche Verbindlichkeit des dortigen Stabilitätsregimes nicht. Dies geht bereitsaus Art. 3 Abs. 1 VSKS selbst

---

1661 Zur Frage der Rechtmäßigkeit dieser Rechtsakte etwa *Antpöhler*, ZaöRV 2012, S. 353 (369 ff.); *Häde*, JZ 2011, S. 333 ff.; *Ohler*, ZG 2010, S. 330 ff.; vgl. *Pernice*, Legal Opinion, S. 7 f.

1662 A.A. insoweit *Hofmann/Konow*, ZG 2012, S. 138 (148); *Pernice*, Legal Opinion, S. 5.

1663 *Pernice*, Legal Opinion, S. 15 f.

1664 Dazu s.u. Kap. 6, B. I. 2.

1665 A.A. *Pernice*, Legal Opinion, S. 13.

1666 *Craig*, E.L.Rev. 37 (2012), S. 231 (238 ff.).

1667 So *Oberndorfer*, juridikum 2012, S. 168 (174), s. auch oben V.

1668 Dazu s.o. Kap. 3, A. I. 4. b) ff).

1669 A.A. wohl *Heß*, ZJS 2011, S. 207 (212).

hervor, der auf völkervertraglicher Basis klarstellt, dass die unionsrechtlichen Verpflichtungen dadurch nicht berührt würden.

Eine Vielzahl von Punkten des VSKS muss gleichwohl aufgrund der Umsetzung durch das Sechser- und Zweierpaket indes nicht mehr formell überführt werden, da es beinahe inhaltsgleiche Regelungen enthält.[1670]

Angesichts der Tatsache, dass es sich insbesondere im Falle des fiskalpolitischen Paktes (Art. 3 bis 8 VSKS) um eine besondere Ausgestaltung der präventiven und korrektiven Regelungen zur wirtschaftspolitischen Koordinierung (Art. 121, Art. 126 AEUV), dürfte es sich keine Erweiterung der Zuständigkeiten i.S.v. Art. 48 Abs. 6 UAbs. 3 EUV handeln und mithin im Wege des vereinfachten Änderungsverfahren in das Unionsvertragsrecht überführbar sein. Ähnliches gilt für die weitere Koordinierung (Art. 9 bis Art. 11 VSKS). Ebenso kann die institutionelle Neuerung des Euro-Gipfels (Art. 12 VSKS) dadurch eingeführt werden, da dadurch keine weiteren Zuständigkeiten auf die Union übertragen werden, sondern lediglich strategische Fragen in Zusammenhang mit der Währungsunion im Rahmen der Staats- und Regierungschefs beraten werden.[1671] Gleichwohl müsste dabei darauf geachtet werden, Konvergenz mit dem ECOFIN-Rat und dem Europäischen Rat herzustellen und Überschneidungen durch klare, ggf. neue Kompetenzabgrenzungen auszuschließen. Auch die Rechtsschutzfragen[1672] stellen keine Zuständigkeitserweiterungen dar, da sie lediglich einen Annex zu den bestehenden Änderungen darstellen und einen effektiven Rechtsschutz auf europäischer Ebene gewährleisten.

VII. Zwischenergebnis

Der VSKS ist im Wesentlichen eine völkervertragliche Fassung der bereits nach geltender Kompetenzordnung der Union erlassenen Maßnahmen, namentlich des Sechser- und Zweierpakets.[1673] Er verstößt nicht gegen die unionale Kompetenzverteilung oder die unionale Wirtschafts- und Währungsverfassung und könnte im Wege der Verstärkten Zusammenarbeit, teilweise auch im Wege der Vertragsänderung in den Unionsrechtsrahmen überführt werden.

1670 Vgl. *Calliess/Schoenfleisch*, JZ 2012, S. 477 (484 f.).

1671 Sollten bindende Entscheidungen im Rahmen einer solchen Implementierung des VSKS in das Unionsrecht erfolgen, bleibt fraglich, ob dies nicht den Identitätskern des Grundgesetzes berühren würde und so einer Überprüfung durch das Bundesverfassungsgericht standhielte, so zutreffend *Herrmann*, in: Giegerich (Hrsg.), Herausforderungen und Perspektiven der EU, 2012, S. 51 (74).

1672 Dazu s.u. Kap. 6, B. I.

1673 Vgl. auch schon *Calliess/Schoenfleisch*, JZ 2012, S. 477 (485); *Müller-Franken*, JZ 2012, S. 219 (221).

B. Verfassungsrechtliche Bewertung

Der VSKS entfaltet aufgrund seiner Ausgestaltung als zwischenstaatlicher, völkerrechtlicher Vertrag keine direkte innerstaatliche Wirkung. Zur Herstellung von Gesetzeskraft bedarf es nach Art. 59 Abs. 2 Satz 1 GG, nötigenfalls i.V.m. Art. 23 GG, eines Zustimmungsgesetzes. Dies ist mit dem „Gesetzes zu dem Vertrag vom 2. März 2012 über Stabilität, Koordinierung und Steuerung in der Wirtschafts- und Währungsunion“[1674] vom 29. Juni 2012 erfolgt, womit der VSKS nebst Unterzeichnungsprotokoll gem. Art. 1 Satz 1 des vorstehend genannten Gesetzes zu innerstaatlicher Geltung im Rang eines Bundesgesetzes verholfen wurde.[1675] Nachstehend werden die sich in Bezug auf das deutsche Verfassungsrecht ergebenden Fragen zum VSKS genauer betrachtet.

I. Europaklausel (Art. 23 GG)

1. Übertragung von Hoheitsrechten (Art. 23 Abs. 1 Satz 2 GG)

Zuerst stellt sich die Frage, ob durch den VSKS Hoheitsrechte gemäß Art. 23 Abs. 1 Satz 2 GG zur Verwirklichung eines vereinten Europas auf eine zwischenstaatliche Organisation übertragen werden. Unter Hoheitsrechten versteht man jede Kompetenz zur Ausübung von öffentlicher Gewalt im innerstaatlichen Bereich, wobei es sich um alle drei Staatsgewalten handeln kann.[1676] Betrachtet man das Regelungsgefüge des VSKS,[1677] so wird klar, dass durch die dort enthaltenen Verpflichtungen unmittelbar keine Hoheitsrechte übertragen werden. Es werden allenfalls Schuldenobergrenzen, die es durch den Gesetzgeber umzusetzen gilt (Art. 3 VSKS), festgelegt oder Sanktionen auf europäischer Ebene deklaratorisch wiederholt, die der Gesetzgeber aufgrund von Art. 109 Abs. 2 GG in jedem Fall bereits einzuhalten hat (Art. 4, Art. 5, Art. 7 VSKS). Ferner verpflichtet sich der Bund lediglich zur verstärkten wirtschaftspolitischen Koordinierung (Art. 9 VSKS) im Außenverhältnis. Innerstaatliche Bindungswirkungen werden durch die Übertragung von Gerichtsbarkeit auf den EuGH (Art. 8 VSKS), die Einbeziehung von Kommission und Rat im Berichts- und Überwachungsverfahren (Art. 8 VSKS), die völkerrechtliche Verpflichtung zu bestimmten Abstimmungsverfahren (Art. 7 VSKS) nicht erreicht.[1678]

1674 BGBl. 2012 II, S. 1006.

1675 Ebenso *Lorz/Sauer,* EuR 2012, S. 682 (693).

1676 *Schmahl,* in: Sodan (Hrsg.), GG, 3. Aufl. 2015, Art. 24 Rn. 3; *Tomuschat,* in: Bonn-Komm-GG, 150. EL 2011, Art. 24 Rn. 8.

1677 Dazu ausführlich s.o. Kap. 2, B. I.

1678 S. eingehend *Hölscheidt/Rohleder,* DVBl. 2012, S. 806 (807 f.).

2. *Vertragliche Grundlage, Vertragsänderung oder vergleichbare Regelung (Art. 23 Abs. 1 Satz 3 GG)*

a) Anwendbarkeit

Die Ratifikation des VSKS muss ferner am Maßstab des Art. 23 Abs. 1 Satz 3 GG gemessen werden.[1679] Dies setzt jedoch die Begründung der EU, eine Vertragsänderung oder eine vergleichbare Regelung voraus.

Der VSKS weist unbestritten eine große Nähe zum Integrationsprogramm der Union aufweist und wurde innerhalb ihres Rahmens ausgearbeitet. Es handelt sich dabei zwar nicht um eine vertragliche Grundlage selbiger, jedoch ist der VSKS als eine ergänzende Rechtsquelle des Unionsrechts einzuordnen.[1680]

Die Bestimmungen des VSKS weisen eine Verbindung mit der Währungsunion und damit dem unionalen Integrationsprogramm auf,[1681] die lediglich aufgrund politischen Dissenses nicht über eine Vertragsänderung, sondern den „Umweg" über völkerrechtliche Vereinbarung vereinbart wurden. Das wird auch durch die Verknüpfung durch explizite die explizite Bezugnahme auf das Unionsrecht im VSKS (Art. 2, Art. 10, Art. 13, Art. 16 VSKS sowie die Verweise auf die Institutionen im gesamten Vertrag) deutlich.[1682] Allerdings können die explizite Nennung des Unionsrechts und seine ergänzende Wirkung kaum den Charakter als vertragliche Grundlage begründen, zumal die vertraglichen Grundlagen einen streng formalen und rechtsstaatlich nachvollziehbaren Weg der Vertragsänderung und –ergänzung mit Art. 48 EUV gebieten. Die staatliche Souveränität erlaubt (Art. 59 Abs. 2 Satz 1 GG) den Abschluss völkerrechtlicher Verträge.

Vielmehr liegt im Falle des VSKS eine vergleichbare Regelung i.S.d. Art. 23 Abs. 1 Satz 3 Var. 3 GG vor. Der Fiskalpakt wurde im Unionskontext ausgehandelt und stellt sich als ein neben dem Unionsrecht stehender, dieses ergänzender Vertrag („Europavölkerrecht"[1683]) dar, von dem zwar keine direkte Änderung des nationalen Rechts ausgeht, sofern seine Verpflichtungen nicht umgesetzt wurden.[1684] Eine jedoch vergleichbare Wirkung kommt dem VSKS aufgrund seiner unionsrechtsergänzenden Wirkung,[1685] gerade in Verbindung mit den Regelungen des Sechser- und Zweierpakets, zu. Der VSKS hat damit auch einen normativen Zusammenhang zum Unionsrecht, indem er die Regelungen der WWU vervollkommnet.[1686] So wird

---

1679 S.o. Kap. 2, B. I. 1. d).

1680 Dazu s.o. Kap. 3, B. I. 1. c) aa).

1681 *Schorkopf,* ZSE 2012, S. 1 (23).

1682 Vgl. *Wollenschläger,* NVwZ 2012, S. 713 (717).

1683 *Henneke,* in: Schmidt-Bleibtreu/Hofmann/Henneke (Hrsg.), GG, 13. Aufl. 2014, Art. 109 Rn. 48.

1684 A.A. *Henneke,* in: Schmidt-Bleibtreu/Hofmann/Henneke (Hrsg.), GG, 13. Aufl. 2014, Art. 109 Rn. 49.

1685 Ähnlich *Möllers/Reinhardt,* JZ 2012, S. 693 (696); *Schmahl,* in: Sodan (Hrsg.), GG, 3. Aufl. 2015, Art. 23 Rn. 17c.

1686 So auch *Wollenschläger,* NVwZ 2012, S. 713 (717 f.).

etwa beim EuGH über Art. 8 VSKS i.V.m. Art. 273 AEUV ein neues „Normenkontrollverfahren“ zur Überprüfung der Umsetzung der Verpflichtung aus Art. 3 VSKS eingeführt und die Pflicht zur Beachtung des unionalen Defizitregeln (Art. 9 VSKS). Eine analoge Anwendung des Art. 23 Abs. 1 Satz 3 GG, wie sie teilweise diskutiert wird,[1687] ist demnach gar nicht notwendig.

b) Implizite Verfassungsänderung ohne Identitätskernverletzung

Schließlich erfolgt durch die Ratifizierung des VSKS auch eine Änderung oder Ergänzung des GG seinem Inhalt nach. Der VSKS enthält gegenüber der Schuldenbremse im Grundgesetz zwar keine wesentlichen Modifikationen.[1688] Auch die im VSKS angelegte Verstärkung der wirtschaftspolitischen Steuerung durch den Euro-Gipfel ist mangels Rechtsverbindlichkeit seiner Beschlüsse lediglich ein politischer Mehrwert und stellt keine materielle Änderung des GG dar. Der Bundeskanzler wird durch seine Mitwirkung am Euro-Gipfel etwa nicht mit weiteren Kompetenzen ausgestattet. Gleichwohl hat die völkerrechtliche Verpflichtung zur Einführung einer Schuldenbremse (Art. 3 VSKS) sowie auch die Verpflichtung einer Vertragspartei im Defizitverfahren, ein Haushalts- und Wirtschaftspartnerschaftsprogramm aufzulegen (Art. 5 VSKS) durchaus finanz- und wirtschaftsverfassungsrechtliche Relevanz.[1689] Die Verpflichtung zur Einführung einer Regelung, vorzugsweise auf Verfassungsebene, ist an sich schon ungewöhnlich weitreichend für eine völkerrechtliche Vereinbarung, so wäre eine Abschaffung der Schuldenbremse demnach etwa nicht ohne weiteres möglich.[1690]

Damit finden die Rechtsfolgen des Art. 23 Abs. 1 Satz 3 GG, nämlich die Anwendung von Art. 79 Abs. 2, Abs. 3 GG Anwendung. Eine verfassungsändernde Zweidrittelmehrheit in Bundestag und Bundesrat nach Art. 79 Abs. 2 GG musste demnach für die Ratifikation des VSKS vorliegen.[1691] Demnach wäre eine einfache Mehrheit in beiden Häusern für die Ratifikation des VSKS nach Art. 59 Abs. 2 GG nicht ausreichend gewesen.[1692]

1687 *Schorkopf*, in: BonnKomm-GG, 153. EL 2011, Art. 23 Rn. 79; *Wollenschläger*, NVwZ 2012, S. 713 (717); ähnlich *Hölscheidt/Rohleder*, DVBl. 2012, S. 806 (809).

1688 Vgl. etwa BVerfGE 132, S. 195 (283 f.) – *ESM/Fiskalpakt I*; BVerfGE 135, S. 317 (432) – *ESM/Fiskalpakt II;* a.A. *Möllers/Reinhardt*, JZ 2012, S. 693 (697).

1689 *Wollenschläger*, NVwZ 2012, S. 713 (718).

1690 *Möllers/Reinhardt*, JZ 2012, S. 693 (697); a.A. *Kube*, LTO v. 11. 4. 2012; *Lorz/Sauer*, EuR 2012, S. 682 (688 f.).

1691 I.E. *Gröpl*, Der Staat 52 (2013), S. 1 (21); a.A. *Hofmann/Konow*, ZG 2012, S. 138 (151) *Hufeld*, in: Meyer (Hrsg.), Die Zukunft der Währungsunion, 2013, S. 135 (140); s. auch *Giegerich*, in: ders. (Hrsg.), Herausforderungen und Perspektiven der EU, 2012, S. 7 (19). Nunmehr ist dieses Problem rein theoretischer Natur, denn in der 188. Sitzung des Deutschen Bundestages am 29. 6. 2012 wurde die verfassungsändernde Mehrheit ohnehin erreicht, s. Endgültiges Ergebnis der Namentlichen Abstimmung Nr. 2 zu BT-Drs. 17/9046, 17/10125, 17/10171, S. 1.

1692 Unklar *Streinz*, Europarecht, 9. Aufl. 2012, Rn. 526.

Schließlich darf auch keine Verletzung des Identitätskerns der Verfassung vorliegen. Dieser ist über Art. 23 Abs. 1 Satz 3 GG i.V.m. Art. 79 Abs. 3, Art. 1, Art. 20 GG geschützt. Durch die Ratifizierung des VSKS und der Einführung einer völkervertraglichen Defizitobergrenze könnte indes das dadurch geschützte Demokratieprinzip derart verletzt sein, da es den Handlungsspielraum des Bundestages beschränkt und somit das ihm zugewiesene Budgetrecht in unzulässiger Weise einengt.[1693] Allerdings wird der Bundestag als Haushaltsgesetzgeber lediglich in Bezug auf die Höhe seiner Kreditaufnahme limitiert, im Übrigen bleibt das Budgetrecht durch den VSKS unangetastet.[1694] So kann er weiterhin den Kern des Budgetrechts ausüben, indem er über die konkrete Ausgestaltung des Haushalts nebst Entscheidungen über die wesentlichen Einnahmen und Ausgaben bestimmen kann. Ein weitergehendes Budgetrecht wird von Art. 79 Abs. 3, Art. 20 Abs. 1 GG indes nicht geschützt.[1695] Im Gegenteil soll durch die Defizitbeschränkung des Art. 3 Abs. 1 VSKS das nationale Budgetrecht gar geschützt werden, da durch diese Regel (genauso wie durch die nationale Schuldenbremse aus Art. 109 Abs. 3, Art. 115 Abs. 2 GG) verhindert wird, dass eine übermäßige Verschuldung den Entscheidungsspielraum künftiger Haushaltsgesetzgeber derart einschränkt, dass das Budgetrecht inhaltsleer würde.[1696] Im Übrigen wird durch den VSKS keine Verpflichtung eingegangen, die nicht wieder gelöst werden könnte. So ist der VSKS aufgrund allgemeinen Völkervertragsrechts kündbar.[1697] Jedenfalls würde im Falle eines EU-Austritts Deutschlands nach Art. 50 EUV die Geschäftsgrundlage für eine Beteiligung am VSKS entfallen (Art. 62 WVK), da er teleologisch betrachtet die Mitgliedschaft in der WWU voraussetzt.[1698]

c) Zwischenergebnis

Der VSKS ist eine vergleichbare Regelung im Sinne des Art. 23 Abs. 1 Satz 3 GG, berührt indes nicht den Identitätskern der Verfassun seiner. Zu seiner Ratifizierung war eine Zweidrittelmehrheit nach Art. 79 Abs. 2 GG notwendig.

1693 *Möllers/Reinhardt*, JZ 2012, S. 693 (698 f.); *Hofmann/Konow*, ZG 2012, S. 138 (157 f.).

1694 *Schlief/Schulte*, ZG 2012, S. 121 (126); dort auch im Folgenden.

1695 So *Schlief/Schulte*, ZG 2012, S. 121 (126 f.) m.w.N.

1696 *Schlief/Schulte*, ZG 2012, S. 121 (127); *Möllers/Reinhardt*, JZ 2012, S. 623 (699).

1697 BVerfGE 132, S. 195 (285 f.) – *ESM/Fiskalpakt I;* BVerfGE 135, S. 317 (433) – *ESM/Fiskalpakt II;* dazu *Calliess* im Spiegel-Interview, s. *Darnstadt,* Der Spiegel v. 2. 7. 2012, S. 22; *Lorz/Sauer,* EuR 2012, S. 682 (693 f.); *Giegerich*, in: ders. (Hrsg.), Herausforderungen und Perspektiven der EU, 2012, S. 7 (19 f.).

1698 BVerfGE 89, S. 155 (205) – *Maastricht*; BVerfGE 132, S. 195 (286 f.) – *ESM/Fiskalpakt I*; *Giegerich*, in: ders. (Hrsg.), Herausforderungen und Perspektiven der EU, 2012, S. 7 (20).

3. Der VSKS als „Angelegenheit der Europäischen Union" i.S.d. Art. 23 Abs. 2 Satz 1 GG

Unabhängig von seiner formalen Ausgestaltung als völkerrechtlicher Vertrag handelt es sich bei dem VSKS auch um eine „Angelegenheit der Europäischen Union" i.S.d. Art. 23 Abs. 2 Satz 1 GG mit der Folge, dass dem Bundestag und Bundesrat die in Art. 23 Abs. 2 GG vorgesehenen Mitwirkungs- und Informationsrechte zustehen. Da Art. 23 Abs. 2 GG die Übertragung von Hoheitsrechten nicht vorsieht, ist sein Anwendungsbereich im Vergleich zu Art. 23 Abs. 1 Satz 2, 3 GG vielleicht theoretisch größer, hat sich aber praktisch bedeutsam angenähert.

Der VSKS stellt zwar keine direkte vertragliche Grundlage der Europäischen Union im formellen Sinne dar. Allerdings muss hier von einem weiten, materiellen Verständnis des Begriffs „Angelegenheit der Europäischen Union" im Sinne der Rechtsprechung des Bundesverfassungsgerichts ausgegangen werden, wonach ein gewisses Nähe- und Ergänzungsverhältnis zur Europäischen Union ausreicht,[1699] um die Rechtsfolgen des Art. 23 Abs. 2 GG auszulösen. Dies muss im Wege einer Gesamtschau unter Einbeziehung der geplanten Regelungsinhalte, -ziele und -wirkungen ermittelt werden.[1700] Dies ist bei dem VSKS der Fall, da er zum einen Regelungsgegenstände enthält, die im wechselseitigen Zusammenspiel mit dem primärrechtlich normierten Politikbereiche der Wirtschaftspolitik (Art. 119 ff. AEUV) liegen und zum anderen, da der Weg der völkerrechtlichen Koordination nur gewählt wurde, weil gleichgerichtete Bemühungen um eine Verankerung im Primärrecht der Union aufgrund des Vetos des Vereinigten Königreichs und Tscheчiens nicht die notwendigen Mehrheiten im Rat (Einstimmigkeit i.S.v. Art. 48 EUV) gefunden haben.[1701] Diese Gesamtschau wird noch dadurch gefestigt, dass als Nachwirkung des im VSKS vorgegebenen Zieles der Verstärkung von wirtschaftspolitischer Koordinierung zwischen den Mitgliedstaaten (Art. 9 VSKS) unionsrechtliches Sekundärrecht (Zweierpaket) erlassen wurde, welches die Erreichung dieses Zieles fördern soll.[1702] Auch das EUZBBG wurde die Verfassung dahingehend konkretisierend modifiziert (§ 5 Abs. 1 Nr. 11). Mithin handelt es sich um eine Angelegenheit der Europäischen Union i.S.v. Art. 23 Abs. 2 Satz 1 GG,[1703] die die Mitwirkungs- und Informationsrechte nach Art. 23 Abs. 2 GG auslöst.[1704] Ein Verstoß dagegen ist bisweilen nicht ersichtlich.

1699 BVerfGE 131, S. 152 (199 ff.) – *ESM/Euro-Plus-Pakt.*

1700 BVerfGE 131, S. 152 (199) – *ESM/Euro-Plus-Pakt.*

1701 Vgl. BVerfGE 131, S. 152 (200) – *ESM/Euro-Plus-Pakt*; *Hufeld,* in: Meyer (Hrsg.), Die Zukunft der Währungsunion, 2013, S. 135 (139).

1702 Vgl. BVerfGE 131, S. 152 (199) – *ESM/Euro-Plus-Pakt.*

1703 Siehe auch die seit 4. Juli 2013 inkraftgetretene Reform des EUZBBG, BGBl. 2013 I, S. 2170, die diese Rechtsprechung des BVerfG aufgreift und solche Konstellationen in § 4 Abs. 1 Nr. 11, 12 EUZBBG nunmehr explizit nennt.

1704 Dazu s.o. Kap. 3, B., I. 2.

4. *Zwischenergebnis*

Damit steht der VSKS in Einklang mit den Erfordernissen des Art. 23 GG.

II. Verletzung der Budgethoheit des Parlaments (Art. 110 GG)

Unabhängig von der Frage, ob eine Schuldenbremse das Budgetrecht des Parlaments aus Art. 110 GG grundsätzlich einschränkt und unabhängig von der Verletzung der Budgethoheit als Teil der Verfassungsidentität muss untersucht werden, ob eine völkerrechtliche Verpflichtung zur Koordinierung nationaler Haushalte (Art. 9 bis Art. 11 VSKS) und Einführung einer Schuldenbremse (Art. 3 Abs. 1, Abs. 2 VSKS) dagegen verstößt. Die Ratifizierung des VSKS aufgrund Art. 59 Abs. 2, Art. 23 GG durch den Bundesgesetzgeber stellt zum einen keine nennenswerte Einschränkung der Budgethoheit dar, denn der Haushaltsgesetzgeber wird durch den VSKS weder verpflichtet noch in einer solchen Weise eingeschränkt, dass er faktisch keine anderen Handlungsmöglichkeiten im Rahmen des Budgetrechts hätte. Zum anderen sind die grundgesetzlichen Vorgaben aus Art. 109 Abs. 3, Art. 115 Abs. 2 GG in Bezug auf die Selbstbindung des Parlaments durch den Verfassungsgesetzgeber gar stärker.[1705] Im Übrigen besteht eine Einschränkung schon durch die unionsrechtlichen Vorgaben.[1706]

III. Verhältnis zur nationalen Schuldenbremse (Art. 109 Abs. 3, Art. 115 Abs. 2 GG)

Als völkerrechtlicher Vertrag mit vorwiegend politischem Inhalt steht der VSKS im Rang eines einfachen Bundesgesetzes und daher in der Normenhierarchie unterhalb des Grundgesetzes.[1707] Art. 3 Abs. 2 VSKS statuiert daher lediglich eine Verpflichtung zur Umsetzung der in Art. 3 Abs. 1 VSKS genannten Vorgaben an eine Schuldenobergrenze verbindlicher und dauerhafter Art, vorzugsweise mit Verfassungsrang. Allerdings ist eine Anpassung der verfassungsrechtlichen Lage nach dem geltenden Grundgesetz aufgrund eben dieser Vorgaben nicht notwendig.[1708] Es liegt gar eine strukturelle Gleichartigkeit und weitgehende Deckungsgleichheit zwischen

---

1705 Hierzu sogleich unter IV.

1706 *Di Fabio,* Die Zukunft einer stabilen Wirtschafts- und Währungsunion, 2013, S. 32.

1707 Explizit *Gröpl,* Der Staat 52 (2013), S. 1 (22); *Lorz/Sauer,* EuR 2012, S. 682 (693); s. auch BVerfGE 74, S. 358 (370); BVerfGE 82, S. 106 (120); BVerfGE 111, S. 307 (316 f.); BVerfG, NJW 2011, S. 207 (209); vgl. auch *Haratsch,* Die Befreiung von Verbindlichkeiten nach Art. 135a Abs. 2 GG, 1998, S. 35 m.w.N.; *v. Lewinski,* in: Isensee/Kirchhof (Hrsg.), HbdStR X, 3. Aufl. 2012, § 217 Rn. 35; *Nettesheim,* in: Maunz/Dürig (Hrsg.), GG, 54. EL 2009, Art. 59 Rn. 183 ff.; *Schmahl,* in: Sodan (Hrsg.), GG, 3. Aufl. 2015, Art. 59 Rn. 23.

1708 Sie sind gar strenger, s. *Gröpl,* Der Staat 52 (2013), S. 1 (22); fraglich daher *Hufeld,* in: Meyer (Hrsg.), Die Zukunft der Währungsunion, 2013, S. 135 (140 f.), der von Verfassungsdurchbrechung spricht.

beiden Regelungsregimen vor.[1709] In Art. 109 Abs. 3 Satz 1 GG ist beispielsweise der Grundsatz von einem Haushalt ohne Krediteinnahmen festgelegt, was ebenfalls ein Kernanliegen der im VSKS festgeschriebenen Schuldenbremse (Art. 3 Abs. 1 lit. a) darstellt.[1710] Die in Art. 109 Abs. 3, Art. 115 Abs. 2 GG festgeschriebenen Schuldenobergrenzen sind gar strenger formuliert, denn sie sehen eine Fiktion des ausgeglichenen Haushaltes nur vor, wenn die Einnahmen aus Krediten um 0,35% im Verhältnis zum nominalen Bruttoinlandsprodukt nicht überschritten werden. Art. 3 Abs. 1 lit. b) VSKS dagegen sieht gar 0,5% als strukturelles Defizit des Bruttoinlandsproduktes als ausgeglichenen Haushalt an. Auch der in Art. 3 Abs. 1 lit. b) Satz 2 f. VSKS festgeschriebene Anpassungspfad findet eine Entsprechung in der Übergangsregel des Art. 143d Abs. 1 Satz 5 ff. GG, denn dieser sieht gleichsam eine kontinuierliche Rückführung des Haushaltsdefizits auf die in Art. 109 Abs. 3, Art. 115 Abs. 2 GG vorgesehenen Werte vor.[1711] Die Abweichungsmöglichkeit von den Defizitgrenzen des Art. 3 Abs. 1 lit. c) i.V.m. Art. 3 Abs. 3 Satz 2 VSKS findet sich in der deutschen Regelung mit Art. 109 Abs. 3 Satz 2, Art. 115 Abs. 2 Satz 3 GG ebenfalls wider, auch wenn es terminologische Unterschiede dahingehend gibt, dass die GG-Regelung Naturkatastrophen explizit benennt und der VSKS lediglich auf außergewöhnliche Ereignisse, die sich der Kontrolle des Vertragsstaates entziehen und erhebliche Auswirkungen auf die öffentlichen Finanzen haben, rekurriert.[1712] So gesehen ist die völkervertragliche Regelung ein wenig weiter gefasst als die Regelung im GG, denn sie umfasst auch konjunkturelle Abschwünge im Sinne des SWP.

Es wird deutlich, dass die deutsche Regelung zwar Vorbild für diese Regelung im VSKS war, der dortige Wert jedoch nicht ganz an diese strengen Leitlinien heranreicht. Gleichwohl wird verkannt, dass der Gesetzgeber bei der Föderalismusreform II, die solche Schuldenregeln im deutschen Verfassungsrecht in der Form erst festschrieb, sich von den Vorgaben des Europäischen Stabilitäts- und Wachstumspaktes beeinflussen ließ.[1713] Somit bestehen große Interdependenzen zwischen den internationalen, europäischen und verfassungsrechtlichen Vorgaben.

IV. Der Stabilitätsrat nach Art. 109a Nr. 1 GG als Kontrollmechanismus nach Art. 3 Abs. 2 Satz 2 VSKS

Durch Art. 3 Abs. 2 Satz 2 i.V.m. Art. 3 Abs. 1 lit. e) VSKS verpflichten sich die Vertragsparteien zur Einrichtung eines Kontrollmechanismus, der bei erheblichen Abweichungen vom mittelfristigen Ziel oder dem dorthin führenden Anpassungspfad

---

1709 BVerfGE 132, S. 195 (279, 284) – *ESM/Fiskalpakt I*; *Henneke*, in. Schmidt-Bleibtreu/Hofmann/Henneke (Hrsg.), GG, 13. Aufl. 2014, Art. 109 Rn. 68; *Manger-Nestler/Böttner*, EuR 2014, S. 621 (634); *Schorkopf*, ZSE 2012, S. 1 (23).

1710 BVerfGE 132, S. 195 (280) – *ESM/Fiskalpakt I.*

1711 BVerfGE 132, S. 195 (280 f.) – *ESM/Fiskalpakt I.*

1712 BVerfGE 132, S. 195 (281) – *ESM/Fiskalpakt I.*

1713 BT-Drs. 16/12410, S. 1, 5 f.; 10; BVerfGE 132, S. 195 (279 f.) – *ESM/Fiskalpakt I* m.w.N.

automatisch ausgelöst werden soll und sich dabei auf gemeinsame, von der Kommission vorzuschlagende Grundsätze zu treffender Korrekturmaßnahmen stützt.

Zum einen sieht Art. 115 Abs. 2 Satz 4 GG i.V.m. Artikel-115-Gesetz[1714] einen solchen Kontrollmechanismus vor. § 7 i.V.m. § 9 Abs. 3 Artikel-115-Gesetz regelt eine automatische Bereinigung des Kontrollkontos um die aufgrund des entsprechenden Beschlusses erhöhte Nettokreditaufnahme, womit ein Kontrollmechanismus, angepasst an die Vorgaben des VSKS, vorhanden ist.

Zum anderen ist in Art. 109a Nr. 1 GG ferner die Möglichkeit vorgesehen, durch Gesetz einen sog. Stabilitätsrat zu errichten, der die Haushaltswirtschaft in Bund und Ländern zur Vermeidung von Haushaltsnotlagen überprüft. Durch das Stabilitätsratsgesetz (StabiRatG)[1715] wurde diesem Regelungsauftrag auch Rechnung getragen, womit eine institutionelle Absicherung der Überwachung der Haushaltswirtschaft gewährleistet wird.[1716] Durch Art. 2 des Gesetzes zur innerstaatlichen Umsetzung des Fiskalvertrages vom 15. Juli 2013[1717] wurde das StabiRatG letztlich an die Anforderungen des VSKS angepasst. Dieser ist nun nach § 2 Satz 2 i.V.m. § 6 StabiRatG zudem verpflichtet, die Einhaltung der Obergrenze des strukturellen gesamtstaatlichen Finanzierungsdefizits nach § 51 Abs. 2 HGrG zu überwachen. Die Beschlüsse des Stabilitätsrates müssen zudem von der betreffenden Körperschaft auch beachtet werden, so dass sie alle Konsolidierungsspielräume konsequent ausnutzen müssen und ein Sanierungsprogramm mit dem Stabilitätsrat zu vereinbaren haben (§ 5 StabiRatG).[1718] Der Beirat nach § 7 StabiRatG soll mit seiner Stellungnahme zur Einhaltung der Obergrenze des gesamtstrukturellen Finanzierungsdefizits nach § 51 Abs. 2 HGrG, die ggf. auch Empfehlungen zur Beseitigung eines übermäßigen Defizits als Kontrollmechanismus dienen.

Aufgrund seiner Funktion und Stellung sowie des neu gegründeten Beirats ist der Stabilitätsrat als ein Teil des Kontrollmechanismus gemäß Art. 3 Abs. 2 Satz 2 VSKS einzuordnen. Zusammen mit den Maßnahmen des Artikel-115-Gesetzes stellt der Stabilitätsrat einen wirksamen Kontrollmechanismus im Sinne des VSKS dar. Hier zeigt sich einmal mehr, dass bestehende nationale Regeln an die Vorgaben des VSKS angepasst wurden, die grundgesetzliche Regelung aber gleichzeitig Vorbild für den VSKS war.

1714 BGBl. 2009 I, S. 2704, zul. geändert durch Art. 4 des Gesetzes zur innerstaatlichen Umsetzung des Fiskalvertrages, BGBl. 2012 I, S. 2398.

1715 BGBl. 2009 I, S. 2702.

1716 Vgl. *Herzmann*, ZJS 2012, S. 168 (173).

1717 BGBl. 2013 I, S. 2398.

1718 *Schenke*, in: Sodan (Hrsg.), GG, 3. Aufl. 2015, Art. 109a Rn. 6.

V. Verletzung der haushaltspolitischen Gesamtverantwortung

Zuletzt muss untersucht werden, ob durch den VSKS die haushaltspolitische Gesamtverantwortung des Bundestages, die als Ausprägung des Wahlrechts in Art. 38 GG gewährleistet wird,[1719] verletzt wird.

Zwar enthält die Regelung des Art. 3 Abs. 2 Satz 2 VSKS einen Kontrollmechanismus, der auf von der Europäischen Kommission vorgeschlagene Grundsätze, die insbesondere Art, Umfang und zeitlichen Rahmen der zu treffenden Kontrollmaßnahmen sowie die Rolle und Unabhängigkeit der auf nationaler Ebene zuständigen Überwachungsinstitutionen beinhalten sollen, gestützt wird. Der VSKS enthält gleichwohl mit Art. 3 Abs. 2 Satz 3 VSKS die Regelung, dass die Vorrechte der nationalen Parlamente uneingeschränkt gewahrt bleiben müssen. Die Budgetverantwortung wird nach Auffassung des Bundesverfassungsgerichts daher nicht auf die Europäische Kommission übertragen, denn diese Regelung müsse so verstanden werden, dass der Europäischen Kommission keine konkreten Befugnisse in Bezug auf die materiellen Vorgaben für die Gestaltung der nationalen Haushalte zugestanden werden und sie sich lediglich auf institutionelle Bestimmungen beziehe.[1720]

Gleichsam werde auch die haushaltspolitische Gesamtverantwortung nicht durch die Möglichkeit der gerichtlichen Überprüfung durch den EuGH nach Art. 8 VSKS berührt, denn dieser prüfe lediglich die Umsetzung der Verpflichtung aus Art. 3 Abs. 2 VSKS, ein Durchgriffsrecht von Organen der Europäischen Kommission werde nicht durch die Verhängung der finanziellen Sanktionen ermöglicht, womit die Gestaltungsfreiheit des nationalen Haushaltsgesetzgebers dem Grunde nach auch erhalten bleibe.[1721]

Auch eine irreversible Bindung an eine bestimmte (austeritäre) Haushaltspolitik werde durch die Verpflichtung durch Implementierung der Vorgaben aus Art. 3 Abs. 1 VSKS in das nationale Recht aus Art. 3 Abs. 2 VSKS nicht eingegangen, denn es bestehe keine Verpflichtung, die bestehenden Regelungen zur Schuldenbremse (Art. 109 Abs. 3, Art. 109a, Art. 115 Abs. 2, Art. 143d GG) beizubehalten.[1722] Ferner bestehe die Möglichkeit zur einvernehmlichen Austritt aus dem VSKS nach Art. 62 WVK wegen grundlegender Änderung der Umstände, denn der VSKS setzt die Mitgliedschaft in der EU und im Euro-Währungsraum voraus (vgl. 1. und 5. Erwägungsgrund, Art. 1 Abs. 1, Abs. 2 Satz 1, Art. 15 Satz 1).[1723] Wenn die Bundesrepublik

---

1719 BVerfGE 129, S. 124 (180 f.) – *Griechenland-Soforthilfe/Euro-Rettungsschirm.*

1720 BVerfGE 132, S. 195 (284 f.) – *ESM/Fiskalpakt I*; BVerfGE 135, S. 317 (432 f.) – *ESM/Fiskalpakt II.*

1721 BVerfGE 132, S. 195 (285) – *ESM/Fiskalpakt I*; BVerfGE 135, S. 317 (432 f.) – *ESM/Fiskalpakt II.*

1722 BVerfGE 132, S. 195 (285 f.) – *ESM/Fiskalpakt I.*

1723 BVerfGE 132, S. 195 (286) – *ESM/Fiskalpakt I*, s. dort auch im Folgenden; BVerfGE 135, S. 317 (433) – *ESM/Fiskalpakt II;* s. auch *v. Lewinski,* in: Isensee/Kirchhof (Hrsg.), HbdStR X, 3. Aufl. 2012, § 217 Rn. 35; *Ohler,* in: Siekmann (Hrsg.), EWU-Kommentar, 2013, Art. 136 AEUV Rn. 16; *Schorkopf,* ZSE 2012, S. 1 (24).

Deutschland jedoch einen Austritt aus der Europäischen Union (gemäß Art. 50 EUV) oder lediglich aus der WWU wagt, entfalle die Geschäftsgrundlage und ein Austritt aus dem VSKS wäre nach allgemeinen völkerrechtlichen Regelungen möglich.[1724]

Diesem Verdikt ist dem Grunde nach auch zuzustimmen. Die Bundesrepublik Deutschland bindet sich hier völkerrechtlich und verpflichtet sich auf dieser Ebene, die Schuldenbremse nicht wieder aufzuheben. Diese Selbstverpflichtung ist durchaus möglich, vergleichbar der Einführung der Schuldenbremse.

VI. Zwischenergebnis

Der VSKS verstößt mithin nicht gegen das Grundgesetz, insbesondere verbleibt die haushaltspolitische Gesamtverantwortung beim deutschen Gesetzgeber.

C. Zwischenergebnis

Der VSKS kann als ergänzende Rechtsquelle des Unionsrechts angesehen werden und steht im Einklang sowohl mit unions- als auch verfassungsrechtlichen Vorgaben.

1724 BVerfGE 132, S. 195 (285 ff.) – *ESM/Fiskalpakt I*; BVerfGE 135, S. 317 (433) – *ESM/Fiskalpakt II*.

5. Kapitel – Unions- und verfassungsrechtliche Fragen zu Anleiheoperationen der EZB

Im folgenden Kapitel wird die Vereinbarkeit von Staatsanleihenkäufen der EZB mit dem Unionsrecht (A. – D.) sowie Verfassungsrecht (E.) beleuchtet.

A. Das Mandat und die Stellung der EZB

Es stellt sich zunächst die Frage, ob die Anleiheoperationen der EZB mit ihrem Mandat vereinbar sind.[1725] Das ESZB und mithin die EZB verfolgen nach Art. 127 Abs. 1 Satz 1, Art. 282 Abs. 2 Satz 2 AEUV das Ziel der Sicherung der Preisstabilität im Euro-Währungsgebiet. Dieses Ziel steht an erster Stelle.[1726] Ihr obliegt jedoch nach Art. 127 Abs. 1 Satz 2, Art. 282 Abs. 2 Satz 3 AEUV auch die Unterstützung der allgemeinen Wirtschaftspolitik in der Union zur Verwirklichung des Ziels einer Wirtschafts- und Währungsunion (Art. 3 Abs. 4 EUV), sofern es ohne Beeinträchtigung der Preisstabilität möglich ist.[1727] Hierzu soll die EZB die in Art. 127 Abs. 2 AEUV definierten, grundlegenden Aufgaben, zuvörderst ist hier die Festlegung und Ausführung der Geldpoltik zu nennen, ausführen. Auch wenn die Trennung von Wirtschafts- und Währungspolitik nicht klar und erst recht nicht einfach ist,[1728] so muss dennoch konstatiert werden, dass Maßnahmen, die evident wirtschaftspolitischen Charakter haben, nicht mehr vom Mandat der EZB erfasst sein dürften.[1729] Hierbei sind gewisse Interdepenzen zwischen der Preisstabilität sowie

---

1725 Zur ihrer Funktionsweise s. *Sester,* RIW 2013, S. 451 (453 ff.).

1726 *Sester,* in: Möllers/Zeitler (Hrsg.), Europa als Rechtsgemeinschaft, 2013, S. 175 (177); vgl. auch *Glöckler,* in: v. d. Groeben/Schwarze/Hatje (Hrsg.), Europäisches Unionsrecht, Bd. 3, 7. Aufl. 2015, Vorb. zu Art. 119 – 144 AEUV, Rn. 26 ff.; *Selmayr,* in: v. d. Groeben/Schwarze/Hatje (Hrsg.), Europäisches Unionsrecht, Bd. 3, 7. Aufl. 2015, Art. 127 AEUV, Rn. 7 ff.; zur Preisstabilität auch *Schmidt,* JZ 2015, S. 317 (319).

1727 Ausführlich dagegen *Nitze,* Finanzhilfen für Euro-Staaten in der Krise, 2015, S. 195 ff.

1728 Schlussanträge des Generalanwalts *Cruz Villálon,* Rs. C-62/14, EU:C:2015:7, (EuGRZ 2015, S. 105 ff.), Rn. 100, 113 f., 120 *Gauweiler u. a./Deutscher Bundestag*; ebenso etwa *Ismer/Wiesner,* DÖV 2015, S. 81 (86); *Ludwigs,* NVwZ 2015, S. 537 (541); *Pegatzky,* FAZ v. 9. 7. 2015, S. 6; *Simon,* EuR 2015, S. 107 (114); a.A. *Schmidt,* JZ 2015, S. 317 (320 f.); dazu s.o. Kap. 3, A. I. 2. cc).

1729 Ähnlich wohl BVerfGE 134, S. 366 (400 ff.) – *OMT-Vorlagebeschluss;* kritisch auch *Manger-Nestler/Böttner,* EuR 2014, S. 621 (635); a.A. wohl *Ohler,* GYIL 54 (2011), S. 47 (52).

der Finanzstabilität zweifelsohne gegeben.[1730] Zudem wird dieser Interessenkonflikt noch durch ein Anreizproblem (moral hazard) verstärkt, wenn Anleihen durch die EZB erworben werden, denn die Ausgabe von Anleihen über den Sekundärmarkt bestimmt maßgeblich die Konditionen und daher implizit das Handeln der Verantwortungsträger des Staates, der sich über Anleihen refinanzieren möchte.[1731] Davon hängt aber maßgeblich die Finanzstabilität im Euroraum ab.

Das BVerfG kommt in seinem *OMT-Vorlagebeschluss* zu dem Schluss, dass die EZB mit dem OMT-Programm die Grenzen der Unterstützung der Wirtschaftspolitik überschreitet.[1732] Dafür spricht zum einen Zielsetzung des Programms, welches Zinsaufschläge auf Staatsanleihen einzelner Mitgliedstaaten neutralisieren und der Furcht der Anleger vor einer Reversibilität des Euro entgegenwirken soll.[1733] Diese Zinsaufschläge seien jedoch nach dem Grundkonzept der Währungsunion, welche auf Eigenverantwortlichkeit der nationalen Haushalte basiert,[1734] durchaus gewollt und sollen als Anreize zu solider Haushaltspolitik wirken.[1735] Ferner sei wegen der den Mitgliedstaaten obliegenden Entscheidungskompetenz (Art. 140 AEUV) die Sicherstellung der Zusammensetzung des Euro-Währungsgebietes keine Aufgabe der der EZB zugewiesenen Währungspolitik.[1736]

Darüber hinaus sei dem geldpolitischen Handlungsrahmen des ESZB nach den von der EZB beschlossenen Leitlinien[1737] eine gezielte und zwischen den Mitgliedstaaten differenzierende Vorgehensweise grundsätzlich fremd; währungspolitische Maßnahmen wie die Leitzins- oder Mindestreserveveränderung müssten gleichermaßen für alle Mitgliedstaaten gelten.[1738] Die im OMT-Beschluss angelegte Selektivität von gezielten Anleiheoperationen widerspreche daher diesen Leitlinien und benachteilige durch die Nivellierung der Zinsaufschläge potenziell andere Mitgliedstaaten.[1739]

Zudem widerspreche die Parallelität der Anleiheoperationen den der EZB durch die Verträge zugewiesenen Befugnissen. Anleihen sollen nur unter der Bedingung

---

1730 *EZB,* Die Geldpolitik der EZB, 2011, S. 91; *Thiele,* Das Mandat der EZB und die Krise des Euro, 2013, S. 24.

1731 *Sester,* in: Möllers/Zeitler (Hrsg.), Europa als Rechtsgemeinschaft, 2013, S. 175 (177); s. dort auch im Folgenden.

1732 BVerfGE 134, S. 366 (398); kritisch insbesondere auch in Bezug auf die handwerkliche Gestaltung und Begründung des Urteils *Heun,* JZ 2014, S. 331 (333 ff.), ähnlich *Thiele,* EuZW 2014, S. 694.

1733 BVerfGE 134, S. 366 (405) – *OMT-Vorlagebeschluss.*

1734 Dazu s.o. Kap. 1, D. IV. sowie Kap. 3, A. II. 2. c) dd).

1735 BVerfGE 134, S. 366 (405) – *OMT-Vorlagebeschluss.*

1736 BVerfGE 134, S. 366 (405) – *OMT-Vorlagebeschluss.*

1737 Anhang I Nr. 1.1 Beschluss EZB/2011/14, ABl.EU 2011 Nr. L 331, S. 1, zul. geändert durch Beschluss EZB/2012/25, ABl.EU 2012 Nr. L 348, S. 30.

1738 BVerfGE 134, S. 366 (406 f.) – *OMT-Vorlagebeschluss;* s. dort auch im Folgenden; zustimmend *Schmidt,* JZ 2015, S. 317 (322).

1739 A.A. *Thiele,* EuZW 2014, S. 694 (698).

der Erfüllung der makroökonomischen Anpassungsprogramme von EFSF und ESM erfolgen, die insbesondere in den Bereich der Haushaltspolitik der Mitgliedstaaten eingreifen und aufgrund ihrer Zielsetzung dem Bereich der Wirtschaftspolitik zuzuordnen seien.[1740] Das BVerfG betont zutreffend, dass es sich damit um einseitig gekoppelte wirtschaftspolitische Auflagen handele, die ein funktionales Äquivalent zu den Hilfsmaßnahmen von EFSF und ESM darstellen, wobei parlamentarische Legitimation und Kontrolle fehlen.[1741]

Zuletzt geht das BVerfG noch von einer Umgehung der in den Regeln der Rettungsschirme (EFSF und ESM) festgelegten Auflagen und Konditionalitäten für Anleiheoperationen am Sekundärmarkt aus.[1742] Die dortigen Regeln (insb. Art. 18 Abs. 2 ESMV i.V.m den der Guidelines on the Secondary Market Support Facility) weisen strengere Voraussetzungen auf als die im OMT-Beschluss aufgestellten.[1743]

Jedenfalls gehöre die Kontrolle der Haushaltspolitik der Mitgliedstaaten nicht zum währungspolitischen Mandat der EZB, wie auch aus der nur rudimentären Einbindung des ESZB in das Defizitverfahren nach Art. 126 Abs. 14 UAbs. 2 AEUV deutlich wird.[1744]

Generalanwalt *Cruz Villalón* geht in seinen Schlussanträgen in diesem Verfahren zwar zu Recht davon aus, dass der EZB bei der Wahl ihrer geldpolitischen Instrumente ein weites Ermessen zuzusprechen ist.[1745] Er gibt indes zu, dass es sich bei dem OMT-Programm um eine zumindest unkonventionelle Maßnahme handele, die nicht der bisherigen Praxis der EZB entspreche, insbesondere da eine quantitative Begrenzung der Maßnahmen nicht erfolgt ist.[1746] Er sieht die Ankündigung des OMT-Programms jedoch als rein währungspolitische Maßnahme. Zum einen gehe es dabei um die Erhaltung der Preisstabilität im Euro-Währungsgebiet,[1747] zum anderen sei eine funktionale Distanz in der Ausübung von Zuständigkeiten

1740 BVerfGE 134, S. 366 (407 f-) – *OMT-Vorlagebeschluss* mit Verweis auf EuGH, Rs. C-370/12, EU:C:2012:756 (NJW 2013, S. 29), Rn. 60; zur Kritik einer zu trennscharfen Grenzziehung zwischen Wirtschafts- und Währungspolitik, *Brosius-Linke,* DÖV 2014, S. 612 (614).

1741 Vgl. BVerfGE 134, S. 366 (408 f.) – *OMT-Vorlagebeschluss.*

1742 BVerfGE 134, S. 366 (408) – *OMT-Vorlagebeschluss;* kritisch *Heun,* JZ 2014, S. 331 (335).

1743 Äußerst kritisch dazu ebenfalls *Heun,* JZ 2014, S. 331 (334 f.); *Thiele,* EuZW 2014, S. 694 (698).

1744 BVerfGE 134, S. 366 (403) – *OMT-Vorlagebeschluss,* welches hierfür auch die insoweit die Zuständigkeitsverteilung nicht beeinflussenden sekundärrechtlichen Regelungen des Sechserpakets erwähnt.

1745 Schlussanträge in der Rs. C-62/14, EU:C:2015:7, (EuGRZ 2015, S. 105 ff.), Rn. 115 – *Gauweiler u. a. / Deutscher Bundestag;* ablehnend insbesondere *Schmidt,* JZ 2015, S. 317 (318 f.).

1746 Schlussanträge des Generalanwalts *Cruz Villalón,* Rs. C-62/14, EU:C:2015:7, (EuGRZ 2015, S. 105 ff.), Rn. 120 – *Gauweiler u. a. / Deutscher Bundestag.*

1747 Schlussanträge des Generalanwalts *Cruz Villalón,* Rs. 62/14, EU:C:2015:7, (EuGRZ 2015, S. 105 ff.), Rn. 132 ff. – *Gauweiler u. a. / Deutscher Bundestag.*

im Finanzhilfeverfahren nach dem ESMV (insbesondere Art. 13 Abs. 7 ESMV) und dem währungspolitischen Mandat gegeben.[1748] Er gibt zwar zu, dass die EZB hierbei eine Doppelrolle einnehme, diese auch entscheidend sei und das an sich mehr als „unterstützende" Tätigkeiten seien.[1749] Voraussetzung einer wirtschaftspolitschen Handlung sei jedoch eine einseitige Verknüpfung an die Maßnahmen des ESM, woran es beim OMT-Programm fehle.[1750] Die EZB habe dies zudem hinreichend damit gerechtfertigt, dass die Risikoprämien nicht mehr durch die Qualität der Anleihe, sondern den Ausgabeort bestimmt würden und die Negierung dieser hohen Preisaufschläge als Mittel zur Beseitigung der Störung des geldpolitischen Transmissionsmechanismus notwendig sei.[1751] Schließlich sieht er auch keinen Verstoß gegen den Verhältnismäßigkeitsgrundsatz (Art. 5 Abs. 4 EUV), wenn die Maßnahme im Anwendungsfalle transparent begründet und so eine Notsituation nachvollziehbar dargelegt werde.[1752] Die Ankündigung des OMT-Programms sei geeignet, da sie bereits dadurch positive Markteffekte durch die Senkung von Zinssätzen für Staatsanleihen bewirkte.[1753] Sie sei auch erforderlich, da die Anleihekäufe nur als ultima ratio, zeitlich begrenzt und unter strengen Konditionalitätsanforderungen zur Wiederherstellung der makroökonomischen Wirklichkeit zum Einsatz kommen sollen.[1754] Schließlich seien diese Maßnahmen auch angemessen, da ihr Nutzen die Kosten dieses Programms übersteige.[1755] Der Überprüfungsmaßstab des EuGH beschränke sich aufgrund des weiten Ermessensspielraums der EZB auf eine reine Evidenzkontrolle.[1756] Die fehlende quantitative Beschränkung der Anleihekäufe

1748 Schlussanträge des Generalanwalts *Cruz Villalón*, Rs. C-62/14, EU:C:2015:7, (EuGRZ 2015, S. 105 ff.), Rn. 142, 150 f. – *Gauweiler u. a. / Deutscher Bundestag.*

1749 Schlussanträge des Generalanwalts *Cruz Villalón*, Rs. C-62/14, EU:C:2015:7, (EuGRZ 2015, S. 105 ff.), Rn. 143 – *Gauweiler u. a. / Deutscher Bundestag;* dies könnte langfristig dazu führen, dass die EZB bei der Überwachung im Rahmen des ESM keine Rolle mehr spielt, vgl. FAZ .v. 19. 1. 2015, S. 17.

1750 Schlussanträge des Generalanwalts *Cruz Villalón*, Rs. C-62/14, EU:C:2015:7, (EuGRZ 2015, S. 105 ff.), Rn. 145 – *Gauweiler u. a. / Deutscher Bundestag.*

1751 Schlussanträge des Generalanwalts *Cruz Villalón*, Rs. C-62/14, EU:C:2015:7, (EuGRZ 2015, S. 105 ff.), Rn. 135 – *Gauweiler u. a. / Deutscher Bundestag.*

1752 Schlussanträge des Generalanwalts *Cruz Villalón*, Rs. C-62/14, EU:C:2015:7, Rn. 165 f. – *Gauweiler u. a. / Deutscher Bundestag.*

1753 Schlussanträge des Generalanwalts *Cruz Villalón*, Rs. C-62/14, EU:C:2015:7, (EuGRZ 2015, S. 105 ff.), Rn. 172 ff. – *Gauweiler u. a. / Deutscher Bundestag.*

1754 Schlussanträge des Generalanwalts *Cruz Villalón*, Rs. C-62/14, EU:C:2015:7, (EuGRZ 2015, S. 105 ff.), Rn. 177 ff. – *Gauweiler u. a. / Deutscher Bundestag.*

1755 Schlussanträge des Generalanwalts *Cruz Villalón*, Rs. C-62/14, EU:C:2015:7, (EuGRZ 2015, S. 105 ff.), Rn. 185 f. – *Gauweiler u. a. / Deutscher Bundestag.*

1756 Schlussanträge des Generalanwalts *Cruz Villalón*, Rs. C-62/14, EU:C:2015:7, (EuGRZ 2015, S. 105 ff.), Rn. 187 – *Gauweiler u. a. / Deutscher Bundestag;* zu diesem Ermessesnsspielraum *Lammers*, EuZW 2015, S. 212 (215 f.).

diene lediglich der Vermeidung von Spekulationen.[1757] Ein Insolvenzrisiko bestehe nur, wenn das Ankaufvolumen unvermeidlich in einem Insolvenzszenario münde.[1758] Dies sei jedoch nicht absehbar, da es intern bereits eine quantitative Beschränkung gebe, die aus taktischen Gründen nicht kommuniziert werde.[1759] Die EZB habe aufgrund dieser angemessenen Abwägung ihr Mandat nicht in unverhältnismäßiger Weise überdehnt.[1760] Durch diese Auslegung wird jedoch die durch Art. 123 Abs. 1 AEUV verbotene monetäre Staatsfinanzierung „durch die Hintertür" ermöglicht und das Verbot klar umgangen. Das Ziel ist auch klar ein wirtschaftspolitisches, nämlich die Verringerung der Risikoprämien für finanzschwache Staaten im Euro-Währungsgebiet, wodurch praktisch eine Art „Euro-Bonds" eingeführt wird.[1761] Im Übrigen ist die EZB aufgrund ihrer Doppelrolle als Überwachungsinstanz des ESM auch in ihrer Unabhängigkeit gefährdet, da ein Einfluss nationaler Regierungen hier nicht von der Hand zu weisen ist.[1762]

Dieser Bewertung hat sich der EuGH weitestgehend angeschlossen. Mittelbare Auswirkungen auf die Wirtschaftspolitik stünden dem währungspolitischen Charakter des OMT-Programms nicht entgegen.[1763] Die Koppelung an makroökonomische Anpassungsprogramme, die im Rahmen der Tätigkeit des ESM der Wirtschaftspolitik zuzuordnen sind,[1764] bedeute allerdings nicht, dass es sich hierbei im Falle der EZB um Wirtschaftspolitik handele.[1765] Ausführlich erfolgt die aus Art. 119 Abs. 2, Art. 127 Abs. 1 AEUV i.V.m. Art. 5 Abs. 4 EUV abgeleitete Verhältnismäßigkeitsprüfung[1766], die der EuGH so erstmals auf die Währungspolitik

1757 Schlussanträge des Generalanwalts *Cruz Villalón,* Rs. C-62/14, EU:C:2015:7, (EuGRZ 2015, S. 105 ff.), Rn. 191 – *Gauweiler u. a. / Deutscher Bundestag.*

1758 Schlussanträge des Generalanwalts *Cruz Villalón,* Rs. C-62/14, EU:C:2015:7, (EuGRZ 2015, S. 105 ff.), Rn. 195 – *Gauweiler u. a. / Deutscher Bundestag.*

1759 Schlussanträge des Generalanwalts *Cruz Villalón,* Rs. C-62/14, EU:C:2015:7, (EuGRZ 2015, S. 105 ff.), Rn. 199 f. – *Gauweiler u. a. / Deutscher Bundestag.*

1760 Schlussanträge des Generalanwalts *Cruz Villalón,* Rs. C-62/14, EU:C:2015:7, (EuGRZ 2015, S. 105 ff.), Rn. 200 f. – *Gauweiler u. a. / Deutscher Bundestag.*

1761 Ebenso *Klement,* JZ 2015, S. 754 (759); *Schmidt,* JZ 2015, S. 317 (322).

1762 Der EuGH, Rs. C-62/14, EU:C:2015:400, (NJW 2015, S. 2013 ff.) – *Gauweiler u. a./ Deutscher Bundestag.* würdigt dies erst gar nicht, vgl. dazu *Classen,* EuR 2015, S. 477 (483); *Herrmann/Dornacher,* EuZW 2015, S. 579 (581); *Mayer,* NJW 2015, S. 1999 (2001); kritisch aber Generalanwalt *Cruz Villálon* in seinen Schlussträgen in dieser Rs., EU:C:2015:7, (EuGRZ 2015, S. 105 ff.), Rn. 150 f.

1763 EuGH, Rs. C-62/14, EU:C:2015:400, (NJW 2015, S. 2013 ff.), Rn. 52 – *Gauweiler u. a./ Deutscher Bundestag;* EuGH, Rs. C-370/12, EU:C:2012:756, (NJW 2013, S. 29 ff.), Rn. 56 – *Pringle.*

1764 So der EuGH, Rs. C-370/12, EU:C:2012:756, (NJW 2013, S. 29 ff.), Rn. 60 – *Pringle;* dazu s.o. Kap. 3, A. I. 2. a) cc) (2).

1765 EuGH, Rs. C-62/14, EU:C:2015:400, (NJW 2015, S. 2013 ff.), Rn. 63 f. – *Gauweiler u. a./Deutscher Bundestag;* dazu *Herrmann/Dornacher,* EuZW 2015, S. 579 (581).

1766 EuGH, Rs. C-62/14, EU:C:2015:400, (NJW 2015, S. 2013 ff.), Rn. 66 f. – *Gauweiler u. a./Deutscher Bundestag;* ausführlich schon Generalanwalt *Cruz Villálon* in seinen

anwendet.[1767] Hierbei gesteht der EuGH der EZB aufgrund der technischen Natur und komplexen Prognosen grundsätzlich ein weites Ermessen zu.[1768] Der Einhaltung verfahrensrechtlicher Garantien komme dabei eine wesentliche Bedeutung zu, was sich insbesondere durch eine den Anforderungen von Art. 296 Abs. 2 AEUV gerecht werdende, die wesentlichen Erwägungen des Urhebers offenbarende Begründung zeige.[1769] Die Pressemitteilung zum OMT-Programm sei, auch unter Berücksichtigung dessen, dass geldpolitische Fragen gewöhnlich hochumstritten sind und nach einer offensichtlich unter einem Beurteilungsfehler leiden, wirtschaftlichen Analyse der EZB insbesondere geeignet, die intendierte Verringerung von Zinssätzen der betroffenen Programmländer zu erreichen.[1770] Die so erreichte, geldpolitische Transmission begünstige die Einheitlichkeit der Geldpolitik und trage letztlich zur Gewährleistung der Preisstabilität im Euro-Währungsgebiet bei.[1771] Auch gehe das OMT-Programm nicht über das Ziel dessen hinaus, was zur Erreichung seiner Ziele erforderlich sei, denn aus dem Wortlaut der Pressemitteilung ergebe sich, dass es nur in einem Umfang gestattet sei, in dem er zur Erreichung seiner Ziele erforderlich sei und diese Ankäufe sodann beendet würden, wenn diese Ziele erreicht worden seien.[1772] Diese ergebe sich insbesondere durch die Bindung an die Durchführung eines makroökonomischen Anpassungsprogramms in Verbindung mit der EFSF oder dem ESM, welches nur einen begrenzten Teil von Staatsanleihen aus dem Euro-Währungsgebiet erfasse.[1773] Solche Programme können nur zur Anwendung gelangen, wenn bereits die Lage des betreffenden Staates eine noch andauernde Intervention des ESM rechtfertigt, so dass die Programme von vornherein quantitativ begrenzt seien. Die Selektivität der Programme sei durch die Begrenzung von Störungen des geldpolitischen Transmissionsmechanismus gerechtfertigt, der

---

Schlussträgen dazu, EU:C:2015:7, (EuGRZ 2015, S. 105 ff.), Rn. 159 ff.; s. auch *Goldmann,* Verfassungsblog v. 18. 6. 2015, www.verfassungsblog.de/mutually-assured-discretion-the-ecj-on-the-ecbs-omt-policy/ (letzter Abruf: 3. 12. 2015).

1767 *Ohler,* NVwZ 2015, S. 1001 (1004); zuvor schon *Ohler,* Bankenaufsicht und Geldpolitik in der Währungsunion, 2015, § 4 Rn. 45, 73.

1768 EuGH, Rs. C-62/14, EU:C:2015:400, (NJW 2015, S. 2013 ff.), Rn. 68 – *Gauweiler u. a./Deutscher Bundestag.*

1769 EuGH, Rs. C-62/14, EU:C:2015:400, (NJW 2015, S. 2013 ff.), Rn. 69 f. – *Gauweiler u. a./Deutscher Bundestag;* dazu etwa *Krajewski/Rösslein,* in: Grabitz/Hilf/Nettesheim (Hrsg.), Recht der EU, 44. EL 2011, Art. 296 AEUV Rn. 18 ff.

1770 EuGH, Rs. C-62/14, EU:C:2015:400, (NJW 2015, S. 2013 ff.), Rn. 72 ff. – *Gauweiler u. a./Deutscher Bundestag.*

1771 EuGH, Rs. C-62/14, EU:C:2015:400, (NJW 2015, S. 2013 ff.), Rn. 75 ff. – *Gauweiler u. a./Deutscher Bundestag.*

1772 EuGH, Rs. C-62/14, EU:C:2015:400, (NJW 2015, S. 2013 ff.), Rn. 81 f. – *Gauweiler u. a./Deutscher Bundestag.*

1773 EuGH, Rs. C-62/14, EU:C:2015:400, (NJW 2015, S. 2013 ff.), Rn. 87 f. – *Gauweiler u. a./Deutscher Bundestag,* s. dort auch im Folgenden.

nur in den betreffenden Staaten behoben werden solle und so zur größtmöglichen Wirksamkeit gelange.[1774]

Der EuGH sah sich aufgrund seiner extensiven Auslegung der Wirtschaftspolitik in der Rechtssache *Pringle* nun mit der Schwierigkeit bemüht, diese in der Rechtssache *Gauweiler u. a./Deutscher Bundestag* entgegengesetzt einschränkend zu begründen.[1775] Dieser Versuch kann wohl kaum als gelungen angesehen werden. Mit der vorliegenden Argumentation verschwimmen nicht nur die (insbesondere aufgrund kompetenzrechtlicher Erwägungen) durchaus voneinander zu trennende Wirtschafts- und Währungspolitik,[1776] damit werden letztlich die Kompetenzen der EZB aus eigener Macht ausgeweitet.[1777] Die Zuerkennung eines gewissen geldpolitischen Ermessensspielraums ist zwar grundsätzlich billigenswert.[1778] Wenn aber praktisch jedes Mittel, welches Störungen des geldpolitischen Transmissionsmechamismus abwendet, der Währungspolitik zuzuordnen ist und die EZB diese Mittel beurteilungsfehlerfrei und ohne wirksames richterliches Korrektiv begründen kann, so bestimmt sie letztlich selbst, welche Kompetenzen ihr zustehen.[1779] Der EuGH bedient sich damit eines klassischen Zirkelschlusses.[1780] Überdies steht dies zum Prinzip der begrenzten Einzelermächtigung aus Art. 5 Abs. 2 EUV mehr als nur in einem Spannungsverhältnis.[1781] Während das BVerfG für die Abgrenzung noch objektive Kriterien heranzieht, übernimmt der EuGH ungefiltert die subjektiv mitgeteilte Absicht der EZB und überprüft sie lediglich auf „offensichtliche Beurteilungsfehler".[1782]

1774 EuGH, Rs. C-62/14, EU:C:2015:400, (NJW 2015, S. 2013 ff.), Rn. 89 – *Gauweiler u. a./ Deutscher Bundestag*.

1775 *Manger-Nestler/Böttner*, NJ 2015, S. 422 (424 f.).

1776 Zur zutreffenden Möglichkeit einer juristischen Abgrenzung ausführlich *Klement*, JZ 2015, S. 754 (757 ff.); s. auch *Sauer*, Verfassungsblog v. 17. 6. 2015, www.verfassungsblog.de/das-omt-urteil-des-europaeischen-gerichtshofs-fuenf-beobachtungen/ (letzter Abruf: 3. 12. 2015).

1777 *Kirchhof*, FAZ v. 25. 6. 2015, S. 6.

1778 Ebenso *Manger-Nestler/Böttner*, NJ 2015, S. 422 (425 f.); in diese Richtung wohl *Goldmann*, Verfassungsblog v. 18. 6. 2015, www.verfassungsblog.de/mutually-assured-discretion-the-ecj-on-the-ecbs-omt-policy/ (letzter Abruf: 3. 12. 2015); *Ohler*, NVwZ 2015, S. 1001 (1004); *Ruffert*, JuS 2015, S. 758 (760); *Sauer*, Verfassungsblog v. 17. 6. 2015, www.verfassungsblog.de/das-omt-urteil-das-europaeischen-gerichtshofs-fuenf-beobachtungen/ (letzter Abruf: 3. 12. 2015).

1779 Vgl. *Manger-Nestler/Böttner*, NJ 2015, S. 422 (425): „Blankoermächtigung"; *Kirchhof*, FAZ v. 25. 6. 2015, S. 6: „Selbstermächtigung"; zur geldpolitischen Transmission etwa *Ohler*, NVwZ 2015, S. 1001 (1004).

1780 Vgl. *Klement*, JZ 2015, S.754 (758).

1781 Vgl. *Kirchhof*, FAZ v. 25. 6. 2015, S. 6 und (zu den Schlussanträgen) schon *Schmidt*, JZ 2015, S. 317 (320).

1782 Überzeugend *Klement*, JZ 2015, S. 754 (758).

Von einer „Stärkung der Rechtsbindung“[1783] oder einer Stärkung der Rechtsgemeinschaft kann durch dieses Urteil des Gerichtshofs indes keine Rede sein.[1784]

Darüber hinaus muss die die EZB grundsätzlich nach den im AEUV vorgegebenen Kriterium der Unabhängigkeit, d.h. abgekoppelt von anderen Organen der Union oder mitgliedstaatlichen Regierungen, agieren (Art. 130 Satz 1, Art. 282 Abs. 3 Satz 3 AEUV, Art. 7 Satz 1 EZB-Satzung). Art. 130 Satz 1 AEUV i.V.m. Art. 7 Satz 1 EZB-Satzung bestimmt, dass weder die EZB noch eine nationale Zentralbank noch ein Mitglied ihrer Beschlussorgane bei der Wahrnehmung der ihnen durch die Verträge zugewiesenen Befugnisse, Aufgaben und Pflichten Weisungen von Organen, Einrichtungen oder sonstigen Stellen der Union, Regierung der Mitgliedstaaten oder sonstigen Stellen einholen oder entgegennehmen und statuiert somit den Grundsatz der Unabhängigkeit der EZB.[1785] Dieser Grundsatz lässt sich näher unterteilen in funktionelle, eine finanzielle sowie personelle Unabhängigkeit.[1786] Die so gewährleistete Unabhängigkeit der EZB bedeutet eine Weisungsfreiheit gegenüber Organen und Einrichtungen der Union oder Regierung von Mitgliedstaaten.[1787] Art. 130 AEUV kann indes nur seinen Zweck erfüllen, wenn dies kein Recht sondern eine Pflicht zur Unabhängigkeit begründet.[1788] Diese Unabhängigkeit ist indes kein Selbstzweck, sondern dient in erster Linie der Aufgabe, die Preisstabilität zu gewährleisten.[1789] Wenn die EZB den Ankauf von Staatsanleihen finanzschwacher Mitgliedstaaten, deren Währung der Euro ist, unter die Bedingung einer Teilnahme eines beim EFSF oder ESM vorgesehenen Restrukturierungsprogrammes stellt, bindet sie ihr Handeln an das der politischen Entscheidungsträger und büßt somit ihre Unabhängigkeit ein.[1790] Dies gilt auch insbesondere in Anbetracht ihrer finanziellen Unabhängigkeit, da sie mit Anleihekäufen die Grenze zur Fiskalpolitik überschritten hat.[1791] Das BVerfG geht damit von einer intentionalen Auslegung der

---

1783 *Mayer,* NJW 2015, S. 1999 (2003).

1784 Kritisch auch *Pegatzky,* FAZ v. 9. 7. 2015, S. 6: „Verfahren der Dammbrüche“.

1785 Eine unabhängige EZB entsprach insbesondere dem Wunsch Deutschlands, s. *Schmidt,* JZ 2015, S. 317 (317 f.).

1786 Näher hierzu *Gaitanides,* Recht der EZB, 2005, S. 41 ff.; *Hahn/Häde,* Währungsrecht, 2. Aufl. 2010, § 20 Rn. 10 ff.; *Häde,* in: Calliess/Ruffert (Hrsg.), EUV/AEUV, 4. Aufl. 2011, Art. 130 AEUV Rn. 9 ff.; *Nitze,* Finanzhilfen für Euro-Staaten in der Krise, 2015, S. 199 ff.; *Sauer,* Credit and Capital Markets 46 (2013), S. 29 (31 ff.).

1787 *Potacs,* in: Schwarze (Hrsg.), EU-Kommentar, 3. Aufl. 2012, Art. 130 AEUV Rn. 1.

1788 *Frenz/Ehlenz,* GewArch 2010, S. 329 (334); *Frenz,* Handbuch Europarecht, Bd. VI, 2011, Rn. 3647.

1789 *Hahn/Häde,* Währungsrecht, 2. Aufl. 2010, § 20 Rn. 5 m.w.N.

1790 Vgl. auch BVerfGE 134, S. 366 (410) – *OMT-Vorlagebeschluss; Meyer,* Kreditwesen 2011, S. 127 (129); a.A. EuGH, Rs. C-62/14, EU:C:2015:400, (NJW 2015, S. 2013 ff.), Rn. 60 – *Gauweiler u. a./Deutscher Bundestag; Nitze,* Finanzhilfen für Euro-Staaten in der Krise, 2015, S. 204 f.; *Simon,* EuR 2015, S. 107 (124); *Steinbach,* NVwZ 2013, S. 918 (920).

1791 *Sauer,* Credit and Capital Markets 46 (2013), S. 29 (46 f.).

unterstützenden Wirtschaftspolitik nach Art. 127 Abs. 1 Satz 2 AEUV aus.[1792] Der Generanwalt thematisiert, anders als der EuGH, der dies zumindest kurz erwähnt,[1793] in seinen Schlussanträgen an dieser Stelle mit keinem Wort explizit die Unabhängigkeit der EZB.

Ein Anleihenkauf verstößt im Übrigen auch gegen Art. 127 Abs. 5 AEUV. Denn danach ist die EZB lediglich befugt, zu einer reibungslosen Durchführung der Aufsichtsbehörden hinsichtlich der Kreditinstitute und der Stabilität des Finanzsystems bereits ergriffenen Maßnahmen beizutragen, womit ein eigener Beitrag in Form von Anleiheoperationen ausscheidet.[1794]

Damit ist festzustellen, dass sich die Anleiheoperationen der EZB, insbesondere das durch die Ankündigung des OMT-Programms statuierte Regime, nicht mit dem Mandat der EZB vereinbaren lassen und insofern unionsrechtswidrig sind.[1795]

B. Verbot der monetären Staatsfinanzierung (Art. 123 AEUV)

Der Kauf von Staatsanleihen durch die EZB könnte zudem gegen das Verbot der monetären Staatsfinanzierung aus Art. 123 Abs. 1 AEUV verstoßen.[1796] Art. 123 Abs. 1 Alt. 2 AEUV enthält ein explizites Verbot des unmittelbaren Erwerbs von Schuldtiteln der in Alt. 1 genannten Stellen durch die EZB oder nationale Zentralbanken. Hierdurch soll im Zusammenspiel mit Art. 124 AEUV und Art. 125 AEUV das primäre Ziel der Unabhängigkeit der EZB sichergestellt werden.[1797] Das Verbot ist überdies ein weiterer Anker in der Stabilitätskultur der Währungsunion, denn es soll verhindern, dass das ESZB die öffentlichen Haushalte zulasten der

1792 *Ukrow,* ZEuS 2014, S. 119 (133), kritisiert dies jedoch; ähnlich auch *Nitze,* Finanzhilfen für Euro-Staaten in der Krise, 2015, S. 150 f.

1793 EuGH, Rs. C-62/14, EU:C:2015:400, (NJW 2015, S. 2013 ff.), Rn. 40 f., 60 ff. – *Gauweiler u. a./Deutscher Bundestag.*

1794 Ähnlich *Seidel,* EuZW 2010, S. 521; a.A. *Herrmann,* EuzW 2010, S. 645 (646); *Steinbach,* NVwZ 2013, S. 918 (920).

1795 Ebenso bereits *Müller-Graff,* integration 2011, S. 289 (300); a.A. etwa *Heun,* JZ 2014, S. 331 (333 ff.); *Ismer/Wiesner,* DÖV 2015, S. 81 (86 f.); *Sester,* RIW 2013, S. 451 (453 ff.); *Thiele,* EuZW 2014, S. 694 (697 ff.); *Ukrow,* ZEuS 2014, S. 119 (131 ff.).

1796 Ausführliche Darstellung bei *Thiele,* Das Mandat der EZB und die Krise des Euro, 2013, S. 63 ff.

1797 *Bandilla,* in: Grabitz/Hilf/Nettesheim (Hrsg.), Recht der EU, 44. EL 2011, Art. 123 AEUV Rn. 3.

Währungsstabilität finanzieren soll.[1798] Dies wird auch durch die Unabhängigkeit der EZB untermauert.[1799]

Eine positive Begriffskonkretisierung für den Begriff der Schuldtitel ist in der Verordnung (EG) Nr. 3603/93 nicht enthalten. Gleichwohl erklärt Art. 1 Abs. 2 VO (EG) 3603/93, welche Schuldtitel nicht als jene im Sinne der Verordnung anzusehen sind, nämlich „vor dem 1. Januar 1994 erworbene Forderungen mit fester Laufzeit, die den Marktbedingungen nicht entsprechen oder nicht handelbar sind, sofern die Laufzeit dieser Wertpapiere nicht länger ist als die der genannten Forderungen" und der Betrag, „der im Rahmen der „Ways and Means"-Fazilität in Anspruch genommen wurde, über die die Regierung des Vereinigten Königreichs bei der Bank of England bis zu dem Zeitpunkt verfügt, an dem das Vereinigte Königreich gegebenenfalls zur dritten Stufe der WWU übergeht.". Ebenfalls nicht als Erwerb von Schuldtiteln gilt nach Art. 2 Abs. 1 VO (EG) 3603/93 ein Erwerb zur Verwaltung von Währungsreserven.

Nicht einheitlich beantwortet wird die Frage, inwieweit ein Erwerb von Schuldtiteln „unmittelbar" i.S.v. Art. 123 Abs. 1 Alt. 2 AEUV erfolgt. Dieses Tatbestandsmerkmal ist jedoch entscheidend für die unionsrechtlicheBewertung des Ankaufs von Staatsanleihen durch die Europäische Zentralbank.

Zum einen wird vertreten, dass ein unmittelbarer Erwerb von Schuldtiteln nur dann vorliegt, wenn er direkt vom öffentlichen Emittenten erfolgt und ein Erwerb von Schuldtiteln auf dem Sekundärmarkt demnach nicht verboten ist.[1800] Begründet wird dies damit, dass dem Staatssektor dadurch kein unmittelbarer Vorteil entstehe und mit dem ersten Ankauf der Staatsanleihen diese den ersten Test auf dem Kapitalmarkt bestanden haben.[1801]

Zum anderen wird jedoch auch vertreten, dass von „unmittelbar" i.S.v. Art. 123 Abs. 1 Alt. 2 AEUV auch der Ankauf von Schuldtiteln auf dem Sekundärmarkt mit

---

1798 *Hafke,* Kreditwesen 2010, S. 393 (395); *Schmidt,* JZ 2015, S. 317 (323); vgl. auch die Schlussanträge des Generalanwalts *Cruz Villalón,* Rs. C-62/14, EU:C:2015:7, (EuGRZ 2015, S. 105 ff.), Rn. 217 f. – *Gauweiler u. a./Deutscher Bundestag;* zum Problem der Giralgeldschöpfung und Art. 123 Abs. 1 AEUV s. *Mersching,* EuR 2014, S. 333 (339 ff.).

1799 *Di Fabio,* Die Zukunft einer stabilen Wirtschafts- und Währungsunion, 2013, S. 48.

1800 *Bandilla,* in: Grabitz/Hilf/Nettesheim (Hrsg.), Recht der EU, 44. EL 2011 Art. 123 AEUV Rn. 9; *Gaitanides,* Recht der EZB, 2005, S. 102; *Gnan,* in: v.d. Groeben/Schwarze (Hrsg.), EUV/EGV, 6. Aufl. 2003, Art. 101 EGV Rn. 35; *Haratsch/Koenig/Pechstein,* Europarecht, 10. Aufl. 2016, Rn. 1322; Häde, in: Calliess/Ruffert (Hrsg.), EUV/AEUV, 4. Aufl. 2011, Art. 123 AEUV Rn. 10; *Herrmann,* EuZW 2010, S. 645 (646); ähnlich *Kempen,* in: Streinz, EUV/AEUV, Art. 123 AEUV Rn. 4 f.; *Koch,* in: Lenz/Borchardt (Hrsg.), 6. Aufl. 2013, Art. 123–126 AEUV Rn. 2; ähnlich wohl *Herdegen,* Europarecht, 17. Aufl. 2015, § 23 Rn. 9, der gleichwohl nur das OMT-Programm der EZB als vertragswidrig einstuft.

1801 *Hattenberger,* in: Schwarze (Hrsg.), EU-Kommentar, 3. Aufl. 2012, Art. 123 EUV Rn. 6; *Herdegen,* Europarecht, 17. Aufl. 2015, § 23 Rn. 9.

umfasst ist.[1802] Der Ankauf von Staatsanleihen durch die EZB auf dem Sekundärmarkt führe durch die damit einhergehende Verknappung des Staatsanleihenangebotes mittelfristig zu einer nicht marktgerechten Verbesserung der Konditionen einzelner mitgliedstaatlicher Kreditaufnahmen und umgeht somit das Verbot der monetären Staatsfinanzierung aus Art. 123 Abs. 1 Alt. 2 AEUV.[1803]

In diese Richtung geht auch die Ansicht, wonach zwar der mittelbare Erwerb von Staatspapieren am Sekundärmarkt als Offenmarktgeschäft i.S.v. Art. 18.1 EZB-Satzung an sich zulässig sei,[1804] allerdings der Zweck des Finanzierungsverbots aus Art. 123 Abs. 1 AEUV hierdurch nicht unterlaufen werden dürfe.[1805] Dieses Instrument darf das Verbotsziel also nicht umgehen.[1806] Ein verbotener Finanzierungscharakter sei insbesondere dann anzunehmen, wenn Staatsanleihen zu einem Wert erworben oder als Sicherheiten angenommen werden, der am Markt nicht mehr zu erzielen wäre.[1807]

Schließlich muss davon ausgegangen werden, dass auch bei einer engen Auslegung des Art. 123 Abs. 1 Alt. 2 AEUV sein Zweck, die disziplinierende Funktion über ein Verbot der monetären Staatsfinanzierung durch die EZB, nicht durch Käufe auf dem Sekundärmarkt oder andere funktional äquivalente Maßnahmen umgangen werden darf.[1808] Hierfür spricht, dass der 7. Erwägungsgrund der Verordnung

---

1802 *Di Fabio,* Die Zukunft einer stabilen Wirtschafts- und Währungsunion, 2013, S. 46 f.; *Frenz/Ehlenz,* EWS 2010, S. 211 (212); *Kerber,* Der Verfassungsstaat ist ohne Alternative, 2010, S. 73; *ders.,* Die EZB vor Gericht, 2011, S. 53 ff.; *Schachtschneider,* Die Rechtswidrigkeit der Euro-Rettungspolitik, 2011, S. 141; ähnlich wohl *Kirchhof,* Deutschland im Schuldensog, 2012, S. 4; *Seidel,* EuZW 2010, S. 521.

1803 *Kerber,* Der Verfassungsstaat ist ohne Alternative, 2010, S. 73; *Meyer,* Kreditwesen 2011, S. 127 (129); a.A. eher *Pernice,* WHI-Paper 04/2013, S. 8.

1804 So auch *Nitze,* Finanzhilfen für Euro-Staaten in der Krise, 2015, S. 206 f.; a.A. *Schmidt,* JZ 2015, S. 317 (319); zu ökonomischen Implikationen und Offenmarktgeschäften *Simon,* EuR 2015, S. 107 (116 ff.).

1805 *Hattenberger,* in: Schwarze (Hrsg.), EU-Kommentar, 3. Aufl. 2012, Art. 123 EUV Rn. 6; *Heun,* JZ 2014, S. 331 (334 f.); näher *Thiele,* Das Mandat der EZB und die Krise des Euro, 2013, S. 59 ff.

1806 Erwägungsgrund Nr. 7 der Verordnung (EG) Nr. 3603/93.

1807 *Hattenberger,* in: Schwarze (Hrsg.), EU-Kommentar, 3. Aufl. 2012, Art. 123 EUV Rn. 6; *Heun,* JZ 2014, S. 331 (336); *Frenz/Ehlenz,* EWS 2010, S. 211 (212); *Potacs/Mayer,* in: Kodek/Reinisch (Hrsg.), Staateninsolvenz, 2011, S. 105 (128 f.); *Rodi,* in: Vedder/Heintschel von Heinegg (Hrsg.), Unionsrecht, Art. 123 AEUV Rn. 7 f.; *Seidel,* EuZW 2010, S. 521; *Thiele,* EuZW 2014, S. 694 (695) will eher auf die Zielsetzung denn auf das geldpolitische Instrument als solches abstellen.

1808 *Frenz/Ehlenz,* GewArch 2010, S. 329 (334); *Gnan,* in: v.d. Groeben/Schwarze (Hrsg.), EUV/EGV, Bd. 3, 6. Aufl. 2003, Art. 101 EGV Rn. 35; *Tutsch,* in: v. d. Groeben/Schwarze/Hatje (Hrsg.), Europäisches Unionsrecht, Bd. 3, 7. Aufl. 2015, Art. 123 AEUV, Rn. 25 ff. so auch EuGH, Rs. C.62/14, EU:C:2015:400, (NJW 2015, S. 2013 ff.), Rn. 100 f. – *Gauweiler u. a./Deutscher Bundestag;* BVerfGE 134, S. 366 (411) – *OMT-Vorlagebeschluss;* ergänzend *Ohler,* NVwZ 2015, S. 1001 (1005).

(EG) Nr. 3603/93 explizit aufführt, dass ein Kauf auf dem Sekundärmarkt nicht zu einer Umgehung des Verbots führen darf.[1809] Zwar können Erwägungsgründe keine rechtlich verbindlichen Regelungen enthalten, sondern lediglich als Auslegungshilfe dienen.[1810] Allerdings wird damit die Intention der Vertragsgeber sichtbar, jegliche Umgehung des Verbots der monetären Staatsfinanzierung unterbinden zu wollen.[1811] Dies wäre im Falle von Anleiheoperationen durch die EZB faktisch der Fall, da die EZB in einem solchen Fall Anleihen zu einem Wert erwirbt oder als Sicherheiten akzeptiert, die sie am Markt nicht mehr erzielen würden.[1812] Das Verbot der monetären Staatsfinanzierung wird nicht zuletzt auch dadurch umgangen, dass die EZB sich bereit erklärt, erworbene Staatsanleihen an einem Schuldenschnitt zu beteiligen, das Risiko eines solchen Schuldenschnittes steigt, ihre Bereitschaft zum Halten der Anleihen bis zur Endfälligkeit, der dadurch erfolgte Eingriff in den Markt sowie die durch die Ankündigung erfolgte Ermutigung der Marktteilnehmer zum Erwerb solcher Anleihen am Primärmarkt.[1813] Zwar liegt hier ein Spannungsverhältnis zu Art. 127 Abs. 1 Satz 1 AEUV, da die EZB damit die Preisstabilität sicherstellen soll. Die Aufrechterhaltung dieses Ziels ist prinzipiell höher zu gewichten als die Einhaltung dieses Verbots. Allerdings darf kein Eingriff in den Staatsanleihenmarkt hierdurch erfolgen. Dies ist jedoch hier der Fall, da der von der EZB gezahlte Preis nicht das Kreditrisiko widerspiegelt. Daher verstößt ein solches Anleihenprogramm

---

1809 So auch EuGH, Rs. C.62/14, EU:C:2015:400, (NJW 2015, S. 2013 ff.), Rn. 100 – *Gauweiler u.a./Deutscher Bundestag;* BVerfGE 134, S. 366 (411) – *OMT-Vorlagebeschluss;* vgl. auch *Frenz,* Handbuch Europarecht, Bd. VI, Rn. 3647; dazu gehört auch die Gewährung von Krediten durch Geschäftsbanken, s. *Mersching,* EuR 2014, S. 333 (341 f.).

1810 *Nitze,* Finanzhilfen für Euro-Staaten in der Krise, 2015, S. 145.

1811 *Bandilla,* in: Grabitz/Hilf/Nettesheim (Hrsg.), Recht der EU, 44. EL 2011, Art. 123 AEUV Rn. 9; *Kempen,* in: Streinz (Hrsg.), EUV/AEUV, 2. Aufl. 2012, Art. 123 AEUV Rn. 4; *Schorkopf,* AöR 136 (2011), S. 323 (340); vgl. auch *Kerber/Städter,* EuZW 2011, S. 536 ff., zweifelhaft *Herrmann,* EuZW 2010, S. 645 (646); *ders.,* in: Kadelbach (Hrsg.), Nach der Finanzkrise, 2012, S. 79 (90); ähnlich auch die Schlussanträge des Generalanwalts *Cruz Villalón,* Rs. C-62/14, EU:C:2015:7, (EuGRZ 2015, S. 105 ff.), Rn. 227 – *Gauweiler u.a./Deutscher Bundestag.*

1812 *Frenz/Ehlenz,* EWS 2010, S. 211 (212); *dies.,* GewArch 2010, S. 329 (334); *Gröpl,* Der Staat 52 (2013), S. 1 (7); *Hattenberger,* in: Schwarze (Hrsg.), EU-Kommentar, 3. Aufl. 2012, Art. 123 AEUV Rn. 6; *Mersching,* EuR 2014, S. 333 (336); *Potacs/Mayer,* in: Kodek/Reinisch (Hrsg.), Staateninsolvenz, 2011, S. 105 (128 f.); *Rodi,* in: Vedder/Heintschel von Heinegg (Hrsg.), Unionsrecht, Art. 123 AEUV Rn. 7 f.; a.A. wohl *Häde,* in: Calliess/Ruffert (Hrsg.), EUV/AEUV, 4. Aufl. 2011, Art. 123 AEUV Rn. 10; *Kempen,* in: Streinz (Hrsg.), EUV/AEUV, 2. Aufl. 2012, Art. 123 AEUV Rn. 5; zur ökonomischen Dimension *Schmieding,* FAZ v. 31. 3. 2014, S. 6.

1813 BVerfGE 134, S. 366 (412 ff.) – *OMT-Vorlagebeschluss;* ähnlich *Nitze,* Finanzhilfen für Euro-Staaten in der Krise, 2015, S. 143 f.

gegen Art. 123 Abs. 1 2. Alt AEUV.[1814] Zwar wird eingewandt, dass ein Anleihenkauf durchaus zulässig sein kann, wenn sichergestellt ist, dass der Mitgliedstaat der Marktlogik unterworfen bleibt, was durch das makroökonomische Anpassungsprogramm der Fall sein soll, das den Mitgliedstaat zu den Reformen zwingt, die der Markt verlangt.[1815] Ähnlich sah dies auch der Generalanwalt *Cruz Villalón* in seinen Schlussanträgen zum Vorabentscheidungsverfahren vor dem EuGH: Zwar gebe es ein Umgehungsverbot dahingehend, dass die Wirkung des Verbot aus Art. 123 Abs. 1 AEUV nicht durch Sekundärmarktkäufe unterminiert werden dürfe.[1816] Allerdings sei dies im Falle der OMT-Transaktionen nicht der Fall, wenn gewährleistet wird, dass sich zuvor ein Marktpreis für Staatsanleihen bilden kann und so keine Veränderung in der Marktsituation erzielt wird.[1817] Die Marktpreisbildung wird jedoch durch die intendierte Negierung der Preisaufschläge durch die Anleihekäufe gerade verhindert und ein harmonisierter Zinssatz letztlich damit erzwungen.[1818] Der EuGH ist dieser begrenzenden Argumentation im Wesentlichen gefolgt.[1819] Er ergänzte indes, dass eine privilegierte Gläubigerstellung sich nicht aus den Verträgen ergebe und daher nicht gefordert werden könne.[1820] In der Literatur wird zudem eingewandt, die Koppelung an die Auflagen des ESM sichere die Vereinbarkeit der Anleihenkäufe mit Art. 125 Abs. 1 Satz 1 AEUV, was auch grundsätzlich durch die Rechtsprechung des EuGH in der Rechtssache *Pringle*[1821] so gesehen werde, da dort klargestellt wird, dass grundsätzlich unter strengen Voraussetzungen Finanzhilfen gewährt werden dürfen.[1822] Diese Sichtweise vermag jedoch in Anbetracht der Wechselwirkung zur

---

1814 Anders *Steinbach,* NVwZ 2013, S. 918 (919 f.); *Tutsch,* in: v. d. Groeben/Schwarze/Hatje (Hrsg.), Europäisches Unionsrecht, Bd. 3, 7. Aufl. 2015, Art. 123 AEUV, Rn. 28.

1815 So *Uerpmann-Wittzack,* EuR-Beiheft 2/2013, S. 49 (53); s. dort auch im Folgenden; vgl. auch *Häde,* ZG 2011, S. 1 (21); a.A. *Nitze,* Finanzhilfen für Euro-Staaten in der Krise, 2015, S. 146 ff.

1816 Schlussanträge Generalanwalt *Cruz Villalón,* Rs. C-62/14, EU:C:2015:7, (EuGRZ 2015, S. 105 ff.), Rn. 227 – *Gauweiler u. a. / Deutscher Bundestag.*

1817 Schlussanträge Generalanwalt *Cruz Villalón,* Rs. C-62/14, EU:C:2015:7, (EuGRZ 2015, S. 105 ff.), Rn. 252 ff. – *Gauweiler u. a. / Deutscher Bundestag.*

1818 Vgl. Schlussanträge Generalanwalt *Cruz Villalón,* Rs. C-62/14, EU:C:2015:7, (EuGRZ 2015, S. 105 ff.), Rn. 135 – *Gauweiler u. a. / Deutscher Bundestag;* differenzierend auch *Lammers,* EuZW 2015, S. 212 (217); *Simon,* EuR 2015, S. 107 (122).

1819 EuGH, Rs. C-62/14, EU:C:2015:400 (NJW 2015, S. 2013 ff.), Rn. 93 ff. – *Gauweiler u. a./Deutscher Bundestag;* zustimmend *Herrmann/Dornacher,* EuZW 2015, S. 579 (581); *Sauer,* Verfassungsblog v. 17. 6. 2015, www.verfassungsblog.de/das-omt-urteil-das-europaeischen-gerichtshofs-fuenf-beobachtungen/ (letzter Abruf: 3. 12. 2015).

1820 EuGH, Rs. C-62/14, EU:C:2015:400 (NJW 2015, S. 2013 ff.), Rn. 126 – *Gauweiler u. a./Deutscher Bundestag.*

1821 EuGH, Rs. C-370/12, EU:C:2012:756 (NJW 2013, S. 29), Rn. 136.

1822 *Kämmerer,* in: Siekmann (Hrsg.), EWU-Kommentar, 2013, Art. 123 AEUV Rn. 42 spricht etwa von einer Auflösbaren Pflichtenkollision der EZB.

Unabhängigkeit der EZB nicht zu überzeugen, weshalb es beim Verstoß bleiben muss. Der insofern weit zu gewährende Ermessensspielraum der EZB[1823] ist hierbei auf Null zu reduzieren. Dieser kann auch nicht durch die Norm des Art. 136 Abs. 3 AEUV n.F. gerechtfertigt werden, denn letzterer erlaubt nur die Suspension vom Verbot für den Fall des ESM, er befreit die EZB nicht vom Verbot des Art. 123 Abs. 1 AEUV.[1824] Im Übrigen können auch keine Verhältnismäßigkeitserwägungen dieses Ergebnis verändern. Teilweise wird eingewandt, die Anleihenkäufe seien angemessen, da sie an wirtschaftspolitische Auflagen von EFSF/ESM geknüpft sind.[1825] Jedoch wird dabei verkannt, dass die Disziplinierungsfunktion des Art. 123 Abs. 1 AEUV umgangen wird und der geldpolitische Transmissionsmechanismus gerade dadurch unzulässig beeinflusst wird. Damit liegt hier ein Verstoß gegen das Verbot der monetären Staatsfinanzierung (Art. 123 Abs. 1 2. Alt. AEUV) vor.[1826] Eine Legalisierung ist durch die Klarstellung des Begriffs der Geldpolitik sowie die Ermöglichung des Anleihekaufs im Wege der Vertragsänderung für die Zukunft möglich.[1827]

C. Nichtauslösungsklausel (Art. 125 Abs. 1 AEUV)

Die Anleiheoperationen der EZB könenn auch gegen die Nichtauslösungsklausel des Art. 125 Abs. 1 AEUV verstoßen. Das starre und absolute Verbot der Hilfszahlungen der Nichtauslösungsklausel[1828] könnte durch die Anleiheoperationen der EZB folgendermaßen unterlaufen werden: Im *Pringle*-Urteil des EuGH wird dargelegt, dass der Zweck des Art. 125 Abs. 1 Satz 1 AEUV die Unterwerfung der Mitgliedstaaten unter die Marktlogik und die Anreizfunktion zu solider Haushaltspolitik sind.[1829] Damit stellt jede Anleiheoperation durch die EZB ein Problem dar, denn dem betreffenden Mitgliedstaat wird durch den Anleihekauf zu einer Finanzierung ohne Rücksicht auf seine Bonität verholfen.[1830] Werden jedoch Auflagen in Form der makroökonomischen Anpassungsprogramme von EFSF oder ESM zur Bedingung gemacht, so wird mittelbar auf die Haushalts- und Wirtschaftspolitik des betreffenden Mitgliedstaates derart korrigierend eingewirkt, dass die Bonität langfristig wieder hergestellt würde und ein Verstoß des Art. 125 Abs. 1 Satz 1 AEUV nach dieser Lesart nicht mehr vorläge.[1831]

1823 Vgl. etwa *Kämmerer*, in: Siekmann (Hrsg.), EWU-Kommentar, 2013, Art. 123 AEUV Rn. 28.

1824 *Ohler*, Siekmann (Hrsg.), EWU-Kommentar, 2013, Art. 136 AEUV Rn. 25; a.A. *Kämmerer*, in: Siekmann (Hrsg.), EWU-Kommentar, 2013, Art. 123 AEUV Rn. 42.

1825 *Nitze*, Finanzhilfen für Euro-Staaten in der Krise, 2015, S. 168 ff.

1826 *Ismer/Wiesner*, DÖV 2015, S. 81 (89) halten beide Ansichten für vertretbar.

1827 *Cromme*, DÖV 2013, S. 594 (596).

1828 S. o. Kap. 3, A. II. 2 c).

1829 EuGH, Rs. C-370/12, EU:C:2012:756 (NJW 2013, S. 29), Rn. 135.

1830 *Uerpmann-Wittzack*, EuR-Beiheft 2/2013, S. 49 (52 f.).

1831 *Uerpmann-Wittzack*, EuR-Beiheft 2/2013, S. 49 (53); ähnlich wohl *Thiele*, EuZW 2014, S. 694 (696, 698).

Eine solche Ansicht hat zwar etwas für sich, kann jedoch nicht überzeugen. Das Stabilitätskorsett der Art. 123 bis Art. 125 AEUV gerät ins Wanken, wenn ein Staat unter Missachtung des diesen Normen innewohnenden Gebotes solider Haushaltspolitik in Finanzierungsnot gelangt. Kauft die EZB nun Staatsanleihen am Sekundärmarkt ein, so wird zwar eine Finanzhilfe i.S.d. Art. 125 Abs. 1 Satz 1 AEUV gewährt. Zweck solcher Maßnahmen ist es nämlich, Zinsaufschläge zu minimieren,[1832] womit die Haftung über die EZB vergemeinschaftet wird und letztlich die Mitgliedstaaten die Verluste bei Zahlungsausfällen zu tragen haben. Damit wird der Sinn und Zweck, die Anreizwirkung zu solider Haushaltspolitik der Mitgliedstaaten ad absurdum geführt.[1833] Zwar dient dies der soliden Haushaltspolitik durch die makroökonomischen Anpassungsprogramme, die ja gerade dem Sinn und Zweck des Art. 125 Abs. 1 Satz 1 AEUV entsprechen. Insofern gilt es zu differenzieren. Ein Verstoß im Falle der SMP-Anleiheprogramme von 2010 und 2011 liegt vor. Dies gilt indes nicht für die OMT-Anleiheprogramme, da dort Auflagen für die Verbesserung der Haushaltspolitik vorliegen.[1834]

Es bleibt daher festzuhalten, dass die anfänglichen Anleihekäufe der EZB, die ohne ausdrückliche Konditionalität aufgrund EZB-Ratsbeschlüssen getätigt wurden, einen klaren Verstoß gegen die Nichtauslösungsklausel des Art. 125 Abs. 1 Satz 1 AEUV darstellen.[1835] Die nach dem am 6. September 2012 angekündigten *Outright Monetary Transaction* Programm noch zu tätigenden Käufe auf dem Sekundärmarkt stellen wegen deren Konditionalität und den damit verbundenen, makroökonomischen Anpassungsprogrammen keinen Verstoß gegen diese Norm dar.

D. Rechtfertigungsmöglichkeiten

Die oben genannten Verstöße könnten jedoch möglicherweise durch die oben entwickelte Figur des unionsrechtlichen Notstandes (I.) oder durch die Berufung auf eine Störung des geldpolitischen Transmissionsmechanismus (II.) gerechtfertigt sein.

I. Unionsrechtlicher Notstand

Eine Rechtfertigung des Unionsrechtsverstoßes durch die oben entwickelte Figur des unionsrechtlichen Notstandes[1836] ist hier nicht möglich. Zwar haben die EZB sowie die nationalen Zentralbanken zu dem Zweck gehandelt, schlimmere Folgen

1832 Vgl. nur Schlussanträge des Generalanwalts *Cruz Villalón*, Rs. C-62/14, EU:C:2015:7, (EuGRZ 2015, S. 105 ff.), Rn. 135 – *Gauweiler u. a. / Deutscher Bundestag*.

1833 Teilweise wird auf die Verhältnismäßigkeit zwischen Disziplinierungsfunktion und angestrebtem Zweck (Durchführung effektiver Geldpolitik) abgestellt, so etwa *Nitze*, Finanzhilfen für Euro-Staaten in der Krise, 2015, S. 193.

1834 Ähnlich *Lammers*, EuZW 2015, S. 212 (217); *Simon*, EuR 2015, S. 107 (127).

1835 A.A. *Nitze*, Finanzhilfen für Euro-Staaten in der Krise, 2015, S. 193.

1836 S.o. Kap. 3, A. II. 7. c).

für die gemeinsame Währung abzuwenden. Allerdings müsste dieser Ankauf von Staatsanleihen zeitlich befristet und quantitativ werden,[1837] um über eine solche Konstruktion gerechtfertigt zu werden. Ansonsten wäre eine langfristige Überdehnung des Unionsrechts durch die Praxis der EZB machbar. Dies ist jedoch nicht absehbar. Der Verstoß gegen die Primärrechtsnormen kann nicht dauerhaft auf ein Notrecht gestützt werden, zumal im ESM Maßnahmen zur Anleihefazilitäten vorgesehen sind (Art. 17, Art. 18 ESMV).

II. Störung des geldpolitischen Transmissionsmechanismus

Die EZB beruft sich zur Rechtfertigung des OMT-Programms in ihrem Beschluss darauf, dass dadurch die Störung des geldpolitischen Transmissionsmechanismus behoben werden soll.[1838] Durch Transmissionsmechanismen werden die volkswirtschaftlichen Auswirkungen der Geldpolitik einer Zentralbank auf die Wirtschaft übertragen.[1839]

Das BVerfG argumentiert hierzu insbesondere damit, dass der Ankauf von Staatanleihen, der vielleicht auch die Unterstützung der währungspolitischen Ziele des ESZB zufolge haben kann, den OMT-Beschluss noch längst nicht zu einer Maßnahme auf dem Gebiet der Währungspolitik mache, da in Bezug hierauf die Ausführungen des EuGH in Sachen *Pringle*[1840] gleichsam umgekehrt Anwendung finden müssten.[1841] Ferner sei in praktischer jeder Schuldenkrise eine signifikante Verschlechterung des geldpolitischen Transmissionsmechanismus zu verzeichnen, da eine kritische Verschlechterung von Staatensolvenz gewöhnlich mit einer Verschlechterung der Solvenz des nationalen Bankensektors verbunden sei (sog. Banken-Staaten-Nexus), was sich notwendigerweise auch dadurch auswirkt, dass Leitzinssenkungen der Zentralbank sich in der Kreditvergabepraxis der Banken kaum mehr widerspiegeln.[1842] Dadurch werde eine Außerkraftsetzung des Verbots der monetären Staatsfinanzierung aus Art. 123 Abs. 1 AEUV bewirkt, denn mit wende man die Argumentation der EZB strikt an, so wäre ein Ankauf von Staatsanleihen in jedem Fall der Verschlechterung der Bonität eines Staates, deren Währung der Euro ist, erlaubt.[1843] Schließlich sei auch die Eingrenzung des Anwendungsbereichs

1837 Vgl. auch den Vorschlag zu einer möglichen unionsrechtskonformen Auslegung des OMT-Beschlusses der EZB, BVerfGE 134, S. 366 (416 f.) – *OMT-Vorlagebeschluss.*

1838 http://www.ecb.europa.eu/press/pr/date/2012/html/pr120906_1.en.html (letzter Abruf: 3. 12. 2015); dazu ausführlich *Nitze,* Finanzhilfen für Euro-Staaten in der Krise, 2015, S. 155 ff.

1839 Vgl. bspw. *Görgens/Ruckriegel/Seitz,* Europäische Geldpolitik, 6. Aufl. 2014, S. 272 f.

1840 EuGH Rs. C-370/12, NJW 2013, S. 29 (49).

1841 BVerfGE 134, S. 366 (415 f.) – *OMT-Vorlagebeschluss.*

1842 BVerfGE 134, S. 366 (416) – *OMT-Vorlagebeschluss;* a.A. *Thiele,* EuZW 2014, S. 694 (697 f.).

1843 BVerfGE 134, S. 366 (416) – *OMT-Vorlagebeschluss.*

einer Störung des geldpolitischen Transmissionsmechanismus auf Fälle in denen die Refinanzierungszinsen des Mitgliedstaates als irrational einzustufen seien, nicht operationaliserbar, denn Zinsaufschläge seien typischerweise unabhängig vom Rationalitätsgehalt sondern lediglich die Folge von Erwartungen der Marktteilnehmer.[1844]

Der EuGH hingegen billigte in seinem Urteil in der Rechtssache *Gauweiler u. a./ Deutscher Bundestag* inzident sämtliche Maßnahmen der EZB, die zur Behebung des geldpolitischen Transmissionsmechanismus beitragen, als Teil der Währungspolitik und sieht diese als verhältnismäßig an.[1845]

Diese Argumentation des BVerfG verdient hier Zustimmung.[1846] Es handelt sich bei den Anleiheoperationen um wirtschaftspolitische Maßnahmen, so dass zumindest das Mandat der EZB hierdurch überdehnt wird. Eine insofern nicht überprüfbare Bewertung der EZB kann darüber hinaus nicht zur Rechtfertigung einer solchen Maßnahme von derartigen Auswirkungen auf die Kompetenzverteilung zwischen Union und Mitgliedstaaten herangezogen werden.[1847]

III. Zwischenergebnis

Die soeben festgestellten Verstöße gegen das Unionsrecht können weder durch die Konstruktion des unionsrechtlichen Notstandes noch über die Berufung auf die Störung des geldpolitischen Transmissionsmechanismus gerechtfertigt werden.

E. Anleihekäufe als ausbrechende Rechtsakte

Wie soeben festgestellt, stellt der Ankauf von Staatsanleihen durch die EZB einen Verstoß gegen das Verbot der monetären Staatsfinanzierung sowie die Unabhängigkeit der EZB und teilweise auch gegen die Nichtauslösungsklausel dar. Damit geht eine Überschreitung der durch die Verträge an die EZB übertragenen Kompetenzen einher. Da die Rechtsakte der Union in Deutschland lediglich über die Brücke des Zustimmungsgesetzes aus Art. 23 Abs. 1 GG Rechtswirkung entfalten,[1848] könnte es sich bei den Anleihekäufen somit um ultra-vires-Rechtsakte handeln, die nicht mehr von dem Zustimmungsgesetz zum Vertrag von Lissabon gedeckt sind.[1849] Ein

---

1844 BVerfGE 134, S. 366 (416) – *OMT-Vorlagebeschluss;* a.A. Schlussanträge des Generalanwalts *Cruz Villalón,* Rs. 62/14, EU:C:2015:7, (EuGRZ 2015, S. 105 ff.), Rn. 198 – *Gauweiler u. a. / Deutscher Bundestag;* ähnlich *Lammers,* EuZW 2015, S. 212 (217).

1845 EuGH, Rs. C-62/14, EU:C:2015:400, (NJW 2015, S. 2013 ff.), Rn. 47 ff.; dazu s.o. A.

1846 A.A. das Sondervotum von BVR *Gerhardt,* BVerfGE 134, S. 366 (433 f.) – *OMT-Vorlagebeschluss;* kritisch auch *Pernice,* WHI-Paper 03/2014, S. 5 f.

1847 Ähnlich *Kirchhof,* FAZ v. 25. 6. 2015, S. 6; *Schmidt,* JZ 2015, S. 317 (323, 325).

1848 *Kirchhof,* in: Isensee/Kirchhof (Hrsg.), HbdStR X, 3. Aufl. 2012, § 214 Rn. 185 ff.

1849 Dazu näher *Piecha,* in: Centre for SEELS (Hrsg.), Outcome of the SEE Graduates EU Law Teaching & Research Academy, 2014, S. 42 (47 ff.); zum Verhältnis zur Identitätskontrolle etwa *Schwerdtfeger,* EuR 2015, S. 290 (294 ff.).

ausbrechender Rechtsakt führt jedoch nicht gleichsam zur Verfassungswidrigkeit. Die ultra-vires-Kontrolle muss nach der Rechtsprechung des BVerfG jedoch in zurückhaltender und europarechtsfreundlicher Weise ausgeübt werden.[1850] Ein Rechtsakt stellt danach nur eine Verfassungsverletzung dar, soweit er offensichtlich ist und er im Kompetenzgefüge zwischen Mitgliedstaaten und Union im Hinblick auf das Prinzip der begrenzten Einzelermächtigung und die rechtsstaatliche Gesetzesbindung erheblich ins Gewicht fällt.[1851] Die hier zu klärende Frage ist somit, ob das Handeln der EZB von der speziellen Aufgabenübertragungsnorm bezüglich von Aufgaben der Bundesbank auf die EZB des Art. 88 Satz 2 GG in Verbindung mit der Hoheitsrechtsübertragung nach Art. 23 Abs. 1 GG noch gedeckt ist.

I. Aufgabenübertragung nach Art. 88 Satz 2 GG

Nach Art. 88 Satz 2 GG können die Aufgaben der Bundesbank im Rahmen der Europäischen Union auf die EZB übertragen werden, sofern diese unabhängig ist und das Ziel der Preisstabilität verfolgt. Die Unabhängkeit der EZB wird durch Art. 130 AEUV gewährleistet. Die Sicherung der Preisstabilität soll insbesondere durch Koordinierung der Wirtschaftspolitiken und durch verbindliche Vorgaben für die Wirtschaftspolitik nach Art. 121, Art. 126 AEUV erfolgen.[1852] Die Stabilitätsanker der Art. 123, Art. 124 sowie Art. 125 AEUV sollen indes durch ihre Anreizfunktion und die ihnen immanenten Verbote bereits im Vorfeld den Anreiz zu einer stabilitätsorientieren Wirtschaftspolitik der Mitgliedstaaten geben.[1853] Das Verbot der monetären Staatfinanzierung (Art. 123 AEUV) ist daher eine Grundvoraussetzung für die Übertragung von Zentralbankaufgaben auf die europäische Ebene. Wird dieses Verbot umgangen, so muss man grundsätzlich auch von einem Verstoß gegen Art. 88 Satz 2 GG ausgehen. So weit geht die Übertragung der Zentralbankaufgaben nicht, als das die EZB sich außerhalb ihres Mandates bewegen könnte.[1854] Denn auch die EZB ist als Unionsorgan dem Prinzip der begrenzten Einzelermächtigung (Art. 5 Abs. 1 EUV) unterworfen. Mit dem unbegrenzten Erwerb von Staatsanleihen überschreitet sie jedoch den ihr zugeständenen Einschätzungsspielraum und verstößt gegen die Aufgabenübertragung nach Art. 88 Satz 2 GG.[1855] Anleihekäufe am Primär- und Sekundärmarkt sind folglich als an sich ultra vires anzusehen.

1850 BVerfGE 126, S. 286 (303 f.) – *Honeywell.*

1851 BVerfGE 126, S. 286 (304 f.) – *Honeywell*; *Nitze,* Finanzhilfen für Euro-Staaten in der Krise, 2015, S. 161 ff. geht jedoch davon aus, dass dieser Kontrollmaßstab unzureichend ist und plädiert zudem für eine Verhältnismäßigkeitsprüfung.

1852 *Häde,* in: BonnKomm-GG, 159. EL 2012, Art. 88 Rn. 379.

1853 *Häde,* in: BonnKomm-GG, 159. EL 2012, Art. 88 Rn. 379; *ders.,* in: Calliess/Ruffert (Hrsg.), EUV/AEUV, 4. Aufl. 2011, Art. 126 AEUV Rn. 3.

1854 Dazu s.o. A.

1855 A.A. offensichtlich *Ukrow,* ZEuS 2014, S. 119 (133 f.).

II. Haushaltspolitische Gesamtverantwortung

Darüber hinaus besteht die Möglichkeit, dass die Anleihekäufe der EZB die haushaltspolitische Gesamtverantwortung des Bundestages tangieren.[1856]Die nationalen Zentralbanken müssen das Kapital der EZB, entsprechend dem nach Art. 29 EZB-Satzung festgelegten Schlüssel, aufrechterhalten (Art. 28 EZB-Satzung) und sind nach Art. 33 EZB-Satzung für Gewinn und Verlust der EZB verantwortlich. Dies könnte im Falle eines Ankaufs von praktisch wertlosen Staatsanleihen letztlich zu einer Nachschusspflicht führen, was im Endeffekt den Gewinn, der nach § 44 BBankG[1857] an den Bundeshaushalt abgeführt wird, immens schmälert. Es wäre auch möglich, dass die Bundesbank aufgrund dessen in ihrer Bilanz einen Verlustvortrag verzeichnen muss, wenn sie nicht mehr durch laufende Einkünfte, Rückstellungen oder Rücklagen getilgt werden können.[1858] Zwar sieht das BBankG keinen Verlustausgleich des Bundes in einem solchen Falle vor (§ 27 Nr. 2 BBankG),[1859] allerdings wäre es möglich, dass ein solcher Verlustausgleich erforderlich wird, wenn ein hoher Verlustvortrag nicht in einem vertretbaren Zeitraum ausgeglichen werden könnte.[1860] Die EZB geht in den Konvergenzberichten insoweit von einer Ausgleichspflicht nach Unionsrecht insofern aus, als durch Höhe und Nachhaltigkeit der Verluste Zweifel an der Fähigkeit der nationalen Zentralbank bestehen, ihre Aufgaben erfüllen zu können. Je nach Volumen solcher Verluste könnte dies daher erhebliche Lasten für den Bundeshaushalt begründen.[1861] Da dieser durch Haushaltsplan im Bundestag (Art. 110 GG) beschlossen wird, kann das Budgetrecht des Bundestages gleichwohl tangiert sein. Die Budgetverantwortung darf jedoch nicht durch unbestimmte haushaltspolitische Ermächtigungen auf andere Akteure übertragen werden.[1862] Dies steht gleichwohl in einem gewissen Spannungsfeld zur Unabhängigkeit der EZB und der Bundesbank (Art. 88 GG, Art. 130 AEUV). Zur Erfüllung ihrer Aufgaben muss die EZB unabhängig sein und darf gerade nicht von politischen Entscheidungsträgern in ihren Entscheidungen beeinflusst werden.

1856 Vgl. BVerfGE 129, S. 124 (180) – *Griechenland-Soforthilfe/Euro-Rettungsschirm.*

1857 BGBl. 1992 I, S. 1782; zul. geändert durch Art. 23 AIFM-Umsetzungsgesetz, BGBl. 2013 I, S. 1981.

1858 *Weidmann*, Eingangserklärung anlässlich der mündlichen Verhandlung im Hauptsacheverfahren ESM/EZB beim Bundesverfassungsgericht in Karlsruhe am 11. Juni 2013,http://www.bundesbank.de/Redaktion/DE/Kurzmeldungen/Stellungnahmen/2013_06_11_esm_ezb.html (letzter Abruf: 3. 12. 2015), s. dort auch im Folgenden; vgl. auch BVerfGE 132, S. 195 (231 f.) – *ESM/Fiskalpakt I.*

1859 Vgl. auch *Ismer/Wiesner,* DÖV 2015, S. 81 (85); *Lammers,* EuZW 2015, S. 212 (217); *Simon,* EuR 2015, S. 107 (126); weiterführend *Mayer,* EuR 2014, S. 473 (497 ff.).

1860 Ähnlich *Ludwigs,* NVwZ 2015, S. 537 (542); a.A. wohl *Herrmann,* EuZW 2012, S. 805 (811); *Ohler,* NVwZ 2015, S. 1001 (1006).

1861 Vgl. *Sester,* in: Möllers/Zeitler (Hrsg.), Europa als Rechtsgemeinschaft, 2013, S. 175 (183); kritisch *Siekmann,* ebd., S. 101 (150).

1862 BVerfGE 129, S. 124 (180) – *Griechenland-Soforthife/Euro-Rettungsschirm*; 132, S. 195 (240) – *ESM/Fiskalpakt I*; BVerfGE 135, S. 317 (401 f.) – *ESM/Fiskalpakt II.*

Daher kann die Tätigkeit der EZB und mittelbar der Bundesbank auch nicht von der haushaltspolitischen Gesamtverantwortung eingeschlossen werden, denn die Unabhängigkeit dieser Institutionen würde dadurch ad absurdum geführt. Die mittelbaren Auswirkungen auf den Staatshaushalt sind hernach hinzunehmen.[1863]

III. Schuldenbremse

Wenn eine Belastung des Bundeshaushaltes durch Lasten, die mittelbar auf Anleihekäufe zurückzuführen sind, entsteht, stellt sich die Frage nach der Vereinbarkeit mit der grundgesetzlichen Schuldenbremse (Art. 109 Abs. 3, Art. 115 Abs. 2 GG). Können jedoch die Belastungen für den Bundeshaushalt durch die Anleiheoperationen mittelbar derartige Summen erreichen, dass die Verletzung der Schuldenbremse für den künftigen Haushaltsgesetzgeber als einzige Option verbleibt, so erfährt diese Regelung eine Vorwirkung.[1864] Das bedeutet, dass Anleihekäufe ab einer gewissen Höhe bereits jetzt die Schuldenbremse verletzen können.

IV. Evidenz und Offensichtlichkeit des Unionsrechtsverstoßes

Für die Annahme eines ausbrechenden Rechtsaktes müssen indes noch weitere Voraussetzungen erfüllt werden. Der Unionsrechtsverstoß muss offensichtlich sein sowie im Kompetenzgefüge zwischen Mitgliedstaaten und Union im Hinblick auf das Prinzip der begrenzten Einzelermächtigung und die rechtsstaatliche Gesetzesbindung erheblich ins Gewicht fallen.[1865] Zum einen liegt durch den Ankauf von Staatsanleihen der Mitgliedstaaten des Euro-Währungsgebietes auf dem Sekundärmarkt eine offensichtliche Umgehung der Verbote aus Art. 123 Abs. 1 Alt. 2 AEUV und Art. 125 Abs. 1 Satz 1 AEUV vor.[1866] Zum anderen bewegt sich die EZB dabei außerhalb ihres Mandates, was u. a. lediglich die Wahrung der Preisstabilität (Art. 127 Abs. 1 Satz 1 AEUV) sowie die Festlegung und Ausführung der Geldpolitik (Art. 127 Abs. 2 1. Spstr. AEUV) umfasst.[1867] Dies ist nicht mehr von dem ihr zugestandenen, durchaus weiten Einschätzungsspielraum umfasst.[1868] Durch die intendierte Rettung liegt kein zulässiges Offenmarktgeschäft im Sinne von Art. 18.1 EZB-Satzung mehr vor, denn die EZB kauft diese Staatsanleihen nicht nur zur Aufrechterhaltung von Preisstabilität im Euro-Währungsgebiet sondern auch zur Stabilisierung des

---

1863 Ähnlich *Ohler,* NVwZ 2015, S. 1001 (1006).

1864 Vgl. *Kube/Reimer,* NJW 2010, S. 1911 (1915 f.); dazu oben Kap. 3, B. I. 4.

1865 BVerfGE 126, S. 286 (304) – *Honeywell.*

1866 A.A. EuGH, Rs. C-62/14, EU:C:2015:400, (NJW 2015, S. 2013 ff.), Rn. 93 ff. – *Gauweiler u. a./Deutscher Bundestag; Ludwigs,* NVwZ 2015, S. 537 (541); dazu s.o. B.

1867 A.A. EuGH, Rs. C-62/14, EU:C:2015:400, (NJW 2015, S. 2013 ff.), Rn. 34 ff. – *Gauweiler u. a./Deutscher Bundestag;* dazu s.o. A.

1868 A.A. *Simon,* EuR 2015, S. 107 (114 f.); *Thiele,* EuZW 2014, S. 694 (695 f.); *Ukrow,* ZEuS 2014, S. 119 (133 f.); kritisch auch das Sondervotum des BVR *Gerhardt,* BVerfGE 134, S. 366 (421 ff.) – *OMT-Vorlagebeschluss.*

gesamten Euro-Währungsgebietes und der betroffenen Mitgliedstaaten, die die Anleihen begeben. Sie erweitert ihr Mandat damit eigenmächtig um fiskalpolitische Bereiche. Dies stellt gleichwohl auch eine signifikante Kompetenzverschiebung von den Mitgliedstaaten hin zur EZB als Unionsorgan dar.[1869] Zwar ist nach Ankündigung des EZB-Präsidenten *Draghi* Voraussetzung für Anleihekäufe, dass der betreffende Mitgliedstaat bereits Hilfen aus EFSF oder ESM mit den hiermit unerlässlichen Auflagen erhält, dies stärkt jedoch noch die Annahme der strukturellen Kompetenzverschiebung. Das BVerfG die begründet die Evidenz eines Verstoßes gegen die der EZB übertragenen Kompetenzen gleichwohl nicht.[1870]

Das BVerfG sieht in seinem *OMT-Vorlagebeschluss* die Möglichkeit einer unionsrechtskonformen Auslegung des OMT-Anleiheprogrammes, indem es konstatiert, dass dadurch die Konditionalität der Hilfsprogramme der EFSF und des ESM nicht unterlaufen werden darf und es einen lediglich unterstützenden Charakter für die Wirtschaftspolitik der Union hat.[1871] Ferner müsse ein Schuldenschnitt ausgeschlossen bleiben, Staatsanleihen dürfen nicht in unbegrenzter Höhe aufgekauft werden und Eingriffe in die Preisbildung auf dem Kapitalmarkt müssten so weit wie möglich unterbleiben.[1872] Aus Sicht des BVerfG dürfte diese Auslegung auch mit Blick auf den Sinn und Zweck des OMT-Beschluss noch vereinbar sein.[1873] Diese Wendungen sind keinesfalls aus der Luft gegriffen, denn das Gericht nimmt damit lediglich Äußerungen der EZB-Vertreter in der mündlichen Verhandlung auf, die das OMT-Programm rechtfertigen sollten.[1874]

Damit hat das BVerfG dem EuGH eine Auslegung vorgeschrieben, die bei dessen Nichtbeachtung in einem nächsten Schritt wohl die Erklärung des OMT-Beschlusses als *ultra vires* durch das BVerfG zur Folge haben müsste.[1875] Zwar wird damit das Kooperationsverhältnis der Gerichte zum Konfrontationsverhältnis,[1876] da sich das

---

1869 Der Rekurs auf die vom BVerfG in der Entscheidung zum *Saar-Statut* (BVerfGE 4, S. 157, 170 ff.) entwickelte „Nähetheorie“ geht völlig fehl und rechtfertigt die strukturelle Kompetenzverschiebung keineswegs, so aber *Ukrow*, ZEuS 2014, S. 119 (134 f.).

1870 *Classen*, jM 2014, S. 345 (346).

1871 BVerfGE 134, S. 366 (417) – *OMT-Vorlagebeschluss; Heun*, JZ 2014, S. 331 (336) kritisiert die dortigen Vorgaben hingegen als „illusionär“ und nicht umsetzbar; s. auch *Mayer*, EuR 2014, S. 473 (484 ff.).

1872 BVerfGE 134, S. 366 (417)– *OMT-Vorlagebeschluss.*

1873 BVerfGE 134, S. 366 (417) – *OMT-Vorlagebeschluss;* ähnlich *Classen*, jM 2014, S. 345 (346 f.).

1874 *Müller-Franken*, NVwZ 2014, S. 514 (515).

1875 *Müller-Franken*, NVwZ 2014, S. 514 (515); *Ruffert*, JuS 2014, S. 373 (375); eher unklar *Herrmann*, EuZW 2014, S. 161 (162); differenzierend *Classen*, jM 2014, S. 345 (347); *Pauly/Beutel*, BayVBl. 2014, S. 453 (456 f.); zu möglichen Konsequenzen auch *Mayer*, EuR 2014, S. 473 (488 ff.).

1876 Vgl. *Frenz*, DVBl. 2014, S. 451 (452); *Heun*, JZ 2014, S. 331 (333); *Mayer*, EuR 2014, S. 473 (505 f.); *Zivier*, Recht und Politik 2014, S. 85 ff.; vorsichtiger dagegen *Schmidt*, JZ 2015, S. 317 (325).

BVerfG weiterhin das letzte Wort vorbehält,[1877] aber es entspricht im Wesentlichen der Rechtsprechungslinie des BVerfG seit seiner Entscheidung in Sachen *Honeywell*. Die Rechtsfolge der Feststellung eines ausbrechenden Rechtsaktes wäre ein Mitwirkungsverbot der deutschen Staatsorgane an dieser Kompetenzüberschreitung, was im vorliegenden Fall die Deutsche Bundesbank wäre.[1878] Der Bundestag und die Bundesregierung müssen in einem solchen Fall aufgrund ihrer Integrationsverantwortung nicht nur weitere Mitwirkungs- und Umsetzungshandlungen unterlassen, es besteht ferner eine Pflicht zur aktiven Einwirkung auf die Einhaltung des Integrationsprogramms, was entweder durch nachträgliche Legitimation der erfolgten Kompetenzanmaßung durch die EZB erfolgen könnte, indem eine den Grenzen des Art. 79 Abs. 3 GG einhaltende Vertragsänderung nach Art. 48 EUV initiiert wird und die von der EZB so in Anspruch genommenen Hoheitsrechte förmlich nach Art. 23 Abs. 1 GG übertragen werden.[1879] Für den Fall des politischen Unwillens oder der politischen Unmöglichkeit einer solchen Vertragsänderung bleibt es jedoch bei der politischen wie rechtlichen Verpflichtung von Bundestag und Bundesregierung, auf die Aufhebung nicht vom Integrationsprogramm gedeckter Maßnahmen hinzuwirken und auf innerstaatlicher Ebene Vorkehrungen für die Folgenbegrenzung zu treffen.[1880] Offen bleibt indes, mit welchen Mitteln dies erreicht werden kann und soll.[1881]

Allerdings wird sich diese Frage in der Praxis wohl kaum stellen.[1882] So wird den Vorgaben des BVerfG aus dem Vorlagebeschluss zwar in dem Urteil in der Rechtssache *Gauweiler u. a./Deutscher Bundestag* nur äußerst begrenzt Rechnung getragen. Eine evidente und offensichtliche Kompetenzüberschreitung wird das BVerfG so allerdings nicht mehr ohne erhöhten Begründungsaufwand annehmen können, denn der EuGH sieht gleichwohl Grenzen des EZB-Mandats und der monetären Staatsfinanzierung.[1883] Auch wenn nach Auffassung mancher dieses kompetenzwidrige Handeln Schritt für Schritt in die Bahnen des Rechts zurückgeführt werden muss,[1884] so muss geklärt werden, ob eine im Widerspruch zum BVerfG stehende, aber vielleicht vertretbare Auslegung überhaupt zur Annahme

---

1877 *Zivier*, Recht und Politik 2014, S. 85 (86).

1878 BVerfGE 134, S. 366 (395 f.) – *OMT-Vorlagebeschluss*; *Ruffert*, JuS 2014, S. 373 (375); s. auch *Wernsmann*, FAZ v. 20. 9. 2012, S. 8.

1879 BVerfGE 134, S. 366 (395 f.) – *OMT-Vorlagebeschluss*.

1880 BVerfGE 134, S. 366 (396) – *OMT-Vorlagebeschluss;* ähnlich schon *Herrmann*, EuZW 2012, S. 805 (811); dazu auch *Di Fabio*, Die Zukunft einer stabilen Wirtschafts- und Währungsunion, 2013, S. 52 ff.; ähnlich *Gött*, EuR 2014, S. 514 (522 ff.).

1881 Ebenso *Classen*, jM 2014, S. 345 (346) sowie die Sondervoten der BVR *Lübbe-Wolff* und *Gerhardt*, BVerfGE 134, S. 366 (419 ff.) – *OMT-Vorlagebeschluss; Gött*, EuR 2014, S. 514 (527 ff.).

1882 Mögliche Szenarien skizzieren *Herrmann/Dornacher*, EuZW 2015, S. 579 (582 f.).

1883 Ähnlich *Classen*, EuR 2015, S. 477 (485); *Mayer*, NJW 2015, S. 1999 (2002 f.); dazu näher s.o. A. und B.

1884 *Kirchhof*, FAZ v. 25. 6. 2015, S. 6.

eines ultra-vires-Rechtsaktes führen kann.[1885] Dies könnte man im vorliegenden Fall indes durchaus annehmen, denn der EuGH hat sich ersichtlich kaum mit den vom BVerfG ausführlich begründeten Bedenken zur Beseitigung von Störungen des geldpolitischen Transmissionsmechanismus auseinandergesetzt und so zwar vielleicht unionsrechtlich, aber nicht verfassungsrechtlich die Argumentation des BVerfG entkräftet.[1886]

V. Zwischenergebnis

Die Anleiheoperationen der EZB stellen damit sowohl einen ultra-vires-Rechtsakt im Sinne der Rechtsprechung des BVerfG dar und sind zudem im Hinblick auf die haushaltspolitische Gesamtverantwortung des Bundestages bedenklich.

F. Zwischenergebnis

Die Anleiheoperationen verstoßen gegen Unionsrecht und sind im Hinblick auf die haushaltspolitische Gesamtverantwortung des Bundestages auch verfassungsrechtlich bedenklich, wobei sie auch einen ultra-vires-Rechtsakt darstellen.

1885 Eingehend und bejahend *Klement,* JZ 2015, S. 754 (759 f.); a.A. *Ohler,* NVwZ 2015, S. 1001 (1006); ähnlich wohl *Ruffert,* JuS 2015, S. 758 (760).

1886 *Klement,* JZ 2015, S. 754 (759); kritisch zur Fragestellung an sich *Sauer,* Verfassungsblog v. 17. 6. 2015, www.verfassungsblog.de/das-omt-urteil-das-europaeischen-gerichtshofs-fuenf-beobachtungen/ (letzter Abruf: 3. 12. 2015).

6. Kapitel – Rechtsschutz

A. Finanzhilfen

Darüber hinaus muss die Frage untersucht werden, wie auf Unionsebene gegen Finanzhilfen (Griechenland-Soforthilfe, EFSM/EFSF und ESM) oder makroökonomische Anpassungsprogramme vorgegangen werden kann. Dabei unterscheidet die folgende Untersuchung zwischen Rechtsschutz von Mitgliedstaaten und Unionsorganen (I.) sowie Rechtsschutz des Einzelnen (II.).

I. Unionsebene

1. Rechtsschutz von Mitgliedstaaten und Unionsorganen

a) Vertragsverletzungsverfahren (Art. 258, 259 AEUV)

Gegen Finanzhilfen und makroökonomische Anpassungsprogramme kommen Vertragsverletzungsverfahren in Form der Aufsichtsklage nach Art. 258 AEUV (aa.) sowie in Form der Staatenklage nach Art. 259 AEUV (bb.) in Betracht.

aa) Aufsichtsklage nach Art. 258 AEUV

Ein Vertragsverletzungsverfahren auf Initiative der Kommission nach Art. 258 AEUV setzt die Verletzung einer Pflicht aus den Verträgen durch einen Mitgliedstaat voraus.[1887] Dies schließt Handlungen sämtlicher Organe der Mitgliedstaaten mit ein.[1888] Prüfungsmaßstab in einem solchen Verfahren ist, entgegen des Wortlauts des Art. 258 AEUV, das gesamte Unionsrecht, mithin auch unionales Sekundär- und Tertiärrecht, nicht lediglich die Verträge EUV und AEUV.[1889]

Theoretisch ist also eine Aufsichtsklage der Kommission gemäß Art. 258 AEUV gegen die bilateral gewährten, mitgliedstaatlichen Finanzhilfen der Griechenland-Soforthilfe, die Finanzhilfen durch die EFSF sowie den ESM möglich. Beklagte wären die die Finanzhilfen gewährenden Mitgliedstaaten im Falle der Griechenland-Soforthilfe. Im Falle der EFSF wären dies die Mitgliedstaaten als Anteilseigner der EFSF S.A. sowie als Vertragspartner des EFSF-RV. Schließlich könnten die Mitgliedstaaten durch den Abschluss des ESMV, der in seinen Art. 12 ff. Finanzhilfen vorsieht eine Vertragsverletzung ausgeübt haben. Insbesondere die wirtschafts- und währungsverfassungsrechtlichen Regelungen der Art. 121 ff. AEUV könnten in einem solchen Verfahren eine entscheidende Rolle spielen. Klarzustellen ist jedoch, dass in einem solchen Verfahren Prüfungsgegenstand nicht die Regeln der Verträge zur

---

1887 Zu den weiteren Voraussetzungen s. etwa *Pechstein,* EU-Prozessrecht, 4. Aufl. 2011, Rn. 261 ff.

1888 *Pechstein,* EU-Prozessrecht, 4. Aufl. 2011, Rn. 285.

1889 *Pechstein,* EU-Prozessrecht, 4. Aufl. 2011, Rn. 303.

Griechenland-Soforthilfe, der EFSF-GesV, EFSF-RV und ESMV sind, sondern lediglich jegliches Unionsrecht.[1890] Es kann lediglich geprüft werden, ob die Nutzung des Privat- oder Völkerrechts dem Unionsrecht entgegensteht. Gerade wegen Art. 136 Abs. 3 AEUV und den dort aufgestellten Voraussetzungen könnte die Kommission Aufsichtsklage vor dem EuGH erheben, wenn die Mitgliedstaaten bei der Aktivierung des ESM im konkreten Fall etwa die Voraussetzung der Unabdingbarkeit für die Stabilität des Euro-Währungsgebietes oder die Bindung an strenge Auflagen missachten.[1891] Zwar weist die Kommission koordinierende und überprüfende Funktionen im Rahmen der Aushandlung sowie Gewährung von Finanzhilfen auf. Allerdings dient dieses Verfahren dem objektiven Schutz des Unionsrechts,[1892] weshalb die subjektive Rolle der Kommission gleichwohl irrelevant sein dürfte. Auch eine Prüfung von anderen Unionsrechtsnormen ist auf diesem Wege möglich.

Die praktische Wahrscheinlichkeit einer solchen Aufsichtsklage durch die Kommission gegen die an den Finanzhilfen beteiligten Mitgliedstaaten ist mehr als gering. Es entfiele für den Fall des ESM mit Wirkung seit dem 1. Mai 2013 jedenfalls das Rechtsschutzbedürfnis bezüglich der Prüfung eines möglichen Vertragsverstoßes der Art. 122 ff. AEUV, da ab diesem Zeitpunkt die Ausnahmevorschrift des Art. 136 Abs. 3 AEUV in Kraft ist und so eine Wiederholung ausgeschlossen ist.

bb) Staatenklage nach Art. 259 AEUV

Das Vertragsverletzungsverfahren nach Art. 259 AEUV weist ähnliche Voraussetzungen in Bezug auf Prüfungsmaßstab und Parteifähigkeit der Beklagten auf wie das soeben dargestellte Verfahren nach Art. 258 AEUV. Als Kläger kommt bei solchen Verfahren allerdings ein Mitgliedstaat anstelle der Kommission infrage. Theoretisch wäre ein Vorgehen eines Mitgliedstaates gegen einen anderen Mitgliedstaaten denkbar. Problematisch wäre nur, dass im Falle von Finanzhilfen im Wege der subjektiven Klagehäufung eine Vielzahl von Mitgliedstaaten als Klagegegner betroffen wäre und ein an den Finanzhilfen beteiligter Mitgliedstaat als Kläger ausscheidet. Praktisch relevant wird dieses Verfahren auch kaum werden, da bislang die Zahl der Staatenklagen nach Art. 259 AEUV weitaus geringer ist als die Zahl der Aufsichtsklagen nach Art. 258 AEUV und in den meisten Fällen die Mitgliedstaaten die Kommission versucht hatten, sie zu einer Aufsichtsklage nach Art. 258 AEUV zu bewegen.[1893]

b) Nichtigkeitsklage (Art. 263 AEUV)

Ferner können Finanzhilfen im Wege der Nichtigkeitsklage nach Art. 263 AEUV vom EuGH für nichtig erklärt werden.

1890 Hier ist auf das Verfahren nach Art. 273 AEUV zu verweisen, s.u. e).
1891 *Ohler,* in: Siekmann (Hrsg.), EWU-Kommentar, 2013, Art. 136 AEUV Rn. 17.
1892 *Pechstein,* EU-Prozessrecht, 4. Aufl. 2011, Rn. 292.
1893 S. dazu *Pechstein,* EU-Prozessrecht, 4. Aufl. 2011, Rn. 325.

aa) Parteifähigkeit

Hiergegen können als aktiv parteifähige, sog. *privilegierte* Kläger die Mitgliedstaaten, der Rat, die Kommission sowie das Europäische Parlament (Art. 263 Abs. 2 AEUV) das Verfahren einleiten, ohne weitere subjektive Voraussetzungen zu erfüllen.[1894] Als sog. *teilprivilegierte* Kläger i.S.v. Art. 263 Abs. 3 AEUV kommt vorliegend zudem die EZB in Betracht, sofern sie auf die Wahrung ihrer subjektiven, mithin ihrer organschaftlichen Rechte abzielt.[1895] Passiv parteifähig sind in einem solchen Verfahren nach Art. 263 Abs. 1 Satz 1 AEUV die Unionsorgane Rat, Kommission, Parlament, EZB sowie Europäischer Rat sowie nach Art. 263 Abs. 1 Satz 2 AEUV Handlungen von Einrichtungen und sonstigen Stellen der Union.

bb) Klagegegenstand

Gegenstand der Nichtigkeitsklage können Gesetzgebungsakte und Handlungen des Rates, der Kommission und der EZB, soweit es sich hierbei nicht um Empfehlungen oder Stellungnahmen handelt (Art. 263 Abs. 1 Satz 1 Hs. 1 AEUV), Handlungen des Europäischen Parlaments und des Europäischen Rates mit Rechtswirkung gegenüber Dritten (Art. 263 Abs. 1 Satz 1 Hs. 2 AEUV) sowie Handlungen der Einrichtungen und sonstigen Stellen mit Rechtswirkung gegenüber Dritten sein (Art. 263 Abs. 1 Satz 2 AEUV).

Als Gesetzgebungsakt des Rates und somit möglicher Klagegegenstand kommt die Verordnung (EU) Nr. 407/2010 in Betracht, wodurch der EFSM errichtet wurde. In Betracht kommt als Gesetzgebungsakt des Rates ferner der Beschluss 2011/199/EU zur Einfügung des Art. 136 Abs. 3 AEUV in Betracht, wobei hier die zweimonatige Klagefrist nach Art. 263 Abs. 6 AEUV bereits verstrichen ist.

Auch wäre es denkbar, die Beteiligung der Kommission sowie der EZB an den Finanzhilfen als Klagegegenstand anzusehen. Maßgeblich ist hierbei, ob es sich um eine Handlung eines Unionsorgans handelt, die verbindliche Außenwirkung aufweist.[1896] Zuallererst muss hierfür die Handlung bestimmt werden. Die Kommission wirkt an der Gewährung der Finanzhilfen grundsätzlich nicht mit, sondern handelt lediglich die MoU zu den makroökonomischen Anpassungsprogrammen aus (MoU-Griechenland, Art. 2 Abs. 1 lit. (a) EFSF-RV, Art. 13 ESMV). Die EZB wirkt hingegen als überweisende Institution im Falle der Griechenland-Soforthilfe und der EFSF (Art. 3 Abs. 5 EFSF-RV) jedenfalls ausführend mit, nicht so beim ESM (Art. 13 Abs. 5 ESMV). Bei der Entscheidung über Finanzhilfen wirkt sie ebenfalls in Benehmen mit der Kommission mit. Problematisch ist indes, ob es sich hierbei um originäre Handlung dieser Unionsorgane handelt, die ihnen auch zurechenbar

---

1894 *Pechstein*, EU-Prozessrecht, 4. Aufl. 2011, Rn. 355.
1895 *Pechstein*, EU-Prozessrecht, 4. Aufl. 2011, Rn. 357, 439.
1896 EuGH, Rs. 54/65, EU:C:1966:33 (Slg. 1966, S. 530, 544 f.) – *Compagnie des Forges de Châtillon, Commentry et Neves Maisons S.A./Hohe Behörde der EGKS.*

ist.[1897] Dies ist jedoch auch dann der Fall, wenn Handlungen von Unionsorganen, -einrichtungen oder -stellen nicht auf durch die Unionsverträge verliehenen Befugnissen, sondern auf einer Ermächtigung, die ihnen außerhalb des Unionsrechts von den Mitgliedstaaten übertragen wurde, beruhen.[1898] Haben die Mitgliedstaaten aufgrund eines völkerrechtlichen Vertrages gehandelt, so ist dies also auch als Klagegestand zuzulassen. Damit ist ein Handeln der Unionsorgane innerhalb des ESM auch ein möglicher Klagegegenstand.[1899]

cc) Mögliche Nichtigkeitsgründe (Art. 263 Abs. 2 AEUV)

Von den in Art. 263 Abs. 2 AEUV enumerativ aufgelisteten Nichtigkeitsgründen (Unzuständigkeit, Verletzung wesentlicher Formvorschriften, Verletzung der Verträge oder einer bei seiner Durchführung anzuwendenden Rechtsnorm, Ermessensmissbrauch) kommt vorliegend vergleichbar zu den Vertragsverletzungsverfahren nach Art. 258, Art. 259 AEUV (s.o. a.) einzig eine Verletzung der unionalen wirtschafts- und währungsverfassungsrechtlichen Vorschriften (Art. 121 ff. AEUV) in Betracht.

c) Untätigkeitsklage (Art. 265 AEUV)

Des Weiteren ist eine Untätigkeitsklage nach Art. 265 AEUV möglich. Denkbar ist hierbei, ein Unterlassen einer Finanzhilfe zu rügen. Das setzt nach Art. 265 Abs. 1 Satz 1 AEUV indes ein vertragswidriges Unterlassen von Handlungen des Europäischen Parlaments, Europäischen Rates, Rates, der Kommission, der EZB oder nach Art. 265 Abs. 1 Satz 2 AEUV von Einrichtungen und sonstigen Stellen der Union voraus. Prüfungsmaßstab ist hierbei das gesamte Unionsrecht, mithin Primär-, Sekundär- und Tertiärrecht sowie Gewohnheitsrecht und allgemeine Rechtsgrundsätze.[1900]

Allerdings setzt die Begründetheit einer solchen Untätigkeitsklage eine unionsrechtliche Handlungspflicht für die Gewährung von Finanzhilfen voraus. Einzig das Unterlassen eines Beschlusses nach Art. 3 Abs. 2 VO 407/2010 zur Gewährung finanziellen Beistands könnte bei der Annahme seiner Vertragskonformität als Klagegegenstand dienen. Sofern das erforderliche Vorverfahren des Art. 265 Abs. 2 Satz 1 AEUV (Aufforderung zum Tätigwerden) eingehalten würde, wäre eine begründete Untätigkeitsklage denkbar.

Abgesehen davon ist allein schon aufgrund des eindeutigen Hilfsverbots des Art. 125 Abs. 1 AEUV die Herleitung einer unionalen Finanzhilfeverpflichtung nicht möglich. Diese kann sich auch nicht aus dem allgemeinen Grundsatz der loyalen

---

1897 *Cremer*, in: Calliess/Ruffert (Hrsg.), EUV/AEUV, 4. Aufl. 2011, Art. 263 AEUV Rn. 11.

1898 EuGH, Rs. C-316/91, EU:C:1994:76 (Slg. 1994, S. I-625), Rn. 9 – *Parlament/Rat.*

1899 *Dörr*, in: Grabitz/Hilf/Nettesheim (Hrsg.), Recht der EU, 49. EL 2012, Art. 263 AEUV Rn. 34.

1900 *Pechstein*, EU-Prozessrecht, 4. Aufl. 2011, Rn. 659.

Zusammenarbeit aus Art. 4 Abs. 3 EUV herleiten lassen. Insofern wäre eine zulässige Untätigkeitsklage jedenfalls unbegründet.

d) Vorabentscheidungsverfahren (Art. 267 AEUV)

Zur Wahrung der einheitlichen Auslegung des Unionsrechts können nationale Gerichte im Falle von Fragen zu Auslegung oder Gültigkeit streitentscheidenden Unionsrechts ein Vorabentscheidungsersuchen nach Art. 267 AEUV an den EuGH richten. Können ihre Entscheidungen mit innerstaatlichen Rechtsmitteln nicht mehr angefochten werden, so sind sie gar dazu verpflichtet (Art. 267 Abs. 3 AEUV).

Prozessuale Voraussetzung für ein Vorabentscheidungsverfahren ist die Vorlage einer streitentscheidenden Frage zur Auslegung der Verträge oder Gültigkeit von Handlungen der Unionsorgane durch ein Gericht der Mitgliedstaaten.[1901]

Der bislang erste praktische Anwendungsfall, in welchem Euro-Rettungsmaßnahmen einer unionsgerichtlichen Überprüfung unterzogen wurden, war die Rechtssache *Pringle*[1902]. Gegenstand des Verfahrens war der Beschluss 2011/199/EU zur Einfügung des Art. 136 Abs. 3 AEUV, dem der irische Regierungsvertreter zugestimmt hatte und der die Basis für den Beitritt zum ESM bildete.

Der zweite Anwendungsfall im Verlauf der Krise ist die Vorlage des BVerfG vom 14. Januar 2014 an den EuGH in Bezug auf die Anleiheoperationen der EZB (sog. *OMT-Vorlagebeschluss*), welches vor dem EuGH als Rs. C-62/14 (*Gauweiler u. a. / Deutscher Bundestag*) geführt wird. Zwar ist in der Literatur insbesondere die Frage umstritten, ob das BVerfG als nicht in den Instanzenzug eingebundenes Gericht und Verfassungsorgan von der Vorlageverpflichtung des Art. 267 Abs. 3 AEUV überhaupt umfasst ist. Betrachtet man dies rein abstrakt-institutionell, also auf die jeweilige Gerichtshierarchie betroffen,[1903] so mag man dies ablehnen. Da es jedoch letztverbindliche und mit innerstaatlichen Mitteln nicht mehr anfechtbare Entscheidungen zu fällen imstande ist, muss von einer Vorlageverpflichtung der Verfassungsgerichte, so auch des BVerfG, ausgegangen werden (konkret-funktionelle Betrachtungsweise).[1904] Dies entspricht auch der Sichtweise des EuGH.[1905]

1901 Zu den Voraussetzungen dieses Verfahrens s. *Pechstein,* EU-Prozessrecht, 4. Aufl. 2011, Rn. 757 ff.

1902 EuGH, Rs. C-370/12, EU:C:2012:756 (NJW 2013, S. 29); dort auch im Folgenden.

1903 So *Dauses,* Vorabentscheidungsverfahren, 2. Aufl. 1995, S. 111.

1904 So auch *Borchardt,* in: Lenz/Borchardt (Hrsg.), EU-Verträge Kommentar, 6. Aufl. 2013, Art. 267 AEUV Rn. 40; *Haratsch/Koenig/Pechstein,* Europarecht, 10. Aufl. 2016, Rn. 571; *Oppermann/Classen/Nettesheim,* Europarecht, 6. Aufl. 2014, § 13 Rn. 77; *Schwarze,* in: ders. (Hrsg.), EU-Kommentar, 3. Aufl. 2012, Art. 267 AEUV Rn. 45.

1905 EuGH, Rs. C-99/00, EU:C:2002:329 (Slg. 2002, S. I-4389), Rn. 15 – *Lyckeskog.*

Daher ist die in der Geschichte des BVerfG erstmalig getroffene Entscheidung zur Vorlage an den EuGH nur konsequent und entspricht seiner Rechtsprechungslinie in Bezug auf die Entscheidungen zu Maastricht, Lissabon und Honeywell.[1906]

e) *Rechtsschutz bei Streitigkeiten in Bezug auf die EFSF oder den ESMV (Art. 273 AEUV)*

Sowohl Art. 16 Abs. 2 Satz 2 EFSF-RV sowie Art. 37 Abs. 3 ESMV enthalten eine Rechtswegzuweisung zum EuGH für den Fall von Streitigkeiten aus diesen Verträgen. Mitgliedstaaten haben hierdurch die Möglichkeit, bei Streitigkeiten aufgrund aus dem EFSF-RV oder dem ESMV, den EuGH zur Klärung anzurufen. Dieser Abschnitt erläutert zunächst die Möglichkeit einer Rechtswegzuweisung durch Schiedsvertrag nach Art. 273 AEUV (aa.), bevor er im Einzelnen auf diese Verweisungsnormen eingeht (bb., cc.).

aa) Möglichkeit der Rechtswegzuweisung durch Schiedsvertrag

Art. 273 AEUV enthält die Möglichkeit der Prorogation einer Zuständigkeit des EuGH für Streitigkeiten zwischen Mitgliedstaaten durch Schiedsvertrag. Allerdings setzt Art. 273 AEUV auch einen Bezug zu den Verträgen voraus, woran jedoch keine allzu hohen Voraussetzungen zu knüpfen sind, so dass lediglich ein objektiv zu bestimmender Bezug zwischen der vorliegenden Streitigkeit und Uniontätigkeit oder Unionszielen ausreicht.[1907] Dieser Zusammenhang muss nicht unmittelbar daraus hervorgehen, er kann sich vielmehr auch aus den Protokollen oder aus sekundärem Unionsrecht ableiten.[1908] Gleichwohl darf Verfahrensgegenstand nicht die Auslegung und Anwendung von Unionsrecht sein, da aufgrund von Art. 344 AEUV mit Art. 259 AEUV hierfür bereits eine ausschließliche, unionsrechtliche Zuständigkeit besteht.[1909] Der Schiedsvertrag ist völkerrechtlicher Natur und muss wirksam sein; insoweit findet Art. 44 Abs. 3 WVK auch Anwendung.[1910] Das anzuwendende Recht richtet sich in solchen Fällen nach der ausdrücklichen oder stillschweigenden Vereinbarung der Vertragspartien.[1911] Bei einer fehlenden Vereinbarung finden neben

---

1906 BVerfGE 89, S. 155 ff.; BVerfGE 123, S. 267 ff.; BVerfGE 126, S. 286 ff.; *Ruffert,* JuS 2014, S. 373 (374); kritisch eher *Heun,* JZ 2014, S. 331 (332); zur Einmaligkeit der Vorlage vgl. *Piecha,* JuWissBlog vom 10. 2. 2014: www.juwiss.de/14–2014/ (letzter Abruf: 3. 12. 2015); dies wird näher weiter unten (C. II.) behandelt.

1907 *Cremer,* in: Calliess/Ruffert (Hrsg.), EUV/AEUV, 4. Aufl. 2011, Art. 273 AEUV Rn. 1 f; dort auch im Folgenden.

1908 *Karpenstein,* in: Grabitz/Hilf/Nettesheim (Hrsg.), Recht der EU, 50. EL 2013, Art. 273 AEUV Rn. 13.

1909 *Pechstein,* EU-Prozessrecht, 4. Aufl. 2011, Rn. 994.

1910 *Karpenstein,* in: Grabitz/Hilf/Nettesheim (Hrsg.), Recht der EU, 50. EL 2013, Art. 273 AEUV Rn. 15.

1911 EuGH, Rs. 23/76, EU:C:1976:174 (Slg. 1976, S. 1807), Rn. 11 – *Pellegrini/Kommission*; EuGH, Rs. 318/81, EU:C:1985:467 (Slg. 1985, S. 3693), Rn. 14 – *CO.DE.MI/Kommission.*

den unionsrechtlichen noch völkerrechtliche Regelungen Anwendung, die in erster Linie an den speziellen vertraglichen Grundlagen des vorliegenden Rechtsstreits und sodann an allgemeinen Prinzipien des internationalen Rechts zu orientieren haben.[1912]

bb) Art. 16 Abs. 2 Satz 2 EFSF-RV als Schiedsvertragsklausel

Art. 16 Abs. 2 S. 1 EFSF-RV postuliert, dass die Mitgliedstaaten vereinbaren, im Falle der Unmöglichkeit einer einvernehmlichen Streitbeilegung nach Satz 1 liege eine Streitigkeit ausschließlich unter ihnen vor und unterliege der ausschließlichen Gerichtsbarkeit des EuGH.

Bei dem EFSF-RV handelt es sich um einen privatrechtlichen Vertrag zwischen den Mitgliedstaaten der Union, deren Währung der Euro ist und der EFSF S.A. Daraus folgen wiederum zwei Probleme: Die Anwendbarkeit auf Verträge, an denen nicht lediglich Mitgliedstaaten beteiligt sind und die Anwendbarkeit auf privatrechtliche Verträge müssen einer näheren Betrachtung unterzogen werden.

Versteht man Art. 273 AEUV so, dass darunter lediglich Verträge zu subsumieren sind, bei denen ausschließlich Mitgliedstaaten Vertragsparteien sind,[1913] es sich mithin um völkerrechtliche Verträge handeln muss, so müsste man bereits diese Voraussetzung im Falle des EFSF-RV ablehnen. Allerdings muss im Falle des EFSF-RV aufgrund der differenzierten Ausgestaltung dieser Norm und die hieran geknüpften Rechtswegzuweisungen anderes gelten. Art. 16 Abs. 2 Satz 2 EFSF-RV bezieht sich ausdrücklich nur auf Streitigkeiten zwischen Mitgliedstaaten und nicht in Beziehung zur EFSF S.A, die gemäß Art. 16 Abs. 2 Satz 3 EFSF-RV der ausschließlichen Gerichtsbarkeit der Gerichte des Großherzogtums Luxemburgs vorbehalten ist. Rein inhaltlich betrachtet handelt es sich um somit um bei dieser konkreten Schiedsabrede um einen zwischenstaatlichen Vertrag, der Streitigkeiten zwischen Mitgliedstaaten außerhalb des unionsrechtlichen Rahmens in Bezug auf wirtschafts- bzw. währungspolitische Fragen der Währungsunion regelt.

So muss ein Schiedsvertrag i.S.v. Art. 273 AEUV auch gegeben sein, wenn nicht ausschließlich Mitgliedstaaten Vertragsparteien sind und diese aufgrund Notsituationen zu Mitteln des Privatrechts greifen, bevor sie einen völkerrechtlichen Vertrag diesbezüglich abschließen. Betrachtet man zudem Art. 272 AEUV, der eine ähnliche Regelung für Verträge der Union unter expliziter Einbeziehung von privatrechtlichen Verträgen enthält, so lässt sich daraus zwar schließen, dass eine eine solche Auslegung dem Wortlaut der Verträge nicht standhält. Gleichwohl ist eine Schiedsvertragsklausel keineswegs vertragswidrig. Damit ist eine Zuständigkeit des EuGH für Streitigkeiten aus dem EFSF-RV gemäß Art. 273 AEUV gegeben.

1912 *Cremer*, in: Calliess/Ruffert (Hrsg.), 4. Aufl. 2011, Art. 273 AEUV Rn. 4 m.w.N.; *Karpenstein,* in: Grabitz/Hilf/Nettesheim (Hrsg.), Recht der EU, 50. EL 2013, Art. 273 AEUV Rn. 17.

1913 So *Schwarz*, in: Rengeling/Middeke/Gellermann (Hrsg.), Handbuch des Rechtsschutzes in der EU, 3. Aufl. 2014, § 15 Rn. 3.

cc) Art. 37 Abs. 3 ESMV als Schiedsvertragsklausel

Weniger problematisch ist hingegen die Rechtswegzuweisung in Art. 37 Abs. 3 ESMV.[1914] Danach kann die Entscheidung des ESM-Gouverneursrates bezüglich einer Streitigkeit zwischen einem ESM-Mitglied und dem ESM oder zwischen ESM-Mitgliedern (Art. 37 Abs. 2 ESMV) angefochten werden, wobei diese Streitigkeit dann bei dem EuGH anhängig gemacht wird (Satz 1). Klarstellend postuliert Art. 37 Abs. 3 Satz 2 ESMV noch, dass das Urteil des EuGH inter partes Verbindlichkeit entfaltet und die Parteien innerhalb der vom Gerichtshof gesetzten Frist Maßnahmen ergreifen, um dem Urteil nachzukommen.[1915] Art. 37 Abs. 3 ESMV erfüllt sämtliche Voraussetzungen des Art. 273 AEUV, denn es handelt sich um einen völkerrechtlichen Vertrag ausschließlich zwischen Mitgliedstaaten der Union, denn nur diese können auch Mitglieder des ESM werden.[1916] Ein Schiedsvertrag liegt zudem auch vor, wenn eine solche Vereinbarung im Vorhinein für eine ganze Kategorie festgelegter Streitigkeiten getroffen wird.[1917] Dieser weist ferner einen Bezug zur Wirtschafts- und Währungsunion (Art. 3 Abs. 4 EUV) auf und wird zudem (mittlerweile) im Primärrecht explizit genannt (Art. 136 Abs. 3 AEUV).[1918] Damit ist eine Zuständigkeit des EuGH für Streitigkeiten aus dem ESMV gemäß Art. 273 AEUV eröffnet.

dd) Zwischenergebnis

Die Vertragsstaaten haben aufgrund der primärrechtlichen Rechtswegzuweisung nach Art. 273 AEUV i.V.m. Art. 16 Abs. 2 Satz 2 EFSF-RV bzw. Art. 37 Abs. 3 ESMV Möglichkeiten, Rechtsschutz bei Streitigkeiten innerhalb von EFSF und ESM vor dem EuGH zu erhalten. Weitere Unionsorgane wie Kommission oder EZB können sich nicht auf diese Normen berufen.

2. Rechtsschutz des Einzelnen

Individualrechtsschutz auf Unionsebene ist im Wege der Nichtigkeits- (a). oder Untätigkeitsklage (b.) möglich.

a) Nichtigkeitsklage (Art. 263 Abs. 4 AEUV)

Eine Individualnichtigkeitsklage nach Art. 263 Abs. 4 AEUV kann gegen die an sie gerichteten (Var. 1), gegen sie unmittelbar und individuell betreffenden Handlungen

1914 Bspw. *Häde*, in: Hatje/Müller-Graff (Hrsg.), EnzEuR I, 2014, § 17 Rn. 20; dazu auch *Skouris*, in: Becker/Hatje/Potacs/Wunderlich (Hrsg.), FS Schwarze, 2014, S. 751 (766 f.).

1915 Konkrete Sanktionen enthält der Vertrag indes nicht, s. *Brück*, FAZ v. 16. 5. 2012, S. 8.

1916 EuGH, Rs. C-370/12, EU:C:2012:756 (NJW 2013, S. 29), Rn. 175 – *Pringle.*

1917 EuGH, Rs. C-370/12, EU:C:2012:756 (NJW 2013, S. 29), Rn. 172 – *Pringle.*

1918 Ähnlich auch EuGH, Rs. C-370/12, EU:C:2012:756 (NJW 2013, S. 29), Rn. 174 – *Pringle.*

(Var. 2) oder gegen Rechtsakte mit Verordnungscharakter, die sie unmittelbar betreffen und keine Durchführungsmaßnahmen nach sich ziehen (Var. 3) erhoben werden. Da im Zuge der Finanzhilfen keine unmittelbar an Einzelpersonen gerichteten Rechtsakte erlassen wurden, kommen in dem Fall lediglich die letzten beiden Varianten des Art. 263 Abs. 4 AEUV in Betracht. Gegenstand einer Individualnichtigkeitsklage kann mithin lediglich der Beschluss 2011/199/EU zur Einfügung des Art. 136 Abs. 3 AEUV in das Vertragsgefüge sein. Somit muss es sich bei diesem Beschluss des Rates um eine unmittelbar und individuell betreffende Handlung gegen den Einzelnen (Art. 263 Abs. 4 Var. 2 AEUV) oder einen Rechtsakt mit Verordnungscharakter, der den Einzelnen unmittelbar betrifft und keine Durchführungsmaßnahmen nach sich zieht (Art. 263 Abs. 4 Var. 3 AEUV) handeln.

Auch die in der Rechtssache *Plaumann*[1919] durch den EuGH geforderte, einem Adressaten vergleichbare Individualisierbarkeit ist mit dem Vertragsänderungsbeschluss 2011/199/EU nach Art. 48 Abs. 6 EUV keineswegs erfüllt. Damit ist eine individuelle Betroffenheit, wie sie nach Art. 263 Abs. 4 Var. 2 AEUV gefordert wird, hier nicht gegeben.

Mithinwäre eine Individualnichtigkeitsklage nach Art. 263 Abs. 4 AEUV gegen Finanzhilfen oder makroökonomische Anpassungsprogramme weder zulässig noch begründet.[1920]

b) Untätigkeitsklage (Art. 265 Abs. 3 AEUV)

Eine weitere Individualrechtschutzmöglichkeit besteht mit der Untätigkeitsklage nach Art. 265 Abs. 3 AEUV. Hierzu müsste jedoch der Einzelne geltend machen, dass eine unionsrechtliche gebotene Handlung (mit Ausnahme von Empfehlungen und Stellungnahmen) unterlassen worden sein. Finanzhilfen und makroökonomische Anpassungsprogramme richten sich jedoch ausschließlich an Mitgliedstaaten, deren Währung der Euro ist, womit bereits ein tauglicher Klagegegenstand fehlt. Eine Individualnichtigkeitsklage kann somit weder zulässig noch begründet sein.

3. Bewertung und Zwischenergebnis

Durch die außerunionsvertraglichen Konstruktionen der hier untersuchten Finanzhilfemöglichkeiten ist auf Unionsebene ein gewisses Rechtsschutzvakuum entstanden. Dies führt zu der ungewöhnlichen Situation, dass an den Finanzhilfen beteiligte Unionsorgane zwar als Akteure tätig werden, gegen diese Handlungen jedoch kein hinreichendes Rechtsschutzniveau durch die Unionsgerichtsbarkeit existiert. Hier ist darüber hinaus auch ein gewisses Spannungsverhältnis zum Recht auf einen wirksamen Rechtsbehelf aus Art. 47 GrCh erkennbar. Dieser Mangel wird teilweise dadurch kompensiert, dass die an den Finanzhilfen beteiligten Mitgliedstaaten im Falle von Streitigkeiten durch Art. 16 Abs. 2 Satz 2 EFSF-RV i.V.m.

1919 EuGH, Urteil v. 15. Juli 1963, Rs. C-25/62, Slg. 1963, S. 211, Rn.
1920 I.E. *Bonke,* ZEuS 2010, S. 493 (509).

Art. 273 AEUV sowie durch Art. 37 Abs. 3 ESMV i.V.m. Art. 273 AEUV Rechtsschutz durch den EuGH erhalten können. Für den Einzelnen ist auf Unionsebene jedoch keine Rechtsschutzmöglichkeit durch die Unionsgerichtsbarkeit eröffnet. Da die vorgehende Analyse bereits gezeigt hat, dass rechtstechnisch keine Ausweitung des Rechtsschutzes auf den Einzelnen möglich ist, sind somit die Vertragsparteien des ESMV gefordert, eine hinreichende Rechtsschutzmöglichkeit durch Vertragsmodifikationen oder -ergänzungen zu schaffen.

II. Verfassungsebene

Auch auf nationaler, verfassungsrechtlicher Ebene müssen die Rechtsschutzmöglichkeiten gegen die im nationalen Recht fußenden Finanzhilfen und makroökonomischen Anpassungsprogramme aufgezeigt werden. Der folgende Abschnitt zeigt somit auf, inwiefern vor dem Bundesverfassungsgericht im Wege der abstrakten Normenkontrolle (1.) und des Organstreitverfahrens (2.) als „politikbezogene"[1921] Verfahren, die von Staatsorganen eingeleitet werden können dagegen vorgegangen werden kann, inwieweit sich der Einzelne im Wege der Verfassungsbeschwerde (3.) gegen Finanzhilfen wehren kann und ob daneben nicht ein eigenes Integrationskontrollverfahren (4.) vonnöten sein könnte.

1. Abstrakte Normenkontrolle

Es besteht zum einen die Möglichkeit, die die Finanzhilfen ermöglichenden Gesetze (WFStG, StabMechG, ESMFinG) im Wege des abstrakten Normenkontrollverfahrens nach Art. 93 Abs. 1 Nr. 2 GG, § 13 Nr. 6, §§ 76 ff. BVerfGG durch das Bundesverfassungsgericht überprüfen zu lassen. Prüfungsmaßstab ist in einem solchen Fall aufgrund der Eigenschaft als Bundesgesetz ausschließlich das Grundgesetz.

Aufgrund des Kreises der Antragsberechtigten ist ein die Einleitung eines abstrakten Normenkontrollverfahrens gleichwohl unwahrscheinlich. Die Bundesregierung, Landesregierungen und die große Mehrheit der Mitglieder des Bundestages befürworten die Finanzhilfen dem Grunde nach und werden somit wohl kaum ein solches Verfahren anstreben.[1922]

2. Organstreitverfahren

Zum anderen besteht die Möglichkeit, Rechtsschutz gegen Finanzhilfen auch im Wege des kontradiktorischen Organstreitverfahrens nach Art. 93 Abs. 1 Nr. 1 GG, § 13 Nr. 5, §§ 63 ff. BVerfGG zu erlangen. So können oberste Bundesorgane oder andere Beteiligte, die durch das GG oder die Geschäftsordnungen des Organs gegen

---

1921 *Ruffert*, EuR 2011, S. 842 (843).

1922 Vgl. exemplarisch die Abstimmungsergebnisse zur Ratifizierung des ESMV, 188. Sitzung des Deutschen Bundestages am 29. 6. 2012, Endgültiges Ergebnis der Namentlichen Abstimmung Nr. 2 zu BT-Drs. 17/9046, 17/10125, 17/10171, S. 1.

eine Maßnahme oder Unterlassung durch den Antragsgegner bundesverfassungsgerichtlich klären lassen. Es muss sich dabei um die Verletzung der ihr im Grundgesetz zugestandenen eigenen Rechte handeln. Da es sich regelmäßig um die Verletzung der verfassungsmäßigen Kompetenzverteilung geht, sind dabei vorwiegend Mitwirkungs-, Beteiligungs- oder Informationsrechte betroffen.

Für ein solches Verfahren gab es im Zuge der Rettungsmaßnahmen bereits Anwendungsfälle. In einem ersten Verfahren hat die Bundestagsfraktion von Bündnis 90/Die Grünen gegen die Bundesregierung erfolgreich ein Organstreitverfahren wegen Verletzung der parlamentarischen Informationsrechte aus Art. 23 Abs. 2 GG in Sachen *ESM/Euro-Plus-Pakt* geführt.[1923] In einem zweiten, mit anderen[1924] verbundenen Verfahren, angestrengt von der Bundestagsfraktion DIE LINKE gegen die Bundesregierung wegen Verletzung der parlamentarischen Beteiligungsrechte aus Art. 38 Abs. 1 Satz 2 GG, hat das BVerfG eine Geltendmachung dieser Rechte mangels hinreichender Begründung bereits für unzulässig erklärt.[1925]

3. *Verfassungsbeschwerde*

Als einzige Individualrechtsschutzmöglichkeit gegen die die Finanzhilfen ermöglichenden Gesetze (WFStG, StabMechG, ESMFinG) existiert die in den Art. 93 Abs. 1 Nr. 4a GG, § 13 Nr. 8a, §§ 90 ff. BVerfGG normierte Verfassungsbeschwerde.

Da im Rahmen der Verfassungsbeschwerde Beschwerdegegenstand lediglich Akte deutscher Hoheitsgewalt und nicht Akte von Unionsorganen sein können, bleibt ein Vorgehen gegen die auf europäischer oder völkerrechtlicher Ebene beschlossenen Rechtsakte im Wege der Verfassungsbeschwerde grundsätzlich verwehrt. Ausgenommen davon sind lediglich ultra-vires-Rechtsakte, also solche, die evident und offensichtliche aus den ihnen zugewiesenen Grenzen ihrer Ermächtigung ausbrechen.[1926] Gestützt werden kann eine solche Verfassungsbeschwerde gleichwohl auf das grundrechtsgleiche Wahlrecht aus Art. 38 GG, die eine Identitätskontrolle ermöglicht.[1927] Eine solche Verfassungsbeschwerde unterliegt jedoch strengen Anforderungen an die Begründung der Grundrechtsverletzung.[1928]

Auch die Verfassungsbeschwerde spielte im Zeichen der Rettungsmaßnahmen praktisch bereits in zwei Fällen eine Rolle. Zum einen gingen fünf Professoren

---

1923 BVerfGE 131, S. 152 ff. – *ESM/Euro-Plus-Pakt*; zu den materiell-rechtlichen Fragen der Informationsrechte des Bundestages s.o. Kap. 3, B. I. 2.

1924 S. u. 3.

1925 BVerfGE 135, S. 317 (390) – *ESM/Fiskalpakt II.*

1926 BVerfGE 89, S. 155 (175, 188) – *Maastricht*; BVerfGE 123, S. 267 (353 f.) – *Lissabon*; BVerfGE 126, S. 286 (324 f.) – *Honeywell.*

1927 So bereits *Thym*, EuZW 2011, S. 167 (169); nach dem *OMT-Vorlagebeschluss*, BVerfGE 134, S. 366 ff., kann nunmehr auch gegen Untätigkeit deutscher Organe bei Kompetenzüberschreitungen von Unionsorganen vorgegangen werden, dazu ausführlich *Ukrow*, ZEuS 2014, S. 119 (125 ff.).

1928 Dazu *Thym*, JZ 2011, S. 1011 (1011).

und ein Bundestagsabgeordneter gegen die Währungspolitik Deutschlands, das WFStG, das StabMechG und die dazu flankierenden, auf europäischer Ebene gefassten Beschlüsse im Wege der Verfassungsbeschwerde („Griechenland-Soforthilfe/Euro-Rettungsschirm") erfolglos vor.[1929] Zum anderen erklärte das BVerfG in den o.g. Organstreitverfahren gegen die Ratifizierungsgesetze zum ESM und Fiskalpakt (ESMG, ESMFinG, Fiskalpakt-ZustimmungsG) sowie damit verbundenen Verfassungsbeschwerdeverfahren von 11.800 Bürgern nach einer einstweiligen Anordnung am 12. September 2012[1930] diese am 18. März 2014 endgültig für verfassungskonform.[1931]

4. *Fehlen eines Erfordernisses zur Schaffung eines Integrationskontrollverfahrens*

Ferner kann noch darüber diskutiert werden, ob neben den bereits existierenden Verfahren ein separates Integrationskontrollverfahren vonnöten und dann auch hier einschlägig sein könnte.[1932]

Allerdings enthält das geltende Verfassungsprozessrecht bereits eine Fülle von Verfahrensarten zur Gewährleistung hinreichenden Rechtsschutzes für staatliche Organe und den einzelnen Bürger (Art. 19 Abs. 4 GG). Im Hinblick auf das Schritthalten in der europäischen Integration und die Übertragung weiterer Hoheitsrechte auf die Unionsebene, muss zwar auch jede Vertiefung durch Erreichen weiterer Etappen bundesverfassungsgerichtlich überprüfbar sein. Staatsorgane wie Landes- oder Bundesregierungen oder ein Viertel der Mitglieder des Bundestages haben bereits die Möglichkeit, im Wege der abstrakten Normenkontrolle Zustimmungsgesetze zu Verträgen (Art. 23 GG), durch denen die Europäische Union begründet, verändert oder die Integration weiter vertieft wird, bundesverfassungsgerichtlich zu überprüfen. Zwar ist Prüfungsmaßstab regelmäßig nur das Grundgesetz, dies ist jedoch im Hinblick auf die Stellung des Bundesverfassungsgerichtes als nationales Verfassungsorgan auch zwingend. Im Wege dieses Verfahrens können auch die Gesetze, auf denen die Finanzhilfen beruhen (WFStG, StabMechG und ESMFinG) überprüft werden, auch wenn diese außerhalb des Unionsrechtsrahmens konstituiert wurden.

Staatsorgane können darüber hinaus auch in einem kontradiktorischen Verfahren nicht bloß objektive Verletzungen des Grundgesetzes vom Bundesverfassungsgericht überprüfen lassen, sondern auch subjektive Rechtsverletzungen, die das jeweilige Organ betreffen. Dies betrifft auch Verletzungen, die Rechte des

---

1929 BVerfGE 129, S. 124 ff. – *Griechenland-Soforthilfe/Euro-Rettungsschirm*; zu den materiellen Fragen s.o. B. I., II.

1930 BVerfGE 132, S. 195 ff. – *ESM/Fiskalpakt I*; zu den materiell-rechtlichen Fragen dieses Verfahrens s.o. B. I., II.

1931 BVerfGE 135, S. 317 ff. – *ESM/Fiskalpakt II.*

1932 Zur Einführung eines vergleichbaren Verfahrens auf Unionsebene *Brosius-Linke*, DÖV 2014, S. 612 (616).

Bundestages und Bundesrates bei deren Mitwirkung am europäischen Integrationsprozess (Art. 23 Abs. 2 ff. GG) betreffen. Durch die Ausweitung des Begriffs der „Angelegenheiten der Europäischen Union“ durch die Rechtsprechung des Bundesverfassungsgerichts[1933] und die einfachgesetzliche Ausweitung der Informations- und Mitwirkungsrechte von Bundestag und Bundesrat im neuen EUZBBG wird eine hinreichend überprüfbare Beteiligung am europäischen Integrationsprozess konstituiert.

Selbst der einzelne Bürger hat die Möglichkeit, im Rahmen der Verfassungsbeschwerde die hinreichende Existenz von Staatlichkeit durch das vom Bundesverfassungsgericht zu einem „Grundrecht auf Staatlichkeit“[1934] fortentwickelten Wahlrecht aus Art. 38 GG zu rügen und darüber hinaus weitere Grundrechtsverstöße durch das Zustimmungsgesetz zu weiteren europäischen Integrationsschritten geltend zu machen, die Integrationsverantwortung des Bundestages wird damit hinreichend überprüfbar.[1935]

Man kann also festhalten, dass die Kontrolle der europäischen Integration bereits mit dem geltenden Verfassungsprozessrecht in der Ausgestaltung des Bundesverfassungsgerichtes sowohl für Staatsorgane als auch für den einzelnen Bürger möglich ist. Die Einführung eines gesonderten Integrationskontrollverfahrens ist demnach nicht erforderlich.[1936] Gleichwohl könnte eine explizite Normierung einer solchen „europäischen Normenkontrolle“[1937] Rechtssicherheit schaffen und die durch die Rechtsprechung ausgeformte „Zwitterkonstruktion“[1938] der Integrationsverfassungsbeschwerde möglicherweise beseitigen. Da der Gesetzgeber hier bislang untätig geblieben ist, wird die Verfassungsbeschwerde wohl vorerst das zentrale Mittel zur Überprüfung von Integrationsfortschritten bleiben.[1939]

III. Zwischenergebnis

Auf Initiative von nationalstaatlichen Verfassungsorganen gibt es die Möglichkeit, abstrakte Normenkontrollverfahren sowie Organstreitverfahren gegen Finanzhilfen anzustreben. Für den einzelnen Bürger existiert die Möglichkeit, eine Verfassungsbeschwerde gegen die die Finanzhilfen begründenden, nationalen Gesetzesakte zu erheben. Ein Integrationskontrollverfahren ist aufgrund der bereits existierenden Rechtsschutzmöglichkeiten überflüssig, da es keinen Mangel an Rechtsschutz zur Kontrolle der europäischen Integration gibt.

1933 BVerfGE 131, S. 152 (199 ff.) – *ESM/Euro-Plus-Pakt.*

1934 Exemplarisch *Nettesheim,* NJW 2009, S. 2867.

1935 Ähnlich *Sauer,* ZRP 2009, S. 195 (197 ff.).

1936 I.E. ebenso *Sauer,* ZRP 2009, S. 195 (197 f.); a.A. *Wolff,* DÖV 2010, S. 49 ff.

1937 *Schorkopf,* EuZW 2009, S. 718 (722).

1938 *Lehner,* Der Staat 52 (2013), S. 525 (547).

1939 Vgl. *Lehner,* Der Staat 52 (2013), S. 525 (562).

B. Fiskalpakt

I. Unionsebene

1. Vertragsverletzungsverfahren (Art. 258, 259 AEUV)

Theoretisch besteht für die Kommission oder einen Mitgliedstaat die Möglichkeit, den Abschluss des VSKS im Wege eines Vertragsverletzungsverfahrens als Organ- oder Staatenklage nach Art. 258 bzw. Art. 259 AEUV vor dem EuGH mit der Behauptung, dadurch verstießen die sich daran beteiligenden Mitgliedstaaten gegen eine Verpflichtung aus den Verträgen verletzt, überprüfen zu lassen. Dies wäre beispielsweise dann der Fall, wenn die Mitgliedstaaten sich mit Abschluss des VSKS die Wahrnehmung einer ausschließlichen Unionskompetenz anmaßen würden, was aufgrund seiner Einordnung als wirtschaftspolitische Maßnahme indes nicht der Fall ist.[1940] Auch könnte der Abschluss des VSKS gegen die Sechser- und Zweierpaket-Regelungen verstoßen.[1941] Denkbar wäre ein solches Verfahren, insbesondere auf Initiative der nicht am VSKS teilnehmen Staaten[1942]. Dies müsste jedoch gegen alle anderen, 25 teilnehmenden Mitgliedstaaten geführt werden und würde somit juristisch (aufgrund der Anzahl der Beklagten) als auch politisches Neuland darstellen. Durch die enge Verflechtung des unionsrechtsergänzenden VSKS mit der Union, ihren Organen und seiner lediglich aus politischen Gründen erfolgten Ausgestaltung als völkerrechtlicher Vertrag ist ein solches Verfahren praktisch allerdings kaum vorstellbar.

2. Verfahren nach Art. 8 VSKS i.V.m. Art. 273 AEUV

Das Verfahren nach Art. 8 Abs. 1 VSKS enthält die Möglichkeit zur Überprüfung der Umsetzung der aus Art. 3 Abs. 2 VSKS erwachsenden Pflicht zur Implementierung von sog. Schuldenbremsen in nationales Recht. Es stellt daher eine Art „völkerrechtliches Normenkontrollverfahren" dar.[1943]

a) Art. 8 Abs. 3 VSKS als Schiedsvertragsklausel i.S.v. Art. 273 AEUV

Art. 273 AEUV ermöglicht die Zuweisung der Zuständigkeit einer Streitigkeit aus einem Schiedsvertrag auf den EuGH.[1944] Art. 8 Abs. 3 VSKS statuiert demnach, dass Art. 8 VSKS eines solche Schiedsvertragsklausel darstelle. Als völkerrechtliche Schiedsvertragsklausel zwischen den Mitgliedstaaten mit Bezug zum Unionsrecht

1940 Dazu s.o. Kap. 4, A. II.
1941 Dazu s.o. Kap. 4, A. III. 5.
1942 Namentlich: das Vereinigte Königreich, die Tschechische Republik oder Kroatien.
1943 *Hufeld,* in: Müller-Graff (Hrsg.), EnzEuR IV, 2014, § 22 Rn. 24 spricht von einer „klagbaren Selbstverfassung"; siehe zu dem Verfahren auch *Skouris,* in: Becker/Hatje/Potacs/Wunderlich (Hrsg.), FS Schwarze, 2014, S. 751 (767 f.).
1944 Zu den Voraussetzungen s.o. A. I. e) aa).

eröffnet Art. 8 Abs. 3 VSKS daher die Zuständigkeit des EuGH für Streitigkeiten nach Art. 8 Abs. 1 VSKS sowie Art. 8 Abs. 2 VSKS.[1945] Der Bezug zum Unionsrecht wird allein schon durch den thematischen Zusammenhang des VSKS zur Währungsunion, sowohl auf primär- als auch auf sekundärrechtlicher Ebene, hergestellt.[1946]

Teilweise wird in Art. 8 VSKS ein gewisses Spannungsverhältnis zum Unionsrecht gesehen.[1947] Begründet wird dies u. a. damit, da der Zusammenhang mit einem Gegenstand der Verträge als Voraussetzung für die Zuweisung einer Streitigkeit aus einem Schiedsvertrag nach Art. 273 AEUV nicht gegeben sei, da die Mitgliedstaaten sich bewusst und ausdrücklich neben den Verträgen bewegten. Damit sei aufgrund Art. 2 Abs. 2 Satz 1 VSKS diese Rechtswegzuweisung unwirksam und ein Verstoß gegen Unionsrecht werde so letztlich umgangen. Diese Auffassung ist jedoch abzulehnen. Von der bewussten und ausdrücklichen Umgehung von Unionsrecht kann hier keine Rede sein. Die Mitgliedstaaten hatten ursprünglich geplant, den VSKS mit den unionsrechtlichen Mechanismen direkt in das Unionsrechtsgefüge zu implementieren.[1948] Lediglich aus politischen Gründen musste nun die vorliegende Ausgestaltung als völkerrechtlicher Vertrag mit Option zur Überführung in das Unionsrecht (Art. 16 VSKS) gewählt werden. Die bewusste Umgehung des Unionsrechtsrahmens kann einer Anwendung von Art. 273 AEUV im Übrigen nicht entgegenstehen, denn ein Bezug zum Unionsrecht kann schwerlich verleugnet werden (Art. 3 Abs. 4 EUV), zumal die Anforderungen an einen solchen Bezug gering sind.[1949] Auf dieses Unionsziel wird gar in der Präambel des VSKS durch den Hinweis auf die „Erhaltung der Stabilität des Euro-Währungsgebietes“ hingewiesen.[1950]

Indes steht Art. 8 VSKS in einem gewissen Spannungsverhältnis zu Art. 126 Abs. 10 AEUV, der die Vertragsverletzungsklage für die Art. 126 Abs. 1 bis Abs. 9 AEUV gerade ausschließt.[1951] Man könnte also vermuten, dass so eine gerichtliche Kontrolle der öffentlichen Schuldenstände nach Art. 126 Abs. 1 bis Abs. 9 AEUV gerade nicht möglich sein soll. Allerdings kann dieses Spannungsverhältnis dahingehend aufgelöst werden, dass Art. 8 VSKS sich ausschließlich auf die in Art. 3 VSKS niedergelegten Kriterien bezieht, mithin um die völkerrechtliche Verpflichtung zur Installierung von solchen Schuldenregeln und deren Kontrolle, womit Art. 126 Abs. 10 AEUV nicht tangiert wird.[1952] Damit ist Art. 8 VSKS auch eine

---

1945 So auch 15. Erwägungsgrund des VSKS.

1946 *Craig,* E.L.Rev. 37 (2012), S. 231 (245); *Pechstein,* EuR-Beiheft 2/2013, S. 71 (79).

1947 *Kube,* WM 2012, S. 245 (251); s. dort auch im Folgenden.

1948 S. o. Kap. 2, B. I. 1.

1949 *Cremer,* in: Calliess/Ruffert (Hrsg.), EUV/AEUV, 4. Aufl. 2011, Art. 273 AEUV Rn. 2.

1950 Dritte Erwägung in der Präambel des VSKS.

1951 Vgl. *Calliess/Schoenfleisch,* JZ 2012, S. 477 (483); *Craig,* E.L.Rev. 37 (2012), S. 231 (246); *Möllers/Reinhardt,* JZ 2012, S. 693 (693); *Oberndorfer,* juridikum 2012, S. 168 (179); *Pechstein,* EuR-Beiheft 2/2013, S. 71 (81); *Schorkopf,* ZSE 2012, S. 1 (12).

1952 Ebenso *Pechstein,* EuR-Beiheft 2/2013, S. 71 (81). *Schorkopf,* ZSE 2012, S. 1 (12).

wirksame Prorogationsnorm i.S.d. Art. 273 AEUV und eine Übertragung auf den EuGH wirksam.[1953]

b) Vorverfahren

Vor Antragstellung muss durch die Kommission nach Art. 8 Abs. 1 Satz 1 VSKS den Vertragsparteien zu gegebener Zeit ein Bericht über die Bestimmungen vorlegen, die jede Vertragspartei gemäß Art. 3 Abs. 2 VSKS erlassen hat. Dieses Vorverfahren ist jedoch nicht zwingend erforderlich für eine Antragstellung (Art. 8 Abs. 1 S. 3 VSKS).

c) Klageberechtigte

aa) Grundsatz

Klageberechtigt ist jede Vertragspartei nach Art. 8 Abs. 1 Satz 3 VSKS. In einem solchen Falle kann ein Antrag auch unabhängig vom Kommissionsbericht nach Art. 8 Abs. 1 Satz 1 VSKS eingereicht werden. Der Kommission wurde indes kein Klagerecht zugestanden, obwohl dies anfänglich diskutiert wurde.[1954] Es wäre auch bemerkenswert, wenn die Europäische Kommission als Organ einer nicht am VSKS beteiligten, supranationalen Institution klageberechtigt wäre.[1955] Dies zwar auch nachvollziehbar, da der VSKS als unionsnaher Vertrag Gegenstände des Unionsrechts behandelt. Allerdings wäre dies bereits aufgrund von Art. 273 AEUV, der lediglich die Möglichkeit der Rechtswegzuweisung auf den EuGH für Streitigkeiten zwischen Mitgliedstaaten vorsieht, nicht möglich gewesen.[1956]

bb) Ergänzung durch das Unterzeichnungsprotokoll zum VSKS

Allerdings wird wohl kaum eine Vertragspartei ein solches Verfahren ohne einen Kommissionsbericht anstreben.[1957] Die „Von den Vertragsparteien bei der Unterzeichnung getroffene Regelung betreffend Artikel 8 des Vertrags“, die dem „Protokoll über die Unterzeichnung des VSKS“ (kurz Unterzeichnungsprotokoll)[1958] beigefügt ist, konkretisiert die Bestimmung des Art. 8 Abs. 1 VSKS. Sie bestimmt nämlich in ihrem Abs. 1 S. 1, dass die Klageschrift von den in Abs. 2 genannten Klägern bei der Kanzlei des Gerichtshofs innerhalb von drei Monaten eingereicht wird, nachdem der Kommissionsbericht bei den Vertragsparteien eingegangen ist. Dies ist zwar keine Ausschlussfrist im Sinne des VSKS, jedoch haben sich die Vertragsparteien durch

---

1953 I.E. *Craig,* E.L.Rev. 37 (2012), S. 231 (245).

1954 *Herzmann,* ZJS 2012, S. 168 (171) m.w.N.

1955 Vgl. auch *Hamer,* in: v. d. Groeben/Schwarze/Hatje (Hrsg.), Europäisches Unionsrecht, Bd. 3, 7. Aufl. 2015, Art. 126 AEUV, Rn. 56.

1956 BT-Drs. 17/9046, S. 21; s. auch *Streinz,* in: Möllers/Zeitler (Hrsg.), Europa als Rechtsgemeinschaft, 2013, S. 21 (41).

1957 *Craig,* E.L.Rev. 37 (2012), S. 231 (246); *Guckelberger,* ZEuS 2012, S. 1 (50); *Pechstein,* EuR-Beiheft 2/2013, S. 71 (79).

1958 BGBl. 2012 II, S. 1018 f.

diese Protokollerklärung völkerrechtlich dazu verpflichtet, den Bericht abzuwarten und innerhalb von drei Monaten nach Eingang zu klagen. Es wird ferner in Abs. 1 Satz 2 klargestellt, dass die Kläger im Interesse aller durch die Art. 3 und Art. 8 VSKS gebundenen Vertragsparteien und in enger Zusammenarbeit mit diesen handeln, mit Ausnahme der Vertragspartei, gegen die sich die Klage richtet, und im Einklang mit der Satzung und der Verfahrensordnung des Gerichtshofs. Dies ist wohl dem politischen Willen geschuldet, eine geringe Klägeranzahl zu haben, die jedoch im Sinne aller Vertragsparteien handeln.

Weiter bestimmt diese Regelung in ihrem Abs. 2 Satz 1 die tatsächlichen Kläger für ein solches Verfahren. Diese Regelung durchbricht somit die politisch bedingte Zurückhaltung der Mitgliedstaaten bei Klagen gegeneinander.[1959] Dies sind demnach die durch die Art. 3 und Art. 8 VSKS gebundenen Vertragsparteien, welche die Mitgliedstaaten sind, die zum Zeitpunkt der Veröffentlichung des Kommissionsberichts die zuvor festgelegte Gruppe derjenigen drei Mitgliedstaaten bilden, die nach Art. 1 Abs. 4 der Geschäftsordnung des Rates den Vorsitz im Rat der Europäischen Union führen (sog. Dreiervorsitz[1960]). Dies gilt jedoch nur eingeschränkt. Klagen sollen nämlich von Mitgliedstaaten des Dreiervorsitzes nicht erhoben werden, wenn entweder aus einem Kommissionsbericht hervorgeht, dass sie ihren Verpflichtungen im Rahmen des Art. 3 Abs. 2 VSKS nicht nachgekommen sind oder anderweitig gemäß Art. 8 Abs. 1 oder Abs. 2 VSKS vor dem Gerichtshof gegen sie Klage erhoben worden ist und sie im Einklang mit den allgemeinen Grundsätzen des Völkerrechts aus anderen nachweisbaren Gründen übergeordneter Natur daran gehindert sind, zu handeln. Abs. 2 Satz 2 normiert zudem den Fall, falls keine Vertragspartei diese Voraussetzungen erfüllt. In einem solchen Fall sollen die Mitglieder des vorausgehenden Dreiervorsitzes den Gerichtshof unter denselben Bedingungen mit der Sache zu befassen. Mit dieser Regelung wird ein wesentlicher Kritikpunkt am VSKS ausgeräumt, nämlich die Streichung der Europäischen Kommission als Klageberechtigte.[1961] Fraglich ist indes, ob durch die Bindung an die Meinung der Kommission nicht eine „verkappte Kommissionsklage" unter Ausführung durch den Dreiervorsitz vorliegt.[1962] Dies ist zwar problematisch, da nach Art. 8 VSKS die Mitgliedstaaten, die diese Trias bilden, keine Möglichkeit haben, nach eigenem Ermessen über die Klageeinreichung zu entscheiden.[1963] Allerdings kann diesen Bedenken damit entgegnet werden, dass die Mitgliedstaaten als Vertragsparteien diesen Vertrag schließlich ausgehandelt und unterzeichnet haben, womit ihr Entscheidungsspielraum bereits dahingehend genutzt wurde, dass sie auf einen solchen in Bezug auf diese

---

1959 *Calliess/Schoenfleisch,* JZ 2012, S. 477 (483); *Hofmann/Konow,* ZG 2012, S. 138 (146); *Pechstein,* EuR-Beiheft 2/2013, S. 71 (79).

1960 Festgelegt in Anhang I des Beschluss 2009/908/EU v. 9. 12. 2009, ABl.EU 2009 Nr. L 322, S. 28; berichtigt in ABl.EU 2009 Nr. L 344, S. 56.

1961 Vgl. dazu *Lorz,* LTO v. 6. 2. 2012.

1962 *Pechstein,* EuR-Beiheft 2/2013, S. 71 (80).

1963 *Craig,* E.L.Rev. 37 (2012), S. 231 (246); a.A. *Hamer,* in: v. d. Groeben/Schwarze/Hatje (Hrsg.), Europäisches Unionsrecht, Bd. 3, 7. Aufl. 2015, Art. 126 AEUV, Rn. 56.

Frage verzichten.[1964] Umstritten ist, ob dieses Unterzeichnungsprotokoll aufgrund des Fehlens einer Art. 51 EUV entsprechenden Regelung als Vertragsbestandteil oder lediglich als Auslegungserklärung einzuordnen ist. Dies wirkt sich auf die Frage aus, ob die Mitgliedstaaten zur Klageerhebung verpflichtet sind. Betrachtet man jedoch den Stellenwert dieser Regelung und hat man die Zurückhaltung der Mitgliedstaaten bei Klageerhebung untereinander im Blick, so muss davon ausgegangen werden, dass dies als ergänzender Vertragsbestandteil anzusehen ist.[1965] Insbesondere muss darin auch eine Klagepflicht gesehen werden, sonst liefe diese Regelung ins Leere.[1966]

d) Verfahrensgegenstand und Prüfungsumfang

Verfahrensgegenstand sind nach Art. 8 Abs. 1 Satz 1 VSKS die nach nationalem Recht erlassenen Bestimmungen zur Erfüllung der Verpflichtung aus Art. 3 Abs. 2 VSKS. Der EuGH erhält somit die Möglichkeit, die Implementierung dieser Pflicht in nationales Recht der Vertragsparteien zu überprüfen.

Umstritten ist, wie weit diese Nachprüfungspflicht tatsächlich geht. Geht man davon aus, dass lediglich die formelle Umsetzung dieser Pflicht überprüft werden darf, so würde durch dieses Verfahren lediglich das „Ob" der Pflichtumsetzung überprüft werden können, da ansonsten ein Verstoß gegen den in Art. 126 Abs. 10 AEUV festgelegten Jurisdiktionsausschluss in Bezug auf Art. 129 Abs. 1 bis Abs. 9 AEUV vorläge.[1967] Allerdings kann diese Sichtweise nicht überzeugen.[1968] Ließe man eine rein formelle Prüfung durch den EuGH genügen, so könnte jede Vertragspartei eine Norm erlassen, die zwar formell der Pflichterfüllung aus Art. 3 Abs. 2 VSKS dient, materiell jedoch den Anforderungen des Art. 3 Abs. 1 VSKS nicht gerecht wird. Eine solche Auffassung würde dem Charakter des Verfahrens als „völkerrechtliches Normenkontrollverfahren" nicht gerecht. Auch der Rezeptionszweck des Art. 3 VSKS würde im Fall einer lediglich formellen Umsetzungskontrolle praktisch unterlaufen.[1969] Somit muss im Sinne einer effektiven Umsetzung der Vertragspflichten aus Art. 3 VSKS eine vollumfängliche, materielle Überprüfung durch den EuGH durch dieses Verfahren ermöglicht werden. Dies entspricht sogleich dem Charakter des VSKS als Präventivmaßnahme zur Vermeidung künftiger Staatsschuldenkrisen. Für eine materielle Überprüfung spricht indes auch, dass in Art. 8 VSKS hierzu

---

1964 Zutreffend *Pechstein*, EuR-Beiheft 2/2013, S. 71 (80); kritisch *Craig*, E.L.Rev. 37 (2012), S. 231 (247).

1965 *Calliess/Schoenfleisch*, JZ 2012, S. 477 (484).

1966 A.A. *Antpöhler*, ZaöRV 2012, S. 353 (385).

1967 *Antpöhler*, ZaöRV 2012, S. 353 (384); *Gaitanides*, in: Siekmann (Hrsg.), EWU-Kommentar, 2013, Art. 126 AEUV Rn. 184; *Pilz*, DÖV 2012, S. 909 (914); in diese Richtung auch BVerfGE 132, S. 195 (285) – *ESM/Fiskalpakt I.*

1968 Andeutungsweise *Streinz*, in: Möllers/Zeitler (Hrsg.), Europa als Rechtsgemeinschaft, 2013, S. 21 (41).

1969 *Hufeld*, in: Müller-Graff (Hrsg.), EnzEuR IV, 2014, § 22 Rn. 141; *Schorkopf*, ZSE 2012, S. 1 (13).

differenzierte Regelungen mit Verweisung auf Art. 260 AEUV getroffen wurden, die ansonsten überflüssig wären.[1970] Letztlich würde auch die Zwangsgeldfolge des Art. 8 Abs. 2 VSKS unterlaufen, wenn ein Vertragsstaat sich unter Berufung auf die formelle Umsetzung unter materieller Missachtung der Vorgaben des Art. 3 Abs. 1 VSKS berufen könnte.[1971] Zudem kann die Grenze zwischen formeller und materieller Überprüfung teilweise nicht klar gezogen werden. Klar ist jedenfalls, dass eine Überprüfung der Einhaltung der Kriterien aus Art. 3 Abs. 1 VSKS nicht erfolgen kann, da dies im Widerspruch zu Art. 126 Abs. 10 AEUV stehen würde.[1972] Problematisch ist hingegen auch eine Überprüfung des Art. 3 Abs. 2 VSKS, der Art. 5 der Richtlinie 2011/85/EU und dem Zweierpaket entspricht wegen Art. 344 AEUV, der vorsieht, dass Streitigkeiten über Auslegung oder Anwendung der Verträge nicht anders als in den Verträgen vorgesehen zu regeln sind. Teilweise wird hier argumentiert, dass der EuGH sich insoweit für unzuständig erklären müsste und eine Überprüfung nach Art. 8 VSKS i.V.m. Art. 273 AEUV ausschiede, da dann das Auslegungsmonopol verletzt würde.[1973] Dem ist allerdings nicht zu folgen, denn die vom EuGH in diesem Verfahren vergenommene Auslegung kann nur für die Interpretation des VSKS verbindlich sein.

e) Klagerücknahme

Die Klage nach Art. 8 Abs. 1 VSKS muss gemäß Abs. 5 Satz 1 der ergänzenden Regelung in dem Fall zurückgenommen werden, wenn ein neuer Bericht der Kommission zu dem Schluss gelangt, dass die betreffende Vertragspartei es nicht länger unterlässt, ihrer Verpflichtung aus Art. 3 Abs. 2 VSKS nachzukommen. In einem solchen Fall ziehen die Kläger die Klage vor dem EuGH durch schriftliche Mitteilung nach Art. 148 VerfO-EuGH zurück.

f) Kosten und weitere Modalitäten

Abs. 4 der ergänzenden Regelung regelt die Kosten eines solchen Verfahrens. Diese werden von allen Vertragsparteien, in deren Interesse der Rechtsstreit anhängig gemacht wurde, gemeinsam getragen. Abs. 3 der Regelung bestimmt ferner, dass auf Antrag der Kläger diesen während des Verfahrens vor dem EuGH von den Vertragsparteien, in deren Interesse Klage erhoben wurde, die erforderliche technische oder logistische Unterstützung gewährt wird. Das bedeutet in Verbindung mit Abs. 1 Satz 2 der Regelung, dass die Kosten von sämtlichen Vertragsparteien mit Ausnahme der verklagten Partei getragen werden und diese Vertragsparteien auch technische und logistische Unterstützung leisten.

1970 Ebenso *Streinz*, in: Möllers/Zeitler (Hrsg.), Europa als Rechtsgemeinschaft, 2013, S. 21 (41).

1971 *Hufeld*, in: Müller-Graff (Hrsg.), EnzEuR IV, 2014, § 22 Rn. 141.

1972 *Antpöhler*, ZaöRV 2012, S. 353 (385); vgl. auch *Blanke/Pilz*, EuR 2014, S. 541 (564).

1973 *Repasi*, EuR 2013, S. 45 (69).

g) *Urteilsfolgen*

Nach Art. 8 Abs. 1 Satz 4 VSKS hat ein Urteil des EuGH im Verfahren nach Art. 8 Abs. 1 VSKS Bindungswirkung für jeden beteiligten Verfahrensbeteiligten. Diese Bindungswirkung inter partes ist auch folgerichtig, denn eine Verpflichtung aus diesem Urteil kann aufgrund der unterschiedlichen Rechtsordnungen und Rechtstraditionen sowie deren individueller Umsetzung durch die Vertragsparteien schwerlich auf andere übertragen werden. Ferner müssen die Verfahrensbeteiligten die vom Gerichtshof in dem Urteil festgesetzten Maßnahmen innerhalb der von ihm festgelegten Frist auch nachkommen, was faktisch auf eine Verpflichtung der Vertragsparteien zur Nachbesserung der erlassenen Schuldenbremse nach Art. 3 Abs. 2 VSKS hinausläuft.

3. *Verfahren nach Art. 8 Abs. 2 VSKS i.V.m. Art. 260 AEUV*

Das Verfahren nach Art. 8 Abs. 2 VSKS enthält die Möglichkeit zur Sanktionierung für den Fall, dass eine Vertragspartei nach einem gegen sie ergangenen Urteil gemäß Art. 8 Abs. 1 VSKS einer vom EuGH auferlegten Maßnahme nicht nachgekommen ist. Es stellt daher eine Art „völkerrechtliches Vertragsverletzungsverfahren" dar.

a) *Vorverfahren*

Dem Verfahren nach Art. 8 Abs. 2 VSKS muss denknotwendigerweise das Verfahren nach Art. 8 Abs. 1 VSKS vorgegangen sein, das mit einem Urteil und der Verpflichtung für eine Vertragspartei zur Nachbesserung der Umsetzung der Pflicht aus Art. 3 Abs. 2 VSKS geendet hat.

b) *Antragsberechtigte*

Antragsberechtigt ist nach Art. 8 Abs. 2 Satz 1 VSKS eine Vertragspartei. Sie muss dazu nach eigener Einschätzung oder nach Bewertung der Kommission der Auffassung sein, dass eine andere Vertragspartei ihrer Verpflichtung aus einem Urteil nach Art. 8 Abs. 1 VSKS nicht nachgekommen ist.

c) *Verfahrensgegenstand*

Gegenstand des Verfahrens ist nach Art. 8 Abs. 2 Satz 1 VSKS das unterlassene Nachkommen der Vertragspartei, die nach dem Verfahren gemäß Art. 8 Abs. 1 VSKS zu Nachbesserungsmaßnahmen verurteilt worden war. Verlangen kann die antragstellende Vertragspartei dann die Verhängung finanzieller Sanktionen gemäß den von der Europäischen Kommission im Rahmen von Art. 260 AEUV festgelegten Kriterien. Der Verweis auf Art. 260 AEUV ist nicht verwunderlich, schließlich ist Art. 8 Abs. 1 VSKS dieser Norm größtenteils nachempfunden.

d) Urteilsfolgen

Am Ende dieses Verfahrens ein Feststellungs- und Verpflichtungsurteil des EuGH (Art. 8 Abs. 2 Satz 2 VSKS). Zum einen wird festgestellt, dass die betreffende Vertragspartei seinem Urteil nicht nachgekommen ist. Zum anderen kann er die betreffende Vertragspartei zur Zahlung eines Pauschbetrags oder eines Zwangsgeldes verurteilen. Dieser Betrag bzw. dieses Zwangsgeld muss nach Art. 8 Abs. 2 Satz 2 VSKS den Umständen nach angemessen sein und darf nicht über 0,1 % ihres Bruttoinlandsprodukts hinausgehen. Art. 8 Abs. 2 Satz 3 VSKS bestimmt noch, dass die gegen eine Vertragspartei, deren Währung der Euro ist, verhängten Beträge an den Europäischen Stabilitätsmechanismus zu entrichten sind. Ist die verurteilte Vertragsparteinicht Mitglied des ESM, so sind die Zahlungen an den Gesamthaushaltsplan der Europäischen Union zu entrichten (Art. 8 Abs. 2 Satz 4 VSKS).

4. Zwischenergebnis

Der VSKS etabliert durch seinen Art. 8 ein differenziertes und an Art. 260 AEUV angelehntes Rechtsschutz- und Sanktionierungssystem für Verletzungen der Pflicht aus Art. 3 Abs. 2 VSKS. Ob diese Verfahren jedoch geeignet sind, haushaltspolitisches Stabilitätsbewusstsein bei den Vertragsstaaten zu generieren, bleibt fraglich.[1974] Individualrechtsschutzmöglichkeiten sind zwar nicht vorgesehen, diese sind jedoch auch nicht geboten. Hier ist auf die innerstaatlichen prozessualen Möglichkeiten nach Abschluss des VSKS zu verweisen wie die abstrakte Normenkontrolle oder die Verfassungsbeschwerde.

II. Verfassungsebene

Rechtsschutz gegen den Abschluss des VSKS auf verfassungsrechtlicher Ebene kann aufgrund der weit ausgelegten Rügebefugnis des Art. 38 Abs. 1 GG im Wege der Verfassungsbeschwerde sowie im Wege der abstrakten Normenkontrolle oder des Organstreitverfahrens vor dem BVerfG hiergegen erreicht werden. Prüfungsmaßstab ist dabei jedoch allein das Grundgesetz. Prozessual ergeben sich im Übrigen keine Besonderheiten. Im Verfahren in Sachen *ESM/Fiskalpakt*[1975] hatte das BVerfG bereits Gelegenheit zur Überprüfung der Verfassungsmäßigkeit der deutschen Beteiligung am VSKS.

III. Zwischenergebnis

Gegen den VSKS als solches und im Falle von Streitigkeiten über die Umsetzung der aus dem VSKS erwachsenden Pflichten für die Mitgliedstaaten bestehen sowohl

---

1974 *Ohler*, in: Schmidt-Bleibtreu/Hofmann/Henneke (Hrsg.), GG, 13. Aufl. 2014, Art. 88 Rn. 33.

1975 BVerfGE 132, S. 195 ff. – *ESM/Fiskalpakt I* als einstweilige Anordnung sowie BVerfGE 135, S. 317 ff.. – *ESM/Fiskalpakt II* als Endentscheidung.

auf unionaler bzw. völkerrechtlicher als auch auf nationaler Ebene hinreichende Rechtsschutzmöglichkeiten, von denen im nationalen Bereich bereits Gebrauch gemacht wurde.

C. Anleiheoperationen

I. Unionsebene

Gegen Beschlüsse der EZB zu Anleiheoperationen besteht auf unionsrechtlicher Ebene die Möglichkeit, eine Nichtigkeitsklage nach Art. 263 AEUV zu erheben. In der Rechtssache *von Storch u. a./EZB*[1976], die von 5217 Bürgern eingereicht wurde und insbesondere den Verstoß gegen Art. 123 ff. AEUV rügte, entschied das Gericht, die Klage aufgrund fehlender eigener Betroffenheit der Kläger zurückzuweisen.[1977] Dem ist auch zuzustimmen, denn die eigene Betroffenheit setzt eine zumindes materielle individuelle Betroffenheit voraus, die in den Interessenkreis des Klägers eingreift.[1978] Dies wäre im Falle von EZB-Anleihekäufen gleichwohl nur schwer annehmbar. Eine Konstruktion über das möglicherweise verletzte Recht auf einen wirksamen Rechtsbehelf über Art. 47 GrCh[1979] scheint weit hergeholt und erinnert an die extensive Auslegung des Bundesverfassungsgerichts zu Art. 38 Abs. 1 GG. Gleichwohl wäre es auch möglich, durch andere privilegierte oder teilprivilegierte Klageberechtigte oder im Wege des Vertragsverletzungsverfahrens nach Art. 258, Art. 259 AEUV hiergegen vorzugehen,[1980] auch wenn dies wohl aus politischen Gründen unterbleiben wird.

Darüber hinaus besteht die auch die Möglichkeit, dass ein nationales Gericht Zweifel hinsichtlich der Vereinbarkeit von Anleiheoperationen der EZB mit den Verträgen hat und so die Anleiheoperationen Gegenstand eines Vorabentscheidungsverfahrens nach Art. 267 AEUV vor dem EuGH werden können. Dies ist durch den bislang historisch einmaligen Vorlagebeschluss des BVerfG vom 14. Januar 2014[1981] auch geschehen.[1982]

1976 EuG, Rs. T-492/12, EU:T:2013:702; nunmehr im Rechtsmittelverfahren als Rs. C-64/14 P beim EuGH anhängig.

1977 Europolis Pressemitteilung „EuG verneint Klagerechte der Bürger" v. 17. 12. 2013, http://www.europolis-online.org/wp-content/uploads/2013/12/Pressemitteilung-zum-Urteil-DE.pdf (letzter Abruf: 3. 12. 2015); vgl. dazu *Seidel*, EuZW 2010, S. 521.

1978 *Pechstein*, EU-Prozessrecht, 4. Aufl. 2011, Rn. 455; hierfür auch *Steinbach*, NVwZ 2013, S. 918 (918 f.).

1979 *Forkel*, ZRP 2012, S. 240 (243).

1980 *Seidel*, EuZW 2010, S. 521.

1981 BVerfGE 134, S. 366 ff. – *OMT-Vorlagebeschlus;*zum Vorlagebeschluss s. sogleich unter II.

1982 Zur Ultra-vires-Kontrolle und Art. 267 AEUV etwa *Mayer*, EuR 2014, S: 473 (479 ff.); *Schwerdtfeger*, EuR 2015, S. 290 (301 ff.).

In den am 14. Januar 2015 hierzu veröffentlichten Schlussanträgen[1983] geht Generalanwalt *Cruz Villalón* davon aus, dass es sich bei der Ankündigung des OMT-Programms bereits um einen Rechtsakt handelt. Die Ankündigung selbst sei zwar atypisch in ihrer formalen Präsentation, da sie nicht als typischer Rechtsakt im Sinne von Art. 288 AEUV ergangen ist, sie habe jedoch trotzdem bindenen Charakter, da die EZB bereits damit eine Interventionswirkung auf den Märkten erzielen wollte.[1984] Damit seien zudem Einzelheiten eines normativen Programms angekündigt worden, welches einen regulatorischen Anspruch aufwies.[1985] Im Übrigen sei auch die öffentliche Kommunikation als geldpolitisches Instrument anzusehen, das mittlerweile einen zentralen Pfeiler der EZB-Tätigkeit darstelle, da diese Ankündigungen bereits ausreichen, um tatsächliche Wirkungen auf den Märkten zu erzielen.[1986] Dem kann nur zugestimmt werden. Setzt man für diese Rechtsschutzmöglichkeit den formalen Erlass eines Rechtsaktes voraus, so würde ein effektiver Rechtsschutz nicht mehr gewährleisten werden können, wenn die Rechtswirkungen (wie hier) bereits von dem faktischen Verhalten ausgehen und ein Zuwarten auf den Rechtsakterlass diese nicht mehr zu verhindern vermag.[1987] Dem Vorabentscheidungsverfahren würde sonst die praktische Wirksamkeit genommen.

Die insgesamt konsequente Entscheidung des BVerfG zur Vorlage an den EuGH sollte gerade in Bezug auf die hohe Relevanz dieser Frage in Bezug auf die Euro-Rettung, jedoch auch in Bezug auf die Stärkung des Kooperationsverhältnisses der Gerichte, begrüßt werden.[1988] Die zwar einschränkenden, insgesamt jedoch das OMT-Programm billigenden und klar ergebnisorientieren Schlussanträge des Generalanwalts *Cruz Villalón* ließen bereits darauf schließen, dass der EuGH diese Maßnahmen in letzter Konsequenz ebenfalls billigen werden würde.

1983 Schlussanträge Generalanwalt *Cruz Villalón*, Rs. C-62/14, EU:C:2015:7 (EuGRZ 2015, S. 105 ff.) – *Gauweiler u. a./Deutscher Bundestag.*

1984 Schlussanträge Generalanwalt *Cruz Villalón*, Rs. C-62/14, EU:C:2015:7, (EuGRZ 2015, S. 105 ff.), Rn. 82, 84 – *Gauweiler u. a./Deutscher Bundestag.*

1985 Schlussanträge Generalanwalt *Cruz Villalón*, Rs. C-62/14, EU:C:2015:7, (EuGRZ 2015, S. 105 ff.), Rn. 85 – *Gauweiler u. a./Deutscher Bundestag.*

1986 Schlussanträge Generalanwalt *Cruz Villalón*, Rs. C-62/14, EU:C:2015:7, (EuGRZ 2015, S. 105 ff.), Rn. 88 ff. – *Gauweiler u. a./Deutscher Bundestag.*

1987 Vgl. Schlussanträge Generalanwalt *Cruz Villalón*, Rs. C-62/14, EU:C:2015:7, (EuGRZ 2015, S. 105 ff.), Rn. 89 – *Gauweiler u. a./Deutscher Bundestag.*

1988 Kritisch *Pernice*, WHI-Paper 03/2014, S. 3; *Tomuschat*, DVBl. 2014, S. 645 (646); auch *Heun*, JZ 2014, S. 331 (332) in Bezug auf die strengen Anforderungen des EuGH an Vorabentscheidungsersuchen.

Mit Urteil vom 16. Juni 2015[1989] hat der EuGH sodann erwartungsgemäß[1990] entschieden und hatin konsequenter, unionsorganfreundlicher[1991] Fortschreibung seiner Rechtsprechung[1992] die Unionsrechtmäßigkeit des OMT-Programms anerkannt. aus, die den Rettungsschirm bereits billigte und eher unionsorganfreundliche Auslegungstendenzen fortschreibt. Dem Vorwurf, die Vorlagefragen seien hypothetischer und konstruierter Natur entgegnet der EuGH zutreffend, dass dies Sache des vorlegenden Gerichts sei und eine Prüfung der nationalen Vorschriften über Gerichtsorganisation sowie -verfahren nicht durch ihn zu erfolgen habe.[1993] Da es im deutschen Recht vorbeugenden Rechtsschutz gebe, handele es sich bei der Ankündigung des OMT-Programms um einen zulässigen Vorlagegegenstand.[1994] Der so deutlich werdende Pragmatismus im Umgang mit den prozessualen Problemen der Vorlage ist hier zielführend.[1995]

Auch wenn der EuGH der vom BVerfG vorgeschlagenen, unionsrechtskonformen Auslegung in seinem Urteil nur scheinbar mikroskopische Aufmerksamkeit zuteil werden lässt, wird es das BVerfG aufgrund der vom EuGH durchgeführten, durchaus ebenfalls einschränkenden Auslegung schwer haben, die Ankündigungen zum OMT-Programm oder gar das Judikat selbst als ausbrechenden Rechtsakt zu qualifizieren.[1996] Ohne näher auf die Vorlage des BVerfG einzugehen, stellt der EuGH

1989 EuGH, Rs. C-62/14, EU:C:2015:400 (NJW 2015, S. 2013 ff.) – *Gauweiler u.a./ Deutscher Bundestag.*

1990 So etwa *Goldmann,* Verfassungsblog v. 18.6.2015, www.verfassungsblog.de/mutually-assured-discretion-the-ecj-on-the-ecbs-omt-policy/ (letzter Abruf: 3. 12. 2015).

1991 Vgl. *Manger-Nestler/Böttner,* NJ 2015, S. 422 (424); *Piecha,* JuWissBlog vom 10. 2. 2014: www.juwiss.de/14–2014/; s. dazu auch *Goldmann,* www.juwiss.de/13–2014/; *Rathke,* www.juwiss.de/12–2014/ (jeweils letzter Abruf: 3. 12. 2015); ähnlich *Oppermann/Classen/Nettesheim,* Europarecht, 6. Aufl. 2014, § 19 Rn. 32; näher auch *Brosius-Linke,* DÖV 2014, S. 612 (613 f.); *Heun,* JZ 2014, S. 331 (336 f.); *Vaubel,* FAZ v. 14. 1. 2013, S. 8 spricht gar von einer „politischen Agenda" des EuGH.

1992 EuGH, Rs. 370/12, EU:C:2012:756 (NJW 2012, S. 29 ff) – *Pringle.*

1993 EuGH, Rs. C-62/14, EU:C:2015:400 (NJW 2015, S. 2013 ff.), Rn. 26 – *Gauweiler u.a./ Deutscher Bundestag.*

1994 EuGH, Rs. C-62/14, EU:C:2015:400 (NJW 2015, S. 2013 ff.), Rn. 27 f. – *Gauweiler u.a./ Deutscher Bundestag;* dazu *Classen,* EuR 2015, S. 477 (478 f.); *Herrmann/Dornacher,* EuZW 2015, S. 579 (582 f.).

1995 Vgl. *Ruffert,* JuS 2015, S. 758 (760).

1996 Ähnlich *Classen,* EuR 2015, S. 477 (485); *Herrmann/Dornacher,* EuZW 2015, S. 579 (582); *Klement,* JZ 2015, S. 754 (760); *Manger-Nestler/Böttner,* NJ 2015, S. 422 (426); *Mayer,* NJW 2015, S. 1999 (2002); *Sauer,* Verfassungsblog v. 17. 6. 2015, www.verfassungsblog.de/das-omt-urteil-das-europaeischen-gerichtshofs-fuenf-beobachtungen/ (letzter Abruf: 3. 12. 2015); s. auch *Ruffert,* JuS 2015, S. 758 (760); a.A. wohl *Kirchhof,* FAZ v. 25. 6. 2015, S. 6.

hierzu nur lapidar fest, dass sein Urteil das nationale Gericht bei der Entscheidung über den Ausgangsrechtsstreit binde.[1997]

II. Verfassungsebene

Auf verfassungsrechtlicher Ebene kann im Wege der Verfassungsbeschwerde und der abstrakten Normenkontrolle sowie dem Organstreitverfahren hiergegen vorgegangen werden, wobei Prüfungsmaßstab jedoch allein das Grundgesetz sein kann. Die einstweilige Anordnung des BVerfG in Sachen *ESM/Fiskalpakt*[1998] vom 12. September 2012 überließ die Entscheidung über die Anleiheoperationen noch explizit dem Hauptsachefahren.

Am 14. Januar 2014 beschloss das BVerfG im allerdings, das Verfahren in Bezug auf die Anleiheoperationen der EZB abzutrennen und dem EuGH erstmalig zur Entscheidung vorzulegen (sog. *OMT-Vorlagebeschluss*).[1999]

Dabei billigte das Gericht den Beschwerdeführern auch zu, im Wege des vorbeugenden Rechtsschutzes gegen den OMT-Beschluss der EZB vorzugehen.[2000] Es sah es als hinreichend plausibel dargelegt an, dass mit einem Vollzug des OMT-Beschlusses der EZB, der noch einer Konkretisierung bedürfe, nicht mehr reversible Folgen für die Beschwerdeführer einhergingen.[2001]

Die Annahme der Anträge als zulässig wurde schon von den Richtern *Lübbe-Wolff* und *Gerhardt* in ihren Sondervoten kritisiert.[2002] Insbesondere wird von BVR *Lübbe-Wolff* kritisiert, dass hier die gebotene richterliche Zurückhaltung durch den Ausschluss richterlicher Sachbefassung (political-question-doctrine) hätte beachtet werden sollen.[2003] Mit der durch die Entscheidung des Senats ausgeweiteten ultra-vires-Kontrolle über die Fälle der Identitätskontrolle hinaus gehe eine in der bisherigen Rechtsprechung des BVerfG nicht angelegte Rügefähigkeit einher.[2004] Auch

---

1997 EuGH, Rs. C-62/14, EU:C:2015:400 (NJW 2015, S. 2013 ff.), Rn. 16 – *Gauweiler u. a./Deutscher Bundestag.*

1998 BVerfGE 132, S. 195 (236).

1999 BVerfGE 134, S. 366 ff.; s. auch bereits *Honsell,* in: Staudinger (Hrsg.), BGB-Kommentar, 2013, Einleitung, Rn. 112g.

2000 BVerfGE 134, S. 366 (391 f.) – *OMT-Vorlagebeschluss;* kritisch *Classen,* jM 2014, S. 345 (347); *Pernice,* WHI-Paper 03/2014, S. 4; *Gött,* EuR 2014, S. 514 (518).

2001 BVerfGE 134, S. 366 (391) – *OMT-Vorlagebeschluss;* ähnlich sah dies auch Generalanwalt *Cruz Villalón* in seinen Schlussanträgen, Rs. C-62/14, EU:C:2015:7, (EuGRZ 2015, S. 105 ff.), Rn. 82 ff. – *Gauweiler u. a./Deutscher Bundestag,* dazu s.o. unter I.

2002 BVerfGE 134, S. 366 (419 ff.) – *OMT-Vorlagebeschluss;* kritisch zur unterbliebenen Würdigung der Stellungnahmen von Bundestag und Bundesregierung durch das BVerfG *Heun,* JZ 2014, S. 331 (331).

2003 BVerfGE 134, S. 366 (420) – *OMT-Vorlagebeschluss;* s. dort auch im Folgenden; ähnlich bereits *Herrmann,* EuZW 2012, S. 805 (811); zustimmend *Mayer,* EuR 2014, S. 473 (500 ff.); kritisch *Gött,* EuR 2014, S. 514 (531 f.); kritisch *Schmidt,* JZ 2015, S. 317 (326).

2004 Vgl. nur *Ludwigs,* NVwZ 2015, S. 537 (539); *Schwerdtfeger,* EuR 2015, S. 290 (305).

sei danach aufgrund der Vielzahl möglicher Alternativen eine konkrete Handlungspflicht für Bundesregierung und Bundestag nicht identifizierbar und die Rechts- sowie Realfolgen eines Richterspruchs, die zudem über die nationale Perspektive hinausgehen, unübersehbar.[2005]

Das BVerfG erweitert mit dieser Entscheidung den Verfahrensgegenstand dahingehend, dass nunmehr auch die Untätigkeit deutscher Bundesorgane gegenüber Kompetenzüberschreitungen europäischer Institutionen im Rahmen der Verfassungsbeschwerde unter Rekurs auf Art. 38 Abs. 1 GG als ultra-vires-Rechtsakt gerügt werden können und kehrt damit von seiner bisherigen Rechtsprechung ab.[2006] Es wird damit zum subjektiven Recht auf Einhaltung des in Art. 23 Abs. 1 Satz 2, 3 GG enthaltenen Kompetenzübertragungsverfahrens erweitert.[2007]

BVR *Gerhardt* kapriziert sich in seinem Sondervotum ebenfalls auf den erheblichen politischen Ermessensspielraum, der hier nicht dem Recht unterworfen werden dürfe.[2008] Dem BVerfG obliege „keine allgemeine Verfassungsaufsicht“[2009], zu der die Ausweitung der Rügefähigkeit der ultra-vires-Kontrolle im Rahmen des Art. 38 Abs. 1 GG führe und so einen allgemeinen, im GG nicht vorgesehenen Gesetzesvollziehungsanspruch statuiere.[2010] Ein subjektives Recht des Einzelnen auf Tätigwerden eines Verfassungsorgans folge insbesondere nicht aus der Integrationsverantwortung. Haben Bundesregierung und Bundestag die Anleiheoperationen der EZB auch nach intensiver öffentlicher Diskussion nicht beanstandet, so stelle dies lediglich die Ausübung ihrer demokratischen Verantwortung dar, die nicht durch einen über die Beachtung des parlamentarischen Binnenrechts hinausgehenden Befassungsanspruch kompensiert werden könne.[2011]

Das BVerfG weitet somit seine Jurisdiktionshoheit aus, obwohl es in seiner vorherigen Rechtsprechung in Sachen *Griechenland-Soforthilfe/Euro-Rettungsschirm*[2012]

2005 BVerfGE 134, S. 366 (426 f.) – *OMT-Vorlagebeschluss;* dazu *Heun,* JZ 2014, S. 331 (331); *Hillgruber,* JA 2014, S. 635 (638); *Pernice,* WHI-Paper 03/2014, S. 4; *Rathke,* JuWissBlog v. 10. 2. 2014, www.juwiss.de/12–2014/ (zuletzt abgerufen: 3. 12. 2015); *Zivier,* Recht und Politik 2014, S. 85 (87); kritisch auch *Rodi,* JZ 2015, S. 737 (741); *Schmidt,* JZ 2015, S. 317 (326).

2006 BVerfGE 134, S. 366 (395 f.) – *OMT-Vorlagebeschluss*; Sondervotum der BVRin *Lübbe-Wolff,* BVerfGE 134, S. 366 (428 f.); *Heun,* JZ 2014, S. 331 (332); *Hillgruber,* JA 2014, S. 635 (637 f.); *Schwerdtfeger,* EuR 2015, S. 290 (306); *Ukrow,* ZEuS 2014, S. 119 (126 f.).

2007 *Gött,* EuR 2014, S. 514 (533).

2008 Insbesondere BVerfGE 134, S. 366 (434 f.) – *OMT-Vorlagebeschluss;* ähnlich *Steinbach,* NVwZ 2013, S. 918 (920).

2009 BVerfGE 134, S. 366 (430) – *OMT-Vorlagebeschluss.*

2010 BVerfGE 134, S. 366 (432) – *OMT-Vorlagebeschluss;* s. dort auch im Folgenden; dem zustimmend *Classen,* jM 2014, S. 345 (348); *Heun,* JZ 2014, S. 331 (331); *Ludwigs,* NVwZ 2015, S. 537 (540).

2011 BVerfGE 134, S. 366 (438) – *OMT-Vorlagebeschluss.*

2012 BVerfGE 129, S. 124 (175 f.).

den ebenfalls Staatsanleihenkauf betreffenden SMP-Beschluss der EZB als Rechtsakt der Union noch als nicht davon umfasst ansah.[2013]

Zwar mag man die Kritik an dem *OMT-Vorlagebeschluss* des BVerfG teilen, denn damit schließlich weitet es seine Jurisdiktionshoheit damit in Bezug auf Unionsrechtsakte bedenklich aus und ermöglicht eine Art Popularklage[2014] gegen Rechtsakte, die grundsätzlich originär dem EuGH zur Entscheidung im Wege der Nichtigkeitsklage oblägen.[2015] Dies mag in Bezug auf die Integrationsverantwortung auch geboten sein.[2016] Damit schließt es eine vermeidliche, nicht existente vorhandene Rechtsschutzlücke und könnte so in Konflikt mit dem EuGH geraten, denn die Anforderungen für Nichtigkeitsklagen sind weitaus strenger als die vom BVerfG eröffneten Klagemöglichkeiten.[2017] Auch ist die damit aufgestellte Vermutung, dass jede Kompetenzüberschreitung einen ultra-vires-Rechtsakt darstellt, zumindest fragwüdrig.[2018] Fest steht indes, dass das Gericht damit die Rechtsschutzmöglichkeiten der Bürger gegen Maßnahmen der Unionsorgane auf verfassungsgerichtlicher Ebene erheblich ausgeweitet hat.[2019] Das Gericht fordert endlich von Bundestag und Bundesregierung eine Auseinandersetzung mit der Frage der Sanktionierung der Kompetenzüberschreitung von Unionsorganen und der Wiederherstellung der Kompetenzordnung.[2020]

Nach den Schlussanträgen des Generalanwalts Cruz Villalón blieb zunächst abzuwarten, wie der EuGH entscheiden würde. Fest steht, dass einige Bedenken des BVerfG vom Generalanwalt durchaus aufgegriffen wurden und seine Auslegung der Ansicht des BVerfG in vielen Punkten sehr nahe kommt.[2021] Nach der Vorabentscheidung des EuGH vom 16. 6. 2015[2022] kann zumindest aus taktischen und politischen Gründen angezweifelt werden, ob das BVerfG sich zu der Annahme eines ausbrechenden Rechtsaktes entschließen wird.[2023] Möglich erscheint etwa, dass das

2013 *Herrmann,* EuZW 2014, S. 161 (162).

2014 Kritisch (auch zu dieser Terminologie) *Gött,* EuR 2014, S. 514 (534 ff.).

2015 Ähnlich auch *Mayer,* EuR 2014, S. 473 (502 ff.).

2016 *Classen,* jM 2014, S. 345 (346).

2017 *Heun,* JZ 2014, S. 331 (332); *Ukrow,* ZEuS 2014, S. 119 (128); ähnlich *Pernice,* WHI-Paper 03/2014, S. 4.

2018 Ähnlich *Heun,* JZ 2014, S. 331 (332 f.); *Ukrow,* ZEuS 2014, S. 119 (125 ff.).

2019 *Schwerdtfeger,* EuR 2015, S. 290 (307) plädiert dagegen eher für eine Rücknahme des Kontrollanspruchs des BVerfG.

2020 *Hillgruber,* JA 2014, S. 635 (638); *Zivier,* Recht und Politik 2014, S. 85 (88) spricht von einer Stärkung des Bundestages gegenüber den Europäischen Institutionen.

2021 So auch *Bubrowski/Müller,* FAZ v. 15. 1. 2015.

2022 EuGH, Rs. C-62/14, EU:C:2015:400, (NJW 2015, S. 2013 ff.) – *Gauweiler u. a./Deutscher Bundestag.*

2023 So etwa *Manger-Nestler/Böttner,* NJ 2015, S: 422 (426); *Mayer,* NJW 2015, S. 1999 (2003); ähnlich *Classen,* EuR 2015, S: 477 (485); *Sauer,* Verfassungsblog v. 17. 6. 2015, www.verfassungsblog.de/das-omt-urteil-das-europaeischen-gerichtshofs-fuenf-beobachtungen/ (letzter Abruf: 3. 12. 2015); zum Problem unklarer Praxisfolgen *Herrmann/Dornacher,* EuZW 2015, S. 579 (582 f.).

BVerfG sich dieses Urteil durch eine eigene verfassungskonforme Interpretation „schön schreibt" und einem offenen Konflikt mit dem EuGH so letzten Endes aus dem Weg geht.[2024]

D. Zwischenergebnis

Gegen Anleiheoperationen der EZB bestehen sowohl auf unions- und auch auf verfassungsrechtlicher Ebene hinreichende Rechtsschutzmöglichkeiten, die in der Vergangenheit auch bereits die Gerichte beschäftigten und sowohl vom Bundesverfassungsgericht als auch vom Europäischen Gerichtshof weit interpretiert wurden.

2024 Vgl. nur *Classen,* EuR 2015, S: 477 (485); *Klement,* JZ 2015, S. 754 (760).

7. Kapitel – Thesenartige Zusammenfassung

(1) Die WWU ist als Stabilitätsgemeinschaft angelegt, die sich der Preisstabilität als oberstes Ziel verpflichtet hat. Einen Anreiz für eine gesunde Haushaltspolitik sollen insbesondere die Verbote der Art. 123, Art. 124 und Art. 125 AEUV bieten.

(2) Die Krise hat sich von einer Immobilien-, über eine Finanz- hin zu einer Staatsschuldenkrise entwickelt. Maßnahmen zur Abfederung dieses Konjunktureinbruches führten zu großen Finanzierungsproblemen der öffentlichen Haushalte. Die Konstruktion der WWU hat die Auswirkungen der Krise sowie deren Bewältigung erschwert. Griechenland weist nur insofern eine Sonderrolle auf, als dass das öffentliche Defizit dort am größten ist und dieser Staat als erster Probleme erhielt, sich auf dem Kapitalmarkt zu refinanzieren. Allerdings zeigen die Rettungsmaßnahmen auch erste Erfolge, da einige Staaten sie bereits auslaufen lassen können.

(3) Die Krise hat zahlreiche Rettungsmaßnahmen entstehen lassen: Finanzhilfen wurden als ad-hoc-Maßnahme in bilateral vereinbarter Form von den Mitgliedstaaten, deren Währung der Euro ist, an Griechenland gegeben. Mit der EFSM (VO Nr. 407/2010) wurden Hilfen der Union ermöglicht. Die EFSF konnte als privatrechtliche Gesellschaft befristet bis zum 30. Juni 2013 Finanzhilfen an Mitglieder der Eurozone ausgeben. Die EFSF wurde durch den ESM als dauerhafte, durch völkerrechtlichen Vertrag gegründeten Maßnahme, abgelöst. Hierzu wurde der AEUV um Art. 136 Abs. 3 ergänzt. Bei allen Hilfen ist ein makroökonomisches Anpassungsprogramm mit dem betreffenden Staat zu vereinbaren, welches Bedingung für die Auszahlung der Hilfen ist.

(4) Der VSKS wurde ebenfalls als völkerrechtliches Instrument verabschiedet, um die Einführung verbindlicher Schuldenobergrenzen für alle Vertragsstaaten festzulegen und durch eine verbesserte wirtschaftspolitische Koordinierung ein reibungsloses Funktionieren der WWU zu gewährleisten. Das Sechserpaket sowie das Zweierpaket stellen Maßnahmen im unionsrechtlichen Rahmen dar, die die vorgenannten Ziele stützen sollen.

(5) Die EZB hat sowohl auf dem Sekundärmarkt Staatsanleihen notleidender EU-Mitgliedstaaten im Rahmen des SMP aufgekauft und angekündigt, unter bestimmten Bedingungen, auch Staatsanleihen im Rahmen des OMT-Programms zu erwerben.

(6) Der ESMV ist vertragsergänzendes Völkerrecht im Nähe- und Ergänzungsverhältnis zum originären Unionsrecht und damit ergänzende Rechtsquelle des Unionsrechts.

(7) Finanzhilfen sind der Währungspolitik zuzuordnen und stellen daher eine ausschließliche Unionszuständigkeit i.S.v. Art. 3 Abs. 1 lit. c) AEUV) dar. Eine

Sperrwirkung für das Tätigwerden der Mitgliedstaaten ist somit grundsätzlich gegeben, jedoch wird sie durch die richterrechtlich entwickelte Durchbrechung als „Sachwalter fremden Interesses“ aufgehoben. Die makroökonomischen Anpassungsprogramme sind der Wirtschaftspolitik zuzuordnen werden, wobei die Union hier lediglich eine koordinierende Kompetenz besitzt (Art. 5 Abs. 1 AEUV).

(8) Die Verordnung (EU) Nr. 407/2010 zur Errichtung des EFSM konnte weder auf Art. 122 Abs. 2 AEUV noch auf Art. 136 Abs. 1 AEUV oder Art. 352 Abs. 1 AEUV gestützt werden. Letztgenannte Vorschrift kann auch nicht Grundlage für einen dauerhaften Krisenrettungsmechanismus der Union sein. Die Gewährung von Finanzhilfen kann auch nicht auf unionales Gewohnheitsrecht gestützt werden.Finanzhilfen können überdies im Rahmen der Verstärkten Zusammenarbeit nicht realisiert werden. Finanzhilfen könnten nur im Wege des Vertragsänderungsverfahrens nach Art. 48 EUV unionsrechtlich ermöglicht werden.

(9) Durch die Einfügung von Art. 136 Abs. 3 AEUV im vereinfachten Vertragsänderungsverfahren nach Art. 48 Abs. 6 AEUV wurde eine Ausnahmevorschrift zu Art. 125 Abs. 1 AEUV implementiert. Art. 136 Abs. 3 AEUV erweitert nicht die Unionskompetenzen, sondern rückermächtigt die Mitgliedstaaten lediglich zur Errichtung des ESM.

(10) Finanzhilfen und die damit verbundenen, makroökonomischen Anpassungsprogramme widersprechen nicht den Grundsätzen der wirtschaftspolitischen Steuerung der Union i.S.v. Art. 121 i.V.m. Art. 120 AEUV oder Art. 126 AEUV i.V.m. Protokoll Nr. 12 über das Verfahren bei einem übermäßigen Defizit, sondern leisten vielmehr einen Beitrag dazu.

(11) Art. 136 Abs. 1 AEUV könnte als Grundlage für Anpassungsprogramme dienen. Ein Verstoß hiergegen ist durch die bislang erfolgten Anwendungsfälle nicht zu erkennen.

(12) Die Rolle der Euro-Gruppe wird zwar durch die in den Finanzhilfen vorgesehenen Entscheidungsprozesse gestärkt, jedoch verstößt dies nicht gegen Art. 137 AEUV i.V.m. Prot./14.

(13) Die Griechenland-Soforthilfe und der EFSF verstoßen weder gegen das Verbot monetärer Staatsfinanzierung aus Art. 123 Abs. 1 AEUV noch gegen das Verbot des bevorrechtigten Zugangs zu Kreditinstituten aus Art. 124 AEUV. Der ESM verstieß bis zum Inkrafttreten des Art. 136 Abs. 3 AEUV am 1. Mai 2013 gegen Art. 124 AEUV.

(14) Die Finanzhilfe-Maßnahmen der Griechenland-Soforthilfe und des EFSF sind mit der Nichtauslösungsklausel aus Art. 125 Abs. 1 AEUV unvereinbar. Finanzhilfen aus dem ESM waren bis zum Inkrafttreten der Ausnahmeregelung des Art. 136 Abs. 3 AEUV n.F. mit Art. 125 Abs. 1 AEUV unvereinbar.

(15) Die Einführung der direkten Bankenrekapitalisierung durch den ESMV per Beschluss des Gouverneursrates auf Grundlage von Art. 19 ESMV am 8. 12. 2014 entspricht den Vorgaben des ESMV.

(16) Die Organleihe von Kommission und EZB im Rahmen der Finanzhilfen verstößt nicht gegen primäres Unionsrecht.

(17) Finanzhilfen können am Maßstab der Grundrechtecharta gemessen werden, da Unionsorgane involviert sind. Ein Verstoß gegen die dort gewährte Eigentumsfreiheit aus Art. 17 GrCh liegt indes nicht vor.

(18) Der durch die Finanzhilfen vorliegende Verstoß gegen Art. 125 Abs. 1 AEUV (und teilweise gegen Art. 124 AEUV) kann weder über die Figur der unionsrechtlichen Solidarität noch über die Figur der unionsrechtlichen Ingerenz gerechtfertig werden. Die Unionsrechtsverstöße durch die Finanzhilfen können einzig über den unionsrechtlicher Notstand gerechfertigt werden, der sich aus einer Rechtsanalogie aus den Verträgen sowie als übergesetzlicher Gedanke herleiten lässt.

(19) Durch die Finanzhilfen werden keine Hoheitsrechte i.S.v. Art. 23 Abs. 1 Satz 2 GG übertragen. Der ESM bedurfte als unionsrechtsergänzender, völkerrechtlicher Vertrag einer verfassungsändernden Mehrheit. Auch bei dem Begriff der „Angelegenheit der Europäischen Union" (Art. 23 Abs. 2 Satz 1 GG) ist von einem weiten, materiellen Begriffsverständnis auszugehen, so dass die Beteiligung am ESM ebenfalls hierunter fällt und die damit verbundenen Mitwirkungs- und Informationsrechte auslöst. Die Verordnung (EU) Nr. 407/2010 stellt keinen ultra-vires-Rechtsakt dar.

(20) Die Mitwirkungsrechte der Bundestagsabgeordneten (Art. 38 Abs. 1 GG) werden durch die deutschen Beteiligungsgesetze zu den Finanzhilfen hinreichend beachtet.

(21) Die Beteiligung an den Finanzhilfen verstößt gegen Art. 109 Abs. 2 GG. Auch die Schuldenbremse (Art. 109 Abs. 3, Art. 115 Abs. 2 GG) ist dadurch verletzt, da sie zeitliche Vorwirkung aufweist, wenn der zukünftige Haushaltsgesetzgeber in eine Situation gedrängt wird, die unausweichlich zur Verletzung der Schuldenbremse führt.

(22) Das Budgetrecht des Bundestages (Art. 110 GG) wird durch die Finanzhilfen zwar tangiert, jedoch nicht verletzt, da trotz der Finanzhilfen ein hinreichender Entscheidungsspielraum für den Gesetzgeber verbleibt.

(23) Die Finanzhilfen überschreiten nicht die Schwelle zu einem europäischen Bundesstaat. Eine Volksabstimmung nach Art. 146 GG ist nicht notwendig.

(24) Das Wahlrecht als Ausprägung des Demokratieprinzips wird nicht durch die Finanzhilfen ausgehöhlt, da ein hinreichender Entscheidungs- und Beurteilungsspielraum für den Bundestag verbleibt. Gegen das Eigentumsrecht (Art. 14 GG), das im Übrigen keinen Schutz gegen inflationäre Geldpolitik

gewährleistet, wird nicht verstoßen. Ein „Recht auf Recht“ ist nicht in Art. 2 Abs. 1 GG hineinzuinterpretieren.

(25) Der VSKS konnte aufgrund seiner wirtschaftspolitischen Zielsetzung neben dem unionalen Wirtschaftspolitik-Regime entstehen, da ein Handeln der Mitgliedstaaten insoweit nicht versperrt war. Zudem stellt er eine ergänzende Rechtsquelle des Unionsrechts dar.

(26) Die Regelungen des VSKS verstoßen nicht gegen die unionale Wirtschafts- und Währungsverfassung, sondern ergänzen sie sinnvoll. In Bezug auf das Sechser- und Zweierpaket bestehen Parallelen.

(27) Die Organleihe von EZB und Kommission ist vertragskonform. Eine Umsetzung des VSKS in unionales Sekundärrecht ist durch das Mittel der Verstärkten Zusammenarbeit weitgehend möglich. Auch eine Überführung durch Vertragsänderungen wäre im vereinfachten Vertragsänderungsverfahren umsetzbar.

(28) Durch den VSKS werden keine Hoheitsrechte i.S.v. Art. 23 Abs. 1 Satz 2 GG übertragen und der Identitätskern der Verfassung nicht berührt. Die Ratifikation des VSKS erforderte aufgrund seines Charakters als unionsrechtsergänzender, völkerrechtlicher Vertrag eine verfassungsändernde Mehrheit. Die Mitwirkungs- und Informationsrechte nach Art. 23 Abs. 2 GG finden Anwendung, das es sich bei dem VSKS um eine „Angelegenheit der Europäischen Union“ handelt.

(29) Durch die Ratifikation des VSKS werden weder die Budgethoheit des Parlaments (Art. 110 GG), noch die Schuldenbremse (Art. 109 Abs. 3, Art. 115 Abs. 2 GG) oder die haushaltspolitische Gesamtverantwortung verletzt.

(30) Mit den Anleihekäufen überdehnt die EZB ihr Mandat, büßt ihre Unabhängigkeit ein und verstößt teilweise gegen das Verbot monetärer Staatsfinanzierung (Art. 123 Abs. 1 AEUV) sowie die Nichtauslösungsklausel (Art. 125 AEUV). Ein ultra-vires-Rechtsakt kann dadurch angenommen werden, da die Kompetenzverletzung durch die EZB evident und offensichtlich ist.

(31) In Bezug auf die Finanzhilfen kann auf Unionsebene von Mitgliedstaaten oder Unionsorganen ausschließlich gegen den Beschluss EU/2011/199 zur Einfügung des Art. 136 Abs. 3 AEUV und gegen die Verordnung (EU) Nr. 407/2010 vorgegangen werden. Individualrechtsschutzmöglichkeiten bestehen keine. Offen bleiben über Art. 273 AEUV die Möglichkeiten des Rechtsschutzes, die in den Maßnahmen selbst angelegt sind. Auf verfassungsrechtlicher Ebene kann im Wege der abstrakten Normenkontrolle, des Organstreitverfahren und der Verfassungsbeschwerde gegen die deutsche Beteiligung an den Finanzhilfen (WFStG, StabMechG, ESMFinG und ESMG) von Staatsorganen bzw. vom Einzelnen vorgegangen werden. Der Schaffung eines Integrationskontrollverfahrens bedarf es angesichts der hinreichenden Rechtsschutzmöglichkeiten auf nationaler Ebene nicht.

(32) Gegen den VSKS besteht auf unionaler Ebene nur die Möglichkeit des Vertragsverletzungsverfahrens nach Art. 258, 259 AEUV. Über Art. 8 VSKS i.V.m. Art. 273 AEUV können Streitigkeiten, über die Umsetzung der Verpflichtung aus Art. 3 VSKS beim EuGH anhängig gemacht werden. Auf nationaler Ebene bestehen die gleichen Rechtsschutzmöglichkeiten wie gegen Finanzhilfen.

(33) Gegen die Anleiheoperationen der EZB kann der Einzelne nur im Wege der Nichtigkeitsklage nach Art. 263 AEUV vorgehen. Im Übrigen können diese im Wege der Vertragsverletzungsverfahren nach Art. 258, 259 AEUV überprüft werden. Auf nationaler Ebene kann im Wege der Verfassungsbeschwerde, dem Organstreit und der abstrakten Normenkontrolle hiergegen vorgegangen werden. Das BVerfG hat im Verfahren *ESM/Fiskalpakt* erstmalig dem EuGH vorgelegt, um die Vereinbarkeit des OMT-Programms der EZB mit dem Unionsrecht klären zu lassen.

Literaturverzeichnis

Athanassiou, Phoebus, Withdrawal and expulsion from the EU and EMU – some reflections, ECB Legal Working Papers 10/2009, Frankfurt am Main, http://www.ecb.europa.eu/pub/pdf/scplps/ecblwp10.pdf (letzter Aufruf: 20. 1. 2015).

Antpöhler, Carlino, Emergenz der europäischen Wirtschaftsregierung – Das Six Pack als Zeichen supranationaler Leistungsfähigkeit, ZaöRV 2012, S. 353–393.

von Arnauld, Andreas / Hufeld, Ulrich (Hrsg.), Systematischer Kommentar zu den Lissabon-Begleitgesetzen – IntVG, EUZBBG, EUZBLG: Handkommentar, Baden-Baden 2011 (zit.: *Bearbeiter,* in: v. Arnauld/Hufeld (Hrsg.), SK-Lissabon).

von Arnauld, Andreas, „Unions(ergänzungs)Völkerrecht". Zur unions- und verfassungsrechtlichen Einbindung völkerrechtlicher Instrumente differenzierter Integration, in: Breuer, Marten / Epiney, Astrid / Haratsch, Andreas / Schmahl, Stefanie / Weiß, Norman (Hrsg.), Der Staat im Recht, Festschrift für Eckart Klein zum 70. Geburtstag, Berlin 2013, S. 509–526.

Bark, Felix, Das gemeinschaftsrechtliche Defizitverfahren – Reformansätze und ihre rechtlichen Umsetzungsmöglichkeiten, Frankfurt am Main u. a. 2004.

Bark, Felix / Gilles, André, Der ESM in der Praxis: Rechtsgrundlagen und Funktionsweise, EuZW 2013, S. 367–371.

Bast, Jürgen, Handlungsformen und Rechtsschutz, in: von Bogdandy, Armin / Bast, Armin (Hrsg.), Europäisches Verfassungsrecht – Theoretische und dogmatische Grundzüge, 2. Aufl., Dordrecht u. a. 2009, S. 489–588.

Bast, Jürgen / Rödl, Florian, Jenseits der Koordinierung? Zu den Grenzen der EU-Verträge für eine Europäische Wirtschaftsregierung, EuGRZ 2012, S. 269–278.

Battisti, Siegfried, Freiheit und Bindung: Wilhelm von Humboldts „Ideen zu einem Versuch, die Grenzen der Wirksamkeit des Staats zu bestimmen" und das Subsidiaritätsprinzip, Berlin 1987.

Bauerschmidt, Jonathan, Die Sperrwirkung im Europarecht, EuR 2014, S. 277–298.

Becker, Florian / Merschmann, Alexander, National Constitutional Reservations with Respect to Budget Policy, in: Giegerich, Thomas / Gstrein, Oskar Josef / Zeitzmann, Sebastian (Hrsg.), The EU between ‚an ever closer Union' and inalienable policy domains of Member States, Baden-Baden 2014, S. 187–199.

Becker, Ulrich, Die Entwicklung der differenzierten Integration, in: ders. / Hatje, Armin / Potacs, Michael / Wunderlich, Nina (Hrsg.), Verfassung und Verwaltung in Europa: Festschrift für Jürgen Schwarze zum 70. Geburtstag, Baden-Baden 2014, S. 790–816.

Belke, Ansgar, Staatsanleihenkäufe der EZB: Wie kostenfrei und wasserdicht sind die OMT-Regeln wirklich?, Credit and Capital Markets – Kredit und Kapital 47 (2014), S. 1–4.

Belke, Ansgar / Dreger, Christian, Das zweite Rettungspakt für Griechenland und Perspektiven für die Europäische Zentralbank, integration 2011, S. 214–227.

Bieber, Roland, Gegenseitige Verantwortung – Grundlage des Verfassungsprinzips der Solidarität in der Europäischen Union, Berliner Online-Beiträge zum Europarecht Nr. 84, 24. 9. 2012, http://portal-europarecht.de/index.php?option=com_jdownloads&Itemid=17&view=finish&cid=11294&catid=5 (letzter Aufruf: 19. 1. 2015).

Bieber, Roland, Solidarität als Verfassungsprinzip in der Europäischen Union, in: Bogdandy, Armin von / Kadelbach, Stefan (Hrsg.), Solidarität und europäische Integration: Kolloquium zum 65. Geburtstag von Manfred Zuleeg, Baden-Baden 2002, S. 41–52.

Blanke, Hermann-Josef , Die Europäische Wirtschafts- und Währungsunion zwischen Krisenanfälligkeit und Reform, in: Scherzberg, Arno (Hrsg.), 10 Jahre Staatswissenschaftliche Fakultät, Berlin 2012, S. 70–121.

Blanke, Hermann-Josef / Pilz, Stefan, Solidarische Finanzhilfen als Lackmustest föderaler Balance in der Europäischen Union, EuR 2014, S. 541–567.

Bleckmann, Albert, Europarecht, 6. Aufl., Köln 1997.

von Bogdandy, Armin, Grundprinzipien, in: von Bogdandy, Armin / Bast, Armin (Hrsg.), Europäisches Verfassungsrecht – Theoretische und dogmatische Grundzüge, 2. Aufl., Dordrecht u. a. 2009, S. 13–72.

Böckenförde, Ernst-Wilhelm, Wissenschaft – Politik – Verfassungsgericht, Berlin 2011.

Bonke, Fabian, Die „Causa Griechenland": Rechtmäßigkeit der Krisenhilfen und Möglichkeit des Ausscheidens eines Mitgliedstaates aus der Europäischen Währungsunion, ZEuS 2010, S. 493–528.

Bovenschulte, Andreas / Fisahn, Andreas, Diskussionspapier zu den verfassungsrechtlichen Problemen des Fiskalpakts, http://www.jura.uni-bielefeld.de/lehrstuehle/fisahn/BovenschulteFisahn-FiskalpaktentmachtetBundestag1.pdf (letzter Abruf: 3. 12. 2015).

Brandi, Tim Oliver, Zu schnell, zu unklar – Die Brüsseler Vorschläge zur Bankenaufsicht, FAZ v. 26. 9. 2012, S. 19.

Braunberger, Gerald / Piller, Tobias / Welter, Patrick, Riesiges Interesse an Griechenland-Anleihe, FAZ v. 10. 4. 2014, S. 15.

Brosius-Linke, René, Die Vorlageentscheidung des Bundesverfassungsgerichts – Dogmatischer Stellungskampf mit Risiko, DÖV 2014, S. 612–616.

Brück, Bettina, Gesellschaft mit unbeschränkter Haftung – Staatlich geförderte Insolvenzverschleppung: Risiken und Nebenwirkungen des ESM-Vertrages, FAZ v. 16. 5. 2012, S. 8.

Brück, Bettina, Bankenhilfe ohne Vertragsänderung?, FAZ v. 15. 11. 2012, S. 8.

Brück, Michael J. J. / Schalast, Christoph / Schanz, Kay-Michael, Finanzkrise letzter Akt: Die deutschen Zustimmungsgesetze zur Griechenlandfinanzhilfe und zum Europäischen Stabilisierungsmechanismus, BB 2010, S. 2522–2527.

Bubrowski, Helene, Die Unwiderruflichkeit des Beitritts, FAZ v. 6. 1. 2015, S. 2.

Bubrowski, Helene / Müller, Reinhard, Leitplanken für die EZB, FAZ v. 15. 1. 2015, S. 4.

Budras, Corinna, Eurobonds sind nach EU-Recht verboten, FAZ v. 24. 5. 2012, S. 13.

Budzinski, Oliver / Michler, Albrecht F., Stichwort: Subprime-Krise, in: Springer Gabler Verlag (Hrsg.), Gabler Wirtschaftslexikon, http://wirtschaftslexikon.gabler.de/Archiv/72525/subprime-krise-v9.html (letzter Aufruf: 20. 1. 2015).

Busse, Nikolas, Ein privatrechtlicher Vertrag zwischen Regierungen, FAZ v. 30. 9. 2011, S. 3.

Busse, Nikolas / Mussler, Werner, EU-Gipfel beschließt Fiskalpakt und ESM-Vertrag, FAZ v. 30. 1. 2012, S. 1 f.

Busse, Nikolas / Mussler Werner, Merkel: Fiskalpakt ein Meilenstein in der Geschichte der EU – 25 Staaten unterzeichnen in Brüssel / Krisenfonds ESM bekommt schneller Bareinlagen, FAZ v. 3. 3. 2012, S. 1.

Calliess, Christian, Subsidiaritäts- und Solidaritätsprinzip in der Europäischen Union – Vorgaben für die Anwendung von Art. 3b EGV am Beispiel der gemeinschaftlichen Wettbewerbs- und Umweltpolitik, 2. Aufl., Baden-Baden 1999.

Calliess, Christian, Rechtsfortbildung und Richterrecht in der EU, Berliner Online-Beiträge zum Europarecht Nr. 28, 28. 7. 2005, http://portal-europarecht.de/index.php?option=com_jdownloads&Itemid=17&view=finish&cid=11218&catid=5 (letzter Abruf: 3. 12. 2015).

Calliess, Christian, Die neue Europäische Union nach dem Vertrag von Lissabon – Ein Überblick über die Reformen unter Berücksichtigung ihrer Implikationen für das deutsche Recht, Tübingen 2010.

Calliess, Christian, Nach dem Lissabon-Urteil des Bundesverfassungsgerichts. Parlamentarische Integrationsverantwortung auf europäischer und nationaler Ebene, ZG 2010, S. 1–34.

Calliess, Christian, Finanzkrisen als Herausforderung der internationalen, europäischen und nationalen Rechtsetzung, in: Vereinigung der Deutschen Staatsrechtslehrer (Hrsg.), Grundsatzfragen der Rechtsetzung und Rechtsfindung, Berlin 2012, S. 113–177.

Calliess, Christian, Perspektiven des Euro zwischen Solidarität und Recht – Eine rechtliche Analyse der Griechenlandhilfe und des Rettungsschirms, ZEuS 2011, S. 213–282.

Calliess, Christian, Treue und Solidarität, FAZ v. 30. 6. 2011, S. 6.

Calliess, Christian, Der Kampf um den Euro: Eine „Angelegenheit der Europäischen Union" zwischen Regierung, Parlament und Volk, NVwZ 2012, S. 1–7.

Calliess, Christian, Absicherung der parlamentarischen Integrations- und Budgetverantwortung auf europäischer und nationaler Ebene, in: Pechstein, Matthias (Hrsg.), Integrationsverantwortung, Baden-Baden 2012, S. 53–86.

Calliess, Christian, Der ESM zwischen Luxemburg und Karlsruhe – Die Krise der Währungsunion als Bewährungsprobe der Rechtsgemeinschaft, NVwZ 2013, S. 97–105.

Calliess, Christian, Die Reform der Wirtschafts- und Währungsunion als Herausforderung für die Integrationsarchitektur der EU – Europa- und verfassungsrechtliche Überlegungen, DÖV 2013, S. 785–795.

Calliess, Christian, Schriftliche Stellungnahme zur öffentlichen Anhörung des Haushaltsausschusses des Deutschen Bundestages am 6. 10. 2014 zum Entwurf eines Gesetzes zur Änderung der Finanzhilfeinstrumente nach Artikel 19 des Vertrages vom 2. Februar zur Einrichtung des Stabilitätsmechanismus und zum Entwurf eines Gesetzes zur Änderung des ESM-Finanzierungsgesetzes, http://www.bundestag.de/blob/333264/83f73488e8d088216f6fdf13265be330/prof--dr--christian-calliess-pdf-data.pdf (letzter Aufruf: 20. 1. 2015, zit.: *Calliess,* Stellungnahme zur direkten Bankenrekapitalisierung).

Calliess, Christian / Ruffert, Matthias (Hrsg.), EUV/AEUV – Das Verfassungsrecht der Europäischen Union mit Europäischer Grundrechtecharta: Kommentar, 4. Aufl., München 2011 (zit.: *Bearbeiter,* in: Calliess/Ruffert (Hrsg.), EUV/AEUV).

Calliess, Christian / Schoenfleisch, Christopher, Auf dem Weg in die europäische „Fiskalunion"? – Europa- und verfassungsrechtliche Fragen einer Reform der Wirtschafts- und Währungsunion im Kontext des Fiskalvertrages, JZ 2012, S. 477–487.

Calliess, Christian / Schoenfleisch, Christopher, Die Bankenunion, der ESM und die Rekapitalisierung von Banken – Europa- und verfassungsrechtliche Fragen, JZ 2015, S. 113–121.

Chiti, Eduardo / Teixeira, Pedro Gustavo, The constitutional implications of the European responses to the financial and public debt crisis, CMLRev. 50 (2013), S. 683–708.

Classen, Claus Dieter, Alle Macht den Richtern?, jM 2014, S. 345–348.

Classen, Claus Dieter, Funktionsadäquate checks and balances statt richterliche Vollkontrolle unter demokratischem Vorwand – Anmerkung zum Urteil des EuGH v. 16.6.2015, Rs. C-62/14 (Peter Gauweiler u. a.), EuR 2015, S. 477–487.

Committee for the study of economic and monetary union, Report on economic and monetary union in the European Community, Luxemburg 1989 (zit.: Delors-Bericht).

Craig, Paul, The Stability, Coordination and Governance Treaty: Principle, Politics and Pragmatism, E.L.Rev. 37 (2012), S. 231–248.

Craig, Paul, Pringle and Use of EU Institutions outside the EU Legal Framework: Foundations, Procedure and Substance, EuConst 9 (2013), S. 263–284.

Cromme, Franz, Vom ESM und Fiskalpakt zu einem makroökonomischen Rechtssystem der EU, DÖV 2013, S. 594–599.

Czaykowski, Mario / Wink, Kerstin / Theiselmann, Thomas / Gehring, Hermann, Konsumverhalten und Hypothekenmarkt in den USA, in: Elschen, Rainer / Lieven, Theo (Hrsg.), Der Werdegang der Krise – Von der Subprime- zur Systemkrise, Wiesbaden 2009, S. 29–45.

Darnstadt, Thomas, „Man kommt wieder heraus" – Interview mit Christian Calliess, Der Spiegel vom 2. 7. 2012, S. 22–23.

Dauses, Manfred A. (Hrsg.), Handbuch des EU-Wirtschaftsrechts, 36. Ergänzungslieferung (Oktober 2014), München 2014 (zit.: *Bearbeiter,* in: Dauses (Hrsg.), EU-Wirtschaftsrecht).

Dauses, Manfred A., Das Vorabentscheidungsverfahren nach Art. 177 EWG-Vertrag, 2. Aufl., München 1995.

Degen, Bernard, Wirtschaftspolitik, Historisches Lexikon der Schweiz, http://www.hls-dhs-dss.ch/textes/d/D13759.php (letzter Abruf am 3. 12. 2015).

Degenhart, Christoph, Auf dem Weg zu einer quasi-föderalen Haftungs- und Transfergemeinschaft, Wirtschaftsdienst 2011, S. 374–377.

Degenhart, Christoph, Euro-Rettung und Verfassungsrecht, BayVBl. 2012, S. 517–522.

Degenhart, Christoph, Missachtung rechtlicher Vorgaben bei der Umsetzung der Währungsunion, in: Möllers, Thomas M. J. / Zeitler, Franz-Christoph (Hrsg.), Europa als Rechtsgemeinschaft: Währungsunion und Schuldenkrise, Tübingen 2013, S. 85–100.

Delpla, Jacques / Weizsäcker, Jakob von, The Blue Bond Proposal. Bruegel Policy Brief, 03/ 2010, http://www.bruegel.org/download/parent/403-the-blue-bond-proposal/file/885-the-blue-bond-proposal-english/ (letzter Aufruf: 20. 1. 2015).

Di Fabio, Udo, Das europäische Schuldendilemma als Mentalitätskrise, FAZ v. 22. 6. 2012, S. 9.

Di Fabio, Udo, Die Zukunft einer stabilen Wirtschafts- und Währungsunion – Verfassungs- und europarechtliche Grenzen und Möglichkeiten. Gutachten für die Stiftung Familienunternehmen, München 2013.

Dill, Arthur / Lieven, Theo, Folgen der Krise für die internationale Realwirtschaft, in: Elschen, Rainer / Lieven, Theo (Hrsg.), Der Werdegang der Krise – Von der Subprime- zur Systemkrise, Wiesbaden 2009, S. 197–217.

Doerfert, Carsten, Euro-Rettung und Demokratieprinzip – Entscheidungsbesprechung zu BVerfG, Urt. v. 7. 9. 2011 – 2 BvR 987/10, 2 BvR 1485/10, 2 BvR 1099/10, ZJS 2012, S. 106–108.

Dörr, Oliver / Schmalenbach, Kirsten (Hrsg.), Vienna Convention on the Law of Treaties – A commentary, Heidelberg u. a. 2012 (zit.: *Bearbeiter,* in: Dörr/Schmalenbach (Hrsg.), VCLT).

Dreier, Horst (Hrsg.), Grundgesetz, 2. Aufl., Band II, Tübingen 2006 (zit.: *Bearbeiter,* in: Dreier (Hrsg.), GG).

Dullien, Sebastian / Schwarzer, Daniela, Gefährliches Spiel mit dem Euro-Ausstieg. SWP-Aktuell 54/2011, http://www.swp-berlin.org/fileadmin/contents/products/aktuell/2011A54_dll_swd_ks.pdf (letzter Aufruf: 19. 1. 2015).

Durner, Wolfgang, § 216: Verfassungsbindung deutscher Europapolitik, in: Isensee, Josef / Kirchhof, Paul (Hrsg.), Handbuch des Staatsrechts der Bundesrepublik Deutschland –Bd. X: Deutschland in der Staatengemeinschaft, 3. Aufl., Heidelberg 2012, S. 433–549.

Ehlermann, Claus Dieter, Engere Zusammenarbeit nach dem Amsterdamer Vertrag – Ein neues Verfassungsprinzip?, EuR 1997, S. 362–397.

Ekardt, Felix / Buscher, Daniel, Staatsschuldenrecht, Finanzkrise und Nachhaltigkeit – Eine kritische Analyse zur neuen Schuldenbremse und ihres Bezugs zur Eurokrise, AöR 137 (2012), S. 42–71.

Ekardt, Felix / Buscher, Daniel, Staatsverschuldung, Eurokrise und Föderalismusreform, NJ 2012, S. 148–151.

Elicker, Michael / Heintz, Veris-Pascal, Zum verfassungsrechtlichen Schutz des Geldwertes – Zugleich eine Besprechungt der Entscheidung zur Griechenland-Hilfe, DVBl. 2012, S. 141–144.

Endler, Jan, Europäische Zentralbank und Preisstabilität – Eine juristische und ökonomische Untersuchung der institutionellen Vorkehrungen des Vertrages von Maastricht zur Gewährleistung der Preisstabilität, Stuttgart u. a. 1998.

Engels, Andreas, Die Integrationsverantwortung des Deutschen Bundestages, JuS 2012, S. 210–214.

Epping, Volker / Hillgruber, Christian (Hrsg.), Beck'scher Online-Kommentar zum Grundgesetz, 26. Edition, Stand: 01.09.2015, München 2015 (zit.: *Bearbeiter,* in: BeckOK-GG).

Europäische Zentralbank, Die Geldpolitik der EZB, Frankfurt 2011.

Europäischer Stabilitätsmechanismus, Annual Report 2013, http://www.esm.europa.eu/pdf/ESM_2013_ANNUAL_REPORT.pdf (zuletzt: 3. 12. 2015), Luxemburg 2014.

Everling, Ulrich, Wirtschaftspolitik und Finanzhilfe in der Währungsunion der Europäischen Union, in: Müller-Graff, Peter-Christian / Schmahl, Stefanie / Skouris, Vassilios (Hrsg.), Europäisches Recht zwischen Bewährung und Wandel – Festschrift für Dieter H. Scheuing, Baden-Baden 2011, S. 526–545.

Faßbender, Kurt, Der europäische „Stabilisierungsmechanismus" im Lichte von Unionsrecht und deutschem Verfassungsrecht, NVwZ 2010, S. 799–803.

Favaro, Edgardo / Li, Ying / Pradelli, Juan / van Doorn, Ralph, Europe's Crisis: Origins and Policy Challenges, in: Primo Baga, Carlos A. / Vincelette, Gallina A. (Hrsg.), Sovereign Debt and the Financial Crisis – Will This Time Be Different?, Washington 2011, S. 221–239.

Fisahn, Andreas, Griechenland und die Perspektiven der EU, KritJ 2010, S. 248–254.

Fischer-Lescano, Andreas / Kommer, Stefan, EU in der Finanzkrise – Zur Leistungsfähigkeit des Verfahrens der verstärkten Zusammenarbeit für eine Intensivierung der Wirtschafts- und Sozialpolitik, KritJ 2011, S. 412–433.

Fischer-Lescano, Andreas / Oberndorfer, Lukas, Fiskalvertrag und Unionsrecht, NJW 2013, S. 9–14.

Flassbeck, Heiner / Spiecker, Friederike, Monetarismus und „Wettbewerb der Nationen" sind die Totengräber des Euro, Wirtschaftsdienst 2011, S. 377–381.

Forkel, Hans-Walter, Staatsschuldenkrise, Geldentwertung, Grundgesetz: Gibt es einen Grundrechtsschutz gegen staatliche herbeigeführte Inflation?, ZRP 2011, S. 140–143.

Forkel, Hans-Walter, Euro-Rettung, Demokratie und Rechtsstaat – Zur Frage des Rechtsschutzes für jedermann gegen die Geldpolitik der EZB, ZRP 2012, S. 240–244.

Frenz, Walter, Handbuch Europarecht, Band 5: Wirkungen und Rechtsschutz, Berlin, Heidelberg 2010.

Frenz, Walter, Handbuch Europarecht, Band 6: Institutionen und Politiken, Berlin 2011.

Frenz, Walter, ESM-Vertrag europarechtskonform?, EWS 2013, S. 27–32.

Frenz, Walter, Anmerkung zu BVerfG, 2. Senat, Beschluss vom 14. 01. 2014 – 2BvE 13/13 u. a. – Vorlage an den EuGH in Sachen OMT-Beschluss der EZB – Vorlage mit vorbehaltener Letztentscheidungskompetenz, DVBl. 2014, S. 451–453.

Frenz, Walter / Ehlenz, Christian, Der Euro ist gefährdet: Hilfsmöglichkeiten bei drohendem Staatsbankrott?, EWS 2010, S. 65–70.

Frenz, Walter / Ehlenz, Christian, Schuldenkrise und Grenzen der europäischen Wirtschaftspolitik, EWS 2010, S. 211–215.

Frenz, Walter / Ehlenz, Christian, Europäische Wirtschaftspolitik nach Lissabon, GewArch 2010, S. 329–335.

Frister, Helmut, Strafrecht Allgemeiner Teil: ein Studienbuch, 6. Aufl., München 2013.

Gaitanides, Charlotte, Das Recht der Europäischen Zentralbank – Unabhängigkeit und Kooperation in der Europäischen Währungsunion, Tübingen 2005.

Gaitanides, Charlotte, Intervention des IWF in der Eurozone – mandatswidrig?, NVwZ 2011, S. 848–852.

Gaitanides, Charlotte, Ein Solidaritätsprinzip in der Krise? – Rettungsschirm und gemeinsame Währung, in: Kadelbach, Stefan (Hrsg.), Solidarität als Europäisches Rechtsprinzip?, Baden-Baden 2014, S. 33–42.

Geerlings, Jörg, Die neue Rolle der Bundesbank im Europäischen System der Zentralbanken – Von der Reichsbank zur Europäischen Zentralbank, DÖV 2003, S. 322–328.

Geiger, Rudolf / Khan, Daniel-Erasmus / Kotzur, Markus (Hrsg.), EUV/AEUV – Vertrag über die Europäische Union und Vertrag über die Arbeitsweise der Europäischen Union: Kommentar, 5. Aufl., München 2010 (zit.: *Bearbeiter,* in: Geiger/Khan/Kotzur (Hrsg.), EUV/AEUV).

Gerhard, Thorsten, Verstoß gegen die EU-Verträge – Können die EU-Regierungen die Bankenaufsicht auf die Europäische Zentralbank übertragen? FAZ v. 31. 10. 2012, S. 19.

Gerichtshof der Europäischen Gemeinschaften (Hrsg.), Begegnung von Justiz und Hochschule am 27. und 28. September 1976 – Berichte, Luxemburg 1976.

Giegerich, Thomas, Zur Einführung: Die „europäische Föderation" – eine unendliche Annäherung an eine Utopie, in: ders. (Hrsg.), Herausforderungen und Perspektiven der EU, Berlin 2012, S. 7–33.

Glaser, Andreas, Die Neuausrichtung der EU-Finanzverfassung durch den Europäischen Stabilitätsmechanismus, DÖV 2012, S. 901–908.

Glatzl, Stefan, Geldpolitik und Bankenaufsicht im Konflikt: die Pflicht der Mitgliedstaaten zur Unterstützung der EZB im Bereich der Preisstabilität unter besonderer Berücksichtigung der Bankenaufsicht, Baden-Baden 2008.

Gloede, Oliver / Menkhoff, Lukas, Griechenlands Krise: Das währungspolitische Trilemma im Euroraum, Wirtschaftsdienst 2010, S. 172–177.

Goldmann, Matthias, Wotans langsamer Abschied? Von der Möglichkeit einer Integrationsrechtsprechung für die pluralistische Bürgergesellschaft, JuWissBlog v. 10. 2. 2014, http://www.juwiss.de/13–2014/ (letzter Aufruf: 20. 1. 2015).

Goldmann, Matthias, Mutually Assured Discretion: The ECJ on the ECB's OMT Policy, Verfassungsblog v. 18. 6. 2015, http://www.verfassungsblog.de/mutually-assured-discretion-the-ecj-on-the-ecbs-omt-policy/.

Görgens, Egon / Ruckriegel, Karlheinz / Seitz, Franz, Europäische Geldpolitik – Theorie, Empirie und Praxis, 6. Aufl., Konstanz / München 2014.

Gött, Henner, Die ultra vires-Rüge nach dem OMT-Vorlagebeschluss des Bundesverfassungsgerichts, EuR 2014, S. 514–541.

Götz, Andreas / Schneider, Lina, Das Bundesverfassungsgericht als Ersatzgesetzgeber – Methodische Bemerkungen zu dem Urteil des Bundesverfassungsgerichts vom 07.09.2011 in Sachen Finanzhilfen für Griechenland und Euro-Rettungsschirm, DVBl. 2012, S. 145–148.

Grabitz, Eberhard / Hilf, Meinhard / Nettesheim, Martin (Hrsg.), Das Recht der Europäischen Union, Bd. 1, 56. Ergänzungslieferung (April 2015), München 2015 (zit.: *Bearbeiter,* in: Grabitz/Hilf/Nettesheim (Hrsg.), Recht der EU).

Graf von Kielmansegg, Sebastian, Parlamentarische Informationsrechte in der Euro-Rettung – Anmerkungen zum ersten ESM-Urteil des BVerfG vom 19.06.2012, EuR 2012, S. 654–667.

Graf Vitzthum, Wolfgang (Hrsg.), Völkerrecht, 5. Aufl., Berlin 2005 (zit.: *Bearbeiter*, in: Graf Vitzthum (Hrsg.), Völkerrecht).

von der Groeben, Hans / Schwarze, Jürgen (Hrsg.), Kommentar zum Vertrag über die Europäische Union und zur Gründung der Europäischen Gemeinschaft, 6. Aufl., Bd. 3, Baden-Baden 2003 (zit.: *Bearbeiter*, in: v. d. Groeben/Schwarze (Hrsg.), EUV/EGV).

von der Groeben, Hans / Schwarze, Jürgen / Hatje, Armin (Hrsg.), Europäisches Unionsrecht, 7. Aufl., Baden-Baden 2015 (zit.: *Bearbeiter*, in: v. d. Groeben/Schwarze/Hatje (Hrsg.), Europäisches Unionsrecht).

Gros, Daniel / Alcidi, Cinzia, Was bringt der „Euro-plus-Pakt"?, integration 2011, S. 164–171.

Grundmann, Stefan / Hofmann, Christian / Möslein, Florian, § 1 Finanzkrise und Wirtschaftsordnung: Krisenursache, Finanzmarktstabilisierung, Finanzmarktstabilität, in: dies. (Hrsg.), Finanzkrise und Wirtschaftsordnung, Berlin u. a. 2009, S. 1–40.

Gröpl, Christoph, Schritte zur Europäisierung des Haushaltsrechts, Der Staat 52 (2013), S. 1–25.

Guckelberger, Annette, Grundgesetz und Europa, ZEuS 2012, S. 1–51.

Gundel, Jörg, Die europarechtlichen Instrumente zur Überwindung der Finanzkrise, GreifRecht 2012, S. 69–79.

Guse, Tatjana, Die Politik des Federal Reserve Systems – Das Fundament der Krise, in: Elschen, Rainer / Lieven, Theo (Hrsg.), Der Werdegang der Krise – Von der Subprime- zur Systemkrise, Wiesbaden 2009, S. 3–27.

Häde, Ulrich, Finanzausgleich – Die Verteilung der Aufgaben, Ausgaben und Einnahmen im Recht der Bundesrepublik Deutschland und der Europäischen Union, Tübingen 1996.

Häde, Ulrich, Ein Stabilitätspakt für Europa? Zur Zulässigkeit völkerrechtlicher Verträge zwischen den Mitgliedstaaten der EU, EuZW 1996, S. 138–143.

Häde, Ulrich, Rechtliche Vorgaben für die Organisation der Bankenaufsicht, in: Kluth, Winfried (Hrsg.), Wirtschaft – Verwaltung – Recht – Festschrift für Rolf Stober: zum 65. Geburtstag am 11. Juni 2008, Köln u. a. 2008, S. 467–483.

Häde, Ulrich, Der verfassungsrechtliche Schutz des Geldwertes, WM 2008, S. 1717–1724.

Häde, Ulrich, Haushaltsdisziplin und Solidarität im Zeichen der Finanzkrise, EuZW 2009, S. 399–403.

Häde, Ulrich, Die Wirtschafts- und Währungsunion im Vertrag von Lissabon, EuR 2009, S. 200–218.

Häde, Ulrich, Die europäische Währungsunion in der internationalen Finanzkrise – An den Grenzen europäischer Solidarität?, EuR 2010, S. 854–867.

Häde, Ulrich, Art. 136 AEUV – eine neue Generalklausel für die Wirtschafts- und Währungsunion?, JZ 2011, S. 333–340.

Häde, Ulrich, Rechtsfragen der EU-Rettungsschirme, ZG 2011, S. 1–30.

Häde, Ulrich, Euro-Rettung zwischen Exekutivprimat und Parlamentsvorbehalt, Baden-Baden 2012.

Häde, Ulrich, Rechtliche Bewertung der Maßnahmen im Hinblick auf eine „Fiskalunion", Berlienr Online-Beiträge zum Europarecht, Nr. 77, 30.07.2012, http://portal-europarecht.de/index.php?option=com_jdownloads&Itemid=17&view=finish&cid=13240&catid=5 (zuletzt: 3. 12. 2015).

Häde, Ulrich, Die Europäische Währungsunion in schwerer See: Ist der Euro noch zu retten?, in: Giegerich, Thomas (Hrsg.), Herausforderungen und Perspektiven der EU, Berlin 2012, S. 35–49.

Häde, Ulrich, § 14 Die Finanzordnung der Europäischen Union, in: Hatje, Armin / Müller-Graff, Peter-Christian (Hrsg.), Europäisches Organisations- und Verfassungsrecht (Enzyklopädie Europarecht Band 1), Baden-Baden 2014, S. 796–832 (zit.: *Häde,* in: Hatje/Müller-Graff (Hrsg.), EnzEuR I).

Häde, Ulrich, § 17 Der Europäische Stabilitätsmechanismus (ESM), in: Hatje, Armin / Müller-Graff, Peter-Christian (Hrsg.), Europäisches Organisations- und Verfassungsrecht (Enzyklopädie Europarecht Band 1), Baden-Baden 2014, S. 891–903 (zit.: *Häde,* in: Hatje/Müller-Graff (Hrsg.), EnzEuR I).

Hader, Jan / Bryazgin, Kyrill / Lieven, Theo, Folgen der Krise für die internationale Finanzwirtschaft, in: Elschen, Rainer / Lieven, Theo (Hrsg.), Der Werdegang der Krise – Von der Subprime- zur Systemkrise, Wiesbaden 2009, S. 143–163.

Hafke, Heinz-Christian, Rechtsbruch oder kreative Interpretation? – Fragen zur „Nothilfe" für strauchelnde Euro-Staaten, Kreditwesen 2010, S. 393–397.

Hahn, Hugo J. / Häde, Ulrich, Währungsrecht, 2. Aufl., München 2010.

Hailbronner, Kay, Die EG-Sozialpolitik nach Maastricht, in: Randelzhofer, Albrecht / Scholz, Rupert / Wilke, Dieter (Hrsg.), Gedächtnisschrift für Eberhard Grabitz, München 1995, S. 125–140.

Hailbronner, Kay / Klein, Eckart / Magiera, Siegfried / Müller-Graff, Peter-Christian (Hrsg.), Handkommentar zum Vertrag über die Europäische Union, Köln u. a., Loseblattsammlung Stand: 1998 (zit.: Bearbeiter, in: Hailbronner/Klein/Magiera/Müller-Graff (Hrsg.), HK-EU).

Hakenberg, Waltraud, Europarecht, 7. Aufl., München 2015.

Hallstein, Walter, Die Europäische Gemeinschaft, 5. Aufl., Düsseldorf 1979.

Hallstein, Walter, Europäische Reden, Stuttgart 1979.

Hankel, Wilhelm / Hauskrecht, Andreas / Stuart, Bryan, The Euro-Project at Risk, ZEI Working Paper B 04–2010, 2010.

Hanschel, Dirk, Der Rechtsrahmen für den Beitritt, Austritt und Ausschluss zu bzw. aus der Europäischen Union und Währungsunion, NVwZ 2012, S. 995–1001.

Haratsch, Andreas, Die Befreiung von Verbindlichkeiten nach Art. 135a Abs. 2 GG, Berlin 1998.

Haratsch, Andreas, Der Integrationsstaat, Habilitationsschrift Universität Potsdam, 2003.

Haratsch, Andreas, Titel IX: Zugehörigkeit zur Union, in: Höreth, Marcus / Janowski, Cordula / Kühnhardt, Ludger (Hrsg.), Die Europäische Verfassung – Analyse und Bewertung ihrer Strukturentscheidungen, Baden-Baden 2005, S. 271–293.

Haratsch, Andreas, Das Integrationsstaatsprinzip des Grundgesetzes, in: Breuer, Marten / Epiney, Astrid / Haratsch, Andreas / Schmahl, Stefanie / Weiß, Norman (Hrsg.), Der Staat im Recht, Festschrift für Eckart Klein zum 70. Geburtstag, Berlin 2013, S. 79–94.

Haratsch, Andreas / Koenig, Christian / Pechstein, Matthias, Europarecht, 10. Aufl., Tübingen 2016.

Hartmann-Wendels, Thomas, Die Subprime-Krise: Die Rolle von Forderungsverbriefungen – Konsequenzen für die Bankenaufsicht?, FlF 2008, S. 252–256.

Hatje, Armin, Die Reform des Stabilitäts- und Wachstumspaktes: Sieg der Politik über das Recht?, DÖV 2006, S. 597–604.

Hatje, Armin, Auf dem Weg zu einer Europäischen Wirtschaftsregierung: Das Europäische Semester als Instrument wirtschaftspolitischer Koordination in der EU, in: Becker, Ulrich / Hatje, Armin / Potacs, Michael / Wunderlich, Nina (Hrsg.), Verfassung und Verwaltung in Europa: Festschrift für Jürgen Schwarze zum 70. Geburtstag, Baden-Baden 2014, S. 594–616.

Hatje, Armin, Dynamik und „Verfassungsnot" im europäischen Integrationsprozess – Zur Funktion der Unionsverfassung in Zeiten der Krise, in: Kadelbach, Stefan / Günther, Klaus (Hrsg.), Europa: Krise, Umbruch und neue Ordnung, Baden-Baden 2014, S. 73–95.

Haversath, Peter, Solidarität im Recht – Gegenseitige Verbundenheit als Grund und Grenze hoheitlichen Handelns, in: Junge Wissenschaft im Öffentlichen Recht (Hrsg.), Kollektivität – Öffentliches Recht zwischen Gruppeninteressen und Gemeinwohl – 52. Assistententagung Öffentliches Recht, Baden-Baden 2012, S. 211–228.

Heinemann, Friedrich / Moessinger, Marc-Daniel / Osterloh, Steffen, Feigenblatt oder fiskalische Zeitenwende? Zur potenziellen Wirksamkeit des Fiskalvertrages, integration 2012, S. 167–182.

von Heintschel-Heinegg, Bernd (Hrsg.), Beck'scher Online-Kommentar zum Strafgesetzbuch, 28. Edition, Stand: 10.09.2015, München 2015 (zit.: *Bearbeiter,* in: BeckOK-StGB).

Henneke, Hans-Günter, Der europäische Fiskalpakt und seine Umsetzung in Deutschland, Wiesbaden 2013.

Hentschelmann, Kai, Finanzhilfen im Lichte der No Bailout-Klausel – Eigenverantwortung und Solidarität in der Währungsunion, EuR 2011, S. 282–313.

Herbst, Tobias, Legale Abschaffung des Grundgesetzes nach Art. 146 GG?, ZRP 2012, S. 33–36.

Herdegen, Matthias, Die Währungsunion als dauerhafte Rechtsgemeinschaft – Ausstiegsszenarien aus rechtlicher Perspektive. EWU-Monitor 52, 22. 6. 1998, http://www.dbresearch.de/PROD/DBR_INTERNET_DE-PROD/PROD000000000000110 59.pdf (letzter Aufruf: 19. 1. 2015).

Herdegen, Matthias, Das belastbare Grundgesetz, FAZ v. 5. 4. 2012, S. 7.

Herdegen, Matthias, Europarecht, 17. Aufl., München 2015.

Herdegen, Matthias, Internationales Wirtschaftsrecht, 10. Aufl., München 2014.

Herdegen, Matthias, Völkerrecht, 14. Aufl., München 2015.

Herrmann, Christoph, Griechische Tragödie – der währungsverfassungsrechtliche Rahmen für die Rettung, den Austritt oder den Ausschluss von überschuldeten Staaten aus der Eurozone, EuZW 2010, S. 413–418.

Herrmann, Christoph, EZB-Programm für die Kapitalmärkte verstößt nicht gegen die Verträge – Erwiderung auf Martin Seidel, EuZW 2010, 521, EuZW 2010, S. 645–646.

Herrmann, Christoph, Währungshoheit, Währungsverfassung und subjektive Rechte, Tübingen 2010.

Herrmann, Christoph, Staatsbankrott in der EU: Versagen, Bewährung oder Chance der Europäischen Währungsverfassung?, in: von Lewinski, Kai (Hrsg.), Staatsbankrott als Rechtsfrage, Baden-Baden 2011, S. 29–45.

Herrmann, Christoph, Die Bewältigung der Euro-Staatsschulden-Krise an den Grenzen des deutschen und europäischen Währungsverfassungsrechts, EuZW 2012, S. 805–812.

Herrmann, Christoph, Die Folgen der Finanzkrise für die europäische Wirtschafts- und Währungsunion, in: Kadelbach, Stefan (Hrsg.), Nach der Finanzkrise – Rechtliche Rahmenbedingungen einer neuen Ordnung, Baden-Baden 2012, S. 79–104.

Herrmann, Christoph, Wirtschaftsverfassung und Wirtschaftsregierung in Europa, in. Giegerich, Thomas (Hrsg.), Herausforderungen und Perspektiven der EU, Berlin 2012, S. 51–75.

Herrmann, Christoph, Luxemburg, wir haben ein Problem!, EuZW 2014, S. 161–163.

Herrmann, Christoph, Auf der Suche nach dem Ariadnefaden: von den rechtlichen Schwierigkeiten von Grexit und Graccident, Verfassungsblog v. 16. 3. 2015, http://www.verfassungsblog.de/auf-der-suche-nach-dem-ariadnefaden-von-den-rechtlichen-schwierigkeiten-von-grexit-und-graccident/ (letzter Abruf: 3. 12. 2015).

Hermann, Christoph / Dornacher, Corinna, Grünes Licht vom EuGH für EZB-Staatsanleihenkäufe – ein Lob der Sachlichkeit!, EuZW 2015, S. 579–583.

Herrmann, Christoph / Rosenfeldt, Herbert, Europarechtliche Grundlagen und Grenzen der Errichtung eines einheitlichen Bankenabwicklungsmechanismus (SRM) – Gutachten im Aufrag der Bundestagsfraktion Bündnis 90 / Die Grünen, 2014, http://www.gruene-bundestag.de/fileadmin/media/gruenebundestag_de/themen_az/europaeische_union/PDF/SRM-Gutachten_final.pdf (letzter Abruf: 3. 12. 2015).

Herzmann, Karsten, Europäische Währungsstabilität über Bande gespielt, ZJS 2012, S. 168–174.

Heß, Julian, Finanzielle Unterstützung von EU-Mitgliedstaaten in einer Finanz- und Wirtschaftskrise und die Vereinbarkeit mit EU-Recht, ZJS 2010, S. 473–481.

Heß, Julian, Der Europäische Stabilisierungsmechanismus: Eine Analyse der Regelungen und ihrer Vereinbarkeit mit Europarecht, ZJS 2011, S. 207–215.

Hesse, Joachim Jens, Die europäische Verschuldungskrise: eine dreifach unerledigte Agenda, ZSE 2011, S. 338–351.

Heun, Werner, Der Staat und die Finanzkrise, JZ 2010, S. 53–62.

Heun, Werner, Eine verfassungswidrige Verfassungsgerichtsentscheidung – der Vorlagebeschluss des BVerfG vom 14. 1. 2014, JZ 2014, S. 331–337.

Hieronymi, Tonia, Solidarität als Rechtsprinzip in der Europäischen Union, Frankfurt am Main 2003.

Hillgruber, Christian, Die verfassungsprozessuale Dimension des Outright Monetary Transactions (OMT)-Beschluss des Bundesverfassungsgerichts, JA 2014, S. 635–638.

Hofmann, Hans / Konow, Christian, Die neue Stabilitätsarchitektur der Europäischen Union – Verfassungs- und europarechtliche Fragestellungen zur grundlegenden Reform der Wirtschafts- und Währungsunion, ZG 2012, S. 138–163.

Hofmann, Rainer, Wieviel Flexibilität für welches Europa? Gedanken zur künftigen Entwicklung der *europäischen* Integration, EuR 1999, S. 713–735.

Hölscheidt, Sven, Die Verantwortung des Bundestages für die europäische Integration, DÖV 2012, S. 105–112.

Hölscheidt, Sven, Intergouvernementale Zusammenarbeit in der Krise – Garant oder Gefahr für die Einheit der Union – aus der Sicht des Bundestages, EuR-Beiheft 2/2013, S. 61–71.

Hölscheidt, Sven / Rohleder, Kristin, Vom Anfang und Ende des Fiskalvertrags, DVBl. 2012, S. 806–810.

Honsell, Heinrich, Einleitung zum Bürgerlichen Gesetzbuch, in: Staudinger, Julius von (Hrsg.), Kommentar zum Bürgerlichen Gesetzbuch mit Einführungsgesetz und Nebengesetzen, Bd. 1: Einleitung zum Bürgerlichen Gesetzbuch; §§ 114; Verschollenheitsgesetz, Neubearbeitung, Berlin 2013.

Horn, Norbert, Das Finanzmarktstabilisierungsgesetz und das Risikomanagement zur globalen Finanzkrise, BKR 2008, S. 452–459.

Horn, Norbert, Die Verteidigung des Euro – ein historischer Rückblick auf die Euro-Krise im Mai 2010, in: Grunewald, Barbara / Westermann, Harm Peter (Hrsg.), Festschrift für Georg Maier-Reimer zum 70. Geburtstag, München 2010, S. 245–263.

Horn, Norbert, Rechtsfragen einer Schuldenordnung für EU- und Euro-Staaten – Externe Anleihen und Bankkredite, Wirtschaftsdienst 2010, S. 797–800.

Horn, Norbert, Die Reform der Europäischen Währungsunion und die Zukunft des Euro, NJW 2011, S. 1398–1404.

Hufeld, Ulrich, Zwischen Notrettung und Rütlischwur: der Umbau der Wirtschafts- und Währungsunion in der Krise, integration 2011, S. 117–131.

Hufeld, Ulrich, § 215: Anwendung des europäischen Rechts in Grenzen des Verfassungsrechts, in: Isensee, Josef / Kirchhof, Paul (Hrsg.), Handbuch des Staatsrechts der Bundesrepublik Deutschland – Bd. X: Deutschland in der Staatengemeinschaft, 3. Aufl., Heidelberg 2012, S. 383–431.

Hufeld, Ulrich, ESM und Fiskalpakt: Staatsressourcenpolitik für die Europäische Union, in: Meyer, Dirk (Hrsg.), Die Zukunft der Währungsunion, Berlin u. a. 2013, S. 135–156.

Hufeld, Ulrich, § 22 Das Recht der Europäischen Währungsunion, in: Müller-Graff, Peter-Christian (Hrsg.), Europäisches Wirtschaftsordnungsrecht (Enzyklopädie Europarecht Band 4), Baden-Baden 2014, S. 1301–1385 (zit.: *Hufeld,* in: Müller-Graff (Hrsg.), Enz-EuR IV).

Huth, Tobias, Aggresives Marketing von Banken und Finanzvermittlern, in: Elschen, Rainer / Lieven, Theo (Hrsg.), Der Werdegang der Krise – Von der Subprime- zur Systemkrise, Wiesbaden 2009, S. 47–63.

Ioannaidis, Michael, EU Financial Assistance Conditionality after „Two Pack", ZaöRV 2014, S. 61–104.

Isensee, Josef, Budgetrecht des Parlaments zwischen Schein und Sein, JZ 2005, S. 971–981.

Ismer, Roland / Wiesner, Dominika, Die OMT-Vorlage des Bundesverfassungsgerichts – Eine dogmatische Kritik auf Grundlage juristisch-ökonomischer Analyse, DÖV 2015, S. 81–89.

Issing, Otmar, Die Währungsunion im Spannungsfeld von Politik und Ökonomie, in: Pache, Eckhard / Schwarz, Kyrill-Alexander (Hrsg.), Grundlagen, aktuelle

Entwicklungen und Perspektiven der Europäischen Währungsunion, Baden-Baden 2012, S. 50–60.

Issing, Otmar, Krise des Euro? – Krise Europas? – Vortrag vom 5. November 2010 anlässlich der Jahresfeier der Akademie der Wissenschaften und der Literatur, Mainz, Stuttgart 2011.

Jarass, Hans D. / Pieroth, Bodo, Grundgesetz für die Bundesrepublik Deutschland, 13. Aufl., München 2014 (zit.: *Bearbeiter*, in: Jarass/Pieroth (Hrsg.), GG).

Jäger, Manfred / Voigtländer, Michael, Hintergründe und Lehren aus der Subprime-Krise, iw-Trends 3/2008, http://www.iwkoeln.de/_storage/asset/58026/storage/master/file/3745211/download/trends03_08_2.pdf (letzter Aufruf: 20. 1. 2015).

Kadelbach, Stefan, Krise, Umbruch und neue Ordnung, in: ders. / Günther, Klaus (Hrsg.), Europa: Krise, Umbruch und neue Ordnung, Baden-Baden 2014, S. 9–15.

Kadelbach, Stefan, Solidarität als europäisches Rechtsprinzip?, in: ders. (Hrsg.), Solidarität als Europäisches Rechtsprinzip?, Baden-Baden 2014, S. 9–18.

Kahl, Wolfgang / Glaser, Andreas, Nicht ohne uns, FAZ v. 8. 3. 2012, S. 8.

Kahl, Wolfang / Waldhoff, Christian / Walter, Christian (Hrsg.), Bonner Kommentar zum Grundgesetz, Heidelberg, 159. Ergänzungslieferung 2012 (zit. *Bearbeiter*, in: BonnKomm-GG).

Kämmerer, Jörn Axel, Insolvenz von EU-Mitgliedstaaten – Voraussetzungen und Folgen, Wirtschaftsdienst 2010, S. 161–171.

Kampeter, Steffen, Deutsche Haftung für ESM bleibt unbegrenzt, FAZ v. 3. 8. 2012, S. 11.

Kerber, Markus C., Der Verfassungsstaat ist ohne Alternative – Die Verfassungsbeschwerden gegen den Eurostabilisierungsmechanismus sowie gegen die Griechenland-Hilfe, Stuttgart 2010.

Kerber, Markus C., Währungsunion mit Finanzausgleich? – Eine Klarstellung zur Legalität von Finanzhilfen für Finanznotstandsstaaten der Eurozone. Occasional Paper 1/2010, http://www.europolis-online.org/fileadmin/PDF/PDF_2010/W%C3%A4hrungsunion_mit_Finanzausgleich_Europolis_Occasional_Paper.pdf (letzter Aufruf: 20. 1. 2015).

Kerber, Markus C., Anmerkung zu BVerfG, Urt. v. 7.9.2011 – 2 BvR 987/10 u. a., EuZW 2011, S. 927–928.

Kerber, Markus C., Die EZB vor Gericht, Stuttgart 2011.

Kerber, Markus C., Mehr Wettbewerb wagen – Ein Konzept zur Reform der europäischen Währungsordnung, Stuttgart 2012.

Kerber, Markus C. / Städter, Stefan, Die EZB in der Krise: Unabhängigkeit und Rechtsbindung als Spannungsverhältnis – Ein Beitrag zum Individualrechtsschutz gegen Rechtsverstöße der EZB, EuZW 2011, S. 536–540.

Kettgen, Anja, Finanzkrise & europäische Finanzstabilisierungsfazilität – Rechtliche Grundlagen, Organisation, Befugnisse, demokratische Legitimation, München 2011.

Kimminich, Otto, Vorwort, in: ders. (Hrsg.), Subsidiarität und Demokratie, Düsseldorf 1981, S. 9–15.

Kirchhof, Paul, Verfassungsnot!, FAZ, 12. 7. 2012, S. 25.

Kirchhof, Paul, § 214: Der deutsche Staat im Prozeß der europäischen Integration, in: Isensee, Josef / Kirchhof, Paul (Hrsg.), Handbuch des Staatsrechts der Bundesrepublik Deutschland, Bd. X: Deutschland in der Staatengemeinschaft, 3. Aufl., Heidelberg 2012, S. 299–382.

Kirchhof, Paul, Deutschland im Schuldensog, München 2012.

Kirchhof, Paul, Stabilität von Recht und Geldwert in der Europäischen Union, NJW 2013, S. 1–6.

Kirchhof, Paul, Annäherung an das Recht, in: Breuer, Marten / Epiney, Astrid / Haratsch, Andreas / Schmahl, Stefanie / Weiß, Norman (Hrsg.), Der Staat im Recht, Festschrift für Eckart Klein zum 70. Geburtstag, Berlin 2013, S. 157–175.

Kirchhof, Paul, Karlsruhe – das Rettungsboot in der Euro-Krise, FAZ v. 25. 6. 2015, S. 6.

Klein, Eckart / Haratsch, Andreas, Neuere Entwicklungen des Rechts der Europäischen Gemeinschaften, Teil 1, DÖV 1993, S. 785–798.

Klein, Hans Hugo, § 51: Status des Abgeordneten, in: Isensee, Josef / Kirchhof, Paul (Hrsg.), Handbuch des Staatsrechts der Bundesrepublik Deutschland, Bd. III: Demokratie –Bundesorgane, 3. Aufl., Heidelberg 2005.

Klement, Jan Henrik, Der geldpolitische Kompetenzmechanismus – Sind die Outright-Geschäfte der EZB zugleich rechtmäßig und rechtswidrig? – Zum Urteil des EuGH vom 16. 6. 2015, JZ 2015, S. 754–760.

Knauff, Matthias, Ungeschriebenes Primärrecht, in: Müller-Graff, Peter-Christian / Schmahl, Stefanie / Skouris, Vassilios (Hrsg.), Europäisches Recht zwischen Bewährung und Wandel – Festschrift für Dieter H. Scheuing, Baden-Baden 2011, S. 127–148.

Knopp, Lothar, Griechenland-Nothilfe auf dem verfassungsrechtlichem Prüfstand, NJW 2010, S. 1777–1782.

Knopp, Lothar, Eurozone in der Dauerkrise – Deutschlands Weg in den Staatsbankrott?, NVwZ 2011, S. 1480–1485.

Köhler, Michael, Die Wertstabilität des Geldes als Inhalt der Vertragstreue und der Eigentumsgarantie, JZ 2013, S. 957–966.

König, Doris, Die Übertragung von Hoheitsrechten im Rahmen des europäischen Integrationsprozesses – Anwendungsbereich und Schranken des Art. 23 des Grundgesetzes, Berlin 2000.

Konow, Christian, Der Stabilitäts- und Wachstumspakt – Ein Rechtsrahmen für Stabilität in der Wirtschafts- und Währungsunion, Baden-Baden 2002.

Korioth, Stefan, Das Rechtsregime für die Unterstützung notleidender Staaten des Euro-Raums – Analyse nach Maßgabe des nationalen und des Unionsrechts, in: Pache, Eckhard / Schwarz, Kyrill-Alexander (Hrsg.), Grundlagen, aktuelle Entwicklungen und Perspektiven der Europäischen Währungsunion, Baden-Baden 2012, S. 61–97.

Kort, Michael, Zur europarechtlichen Zulässigkeit von Abkommen der Mitgliedstaaten untereinander, JZ 1997, S. 640–647.

Kortenberg, Helmut (Pseudonym für einen anonymen Kommissionsbeamten), Closer Cooperation in the Treaty of Amsterdam, CMLRev. 35 (1998), S. 833–854.

Kotzur, Markus, Die Rolle der Kommission als Hüterin der Verträge, in: Möllers, Thomas M. J. / Zeitler, Franz-Christoph (Hrsg.), Europa als Rechtsgemeinschaft: Währungsunion und Schuldenkrise, Tübingen 2013, S. 45–70.

Krämer, Hagen, Der Konstruktionsfehler des Euro-Stabilitätspaktes, Wirtschaftsdienst 2010, S. 379–384.

Kröger, Detlef / Gas, Tonio, Das Grundrecht auf Preisstabilität nach Art. 14 Abs. 1 GG – Unter Berücksichtigung der Euro-Entscheidung des BVerfG, VersR 1998, S. 1338–1343.

Kronberger, Ralf, Der Euro-Raum im Lichte der Theorie der optimalen Währungsräume, Österreichs Außenwirtschaft 2010, S. 183–195.

Kube, Hanno, Der bundesstaatliche Finanzausgleich – Verfassungsrechtlicher Rahmen, aktuelle Ausgestaltung, Entwicklungsperspektiven, Frankfurt am Main u.a. 2011.

Kube, Hanno, Fiskalpakt im Bundestag – Die einfache Mehrheit reicht aus, LTO v. 11. 4. 2012, http://www.lto.de/recht/hintergruende/h/fiskalpakt-bundestag-schuldenbremse-europa-zustimmungsgesetz (letzter Aufruf: 20. 1. 2015).

Kube, Hanno, Welche Mehrheiten brauchen Fiskalpakt und ESM?, Verfassungsblog v. 5. 4. 2012, http://www.verfassungsblog.de/de/welche-mehrheiten-brauchen-fiskalpakt-und-esm (letzter Abruf: 3. 12. 2015).

Kube, Hanno, Nationale Budgethoheit und Europäische Integration, AöR 137 (2012), S. 205–222.

Kube, Hanno, Rechtsfragen der völkervertraglichen Euro-Rettung, WM 2012, S. 245–253.

Kube, Hanno / Reimer, Ekkehart, Grenzen des Europäischen Stabilisierungsmechanismus, NJW 2010, S. 1911–1916.

Kube, Hanno / Reimer, Ekkehart, Die Sicherung der Europäischen Wirtschafts- und Währungsunion: Rückkehr in die Bahnen des Rechts, ZG 2011, S. 332–350.

Kühl, Kristian, Strafrecht Allgemeiner Teil, 7. Aufl., München 2012.

Kumin, Andreas J. / Bittner, Philipp, Die „gemischten“ Abkommen zwischen der Europäischen Union und ihren Mitgliedstaaten einerseits und dritten Völkerrechtssubjekten andererseits, EuR-Beiheft 2/2012, S. 75–91.

Kunig, Philip, Solidarität als rechtliche Verpflichtung, in: Becker, Ulrich / Hatje, Armin / Potacs, Michael / Wunderlich, Nina (Hrsg.), Verfassung und Verwaltung in Europa: Festschrift für Jürgen Schwarze zum 70. Geburtstag, Baden-Baden 2014, S. 190–200.

Kunstein, Tobias / Wessels, Wolfgang, Die Europäische Union in der Währungskrise: Eckdaten und Schlüsselentscheidungen, integration 2011, S. 308–322.

Lammers, Lutz, Die Politik der EZB an den Grenzen ihres Mandats? Zur Vereinbarkeit unkonventioneller Maßnahmen mit dem europäischen Recht, EuZW 2015, S. 212–218.

Lehner, Roman, Die „Integrationsverfassungsbeschwerde“ nach Art. 38 Abs. 1 S. 1 GG: Prozessuale und materiell-rechtliche Folgefragen zu einer objektiven Verfassungswahrungsbeschwerde, Der Staat 52 (2013), S. 535–562.

Leisner, Walter, Wirtschaftliche Notstandsverfassung für Krisenzeiten?, DVBl. 2009, S. 1409–1415.

Lenz, Carl Otto / Borchardt, Klaus-Dieter (Hrsg.), EU-Verträge: Kommentar. EUV, AEUV, GRCh, 6. Aufl., Köln 2013 (zitert: *Bearbeiter,* in: Lenz/Borchardt (Hrsg.), EU-Verträge Kommentar).

von Lewinski, Kai, Öffentlichrechtliche Insolvenz und Staatsbankrott – Rechtliche Bewältigung finanzieller Krisen der öffentlichen Hand, Tübingen 2011.

von Lewinski, Kai, § 217: Nationale und internationale Staatsverschuldung, in: Isensee, Josef / Kirchhof, Paul (Hrsg.), Handbuch des Staatsrechts der Bundesrepublik Deutschland, Bd. X: Deutschland in der Staatengemeinschaft, 3. Aufl., Heidelberg 2012, S. 461–505.

von Lewinski, Kai, Verschuldungskompetenz der Europäischen Union, ZG 2012, S. 164–182.

Lieven, Petra, Lehman 9/15: Die größte Insolvent aller Zeiten, in: Elschen, Rainer / Lieven, Theo (Hrsg.), Der Werdegang der Krise – Von der Subprime- zur Systemkrise, Wiesbaden 2009, S. 219–236.

Lorenz, Pia, Findige Juristen für den Grexit?, LTO v. 7. 1. 2014, http://www.lto.de/recht/hintergruende/h/grexit-griechenland-rauswurf-euro/ (letzter Aufruf: 20. 1. 2015).

Lorz, Ralph Alexander, Neuer Fiskalpakt – Klein aber fein, LTO v. 6. 2. 2012, www.lto.de/de/html/nachrichten/5497/neuer-fiskalpakt-klein-aber-fein/ (letzter Aufruf: 20. 1. 2015).

Lorz, Ralph Alexander / Sauer, Heiko, Ersatzunionsrecht und Grundgesetz – Verfassungsrechtliche Zustimmungsgrundlagen für den Fiskalpakt, den ESM-Vertrag und die Änderung des AEUV, DÖV 2012, S. 573–582.

Lorz, Ralph Alexander / Sauer, Heiko, Verfassungsändernde Mehrheiten für die Stabilisierung des Euro? – Mehrheitserfordernisse bei der Zustimmung zum Fiskalpakt, zum ESM-Vertrag und zur Änderung des AEUV, EuR 2012, S. 682–695.

Lösel, Tobias, Die Reaktionen von Staaten im internationalen Vergleich, in: Elschen, Rainer / Lieven, Theo (Hrsg.), Der Werdegang der Krise – Von der Subprime- zur Systemkrise, Wiesbaden 2009, S. 259–279.

Louis, Jean-Victor, Guest Editorial: The no-bailout clause and rescue packages, CMLRev 47 (2010), S. 971–986.

Ludewig, Manuela, Beendigungstatbestände als notwendige und dynamische Elemente in internationalen Organisationen unter besonderer Berücksichtigung von Art. 50 EUV, Frankfurt 2015.

Ludwigs, Markus, Der Ultra-vires-Vorbehalt des BVerfG – Judikative Kompetenzanmaßung oder legitimes Korrektiv?, NVwZ 2015, S. 537–543.

Luksic, Oliver, Ist der Euro noch zu retten? Zwischen Finanzmarktkrise und Staatsbankrott, Baden-Baden 2011.

Manger-Nestler, Cornelia, Kommentar zu BVerfG, Urteil vom 28.2.2012 – 2 BvE 8/11, NJ 2012, S. 158–160.

Manger-Nestler, Cornelia / Böttner, Robert, Ménage à trois? – Zur gewandelten Rolle der EZB im Spannungsfeld zwischen Geldpolitik, Finanzaufsicht und Fiskalpolitik, EuR 2014, S. 621–638.

Manger-Nestler, Cornelia / Böttner, Robert, Vorabentscheidung zur Rechtmäßigkeit des Ankaufs von Staatsanleihen durch die EZB im OMT-Programm, NJ 2015, S. 422–426.

Mangoldt, Hermann von / Klein, Friedrich / Starck, Christian (Hrsg.), Kommentar zum Grundgesetz, Bd. 2: Art. 20 – 82, 6. Aufl., München 2010 (zit.: *Bearbeiter*, in: v. Mangoldt/Klein/Starck (Hrsg.), GG).

Martenczuk, Bernd, Der Europäische Rat und die Wirtschafts- und Währungsunion, EuR 1998, S. 151–177.

Martenczuk, Bernd, Die differenzierte Integration nach dem Vertrag von Amsterdam, ZEuS 1998, S. 447–474.

Martens, Michael, Die Nacht, in der Athen brannte, FAZ v. 14. 2. 2012, S. 3.

Maunz, Theodor / Dürig, Günter / Herzog, Roman / Scholz, Rupert / Herdegen, Matthias / Klein, Hans H. (Hrsg.), Grundgesetz – Kommentar, 72. Ergänzungslieferung (Juli 2014), München 2014 (zit.: *Bearbeiter*, in: Maunz/Dürig (Hrsg.), GG).

Maunz, Theodor / Schmidt-Bleibtreu, Bruno / Klein, Franz / Bethge, Herbert (Hrsg.), Bundesverfassungsgerichtsgesetz, Kommentar, 44. Ergänzungslieferung (Oktober 2014), München (zit.: *Bearbeiter*, in: Maunz/Schmidt-Bleibtreu/Klein/Bethge (Hrsg.), BVerfGG).

Maurer, Hartmut, Allgemeine Verwaltungsrecht, 18. Aufl., München 2011.

Maurer, Hartmut, Staatsrecht I – Grundlagen, Verfassungsorgane, Staatsfunktionen, 6. Aufl., München 2010.

Maurer, Rainer, Die Verschuldungskrise der Europäischen Währungsunion – Fiskalische Disziplinlosigkeit oder Konstruktionsfehler?, Vierteljahreshefte zur Wirtschaftsforschung 4/2010, S. 85–102.

Mayer, Franz C., Das Recht in der Eurokrise: Teil der Lösung oder Teil des Problems? Verfassungsblog v. 19. 12. 2011, http://www.verfassungsblog.de/das-recht-der-eurokrise-teil-der-lsung-oder-teil-des-problems/ (letzter Abruf: 3. 12. 2015).

Mayer, Franz C., Rebels without a cause? – Zur OMT-Vorlage des Bundesverfassungsgerichts, EuR 2014, S. 473–514.

Mayer, Franz C., Zurück zur Rechtsgemeinschaft: Das OMT-Urteil des EuGH, NJW 2015, S. 1999–2004.

Mayer, Franz C. / Heidfeld, Christian, Eurobonds, Schuldentilgungsfonds und Projektbonds – Eine dunkle Bedrohung?, ZRP 2012, S. 129–133.

Mayer, Franz C. / Heidfeld, Christian, Verfassungs- und europarechtliche Aspekte der Einführung von Eurobonds, NJW 2012, S. 422–428.

Mayer, Franz C. / Kollmeyer, Daniel, Sinnlose Gesetzgebung? Die Europäische Bankenunion im Bundestag, DVBl. 2013, S. 1158–1167.

Meier, Gert, Die Europäische Währungsunion als Stabilitätsgemeinschaft und das Grundgesetz, NJW 1996, S. 1027–1030.

Mersching, Christopher, Das Verbot der monetären Staatsfinanzierung in Art. 123 Abs. 1 AEUV – eine kritische Bestandsaufnahme, EuR 2014, S. 333–346.

Meyer, Dirk, Währungsdesintegration in der EURO-Zone – Staatsbankrott und Inflation als zwei Szenarien infolge der Finanzmarktkrise, Jahrbuch für Regionalwissenschaft 30 (2010), S. 45–70.

Meyer, Dirk, Destabilisierende Spekulation als Rechtfertigung eines Europäischen Stabilisierungsmechanismus?, Wirtschaftsdienst 2011, S. 391–397.

Meyer, Dirk, Unabhängigkeit und Legitimität der EZB im Rahmen der Staatsschuldenkrise, Kreditwesen 2011, S. 127–130.

Meyer, Dirk, Rechtliche Möglichkeiten eines Ausscheidens aus dem Euro und die Rückübertragung der Währungssouveränität, EuR 2013, S. 334–348.

Moench, Christoph / Ruttloff, Marc, Verfassungsrechtliche Grenzen für die Delegation parlamentarischer Entscheidungen – Zugleich Besprechung von BVerfG, Urteil vom 28.02.2012, 2 BvE 8/11, „Beteiligungsrechte des Bundestages", DVBl. 2012, S. 1261–1268.

Moser, Martin K., Allgemeine Rechtsgrundsätze in der Rechtsprechung des EuGH als Katalysatoren einer europäischen Wertegemeinschaft. Anmerkungen zu Entwicklung, Stand und Möglichkeiten der Europäischen Integration durch Recht (-sprechung), ZfRV 2012, S. 4–18.

Möllers, Christoph, An der Grenze, FAZ v. 20.10.2011, S. 6.

Möllers, Christoph, Braucht der Fiskalpakt wirklich eine Zweidrittelmehrheit?, Verfassungsblog v. 5. 3. 2012, http://www.verfassungsblog.de/de/braucht-der-fiskalpakt-wirklich-eine-zweidrittelmehrheit/ (letzter Abruf: 3. 12. 2015).

Möllers, Christoph / Reinhardt, Jörn, Verfassungsrechtliche Probleme bei der Umsetzung des Europäischen Fiskalvertrages, JZ 2012, S. 693–700.

Möllers, Thomas M. J., Die Rolle des Rechts im Rahmen der Währungsunion und Schuldenkrise in: ders./Zeitler, Franz-Christoph (Hrsg.), Europa als Rechtsgemeinschaft – Währungsunion und Schuldenkrise, Tübingen 2013, S. 1–20.

Möschel, Werner, Die Finanzkrise – Wie soll es weitergehen?, ZRP 2009, S. 129–133.

Müller-Franken, Sebastian, Eurobons – Deutschlands Haftung für die Schulden Europas, LTO v. 13. 6. 2012, http://www.lto.de/recht/hintergruende/h/eurobonds-deutschland-haftet-fuer-schulden/ (letzter Abruf: 3. 12. 2015).

Müller-Franken, Sebastian, Der Schuldentilgungsfonds aus Sicht des Europarechts wie des Verfassungsrechts, NVwZ 2012, S. 1201–1207.

Müller-Franken, Sebastian, Eurobonds und Grundgesetz, JZ 2012, S. 219–225.

Müller-Franken, Sebastian, Anmerkung zum OMT-Vorlagebeschluss des BVerfG v. 14. 1. 2014, Az. 2 BvR 2728/13 u. a., NVwZ 2014, S. 514–515.

Müller-Graff, Peter-Christian, Euroraum-Budgethilfenpolitik im rechtlichen Neuland, integration 2011, S. 289–307.

Mundell, Robert A., A Theory of Optimum Currency Areas, American Economic Review 1961, S. 657–665.

Murswiek, Dietrich, Der Europa-Begriff des Grundgesetzes, in: Brömer, Jürgen (Hrsg.), Internationale Gemeinschaft und Menschenrechte – Festschrift für Georg Ress zum 70. Geburtstag, Köln 2005, S. 657–684.

Murswiek, Dietrich, Die direkte Bankenrekapitalisierung durch den ESM. Sind die geplante Schaffung eines neuen Finanzhilfeinstruments des Europäischen Stabilitätsmechanismus (ESM) sowie die Änderung des ESM-Finanzierungsgesetzes mit Europarecht, mit dem ESM-Vertrag und mit dem Grundgesetz vereinbar?, Rechtsgutachten für die Stiftung Familienunternehmen, München 2014, http://www.familienunternehmen.de/media/public/pdf/publikationen-studien/studien/Gutachten_Stiftung_Familienunternehmen_Direkte-Bankenrekapitalisierung-durch-den-ESM.pdf (zuletzt aufgerufen: 3. 12. 2015, zit.: *Murswiek,* Rechtsgutachten zur direkten Bankenrekapitalisierung).

Nettesheim, Martin, Die Kompetenzordnung im Vertrag über eine Verfassung für Europa, EuR 2004, S. 511–546.

Nettesheim, Martin, Ein Individualrecht auf Staatlichkeit? Die Lissabon-Entscheidung des BVerfG, NJW 2009, S. 2867–2869.

Nettesheim, Martin, Die Integrationsverantwortung – Vorgaben des BVerfG und gesetzgeberische Umsetzung, NJW 2010, S. 177–183.

Nettesheim, Martin, „Euro-Rettung" und Grundgesetz – Verfassungsgerichtliche Vorgaben für den Umbau der Währungsunion, EuR 2011, S. 765–783.

Nettesheim, Martin, Der Umbau der europäischen Währungsunion: Politische Aktion und rechtliche Grenzen, in: Kadelbach, Stefan (Hrsg.), Nach der Finanzkrise – Rechtliche Rahmenbedingungen einer neuen Ordnung, Baden-Baden 2012, S. 31–77.

Nettesheim, Martin, „Integrationsverantwortung" – Verfassungsrechtliche Verklammerung politischer Räume, in: Pechstein, Matthias (Hrsg.), Integrationsverantwortung, Baden-Baden 2012, S. 11–52.

Nettesheim, Martin, Verfassungsrecht und Politik in der Staatschuldenkrise, NJW 2012, S. 1409–1413.

Nettesheim, Martin, Wo „endet" das Grundgesetz? – Verfassungsgebung als grenzüberschreitender Prozess, Der Staat 51 (2012), S. 313–355.

Nettesheim, Martin, Europarechtskonformität des Europäischen Stabilitätsmechanismus, NJW 2013, S. 14–17.

Nettesheim, Martin, Die Einheit des Unionsrechts – ein überholtes Paradigma?, EuR-Beiheft 2/2013, S. 7–23.

Nettesheim, Martin, Der Schuldentilgungsfonds: Rechtliche Rahmenbedingungen eines umstrittenen Instruments zur Eurorettung, in: Breuer, Marten / Epiney, Astrid / Haratsch, Andreas / Schmahl, Stefanie / Weiß, Norman (Hrsg.), Der Staat im Recht, Festschrift für Eckart Klein zum 70. Geburtstag, Berlin 2013, S. 603–618.

Neubert, Bob, Die optimale Abgrenzung von „Euro"-Währungsblöcken im Lichte der Theorie optimaler Währungsräume, Passau 2000.

Nolte, Georg, Was heißt hier sicher? – Die Auslegungserklärung zum ESM-Vertrag, FAZ v. 4. 10. 2012, S. 8.

Nolte, Georg, Wie ist Deutschlands Erklärung gemeint?, FAZ v. 1. 11. 2012, S. 6.

Nitze, Konstantin, Finanzhilfen für Euro-Staaten in der Krise – Eine EU-rechtliche Bewertung der als Reaktion auf die sog. Euro-Krise gewährten und vorgeschlagenen finanziellen Hilfen, Berlin 2015.

N.N., Prag hisste zu Barroso-Besuch EU-Flagge, http://www.wienerzeitung.at/nachrichten/europa/europaeische_union/536509_Prag-hisste-zu-Barroso-Besuch-EU-Flagge.html (letzter Aufruf: 20. 1. 2015).

N.N., Griechisches Defizit streigt an. Streiks und Proteste gegen Sparmaßnahmen gehen weiter, FAZ v. 13. 10. 2011, S. 12.

N.N., Ausland in Kürze – Streikwelle in Griechenland, FAZ v. 6. 11. 2012, S. 6.

N.N., Streik in Griechenland, FAZ v. 7. 11. 2013, S. 10.

N.N., Juncker redet vom Ende der EZB in der Troika, FAZ v. 19. 1. 2015, S. 17.

Oberndorfer, Lukas, Der Fiskalpakt – Umgehung der „europäischen Verfassung" und Durchbrechung demokratischer Verfahren?, juridikum 2012, S. 168–181.

Ohler, Christoph, Die fiskalische Integration in der Europäischen Gemeinschaft, Baden-Baden 1997.

Ohler, Christoph, Die hoheitlichen Grundlagen der Geldordnung, JZ 2008, S. 317–324.

Ohler, Christoph, Die zweite Reform des Stabilitäts- und Wachstumspaktes, ZG 2010, S. 330–345.

Ohler, Christoph, The European Stability Mechanism: The Long Road to Financial Stability in the Euro Area, GYIL 54 (2011), S. 47–74.

Ohler, Christoph, Gemeinschaftssolidarität und finanzpolitische Eigenverantwortung, in: Möllers, Christoph M. J. / Zeitler, Franz-Christoph (Hrsg.), Europa als Rechtsgemeinschaft, Tübingen 2013, S. 277–297.

Ohler, Christoph, Bankenaufsicht und Geldpolitik in der Währungsunion, München 2015.

Ohler, Christoph, Rechtliche Maßstäbe der Geldpolitik nach dem Gauweiler-Urteil des EuGH, NVwZ 2015, S. 1001–1007.

Oppermann, Thomas, Euro-Stabilisierung durch EU-Notrecht, in: Bechtold, Stefan / Jickeli, Joachim / Rohe, Mathias (Hrsg.), Recht, Ordnung und Wettbewerb: Festschrift zum 70. Geburtstag von Wernhard Möschel, Baden-Baden 2011, S. 909–922.

Oppermann, Thomas, „Euro-Rettung“ und europäisches Recht, NJW 2013, S. 6–9.

Oppermann, Thomas / Classen, Claus Dieter / Nettesheim, Martin, Europarecht, 6. Aufl., München 2014.

Pache, Eckard / Schwarz, Kyrill-Alexander, Einführung in die Wirtschafts- und Währungsunion (WWU), in: dies. (Hrsg.), Grundlagen, aktuelle Entwicklungen und Perspektiven der Europäischen Währungsunion, Baden-Baden 2012, S. 13–22.

Pagenkopf, Martin, Schirm das BVerfG vor Rettungsschirmen?, NVwZ 2011, S. 1473–1480.

Palm, Ulrich, Preisstabilität in der Europäischen Wirtschafts- und Währungsunion: eine rechtliche Untersuchung der stabilitätssichernden Instrumentariums insbesondere im Hinblick auf die Disziplinierung der mitgliedstaatlichen Haushaltspolitik, Baden-Baden 2000.

Papier, Hans-Jürgen, Eigentumsgarantie und Geldentwertung, AöR 98 (1973), S. 528–567.

Passalacqua, Valeria, Rechtliche und politische Probleme des Stabilitätspakts, Baden-Baden 2000.

Pauly, Walter / Beutel, Hannes, Die ESM-Entscheidung des Bundesverfassungsgerichts: Wege aus einer Sackgasse – Zugleich Besprechung von BVerfG, Beschluss vom 14. Januar 2014 – 2 BvR 2728/13 u. a., BayVBl. 2014, S. 453–457.

Pechstein, Matthias, Die Mitgliedstaaten der EG als „Sachwalter des gemeinsamen Interesses“, Baden-Baden 1987.

Pechstein, Matthias, EU-Prozessrecht, 4. Aufl., Tübingen 2011.

Pechstein, Matthias, Herausforderungen für den Rechtsschutz in einer flexiblen Union, EuR-Beiheft 2/2013, S. 71–87.

Pechstein, Matthias, § 15 Die Mitgliedschaftsordnung der EU, in: Hatje, Armin / Müller-Graff, Peter-Christian (Hrsg.), Europäisches Organisations- und Verfassungsrecht (Enzyklopädie Europarecht Band 1), Baden-Baden 2014, S. 833–849 (zit.: *Pechstein,* in: Hatje/Müller-Graff (Hrsg.), EnzEuR I).

Pegatzky, Claus, Kampf um die Währung auf sumpfigen Pfaden, FAZ v. 9. 7. 2015, S. 6.

Pernice, Ingolf, International Agreement on a Reinforced Economic Union – Legal Opinion 2012, http://www.greens-efa.eu/fileadmin/dam/Documents/Background_notes/International_Agreement_on_a_Reinforced_Economic_Union/International_Agreement_on_a_Reinforced_Economic_Union.pdf (letzter Aufruf: 20. 1. 2015).

Pernice, Ingolf, Ringen um den Euro, EuZW 2012, S. 601–602.

Pernice, Ingolf / Wendel, Mattias / Otto, Lars S. / Bettge, Kristin / Mlynarski, Martin / Schwarz, Michael, Die Krise demokratisch überwinden – Reformansätze für eine demokratisch fundierte Wirtschafts- und Finanzverfassung Europas – A democratic solution to the crisis : reform steps towards a democratically based economic and financial constitution for Europe, Baden-Baden 2012.

Pernice, Ingolf, Die Finanzkrise als Folge – oder Gegenstand – eines kollektiven Rechtsbruchs, WHI-Paper 04/2013, http://www.whi-berlin.eu/tl_files/documents/WHI-Paper%204:2013.pdf (letzter Aufruf: 20. 1. 2015).

Pernice, Ingolf, Karlsruhe wagt den Schritt nach Luxemburg, WHI-Paper 03/2014, http://www.whi-berlin.eu/tl_files/WHI-Papers%20ab%202013/WHI-Paper%20 2014–03.pdf (letzter Aufruf: 20. 1. 2015).

Peters, Kerstin, Die geplante europäische Bankenunion – eine kritische Würdigung, WM 2014, S. 396–404.

Peuker, Enrico, Die demokratische Auslegung des Völkerrechts – Das Urteil des Bundesverfassungsgerichts zu ESM-Vertrag und Fiskalpakt vom 12. September 2012, EuR 2013, S. 75–87.

Philipp, Wolfgang, Europäische Finanzstabilisierungsfazilität AG – Eine Aktiengesellschaft als Sozialamt für insolvente Staaten, AG 2010, S. 538–540.

Philipp, Wolfgang, Verlassene Steuerzahler – Was das BVerfG nicht erklärt hat, ZRP 2011, S. 240–243.

Philipp, Wolfgang, ESM: Was geht hier vor? Das Aktienrecht bringt es an den Tag, AG 2012, S. 587–592.

Piecha, Sebastian, Le droit de retrait de l'Union Européenne selon le Traité de Lisbonne, in: Berramdane, Abdelkhaleq / Cremer, Wolfram / Puttler, Adelheid

u. a. (Hrsg.), Quel avenir pour l'intégration européenne? Regards croisés franco-allemands sur le traité de Lisbonne, Tours 2010, S. 165–169.

Piecha, Sebastian, Griechenland-Soforthilfe und Euro-Rettungsschirm – Entscheidungsbesprechung zu BVerfG, Urt. v. 7.9.2011 – 2 BvR 987/10, 2 BvR 1485/10, 2 BvR 1099/10, ZJS 2011, S. 544–549.

Piecha, Sebastian, Die Europäische Gemeinschaftsanleihe – Vorbild für EFSF, ESM und Eurobonds?, EuZW 2012, S. 532–536.

Piecha, Sebastian, The challenge to the supremacy of EU law and the ECJ's "Kompetenz-Kompetenz" from the German Federal Constitutional Court's perspective, in: Centre for South East European Law School (Hrsg.), SEE-LAW NET: Networking of Lawyers in Advanced Teaching and Research of EU Law post-Lisbon. Outcome of the SEE Graduates EU Law Teaching & Research Academy – Collection of Papers, Skopje/Saarbrücken 2014, S. 42–51.

Piecha, Sebastian, Historisch – Was bedeutet die Vorlage des BVerfG für das Kooperationsverhältnis mit dem EuGH?, JuWissBlog v. 10. 2. 2014, http://www.juwiss.de/14-2014/ (letzter Aufruf: 20. 1. 2015).

Piller, Tobias / Schwenn, Kerstin / Plickert, Philip, Für Griechenland wird es jetzt eng – Risiko eines Euroaustritts steigt / Beharrt Linksbündnis Syriza auf Schuldenschnitt?, FAZ v. 30. 12. 2014, S. 5.

Pilz, Stefan, Europa auf dem Weg zur Stabilitätsunion? – Der Fiskalvertrag im Lichte der Entscheidung des Bundesverfassungsgerichts, DÖV 2012, S. 909–916.

Pilz, Stefan / Dittmann, Heidi, Der europäische Stabilitäts- und Wachstumspakt – Quo vadis?, ZfRV 2011, S. 149–159.

Pilz, Stefan / Dittmann, Heidi, Die Europäischer Wirtschafts- und Währungsunion am Scheideweg – Essentialia eines ständigen robusten Krisenmechanismus, DÖV 2011, S. 438–447.

Pilz, Stefan / Dittmann, Heidi, Economic Governance – Rechtliche und ökonomische Implikationen zur Reform der Wirtschafts- und Währungsunion, ZfRV 2012, S. 102–117.

Pilz, Stefan / Dittmann, Heidi, Perspektiven des Stabilitäts- und Wachstumspaktes – Rechtliche und ökonomische Implikationen des Reformpakets „Economic Governance", ZEuS 2012, S. 53–89.

Plickert, Philip, Euro ohne Illusionen, FAZ v. 24. 4. 2013, S. 9.

Plickert, Philip, Planspiele für die griechische Staatsinsolvenz, FAZ v. 30. 6. 2015, S. 15.

Plumpe, Werner, Wirtschaftskrisen – Geschichte und Gegenwart, 3. Aufl., München 2012.

Polzin, Monika, Finanzhilfen für Griechenland: Verfassungsrechtliche Schranken?, DÖV 2011, S. 209–215.

Potacs, Michael, Die Europäische Wirtschafts- und Währungsunion und das Solidaritätsprinzip, EuR 2013, S. 133–146.

Potacs, Michael / Mayer, Claudia, EU-rechtliche Rahmenbedingungen einer Staateninsolvenz, in: Kodek, Georg E. / Reinisch, August (Hrsg.), Staateninsolvenz, Wien 2011, S. 105–144.

Preuß, Ulrich K., Europas gegenwärtige Lage – Krise als Normalzustand?, in: Kadelbach, Stefan / Günther, Klaus (Hrsg.), Europa: Krise, Umbruch und neue Ordnung, Baden-Baden 2014, S. 113–138.

Puttler, Adelheid, Sind die Mitgliedstaaten noch „Herren" der EU? – Stellung und EInfluss der Mitgliedstaaten nach dem Entwurf des Verfassungsvertrages der Regierungskonferenz, EuR 2004, S. 669–690.

Puttler, Adelheid, Solidarität als Finanzausgleich? Die europäische Kohäsionspolitik, in: Kadelbach, Stefan (Hrsg.), Solidarität als Europäisches Rechtsprinzip?, Baden-Baden 2014, S. 43–57.

Pünder, Hermann, § 123: Staatsverschuldung, in: Isensee, Josef / Kirchhof, Paul (Hrsg.), Handbuch des Staatsrechts der Bundesrepublik Deutschland, Bd. V: Rechtsquellen, Organisation, Finanzen, 3. Aufl., Heidelberg 2007, S. 1323–1393.

Rathke, Hannes, Von der Stabilitäts- zur Stabilisierungsunion: Der neue Art. 136 Abs. 3 AEUV, DÖV 2011, S. 753–761.

Rathke, Hannes, „Umgekehrte Abstimmung" in der Fiskalunion: neue Stabilitätskultur oder halbautomatischer Vertragsbruch?, DÖV 2012, S. 751–759.

Rathke, Hannes, Mangold reloaded? Anmerkung Anmerkungen zu EuGH, Rs.C-617/10–ÅkerbergFransson,JuWissBlogv.5.3.2013,www.juwiss.de/mangold-reloaded/ (letzter Abruf: 3. 12. 2015).

Rathke, Hannes, Goldene Brücken nach Luxemburg: Die Neuvermessung des Rechtsschutzes im nationalen Europaverfassungsrecht, JuWissBlog v. 10. 2. 2014, www.juwiss.de/12–2014/ (zuletzt abgerufen: 3. 12. 2015).

Regling, Klaus, Aufgaben und Herausforderungen der EFSF, EWS 2011, S. 261–265.

Rengeling, Hans-Werner / Middeke, Andreas / Gellermann, Martin (Hrsg.), Handbuch des Rechtsschutzes in der EU, 3. Aufl., München 2014 (zit.: *Bearbeiter,* in: Rengeling/Middeke/Gellermann (Hrsg.), Handbuch des Rechtsschutzes in der EU).

Rengier, Rudolf, Strafrecht Allgemeiner Teil, 5. Aufl., München 2013.

Repasi, René, Völkervertragliche Freiräume für EU-Mitgliedstaaten, EuR 2013, S. 45–75.

Repasi, René, Gutachten zur rechtlichen Machbarkeit eines „Single Resolution Mechanism" (SRM), 2013, http://www.sven-giegold.de/wp-content/uploads/2013/07/Gutachten-zur-rechtlichen-Machbarkeit.pdf (letzter Abruf: 3. 12. 2015):

Richter, Tanja, Eine zentrale europäische Bankenaufsichtsbehörde?, Hamburg 2006.

Rodi, Michael, Machtverschiebungen in der Europäischen Union im Rahmen der Finanzkrise und Fragen der demokratischen Legitimation, JZ 2015, S. 737–744.

Roeder, Tina, Staatsnotstand im Recht der Europäischen Union, in: Zwitter, Andrej (Hrsg.), Notstand und Recht, Baden-Baden 2012, S. 82–110.

Rohleder, Kristin / Zehnpfund, Olaf / Sinn, Lena, Bilaterale Finanzhilfen für Griechenland – Vereinbarkeit mit Artikel 125 des Vertrags über die Arbeitsweise der Europäischen Union, Veröffentlichung des Wissenschaftlichen Dienstes des Bundestages, WD 11 – 3000 – 103/10, 2010.

Ruffert, Matthias, Die europäische Schuldenkrise vor dem Bundesverfassungsgericht – Anmerkung zum Urteil vom 7. September 2011, EuR 2011, S. 842–856.

Ruffert, Matthias, Der rechtliche Rahmen für die gegenseitige Nothilfe innerhalb des Euro-Raumes, Berliner Online-Beiträge zum Europarecht, Nr. 64, 7. 4. 2011, http://portal-europarecht.de/index.php?option=com_jdownloads&Itemid=17&view=finish&cid=11215&catid=5 (letzter Aufruf: 20. 1. 2015).

Ruffert, Matthias, Europarecht: Vorlagebeschluss des BVerfG zum OMT-Programm, JuS 2014, S. 373–375.

Ruffert, Matthias, Europarecht und Verfassungsrecht: Verfassungskonformität von ESM-Vertrag und Fiskalpakt, JuS 2014, S. 465–468.

Ruffert, Matthias, Europarecht: Vorabentscheidung des EuGH zum OMT-Programm, JuS 2015, S. 758–760.

Sachs, Michael (Hrsg.), Grundgesetz, 7. Aufl., München 2014 (zit.: *Bearbeiter,* in: Sachs (Hrsg.), GG).

Sachverständigenrat zur Begutachtung der gesamtwirtschaftlichen Entwicklung, Verantwortung für Europa wahrnehmen: Jahresgutachten 2011/12, Wiesbaden / Paderborn 2011.

Säcker, Franz Jürgen, in: ders./Rixecker, Roland (Hrsg.), Münchener Kommentar zum Bürgerlichen Gesetzbuch, Bd. 1, 6. Aufl., München 2012.

Sauer, Beate, Gefährdet der Ankauf von Staatsanleihen die Unabhängigkeit der EZB?, Credit and Capital Markets – Kredit und Kapital 46 (2013), S. 29–52.

Sauer, Heiko, Kompetenz- und Identitätskontrolle von Europarecht nach dem Lissabon-Urteil – Ein neues Verfahren vor dem Bundesverfassungsgericht?, ZRP 2009, S. 195–198.

Sauer, Heiko, Das OMT-Urteil des Europäischen Gerichtshofs: Fünf Beobachtungen, Verfassungsblog v. 17. 6. 2015, http://www.verfassungsblog.de/das-omt-urteil-das-europaeischen-gerichtshofs-fuenf-beobachtungen/ (letzter Abruf: 3. 12. 2015).

Sauer, Oliver, cepStandpunkt: ESM nur mit Zweidrittelmehrheit. Verfassungsrechtliche Anforderungen an die Ratifizierung des Europäischen Stabilitätsmechanismus (ESM), Freiburg 2012, http://www.cep.eu/fileadmin/user_upload/cep.eu/

Analysen_KOM/2011_199_EU_ESM/CEP-Standpunkt_ESM.pdf (letzter Aufruf: 20. 1. 2015).

Schachtschneider, Karl Albrecht, Res publica res populi – Grundlegung einer allgemeinen Republiklehre: ein Beitrag zur Freiheits-, Rechts- und Staatslehre, Berlin 1994.

Schachtschneider, Karl Albrecht, Freiheit in der Republik, Berlin 2007.

Schachtschneider, Karl Albrecht, Die Rechtswidrigkeit der Euro-Rettungspolitik – Ein Staatsstreich der politischen Klasse, Rottenburg 2011.

Scharpf, Fritz W., Die Eurokrise: Ursachen und Folgerungen, ZSE 2011, S. 324–337.

Schäfer, Axel / Schulz, Fabian, Der Bundestag wird europäische – zur Reform des Beteiligungsgesetzes EUZBBG, integration 2013, S. 199–212.

Schill, Stephan, Der völkerrechtliche Staatsnotstand in der Entscheidung des BVerfG zu Argentinischen Staatsanleihen – Anachronismus oder Avantgarde?, ZaöRV 2008, S. 45–67.

Schilling, Theodor, Eine neue Verfassung für Deutschland – Art. 146 GG und die Rolle des Bundesverfassungsgerichts, Der Staat 53 (2014), S. 95–119.

Schlegel, Rainer, Solidarität, in: Hohmann-Dennhardt, Christine / Masuch, Peter / Villiger, Mark (Hrsg.), Grundrechte und Solidarität – Durchsetzung und Verfahren – Festschrift für Renate Jaeger, Kehl am Rhein 2011, S. 331–346.

Schlief, Ludger / Schulte, Bernd, Anmerkungen zur innerstaatlichen Umsetzung des Fiskalvertrages – Analyse einer verfassungsrechtlichen und föderalistischen Herausforderung, ZG 2012, S. 121–138.

Schmahl, Stefanie, Singuläre Integrationsverantwortung des Parlaments – oder kumulative Integrationsverantwortung der Parlamente? – Ein Plädoyer für die Neujustierung der europäischen parlamentarischen Demokratie, DÖV 2014, S. 501–509.

Schmieding, Holger, Der Irrtum der Karlsruher Richter, FAZ v. 31. 3. 2014, S. 6.

Schmidt, Reiner, § 117: Geld und Währung, in: Isensee, Josef / Kirchhof, Paul (Hrsg.), Handbuch des Staatsrechts der Bundesrepublik Deutschland, Bd. V: Rechtsquellen, Organisation, Finanzen, 3. Aufl., Heidelberg 2007.

Schmidt, Reiner, Ende der Rechtsgemeinschaft, FAZ v. 5. 4. 2012, S. 7.

Schmidt, Reiner, Die entfesselte EZB, JZ 2015, S. 317–327.

Schmidt-Bleibtreu, Bruno / Hofmann, Hans / Henneke, Hans-Günter (Hrsg.), Kommentar zum Grundgesetz, 13. Aufl., Köln 2014 (zit.: Schmidt-Bleibtreu/Hofmann/Henneke (Hrsg.), GG).

Schöbener, Burkhard / Knauff, Matthias, Allgemeine Staatslehre, 2. Aufl., München 2013.

Schorkopf, Frank, Die Europäische Union im Lot – Karlsruhes Rechtsspruch zum Vertrag von Lissabon, EuZW 2009, S. 718–724.

Schorkopf, Frank, Der Europäische Weg – Grundlagen der Europäischen Union, Tübingen 2010.

Schorkopf, Frank, Gestaltung mit Recht – Prägekraft und Selbstbestand des Rechts in einer Rechtsgemeinschaft, AöR 136 (2011), S. 323–344.

Schorkopf, Frank, Innehalten ist geboten, FAZ v. 30. 6. 2011, S. 6.

Schorkopf, Frank, Europas politische Verfasstheit im Lichte des Fiskalvertrages, ZSE 2012, S. 1–29.

Schorkopf, Frank, Finanzkrisen als Herausforderung der internationalen, europäischen und nationalen Rechtsetzung, in: Vereinigung der Deutschen Staatsrechtslehrer (Hrsg.), Grundsatzfragen der Rechtsetzung und Rechtsfindung, Band 71, Berlin 2012, S. 183–220.

Schorkopf, Frank, „Startet die Maschinen" – Das ESM-Urteil des BVerfG vom 12. 9. 2012, NVwZ 2012, S. 1273–1277.

Schorkopf, Frank, Verfassungsrechtliche Grenzen und Möglichkeiten für eine Umsetzung des Schuldentilgungspaktes des Sachverständigenrates. 2012, http://www.sachverstaendigenratwirtschaft.de/fileadmin/dateiablage/download/publikationen/rechtsgutachten_schuldentilgungspakt.pdf (letzter Aufruf: 20 .1. 2015).

Schorkopf, Frank, Die Schuldenbremse und Europa, in: Heintzen, Markus (Hrsg.), Auf dem Weg zu nachhaltig ausgeglichenen Haushalten, Baden-Baden 2013, S. 119–136.

Schorkopf, Frank, Bedenke die Folgen!, FAZ v. 11. 6. 2015, S. 6.

Schrader, Klaus / Laaser, Claus-Friedrich, Den Anschluss nie gefunden: Die Ursachen der griechischen Tragödie, Wirtschaftsdienst 2010, S. 540–547.

Schröder, Hinrich, Die Mitwirkung des Bundestages in EU-Angelegenheiten nach dem EUZBBG in der Praxis – ein Kurzkommentar, ZParl 2012, S. 250–277.

Schröder, Meinhard, Solidarität zwischen den Mitgliedstaaten im Vertrag von Lissabon, in: Müller-Graff, Peter-Christian / Schmahl, Stefanie / Skouris, Vassilios (Hrsg.), Europäisches Recht zwischen Bewährung und Wandel – Festschrift für Dieter H. Scheuing, Baden-Baden 2011, S. 690–704.

Schröder, Ulrich Jan, Die Griechenlandhilfen im Falle ihrer Unionsrechtswidrigkeit, DÖV 2011, S. 61–68.

Schroeder, Werner, Die Auslegung des EU-Rechts, JuS 2004, S. 180–186.

Schroeder, Werner, Grundkurs Europarecht, 4. Aufl., München 2015.

Schumann, Ekkehard, Die Aufwertung der Verfassungsbeschwerde im Elfes-Urteil und im Lissabon-Urteil des Bundesverfassungsgerichts, in: Dalibor, Marcel / Debus, Alfred G. / Kruse, Franziska / Lachmayer, Konrad / Peters, Alexander / Scharrer, Jörg / Schroeder, Hanna / Seifert, Olivia / Sicko, Corinna / Stirn, Isabel / Stöger, Karl (Hrsg.), Perspektiven des öffentlichen Rechts – Festgabe 50 Jahre Assistententagung, Baden-Baden 2011, S. 51–82.

Schuster, Gunnar, Rechtsfragen der Maastrichter Vereinbarungen zur Sozialpolitik, EuZW 1992, S. 178–187.

Schütz, Raimund, Europaweite Freizügigkeit ohne demokratische Kontrolle? Überwachung der Anwendung der Schengen II-Konvention durch die nationalen Parlamente AöR 120 (1995), S. 509–548.

Schwarz, Kyrill-Alexander, Solidarität mit Griechenland – eine europäische Tragödie?, in: Müller-Graff, Peter-Christian / Schmahl, Stefanie / Skouris, Vassilios (Hrsg.), Europäisches Recht zwischen Bewährung und Wandel – Festschrift für Dieter H. Scheuing, Baden-Baden 2011, S. 705–716.

Schwarz, Michael, A memorandum of misunderstanding – The doomed road of the European Stability Mechanism and a possible way out: Enhanced Cooperation, CMLRev 51 (2014), S. 389–424.

Schwarze, Jürgen (Hrsg.), EU-Kommentar, 3. Aufl., Baden-Baden 2012 (zit.: *Bearbeiter,* in: Schwarze (Hrsg.), EU-Kommentar).

Schwerdtfeger, Angela, Europäisches Unionsrecht in der Rechtsprechung des Bundesverfassungsgerichts – Grundrechts-, ultra-vires- und Identitätskontrolle im gewaltenteiligen Mehrebenensystem, EuR 2015, S. 290–310.

Schwintowski, Hans-Peter, § 2 Finanzmarktkrise: Ursachen, Grundsatzfragen, institutionelle Konsequenzen, in: Grundmann, Stefan / Hofmann, Christian / Möslein, Florian (Hrsg.), Finanzkrise und Wirtschaftsordnung, Bd. 32, Berlin, New York 2009, S. 41–53.

Seidel, Martin, Ausscheiden aus der Währungsunion? – Rechtliche Fragen, EuZW 2007, S. 617.

Seidel, Martin, Der Ankauf nicht markt- und börsengängiger Staatsanleihen, namentlich Griechenlands, durch die Europäische Zentralbank und durch nationale Zentralbanken – rechtlich nur fragwürdig oder Rechtsverstoß?, EuZW 2010, S. 521.

Seidel, Martin, Der Euro – Schutzschild oder Falle?, ZEI Working Paper B01–10, 2010, Bonn 2010.

Seidel, Martin, Die „No-Bail-Out"-Klausel des Art. 125 AEUV als Beistandsverbot, EuZW 2011, S. 529–530.

Seidel, Martin, Eine Wirtschaftsregierung für die Europäische Union – rechtliche Grundlagen, Legitimation, Funktion und Verhältnis zur Europäischen Zentralbank, in: Müller-Graff, Peter-Christian / Schmahl, Stefanie / Skouris, Vassilios (Hrsg.), Europäisches Recht zwischen Bewährung und Wandel – Festschrift für Dieter H. Scheuing, Baden-Baden 2011, S. 717–734.

Seidel, Martin, Europarechtsverstöße und Verfassungsbruch im Doppelpack, EuZW 2011, S. 241.

Seidel, Martin, Austritt aus der Währungsunion – eine freie Entscheidung Griechenlands, in: Meyer, Dirk (Hrsg.), Die Zukunft der Währungsunion, Berlin, Münster 2013, S. 157–166.

Selmayr, Martin, Die Wirtschafts- und Währungsunion als Rechtsgemeinschaft, AöR 124 (1999), S. 357–399.

Sester, Peter, Die Rolle der EZB in der europäischen Staatsschuldenkrise – Bausteine einer Fiskalunion: SMP, EFSF, ESM, Fiskalpakt?, EWS 2012, S. 80–90.

Sester, Peter, Status und Zukunft der Währungsunion in: Möllers, Thomas M. J. / Zeitler, Franz-Christoph (Hrsg.), Europa als Rechtsgemeinschaft: Währungsunion und Schuldenkrise, Tübingen 2013, S. 175–200.

Sester, Peter, Plädoyer für die Rechtmäßigkeit der EZB-Rettungspolitik, RIW 2013, S. 451–456.

Sichert, Markus, Grenzen der Revision des Primärrechts in der Europäischen Union, Berlin 2005.

Siekmann, Helmut, Die Finanzmarktaufsicht in der Krise. Working Papers 41/2010, http://www.imfs-frankfurt.de/fileadmin/user_upload/pdf/WP_41_2010_Siekmann.pdf (zuletzt aufgerufen: 3. 12. 2015).

Siekmann, Helmut, Neuordnung der Finanzmarktaufsicht, in: Kadelbach, Stefan (Hrsg.), Nach der Finanzkrise: rechtliche Rahmenbedingungen einer neuen Ordnung, Baden-Baden 2012, S. 131–220.

Siekmann, Helmut (Hrsg.), Kommentar zur europäischen Währungsunion, Tübingen 2013 (zit.: *Bearbeiter,* in: Siekmann (Hrsg.), EWU-Kommentar).

Siekmann, Helmut, Missachtung rechtlicher Vorgaben des AEUV durch die Mitgliedstaaten und die EZB in der Schuldenkrise, in: Möllers, Thomas M. J. / Zeitler, Franz-Christoph (Hrsg.), Europa als Rechtsgemeinschaft: Währungsunion und Schuldenkrise, Tübingen 2013, S. 101–160.

Simitis, Spiros: Bemerkungen zur rechtlichen Sonderstellung des Geldes, AcP 159 (1960/61), S. 406–466.

Simon, Sven, „Whatever it takes“: Selbsterfüllende Prophezeiung am Rande des Unionsrechts?, EuR 2015, S. 107–130.

Skouris, Vassilios, Der Gerichtshof der Europäischen Union und die Finanz- und Schuldenkrise – neue Rechtsgrundlagen, neue Zuständigkeiten und Zukunftsaussichten, in: Becker, Ulrich / Hatje, Armin / Potacs, Michael / Wunderlich, Nina (Hrsg.), Verfassung und Verwaltung in Europa: Festschrift für Jürgen Schwarze zum 70. Geburtstag, Baden-Baden 2014, S. 751–770.

Smits, René, The European Central Bank: Institutional Aspects, Den Haag 1997.

Sodan, Helge (Hrsg.), Grundgesetz – Beck'scher Kompakt-Kommentar, 3. Aufl., München 2015 (zit.: *Bearbeiter,* in: Sodan (Hrsg.), GG).

Sonder, Nicolas, Die Griechenlandhilfen vor dem Bundesverfassungsgericht, DVBl. 2011, S. 1274–1278.

Steinbach, Armin, Die Rechtmäßigkeit der Anleihekäufe der Europäischen Zentralbank, NVwZ 2013, S. 918–921.

Streinz, Rudolf, Europarecht, 9. Aufl., Heidelberg 2012.

Streinz, Rudolf (Hrsg.), EUV/AEUV – Vertrag über die Europäische Union und Vertrag über die Arbeitsweise der Europäischen Union: Kommentar, 2. Aufl., München 2012 (zit.: *Bearbeiter,* in: Streinz (Hrsg.), EUV/AEUV).

Streinz, Rudolf, Was bringt der Fiskalpakt?, EWS 2012, S. 1.

Streinz, Rudolf, Rechtsprinzipien des EuGH zur Durchsetzung des Europäischen Rechts, in: Möllers, Thomas M. J. / Zeitler, Franz-Christoph (Hrsg.), Europa als Rechtsgemeinschaft: Währungsunion und Schuldenkrise, Tübingen 2013, S. 21–45.

Talmon, Stefan, Unter Vorbehalt, FAZ v. 20. 9. 2012, S. 8.

Talmon, Stefan, Entgegnung – Noch ist der Vorbehalt zum ESM nicht wirksam, FAZ v. 18. 10. 2012, S. 6.

Terhechte, Jörg Philipp, Souveränität, Dynamik und Integration – making up the rules as we go along? Anmerkungen zum Lissabon-Urteil des Bundesverfassungsgerichts, EuZW 2009, S. 724–731.

Thiele, Alexander, Das Mandat der EZB und die Krise des Euro, Tübingen 2013.

Thiele, Alexander, Die EZB als fiskal- und wirtschaftspolitischer Akteur? Zur Abgrenzung der Geld- von der Fiskal- und Wirtschaftspolitik, EuZW 2014, S. 694–699.

Thiele, Alexander, Krise der Europäischen Integration? Die Bankenunion als Beleg für die Handlungsfähigkeit der EU, GewArch 2015, S. 111–116.

Thiele, Alexander, Krise der Europäischen Integration? Die Bankenunion als Beleg für die Handlungsfähigkeit der EU – Fortsetzung von GewArch 2015, 111 ff., GewArch 2015, S. 157–160.

Thym, Daniel, Ungleichzeitigkeit und europäisches Verfassungsrecht, Baden-Baden 2004.

Thym, Daniel, Anmerkung zum Urteil des BVerfG vom 07.09.2011 (2 BvR 987/10; JZ 2011, 1004) – Zur Frage der Bedeutung der Haushaltssouveränität bei Rettungsmaßnahmen zur Stabilisierung der Eurozone, JZ 2011, S. 1011–1015.

Thym, Daniel, Euro-Rettungsschirm: zwischenstaatliche Rechtskonstruktion und verfassungsgerichtliche Kontrolle, EuZW 2011, S. 167–171.

Thym, Daniel, Flexible Integration: Garant oder Gefahr für die Einheit und die Legitimation des Unionsrechts? EuR-Beiheft 2/2013, S. 23–49.

Thym, Daniel, Europarechtskonformität des Euro-Rettungsschirms (EuGH, Urt. v. 27. 11. 2012, Rs. C-370/12) – Anmerkung, JZ 2013, S. 259–264.

Thym, Daniel, § 5 Einheit in Vielfalt: Binnendifferenzierung in der EU-Integration, in: Hatje, Armin / Müller-Graff, Peter-Christian (Hrsg.), Europäisches

Organisations- und Verfassungsrecht (Enzyklopädie Europarecht Band 1), Baden-Baden 2014, S. 259–307 (zit.: *Thym*, in: Hatje/Müller-Graff (Hrsg.), EnzEuR I).

Tomuschat, Christian, Verfassungsgewohnheitsrecht? Eine Untersuchung zum Staatsrecht der Bundesrepublik Deutschland, Heidelberg 1972.

Tomuschat, Christian, Solidarität in Europa, in: Capotorti, Francesco / Ehlermann, Claus-Dieter / Frowein, Jochen Abr. u. a. (Hrsg.), Du droit international au droit de l'intégration – Liber amicorum Pierre Pescatore, Baden-Baden 1987, S. 729–757.

Tomuschat, Christian, Anmerkung zum Urteil des BVerfG vom 12.09.2012 – BvR 1390/122 u. a. – Verhinderung der Ratifikation von ESM-Vertrag und Fiskalpakt überwiegend erfolglos, DVBl. 2012, S. 1431–1434.

Tomuschat, Christian, Anmerkung zu BVerfG, 2. Senat, Urteil vom 18.03.2014 – 2 BvR 1390/12 u. a. – Vb und Organstreitverfahren gegen ESM und Fiskalpakt erfolglos = DVBl. 2014, 640 ff. – Der Bundestag als Herr der Außenpolitik?, DVBl. 2014, S. 645–649.

Tuytschaever, Filip, Differentiation in European Union Law, Oxford 1999.

Uerpmann-Wittzack, Robert, Völkerrecht als Ausweichordnung – am Beispiel der Euro-Rettung, EuR-Beiheft 2/2013, S. 49–61.

Ukrow, Jörg, Von Luxemburg lernen heißt Integrationsgrenzen bestimmen – Anmerkungen zur Vorlage-Entscheidung des Bundesverfassungsgerichts vom 14. Januar 2014, ZEuS 2014, S. 119–139.

Vaubel, Roland, § 7 Finanzmarktkrise: Die staatliche Verantwortung II, in: Grundmann, Stefan / Hofmann, Christian / Möslein, Florian (Hrsg.), Finanzkrise und Wirtschaftsordnung, Bd. 32, Berlin u. a. 2009, S. 119–132.

Vaubel, Roland, Der Gerichtshof als Agent der Zentralisierung, FAZ v. 14. 1. 2013, S. 18.

Vedder, Christoph / Heintschel von Heinegg, Wolff (Hrsg.), Europäisches Unionsrecht, Baden-Baden 2012 (zit.: *Bearbeiter,* in: Vedder/Heintschel von Heinegg (Hrsg.), Europäisches Unionsrecht).

Vogel, Max, Anmerkung zum Urteil des EuGH vom 27.11.2012 (C-370/12; EWS 2013, 33) – Zur Frage nach der Zulässigkeit der Errichtung eines Stabilitätsmechanismus, EWS 2013, S. 45–46.

Voßkuhle, Andreas, Die Rechtsprechung des Bundesverfassungsgerichts zu Rettungsmaßnahmen in der europäischen Staatsschuldenkrise, in: Hatje, Armin / Iliopoulos, Constantinos / Iliopoulos-Strangas, Julia / Kämmerer, Jörn Axel (Hrsg.), Verantwortung und Solidarität in der Europäischen Union – Ein deutsch-griechischer Rechtsdialog, Baden-Baden 2015, S. 135–148.

Wank, Rolf, Die Auslegung von Gesetzen, 5. Aufl., München 2011.

Weber, Albrecht, Die Reform der Wirtschafts- und Währungsunion in der Finanzkrise, EuZW 2011, S. 935–940.

Weber, Albrecht, Die Europäische Union auf dem Wege zur Fiskalunion?, DVBl. 2012, S. 801–806.

Weber, Albrecht, Europa- und völkerrechtliche Elemente der Gewährleistung von Haushaltsdisziplin in der Währungsunion, EuR 2013, S. 375–389.

Weber, Manfred, Wer trägt die Schuld für die Schuldenkrise – und was ist jetzt zu tun?, Kreditwesen 2010, S. 557–560.

Weber, Stefan, Die Finanzkrise und ihre Ursachen. eVeröffentlichungen des Europa-Instituts, 1, 2009, http://www.europainstitut.de/fileadmin/schriften/EI-Paper-090223-Finanzkrise1.pdf (letzter Aufruf: 20. 1. 2015).

Weidmann, Jens, Eingangserklärung anlässlich der mündlichen Verhandlung im Hauptsacheverfahren ESM/EZB beim Bundesverfassungsgericht am 11. Juni 2013. 2012, http://www.bundesbank.de/Redaktion/DE/Kurzmeldungen/Stellungnahmen/2013_06_11_esm_ezb.html (letzter Abruf am 3. 12. 2015).

Weiß, Wolfgang / Haberkamm, Markus, Der ESM vor dem EuGH – Widersprüchliche Wertungen in Luxemburg und Karlsruhe?, EuZW 2013, S. 95–100.

Wernsmann, Rainer, Nicht über dem Recht, FAZ v. 20. 9. 2012, S. 8.

Westermann, Frank, Ist das Anleihekaufprogramm kostenfrei?, FAZ v. 26. 8. 2013, S. 18.

Wiefelspütz, Dieter, Das Primat des Parlaments. Zum Danckert/Schulz-Urteil des Bundesverfassungsgerichts zur Europäischen Finanzstabilisierungsfazilität, ZParl 2012, S. 227–250.

Wieland, Joachim, Der Rettungsschirm für Irland, NVwZ 2011, S. 340–343.

Wieland, Joachim, Staaten vor der Pleite – Die teure Solidarität der Insolvenzverwalter, LTO v. 29. 7. 2011, http://www.lto.de/recht/hintergruende/h/staaten-vor-der-pleite-die-teure-soli-daritaet-der-insolvenzverhinderer/ (letzter Abruf: 3. 12. 2015).

Wieland, Joachim, Der Euro und die Verfassungsrichter – Das Grundgesetz lässt noch mehr Europa zu, LTO v. 27. 9. 2011, http://www.lto.de/de/html/nachrichten/4399/der-euro-und-die-verfassungsrichter-das-grundgesetz-laesst-noch-mehr-europa-zu/ (letzter Abruf: 3. 12. 2015).

Wieland, Joachim, Die Zukunft Europas – Krise als Chance, JZ 2012, S. 213–219.

Wieland, Joachim, Rekapitalisierung unter dem Rettungsschirm: Der Bundestag als Bankenretter, Legal Tribune Online v. 14. 11. 2014, http://www.lto.de/recht/hintergruende/h/banken-rekapitalisierung-rettungsschirm-grundgesetz-bundestag-esm/ (letzter Aufruf: 3. 12. 2015).

Wimmel, Andreas, Die Ausschüsse des Bundestages in der Euro-Krise, ZParl 2015, S. 349–370.

Winkelmann, Ingo, Innerstaatliche Kompetenzverteilung bei Vertragsabschlüssen in Angelegenheiten der Europäischen Union. Zur Nichtbeachtlichkeit der

Lindauer Absprache im Anwendungsbereich von Art. 23 n.F. GG, DVBl. 1993, S. 1128–1136.

Wohlmuther, Christoph, Der EURO-Rettungsschirm: ein detaillierter Einblick in die Konstruktion der EFSF, Hamburg 2013.

Wojcik, Karl-Philipp / Ceyssens, Jan, Der einheitliche EU-Bankenabwicklungsmechanismus: Vollendung der Bankenunion, Schutz des Steuerzahlers, EuZW 2014, S. 893–898.

Wolfers, Benedikt / Voland, Thomas, Europäische Zentralbank und Bankenaufsicht – Rechtsgrundlage und demokratische Kontrolle des Single Supervisory Mechanism, BKR 2014, S. 177–185.

Wolff, Heinrich Amadeus, De lege ferenda: Das Integrationskontrollverfahren – Diskussionsbeitrag zur Frage einer Fortbildung des Verfassungsprozessrechts nach dem Lissabon-Urteil des Bundesverfassungsgerichts vom 30. Juni 2009, DÖV 2010, S. 49–58.

Wollenschläger, Ferdinand, Völkerrechtliche Flankierung des EU-Integrationsprogramms als Herausforderung für den Europa-Artikel des Grundgesetzes (Art. 23 GG) – Am Beispiel von ESM-Vertrag und Fiskalpakt, NVwZ 2012, S. 713–719.

Yaroshevskij, Vladimir, Die Auslegungsmethoden des EuGH, Berliner Online-Beiträge zum Europarecht Nr. 59, 28. 9. 2010, http://portal-europarecht.de/index.php?option=com_jdownloads&Itemid=17&view=finish&cid=11290&catid=5 (letzter Abruf: 3. 12. 2015).

Zeh, Juli, Recht auf Austritt, ZEuS 2004, S. 173–210.

Zehnpfund, Olaf / Heimbach, Margot, Finanzielle Hilfen für Mitgliedstaaten insbesondere nach Artikel 122 des Vertrags über die Arbeitsweise der Europäischen Union, Veröffentlichungen des Wissenschaftlichen Dienstes des Bundestages, WD 11 - 3000 - 30/10, Berlin 2009.

Zeitel, Gerhard, Europäische Währungsunion und zwischenstaatlicher Finanzausgleich, in: Bea, Franz Xaver (Hrsg.), Finanzwissenschaft im Dienste der Wirtschaftspolitik: Festschrift für Dieter Pohmer zum 65. Geburtstag, Tübingen 1990, S. 343–356.

Zivier, Ernst R., Konzert oder Duell? Zum Vorlagebeschluss des Bundesverfassungsgerichts an den Europäischen Gerichtshof vom 14. Januar 2014, Recht und Politik 2014, S. 85–89.

Zwitter, Andrej, Rechtstheoretische Erläuterungen zur Begrifflichkeit und Theorie des Staatsnotstandsrechts, in: Zwitter, Andrej (Hrsg.), Notstand und Recht, Baden-Baden 2012, S. 20–46.

Schriften zum Staats-, Verwaltungs- und Europarecht

Herausgegeben von Andreas Haratsch

Band	1	Michael Späthe: Der Ausbau der informatorischen Polizeibefugnisse in Brandenburg. Eine verfassungsrechtliche Untersuchung der erweiterten Polizeibefugnisse zur Gefahren- und Informationsvorsorge. 2014.
Band	2	Sebastian Piecha: Die Rettungsmaßnahmen zugunsten zahlungsunfähiger EU-Mitgliedstaaten. Eine unions- und verfassungsrechtliche Analyse. 2016.

www.peterlang.com

www.ingramcontent.com/pod-product-compliance
Ingram Content Group UK Ltd.
Pitfield, Milton Keynes, MK11 3LW, UK
UKHW022105051026
15623UKWH00003B/700

9 783631 669105